Das BSP-Praxisbuch

Dr. Rüdiger Plantiko, geb. 1964, Mathematiker, wandte sich nach einer Assistenztätigkeit an der Universität Zürich der Informatik zu. Von 1996 bis 2002 war er bei SAP (Walldorf) als Entwickler in den Bereichen SD und CRM-Sales tätig. Seit 2002 entwickelt er für die Migros IT-Services (MITS) in Zürich. Seine Schwerpunkte sind SAP-basierte Web-Anwendungen sowie Qualitäts- und Performancethemen.

Rüdiger Plantiko

Das BSP-Praxisbuch

Business Server Pages verstehen und einsetzen

dpunkt.verlag

Rüdiger Plantiko
ruediger.plantiko@mgb.ch

Lektorat: Dr. Michael Barabas
Copy-Editing: Dr. Nikolaus Schüler, Kaufbeuren
Herstellung: Birgit Bäuerlein
Umschlaggestaltung: Helmut Kraus, www.exclam.de
Druck und Bindung: Koninklijke Wöhrmann B.V., Zutphen, Niederlande

Bibliografische Information Der Deutschen Bibliothek
Die Deutsche Bibliothek verzeichnet diese Publikation in der Deutschen Nationalbibliografie; detaillierte bibliografische Daten sind im Internet über <http://dnb.ddb.de> abrufbar.

ISBN 978-3-89864-428-0

1. Auflage 2007

Ringstraße 19
69115 Heidelberg

5 4 3 2 1 0

Vorwort

Am Anfang stand, wie es sich für gute IT-Projekte gehört, ein Bedarf. Der Bedarf der IT-Abteilung eines Retailers ergibt sich aus unserer Aufgabe, die Bedürfnisse der Anwenderinnen und Anwender an der Verkaufsfront zu erkennen, zu verstehen und in gute Prozesse und damit verbundene Informationsunterstützung umzusetzen. Wir brauchten daher ein geeignetes Framework, um unsere Aufgaben realisieren zu können.

Wie von SAP Walldorf richtig erkannt, ist die technische Antwort für Benutzergruppen, die kaum eine Anwenderschulung bekommen sollen, eine Webanwendung: der SAP Retail Store (SRS). SAP R/3 unterstützte in der Anfangsphase unseres Projektes keine Webapplikationen. Im Zuge des allgemeinen Aufkommens des Internets wurde dafür der Internet Transaction Server (ITS) entwickelt, welcher die Grundlage für den SRS bildete.

Der Betrieb und die Weiterentwicklung des SRS auf ITS-Basis zeigte bald seine Schattenseiten. Die Erkenntnis, dass nur mit einer deutlich besseren IT-Infrastruktur den Unzulänglichkeiten beizukommen ist, war bald gemacht. Mit dem SAP ERP 4.7 Release haben wir die notwendige Infrastruktur erhalten, um die erkannten Unzulänglichkeiten in unserem Sinne zu beseitigen. Der SAP Web Application Server (WebAS) als integraler Bestandteil jeder SAP-ERP-Installation stellt mit den Business Server Pages (BSP) genau das Framework zur Verfügung, welches es braucht, um Webapplikationen effizient, robust und benutzerfreundlich zu entwickeln.

Unter Einsatz Migros-interner Mitarbeiter, namentlich Dr. Rüdiger Plantiko in einer Schlüsselrolle, und eines externen Realisierungspartners starteten wir das Projekt der Portierung des SRS zu einer neuen Webapplikation auf Basis von BSPs. Zu den weiteren Rahmenbedingungen zählte ein unverrückbarer Go-Live-Termin, sowie eine eigene Beratergruppe für die Abnahme. Die gesetzten Ziele der Portierung wurden vollständig erreicht. Unsere damit erlangten Möglichkeiten, den SRS künftig zu erweitern und zu verändern, sind seit Projektabschluss mit deutlicher Effizienz schon vielfach ausgenutzt worden.

Der Migros SRS ist dank der durchgängig objektorientierten Implementation als BSP-Anwendung problemlos zu warten. Das haben die Erfahrungen beim Einspielen von Support Packs und dem Releasewechsel auf ERP 2005 gezeigt.

Damit das BSP-Framework wirklich die darin liegenden Potentiale ausschöpfen kann, sind Entwicklungsstandards und -regeln einzuhalten. Genau dazu soll dieses Buch Hinweise und Gedanken vermitteln. Bei entsprechendem Interesse kann und soll daraus eine Online Community entstehen, die auch mal mehr als nur Gedanken austauscht.

Marcel Schaniel
Vice CIO Migros IT Services

Inhaltsverzeichnis

1 Einführung

1.1 Warum Webanwendungen mit SAP?

Das ist eine gute Frage! Ihr Unternehmen hat funktionierende SAP-Anwendungen im Einsatz; das Customizing wurde auf Ihre Geschäftsprozesse angepasst, einige, möglicherweise nicht unbeträchtliche, Modifikationen mussten gemacht werden. Die Anwender mussten im Gebrauch des SAP Frontend (SAP GUI)[1] geschult werden, auf den Arbeitsplätzen war das SAP-Frontend-Programm zu installieren. Nun sind Sie auf einem bestimmten Releasestand produktiv, vielleicht noch auf SAP Anwendungsrelease 4.7, 4.5 oder gar 4.0.

Warum nun Webanwendungen? Und warum sollte ausgerechnet das SAP-System selbst als Web-Server auftreten? Kann es das überhaupt? Wäre der Aufwand, es webfähig zu machen, für das Unternehmen überhaupt finanzierbar?

Die Anforderungen, Geschäftsprozesse über das Internet abzuwickeln, sind kein neumodischer Spleen der IT-Abteilungen, sondern kommen vom Geschäft selbst. Auch nach dem Zusammenbruch der ».com«-Euphorie und der übertriebenen Erwartungen an die »New Economy« und das Internet in den späten neunziger Jahren bleibt genug Substanz, um mit Hasso Plattner von einer »*New* New Economy« zu sprechen. Die durch das Internet geschaffene globale Vernetzung hat zwar nicht, wie manche erwarteten, die klassichen Gesetze der Marktwirtschaft ausgehebelt; dennoch hat die Möglichkeit, weltweit enorme Datenmengen in Sekundenbruchteilen zu übermitteln, für die Wirtschaft den Rang einer Basisinnovation. Das Internet bleibt weiterhin eine zukunftsträchtige Plattform zur Abwicklung von Geschäftsprozessen! Und somit gibt es einen wachsenden Bedarf an Geschäftsanwendungen, die auf dem Internet basieren.

Mag unternehmensintern weiterhin die Benutzeroberfläche des SAP Frontend verwendet werden,[2] auf die die Anwender nun einmal geschult sind – und für

1. SAP GUI ist der SAP-eigene Rich Client, eine proprietäre Benutzeroberfläche des R/3-Systems, die über ein schlankes Protokoll mit dem SAP-System kommuniziert.
2. Auch wenn sich hier mit dem SAP-Portal eine neue, interessante Alternative auftut.

einen SAP Power User sind sie sicher noch für lange Zeit das Richtige – so ist für die Kontakte mit den externen Geschäftspartnern – den Kunden, den Lieferanten, den Logistik-, den Service-Partnern, usf. – das Internet die geeignete Infrastruktur. Der große Vorteil der »kollaborativen Transaktionen«, der Einbindung der Geschäftspartner übers Internet in die eigenen Geschäftsprozesse, liegt in der Zeitnähe und der allgemeinen Verfügbarkeit dieses Netzes, sowohl im geografischen (globale Präsenz, vor allem bei Hinzunahme der drahtlosen Kommunikationsmöglichkeiten) als auch im technischen Sinne (geringe Systemanforderungen).

Wie viel Zeit wird beispielsweise bei einem papierbasierten Bestellwesen verschwendet: Da müssen Kontrakte in Papierform hin- und hergesendet, im Hause durch verschiedene Abteilungen zur Freigabe eingereicht werden und schließlich von beiden Parteien unterschrieben und an den jeweiligen Partner versendet werden. Auch jede einzelne Bestellung muss wieder von Hand angestoßen werden. Wieviel einfacher könnte das Leben sein, wenn der Lieferant mit einem Internet-Zugriff direkt aufs System gehen, die für ihn relevanten Bestelldaten einsehen und seine eigene Unterschrift mittels digitaler Signatur direkt online im SAP-System leisten kann!

Der Lieferant kann – wie andere Geschäftspartner auch, etwa der Kunde – ein kleines oder sehr kleines Unternehmen sein. Das ist für webbasierte Geschäftsanwendungen kein Problem. Denn außer einem PC mit Webbrowser und Internet-Anschluss wird auf der Seite des Geschäftspartners keine weitere Software benötigt: Die gesamte Applikations- wie auch Präsentationslogik wird vom Server übernommen. Dies sichert eine weite Verfügbarkeit übers Internet abgewickelter Geschäftsprozesse.

Aber nicht nur auf der Beschaffungs-, sondern besonders auch auf der Verkaufsseite des Unternehmens spielt das Internet eine wachsende Rolle. Die Zahl der Internetbenutzer wächst ständig, und mehr und mehr Haushalte wie auch Unternehmen informieren sich im Internet über interessante, passende Angebote und nutzen es auch für den Einkauf. Ein Internetauftritt für den Verkauf – anfangs eher zur Imagepflege betrieben – gewinnt zunehmend Bedeutung als Umsatzquelle.

Die Notwendigkeit von Webanwendungen einsehend, bleibt allerdings die Frage: Warum sollte ausgerechnet das SAP-System auch als Web-Server verwendet werden? Sollte man sich nicht darauf beschränken, das SAP-System zur Verbuchung von Anwendungsbelegen zu verwenden und die Webanwendungen mit einem separaten, eigens darauf spezialisierten Server entwickeln?

Selbstverständlich wäre es technisch problemlos möglich, einen vorgelagerten Server einzurichten, der für das Internet zuständig ist und beispielsweise mittels Remote Function Calls mit der Geschäftslogik des SAP-Systems kommuniziert. Aber abgesehen von den Kosten für Anschaffung und Betrieb des zusätzlichen Servers lässt ein externer Web-Server meist den gewohnten Komfort des SAP Software Deployments vermissen. Da gibt es erstmal keine Transportwege, kein

Entwicklungs-, Test- und Produktivsystem, und das Verteilen der eventuell zu ändernden HTML-Ressourcen ist mühsame Handarbeit. Das gilt vor allem, wenn es bei zunehmender Netzlast nicht bei einem Server bleibt, sondern mehrere Server sich mittels Load Balancing die Beantwortung der eingehenden Requests teilen. Von Dingen wie einer Versionsverwaltung ganz zu schweigen, mit der sich die letzten Änderungen des HTML-Codes oder der verwendeten Scripts verfolgen ließen. All dies lässt sich selbstverständlich einrichten, aber es ist nicht – wie bei SAP – out of the box verfügbar, sondern bedeutet zusätzlichen Aufwand.

Daher bietet SAP selbst seit Release 3.1, also bereits seit 1996 (!), einen derartigen Server, den Internet Transaction Server (ITS) an. Die Ressourcen, die auf diesen oder diese Server durch das so genannte Publizieren verteilt werden, sind gewöhnliche Objekte des SAP Repository und können daher wie eine ABAP-Source transportiert werden. Somit können Änderungen an Web-Objekten synchron mit den eventuell dazugehörigen Änderungen an der Business-Logik, an Funktionsbausteinen, Klassen etc. in die nachgeordneten Systeme – Test, Schulung und Produktion – importiert werden. Der Internet Transaction Server verarbeitet so genannte *HTML-Templates*, Fragmente von vollständigen HTML-Seiten, die mit einer eigenen kleinen Programmiersprache namens »Business HTML« angereichert werden können. HTML-Templates können wie eine ABAP-Source in der Workbench bearbeitet und danach auf den ITS publiziert werden.

Im Gegensatz zum ABAP-Dynpro oder -Report hat der Entwickler also bei einer ITS-basierten Webanwendung die *volle Kontrolle über die Präsentationsschicht*: Die am Front-end ausgeführte Logik spielt sich im Browser ab und setzt sich aus HTML, CSS und Java-script zusammen. All diese Bestandteile können vom Entwickler angepasst werden. Das ist gerade für öffentliche Internetauftritte wichtig: Kein Unternehmen will auf seinen Webseiten Werbung für SAP machen oder für jeden Kenner sofort als SAP-Kunde erkennbar sein, indem es die SAP-Layouts und Templates verwendet. Der Internetauftritt ist – genau wie bei einer Privatperson – eine Visitenkarte, die nach individuellen, unternehmensspezifischen Anforderungen gestaltet werden soll. Dennoch ist es natürlich ein Vorteil, dass bereits fertig ausgelieferte Webanwendungen wie der SAP Online Store oder der SAP Retail Store zur Verfügung stehen, so dass nur noch die HTML-Templates gemäß unternehmensspezifischen Anforderungen angepasst werden müssen.

Ein weiterer großer Vorteil ist, dass der Internet Transaction Server beginnend mit Basisrelease 6.40 in das SAP-System eingezogen ist. Ab diesem Releasestand entfällt also die Notwendigkeit eines zusätzlichen Internet Transaction Servers: Die gesamte ITS-Logik wird unmittelbar auf den Applikationsservern, ausgeführt. Wenn Sie also noch auf einem recht niedrigen Releasestand (bis 4.6) sind und daher innerhalb des SAP-Systems keine andere Wahl haben, als ITS-basierte Webanwendungen zu schreiben, so bleibt Ihnen diese Lösung bei einem zukünftigen Releasewechsel nicht nur erhalten, sondern wird sogar kostengünstiger, da Ihre ITS-Serverfarm entfallen kann.

Der Internet Transaction Server fällt, wenn man die genannten Vorzüge bedenkt, mit Sicherheit kostengünstiger aus als die Alternative, ein vollständig selbst gebauter externer Web-Server, der via Remote Function Calls mit dem SAP-System kommuniziert. Wir werden jedoch sehen, warum es im Allgemeinen noch größere Vorteile bietet, mit Business Server Pages zu arbeiten.

1.2 Warum Business Server Pages?

Bei all den beschriebenen Vorteilen des Internet Transaction Servers im Vergleich zu anderen Lösungen mit eigenen Web-Servern könnte man meinen, mit dem ITS sei nun das Thema webbasierter Applikationen ein für allemal erledigt. Für ältere Releasestände, bis Anwendungsrelease 4.6, drängt sich dieses Thema auf, da es bis zu diesem Release von SAP keine Alternative gab.

Aber der ITS hat – bei allen erwähnten Vorteilen – auch einige Nachteile. Dass die Web-Serverfunktionalität an ein eigenes System delegiert wird, ist ein Moment der Inflexibilität. Das SAP-System sollte *selbst* als HTTP-Server (und ggf. auch als HTTP-Client) fungieren und in der Lage sein, alle nötigen Schritte vom Eingang des HTTP-Requests bis zum Zurücksenden der Antwort zu übernehmen.

Hierzu bedurfte es einer neuen Komponente innerhalb des SAP-Systems, des *Internet Communication Managers (ICM)*. Mit Einführung des ICM zum Basisrelease 6.10 wurde das SAP-System zu einem vollwertigen Webserver. Ein separater Server für die HTTP-Kommunikation ist schlicht unnötig geworden. Webanwendungen sind seitdem als Business Server Pages vollständig in das SAP-System integriert.

Dadurch ist es möglich geworden, die Präsentations-, Applikations- und Steuerungslogik (View, Model und Controller) auf klar definierten Kanälen innerhalb der ABAP-Welt zu implementieren und zu koordinieren.

Ein View ist ein Fragment der HTML- (oder XML-) Antwort. In Business Server Pages ist er als ABAP-Objekt realisiert, das von einem anderen ABAP-Objekt, einem Controller, instanziiert und aufgerufen wird und seine Informationen über den aktuellen Anwendungszustand aus weiteren ABAP-Objekten, den Models erhält.

Präsentationslogik in den Views (Scripting) kann entweder in ABAP oder mit serverseitigem JavaScript realisiert werden. Komplexere Präsentationslogik kann mittels *Tag Libraries*, die in der BSP-Welt Extensions heißen, in spezielle Klassen ausgelagert werden. Tag Libraries stellen einen gewaltigen Schritt in Richtung Wiederverwendbarkeit dar – und helfen darüberhinaus bei der Gestaltung eines applikationsweit einheitlichen Look & Feel. Komplexere Präsentationslogik kann in Hilfsklassen implementiert werden, die wir als *Kontextklassen* bezeichnen, und die dem View in Form eines Seitenattributs zur Verfügung gestellt werden.

Mit all diesen Features sind Business Server Pages das ABAP-Äquivalent zu Java Server Pages. Sie stellen dem ABAP-Entwickler ein modernes technisches Framework dynamischer Webseitengestaltung zur Verfügung.

1.3 Web Dynpro vs. offenes UI

Für SAP bilden die Business Server Pages noch nicht den Schlusspunkt in der Reihe der Entwicklungswerkzeuge für webfähige Anwendungen. SAP hat weitere große Pläne. Für einen Entwickler von »Standardsoftware« oder »Best Practices«, wie es heute etwas bescheidener heißt, steht nun eine Standardisierung des User Interface auf der Agenda. Wie man im klassischen ABAP-Dynpro mit dem Screen Painter eine Benutzeroberfläche erstellen konnte und dem SAP GUI dessen Darstellung überließ, so kann man ab Basisrelease 7.0 mit dem *Web Dynpro* aus einer Palette standardisierter UI-Elemente Oberflächen erstellen und der Web Dynpro Runtime das HTML-Rendering überlassen.

Für manche ist das eine gute Nachricht: Man muss kein HTML kennen, um Web Dynpros zu erstellen. Die Definition eines Web Dynpro kann in der ABAP Workbench erfolgen und führt zu einer Beschreibung der Oberfläche in Form von XML-Metadaten in einem SAP-proprietären, nichtöffentlichen Format. Die Runtime (sowohl im Java- als auch im ABAP-Stack) übersetzt diese Metadaten in HTML- und JavaScript-Code und spielt diesen in die HTTP-Antwort ein.

Aber selbst wenn er wollte, *könnte* ein Entwickler den vom Web Dynpro erzeugten HTML-Code auch nicht mehr verändern. Das ist beabsichtigt. SAP-Anwendungen sollen ein einheitliches Aussehen haben, und das lässt sich in den Augen der Web-Dynpro-Entwicklung nur dadurch erreichen, dass die SAP-Basis die Hoheit über fast den gesamten HTML- und JavaScript-Code hat, der an den HTTP-Client gesendet wird.[3] Die vielfältigen Möglichkeiten, die ein Webdesigner zur Gestaltung von HTML-Seiten kennt, werden dem Entwickler, ob er will oder nicht, abgenommen, und an ein Team innerhalb der SAP delegiert.[4]

Das mag für die von SAP ausgelieferten Anwendungen, die »Best Practices« das richtige Vorgehen sein, damit nicht jede SAP-Anwendung anders aussieht. Anwendungsentwickler sollen sich darauf konzentrieren, die Geschäftslogik für ihre Prozesse zu realisieren. Die Feinheiten der Oberfläche überlassen sie besser der Basis oder ihrem UI-Team, das um ein SAP-weit einheitliches Look & Feel bemüht ist.

---

3. Mit CSS gibt es immerhin auch im Web Dynpro noch einen eingeschränkten Rahmen der Gestaltung. Man darf mal eine Hintergrundfarbe oder Schriftart ändern. Im Übrigen ist man aber auf das von SAP vorgedachte Look & Feel eingeschränkt.
4. Dem Aussehen der Oberflächenelemente nach dürfte es sich übrigens um dasselbe Team handeln, das auch in der BSP-Welt bereits die SAP-eigene »HTMLB« Tag Library entwickelt hatte.

Beim *Kunden* und bei kundeneigenen Applikationen aber sieht die Sache anders aus. Der Internetauftritt eines Unternehmens ist eine sehr individuelle Angelegenheit. Um ein mit der eigenen Corporate Identity konformes Design zu erreichen, kommt man nicht damit aus, in einer bestehenden SAP-Anwendung ein paar Bildchen auszutauschen und in einem vorgegebenen Stylesheet-Konzept Schriftfarben und -größen zu ändern. Das Applikations-Framework muss dem Webdesigner vielmehr die vollständige Kontrolle des User Interface ermöglichen. Das bedeutet, alle an den Client gesandten Ressourcen, der HTML-Quelltext ebenso wie das CSS, Applets, JavaScript etc. müssen durch die Anwendungsentwicklung steuerbar sein. Für Anwendungen dieser Art ist das Web Dynpro nicht geeignet. Business Server Pages bleiben hierfür das richtige Framework.

Entgegen seinem Namen bedeutet das Web Dynpro einen *Abschied von der klassischen Webanwendung*. Durch die Einführung der XML-Metadaten macht sich SAP unabhängig von einer konkreten Technologie, mit der das User Interface dargestellt wird. Mittlerweile gibt es verschiedene Rendering Engines für das Web Dynpro: Das Web Dynpro lässt sich nicht nur in einem Browser darstellen – wahlweise in HTML oder in Flash – sondern auch mit einem eigenen Web Dynpro Client, unabhängig vom Browser. *Webanwendungen im klassischen Sinne stellen für SAP nur eine kurze Ära dar*, ein Übergangsglied auf dem Weg vom Dynpro zum Web Dynpro.

Die Vereinheitlichung der Benutzerschnittstelle steht für die vielen, von SAP selbst entwickelten Applikationen natürlich im Vordergrund, und sie erreicht dieses Ziel, indem sie dem Anwendungsentwickler die Präsentationsschicht wegnimmt und ihn auf ein grafisches Tool verweist, mit dem er nunmehr seine Benutzeroberflächen nach klar definierten Spielregeln »malen« darf. Dieses Vorgehen ist für ein Unternehmen, das sich einmal zum Ziel gesetzt hat, Standardsoftware zu entwickeln, durchaus sinnvoll. Ob aber seine Kunden oder andere Softwareanbieter es übernehmen sollten, ist eine andere Frage.

In diesem Buch soll es nicht um das *Web Dynpro*, sondern um *Webanwendungen* gehen; zu deren Wesen gehört es, dass auch die Präsentationsschicht dem Entwickler für Anpassungen und Erweiterungen zur freien Gestaltung offensteht. Die ideale Umgebung für Webanwendungen im SAP-Bereich stellen die Business Server Pages dar.

1.4 Über dieses Buch

Dieses Buch, aus der Praxis für die Praxis geschrieben, richtet sich vor allem an Entwickler und Berater, die mit dem Thema Webanwendungen zu tun haben und die Möglichkeiten kennenlernen wollen, mit der ABAP-Entwicklungsumgebung und der BSP-Laufzeit Anwendungen auf Basis des SAP Web Application Servers zu erstellen. Wenn Sie dieses Buch gelesen haben, können Sie auf ein BSP-Framework zurückgreifen, das in zahlreichen Entwicklungen gewachsen ist. Es kann Ihnen helfen, selbst stabile und erweiterbare Anwendungen getreu dem Model-View-Controller-Architekturmuster zu entwickeln.

Der *Retail Store*, den ich Ihnen im nächsten Kapitel kurz vorstelle, war Ausgangspunkt des BSP-Frameworks, auf dem dieses Buch aufbaut. Der Retail Store ist eine Sammlung von Anwendungen, deren Geschäftslogik durch BAPIs und APIs des SAP-Standards abgewickelt wird. Die Retail-Store-Anwendung, die auf dieser Geschäftslogik aufsetzt, ist eine MIGROS-Eigenlösung, deren visuelle Oberflächenelemente (Tabellen, Drucktasten) mit dem Retail Store des SAP-Standards identisch sind. Die Anwendungen laufen jedoch – und das ist das Besondere – direkt über den Web Application Server; es wird nicht wie im SAP-Standard ein vorgelagerter Internet Transaction Server benötigt. Darüberhinaus sind fast alle Anwendungen – hochkomplexe Anwendungen wie den SD-Kundenauftrag eingeschlossen – *zustandslos* implementiert: Es werden keine Sitzungsdaten im Hauptspeicher vorgehalten; stattdessen wird mit serverseitigen Cookies gearbeitet. Die Performance kann sich sehen lassen und zeigt, dass dieses Konzept tragfähig ist.

Im dritten Kapitel geht es um bewährte *Programmierparadigmen*. Diese gewähren hilfreiche Orientierung, um *wartbare, robuste und erweiterbare* Programme zu produzieren. Sie gelten sinngemäß auch für andere Programmiersprachen. Die Features von ABAP Objects helfen in besonderer Weise bei der Verwirklichung der Wiederverwendbarkeit, der Modularisierung und der Entkopplung. In diesem Kapitel stelle ich Ihnen auch eine *Objektfabrik* vor. Fabriken dienen dazu, die Definition von Objekten (in Schnittstellen oder abstrakten Klassen) vollständig von der Implementierung zu trennen.

Model-View-Controller (MVC) ist ein Architekturmuster, das für alle Anwendungen mit Benutzerschnittstelle mit Gewinn eingesetzt werden kann. Es unterstützt die Einhaltung der erwähnten Programmierparadigmen, indem es die Software in drei Schichten trennt: Zwei dieser Schichten, View und Controller, dienen der Anbindung der Benutzerschnittstelle – der große Rest, Model genannt, enthält die eigentliche Anwendungslogik. Im Kapitel *Anwendungen mit Benutzerschnittstelle* bringe ich Ihnen dieses Konzept in seinen Grundzügen nahe.

Bevor Sie das MVC-Architekturmuster auf den konkreten Fall von Web-Applikationen anwenden, erläutere ich Ihnen im fünften Kapitel die wichtigsten Eigenschaften des Internet Communication Frameworks (ICF), auf dem auch die Business Server Pages aufbauen. Sie werden die Möglichkeiten kennenlernen, mittels eines *Requestbehandlers* das SAP-System als HTTP-Server einzusetzen, Services in den ICF-Servicebaum einzuhängen und Aliaspfade zu definieren. Sie lernen auch das Minimum, das Sie über Anmeldungen wissen müssen. Schließlich schauen wir uns noch das MIME Repository und den BSP-Handler etwas genauer an.

Nun haben Sie das notwendige Handwerkszeug, um das MVC-Konzept für Webanwendungen zu erschließen. Ich stelle Ihnen ab dem 6. Kapitel ein Framework für BSP-Anwendungen vor, das Sie Schritt für Schritt kennenlernen werden – von der obligaten *Hallo Welt!*-Anwendung über den Begriff des *Panels* und der *Flow Logic*, den im 7. Kapitel erläuterten Mechanismus der Datenbindung bis zu einem komplexen, realistischen Beispiel: Im 8. Kapitel erarbeiten wir eine Anwendung zum Anlegen, Ändern und Verwalten von SAP-Servicemeldungen.

In vertiefenden Kapiteln geht es um die Themen

- *Sitzungsdaten* – die verschiedenen Möglichkeiten, in einer zustandslosen Webanwendung Kontext aufzubewahren. Unser MVC-Framework arbeitet zu diesem Zweck mit einer eigenen Klasse `zcl_mvc_sessiondata`.
- *Message Handler* – Bei der Trennung der Benutzerschnittstelle von der Anwendungslogik bekommt er eine eminente Wichtigkeit: Meldungen können nicht dort *ausgegeben* werden, wo sie *auftreten*. Die Klasse `zcl_messages`, Komponente unseres MVC-Frameworks, wird diskutiert.
- Ausführlich möchte ich Ihnen dann *Tag Libraries (*auch bekannt als *BSP-Extensions)* vorstellen – also die Möglichkeit, wiederkehrende Präsentationslogik in Form von selbstdefinierten Elementen zu kapseln. Ich erläutere Ihnen auch den Pool von UI-Elementen, wie sie bei der Realisierung des Retail Store verwendet wurden. Ich zeige Ihnen anhand ihrer Funktionen auch die Schwierigkeiten, die es bei der Implementierung komplexerer Elemente wie eines Eingabe- oder Tabellentags zu beachten gibt.
- *Implementierungsdetails* des MVC-Frameworks. Möglicherweise wurde Ihre Neugier durch die Beispiele geweckt. Das Kapitel *Das MVC Framework im Detail* diskutiert Besonderheiten des Entwurfs und der Implementierung.
- *Texte.* – Um sie übersetzungsrelevant zu gestalten, sollte man Ablagen wie das Online Text Repository (OTR) verwenden. Die Klasse `zcl_bsp_util` bietet weitere Möglichkeiten, sich aus dem reichen Textpool des SAP-Standards zu bedienen.
- *Clientseitige Logik* – Hierzu gehören nicht nur Abläufe wie Eingabeprüfungen, Cursorsteuerung und Hilfefenster, sondern auch – und das ist ein besonders vielversprechendes Thema – das clientseitige Rendern mit XSLT. An einem detaillierten Beispiel zeige ich Ihnen, wie man es einrichten kann, dass eine Applikation den Client nur noch über ihre dynamischen Anteile informiert – während die statischen Teile in Form einer XSLT-Transformation im Puffer eingelagert werden. Neben einer Reduktion der Netzlast liegt ein Vorteil dieses Ansatzes in einer noch klareren Trennung von User Interface und Anwendungsmodell. Sie müssen hierbei nicht auf Tag Libraries verzichten: Eine Extension ZX hilft Ihnen, Ihre UI-Elemente so zu gebrauchen, wie Sie es von einer »klassischen« BSP-Anwendung gewohnt sind.

Im Kapitel *Andere Requestbehandler* zeige ich Ihnen die Möglichkeit, XML-basierte HTTP-Requests zu schreiben. Um möglichst allgemeingültig zu bleiben, fiel mir als Beispiel nichts Besseres ein als ein XML-basierter Data Browser – eine SE16 via HTTP. Sie zeigt jedoch die wesentlichen Techniken und Mechanismen, die Sie zur Verarbeitung von XML für ein- und ausgehendes HTTP verwenden können.

Nicht nur als Server ist das SAP-System zu gebrauchen: In seiner umgekehrten Rolle als *HTTP-Client* erschließt sich ihm die weite Welt des Internets: Wo immer draußen im Web ein nützlicher Service existiert, lässt er sich mit wenigen Handgriffen auch für SAP-Anwendungen dienstbar machen. Zum Basisrelease 6.40 wurde das Vorgehen zum Einbinden von Web-Services stark vereinfacht. Aber auch in früheren Releaseständen ist es kein Hexenwerk. Um zu sehen, wie Web-Services eingebunden werden, werden wir einen Primzahlservice aus dem Web aufrufen. Ein in ABAP programmierter *RSS Newsreader*, der beliebige Feeds einlesen und in ABAP darstellen kann, zeigt Ihnen, wie einfach es ist, einen HTTP-Client durch ein koordiniertes Zusammenspiel von ABAP und XSLT zu realisieren.

Mit »*Ajax im Einsatz*« lernen Sie eine weitere aktuelle, XML-basierte Technik für Webanwendungen kennen. In diesem Kapitel entwickele ich mit Ihnen zusammen Schritt für Schritt eine Ajax-Anwendung zur Verwaltung von Job-Attributen. Wir gelangen schließlich zu einer aus *Serversicht* statischen Weboberfläche, die aber auf dem Client hochdynamisch ist: Die Präsentationslogik wird mit XSLT und JavaScript im Browser realisiert. Das `XMLHttpRequest`-Objekt ruft für die Anwendungslogik XML-basierte Services auf. Das sind Techniken, die Sie kennen sollten: auch wenn Sie aus Ajax kein Dogma machen müssen, bereichern Ajax-Techniken Ihre Webanwendungen.

Damit ist der Reigen der Web-bezogenen Artikel beendet. Es folgen noch zwei wiederverwendbare Softwareteile, die Sie sicher in Ihren nächsten ABAP-Entwicklungen mit Vorteil verwenden können. Sie sind vom MVC-Framework völlig unabhängig:

- Eine Klasse `ZCL_TABLE_HANDLER`, die das Problem der Alt-/Neustandsverwaltung von Daten in Pflegetransaktionen ein für allemal löst.
- Eine Klasse `ZCL_PARAM` zur Pflege von applikationsweiten Parametern.

Unter *http://www.mits.ch/bsp* können Sie sich den Quelltext des Frameworks sowie sämtliche Beispiele dieses Buches ansehen. Sie haben dort auch die Möglichkeit, einen Transport mit dem Framework direkt in Ihr SAP-System einzuspielen.

1.5 Danksagungen

Ich bin meiner Frau Katinka Penert und meinen Kindern David und Clara zu tiefem Dank verpflichtet, dass sie mir für dieses Buchprojekt so viel Zeit geschenkt haben.

Ein großes Dankeschön geht auch an meine Vorgesetzten Oliver Jung, Erwin Moser und Marcel Schaniel, dafür, dass sie das Vorhaben auch im Namen der MIGROS ohne Wenn und Aber unterstützt haben.

Meinem Verleger Michael Barabas danke ich für die gute und unkomplizierte Zusammenarbeit!

2 Der Retail Store der Migros

Der Retail Store der Migros war der Auslöser für die Entwicklung vieler in diesem Buch vorgestellter Konzepte. Ich möchte dieses erfolgreiche Entwicklungsprojekt daher hier kurz vorstellen. Das Kapitel soll Ihren Appetit anregen und Ihnen zeigen, dass es möglich ist, komplexe Webanwendungen mit hoher Dialoglast und mit Sitzungskontexten auf BSP-Basis zu realisieren. Der Retail Store selbst und dessen Funktionen sind nicht Inhalt dieses Buches. Auch bekommen Sie mit diesem Buch keine Storelösung zum fertigen Download.

2.1 Was ist der Retail Store?

Der SAP Retail Store (SRS) ist eine von SAP ausgelieferte Webanwendung, die es dem Filialmitarbeiter ermöglicht, sein tägliches Geschäft vom Webbrowser aus zu erledigen: Er kann Filialaufträge erfassen, um zusätzlich benötigte Artikel vom Zentrallager zu bestellen, Wareneingänge und Warenverschiebungen buchen, Kundenaufträge erfassen und kann die Inventur durchführen – im Übrigen bietet der Store eine Vielzahl von Listenauswertungen, Statistiken, Übersichten über alle Bereiche des Geschäfts zur Anzeige oder zum Ausdrucken an. Hier eine Sicht auf das Grundmenü des SRS, wie er bei der Migros produktiv im Einsatz ist (siehe Abb. 2–1).

Der große Vorteil des SAP Retail Store liegt – neben seiner einfachen, intuitiven Bedienungsoberfläche – in der *Plattformunabhängigkeit*. In der Filiale wird nur ein PC mit Netzwerkanschluss und Webbrowser benötigt. Weitere Einstellungen sind nicht nötig. Im Gegensatz dazu erforden SAP-GUI-Anwendungen die Installation zusätzlicher Software auf allen PCs und erhöhten Ausbildungsaufwand, da die Bildschirmmasken (Dynpros) der SAP-Anwendungen zwar mächtige Funktionen bieten, aber ohne Schulung in der Regel nicht effizient bedient werden können.

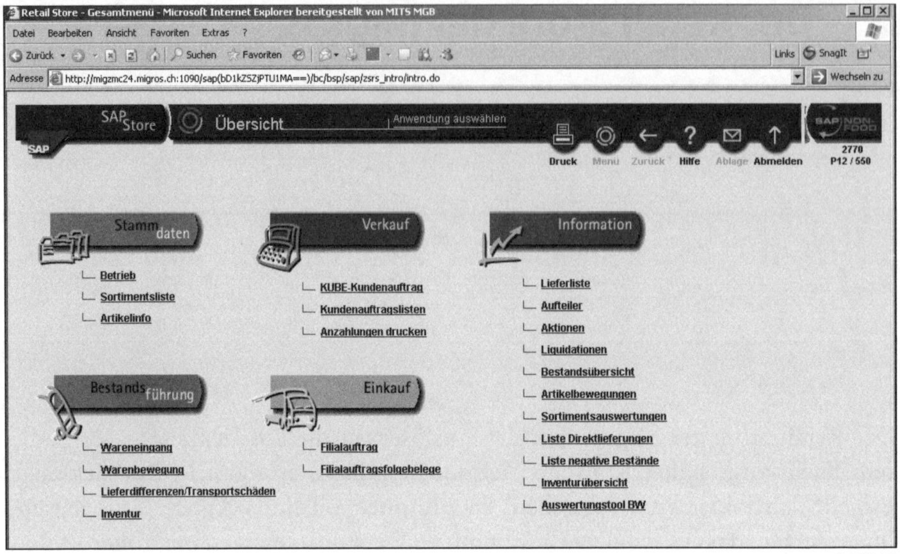

Abb. 2–1 *Das Hauptmenü des SRS*

Demgegenüber weist der SRS folgende Nachteile auf:

- Die technische Basis, auf der der SAP Retail Store realisiert ist, der *Internet Transaction Server* (ITS) ist mittlerweile veraltet. Neue Applikationen der SAP werden nicht mehr auf Basis des ITS entwickelt, sondern mit Web Dynpros oder Business Server Pages (BSP).
- Erhöhte laufende Betriebskosten durch zusätzliche Server: Aufgrund der ITS-Technologie werden zum Betrieb des SAP Retail Store neben den SAP-Application- und Database-Servern noch weitere ITS-Server benötigt, die die Aufgabe haben, die aus dem Netz eingehenden Requests SAP-Sitzungen zuzuordnen, die SAP-Applikationslogik aufzurufen, und die Rückgabedaten in HTML aufzubereiten.

  Dieser Punkt wäre zwar mit Basisrelease 6.40 entschärfbar, denn ab diesem Release ist der ITS in den SAP Web Application Server integriert. Für das NonFood-Projekt war dies leider zu spät: Für den Go-Live-Termin August 2003 war an ein Basis-Upgrade nicht mehr zu denken. Immerhin erfolgte der Go Live letztlich mit Basisrelease 6.20 und dem »Enterprise« Anwendungsrelease 4.70.
- ITS-Webapplikationen sind grundsätzlich zustandsbehaftet (*stateful*). Das bedeutet, bei jeder Anwahl eines SRS-Links wird eine neue SAP-Sitzung erzeugt und für eine gewisse Zeit aufrechterhalten. Die Sitzung bleibt auch dann erhalten, wenn der Anwender seinen Webbrowser schließt. Das bindet Ressourcen auf dem SAP-System, die sinnvoll anderweitig verwendbar wären, z.B. für die regelmäßig eingeplanten Jobs. Zwar ist die Zeitspanne bis zum Beenden der Sitzung im Prinzip einstellbar, jedoch darf sie nicht zu kurz

gewählt werden, damit die Anwender nicht während der Transaktionsbearbeitung plötzlich ihre Daten verlieren.

- Die Implementierung des SRS trennt nicht klar die zur Präsentation der Daten nötige Logik von der Anwendungslogik. Die Dynpros, auf denen die ITS-Services basieren, sind als Dynpros eigentlich reine Präsentationsobjekte; aber bereits die Module ihrer Ablauflogik vermischen die Datenpräsentation mit Applikationslogik. Das erschwert insgesamt die Wartbarkeit und Erweiterbarkeit des SRS. Das gilt insbesondere für die Darstellung der Daten auf verschiedenen Frontend-Typen. Es ist zwar auch im Rahmen des ITS möglich, je nach Frontend unterschiedliche Datenansichten an den Client zurückzugeben, jedoch mit einem erheblichen Anpassungsaufwand.

Für den Bereich »Non Food« der Migros, der mit ca. 900 Filialen und rund 400.000 Artikeln produktiv ist, ist das Thema Ressourcenschonung von hoher Priorität. Darüberhinaus bedient das Non Food System nicht nur Supermärkte, sondern auch Fachmärkte (Hobbymärkte, Gartencenter, Metall- und Möbelfachgeschäfte), die in den Verkaufsbereich der Migros integriert sind.

Daraus resultiert eine Vielzahl geschäftsspezifischer Anforderungen, die mit dem SAP-Standard nicht abgebildet werden können. Die einfache und flexible Erweiterbarkeit des Retail Store war vor diesem Hintergrund ein Muss.

2.2 Das Projekt »SRS auf BSP«

Die Leitung des Projekts »Zentrale Warenwirtschaft« der Migros fällte den Entscheid, den von SAP ausgelieferten SRS auf neuer technischer Basis zu implementieren. Schon zuvor hatte es einen Stopp aller mit dem Retail Store verknupften Modifikations- und Erweiterungsarbeiten gegeben. In Gesprächen mit der Entwicklungsabteilung wurden die Anforderungen der Migros für eine Ausschreibung weiter konkretisiert:

- *Web-AS-basierte Lösung*
  Die Web-Requests sollen vom Web Application Server des SAP-Systems beantwortet werden. Der ITS muss aus der Systemlandschaft entfernt werden können.
- *Gleiche Oberfläche*
  Die Migros war schon vor dem »NonFood« mit dem »Food/Near Food« Sortiment in einem separaten SAP-System produktiv. Dieses Projekt, das auf einer unabhängigen Systemlandschaft läuft, arbeitet mit dem Retail Store des SAP-Standards. Da den Filialmitarbeitern nicht zuzumuten ist, für »Non Food« eine andere Oberfläche als für »Food/Near Food« präsentiert zu bekommen, müssen die Standard-Services des Retail Store für Non Food gleiches Aussehen haben wie der ITS-basierte Standard Retail Store.

- *BSPs mit dem MVC-Architekturmuster*
  Der SRS soll in Form von BSP-Applikationen portiert werden, die dem »Model-View-Controller«-Architekturmuster (MVC) entsprechen. Das heißt: Die Sicht auf die Daten (Views), die Abfolge der Bilder und Eventbehandlung (Controller) sowie die Applikationslogik (Model) sollen in klar getrennten Ebenen implementiert werden.
  Die so genannten »BSP-Seiten mit Ablauflogik« wären zwar leicht erstellbar gewesen, waren aber nach dieser Vorgabe verboten, da sie die strikte Trennung von Applikations- und Präsentationslogik wieder aufheben. Die Chance eines wartungs- und erweiterungsfreundlichen Entwurfs, die sich mit der Neuimplementierung bot, sollte auch genutzt werden.
- *Standard aufrufen*
  Die Applikationslogik soll, wenn möglich, durch den Aufruf von BAPIs oder APIs realisiert werden. So wird doppelter Code vermieden. Außerdem werden Bugfixes oder Programmverbesserungen, die durch SAP Support Packages hereinkommen, auch im neuen Retail Store sofort wirksam.
- *Zustandslos*
  Die Anwendungen sollen zustandslos (*stateless*) implementiert sein. Das heißt, nach Erzeugung des HTML, das als Antwort an den Client geschickt wird, soll die SAP-Sitzung beendet werden. Es sollen keine Sitzungen im Hauptspeicher des Systems vorgehalten werden.
- *Kein Aufwand auf Clientseite*
  Auf Clientseite darf kein zusätzlicher Installationsaufwand entstehen; ein JavaScript-fähiger Webbrowser mit aktivierten Cookies muss genügen! Das bedeutet insbesondere ein klares Nein zu allen Arten von Plugins.

Der Zeitplan war ehrgeizig gefasst. Der ITS-basierte Retail Store sollte, mit allen bis zum Projektbeginn von der Migros und ihren Beratungspartnern erfolgten Modifikationen und Erweiterungen, innerhalb von nur drei Monaten in das BSP-Umfeld portiert werden.

Drei Beratungsfirmen stellten sich dieser Herausforderung und sandten der Migros Angebote. Die Entscheidungsfindung war schwierig. Das Team von sechs Köpfen, auf das die Wahl fiel, war in der Lage, die Umsetzung des SRS-Contents tatsächlich fristgerecht fertigzustellen. So entstand der »neue SRS« der Migros – optisch ähnlich der bestehenden Lösung (wie gewünscht), jedoch in seinen internen Strukturen gründlich modernisiert.

Noch als man in der letzten Phase des Projekts war, wurde der neue SRS umfangreichen Tests unterzogen. Nach Fertigstellung des Produkts – vor dem ersten Go Live Termin – mussten diese Tests jedoch intensiviert werden, da nun noch die zuvor eingefrorenen Migros-spezifischen Erweiterungen implementiert wurden. Letztlich waren alle im Store abgebildeten Prozesse von den Erweiterungen betroffen. Nun folgte eine »heiße Phase« von Korrekturen und Weiterentwicklungen.

Bis zum Go Live waren die größeren Schwierigkeiten mit dem Retail Store alle beseitigt, nun ging es um kleinere oder niedrig priorisierte Themen. Das Feedback der Filialmitarbeiter war durchgängig positiv. Insbesondere die vollständig neu entwickelte Applikation zur Kundenauftragsbearbeitung erfreute sich großer Beliebtheit.

Der neue SRS erfüllt im Wesentlichen alle Vorgaben der Projektleitung. Die Elemente seiner Benutzeroberfläche (nicht die Applikationen!) entsprechen exakt der Oberfläche des Standard Retail Stores – mit einigen, genau definierten Ausnahmen. Er ist fast durchgängig *zustandslos* realisiert: Die Benutzerkontexte werden nicht im Hauptspeicher vorgehalten, sondern für jeden Dialogschritt auf- und wieder abgebaut.

2.3 Das Framework

Es wurde schon bei den Vorbereitungen des Projekts klar, dass eine erfolgreiche und solide Lösung auf einem klar definierten, robusten und effektiven Framework aufbauen musste. Das Framework muss nicht nur sicherstellen, dass wiederkehrende Aufgaben zentral gelöst werden, sondern auch, dass die einzelnen Applikationen nach einem gleichen Schema entworfen werden. Im Grunde muss der gesamte Ablauf der Requestbearbeitung durch das Framework vorgedacht werden. Die speziellen Details der Implementierung werden dann an den vom Framework vorgesehenen Stellen implementiert:

> *Das Framework bestimmt die Architektur Ihrer Anwendung. Es definiert die Struktur im großen, ihre Unterteilung in Klassen und Objekte, die jeweiligen zentralen Zuständigkeiten, die Zusammenarbeit der Klassen und Objekte sowie den Kontrollfluss. Ein Framework legt diese Entwurfsparameter im voraus fest, so dass Sie, der Anwendungsentwickler und Programmierer, sich auf die speziellen Details Ihrer Anwendung konzentrieren können. Das Framework enthält die Entwurfsentscheidungen, die in seinem Anwendungsbereich allgemein anzufinden sind.*[1]

Durch die Vorgabe, dass die Implementierung durch MVC-basierte Business Server Pages erfolgen sollte, war das übergeordnete Framework bereits vorgegeben: Das BSP-Framework von SAP. Das Framework des SRS folgt diesem übergeordneten Framework durch Vererbung: alle involvierten Klassen erben von den SAP-Standardklassen.

1. Gamma/Helm/Johnson/Vlissides, *Entwurfsmuster*, Addison-Wesley 1996, S. 37

Die *Navigationsstruktur* des Retail Store ist einfach: Von einem zentralen Service, der ein Menü aller möglichen Anwendungen anbietet, kann in die einzelnen Anwendungen verzweigt und wieder zurücknavigiert werden. Die einzelnen Anwendungen enthalten ihrerseits meist ein Einstiegsbild, in dem Selektionen eingegeben werden können, und ein Übersichtsbild, in dem eine Liste angezeigt oder ein Anwendungsobjekt (Filialauftrag, Warenbewegung o.ä.) erfasst und verbucht werden kann. Eine Quer-Navigation von einer Anwendung in eine andere war im ursprünglichen Entwurf nicht vorgesehen.

Dies spiegelt sich in einer entsprechend einfachen Struktur des BSP-Frameworks: Es gibt für alle Controller des SRS eine gemeinsame Oberklasse `ZCL_CO_SRS`, die ihrerseits vom Controller des BSP-Frameworks erbt (`CL_BSP_CONTROLLER2`). Insgesamt gibt es also in der Regel eine dreistufige Klassenhierarchie.[2]

Für die Modelklassen, die die Applikationslogik enthalten, wurde im ersten Entwurf ein einfacher Weg gewählt: Alle Modelklassen erben von einer zentralen Klasse `ZCL_SRS`, die als *Applikationsklasse* ausgewiesen wird. Methoden der Applikationsklasse werden nur vom Controller aufgerufen, nicht von Views oder von anderen Orten. Dies wurde als Programmierrichtlinie festgelegt, obwohl natürlich die Ubiquität der Applikationsklasse eine missbräuchliche Verwendung ermöglichen könnte. Da diese Programmierrichtlinie auch eingehalten wurde, ist eine nachträgliche Umstellung mit verhältnismäßig wenig Aufwand möglich.

Gemeinsame Bildbereiche werden von einer zentralen BSP-Applikation `ZSRS` erstellt und können durch Aufruf von Methoden der gemeinsamen Controller-Oberklasse `ZCL_CO_SRS` in die HTML-Antwort eingefügt werden. Dazu gehört beispielsweise die Navigationsleiste, die oberhalb aller BSP-Anwendungen zu sehen ist. Sie bezeichnet den Ort, an dem man sich zur Zeit im Store befindet und bietet Buttons zur Rückwärtsnavigation, zur Rückkehr ins Menü, zum Aufruf der Dokumentation und zum Abmelden an:

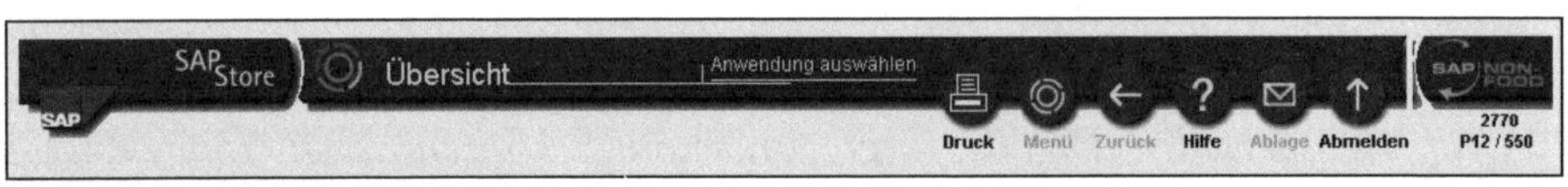

© SAP AG

Abb. 2–2 *Die Navigationsleiste*

An der Stelle, wo dies nötig ist, kann die Instanz des Anwendungscontrollers diese Leiste durch Aufruf der Methode `navigation_bar( )` generieren.

Neben gemeinsamen Views gibt es aber auch gemeinsame Elemente des User Interface, wie zum Beispiel *Buttons*

2. Eine Ausnahme bildet hier die Kundenauftragsanwendung, die aufgrund ihrer Komplexität noch weitere Unterklassen ableiten muss und effektiv vierstufig ist.

© SAP AG

Abb. 2–3 *Buttonleiste im SRS*

oder *Tabellen*,

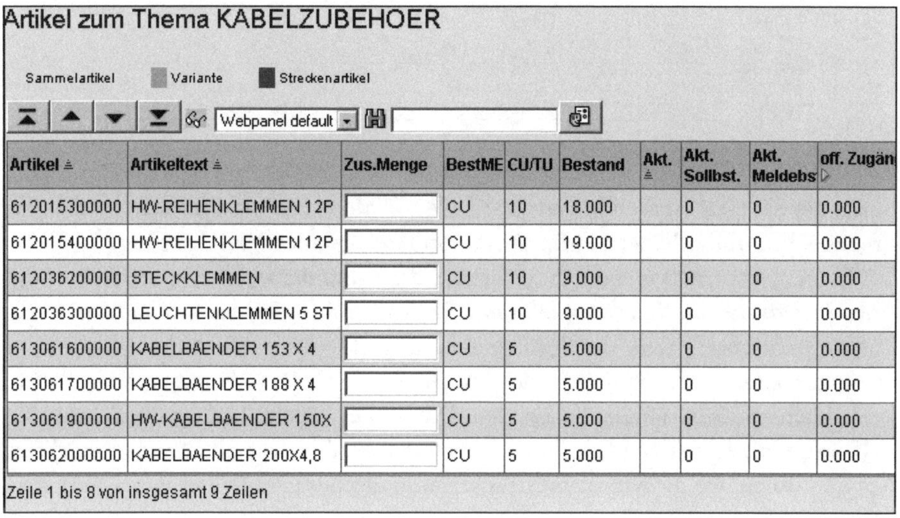

Artikel	Artikeltext	Zus.Menge	BestME	CU/TU	Bestand	Akt.	Akt. Sollbst.	Akt. Meldebs	off. Zugän
612015300000	HW-REIHENKLEMMEN 12P		CU	10	18.000		0	0	0.000
612015400000	HW-REIHENKLEMMEN 12P		CU	10	19.000		0	0	0.000
612036200000	STECKKLEMMEN		CU	10	9.000		0	0	0.000
612036300000	LEUCHTENKLEMMEN 5 ST		CU	10	9.000		0	0	0.000
613061600000	KABELBAENDER 153 X 4		CU	5	5.000		0	0	0.000
613061700000	KABELBAENDER 188 X 4		CU	5	5.000		0	0	0.000
613061900000	HW-KABELBAENDER 150X		CU	5	5.000		0	0	0.000
613062000000	KABELBAENDER 200X4,8		CU	5	5.000		0	0	0.000

Zeile 1 bis 8 von insgesamt 9 Zeilen

© SAP AG

Abb. 2–4 *Tabelle im SRS*

die durchgängig im Retail Store ein einheitliches Aussehen haben sollen. Diese gemeinsamen Elemente des User Interface wurden durch eine eigene Tag Library (BSP-Extension) realisiert. Welche Anforderungen sich an die Tags ergeben und wie sie parametrisiert werden können, werden wir noch ausführlicher behandeln.

2.4 Zusammenfassung

Den Retail Store auf BSP-Basis neu zu implementieren, war ein ehrgeiziges, technisch anspruchsvolles Unterfangen, das zum damaligen Zeitpunkt darüberhinaus mit einigen konzeptuellen Ungewissheiten behaftet war.

Im Nachhinein können wir jedoch sagen: Das Konzept hat sich bewährt! Das System läuft stabil und mit Antwortzeiten, die sich sehen lassen können. Hier ein Auszug aus der Systemstatistik (ST03) für den Juli 2006 (siehe Abb. 2–5).

Wir sehen, dass der SRS[3] mit über 6 Mio. Requests im Juli eine durchschnittliche Antwortzeit von 0,38 Sekunden realisiert und damit sogar um 0,4 Sekunden

Systemlastübersicht: Mittlere Zeiten pro Schritt in ms							
Tasktyp	# Schritte	Ø Zeit	Ø CPU-Zeit	Ø DB-Zeit	Ø Zeit	Ø Wartez.	Ø Roll-In~
ALE	45,344	286.1	58.5	58.3	0.0	8.8	0.9
AutoABAP	85,437	620.3	305.5	89.9	0.0	0.3	1.6
Background	2,073,984	11,082.0	1,353.7	6,907.0	4.3	44.6	4.3
Batch Input	471	220,936.0	33,161.2	164,719.3	0.0	0.3	3.7
Buffer Sync.	174,055	94.4	34.7	75.6	0.0	0.3	0.0
Dialog	5,126,532	779.0	204.1	370.2	0.0	0.7	1.6
HTTP	6,524,115	379.5	144.2	229.8	0.0	0.4	0.0
RFC	8,754,776	2,808.8	583.9	2,026.8	0.0	8.9	1.5
Spool	210,189	459.6	56.3	63.4	0.0	7.2	0.2
Update	1,253,042	469.0	114.3	348.2	0.0	12.2	0.0
Update2	1,873,406	237.5	30.0	160.9	0.0	47.6	0.0
andere	765,143	12.3	1.1	4.5	0.0	0.2	0.0

Abb. 2-5 *Systemlastübersicht*

besser als die GUI-Anwendungen ist (Zeile »Dialog«). Das ist natürlich auch das Ergebnis kontinuierlicher Bemühungen um Performance-Verbesserung.

Es mag manchen erstaunen zu hören, dass sich derartige Antwortzeiten mit einer *fast durchgängig zustandslosen* BSP-Anwendung realisieren lassen.[4] Man könnte befürchten, dass die Performance absackt, wenn nicht der vollständige Sitzungskontext im Speicher des Applikationsservers bereitgehalten wird. Schließlich müssen ja die benötigten Daten bei jedem Dialogschritt aus der Tabelle der serverseitigen Cookies nachgelesen werden. Vor allem für so mächtige Applikationen wie die Kundenauftragserfassung könnte man hier das Schlimmste befürchten.

Zur Illustration zeige ich Ihnen hier einen Screenshot aus dem »KUBE-Kundenauftrag«, einer Eigenlösung für die Migros-Fachmärkte, die jedoch letztlich auf die SD-APIs zum Bearbeiten von Kundenaufträgen zurückgreift. Der KUBE-Kundenauftrag bietet

- ein Migros-eigenes Versandkonzept, mit dem die verschiedensten Lieferprozesse abgebildet werden können: Heimlieferungen, Kundenabholungen, Sofortaufträge, und dies alles sowohl für Strecken- als auch für zentral disponierte und beschaffte Artikel;
- eine Eigenlösung zur Abwicklung von Anzahlungen;
- das Ein- und Ausbuchen von Ware aus dem Filialbestand (für Kundenabholungen);

3. Der SRS ist praktisch die einzige Anwendung, die in diesem SAP-System den HTTP-Port verwendet. Die Antwortzeiten in der Zeile »HTTP« *sind* also die SRS-Antwortzeiten.
4. Der einzige zustandsbehaftete Dialogschritt – ein View in der Applikation »Lieferdifferenzen« – macht lediglich 0.3% des gesamten HTTP-Traffics aus und spielt daher für diese Bewertung keine Rolle.

- selbstverständlich die Standard-SD-Funktionalitäten wie die Pflege von Rabatten, die Preisfindung und Verfügbarkeitsprüfung, dazu eine Übersicht verfügbarer Bestände in anderen Migros-Filialen und
- für Streckenartikel sogar eine Berücksichtigung der Lieferantenferien!

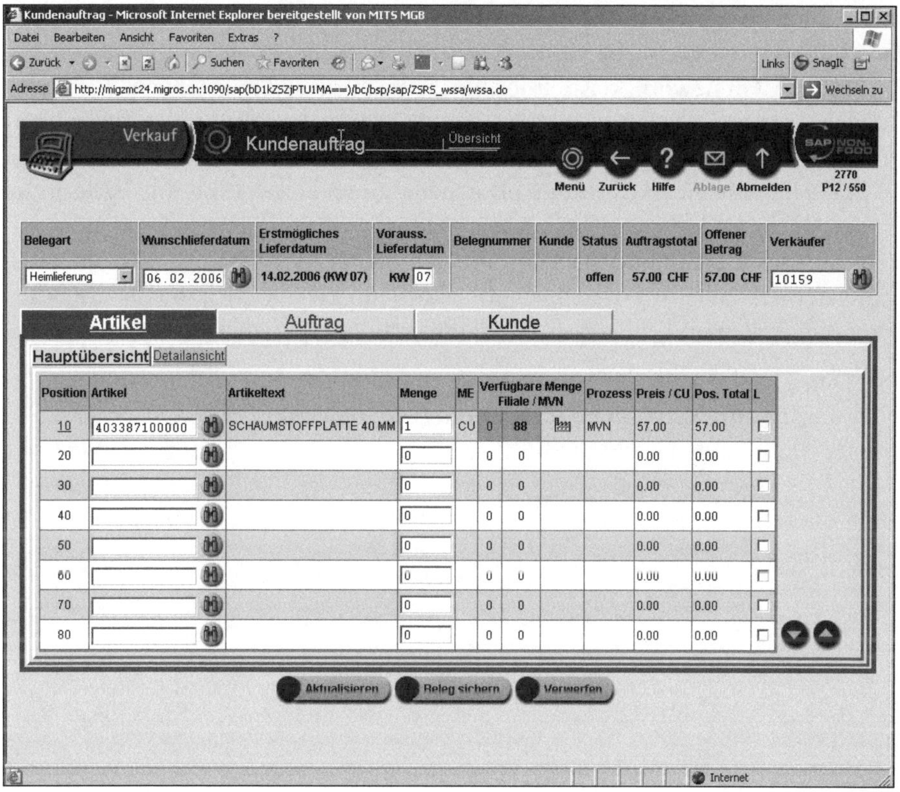

© SAP AG

Abb. 2-6 *Der SRS-Kundenauftrag*

Doch obwohl in der Kundenauftragserfassung *bei jedem Dialogschritt* simulativ ein Kundenauftrag unter Verwendung des APIs SD_SALES_DOCU_MAINTAIN angelegt wird, wobei die Benutzereingaben interpretiert, die oben genannten Funktionen ausgeführt und die internen Auftragsdaten jeweils neu ermittelt werden, fällt der Kundenauftrag mit einer durchschnittlichen Antwortzeit von rund 0.6 Sekunden nicht sonderlich aus dem Rahmen. Das zeigt, dass das Konzept zustandsloser Anwendungen tragfähig ist!

Darüberhinaus hat »stateless« den Vorteil, dass mit den Ressourcen schonend umgegangen wird, weil die Sitzungsdaten nicht im Hauptspeicher gehalten werden. Das ist besonders für Internet-Anwendungen interessant, aber auch für Anwendungen in Firmennetzen, für die eine hohe Dialoglast erwartet wird (wie den Retail Store – er produziert bei der Migros, wie Sie sehen, allein ebensoviele Dialogschritte wie sämtliche GUI-Transaktionen zusammen!).

Wer »stateless« programmiert, wird seinen Programmierstil verändern. Es ist nicht mehr, wie in der konventionellen ABAP-Entwicklung, alles überall verfügbar. Man muss sich Rechenschaft über die tatsächlich benötigten Daten ablegen. Denn die Daten, die den Dialogschritt überleben sollen, müssen explizit benannt und im serverseitigen Cookie fortgeschrieben werden.

In dem Framework, das ich in diesem Buch vorstelle, geschieht dies durch Implementierung des Interface `ZIF_SERIALIZABLE`. Jedes Objekt, das dieses Interface implementiert, kann sich serialisieren und deserialisieren. Das heißt, sein Zustand kann in einem abstrakten Datencontainer (einem `XSTRING`) abgelegt und daraus auch wiederhergestellt werden. Dadurch wird automatisch das Bewusstsein auf das Datenmodell gelenkt. An die Stelle »des Systems« als universell genutzter Datenhaufen treten ein objektorientiertes Modell mit spezifischen Zuständigkeiten und ein »*on demand*«-Programmierparadigma:

> *Daten sind jeweils dann zu ermitteln, wenn sie auch aktuell benötigt werden – das ist effizienter, als alles zu ermitteln und im Speicher vorzuhalten!*

3 Grundsätze der ABAP-Entwicklung

3.1 Wozu dieses Kapitel?

Sie wollen etwas über die Entwicklung von Webanwendungen lernen. Stattdessen finden Sie hier ein Kapitel vor, dessen Grundsätze und Themen Sie schon alle zu kennen glauben. Da werden Funktionsbausteine und Unterprogramme behandelt, als hätten Sie noch nie in Ihrem Leben einen ABAP-Report verfasst. Wozu das Ganze?

Bedenken Sie bitte: Es reicht nicht zu wissen, *wie die BSP funktionieren*, um wirklich gute Webanwendungen auf BSP-Basis zu entwickeln. Dieses bloß technische Wissen muss eingebettet sein in einen robusten und sicheren Programmierstil. Man kann mit dem bloßen Wissen, wie BSP funktionieren, seine erste funktionsfähige Webanwendung in einer halben Stunde entwickeln. Aber das klare Konzept, die Aufteilung der Software nach Schichten und Zuständigkeiten, bleibt dabei auf der Strecke.

Zu den Voraussetzungen für die Entwicklung ABAP-basierter Webanwendungen gehört selbstverständlich, dass Sie die Programmiersprache ABAP gut kennen und für jede ihrer Einheiten wissen, *wie* die bewährten Grundsätze der Wiederverwendbarkeit und Erweiterbarkeit am effizientesten zur Anwendung kommen. Und darum geht es mir in diesem Kapitel:

Ich will Ihnen hier nicht erklären, *was eine Klasse oder ein Funktionsbaustein ist* – das wissen Sie bereits, oder es gibt andere Bücher, mit denen Sie dieses Wissen erwerben und vertiefen können. Mir geht es vielmehr darum, Ihnen zu zeigen, wie eine Klasse oder ein Funktionsbaustein *sinnvoll und den aufgeführten Programmiergrundsätzen entsprechend eingesetzt werden kann.*

3.2 Wiederverwendbarkeit

Die Wiederverwendbarkeit ist *das* zentrale Kriterium eines guten Programmierstils; sie hat nicht nur für einzelne Features, sondern für ganze Programmierparadigmen (wie die modulare und die objektorientierte Programmierung) Pate gestanden. Viele andere Designgrundsätze lassen sich aus der Wiederverwendbarkeit ableiten. Wer seine Programme aus einzelnen wiederverwendbaren Teilstücken aufbaut und – genau so wichtig – bereits bestehende wiederverwendbare Programme nutzt, hat gute Chancen, robuste, wartbare und flexible Software vom Stapel zu bringen. Darüberhinaus ergibt sich ein offensichtlicher Kostenvorteil.

In anderen Sparten ist das Konzept der Wiederverwendbarkeit längst eine Selbstverständlichkeit. In einem modernen produzierenden Unternehmen lassen sich erhebliche Kostenersparnisse durch einen modularen Aufbau der Produkte erzielen – also durch die Wiederverwendung gleicher Funktionseinheiten für verschiedene Modelle.

Warum sollten die Dinge gerade bei der Programmierung anders liegen? Wer beim Programmieren daran denkt, dass die Operationen und Dateneinheiten auch in anderen Kontexten als dem konkret angeforderten verwendbar sind – und sich die nötigen Informationen über bereits bestehende wiederverwendbare Programmeinheiten zu beschaffen weiß, wird bald über einen Fundus von Programmbauteilen verfügen, die ihm von Projekt zu Projekt die Arbeit erleichtern. So kann er auf neue Anforderungen flexibel reagieren und die Aufwände für neue Entwicklungsvorhaben gering halten.

Auf den Punkt gebracht, bedeutet der Grundsatz der Wiederverwendbarkeit:

Programmiere so, dass jede verwendete Funktions- oder Dateneinheit genau an einem Ort implementiert ist.

Dieser Grundsatz mag beim ersten Lesen übertrieben klingen. Man mag einwenden: Gibt es nicht eine Grenze, unterhalb derer man es sich sparen kann, Software wiederverwendbar zu gestalten? Im Extrem würde es doch bedeuten, dass man gar noch das Addieren zweier Zahlen als wiederverwendbare Software zu entwickeln hätte!

Antwort: Software wiederverwendbar zu gestalten, lohnt sich *immer*! Und, ja: Selbst die Addition zweier Maschinenzahlen – übrigens eine nicht vollständig triviale Angelegenheit – sollte als wiederverwendbare Software gestaltet werden. Glücklicherweise *ist* sie das schon: in den meisten Programmiersprachen ist ein Operator »+« oder ein Befehl ADD (in ABAP übrigens beides) implementiert, der genau diese Operation übernimmt. In diesem Beispiel ist es uns zur selbstverständlichen Gewohnheit geworden, diese wiederverwendbare Funktion auch zu nutzen. Die ganze Rede um die Wiederverwendbarkeit ist, dass unsere Programme noch besser würden, wenn wir *auch sonst* mit der gleichen Selbstverständlichkeit nach wiederverwendbaren Funktionen fragen oder eigene Funktionen wiederverwendbar gestalten.

Ein etwas anwendungsnäheres Beispiel ist die *Berechnung der Mehrwertsteuer*: Man könnte sich fragen, ob man sich wirklich die Disziplin auferlegen sollte, die Mehrwertsteuer immer und überall durch Rückgriff auf eine in einem Type-Pool oder als Applikationsparameter deklarierte globale Konstante zu berechnen – gibt es doch systemweit Hunderte von Programmstellen, in denen eine solche Rechnung durchzuführen ist. Warum also nicht eben schnell die Operation »hart« ausprogrammieren? Der Nutzen der globalen Konstante liegt auf der Hand: Wenn der Finanzminister es angemessen findet, die Mehrwertsteuer zu erhöhen, genügt systemweit eine einzige Programmänderung, um auf den neuen Steuersatz zu reagieren! [1]

3.2.1 Wiederverwendbare Module schreiben

Notwendige Voraussetzung für wiederverwendbares Programmieren ist die *Modularisierung* (siehe Abschnitt 3.3 *Modularisierung*). Eine Funktion oder eine Gruppe von Funktionen oder eine Gruppe von Daten und Funktionen müssen so programmiert werden, dass sie von beliebigen Aufrufern verwendet werden können, die nichts weiter als die Aufrufschnittstelle kennen müssen und sich somit nicht von der aktuellen Implementierung der Funktion abhängig machen.

Es erfordert Geschick und Erfahrung die Schnittstellenparameter in der richtigen Weise zu definieren. Für die folgenden Fragen gibt es kein Patentrezept:

- Welche Funktionen sollen für externe Verwender angeboten werden?
- Welche Funktionen sollen, für den Aufrufer unsichtbar, zu einer Einheit zusammengefasst und nur als Einheit aufgerufen werden können?
- Welche Parameter sollte man anbieten? Welche sind optional und welche obligatorisch?
- Welche Tabellenarten (sortiert, Standard oder Hash) sollten verwendet werden, um tabellenförmige Parameter zu typisieren? Wie sind die Schlüsselfelder zu wählen?
- Wann ist es günstiger, mehrere Parameter in einer Struktur zusammenzufassen? Wann ist es besser, sie einzeln anzubieten?

Eine einmal publizierte Schnittstelle sollte daher nach Möglichkeit nicht geändert werden – wohl aber kann sie in ABAP problemlos *erweitert* werden. Beispiele:

- Einer Methode oder einem Funktionsbaustein können weitere Schnittstellenparameter hinzugefügt werden, die aber dann optional sein müssen.
- Die Datenstruktur, mit der ein Schnittstellenparameter typisiert ist, kann nachträglich um weitere Komponenten erweitert werden.

---

1. In praxi gibt es natürlich noch eine unvermeidliche *Cutover*-Problematik, da in einem bereits laufenden System übergangsweise mit zwei Mehrwertsteuersätzen gearbeitet werden muß: Die vor der Steueränderung erfaßten Belege dürfen natürlich nicht an den neuen Satz angepasst werden. Doch dieses Problem hätte man auf jeden Fall – unabhängig davon ob ein zentraler Parameter verwendet wird oder nicht.

Diese Regel lässt sich jedoch nicht starr handhaben: Es gibt Fälle, in denen alle Verwender der Schnittstelle bekannt sind. Dann kann man auch Schnittstellen nachträglich verkleinern oder verändern, indem man über den Verwendungsnachweis alle Aufrufer ermittelt und auch die Aufrufstellen anpasst.

Beste Voraussetzungen für die wiederverwendbare Programmierung bieten Klassen und Interfaces im Rahmen von ABAP Objects. Es ist daher zu empfehlen, Entwicklungen und Erweiterungen objektorientiert zu schreiben.

3.2.2 ReUse Libraries

Ebenso wichtig wie die *Herstellung* wiederverwendbarer Software ist deren *Verwendung*!

Das Rad soll nicht immer wieder neu erfunden werden. Daher ist es in der Designphase einer Entwicklung wichtig, sich über bereits implementierte, wiederverwendbare Programmteile zu informieren und deren Verwendung im Design vorzusehen. Um wiederverwendbare Programmteile zu finden, bedarf es einer *Plattform*, in der diese registriert und dokumentiert sind.

Eine solche Plattform muss interaktiv sein und den Benutzern einen schnellen Zugriff auf die benötigte Dokumentation ermöglichen. Wenn etwas nicht korrekt dokumentiert ist, soll man es on the fly korrigieren können. Die Volltextsuche ist wichtig. Es sollte eine Versionsverwaltung geben, und die Struktur soll leicht reorganisierbar sein. Bei der Migros haben wir uns entschieden, für diese Zwecke ein TWiki-System zu installieren, da es all diese Anforderungen abdeckt und darüberhinaus erweiterbar ist.[2]

Ein TWiki ist eine offene webbasierte Wissensplattform, deren Inhalte von jedem Benutzer in einer einfachen Weise editiert werden können (insbesondere sind keine HTML-Kenntnisse nötig). Der TWiki-Quellcode (eine Sammlung von Perl-Modulen) ist frei verfügbar und um eigene Plugins erweiterbar. Ein TWiki ist in mehrere so genannte *Webs* (Bereiche) gegliedert. Jedes Web ist eine Sammlung von Topics. Diese lassen sich nach eigenen Bedürfnissen zu einer Navigationsstruktur zusammenfassen.

Nun können Bausteine, Klassen, Interfaces usw. auch direkt im System dokumentiert werden (in Form von SAPscript-Texten). Damit keine Texte doppelt erfasst werden müssen,[3] wurde es nötig, das TWiki um ein *SapConnectPlugin* zu erweitern. Dieses stellt besondere TWiki-Variablen zur Verfügung, mit denen SAP-Dokumentation ins TWiki-Format konvertiert und in den aktuellen Topic

---

2. Das TWiki hat eine eigene Webseite unter *http://www.twiki.org*. Es ist eine von aktuell 67 nutzbaren Wiki-Implementierungen, die man auf der Referenzseite *http://www.wikimatrix.org* nach den eigenen Kriterien evaluieren kann.
3. Wenn man nämlich die doppelte Erfassung von Daten vorsieht, so *werden* die Datenbestände auseinanderlaufen. Das ist ein ehernes Gesetz in der Datenverarbeitung, das selbstverständlich auch für TWiki-Arbeitsbereiche gilt.

eingebunden werden kann. Alternativ kann die SAP-Dokumentation auch per Hyperlink in einer Folgeseite geöffnet werden. Auf diese Weise ist die nötige Flexibilität geschaffen, um alles, was an Dokumentation verfügbar ist, in einer Plattform zu vereinigen.

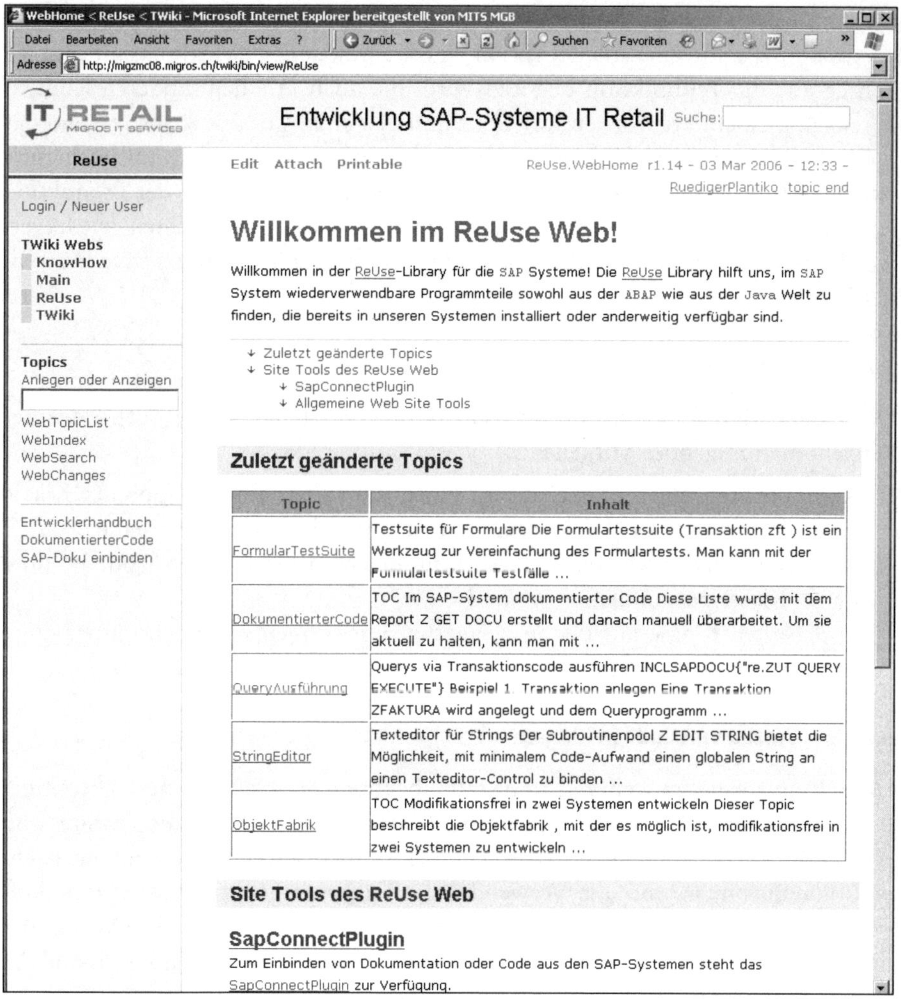

Abb. 3–1 *Das ReUse-TWiki*

3.2.3 Refactoring

Es ist möglich, mit wenig Aufwand und in kleinen, sicheren Schritten die Struktur bereits produktiver Programme zu ändern. Dieses Verfahren, *Refactoring* genannt, wird für ABAP Objects von der Workbench unterstützt.

Die treibende Kraft für solche Änderungen ist häufig, die bestehenden Programme wiederverwendbar zu gestalten. Häufig geht es darum, einzelne Funktionen aus einem komplizierten, konkreten Anwendungscode herauszulösen und mit einer klaren, schmalen Schnittstelle zu versehen. Man fragt also nach Teilfunktionen, die auch in anderen Kontexten verwendbar, mithin wiederverwendbar sind.

Der Anlass für eine solche Aktion ist oft ein neuer Entwicklungsauftrag, für den gerade die Teilfunktion benötigt wird, die auch in einem anderen Kontext bereits implementiert worden war. Statt nun den alten Code zu kopieren und das nicht Benötigte herauszulöschen oder gar »auszusternen«,[4] ist es mit Sicherheit eine bessere Idee, den Code der alten, möglicherweise bereits in der Produktion eingesetzten Entwicklung neu zu organisieren, bis die gewünschten wiederverwendbaren Funktionen abfallen und dann meist auch gleich zwei aktive Verwender haben.

3.2.3.1 Faktorisieren

Der Paradefall des Refactoring ist das *Faktorisieren* (engl: factor out). Darunter versteht man folgendes Vorgehen:

- Komponenten einer Klasse, die zu einer sinnvollen Untergruppe der Klasse zusammengefasst werden können, in einem Interface implementieren,
- den bisher in der Klasse für diese Komponenten hinterlegten Code in einer neuen Klasse zusammenfassen, und
- in der alten Klasse auf die ausgelagerten Funktionen nur noch mittels einer durch das Interface typisierten, meist globalen Instanzvariablen zugreifen.

3.2.3.2 Umzug von Code in Klassen

Unter Refactoring im weiteren Sinne fällt aber auch der Umzug eines Subroutine-Pools oder einer Funktionsgruppe in eine Klasse, um in Zukunft die Features von ABAP-OO zur Verfügung zu haben. Hierbei ist allerdings ein Verwendungsnachweis vorzunehmen, und alle Verwender der Funktionsgruppe müssen ihre Aufrufe anpassen. Wenn der Aufwand hierfür zu groß ist, weil es zu viele Verwender der Bausteine gibt, so kann man auch die Funktionsgruppe stehen lassen und die Klasse durch die Funktionsgruppe *verschalen*.

---

4. Zum Thema »Auskommentieren«: Man muss auch einmal den Mut haben, alten, nicht mehr benötigten Code zu entfernen! Es fördert die Lesbarkeit und Klarheit des aktiven Programmtextes. Programmcode sollte auch nach Korrekturen *positiv dokumentiert werden*: Nicht welchen Fehler es einmal gab, ist interessant, sondern wie das Programm aktuell funktioniert! Wer wirklich einmal, vielleicht aus einer nostalgischen Anwandlung, sehen möchte, wie es denn früher war, bekommt mit der Versionsverwaltung ein klares Bild.

3.2.3.3 Umhängen von Funktionsbausteinen

Auch die Zerschlagung einer Funktionsgruppe, die eine kritische Anzahl von Funktionsbausteinen überschritten hat, in mehrere nach Unterthemen gegliederte Funktionsgruppen ist Refactoring. Dies ist sogar eine sehr stabile Form des Refactoring, da beim »Umhängen« eines Funktionsbausteins in eine andere Funktionsgruppe keine Anpassungen der Aufrufstellen notwendig sind.

Sie können mit der Workbench sehr einfach Funktionsbausteine umhängen: Markieren Sie in der Objektliste Ihren Funktionsbaustein und wählen Sie über das Kontextmenü den Punkt »Umhängen«:

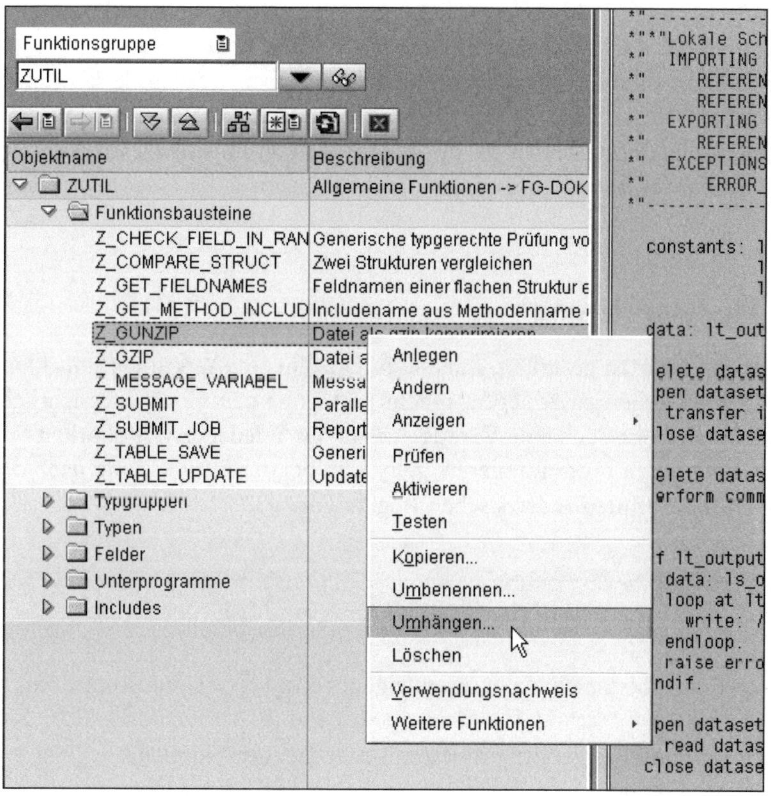

© SAP AG

Abb. 3–2 *Umhängen in der Workbench*

Im erscheinenden Popup geben Sie den Namen der Funktionsgruppe an, in die der Baustein neu gehören soll (siehe Abb. 3–3).

Er wird dann automatisch in der alten Funktionsgruppe gelöscht und in der neuen angelegt. Vom Baustein verwendete globale Daten, lokale Typen, lokale Klassen und Unterprogramme müssen Sie jedoch von Hand umziehen.

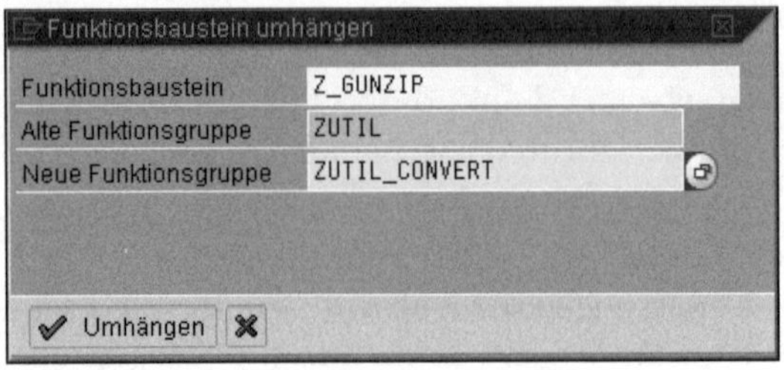

© SAP AG

Abb. 3–3 *Umhängen – Popup*

Ziehen Sie die abhängigen Objekte wirklich um! Zum Umziehen gehört auch das Bereinigen der alten Funktionsgruppe. Entfernen Sie die Teile in der alten Funktionsgruppe, die dort nach dem Umzug nicht mehr benötigt werden. Allen, die nach Ihnen mit dieser Funktionsgruppe zu tun haben werden, leisten Sie damit einen großen Dienst! Das ist wie im wirklichen Leben: Wenn Sie in eine neue Wohnung ziehen, hinterlassen Sie die alte auch nicht im Chaos, sondern wenden einige Zeit darauf, sie zu renovieren und zu reinigen – der Nachmieter dankt es Ihnen.

3.3 Modularisierung

Software *modular* zu gestalten, d.h. sie in einzelne Teilfunktionen mit klar definierten Schnittstellen zu zerlegen, macht nicht nur den Code übersichtlich und wartbar, sondern ist auch eine Voraussetzung der Wiederverwendbarkeit.

Um modular zu programmieren, geht man bei der Entwicklung nach der folgenden wohlbekannten »cartesischen Regel« vor:

> *Zerlege ein komplexes Problem in einzelne Teilprobleme, die für sich einfacher zu lösen sind, und löse dann der Reihe nach diese Teilprobleme.*

Jedes der Teilprobleme wird durch ein eigenes Modul (= Unterprogramm, Funktionsbaustein oder Methode) realisiert. Die Module besitzen eine klare Schnittstelle mit Ein- und Ausgangsparametern sowie ggf. Ausnahmen.

Die Entscheidung, eine Teilfunktion in ein Modul auszulagern, muss nicht unbedingt aus Wiederverwendbarkeits-Erwägungen erfolgen: Ein Modul muss also nicht unbedingt publiziert werden, sondern es kann auch privat sein, zur alleinigen Nutzung durch die aktuelle Softwareeinheit vorgesehen. Das Modul kann etwa dem simplen Zweck dienen, den Code übersichtlicher zu gestalten.

Faustregel:
Wenn ein bestehendes Modul (Methode, Unterprogramm, Funktionsbaustein) mehr als 20 DATA-Deklarationen oder mehr als 200 Codezeilen benötigt, ist es zu grob geschnitten.

Man sollte dann überlegen, schon aus Gründen der Übersichtlichkeit, die Logik in einzelne Teilfunktionen zu verlagern.

Folgende Modularisierungseinheiten sind in ABAP verwendbar – die ★ stellen eine Bewertung dar:[5]

★★★★★★	*Objekte*
★★★★★	*Instanzlose Methoden*
★★★★	*Funktionsbausteine*
★★★	*Unterprogramme*
★★	*Macros*
★	*Includes*

3.3.1 Includes

Der Programmquelltext wird in einzelne Dateien zerlegt – Code-Fragmente. Code, der an mehreren Stellen identisch benötigt wird, wird mit der Präcompiler-Anweisung `include` eingebunden. Dies ist wohl die älteste und elementarste Form wiederverwendbaren Programmierens. Die Hauptnachteile sind:

- Der ausgelagerte Programmteil ist nicht flexibel nutzbar. Beispielsweise ist keine Parameterübergabe möglich.
- Es gibt keinen lokalen Programmkontext. Alle symbolischen Namen (Variablen, Prozeduraufrufe) des ausgelagerten Programmteils müssen bei jeder Aufrufstelle identisch vorhanden sein. Das inkludierte Programm ist nichts weiter als eine Anweisungsfolge, die an verschiedenen Stellen des Programms identisch benötigt wird.
- Es spielt zwar in unseren Zeiten mit ihren enormen Disk-Kapazitäten keine Rolle mehr – trotzdem muss man sich bewußt sein, dass das obige Prinzip – eine Funktion nur an einer Stelle zu implementieren – bei Includes verletzt ist: Auf der Ebene des durch den Compiler generierten Codes ist dasselbe Quelltextfragment duplikativ erzeugt worden – für jede Aufrufstelle einmal. Das ist eine Redundanz, um die man wissen sollte: Beispielsweise ergibt sich daraus die Anforderung an die Entwicklungsumgebung, bei Änderung des inkludierten Programms alle Programme, die es aufrufen, neu zu generieren: Sonst laufen die redundanten generierten Codes auseinander.

Ein Programm in einzelne Includeprogramme aufzuspalten, ist eine auch heute noch gängige Technik. Dies geschieht jedoch nur noch selten, um Programme wiederverwendbar zu machen, sondern vor allem aus softwarelogistischen Gründen: In ABAP ist es möglich, einzelne Includeprogramme separat durch die Systemlandschaft zu transportieren. Wenn ein Programm nun in viele einzelne Inclu-

5. hierbei folge ich *www.hotelsterne.ch*, die die ★ zu einer Klassifikation der Schweizer Gasthäuser verwenden.

des zerlegt ist, sinkt die Vernetzung einzelner Korrekturen, was das Korrektur- und Transportwesen stabiler macht.

3.3.2 Macros

Wie Includes, werden auch Macros an verschiedenen Stellen in den Quelltext des Hauptprogramms eingebunden. Es handelt sich ebenfalls um ein Präcompiler-Konstrukt. Im Unterschied zum Include ist das Macro jedoch mit Parametern aufrufbar. Dies ist eine wesentliche Verbesserung, denn der Gedanke der Wiederverwendbarkeit wird nun um das Modularisierungsprinzip erweitert. Die Anweisungsfolge lässt sich nun mit unterschiedlichen Aktualparametern aufrufen und daher auch für unterschiedliche Zwecke einsetzen. Ein Macro ist trotzdem kein echtes Software-Modul, da es keinen lokalen Programmkontext aufweist.

Ein Macro erweckt den Anschein, als wäre es ein eigener, selbstdefinierter Befehl, um den man den Wortschatz der Programmiersprache erweitert. Der Name des Macros sollte gut gewählt sein, und es sollte nur ganz wenige Zeilen enthalten. Wenn man dies beachtet, gibt es gegen die Verwendung von Macros überhaupt nichts einzuwenden.

Ein Beispiel: Wenn Sie den ABAP-List-Viewer verwenden, müssen Sie die Eigenschaften der Tabellenspalten – wie etwa die Ausgabebreite, die Überschrift, einen etwaigen Tooltip-Text, usw. in einer internen Tabelle, dem so genannten Feldkatalog, pflegen. Anstatt nun hier den Code mit immer gleichen Code-Sequenzen aufzublähen, können Sie ein Macro `set_field` verwenden, um die benötigten Eigenschaften zu setzen. Mit Vorteil kombinieren Sie die Verwendung des Macros mit der »:«-Notation von ABAP, womit sich wiederholende Anfänge von Anweisungen zusammengefaßt werden können. Das kann beim Aufruf etwa so aussehen:

```
* Feldeigenschaften setzen
set_field:
  matnr  outputlen  15,
  matnr  text_l     text-003,
  maktx  outputlen  40,
  ...
```

Das kleine Macro, das hierfür zuständig ist, sieht folgendermaßen aus:

```
define set_field.
  ls_fcat-fieldname = '&1'.
* Um den Feldnamen auch in Kleinschrift angeben zu können
  translate ls_fcat-fieldname to upper case.
* Interne Tabelle ct_fcat und Arbeitsbereich ls_fcat
* müssen im Aufrufkontext des Macros bekannt sein
  read table ct_fcat into ls_fcat
       with key fieldname = ls_fcat-fieldname.
```

```
  if sy-subrc eq 0.
* Komponente &2 auf Wert &3 setzen
    ls_fcat-&2 = &3.
    modify ct_fcat from ls_fcat transporting &2
           index sy-tabix.
  else.
* Abbruchmeldung - Fehler wird meist bereits
* beim Entwickeln bemerkt und behoben:
* Ungültiger Komponentenname &1
    message a161(oo) with '&1'.
  endif.
end-of-definition.
```

Dies ist ein typischer Einsatzbereich von Macros. Wenn Sie sich vorstellen, der im Macro zusammengefaßte Anweisungsblock wäre für jede einzelne Zeile zu programmieren gewesen, hätte man den Code-Umfang unnötig vergrößert. Dadurch, dass diese immer gleichen Anweisungen ins Macro ausgelagert wurden, bleiben im Programm-Quelltext nur die wesentlichen Angaben stehen, und *auf Quelltextebene* müssen die Anweisungen zur Modifikation der Tabellenzelle nur einmal hingeschrieben werden – nämlich im Macro.

Dieses Macro – obgleich vom Umfang an der Grenze, ab der die Definition eines Unterprogramms in Erwägung zu ziehen wäre – zeigt einen weiteren Vorteil der Macro-Technik: Der Feldname, erster Parameter des Macros, wird als *Literal* verwendet:

```
  ls_fcat-fieldname = '&1'.
```

Der zweite Parameter dagegen wird als Teil des ABAP-Codes (*Token*) verwendet, um die Komponente des Namens anzusprechen:

```
    ls_fcat-&2 = &3.
```

Beides ist möglich, denn die Auflösung erfolgt bereits zur Compilezeit. Man kann sogar ein und denselben Parameter im Macro als Literal und als ABAP-Token verwenden. Dies ist unbestritten ein Vorteil von Macros; um Unterprogrammparameter ähnlich flexibel verwenden zu können, muss dynamisch programmiert werden; das macht den Code unübersichtlicher.

Zur Veranschaulichung stellen wir dem Macro ein Unterprogramm gegenüber, das dieselbe Funktion bietet. Der Aufruf würde bereits komplizierter aussehen:

```
perform set_field using 'MATNR' 'OUTPUTLEN' 30
                  changing ct_fcat.
perform set_field using 'MATNR' 'TEXT_L' text-003
                  changing ct_fcat.
perform set_field using 'MAKTX' 'OUTPUTLEN' 40
                  changing ct_fcat.
```

Auch das Unterprogramm gestaltet sich komplizierter:

```
form set_field using iv_fieldname type csequence
                     iv_prop      type csequence
                     iv_value     type any
               changing ct_fcat   type lvc_t_fcat.

  field-symbols: <lv_comp> type any,
                 <ls_fcat> type lcv_s_fcat.

  data: lv_fieldname type fieldname.

  lv_fieldname = iv_fieldname.
  translate lv_fieldname to upper case.
  read table ct_fcat
       assigning <ls_fcat>
       with key fieldname = lv_fieldname.
  if sy-subrc eq 0.
    assign component iv_prop of structure <ls_fcat>
           to <lv_comp>.
    if sy-subrc eq 0.
      <lv_comp> = iv_value.
    else.
* Abbruchmeldung: Ungültige Komponente
      message a161(oo) with iv_comp.
    endif.
  else.
* Abbruchmeldung: Ungültiger Feldname &1
    message a189(57) with iv_fieldname.
  endif.
endform.
```

Der Grund für diesen größeren Code-Umfang ist, dass nun Strukturkomponenten erst zur Laufzeit durch ihren Namen angesprochen werden können. Ob die Strukturkomponente existiert oder nicht, stellt sich hier erst zur Laufzeit heraus – daher gibt es nun eine zweite Abbruchmeldung »Ungültige Komponente«. Es wird ein untypisiertes Feldsymbol <lv_comp> für den Zugriff auf die Komponente benötigt, dieses muss dynamisch mit der assign component-Anweisung zugewiesen werden. Es gibt einen leichten Zuwachs an Programmlaufzeit – der Stack für das Unterprogramm muss gebildet werden, und eine dynamische Zuweisung ist geringfügig teurer als eine statische; die Kosten hierfür sind jedoch minimal. Der Grund, in diesem Fall besser ein Macro zu verwenden, ist einzig dessen Einfachheit und Übersichtlichkeit.

Ein gewichtiger Nachteil von Macros ist auch, dass sie sich nicht *debuggen* lassen. Ein Macro wird vom Debugger als einzelne Anweisung betrachtet. Man kann nicht in ein Macro hineindebuggen.[6] Auch dies ist ein Grund, dass Macros nur für kleinste Programmeinheiten verwendet werden sollen, deren Funktionsweise gewissermaßen mit bloßem Auge ersichtlich ist. Das Macro selbst ist schlecht wartbar und nicht wirklich modular (es stellt ja nur eine Zusammenfassung von Quellcode-Zeilen dar), aber es kann helfen, Programme übersichtlicher zu gestalten, indem simple, sich wiederholende Codesequenzen als Macrobefehl hingeschrieben werden.

3.3.3 Unterprogramme

Wenn Sie einen ABAP-Report schreiben, können Sie den Code nach verschiedenen Ausführungszeitpunkten gliedern:

- Initialisierung bzw. erstes Laden des Programms,
- die Dynpro-Zeitpunkte des Selektionsbilds
  - Process Before Output (PBO),
  - Process After Input (PAI),
  - Process on Value-Request (POV)
  - Process on Help Request (POH) für F1-Hilfeanforderungen,
- Beginn der Selektion (Start des Programms),
- Ende der Selektion (üblicherweise der Wechsel zur Ausgabe der Liste),
- sowie die verschiedenen Zeitpunkte der Listverarbeitung.

All diese Zeitpunkte, die als Statements in der ABAP-Syntax vorgegeben sind, helfen zwar bei der Gliederung des Codes, modularisieren diesen jedoch nicht. Der Report bleibt *ein* Programm, alle Datendeklarationen sind automatisch global. Wenn Sie eine schöne Logik darin programmiert haben, können Sie diese in anderen Programmen nicht wiederverwenden, außer Sie kopieren sich die benötigte Programmstrecke mit »Cut and Paste«, diesem Todfeind aller wiederverwendbaren Programmierung.

Darüber hinaus wird das Programm mit zunehmender Komplexität schnell unlesbar. Wenn man wegen eines aktuellen Programmfehlers oder eines Erweiterungswunsches das Programm nach einem Jahr noch einmal verändern muss, ist die Funktion der vielen notgedrungen globalen Variablen nicht mehr klar und kann häufig nur noch mühsam mit dem Verwendungsnachweis ermittelt werden (wobei sich dann noch herausstellt, dass ein Drittel der Variablen während der Entwicklungszeit einmal benötigt wurden, im endgültigen Programmcode jedoch gar nicht mehr auftreten – so genannte »Leichen«).

Es ist daher besser, ein Programm von vorneherein gegliedert aufzubauen und sich bei der Entwicklung an die cartesische Regel zu halten: Das Programm in einzelne, separat aufrufbare Teile mit klaren, möglichst schlanken Schnittstellen aufzuspalten.

---

6. Wenn Sie natürlich innerhalb des Macros einen Stack aufbauen, indem Sie etwa einen Funktionsbaustein aufrufen, so werden die Anweisungen dieses Funktionsbausteins natürlich auch im Debugger durchlaufen. Die Anweisungsfolge des Macros selbst wird jedoch wie eine einzige Anweisung betrachtet.

Die Strukturierung beginnt bereits bei den Reporting-Events. Wann ist denn `start-of-selection` zu Ende? Es gibt keinen Befehl zur Beendigung eines Reporting-Abschnitts: `start-of-selection` ist zu Ende, wenn entweder das Programm zu Ende ist oder ein weiteres Event, meist `end-of-selection`, folgt. Das mag für Reports angehen, die für jeden Zeitpunkt nur fünf Programmzeilen aufweisen. Für komplexere Programme ist dies jedoch unbefriedigend; da empfiehlt es sich, ein *Gerüst* aufzubauen, wobei jeder benötigte Zeitpunkt durch ein Unterprogramm behandelt wird:

```
report zdemo.
* Globale Daten- und Typdefinitionen
  data: gs_vbak type vbak.

* Selektionsbild und Hilfsvariablen für dieses
  select-options: s_vbeln for gs_vbak-vbeln.

  ...

* Eingabeprüfungen
  at selection-screen.
   perform at_selection_screen.

  ...

* Benutzer hat "Ausführen" gedrückt
  start-of-selection.
    perform start_of_selection.

*-----------------------------------------------
* Unterprogramme
*-----------------------------------------------
form at_selection_screen.
* Eingabeüberprüfungen
  ...
endform.
form start_of_selection.
* Selektionsschritt des Programms
...
endform.
```

Was ist damit gewonnen? Man hat *klare Zuständigkeiten* für die einzelnen Reportingzeitpunkte. Es ist klar, in welchem Unterprogramm sich die Logik für welchen Zeitpunkt befindet.

Darüber hinaus entfällt in der Regel die Notwendigkeit, globale Variablen anzulegen. Alle Variablen können lokal in dem Kontext deklariert werden, in dem sie auch benötigt werden, was das Programm übersichtlicher macht. Allerdings gibt es hiervon einige wenige Ausnahmen:

- Die Eingabefelder des Selektionsbilds müssen notwendig global deklariert werden.

- Hilfsvariablen, die für das Selektionsbild benötigt werden, müssen häufig global deklariert werden (wie oben gs_vbak – warum wir mit der data-Anweisung arbeiten und nicht einfach tables: vbak. schreiben, wird später klar).[7]
- Bei der Listenausgabe benötigt man eine globale Hilfsvariable, um mit dem Befehl hide zeilenweise Daten zu speichern, die z.B. bei Doppelklick auf die Zeile zur Verfügung stehen sollen.
- Variablen, die zeitpunktübergreifend benötigt werden, müssen global sein. Wenn beispielsweise bei start-of-selection eine Liste erzeugt wird, die danach zum Zeitpunkt end-of-selection ausgegeben werden soll, so muss diese Liste offensichtlich als globales Datum definiert werden.

Bevor man sich an die Implementierung begibt, ist nun zu prüfen, ob die gewünschte Logik dieses Programms nicht nur für die Ausführung dieses Programms verwendbar ist, sondern Programmteile auch in ganz anderen Kontexten verwendbar sind. Wenn beispielsweise der Selektionsschritt auch für externe Verwender zugänglich gemacht werden soll, wird das Unterprogramm start_of_selection diesen Schritt lediglich aufrufen und darüber hinaus selbst nur die für das Online-Programm nötige Fehlerbehandlung enthalten:

```
form start_of_selection.
  data: lo_ex   type ref to cx_static_check,
        lv_text type string.
  try.
* Liste gt_list aufbauen - Ausgabe in end_of_selection
    perform select using s_vbeln[]
                   changing gt_list.
    catch cx_static_check into lo_ex.
      lv_text = lo_ex->get_text( ).
      message lv_text type 'I'.
  endtry.
endform.
```

Das Unterprogramm select könnte dabei die folgende Schnittstelle haben:

```
form select using it_vbeln type va_vbeln_r
            changing ct_list   type zdemo_list_tab
            raising zcx_insufficient_selections
                    zcx_not_found.
  ...
endform.
```

7. Hilfsvariablen sind hier notwendig, weil die Anweisung SELECT-OPTIONS keine DDIC-Typisierung erlaubt. Man muß immer schreiben: SELECT-OPTIONS X FOR Y, wobei Y ein globales Programmfeld ist. Hätte man einen Report, dessen Selektionsbild nur Parameter, keine SELECT-OPTIONS enthält, könnte man auf derartige Hilfsvariablen verzichten, da man PARAMETERS X TYPE Y schreiben kann, womit X auf den DDIC-Typ Y referiert (und nicht auf die Variable Y).

Für externe Aufrufe ist es nötig, dass die Schnittstellentypen im Data Dictionary definiert sind. Range-Tabellentypen zu einem gegebenen Datentyp, wie hier va_vbeln_r, können Sie ab Release 6.20 mit dem ins Data Dictionary eingebauten Verwendungsnachweis («Verwendung in Tabellentyp«) finden. Die Liststruktur ZDEMO_LIST und den Tabellentyp ZDEMO_LIST_TAB des neuen Programms wird es in der gewünschten Form in der Regel noch nicht geben. Sie müssen sie also im Data Dictionary anlegen. Dies empfiehlt sich auch, weil die Ausgabe der Daten mit dem ABAP List Viewer sich bei Verwendung von DDIC-Strukturen deutlich vereinfacht.

Nun können Sie den Selektionsschritt in einem beliebigen anderen Programm, auch in einem Funktionsbaustein oder einer Methode,[8] aufrufen:

```
...
data: lt_vbeln_r type va_vbeln_r,
      lt_list    type zdemo_list.
...
try.
  perform select in program zdemo
          using lt_vbeln_r
          changing lt_list.
  catch zcx_insufficient_selections.
    ...
  catch zcx_not_found.
    ...
endtry.
...
```

3.3.3.1 Nachteile von Unterprogrammen

Unterprogramme sind eine einfache und altehrwürdige Möglichkeit, Programme zu gliedern und Programmteile wiederverwendbar zu machen. Schon aus diesen Gründen dürfen sie nicht grundsätzlich abgelehnt werden. *Jede* Methodik, die die Wiederverwendbarkeit von Programmen unterstützt, sollte gefördert werden!

Es ist eine schöne Übung, den zu schreibenden Report, bevor man sich an dessen Implementierung begibt, klar in einzelne Funktionseinheiten zu gliedern, dann zu prüfen, ob diese Funktionseinheiten möglicherweise bereits im System existieren und schließlich die noch verbleibenden Einheiten zu implementieren. Programme dieser Art werden immer besser lesbar und wartbar sein als ein Monolith, der alles selber macht und kann, der aber, wie wir aus Erfahrung wissen, langsam der Verrottung anheimfallen wird.

---

8. Es ist ein Gerücht, dass externe Unterprogrammaufrufe in ABAP Objects nicht erlaubt seien. Verboten ist lediglich die Kurzform `perform form1(program1)`, bei der das Rahmenprogramm dem Unterprogrammnamen in Klammern beigefügt wird. Problematisch sind die Aufrufe lediglich, weil unkontrollierte globale Variablen des Rahmenprogramms ins Spiel kommen könnten. Dieses Problem stellt sich aber genauso im konventionellen ABAP.

Dennoch ist natürlich nicht zu übersehen, dass die Unterprogramme den »ersten Wurf« einer Modularisierung darstellen. Insbesondere ist das Schnittstellenkonzept noch ziemlich rudimentär.

- Die Import- und Exportfunktion eines Parameters werden nicht streng voneinander geschieden. Unterprogrammparameter sind von ihrer Natur her immer `changing`-Parameter.[9]
- Die Übergabekonvention ist »*call by position*« und nicht »*call by name*«. Das macht es beispielsweise unmöglich, mit optionalen Parametern zu arbeiten. Auch das nachträgliche Einfügen von neuen Parametern erfordert Anpassungen bei sämtlichen Aufrufstellen.
- Externe Unterprogrammaufrufe, also Aufrufe von Unterprogrammen aus anderen Programmen, Funktionsbausteinen und Methoden, bergen Klippen, die in der Speicherverwaltung des SAP-Systems begründet sind. Das ist gerade vom Gesichtspunkt der Wiederverwendbarkeit ein Nachteil. Um ihn zu vermeiden, ist eine gewisse Programmierdisziplin gefordert.

Nehmen wir einmal an, Sie hätten in Ihrem Programm `A` ein Unterprogramm `print`, das eine globale, mit der `TABLES`-Anweisung deklarierte Struktur `NAST` verwendet:

```
program a.
  tables: nast.
  form print.
    ...
    ... = nast-spras.
  endform.
```

Es gäbe nun noch ein zweites Programm `B`, das ebenfalls mit einer globalen Struktur `NAST` arbeitet:

```
program b.
  tables: nast.
  form display.
    ...
    ... = nast-spras.
    ...
  endform.
```

Nun wollen Sie in Ihrem Hauptprogramm, sagen wir `main`, diese Unterprogramme verwenden. Auch in Ihrem Hauptprogramm existiert eine globale Struktur `NAST`:

9. Auch die `using`-Parameter verändern den Inhalt des Aufrufparameters oder schreiben ihn bei regulärer Beendigung des Unterprogramms fort, sind also vom Typ »changing«. Using- und Changing-Parameter unterscheiden sich nur im Fehlerhandling.

```
report main.
  tables: nast.
  ...
  nast-spras = sy-langu.
  perform print(a).
  perform display(b).
```

Wenn Sie Ihren Report debuggen, werden Sie erstaunt sein, dass nach dem Einsprung in die Routine `display` das Feld `NAST-SPRAS` seinen Wert verliert, auf den Wert `SPACE` springt. Wenn Sie sich die Struktur `NAST` im Debugger ansehen, so ist sie unmittelbar nach dem Einsprung in die Routine `display` leer! In der zuerst aufgerufenen Routine `print` dagegen ist die Struktur noch in dem Zustand, den sie im Hauptprogramm hatte. Wenn Sie den Aufruf der `print`-Subroutine dagegen weglassen, bleibt die Struktur `NAST` auch bei Einsprung ins Programm `B` erhalten!

Das Merkwürdige ist, dass man sich meist daran stößt, dass im Unterprogramm `display` die Struktur `NAST` leer ist. Viel anstößiger ist doch, dass sich die Programme `main` und `A` das Datenobjekt `NAST` teilen! Hier liegt doch der eigentliche Skandal. Denn wie kann Programm `A` sicherstellen, stets in einem konsistenten Zustand zu sein, wenn das aufrufende Programm – nur weil es eben Programm `A` ruft – dessen globale Daten beeinflußt!

Dieses merkwürdige und äußerst fragile, da von der Aufrufreihenfolge im Hauptprogramm abhängige Data Sharing bezieht sich glücklicherweise nicht auf alle globalen Daten, sondern nur auf `TABLES` und auf `COMMON PARTS` (für die das Data Sharing also explizit gewünscht ist). Hätten wir die Struktur `NAST` nicht mit `TABLES` deklariert, sondern mit `DATA`:

```
data: nast type nast.
```

so hätte jedes beteiligte Programm im obigen Beispiel sein eigenes Exemplar der Struktur `NAST`, und die Welt wäre wieder in Ordnung. Bei Verwendung von Unterprogrammen ist daher besonders zu beachten:

- Mit globalen Daten so sparsam wie möglich umgehen (dies ist natürlich auch ganz allgemein ein gutes Prinzip).
- Die `TABLES`-Anweisung möglichst vermeiden.

3.3.4 Funktionsbausteine

Funktionsbausteine sind eine Verbesserung von Unterprogrammen, sie flexibilisieren und präzisieren vor allem die Schnittstelle. Erst Funktionsbausteine bieten beispielsweise die Möglichkeit, *optionale* Parameter zu definieren, da sie eine namensbasierte Parameterübergabe haben (im Gegensatz zur positionsbasierten Übergabekonvention bei Unterprogrammen).

3.3.4.1 Schnittstelle

Um Funktionsbausteine – wie auch Methoden – flexibel nutzbar zu machen, sollte die Schnittstelle so entworfen werden, dass sie nicht nur im aktuellen Anwendungsfall verwendbar ist. Vielmehr sollten die verwendeten Typen so allgemein gehalten werden, wie es die Funktion es erfordert.

Für Schnittstellen gibt es die folgenden Empfehlungen:

- TABLES-Parameter sind – wie bereits bei Unterprogrammen – ein *obsoletes Konstrukt* und sollten nicht mehr verwendet werden.

  Interne Tabellen sind Datenobjekte wie andere und sollten nicht gesondert behandelt werden – dafür gäbe es keinen Grund. Es ist egal, ob ein Importparameter eine interne Tabelle darstellt, eine Struktur oder ein einfaches Feld. Wichtig ist nur, *dass* es ein Importparameter ist und damit im Design eine Datenflussrichtung vorgegeben wird. Eine interne Tabelle sollte man an Funktionsbausteine wie jedes andere Feld, gemäß ihrer vorgesehenen Verwendung als Importing-, Exporting- oder Changing-Parameter übergeben.

  Das setzt natürlich voraus, dass der Datentyp der internen Tabelle im Data Dictionary als *Tabellentyp* definiert ist. Das ist jedoch ein Aufwand von wenigen Sekunden. Darüberhinaus steht auch diese Massnahme im Dienste der Wiederverwendbarkeit – denn der Tabellentyp lässt sich möglicherweise auch in anderen Kontexten einsetzen.
- Aus Effizienzgründen sollten Parameter immer per Referenz übergeben werden (dies ist glücklicherweise auch der Vorschlagswert). Ausnahmen sind natürlich RFC-fähige Bausteine sowie Verbuchungsmodule.
- Importparameter, die *by value* übergeben werden, sind im Funktionsbaustein änderbar. Auch wenn dies technisch möglich ist, sollte man es unterlassen. Es trägt nicht gerade zur Klarheit des Programmcodes bei, wenn ein als Importparameter deklariertes Feld während der Abarbeitung des Funktionsbausteins nicht mehr den Wert enthält, den es bei der Übergabe hatte.

  Natürlich gibt es Fälle, in denen man versucht ist, Importparameter zu ändern. Beispielsweise möchte man in einer Zeichenkette, die Groß- und Kleinschreibung mischen könnte, einen normalisierten Zustand erzeugen, nur Groß- oder nur Kleinschrift, um den Parameter danach gut mit einem Referenzfeld vergleichen zu können. Aber erfahrungsgemäß zahlt sich der kleine Zusatzaufwand aus, für das normalisierte Feld eine lokale Variable zu spendieren: Besser lesbarer, nachvollziehbarer und wartbarer Code ist die Folge.
- Funktionsbausteine sollten gemäß ihrer Verwendung zu Funktionsgruppen zusammengefasst werden. Es bedarf eines guten Fingerspitzengefühls, die Verwendung von Funktionsgruppen nicht zu breit zu definieren (um nicht Kraut- und Rüben-Funktionsgruppen entstehen zu lassen), aber auch nicht zu speziell (damit die Funktionsgruppe erweiterbar bleibt). Auch hier gilt, wie

bereits bei Unterprogrammen, dass man *sparsam mit globalen Daten umgehen sollte.*

- Die so genannten »*globalen Schnittstellen*« sind eine besonders intransparente Form der globalen Daten, die man auf jeden Fall vermeiden sollte. Es gibt keinen guten Grund, Schnittstellenparameter der Funktionsgruppe global zur Verfügung zu stellen. Man spart sich zwar bei Unterprogrammaufrufen die Arbeit, für jedes Unterprogramm eine Schnittstelle zu spezifizieren und die benötigten Parameter zu übergeben. Die Intransparenz, die man sich mit dieser Form globaler Daten einhandelt, ist dafür jedoch ein zu hoher Preis.

3.3.4.2 Ausnahmen

Ausnahmen sollten nicht mit der Anweisung `RAISE`, sondern immer mit `MESSAGE ... RAISING` ausgelöst werden. Die globalen Systemfelder `sy-msgid`, `sy-msgno` etc. müssen also eine Nachricht enthalten, die den Ausnahmekontext beschreibt – und nicht auf die zufällig letzte Nachricht zeigen, die irgendwann vorher mit dem `MESSAGE`-Befehl abgesetzt worden war. Nur so ist es sichergestellt, bei Abbrüchen oder Fehlern eine korrekte Information zur aktuellen Fehlersituation durch den Aufrufstapel durchzureichen.

Die möglichen Ausnahmen, die ein Funktionsbaustein in seiner Schnittstelle angibt, sollten im aufrufenden Programm abgefangen werden, da es sonst zu unerwünschtem und unkontrolliertem Laufzeitverhalten kommt, z.B. zum Abbruch `RAISE_EXCEPTION`. Es hat sich in der Wartung bewährt, die Ausnahmen alle aufzuzählen und mit verschiedenen Rückgabewerten zu versehen. Die bequeme Lösung

```
call function 'Z_KOMPLEXE_OPERATION'
  exceptions
    others = 99. " Bequem, aber nicht gut
```

kann nicht gutgeheißen werden. Im Debugging ist es nützlich, anhand des Rückgabewerts bereits zu wissen, was bei der Ausführung nicht funktioniert hat – ohne erst in den Baustein hineindebuggen zu müssen. Es ist daher besser, das von der Workbench vorgeschlagene »Muster« zu übernehmen und alle Ausnahmen einzeln aufzuführen. Die Pseudo-Ausnahme `others` wird als letzte aufgeführt, um für zukünftige Erweiterungen des Funktionsbausteins gerüstet zu sein.

```
call function 'Z_KOMPLEXE_OPERATION'
  exceptions
    io_error          = 01
    illegal_time      = 02
    illegal_date      = 03
    overflow          = 04
    connection_failed = 05
    not_active        = 06
    parameter_error   = 07
    others            = 99.
```

Idealerweise sind die möglichen Ausnahmen in der Dokumentation des Funktionsbausteins genauer erläutert. Auf jeden Fall sollten die Namen so gewählt sein, dass sie eine Idee davon geben, welches Problem aufgetreten ist. Der Text der Nachricht, die nach Auslösung der Ausnahme in den Systemfeldern `sy-msgid`, `sy-msgno`, ... enthalten ist, gibt genauere Aufschlüsse über die Umstände des Problems. Die Nachricht sollte so formuliert sein, dass sie für einen Endbenutzer nachvollziehbar ist, der sie zum Beispiel in einem Job-Protokoll, in einem Application Log oder direkt als Dialogmeldung angezeigt bekommt.

Wenn Sie *klassenbasierte Ausnahmen* verwenden wollen – was nicht nur für Methoden, sondern auch für Funktionsbausteine und Unterprogramme möglich ist – sollten Sie ebenfalls an den Text des Ausnahmeobjekts denken: Wurde im Class Builder für die Ausnahme ein OTR-Text angelegt? Oder wollen Sie eine `T100`-Nachricht verwenden, was für statische Ausnahmen ebenfalls möglich ist? Dann verwenden Sie mit Vorteil ein selbst erstelltes Code-Muster, zum Beispiel das folgende:[10]

```
* Code-Muster zum Auslösen einer Ausnahme
message eXXX into sy-msgli.
raise exception type zcx_XXX
  exporting
    t100_msgid = sy-msgid
    t100_msgno = sy-msgno
    t100_msgv1 = sy-msgv1
    t100_msgv2 = sy-msgv2
    t100_msgv3 = sy-msgv3
    t100_msgv4 = sy-msgv4.
```

Die `message`-Anweisung wird aufgrund des `into`-Zusatzes nicht wirklich ausgeführt. Aber der Text wird aufbereitet und in das (unbenutzte) Systemfeld `sy-msgli` gestellt, und es werden vor allem die Nachrichtenfelder `sy-msgid`, `sy-msgno`, `sy-msgv1` etc. gefüllt. Der Aufrufer kann das Ausnahmeobjekt entgegennehmen und entweder den Text mit der `get_text( )`-Methode übergeben lassen oder die Ausnahme in einem Application Log sammeln. Die Klasse `zcl_messages` stellt hierzu die Methode `add_from_exception( )` zur Verfügung.

10. Sie werden sich möglicherweise wundern, dass Sie die Felder `T100_MSGID` usw. in der Wurzelklasse `CX_ROOT` nicht vorfinden. Es gehört zu den Geheimnissen der Methodenimplentierungen von `get_text()` und `get_longtext()`, dass sie den Nachrichtentext der aktuellen Ausnahmeinstanz aus der durch diese Felder definierten Systemnachricht gewinnen, falls die Instanz globale öffentliche Attribute dieses Namens aufweist. Es ist daher eine gute Idee, diese Felder möglichst weit oben in der eigenen Klassenhierarchie zu definieren – wie wir es mit der Klasse `ZCX_ERROR` getan haben, von der die meisten unserer kundeneigenen Ausnahmen abgeleitet sind.

3.3.4.3 Testmodus

Für Funktionsbausteine, die den Datenbankstand verändern, ist ein *Testflag* eine gute Idee, also ein optionaler Importparameter `IV_TEST` vom Typ `FLAG`, mit dem der Baustein im Testmodus betrieben werden kann. Alle Logik des Bausteins wird dabei durchlaufen, ein Protokoll der aufgetretenen Fehler oder Warnungen wird erstellt und an den Aufrufer zurückgegeben – nur werden die Änderungen nicht verbucht.

Ein solcher Testmodus hat sich schon oft für die Problemanalyse und fürs Debugging bewährt. Man muss bedenken, dass es im produktiven Umfeld möglicherweise nicht erwünscht ist, dass zum Test eines Fehlers Anwendungsbelege gebucht oder produktive Daten verändert werden. In solchen Fällen tritt der Testmodus als Retter in der Not auf. Denn die Programmfehler liegen ja äußerst selten in der Verbuchung der Daten, sondern meist in der Anwendungslogik.

3.4 Entkopplung

Entkoppelt zu programmieren bedeutet, dafür Sorge zu tragen, dass einzelne Programmteile mit klaren Funktionen isoliert nutzbar und voneinander syntaktisch unabhängig sind. Programmteil A soll sich nicht von den Details von Programmteil B abhängig machen. A muss von B nur dessen Aufrufschnittstellen kennen. Weitere Vernetzungen soll es nicht geben. Dies erleichtert auch den Quertransport von Objekten zwischen den Systemen.

Objektorientierte Programmierung unterstützt das entkoppelte Programmdesign in optimaler Weise, zum Beispiel durch Interfaces. Wer das Glück hat, eine völlig neue Anwendung schreiben zu können, sollte daher vom Beginn an objektorientiert entwickeln.

Man kann zwei Grade von Entkopplung unterscheiden:

- *Statische Entkopplung*
  Die Programmteile sind zur Designzeit unabhängig voneinander. Der einzelne Programmteil bleibt für sich syntaktisch korrekt.
- *Vollständige Entkopplung*
  Die Programmteile sind auch isoliert lauffähig. Wenn in ein System nur das Objekt A transportiert wurde, Objekt B jedoch fehlt, so gibt es im Zielsystem idealerweise weder Syntaxfehler bei der Aktivierung (statische Entkopplung) noch Laufzeitfehler beim Ausführen des Codes (vollständige Entkopplung). Es fehlen eben beim Programmlauf lediglich die Funktionen von Objekt B: *das Programm läuft, aber es läuft mit reduzierter Funktionalität.*

Statische Entkopplung kann mit relativ wenig Aufwand zur vollständigen Entkopplung ausgebaut werden.

Der einzige Laufzeitfehler, der beim Fehlen eines statisch entkoppelten Programmteils auftreten kann, ist die Verwendung von Attributen oder Methoden eines Interface, das nicht an eine Instanz gebunden ist. Im Programmcode ist also sicherzustellen, dass auf Interface-Attribute und Methoden nur zugegriffen wird, wenn die zugehörige Instanzvariable gebunden ist. Beispielsweise programmiert man statt

```
data: lo_ib type ref to ib.
...
lo_ib->method1( ).
...
```

besser

```
data: lo_ib type ref to ib.
...
if lo_ib is bound.
  lo_ib->method1( ).
endif.
...
```

Entkoppelte Programme nehmen das *Baukastenprinzip* ernst: Sie bestehen aus einzelnen Modulen. Diese Module leisten bestimmte Funktionen und sind alle dynamisch ab- und zuschaltbar, z.B. durch globale Systemparameter oder Einträge in dafür vorgesehenen Steuertabellen.

3.4.1 Entkopplung mit Interfaces

Dies ist das Standardvorgehen bei der Entkopplung: Wenn Programmteil A sich nur auf die Schnittstelle von B, nicht aber auf den Programmteil B selbst beziehen soll, so muss es ein eigenständiges Softwareobjekt »Schnittstelle« geben. Eine Schnittstelle gibt einer implementierenden Klasse bestimmte Methoden und Attribute vor. Sie ist der Mittler zwischen Aufrufer und aufgerufenem Programm – und zugleich das Einzige, was in beiden Schichten vorhanden sein muss. Abbildung 3–4 verdeutlicht dies.

Klasse A und Interface I bilden zusammen eine syntaktisch korrekte Einheit, die unabhängig von der implementierenden Klasse B ist (jedenfalls zur Compilezeit). Ebenso bildet Klasse B mit dem Interface I ein Programmteil, das unabhängig von der aufrufenden Klasse A ist. Das Interface ermöglicht damit die Trennung des Codes der Klasse A von dem der Klasse B. Ein Interface zu entwerfen bedeutet, die Anforderungen zu präzisieren, die Klasse A an Klasse B stellt und diese in einem eigenständigen Softwareobjekt festzulegen.

Wenn ein Programm mittels Interfaces entkoppelt aufgerufen werden soll, benötigt man eine Referenzvariable auf dieses Interface. Diese wird zur Laufzeit mit einem Objekt versorgt, das dieses Interface implementiert. Die Beschaffung

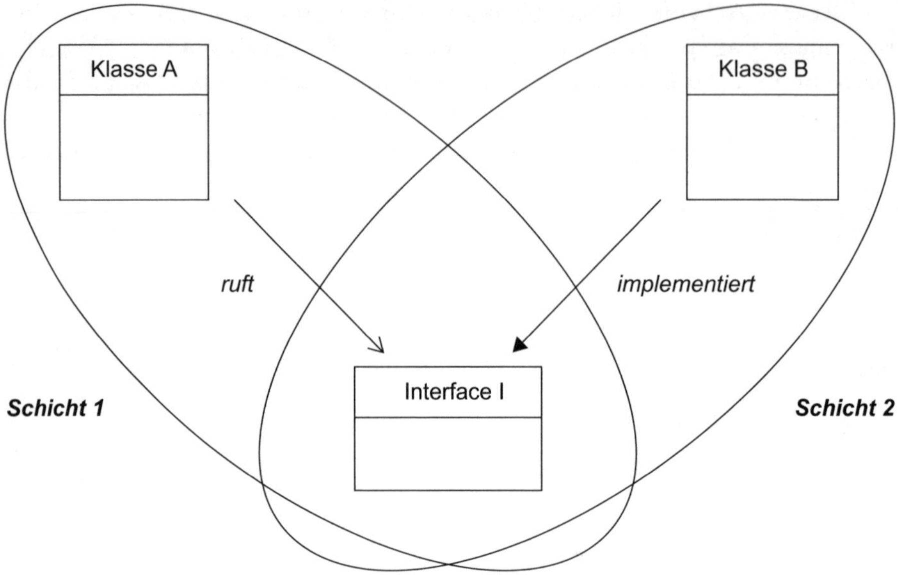

Abb. 3–4 *Entkopplung mit Interfaces*

eines solchen Objekts geschieht nicht notwendig erst dann, wenn die Interfacemethode aufgerufen werden soll. Wenn in der aufrufenden Klasse häufiger auf das Interface Bezug genommen wird, ist es sinnvoll, eine globale Referenz auf das Interface zu halten (Komposition):

```
class a definition.
  public section.
    data: go_b type ref to zif_b.
    ...
endclass.
```

und diese bereits im Konstruktor mit einer konkreten Instanz zu versorgen (wobei hier für die Instanzbeschaffung eine so genannte Fabrikklasse gewählt wird):

```
method constructor.
  go_b ?= zcl_factory=>get_object( iv_product = 'b' ).
  ...
endmethod.
```

Der entkoppelte Aufruf erfolgt dann nach Bedarf in den Methoden:

```
method a1.
  ...
  if go_b is bound.
    go_b->b1( ).
  endif.
  ...
endmethod.
```

Bei diesem *Komposition* genannten Entwurf fungiert die Referenzvariable `go_b` gewissermaßen als verlängerter Arm der Klasse `a`.

3.4.2 Entkopplung mit Ereignissen

Mit Hilfe der im Sprachumfang von ABAP Objects enthaltenen *Ereignisse* lässt sich die Entkopplung in einem strengen Sinne realisieren: Objekt A ruft Objekt B nicht direkt auf, sondern löst ein Ereignis aus, für das sich Objekt B als Ereignisbehandler registriert hat.

Im Unterschied zu einem direkten Methodenaufruf ist es bei der Ereignisauslösung nicht nötig, die behandelnde Klasse oder gar Instanz zu benennen. Es wird lediglich ein Ereignis ausgelöst – wenn kein Behandler dafür registriert ist, geschieht einfach nichts. Andererseits ist es auch möglich, dass mehr als ein Behandler auf das Ereignis reagiert.

Eine Methode kann statisch als Ereignisbehandler deklariert werden. Damit darüber hinaus zur Laufzeit selektiv bestimmt werden kann, welche Instanz des Ereignisbehandlers auf welche Instanz eines Ereignisauslösers reagiert, gibt es die Anweisung `set handler`. Wenn der Behandler nur statisch für ein Ereignis registriert ist, jedoch nicht zur Laufzeit mit der `set handler`-Anweisung, so wird die Behandlermethode auch nicht aufgerufen.

Das Ereignis selbst definiert man am besten nicht in der Klasse des Objekts A, sondern in einem separaten Interface. Dieses Interface braucht nur die von A ausgelösten Ereignisse zu enthalten, keine Attribute oder Methoden.

A implementiert nun dieses Interface, was lediglich bedeutet, dass es sich als potentieller Auslöser der im Interface enthaltenen Ereignisse erklärt. Die Klasse B enthält dagegen eine Methode, die als Ereignisbehandler für das im Interface enthaltene Ereignis deklariert wird.

So kann B von A aufgerufen werden, ohne dass A etwas von B weiß! Beide kennen allerdings das Interface.

3.4.3 Ein Beispiel: Anwendungs-Traces

Nehmen wir an, wir hätten eine Klasse `trace`, mit welcher Anwendungs-Traces aufgezeichnet werden. Zu bestimmten, von der Applikation ausgelösten Zeitpunkten, soll eine Methode `log()` der Klasse `trace` aufgerufen werden, die bestimmte Rahmeninformationen in einem Protokoll fortschreibt. Sie könnte zum Beispiel mit dem Baustein `SYSTEM_CALLSTACK` den Stack der aktiven Aufrufe ermitteln und diesen in einer eigenen Tabelle fortschreiben.

Die Klasse `appl` stehe für die Applikationslogik, für welche der Trace ein- und ausgeschaltet werden kann. Um die eventbasierte Entkopplung zu illustrieren, löse die Klasse `appl` zu bestimmten Zeitpunkten ein derartiges Logging-Event `e` aus.

Ein weiterer Mitspieler ist schließlich eine zentrale Mittlerklasse tools, die für die Registrierung von Objekten fürs Logging eine statische Methode activate_logging() zur Verfügung stellt. Sie bietet möglicherweise noch viele andere applikationsübergreifende Methoden an. Die Methode activate_logging() könnte zunächst anhand von System- oder Benutzerparametern ermitteln, ob ein Logging im aktuellen Kontext durchgeführt werden soll. Wenn ja, konstruiert sie, falls nötig, eine Instanz der trace-Klasse und registriert das übergebene Objekt für die log()-Methode.

Ein entkoppeltes Modell der beteiligten Klassen und Interfaces könnte in ABAP folgendermassen beschrieben werden:[11]

```
report zz_events_for_decoupling.

* Hülle für auszulösendes Event
  interface i1 definition.
    event e.
  end-of-definition.

* Hülle für Event-Behandler
  interface i2 definition.
    methods log for event e of i1.
  endinterface.

* Eine Klasse, die das Event e auslöst
  class appl definition.
    public section.
      interfaces: i1.
      methods: constructor, x.
  endclass.

* Eine Klasse, die die Ereignisbehandlung implementiert
  class trace definition.
    public section.
      interfaces: i2.
      class-methods: get_instance returning o type ref to i2.
  endclass.

* Eine Klasse, die applikationsübergreifende Komponenten anbietet
  class tools.
    public-section.
      class-methods: activate_logging importing o type ref to i1.
  endclass.

start-of-selection.
  perform start_of_selection.
```

11. Es sei darauf hingewiesen, dass wir lokale Klassen und Interfaces hier nur zu Modellierungszwecken verwenden. Eine produktive Version dieses Codes würde natürlich die beteiligten Klassen und Interfaces im Class Builder enthalten.

Die Klasse appl, eine der Klassen, die das Event e auslösen, könnte folgende Implementierung haben:

```
class appl implementation.
  method constructor.
* Aktuelle Instanz dynamisch fürs Logging registrieren
    tools=>activate_logging( me ).
  endmethod.
  method x.
    ...
* Hier ist ein Logging-Zeitpunkt
    raise event i1~e.
    ...
  endmethod.
endclass.
```

Die in appl aufgerufene Klassenmethode tools=>activate_logging() könnte folgende Gestalt haben:

```
class tools implementation.
  method activate_logging.
    statics: so_logger type ref to i2.
    data: lv_logclass type classname.
* Wurde Instanz noch nicht gebildet?
    if so_logger is not bound.
* Aus einer Customizing-Tabelle die implementierende Klasse ermitteln
      select single classname
             into lv_logclass
             from zdynclass
             where component = 'logging'.
      check sy-subrc eq 0.
* Eintrag vorhanden? Dann Logging-Instanz erzeugen
      create object so_logger type (lv_logclass).
    endif.
* Ereignisbehandler registrieren
    set handler so_logger->log for o.
  endmethod.
endclass.
```

Hierbei ist zdynclass eine vollständig gepufferte Systemtabelle, die unter dem Code »logging« die zu verwendende Log-Implementierung aufführt. Welche Klasse dies ist, ist also erst zur Laufzeit bekannt. Die Konvention könnte sein, dass nur dann geloggt werden soll, wenn die Systemtabelle zdynclass einen Eintrag für logging enthält.[12]

12. Die Logik zur Instanzgewinnung, die wir hier »ad hoc« mittels Selektion von einer Z-Tabelle codiert haben, schreit natürlich nach einer zentralen Lösung. In Abschnitt 3.5.5.3 *Objekterzeugung in Fabriken* werden wir diesen Punkt noch ausführlicher behandeln.

Der folgende Beispielcode erzeugt ein Objekt der Klasse `appl` und führt die Methode `x()` aus. Das Logging wird dann wie in `zdynclass` eingestellt ausgeführt, ohne dass der Aufrufer in irgendeiner Form vom Logging-Code abhängt:

```
form start_of_selection.
  data: lo_appl type ref to appl.
* Objekt des Typs a erzeugen...
  create object lo_appl.
* ... und Methode x ausführen - es wird automatisch log() mitausgeführt
  lo_a->x( ).
endform.
```

Wie sieht dieses Beispiel softwarelogistisch aus? Welche Schichten[13] von Klassen und Interfaces können wir so zusammenfassen, dass sie konsistent in andere Systeme transportiert werden können?

- Man kann eine Schicht `s1` aus den Klassen `appl`, `tools` sowie den Interfaces `i1` und `i2` bilden und konsistent verteilen.
- Eine zweite Schicht `s2` besteht aus der Klasse `trace` sowie ebenfalls den Interfaces `i1` und `i2`.

Abbildung 3–5 zeigt die Abhängigkeiten zur Definitions- und zur Laufzeit. Der gestrichelte Pfeil, die dynamische Instanziierung der Traceklasse zur Laufzeit, erzeugt keine Abhängigkeit – er stellt die erwähnte *Zuschaltbarkeit* der Trace-Komponente dar.

Das Ergebnis ist: *Wir haben die Implementierungen der Anwendung (Klassen* `appl`, `tools`*) von der Implementierung der Logging-Klasse softwaretechnisch unabhängig gemacht, d.h. entkoppelt.* Lediglich die Interfaces müssen in beiden Schichten bekannt sein.

Wir könnten die Entkopplung an dieser Stelle noch weitertreiben: Es gibt nämlich keinen Grund, warum die Applikations-Schicht `s1` das Interface `i2`, also die Schnittstelle des Ereignis*behandlers*, kennen muss. Dieses ist nämlich ein Detail der `tools`- und der implementierenden `trace`-Klasse. Um die Applikationsschicht davon freizumachen, könnten wir ein Interface `i3` als Schnittstelle für `tools` definieren:

```
interface i3 definition.
  methods:
    activate_logging importing o type ref to i1.
endinterface.
```

13. Ich verwende absichtlich den Begriff *Schicht*, da das *Paket* als Nachfolger der *Entwicklungsklasse* in der ABAP-Welt eine engere Bedeutung hat.

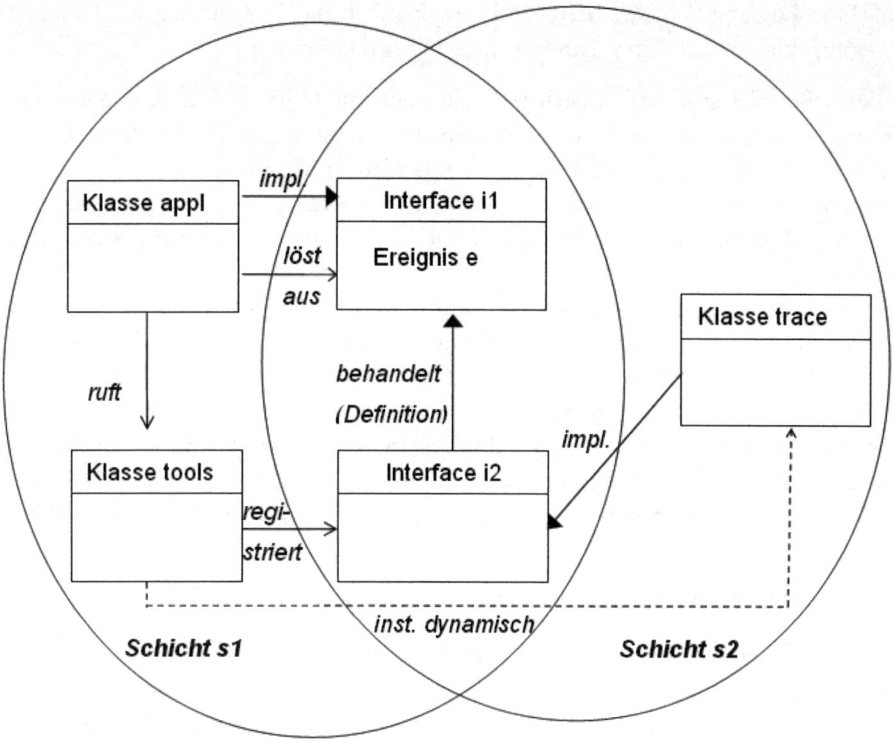

Abb. 3–5 *Entkoppeltes Logging*

Der Konstruktor der Applikationsklasse `appl` würde sich dann wie folgt ändern:

```
method constructor.
  data: lv_classname type classname,
        lo_tools     type ref to i3.
  select single classname
         into lv_classname
         from zdynclass
         where component = 'tools'.
  if sy-subrc eq 0.
    create object lo_tools type (lv_classname).
    lo_tools->activate_logging( me ).
  endif.
endmethod.
```

Nun haben wir drei Schichten:

- Eine Applikationsschicht, bestehend aus der Klasse a sowie den Interfaces `i1` (Ereignis `e`) und `i3` (Schnittstelle von `tools`);
- Eine Tools-Schicht, bestehend aus dem Interface `i3`, dessen Implementierungsklasse `tools` und den Interfaces `i1` und `i2` für Ereignis und Ereignisbehandler;

- Eine Logging-Schicht, bestehend aus dem Interface `i2`, dessen Implementierungsklasse `trace` und dem Interface `i1` für das Ereignis.

Dieses Beispiel soll nur illustrieren, wie man mit Hilfe von Schnittstellen und Ereignissen verschiedene Code-Schichten entkoppeln kann. Die Implementierungen werden dadurch syntaktisch voneinander unabhängig: Wird eine dieser Schichten durch einen Transport syntaktisch inkorrekt, so betrifft dies die anderen Schichten nicht.[14] Die Vorteile der Entkopplung für die Softwarewartung sind groß.

Es zeichnen sich bereits weitere Optimierungen ab. So haben wir eine doppelte Implementierung für die Ermittlung einer Klasse aus der Tabelle `zdynclass`. Dieser Code lässt sich in eine zentrale Klasse auslagern, die für das Erzeugen von Objekten zur Laufzeit zuständig ist. Eine solche Klasse bezeichnet man als *Fabrikklasse*. Wir werden die produktive Implementierung einer Fabrikklasse weiter unten ausführlich behandeln. Die Fabrikklasse gehört, wie in diesem Beispiel die Tabelle `zdynclass`, zu einer durch alle Schichten verfügbaren Basisklasse.

3.4.4 Schichten (Trennung UI/PD)

Es wäre übertriebener Aufwand, sämtliche Programmteile einer Anwendung voneinander zu entkoppeln. Viele Teile lassen sich zu Schichten zusammenfassen, die voraussichtlich stets gemeinsam verwendet werden. Wie man allerdings diese Zusammenfassung im konkreten Fall durchführen sollte, ist eine Sache des Augenmaßes und keineswegs einfach. Designentscheidungen, die hier falsch getroffen werden, rächen sich für die gesamte Lebenszeit der produktiven Anwendung!

Was gibt es für Anhaltspunkte, um die Schichten zu definieren?

In Anwendungen, die einen Dialog mit Benutzern enthalten, lassen sich immer wenigstens zwei Schichten ausmachen: Die *Benutzerschnittstelle* (User Interface, abgekürzt UI) und die *Applikationslogik* (Problem Domain, abgekürzt PD). Es ist eine gute Idee, zunächst diese beiden Schichten als Ausgangspunkt der Entkopplung zu wählen und sie dann ggf. noch weiter aufzugliedern.

---

14. Der Syntaxfehler kann natürlich zur Laufzeit auffallen, wenn die inkorrekte Schicht produktiv benötigt wird. Wir sagen ja auch nicht, dass man mit der Entkopplung das Wunder bewirken kann, ein syntaktisch inkorrektes Programm lauffähig zu machen! Immerhin kann man Laufzeitfehler verhindern, indem man die inkorrekte Komponente bis zu ihrer Korrektur abschaltet. Für eine Logging-Komponente wäre das sicher ein akzeptables Vorgehen. Für ein mitlaufendes Rechnungswesen gäbe es dagegen gute Gründe, es bis zur Behebung des Syntaxfehlers bei den Programmabbrüchen zu belassen, um die Buchhaltung nicht zu verfälschen. Das jeweils richtige Vorgehen muss von Fall zu Fall nach den Geschäftsanforderungen entschieden werden.

Wenn man beispielsweise ein Programm hat, das bestimmte Selektionen durchführen und diese dann in einer Liste darstellen soll, so empfiehlt es sich, die Selektionslogik in einem *Selektionsobjekt* zu implementieren (das auch in anderen Kontexten als nur in diesem Programm nutzbar wäre), für die Präsentation aber entweder die Standardklasse `CL_GUI_ALV_GRID` zu verwenden oder eine eigene, die per Komposition auf diese Klasse zugreift, jedoch weitere Funktionen hinzufügt (falls die Funktionen von `CL_GUI_ALV_GRID` nicht ausreichen).

Wenn nun die Anforderung kommt, dass die von Ihnen programmierten Listen auch im Web abrufbar sein sollen, sind Sie mit diesem Entwurf gut gerüstet: Sie müssen nur die UI-Klasse austauschen gegen eine Tabellendarstellung im Web. Die Selektionslogik dagegen wird *unverändert* im neuen Kontext verwendbar sein, wenn Sie die Schnittstelle Ihres Selektionsobjekts gut entworfen haben.

3.5 Objektorientierte Programmierung

Die objektorientierte Programmierung (OOP) unterstützt die bislang aufgezählten Programmiergrundsätze in optimaler Weise. Es ist daher empfehlenswert, neue Entwicklungen oder Erweiterungen objektorientiert zu programmieren.

3.5.1 Entwurfsprinzipien der OOP

Dieses Buch ist kein Lehrbuch über OO-Design. Einige bedenkenswerte Prinzipien des objektorientierten Entwurfs sollen jedoch nicht unerwähnt bleiben – wobei wir uns auf eine Artikelserie von Robert C. Martin stützen:[15]

3.5.1.1 Das Open Closed Principle (OCP)

> *Eine Programmeinheit sollte offen für Erweiterungen, aber abgeschlossen gegen Modifikationen sein.*

Das OCP verlangt: Ein Softwaremodul soll, nachdem es fertiggestellt ist und alle angeforderten Funktionen fehlerfrei durchführt, nicht mehr verändert werden – dennoch soll es jederzeit um neue Funktionen erweitert werden können! Das klingt beim ersten Lesen paradox.

Dennoch lässt sich das OCP in der objektorientierten Programmierung einhalten – mithilfe des *dynamischen Bindens*. Darunter versteht man, dass beim Aufruf einer Methode erst anhand des konkreten Objekttyps zur Laufzeit entschieden wird, welche Implementierung zu verwenden ist. Der Widerspruch, eine Klasse um Funktionen zu erweitern, *ohne* sie zu verändern, lässt sich beispiels-

---

15. Robert C. Martin, Design Principles and Design Patterns, erschienen 2000 auf *http://www.objectmentor.com*; ders.: Designing Object Oriented Applications using UML, Prentice Hall, 1999.

weise dadurch auflösen, dass man die neuen Funktionen in einer neuen, spezialisierenden Klasse programmiert, die im alten Programmkontext immer noch in der Rolle der alten Klasse auftritt (Vererbung). Alternativ könnte man das Interface, das den Leistungsumfang der bestehenden Klasse repräsentiert, in einer neuen Klasse implementieren, wobei man den Code der bestehenden Klasse aufruft (Komposition).

Man kann also sagen, dass durch das OCP der dumme Spruch »Never change a running program« wieder zu neuen Ehren kommt! Allerdings nur in einem modifizierten Sinne: Erweiterungen sind jederzeit möglich, betreffen jedoch nicht bereits ausgelieferte Klassen.

3.5.1.2 Das Liskow Substitution Principle (LSP)

Damit Objekte in der Rolle einer Oberklasse oder eines Interface auftreten können, ist es wichtig, dass sie den Vertrag einhalten, den die Oberklasse bzw. das Interface zusagen. Dies ist das Liskow Substitution Principle:

Unterklassen dürfen in der Rolle ihrer Basisklassen auftreten.

Wenn man Vererbung als Spezialfall der Implementierung eines Interface ansieht,[16] könnte man das LSP auch verkürzt ausdrücken in der altbekannten Form

`pacta sunt servanda.`[17]

Denn jedes Interface bedeutet einen *Vertrag* des Konsumenten mit dem Anbieter: der das Interface implementierenden Klasse. Die implementierende Klasse tritt in der Rolle auf, die durch das Interface definiert wird. Sie muss alle Tests erfüllen, die sich aus dieser Rolle ableiten lassen. Ganz gleich, welchen Anbieter man wählt – er verspricht, die Leistungen des Interface in vollem Umfang anzubieten. So ist es auch bei der Vererbung: Ganz gleich, ob man die Basisklasse oder irgendeine ihrer Spezialisierungen wählt: Das durch die Basisklasse zugesicherte Objektverhalten muss auch für ihre Spezialisierungen in vollem Umfang eingehalten werden.

Aber nicht nur für neue Implementierungen ist das LSP zu beachten, sondern auch für Erweiterungen von Schnittstellen: Wenn neue Schnittstellenparameter zu bestehenden Methodendefinitionen hinzukommen oder Datentypen bereits bestehender Schnittstellenparameter erweitert werden (etwa eine Struktur durch neue Felder), so verlangt das LSP, dass die Methoden wie zuvor funktionieren, wenn die neuen Parameter bzw. Datenfelder nicht versorgt werden. Neu hinzu-

---

16. Bei der Vererbung implementiert man nämlich die Komponenten der Basisklasse, indem man auf ihre Implementierung in der Basisklasse zurückgreift.
17. Verträge müssen eingehalten werden.

kommende Schnittstellenparameter müssen also als optional deklariert werden, und ihre Defaultwerte sollten die typgerechten Initialwerte sein.

3.5.1.3 Das Dependency Inversion Principle (DIP)

Dieses Prinzip lautet kurzgefasst:

Abhängigkeiten von Abstraktionen herstellen – nicht von Konkretisierungen.

Wenn man einen Funktionsbaustein oder eine Methode aufruft, um eine bestimmte Aufgabe zu erledigen, macht man sich zugleich von dessen konkreter Implementierung abhängig.

Das muss nicht unbedingt ein Problem sein. Es *ist* aber immer dann ein Problem, wenn im Prinzip verschiedene, von der aktuellen Systemumgebung abhängige Implementierungen möglich sind.

Das DIP läuft darauf hinaus, zwischen den Nutzer eines Service und dessen konkrete Implementierung einen *Mittler* zu setzen – das kann ein Interface oder eine abstrakte Klasse sein. Denn dann hängt der Konsument eines Service nicht von dessen konkreter Implementierung ab. Stattdessen ist zwischen Service-Implementierung und Service-Aufruf der *Service-Vertrag* getreten, dessen Einhaltung der Anbieter gewährleistet.

Der Service-Vertrag (die Schnittstelle oder abstrakte Klasse) wird aus der konkreten Implementierung durch einen Abstraktionsvorgang gewonnen: Beim Entwurf der Schnittstelle muss man sich fragen, welche Parameter und Vorgänge aus Sicht des Aufrufers typisch und essentiell sind, und was andererseits nur zum Kontext der konkreten Implementierung gehört.

Natürlich muss letztlich zur Laufzeit eine konkrete Implementierung aufgerufen werden. Die Auswahl der implementierenden Klasse kann z. B. anhand einer Fabrikklasse erfolgen, die aus aktuellen Systemeinstellungen die zu wählende Klasse ermittelt. Die Verwender der Klasse haben aber nirgends einen expliziten Bezug auf die implementierende Klasse, sondern beziehen sich stets auf die Basisklasse oder das Interface.

3.5.1.4 Das Interface Segregation Principle (ISP)

Es ist besser, auf die verschiedenen Anwendungstypen zugeschnittene Schnittstellen zu definieren, als eine Mehrzweckschnittstelle.

Das ISP bedeutet nicht, dass für jeden Aufruf ein eigenes Interface definiert werden soll – womöglich noch multipliziert mit den Softwareversionen. Auch hier ist ein Abstraktionsprozess verlangt, um die Anwendungsfälle in verschiedene Anwendungstypen zu klassifizieren. Das ISP besagt dann, dass man besser jeden Anwendungstyp mit einem eigenen Interface bedient. Das ISP ist somit ein *Ökonomieprinzip*: Die Mehrzweckschnittstelle hat die Tendenz, zu einem schwerfälligen Koloss, zu einem »Alleskönner« auszuarten. Die Verwender nehmen einen unnötigen Overhead der Schnittstelle in Kauf – neben der einen Funktion, die sie vielleicht verwenden wollen, werden sie mit sämtlichen Funktionen der Schnittstelle bekanntgemacht (und könnten diese auch aufrufen). Das erhöht die Abhängigkeiten.

3.5.2 Einige Entwurfsmuster

Seit dem Buch der »Viererbande«[18] sind Entwurfsmuster ein feststehender Begriff in der objektorientierten Programmierung. Wir wollen hier exemplarisch einige Entwurfsmuster vorstellen und diskutieren.

3.5.2.1 Das Singleton

Das Singleton eignet sich gut zum Einstieg ins Thema, da es ein besonders einfaches Entwurfsmuster darstellt.

> *Eine Klasse als Singleton zu entwerfen bedeutet zuzusichern, dass es zur Laufzeit genau ein Exemplar gibt.*

Singletons sind immer dann sinnvoll, wenn die Klasse wenig oder gar keinen intrinsischen Kontext hat. Die Methoden eines Singletons sind im allgemeinen *zustandslos*, sie liefern zu jedem Aufrufzeitpunkt dasselbe Ergebnis, ähnlich einer mathematischen Funktion. Man könnte sie ebensogut als Klassenmethoden entwerfen. Der Vorteil des Singletons liegt darin, dass die Features der Objektorientierung einsetzbar bleiben. So kann man die Komponenten des Singletons in einzelne Interfaces gliedern, und das Objekt kann in der Rolle eines Interface auftreten. Auch lässt sich das Singleton – wie jedes Objekt – spezialisieren (Vererbung), und die erbenden Klassen können in der Rolle ihrer Basisklasse auftreten. All dies ist bei Klassenmethoden nicht möglich.

Eine Singleton-Klasse muss eine Klassenmethode `get_instance()` anbieten, die das eine Exemplar der Klasse zurückgibt. Beim ersten Aufruf von `get_instance( )` wird dieses Exemplar in der Methode `get_instance( )` erzeugt und in einem privaten Klassenattribut `go_instance` abgelegt. Nachfolgende Aufrufe werden aus diesem privaten Attribut bedient.

In ABAP Objects wird der Entwurf von Singletons gut unterstützt: Durch den Zusatz `create private` (oder `protected`) in der Klassendefinition kann verhindert werden, dass ein externer Aufrufer mit `create object` eine Instanz der Klasse erzeugen kann.

---

18. Erich Gamma, Richard Helm, Ralph Johnson, John Vlissides: *Entwurfsmuster. Elemente wiederverwendbarer objektorientierter Software*. Addison Wesley, Bonn 1996.

3.5.2.2 Der abstrakte Server

Dieses von Robert C. Martin[19] diskutierte Muster ist ***das*** fundamentale Entwurfsmuster in der OOP. Ein abstrakter Server bietet seine Dienste in Form einer Schnittstelle an. Beim Zugriff auf seinen Dienst muss man daher die konkrete Klasse nicht kennen, in der der Dienst implementiert ist. Stattdessen bezieht sich der Verwender auf eine Schnittstelle. Man ersetzt also den unflexiblen direkten Aufruf

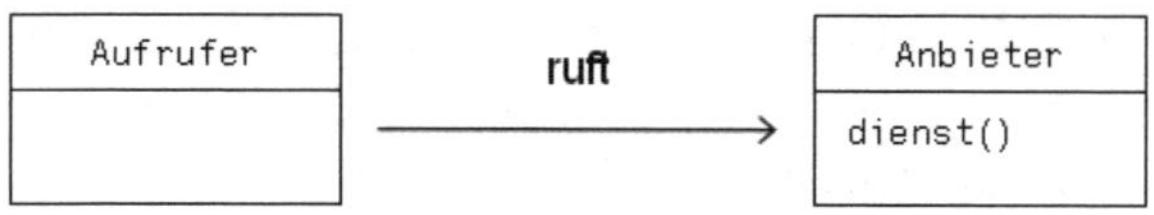

Abb. 3–6 *Konkreter Server*

durch einen indirekten Aufruf. Der Aufrufer bezieht sich nicht mehr direkt auf den Anbieter, sondern auf eine Abstraktion – auf eine Schnittstelle, die die verfügbaren Dienste mit ihren Eingangs- und Ausgangsparametern aufführt. Das muss nicht unbedingt ein Interface im technischen Sinne sein. Auch eine abstrakte Klasse oder sogar eine konkrete Basisklasse kann in diesem Muster als Schnittstelle auftreten. Am flexibelsten ist allerdings die Verwendung eines Interface.

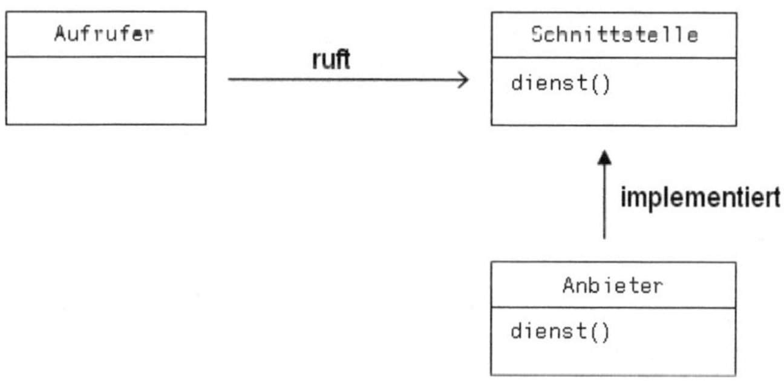

Abb. 3–7 *Abstrakter Server*

Was ist der Gewinn dieser Umstellung? Man hat den Code des Aufrufers von dem des Anbieters entkoppelt. Der »konkrete Anbieter« könnte in einen freien Wettbewerb mit anderen konkreten Anbietern um die effizienteste Implementierung treten. Abhängig von gewissen System- oder Geräteeigenschaften könnte das Rahmenprogramm zur Laufzeit aus einer Gruppe von Implementierungen die passende auswählen. Der Aufrufer kennt nur die abstrakte Schnittstelle und

19. Robert C. Martin, *Agile Software Development: Principles, Patterns,and Practices – The Abstract Server Pattern*, im Internet unter: *http://today.java.net/pub/a/today/2004/06/8/patterns.html*.

erwartet lediglich, dass der konkrete Server die angebotenen Leistungen auch erbringt.

3.5.2.3 Der Adapter

Auch wenn Sie es noch nicht wussten – das Entwurfsmuster »*Adapter*« haben Sie sicher schon oft angewendet! Unter einer »Verschalung« oder einem »Wrapper« ist das Gleiche zu verstehen: In Ihren Programmen bieten Sie Objekte oder Funktionen mit einer bestimmten, auf Ihren Kontext gut passenden Schnittstelle an. Nun beziehen sich diese Objekte oder Funktionen ihrerseits auf Objekte oder Funktionen eines anderen Anbieters. Dieser wird im allgemeinen andere Schnittstellen verwenden. Daher müssen Sie Ihre Schnittstellen auf die Schnittstellen des Anbieters abbilden. Genau dies ist das Adapter-Entwurfsmuster.

Eine Adapterfunktion ist also üblicherweise nach folgendem Schema aufgebaut:

- Eigene Eingangsparameter in die Eingangsparameter der Fremdfunktion abbilden,
- Falls nötig, Instanz des Anbieters bilden und in globaler Variable aufbewahren,
- Fremdfunktion aufrufen,
- Ausnahmen und Rückgabeparameter der Fremdfunktion in eigene Ausnahmen und Rückgabeparameter abbilden.

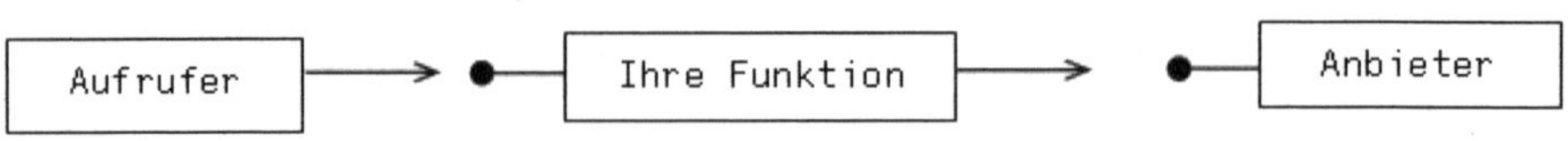

Abb. 3–8 *Adapter*

3.5.2.4 Das Proxy

Das Proxy hat Ähnlichkeiten mit dem Adapter. Auch das Proxy delegiert die aufgerufene Funktion an den Anbieter weiter. Im Unterschied zum Adapter hat es jedoch dieselbe Schnittstelle wie der Anbieter.

Wenn es den Aufruf nur identisch an den Anbieter delegiert – wozu ist ein Proxy dann nützlich? Aus denselben Gründen, wozu es auch im Internet eingesetzt wird: Indem es eine Instanz gibt, die die Aufrufe an den Anbieter vermittelt, können

- teure Funktionen gepuffert werden,
- Trace- und Log-Funktionen für die Aufrufe implementiert werden,
- zusätzliche Funktionen eingebaut werden, die nicht in die Kompetenz des Anbieters fallen (etwa Sicherheitsprüfungen).

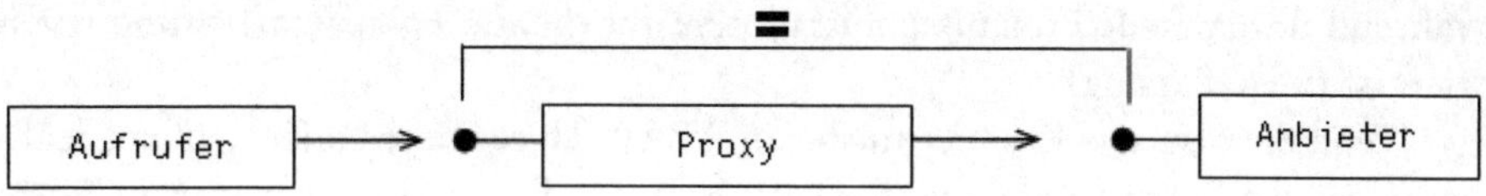

Abb. 3–9 *Proxy*

Beispielsweise könnte die Erzeugung des Anbieterobjekts aufwendig sein. Dann ist es günstig, es nur bei Bedarf zu konstruieren. Ist `meth()` eine Methode der Schnittstelle, so könnte die Proxy-Implementierung von `meth()` etwa so aussehen:

```
method meth.
  if go_anbieter is not bound.
    create object go_anbieter.
  endif.
  ev_return = go_anbieter->meth( ).
endmethod.
```

Damit ist sichergestellt, dass die (teure) Konstruktion des Objekts `go_anbieter` erst erfolgt, wenn Bedarf an der Methode `meth( )` besteht (oder an einer anderen Methode der Schnittstelle, die analog implementiert ist).

3.5.2.5 Der Erbauer

Dieses von englisch *Builder* schön verdeutschte Wort ist ein Muster, das häufig einem Konvertierungsprogramm – etwa von einem Textformat in ein anderes – zugrundeliegt. Es lässt sich aber auch in ganz anderen Situationen mit Gewinn einsetzen, und zwar immer dann, wenn der Vorgang der Konstruktion eines komplexen Objekts von der Repräsentation seiner Bestandteile entkoppelt werden soll.

Ein Konvertierungsprogramm für Textformate besteht üblicherweise aus einem *Parser* und einem *Konverter*. Der Parser wandelt den eingegebenen Text in ein für die Maschine geeignetes internes Format, wobei er ihn während des Einlesens gegen die Syntax des Quellformats prüft. Ergebnis des Parsings ist ein strukturiertes, für die programmgesteuerte Verarbeitung geeignetes Datenobjekt – zum Beispiel ein DOM-Baum als Repräsentant eines XML-Dokuments. Diese Teile werden dann dem Konverter vorgelegt, der sie in das Zielformat wandelt und das Zielobjekt aus ihnen aufbaut.

Mit dem Erbauer-Entwurfsmuster sorgt man dafür, dass der Parser *an verschiedene Konverter angeschlossen werden kann*, so dass ein und dasselbe Programm für die Konvertierung in verschiedene Formate konfiguriert werden kann – und dies, dem dynamischen Binden sei Dank, sogar noch zur Programmlaufzeit. Der Parsing- und der Übersetzungsvorgang sind dann programmtechnisch vollständig entkoppelt.

Man hat bei Implementierungen von XML-Parsern gelernt, dass das Dokument nicht erst vollständig bearbeitet werden muss, bevor die Folgeverarbeitung beginnt (DOM-Parsing), sondern dass es in der Regel viel effizienter ist, bereits während des Parsens Ereignisse auszulösen, für die die Folgeverarbeitung registriert ist (SAX-Parsing).

Wenn Sie also das Erbauermuster in ABAP Objects anwenden wollen, realisieren Sie die Schnittstelle zwischen Parser und Übersetzer am besten in Form eines Ereignisses. Wenn der Parser eine Entität eingelesen und validiert hat, löst er ein Ereignis aus. Das Hauptprogramm (der »Direktor«) bildet zur Laufzeit eine Instanz der gewünschten Bearbeitungsklasse und bindet diese mit Hilfe der `SET HANDLER` Anweisung an diese Ereignisse:

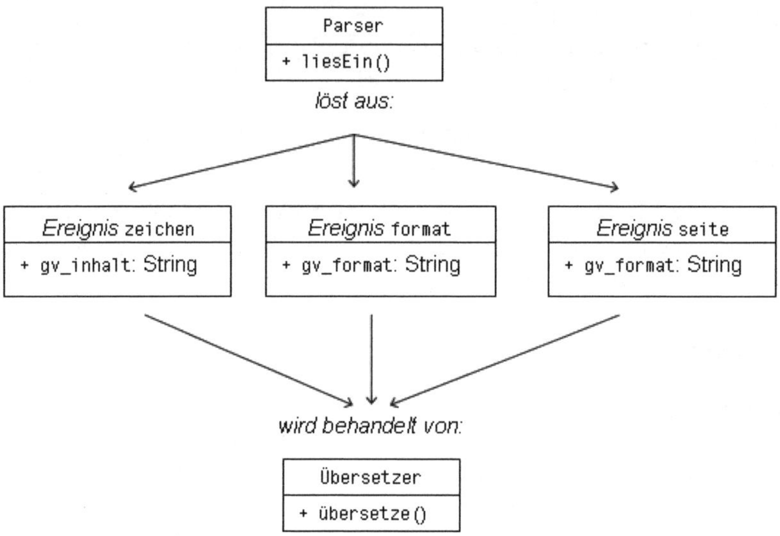

Abb. 3–10 *Erbauer*

3.5.2.6 Der Beobachter

Das Entwurfsmuster des *Beobachters* ist immer dann nötig, wenn ein Objekt darüber informiert werden will, dass ein bestimmtes Ereignis eingetreten ist. Üblicherweise benötigt man für die Realisierung dieses Entwurfsmusters eine Schnittstelle `zif_update` mit einer `update()`-Methode. Objekte, die dieses Interface implementieren, können sich beim Sender durch Aufruf einer speziellen Methode `register( )` für ein Ereignis registrieren. Der Sender merkt sich die registrierten Instanzen in einer internen Tabelle. Wenn das Ereignis eintritt, ruft er die `update()`-Methode aller registrierten Instanzen auf. Diese haben dann die Gelegenheit, auf das Ereignis zu reagieren.

Die gute Nachricht für alle Freunde dieses Entwurfsmusters:

Das Entwurfsmuster »Beobachter« ist vollständig in die Sprache ABAP Objects integriert!

Denn es gibt die Definition von Ereignissen und Ereignisbehandlermethoden zur Designzeit sowie die Anweisungen `set handler` und `raise event` zur Laufzeit!

Statt ein Interface zu implementieren, deklariert man die auszuführenden Aktionen einfach in einer Ereignisbehandlermethode. Durch die Anweisung `set handler` wird ein Ereignisbehandler zur Laufzeit registriert. Die Verwaltung der Behandler übernimmt die ABAP-Laufzeit, wir müssen uns nicht darum kümmern. Wenn das Ereignis mit `raise event` ausgelöst wird, ruft die ABAP-Laufzeit alle registrierten Ereignisbehandler auf.

Fazit: Wann immer Ihnen der Gedanke kommt, in einer bestimmten Situation das »Beobachter«-Entwurfsmuster einzusetzen – verwenden Sie Ereignisse! Sie delegieren die immer gleichen Teile dieses Entwurfs damit an Ihre ABAP-Laufzeitumgebung, statt sie selbst implementieren zu müssen.

3.5.3 Klassen

Funktional gesehen, ist die Klasse die Erweiterung des *Datentyps* zu einem *Daten-, Ereignis- und Methodentyp*. So wie eine Variable Instanz eines Datentyps ist,[20] so sind Objekte Instanzen einer Klasse. Der Zugriff auf die Komponenten eines Objekts erfolgt über eine Referenzvariable. Da die Referenzvariablen selbst wieder einen Datentyp darstellen, können im Datenteil der Klassen auch Bezüge auf andere Klassen vorgesehen werden. Zusammen mit der Möglichkeit, Klassen durch den Vererbungsmechanismus zu spezialisieren, ergeben sich hierdurch für den Software-Entwurf mächtige Möglichkeiten.

Im objektorientieren Entwurf besteht eine Anwendung oder ein Prozess zur Laufzeit aus einem Netz von Objekten mit je genau definierten Zuständigkeiten, die über ebenso klar definierte Schnittstellen miteinander kommunizieren. Dies ist die leitende Vorstellung: Alle Aufgaben des Prozesses werden an die jeweils zuständigen Objekte delegiert. Diese sind die Spezialisten ihres Fachs.

Oft liest man, Klassen seien als Repräsentanten abstrakter oder konkreter Dinge der realen Welt zu entwerfen (etwa eines »Kundenauftrags«, eines »Lieferanten« o.ä.). Das betont die Modellierungsfähigkeiten des objektorientierten Entwurfs. Man sollte die Forderung aber nicht absolut setzen, denn die Funktionseinheiten einer realen Anwendung werden in den seltensten Fällen Objekten aus dem realen Leben entsprechen: In einer Anwendung gibt es Experten für Pufferung, für Authentifizierung, für HTTP-Verbindungen, für die Pflege einer Datenbanktabelle, für die Bearbeitung von Dokumenten eines bestimmten Typs usf. All diese Aufgaben sind gute Kandidaten für Klassendefinitionen – aber im

20. Besonders begreiflich wird die Analogie bei den so genannten anonymen Datenobjekten in ABAP. Wie Klassenobjekte werden sie nur durch eine Referenzvariable typisiert. Erst zur Laufzeit können an den Zeiger die nötigen Ressourcen mit der `CREATE DATA`- bzw. `CREATE OBJECT`-Anweisung gebunden werden.

realen Leben haben sie keine Entsprechung! Der entscheidende Aspekt ist nicht die Abbildung der Realität, sondern die *klare Aufgabenteilung* der Komponenten.

Der Implementierung von Klassen sollte eine Applikations-Designphase vorangehen, deren Anteil am gesamten Implementierungsaufwand man mit 30–60% veranschlagen sollte. Die an der Applikation beteiligten Instanzen, Klassen und Interfaces sind bis auf die Ebene der vorgegebenen *Signaturen* (so werden in ABAP Objects die Methodenschnittstellen bezeichnet) und der zu verwendenden Datentypen zu modellieren.

3.5.3.1 Mit dem Class Builder erstellte Klassen

Der Class Builder ist *die* zentrale Transaktion der ABAP-Workbench zum Arbeiten mit Klassen. Er ist in die Workbench (SE80) integriert und wird dort für die Anzeige und Pflege von Klassen und Interfaces aufgerufen, kann aber auch isoliert über den Transaktionscode SE24 aufgerufen werden.

Mit dem Class Builder angelegte Klassen und Interfaces sind systemweit verwendbar, ihr Typ ist öffentlich. Man bezeichnet sie daher auch als *globale* Klassen. Abhängigkeiten verschiedener Klassen und sonstiger DDIC- und Repository-Objekte können, wie auch sonst in der Workbench üblich, durch Zuordnung zu Paketen[21] abgebildet werden.

Für die Anlage von Klassen empfiehlt sich das Präfix `ZCL_`, für Interfaces `ZIF_` und für Ausnahmen `ZCX_`. Nach Druck auf »Anlegen« erhalten Sie folgendes Popup, in dem Sie die elementaren Eigenschaften der neuen Klasse festlegen:

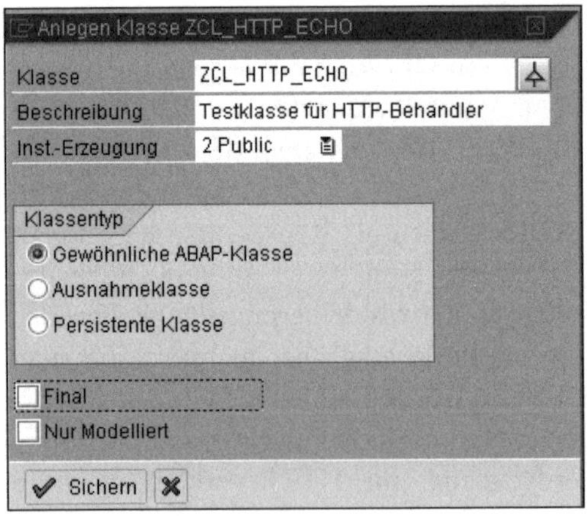

© SAP AG

Abb. 3-11 *Klasseneigenschaften im Class Builder*

Wählen Sie – ebenso wie später für die Methoden, Attribute und Schnittstellenparameter – einen aussagekräftigen Kurztext. Er dient als erste Online-Dokumentation und ist von großem Wert beim Versuch, Code nachzuvollziehen.

21. Neudeutsch für »Entwicklungsklasse«.

Ich empfehle, das Ankreuzfeld »Final« entgegen dem Vorschlagswert von SAP zurückzunehmen, um die Möglichkeit von Vererbung zuzulassen. Dies steht im Dienste der Erweiterbarkeit des Codes: Sie ermöglichen damit, Klassen mit abgewandelten Funktionen zu erstellen, während gleichbleibende Programmteile wiederverwendet werden können.

3.5.3.2 Implementierte Interfaces

Da es in ABAP Objects – wie in Java – keine Mehrfachvererbung gibt, wird es umso wichtiger, Interfaces zu implementieren und deren Funktionen mittels Komposition an andere Objekte zu delegieren. Diese Technik ist ein vollgültiger Ersatz für Mehrfachvererbung, wenn sie auch mit einem geringfügig größeren Schreibaufwand verbunden ist.

Hierzu geben Sie im Reiter »Interfaces« die Interfaces an, die die Klasse anbietet. Für jede Interfacemethode müssen Sie mindestens die leere Implementierung anlegen, indem Sie auf den Methodennamen im Reiter »Methoden« doppelklicken. Wenn Sie das nicht tun, kommt es bei Verwendung des Interface zu Laufzeitfehlern.

Um Komposition zu verwenden, benötigen Sie nun eine private globale Variable vom Typ des implementierten Interface, die Sie zum Beispiel zum Konstruktionszeitpunkt des Objekts (also in der Methode mit dem vordefinierten Namen CONSTRUCTOR) mit einer Instanz der Vorlageklasse (der »vererbenden« Klasse) belegen.

```
method constructor.
  ...
* Mittels einer Fabrik eine Referenzimplementierung des
* Interface zif_model beschaffen (go_model_base ist ein
* globales privates Attribut vom Typ ref to zif_model):
  go_model_base ?= go_mvc_factory->get_model( 'modelBase' ).
endmethod.
```

Die von der Vorlageklasse geerbte Logik müssen Sie nun von Hand aufrufen (delegieren):

```
method zif_model~get_attribute_ref.
* Alles Wissen über die Gewinnung der Attributreferenz
* kann von go_model_base übernommen werden, ...
  call method go_model_base->get_attribute_ref
    exporting
      iv_name       = iv_name
      iv_ref_object = me
    receiving
      ev_attribute = ev_attribute.
* ... mit folgender Ausnahmelogik:
  ...
endmethod.
```

Sie erkennen sicher die Parallele zur Vererbung: Wie beim Redefinieren einer Methode wird zunächst der Code der Referenzmethode aufgerufen und danach Sonderlogik der erbenden Klasse hinzugefügt. Nur wird bei der Komposition nicht wie bei der Vererbung das Pseudoobjekt `super` verwendet, sondern ein reales Referenzobjekt, hier `go_model_base`, das für die gesamte Lebensdauer des aufrufenden Objekts existiert.

3.5.3.3 Lokale Klassen

Als lokale Klassen bezeichnet man Klassen, die innerhalb eines ABAP-Programms, einer Funktionsgruppe oder innerhalb einer mit dem Class Builder erstellten Klasse definiert und implementiert sind.[22] Sie sollten mit Bedacht verwendet werden, da die allgemeine Verfügbarkeit und damit die Wiederverwendbarkeit eingeschränkt sind. In der Regel ist es der bessere Weg, eine Klasse direkt in der Workbench[23] anzulegen. Es gibt jedoch einige Situationen, in denen lokale Klassen angebracht sind:

- *Eventbehandlerklassen*
  Klassen wie `CL_GUI_ALV_GRID` bieten dem Aufrufer die Möglichkeit, mit eigener Logik auf Ereignisse zu reagieren. Da die hierfür zu verwendenden Ereignisbehandlerklassen meist nur lokal in einem bestimmten Programm implementiert und benötigt werden, gibt es keinen Bedarf, sie wiederverwendbar zu gestalten. Daher genügt hier die Definition und Implementierung einer lokalen Klasse.
- *Klassen mit dynamisch generiertem Code*
  Programme wie der Data Browser generieren anhand von Benutzereingaben dynamisch Code und speichern diesen in einem Report mit der Anweisung `insert report from table lt_code` ab. Ein ähnlich einfaches Konstrukt zum Erzeugen einer Klasse gibt es nicht. Daher ist es in einem solchen Fall sinnvoll, den statischen Code in einer globalen Klasse abzulegen und eine lokale Klasse in dem dynamischen Report zu deklarieren, die von der globalen Klasse erbt. Dann kann im dynamisch erzeugten Report eine Methode hinzugefügt oder redefiniert werden.

---

22. Der Name »Lokale Klasse« ist leicht irreführend. Zwar kann man sich nur im definierenden Programm durch Vererbung auf eine lokale Klasse beziehen. Aber die Gültigkeit einer »lokalen Klasse« ist keineswegs auf das Programm beschränkt, in dem sie definiert wird. Wenn Sie beispielsweise einen Ereignisbehandler lokal implementieren, kann dieser Code von jedem Objekt aufgerufen werden, das das Ereignis auslöst. Voraussetzung für die Aufrufbarkeit ist lediglich der Bezug auf ein Workbench-Objekt, beispielsweise eine im Class Builder definierte Oberklasse oder ein Interface.
23. d.h. im Class Builder (Transaktion SE24), oder in der SE80 bei Auswahl des Objekttyps »Klasse/Interface«.

- *Beispiel- und Testklassen*
  Lokale Klassen eignen sich für Testreports, da sie mit wenigen Codezeilen deklarierbar und vollständig im Testprogramm enthalten sind.

Lokale Klassen sind übrigens keineswegs nur im definierenden Programm verfügbar. Wer die Referenz auf die Instanz einer lokalen Klasse kennt – z.B. weil ein Unterprogramm oder Funktionsbaustein sie zurückliefert – kann auf sie zugreifen wie auf eine im Class Builder definierte Klasse. Die Attribute und Methoden, auf die man zugreifen will, müssen jedoch in der Workbench definiert sein. Dies ist beispielsweise der Fall, wenn die lokale Klasse ein (nicht-lokales) Interface implementiert oder von einer nicht-lokalen Klasse abgeleitet ist. Was an der lokalen Klasse lokal ist, ist daher lediglich, dass außerhalb des definierenden Programms keine *direkte* Referenz auf sie möglich ist.

3.5.3.4 Friends

Die `FRIENDS`-Anweisung, mit der zwei Klassen ihre privaten Daten miteinander teilen können, sollte man nicht verwenden. Es gibt keinen Fall, in dem man nicht eine bessere Alternative hätte. Private Daten sind privat und sollten es auch bleiben![24]

3.5.4 Instanzlose Methoden (Klassenmethoden)

Eine Klasse kann Methoden oder Attribute enthalten, die nicht an eine bestimmte Instanz gebunden sind, sondern für alle Instanzen gelten. In Java spricht man von statischen Komponenten, in ABAP von Klassenmethoden und Klassendaten. Man kann diese Komponenten auch als *instanzlos* bezeichnen.

Die Schnittstellen für instanzlose Methoden (Klassenmethoden) sind im Vergleich zu den Funktionsbausteinen weiter verbessert worden. Eine neue Art von Parametern, die *Receiving*-Parameter, ermöglichen die direkte Rückgabe eines Wertes an den Aufrufer, was Aufrufe in der eleganten »`y = f(x)`« Notation ermöglicht. Die Evaluierung eines solchen Ausdrucks ist auch in Bedingungen möglich, jedoch nicht überall:

```
* Mittlerer Datenelementtext des Datenelements VBELN
  lv_text = zcl_bsp_util=>dtel_text_m( 'VBELN' ).

* Wurde Beleg schon verarbeitet?
  if lo_document->is_processed( ) eq 'X'.
    ...
  endif.
```

24. Das hat weniger mit Misstrauen gegen gute Freundschaften zu tun als mit dem Wissen, dass sich unter dem Deckmäntelchen der Freundschaft schon so manche üble Seilschaft verborgen hat ...

Der Code einer Methode lässt sich strukturieren, indem Codeblöcke in private Methoden ausgelagert werden:

```
method do_selection. " Sei eine öffentliche Methode

* Übergebene Parameter prüfen
  check_parameters( ).

* Selektion vorbereiten
  prepare_selection( ).

* Selektion durchführen
  select( ).

* Ergebnis in Rückgabeparameter wandeln
  transform( importing et_result = et_result ).

endmethod.
```

Wer von der prozeduralen Programmierung kommt und auf ABAP Objects umsteigt, wird anfangs versucht sein, alle Operationen als Klassenmethoden zu definieren.[25] Das ist auch legitim. Was sich mit Funktionsbausteinen und -gruppen implementieren lässt, lässt sich ebensogut und sogar besser mit instanzlosen Klassen und Klassenmethoden implementieren.

Um aber den vollen Nutzen des Sprachumfangs von ABAP Objects zu haben, um Polymorphie und Vererbung zur Verfügung zu haben und damit optimal wiederverwendbaren, erweiterbaren Code zu schreiben, wird empfohlen, statt instanzloser Klassen wenigstens *Singletons* zu verwenden.[26]

Nur für Instanzen ist es möglich, die Funktionalität beispielsweise durch Vererbung zu erweitern, ohne dass im Code des Aufrufers irgendeine Änderung vorgenommen werden muss. Nur Instanzen können in Form eines Interface auftreten («Casting«) und den Aufrufern damit verschiedene, präzise definierte Sichten auf die eigenen Funktionen ermöglichen.

3.5.5 Objekte und ihre Erzeugung

Durch den Einsatz von Objekten ist es noch besser möglich, Programmeinheiten klar nach ihren Zuständigkeiten zu trennen. Die öffentlichen Methoden und Attribute eines Objekts bilden dessen Schnittstelle nach außen. Ein Aufrufer kennt vom Objekt nur diese öffentlichen Komponenten. Die privaten Komponenten sind für den Aufrufer unsichtbar, er kann und soll sie in seinem eigenen Code in keiner Weise verwenden – es sind »Implementierungsdetails«, die sich auch ändern können, ohne dass im Code der Verwender irgendwelche Änderungen nötig sind.

25. Zum Beispiel wird er bei Klassenmethoden insgeheim an die wohlvertrauten Funktionsbausteine denken.
26. Singletons werden in den Abschnitten 3.6.2.1 und 3.6.4.1 behandelt.

Objektorientierung hilft klare Zuständigkeiten zu schaffen – eine gute Voraussetzung für wiederverwendbare Software.

Auch die *Vererbung* ist unter diesem Gesichtspunkt zu sehen: Spezialisierende Klassen fügen – zum Beispiel durch Redefinition – zur Oberklasse Funktionalität hinzu, ohne dass der Code der Oberklasse noch einmal hingeschrieben werden müsste. Da die spezialisierende Klasse jederzeit als Repräsentant der Oberklasse auftreten kann, hilft die Vererbung auch bei der Erstellung *erweiterbarer* Software: Spezialisierende Klassen können auch nachträglich hinzugefügt werden und dabei weitgehend von dem bereits implementierten Code der Oberklasse profitieren.

3.5.5.1 Singletons

Es gibt häufig den Fall, dass ein Objekt keinen eigenen Zustand hat. Im Grunde bietet es lediglich Funktionen an, die nicht vom inneren Zustand, d.h. von den globalen privaten Variablen des Objekts abhängen. Wenn sie einen Kontext benötigen, so ist dieser extrinsisch, d.h. er wird beim Aufruf über die Schnittstelle mitgegeben. Ein typisches Beispiel hierfür sind etwa mathematische Funktionen wie `sin()`. Das Argument des Sinus wird beim Aufruf jeweils mitgegeben, weitere interne Abhängigkeiten des Ergebnisses gibt es nicht.[27]

Man könnte in diesem Fall die vorgesehenen Operationen als statische, instanzlose Methoden implementieren – womit man sich aber die Möglichkeiten der Polymorphie und Vererbung verscherzt.

Andererseits wäre es sinnlos und auch aus Performancegesichtspunkten fragwürdig, bei jedem Aufruf einer solchen Operation zunächst ein Objekt zu erzeugen. Es ist sinnlos, mehrere Instanzen einer solchen Klasse zu erzeugen, da die einzelnen Objekte alle gleich funktionieren werden; sie haben ja keinen intrinsischen Kontext, keinen Zustand, der die Ergebnisse der Operationen beeinflusst.

Die Anweisung `create object` wird – nicht nur in ABAP, sondern in jeder objektorientierten Programmiersprache – bei exzessiver Verwendung performancekritisch. Wenn für den Aufruf einer häufig benutzten Funktion stets ein neues Objekt erzeugt wird, machen sich Garbage Collection beziehungsweise Memory Recycling in der Gesamtlaufzeit kritisch bemerkbar.

Die Lösung ist das Singleton-Entwurfsmuster. Eine Klasse, die als Singleton entworfen wird, stellt sicher, dass es zur Laufzeit genau eine Instanz gibt.

---

27. Das heißt nicht, dass ein solches Objekt keinen intrinsischen Kontext hat. Die Sinusfunktion könnte sich z.B. Argument und Ergebnis des letzten Aufrufs in einer globalen privaten Struktur merken, um sich wiederholende gleiche Rechenoperationen schneller ausführen zu können. Dennoch bleibt die Aussage gültig, dass das Ergebnis der Operation nur von dem in der Schnittstelle mitgelieferten, also extrinsischen Kontext abhängt.

Dazu gehören folgende Bestandteile:

- Eine privates Klassenattribut, das die Singleton-Referenz enthält – nennen wir es `go_instance`;
- eine statische Methode, üblicherweise `get_instance()` genannt, die die Singleton-Referenz einem Aufrufer übergibt;
- eine Absicherung, dass eine öffentliche Instanzerzeugung auf anderem Wege nicht möglich ist: Der einzige Weg, eine Instanz der Klasse zu erhalten, ist die Methode `get_instance()`. Diese Absicherung ist in ABAP Teil der Klassendefinition. Um zu verhindern, dass andere Klassen Instanzen mittels `create object` erzeugen können, deklariert man die Klasse mit dem Zusatz »`create private`«. Im Class Builder geschieht dies im Reiter mit den allgemeinen Klasseneigenschaften:

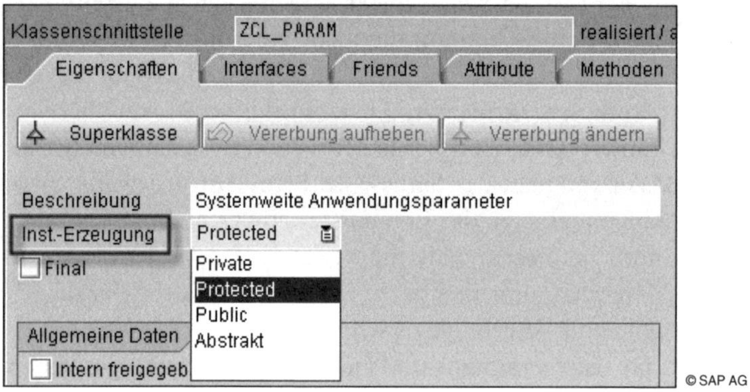

Abb. 3–12 *Kontrolle über die Instanzbildung*

Die `get_instance()`-Methode kann im einfachsten Fall folgendermaßen implementiert werden:

```
method get_instance.
* Instanz noch nicht vorhanden? Dann erzeugen
  if go_instance is not bound.
    create object go_instance.
  endif.
* Singleton-Instanz an Aufrufer übergeben
  eo_instance = go_instance.
endmethod.
```

3.5.5.2 Klassen mit Instanzverwaltung

Das Singleton-Konzept lässt sich erweitern. Wenn man die `get_instance()`-Methode um einen Importparameter erweitert, zum Beispiel einen String `iv_id`, so könnte diese Methode zusichern, für jeden übergebenen Parameterwert `iv_id` eine einzige, wohlbestimmte Instanz zurückzugeben. Dies nennt man *Instanzverwaltung*.

Die Implementierung verwendet in der Regel eine statische Hash-Tabelle gt_instances, deren Schlüssel die übergebenen Werte von iv_key sind. Der Datenteil der Hash-Tabelle enthält die Referenz auf die zugeordnete Instanz. Mit lokalen Typen ausgedrückt, könnte man also definieren:

```
types: begin of ty_instance,
         key    type string,
         object type ref to zcl_myclass,
       end of ty_instance,
       ty_instance_tab type hashed table
         of ty_instance
         with unique key key.
```

In den statischen privaten Klassendaten ist ein Objekt gt_instances vom Typ ty_instances_tab vorgesehen:

```
...
class-data:
  gt_instances type ty_instances_tab,
  ...
```

Die Methode get_instance schließlich kann wie folgt implementiert sein:

```
method get_instance.
  data: ls_instance type ty_instance.
  ls_instance-key = iv_key.
  read table gt_instances
       into ls_instance
       from ls_instance.
  if sy-subrc ne 0.
* Instanz noch nicht vorhanden? Dann erzeugen
    create object ls_instance-object
      exporting
        iv_key = iv_key.
    insert ls_instance into table gt_instances.
  endif.
* Singleton-Instanz an Aufrufer übergeben
  eo_instance = ls_instance-object.
endmethod.
```

Die Instanzverwaltung erlaubt es, die Anzahl insgesamt erlaubter Instanzen zu begrenzen, so dass es keinen Wildwuchs von Objekten gibt. Außerdem kann ein und dieselbe Instanz überall im Programm durch Aufruf der get_instance()-Methode beschafft werden. Im obigen Implementierungsbeispiel kann im Konstruktor abhängig vom übergebenen Schlüsselwert ein jeweils unterschiedlicher Objektzustand hergestellt werden.

3.5.5.3 Objekterzeugung in Fabriken

Einer der Hauptzwecke objektorientierter Programmierung ist, deklarativ zugesicherte Funktionen von ihren konkreten Implementierungen zu trennen. Ein wichtiges Mittel hierzu ist die Verwendung von *Interfaces*: Was ein Objekt zu können zusichert, wird im Interface lediglich definiert. Verwender des Objekts greifen nicht auf die Methoden des Objekts zu, sondern auf die des benötigten Interface. Welche konkrete Implementierung des Interface zu wählen ist, wird erst zur Laufzeit entschieden, anhand von globalen Kontextinformationen oder anderen Daten, die dem Aufrufer bekannt sind.

Eine Fabrik erzeugt zur Laufzeit Instanzen eines gewünschten Typs. Sie entscheidet anhand globaler Systeminformationen, welche konkrete Implementierung für ein Interface zu wählen ist und kann darüberhinaus Instanzen verwalten (wiederverwendbare Objekte).

Eine Fabrik ist somit eine quer durch alle Software-Schichten zu verwendende Klasse, die im Wesentlichen eine einzige Klassen-Methode `get_object()` anbietet. Mit Hilfe diese Methode lassen sich Instanzen der verschiedensten Programmteile beschaffen. Üblicherweise liest diese Methode aus einer Systemtabelle anhand des übergebenen Produktnamens den zugeordneten Klassennamen und erzeugt ein Objekt dieser Klasse.[28] Gibt es keinen Eintrag in der Systemtabelle, so wird eine Ausnahme ausgelöst.

Hier ein produktives Beispiel einer derartigen Fabrikklasse. Im Pflegeview zu einer Datenbanktabelle `ZFACT` legt man zu einem frei definierbaren Kürzel fest, welche zugehörigen Objekte die Fabrik erzeugen soll:

© SAP AG

Abb. 3–13 *Objektfabrik – Übersicht*

---

28. Diese Erzeugung sollte dynamisch erfolgen, um die Fabrikklasse selbst von ihren Produkten zu entkoppeln. Sie muss nicht einmal die beteiligten Interfaces kennen.

Die Detailsicht zeigt, welche Steuerungsmöglichkeiten die Tabelle bietet:

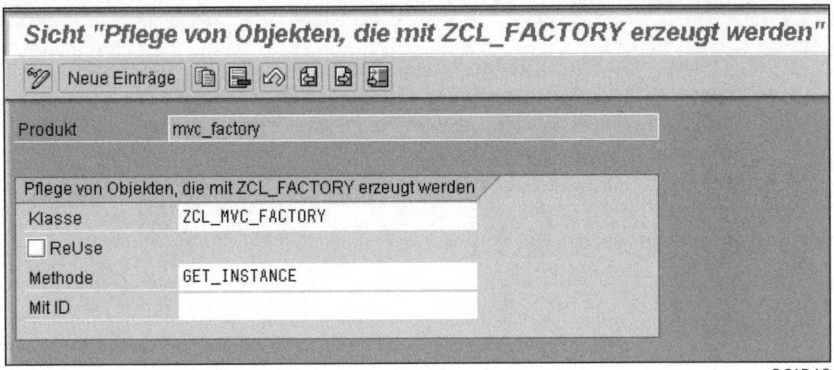

© SAP AG

***Abb. 3–14** Objektfabrik – Detailbild*

- **Produkt**
  Ein frei wählbares Textfeld, das zur Identifizierung des Produkts verwendet wird. Es ist das Schlüsselfeld der Datenbanktabelle `ZFACT`.
- **Klasse**
  Instanzen des Produkts sind Instanzen der hier angegebenen Klasse. Dieses Feld muss angegeben werden
- **ReUse**
  Soll eine einmal erzeugte Instanz wiederverwendet werden? Wenn dieses Feld angekreuzt wird, übernimmt die Fabrikklasse die Instanzverwaltung, indem sie sich die einmal erzeugte Instanz merkt und diese bei erneuter Anforderung anstelle einer neuen Instanz zurückgibt.
- **Methode**
  Wenn die verwendete Klasse selbst eine Instanzverwaltung hat, bietet sie üblicherweise eine Klassenmethode an, mit der die Instanzen erzeugt werden. Wenn dies der Fall ist, sollte die Methode hier angegeben werden.
  Wird dieses Feld leergelassen, so werden die Instanzen von der Fabrikklasse mittels `CREATE OBJECT` erzeugt.
- **Mit ID**
  Die Klassenmethode zur Instanzverwaltung erwartet möglicherweise ein ID-Feld zur Unterscheidung mehrerer Instanzen. Wird der Name dieses Importparameters hier angegeben, so reicht die Fabrikmethode einen übergebenen ID-Wert an die Methode weiter.

Der folgende Code zeigt, wie die Beschaffung und Verwendung von Fabrikobjekten erfolgt:

```
...
* Instanzveriable wird durch ein Interface typisiert
data: lo_scheduler type ref to zif_trfc_scheduler.
...
  try.* Instanz von Fabrik durch Angabe des Produktkürzels beschaffen
    lo_scheduler ?= zcl_factory=>get_object( 'trfcScheduler' ).
* Im Interface definierte Methoden und Attribute aufrufen
    lo_scheduler->mache_etwas( ).
    lv_dies = lo_scheduler->das.
    ...
    catch zcx_not_found.
* Produkt nicht vorhanden
      ...
  endtry.
```

Zu beachten ist, dass diese Art der Instanzbeschaffung *nur dann sinnvoll ist, wenn die Definition der Instanz beim Aufrufer abstrakt ist.* Das bedeutet, die Instanzvariable ist durch ein Interface – wie im obigen Codebeispiel –, eine abstrakte Klasse oder eine Oberklasse der konkreten Implementierungsklasse typisiert. Sinn und Zweck der Fabrikklasse ist ja die vollständige Entkopplung. Diese kann nur erreicht werden, wenn der aufrufende Code keine Referenz mehr auf die Definition der Implementierungsklasse enthält.

3.5.6 Ereignisse

Ereignisse – die in anderen objektorientieren Programmiersprachen wie Java übrigens nicht zum Basis-Sprachumfang gehören – helfen, an definierten Stellen im Programmablauf Funktionalität hinzuzufügen, die dem ereignisauslösenden Objekt nicht bekannt sind. Sie sind daher ein wertvolles *Hilfsmittel zur Entkopplung.*

3.5.6.1 Ereignisparameter

Ereignisse haben eine Schnittstelle mit Exportparametern. So kann das behandelnde Objekt über den Kontext der Ereignisauslösung informiert werden:

```
raise event matnr_changed
  exporting
    iv_matnr_old = lv_matnr_old
    iv_matnr_new = lv_matnr_new.
```

Implizit ist stets das Objekt `SENDER` als Exportparameter verfügbar, das die Referenz auf das ereignisauslösende Objekts enthält. Dessen konkreter Typ ist dem Ereignisbehandler üblicherweise bekannt, so dass sich das Objekt `SENDER` auf eine passende Referenzvariable casten lässt. Damit ist der gesamte öffentliche Kontext des Auslösers auch dem behandelnden Objekt bekannt, und es kann sehr detailliert auf den Zustand des aufrufenden Objekts reagieren.

```
method handle_e1.
  data: lo_object type ref to zcl_document,
        lt_items  type zitem_tab.
  field-symbols: <ls_item> type zitem.
  try.
    lo_object ?= sender.
    lt_items ?= lo_object->get_items( ).
    loop at lt_items assigning <ls_item>.
* Positionsweise eine Folgeaktion durchführen
    endloop.
    catch cx_sy_move_cast_error.
* Ereignisauslöser ist nicht vom Typ zcl_document
  endtry.
endmethod.
```

3.5.6.2 Changing-Parameter von Ereignissen

Die Syntax der RAISE EVENT-Anweisung sieht keine Möglichkeit vor, Daten vom Ereignisbehandler an den Aufrufer zurück zu übertragen. Die Begründung in der ABAP-Dokumentation ist, dass, falls mehrere Ereignisbehandler existieren, der endgültige Wert eines solchen Parameters von der Reihenfolge abhängt, in der die Behandler aufgerufen werden.

Das ist jedoch nicht ganz überzeugend. Es gibt durchaus realistische Szenarien, in denen eine Rückmeldung von Daten vom Ereignisbehandler an den Ereignisauslöser möglich und nötig ist, die genannte Reihenfolgeproblematik aber keine Rolle spielt.

Stellen wir uns eine definierte Programmstelle vor, in der ein Ereignis USER_COMMAND ausgelöst wird, um registrierte Behandler zur Ausführung eines Benutzerkommandos zu veranlassen.

```
raise event user_command
  exporting
    iv_fcode = lv_fcode. " Konkretes Benutzerkommando
```

Es gebe nun mehrere Behandler, die meisten von ihnen mögen jedoch nach kurzer Prüfung feststellen, dass sie für die Durchführung des Benutzerkommandos nicht zuständig sind. Ein bestimmter Behandler jedoch erkennt das Kommando als in seiner Zuständigkeit und führt es aus.

Für den Ereignisauslöser wäre es in einem solchen Fall durchaus von Interesse, zu wissen, ob das Benutzerkommando schließlich ausgeführt wurde oder nicht. Das aufrufende Programm benötigt ein Flag CV_DONE in der Schnittstelle des Ereignisses, das von dem effektiven Behandler auf 'X' gesetzt wird.

Wir sehen, dass es in diesem Fall gleichgültig ist, in welcher Reihenfolge die Ereignisbehandler ausgeführt werden. Wenn auch nur einer unter ihnen ist, der das Kommando ausführen konnte, soll der Wert CV_DONE auf 'X' springen.

Die gute Nachricht ist: Trotz der auf Exportparameter beschränkten Ereignisschnittstellen gibt es eine Lösung für dieses Problem. Seit es in ABAP *Referenzen auf Datenobjekte* gibt, kann man statt eines Datenobjekts ebensogut eine Referenz exportieren. Die Ereignisbehandler können dann diese Referenz auflösen und das Datenobjekt verändern. Mit diesem Trick lässt sich das obige Problem leicht lösen. Die Ereignisauslösung würde folgendermaßen gestaltet werden:

```
data: lv_done  type ref to flag,
      lv_fcode type syucomm.
  ...
  raise event user_command
    exporting
      iv_fcode = lv_fcode
      cv_done  = lv_done.
  if lv_done->* eq space.
* Flag wurde von keinem Ereignisbehandler gesetzt
  endif.
```

Die Ereignisbehandlung würde wie folgt vorgehen:

```
method handle_user_command.
  if is_relevant( iv_fcode ) eq 'X'.
* Aufrufer ist für Benutzerkommando zuständig
     ...
* Flag 'Kommando wurde ausgeführt' setzen
     cv_done->* = 'X'.
  endif.
```

In komplexeren Fällen soll vielleicht nicht nur ein Flag, sondern die gesamte Positionstabelle eines Belegs durch die Ereignisbehandler änderbar sein. In diesem Fall wäre es wünschenswert, die Änderungen der Tabelle unter Kontrolle zu haben, was bei einer Übergabe der Datenreferenz nicht möglich ist: Es gibt beispielsweise keine zentrale Stelle im Code, die beim Ändern der Positionstabelle immer durchlaufen wird. Um eine kontrollierte Änderung zu erreichen, übergibt man statt einer Datenreferenz besser eine Objektreferenz: Das kann ein spezielles Pflegeobjekt für die Tabelle sein, das Änderungen nur über den Aufruf von Methoden wie `modify()`, `delete()` oder `insert()` erlaubt.

3.5.6.3 Aktivierung der Ereignisbehandlung

Eine in der Klassendefinition als Ereignisbehandler deklarierte Methode wird bei Auslösung des Ereignisses zur Laufzeit noch lange nicht aufgerufen. Sie muss darüberhinaus auch zur Laufzeit mit der `SET HANDLER`-Anweisung aktiviert werden. So ist es möglich, definierten Instanzen von Ereignis-Auslösern definierte Behandlerinstanzen zuzuordnen.

```
set handler lo_handler->meth for lo_raiser.
```

Im Normalfall folgt es aus dem Programmdesign, welche Zuordnungen hier zu treffen sind.

Es ist jedoch auch möglich, eine Behandlerinstanz für *alle* das Ereignis auslösenden Objekte zu registrieren.

```
set handler lo_handler->meth for all instances.
```

Auch für diese Art der Registrierung gibt es mitunter gute Gründe. Wenn Sie eine *Querschnittfunktion* haben, die zur Laufzeit an den verschiedensten Stellen aufgerufen werden kann, wie etwa Logging oder bestimmte Berechtigungsprüfungen, so sind Ihnen die ereignisauslösenden Instanzen nicht alle bekannt, dennoch wünschen Sie für alle den Aufruf der Funktion.

3.5.6.4 Ereignis-Interfaces

Um eine vollständige Entkopplung des Ereignisauslösers vom Ereignisbehandler zu erreichen, kann man Ereignisse *in Interfaces definieren*. Die Methode, die das Ereignis behandelt, deklariert sich dann als Behandler dieses Interface-Events, nicht als Behandler eines in der Klasse definierten Events. So können Ereignisbehandler und Ereignisauslöser softwaretechnisch vollständig getrennt werden.[29]

3.5.7 Interfaces

Interfaces sind das Schnittstellenkonzept in ABAP Objects (wie auch in anderen objektorientierten Programmiersprachen). Ein Interface ist eine abstrakte Deklaration von Attributen und Methoden. Das Interface kann von Klassen implementiert werden, deren Instanzen dann zur Laufzeit als Repräsentant dieses Interface fungieren.

Interfaces ermöglichen es, eine Funktionalität zu verwenden, ohne sich von der *Implementierung* dieser Funktionalität abhängig zu machen. Die aktuelle Beschaffung eines implementierenden Objekts geschieht an wenigen, zentralen Stellen (Fabrikklassen), so dass ein Wechsel auf andere Implementierungen leicht möglich ist.

Interfaces helfen beim Auslagern (Faktorisieren) von Funktionalität in separate Objekte – für Klassen gilt die folgende

Faustregel:
Eine Klasse sollte maximal 20 öffentliche Methoden besitzen.

Wenn eine Klasse mehr als ca. 20 öffentliche Methoden aufweist, ist das ein Hinweis, dass sie zuviel Funktionalität auf einmal enthält. Die Methoden lassen sich vermutlich in einzelne Gruppen mit je verschiedenen Verantwortlichkeiten zusammenfassen. Für jede dieser Gruppen lässt sich ein Interface definieren. Das

29. Diese Technik haben wir im Abschnitt 3.5 »Entkopplung« ausführlich behandelt.

Interface kann in mehreren kleineren Klassen implementiert werden. Die große Klasse bedient sich der in den kleinen Klassen enthaltenen Funktionalität, indem sie Zeiger auf durch die Interfaces typisierte Objektinstanzen als globale private Attribute enthält. Der Code, der zuvor in der großen Klasse enthalten war, wird somit an die kleinen Klassen delegiert, und jede dieser kleinen Klassen hat ihre eigenen klaren Zuständigkeiten. Diese Technik nennt sich *Komposition* und hat gegenüber der Vererbung den Vorteil, dass eine Klasse von beliebig vielen anderen Klassen »erben« kann.

4 Anwendungen mit Benutzerschnittstelle

Dieses Kapitel führt Sie zum MVC-Architekturmuster und entwickelt die Funktion seiner drei Bestandteile. MVC eignet sich als grundlegendes Konzept nicht nur für Webanwendungen, sondern für alle Anwendungen, die eine Benutzerschnittstelle aufweisen. Im Prinzip ist es, wie ich zu zeigen versuche, nichts anderes als die Abspaltung der für den Betrieb einer Benutzerschnittstelle nötigen Funktionen vom »großen Rest« der Anwendung.

4.1 Am Anfang war EVA ...

nämlich Eingabe – Verarbeitung – Ausgabe, das Elementarprinzip aller Datenverarbeitung. Das ist eines jener Prinzipien, die nicht irgendwann ungültig werden. Es ist nämlich so primitiv, dass es das Grundprinzip jeder Mensch-Maschine-Kommunikation bleiben wird: Wir teilen der Maschine mit, was sie für uns machen soll, sie interpretiert unseren Befehl, führt ihn aus und gibt uns das Ergebnis zurück. Ob Sie den Herd anschalten oder einen Report über die Quartalsumsätze fahren – »EVA« erwarten wir bei jeder Maschine. Wie sollte es auch anders sein?

Betrachten wir dieses Grundschema einmal etwas genauer. Am Herd ist ein Knopf, dessen Stellung Sie verändern können. Das ist ein Teil der Benutzerschnittstelle, die die Maschine Ihnen präsentiert. Sie verändern nun die Knopfstellung – das ist die *Eingabe*. Die Maschine interpretiert diese veränderte Knopfstellung und übersetzt sie in eine Anweisung an die Heizspirale, die Temperatur zu erhöhen oder zu drosseln. Das ist die *Verarbeitung*. Die Kochplatte, wiederum ein Teil der Benutzschnittstelle, wird heiß (zum Beispiel). Dass die Kochplatte nun eingeschaltet ist, wird Ihnen durch ein Kontrollämpchen angezeigt. Das ist die *Ausgabe*. Sie können nun beginnen zu kochen.[1]

---

1. ein Vorgang, den wir, wenn Sie nicht zu den Spaghetti-Kochern gehören, aufgrund seiner Komplexität hier nicht näher betrachten wollen.

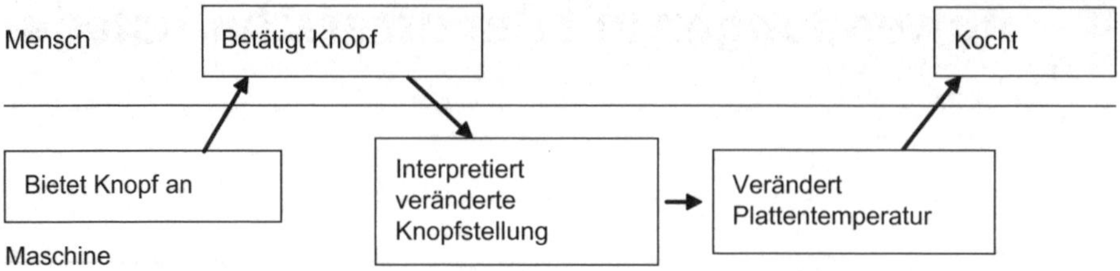

Abb. 4–1 *Die Kochplatte*

Was muss die Maschine für Schritte machen, damit dieser Vorgang zu Ihrer Zufriedenheit abläuft? Sie muss

- eine Benutzerschnittstelle *präsentieren*,
- Ihre Eingabe entgegennehmen,
- die Eingabe in eine Anweisung an die Heizspirale *umsetzen*,
- die Temperatur der Heizspirale verändern,
- die Benutzerschnittstelle in dem durch Sie veränderten Zustand *präsentieren.*

In diesem Beispiel ist die Präsentierung des veränderten Zustands nicht so essentiell: Ob die Herdplatte heiß wird, würden Sie auch bei defektem Kontroll-Lämpchen leicht feststellen. Dies ist ähnlich wie mit dem Gasgeben im Auto: Sie legen es darauf an, dass das Auto schneller wird, und würden dies auch bemerken, wenn das Tachometer nicht funktionieren würde. Ist jedoch die gewünschte Operation Ihrem direkten Zugriff entzogen, wird die Kontrolle durch ein Element der Benutzerschnittstelle unerlässlich: Wenn Sie rechts blinken, benötigen Sie ein optisches oder akustisches Signal, dass der rechte Blinker nun wirklich an ist.

Von all den genannten Vorgängen beim Anschalten einer Herdplatte ist jedoch zweifellos der wichtigste, dass die Spirale sich erhitzt. Vereinfacht gesagt, ist die Heizspirale in diesem Prozess der »Macher« – der Rest ist nur ein Drumherum, um sie für Menschen benutzbar zu machen: Es muss eine *Steuereinheit* vorhanden sein, die die Veränderung der Eingabe in eine Anweisung an die Heizspirale übersetzt. Das Kontrollämpchen dagegen kann an den Stromkreis der Heizspirale angekoppelt sein, so dass es ihren Zustand direkt wiedergibt. So gelangen wir zu folgendem Schema:

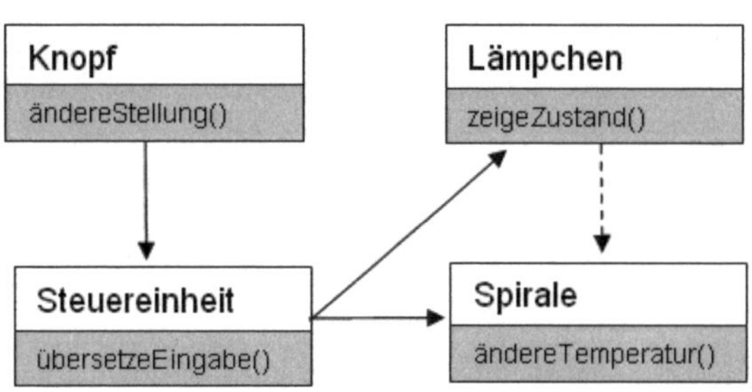

Abb. 4–2 *Komponenten der Kochplatte*

Hier haben wir bereits alle Teile eines brauchbaren Frameworks zusammen:

- Die Steuereinheit ist der *Controller.*
- Die Heizspirale, ist das *Model,* der »Macher«.
- Knopf und Lämpchen sind Benutzerschnittstellen, *Views* genannt.

Auch die Zuständigkeiten dieser Bestandteile sind genannt:

- Der View bietet Eingabe-Elemente an.
- Der Controller interpretiert Benutzereingaben.
- Der Controller delegiert Aufgaben an Models.
- Das Model führt Operationen aus und ändert seinen Zustand.
- Der Controller steuert Ausgabe-Elemente des Views an.
- Das Model kann direkt an Ausgabe-Elemente des Views gebunden werden.[2]

In diesem einfachen Fall haben wir eine sequentielle Abarbeitung: Auf eine Operation folgt die nächste. Das muss natürlich nicht so sein. In einem komplexeren Beispiel kann es nicht nur mehrere Views, sondern auch mehrere Controller und mehrere Models geben. Außerdem muss der View nicht unbedingt an ein Model gekoppelt sein, sondern könnte auch direkt durch den zuständigen Controller beeinflusst werden: Beispielsweise könnte es sein, dass das Model die ihm zugedachte Operation nicht ausführt. Dann ist der Controller am Zuge und muss eine Fehlermeldung an die Benutzerschnittstelle bringen: »Heizspirale defekt«. Auch ist es möglich, dass mehrere Views als Ausgabeviews zur Auswahl stehen. Dann muss der Controller entscheiden, welcher View nun angezeigt werden soll.

Was bedeuten diese Überlegungen? Wir haben uns einen beliebigen Prozess genommen und ihn in einzelne Teilvorgänge zerlegt. Diese Teile konnten wir drei funktionalen Gruppen zuordnen und somit an jeden Prozessteil ein Schildchen »Model«, »View« oder »Controller« anheften. Das bedeutet zunächst einmal nicht viel. Es bedeutet nur, dass die Gruppierung nach Model, View und Controller hinreichend allgemein ist, um Interaktionen zwischen Maschinen und ihren menschlichen Benutzern abzubilden.

Von diesem Punkt lässt sich ein Software-Entwurfsparadigma ableiten, das eine Trennung der Software-Einheiten nach diesen Kriterien fordert: View-Funktionen sollen in eigenen Viewklassen liegen, Controller-Funktionen in eigenen Controllerklassen, und den großen Rest bilden die Modelklassen. Im Grunde handelt es sich also um eine

> *Abspaltung der für die Benutzerschnittstelle nötigen Programmteile von den eigentlichen Funktionen der Anwendung.*

---

2. Diese Beziehung ist in der Grafik durch den *gestrichelten Pfeil* vom Model zum Ausgabeview repräsentiert. Der View wird niemals vom Model aufgerufen, er kann jedoch Bezug auf den Zustand des Models nehmen. Das ist die so genannte *Datenbindung*, die wir noch detaillierter besprechen werden.

Dies ist die Grundidee des MVC-Architekturmusters, das wir im Folgenden etwas genauer untersuchen wollen.

4.2 ... dann kam MVC

Wie im vorangegangenen Kapitel erläutert, bedeutet MVC, diejenigen Teile des Prozesses, die dazu dienen, die Benutzerschnittstelle anzuschließen und zu betreiben, von der restlichen Software zu entkoppeln. Dabei lassen sich für die Benutzerschnittstelle die Funktionseinheiten *Benutzeroberfläche* (View) und deren *Ansteuerung* (Controller) ausmachen. Die restliche Software besteht aus beliebigen Klassen, die jedoch von Controller und View ansprechbar sein müssen. Indem sie diese Ansprechbarkeit realisieren, werden sie zu Model-Klassen, bilden im Rahmen von MVC die eigentliche Prozesslogik ab. Sie stellen in diesem Paradigma die »Problem Domain« (PD) dar, den Gegenpol zum »User Interface« (UI).

Wir wollen uns MVC nun noch einmal etwas genauer ansehen. Getreu dem Grundsatz, dass bei der Programmierung alles darauf ankommt, wie sich die Teile zueinander *verhalten*, wollen wir vor allem die Aktionen, die die drei Bestandteile Model, View und Controller aufeinander ausüben, genauer analysieren.

Um irgendwo den Anfang machen zu können, nehmen wir an, der Benutzer ist aufgrund irgendeiner Vorgeschichte dahin gelangt, dass die Maschine ihm ein Bild präsentiert, das auf seine Eingaben wartet. Es enthält also beispielsweise textförmige Eingabefelder, Auswahlknöpfe, Ankreuzfelder und Drucktasten.

Der Benutzer macht nun seine Eingaben und drückt eine Drucktaste, wählt einen Menüeintrag oder folgt einem Hyperlink, um eine Aktion auszuführen. Seine Eingaben können fehlerhaft sein – vielleicht hat er eine ungültige Datumseingabe gemacht. Dann wäre zu erwarten, dass die Maschine nicht die gewünschte Aktion ausführt, sondern den Benutzer stattdessen auf seine Fehleingaben aufmerksam macht, um ihm Gelegenheit zu geben, diese zu korrigieren.

Schließlich aber sind die Eingaben doch in einem konsistenten Zustand. Dann führt die Maschine die gewünschte Aktion aus und sendet beispielsweise ein neues Bild, in dem sie über den Ausgang der Aktion informiert und die Möglichkeit bietet, nachfolgende Operationen auszuführen.

So allgemein gehalten dieser Anwendungsfall auch ist – so lehrreich ist er in Hinblick auf die daran beteiligten Operationen. Wie muss die Maschine programmiert sein, damit all diese Vorgänge wie dargestellt ablaufen können?

- Nachdem der Benutzer eine Drucktaste betätigt hat und eine serverseitige Aktion erfolgen soll,[3] hat der gerade dargestellte View seine Schuldigkeit getan.

3. Es gibt natürlich auch Aktionen, die sich bereits auf dem Bild selbst erledigen lassen, auf einer Webseite etwa mittels JavaScript. Diese wollen wir hier aus Gründen der Übersichtlichkeit außer Acht lassen.

- Es muss dann klar sein, *welcher* Controller in der Anwendung die Eingaben anzunehmen hat, also durch die Drucktaste adressiert wird.
- Dieser Controller muss seinerseits wissen, *welches* Bild ihm gerade gesendet wird, d.h. in welchem Zustand die Anwendung gerade ist. Denn sonst kann er nicht wissen, in welchen Kontext die eingegebenen Daten gehören, die ihm vom View gesendet werden.
- Der nächste Schritt, die *Validierung* der eingegebenen Daten, obliegt den Models: Nur diese haben das Wissen über die Art der verwendeten Daten, denn sie verwalten die Attribute, die auf dem Bild als Eingabefelder dargestellt sind. Der Controller muss also die Eingaben an die Models adressieren, die in seinem aktuellen Zustand involviert sind.
- Die Models überprüfen diese Eingaben und lösen im Fehlerfall eine Ausnahme aus.
- Es folgt nun die Durchführung der angeforderten Aktion. Auch hier gilt, dass die Aktion in der Regel vom Controller an ein Model delegiert wird. Nur Aktionen, die lediglich den Zustand der Benutzerschnittstelle verändern, wie der Wechsel eines Reiters oder das Blättern in einer Tabelle, werden nicht delegiert, sondern vom Controller oder sogar direkt vom View erledigt.

  Wie erwähnt, ist es normalerweise sinnvoll, Aktionen zu verhindern, falls Fehleingaben vorliegen. Jedoch kann man dies nicht zu einer festen Regel machen: Man stelle sich eine auf drei Reiter verteilte Eingabemaske vor. Es sollte dann möglich sein, auch bei Eingabefehlern zwischen diesen Reitern hin- und herzuwechseln, denn sie stellen ja nur eine Verteilung der visuellen Information dar.
- Nach Durchführung der angeforderten Aktion muss es für den Controller feststehen, welchen View er als Nächstes zu senden hat. Dies kann auch vom Erfolg der ausgeführten Aktion abhängen. Er instanziiert diesen View und sendet ihn an das Ausgabegerät.
- Der View arbeitet nun die zu sendende Seiteninformation ab und erzeugt die Ausgabe. Dabei kann er dynamisch Daten der beteiligten Models in die Ausgabe einbinden.

Wenn wir diese Operationen in einer Grafik zusammenfassen, gelangen wir zu folgendem Bild (siehe Abb. 4–3).

Zugleich haben wir einen dreistufigen Ablauf eines Dialogschritts herausgearbeitet:[4]

- Eingegebene Daten prüfen und übernehmen.
- Angeforderte Operation ausführen.
- Folgebild senden.

4. Für unser zustandsloses Framework werden wir diesen drei Stufen noch eine Initialisierungs- und eine Abschlussphase hinzufügen müssen, so dass wir insgesamt auf das *Fünf-Phasen-Präparat* kommen, siehe Abschnitt 6.9 *Ablaufschema des Controllers*.

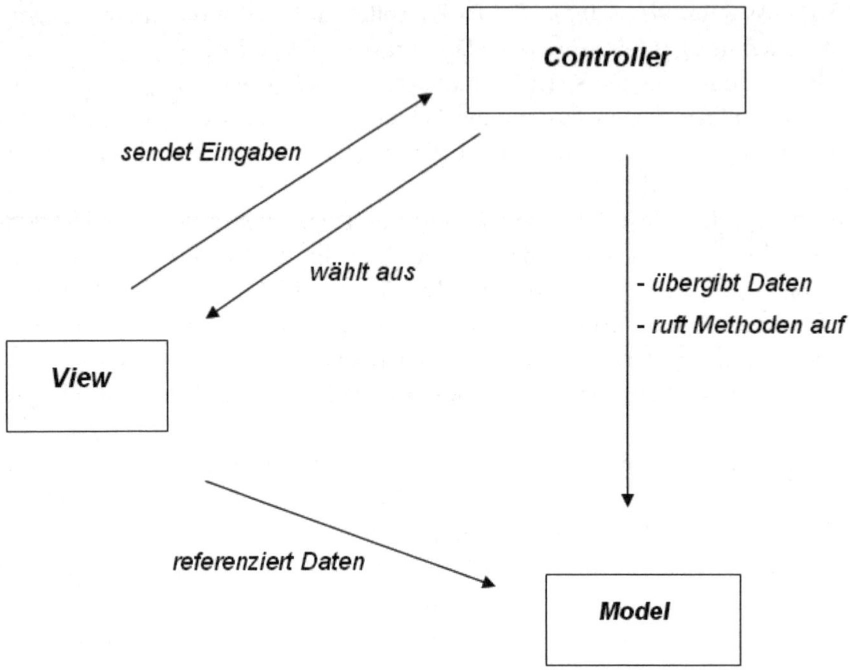

Abb. 4–3 *MVC – Allgemeines Schema*

Jeder dieser Schritte wird vom *Controller initiiert* und dann an ein Model oder einen View *adressiert*. Der Controller hat also im wesentlichen Managerfunktionen: Er verwaltet Anforderungen, delegiert Aufgaben an die ihm zugeordneten Models und ruft Views zur Darstellung des aktuellen Anwendungszustands auf.

In der ABAP-Dialogprogrammierung sind die ersten beiden Punkte typische Aufgaben *des Process After Input*, während der dritte Punkt bereits das *Process Before Output* des Folgebilds darstellt. Es ist jedoch wichtig zu bemerken, dass das Dynpro *eine viewzentrierte Sicht* darstellt und dabei Aufgaben von Controller und View vermischt. Die genannten Aufgaben werden in einem ABAP-Dialogprogramm nicht einer eigenständigen Instanz zugeteilt, sondern *gehören zum Bild*, sind dem jeweiligen Dynpro zugeordnet. Die Abarbeitung eines ABAP-Dialogprogramms ist gesteuert von den PAI- und PBO-Modulen seiner Screens, alle anderen Aktivitäten sind diesen Modulen nachgeordnet.

In MVC ist der View dagegen spezialisiert auf die Darstellung von Information (die er sich ggf. von den involvierten Models beschafft) und die Entgegennahme von Benutzereingaben. Mehr Aufgaben hat er nicht. Alle Fragen der Steuerlogik – Welcher View kommt wann? Welche Eingaben gehen an welches Model? Welches Model hat welche Operation auszuführen? – werden von einer eigenständigen Softwareeinheit behandelt: dem Controller.

4.3 Der View

Ein View ist eine Einheit zur Präsentierung von Information. Für Webanwendungen kann er daher mit einem im Browser angezeigten Dokument oder Dokumentteil gleichgesetzt werden. Auch wenn es vielversprechende andere Möglichkeiten gibt, Webseiten zu gestalten, wie Flash oder Adobe Forms, vereinfachen wir die Sache nicht zu sehr, wenn wir uns hier auf HTML und XML als Seitenbeschreibungssprachen einschränken.

Der Controller wird, wenn sein Folgezustand feststeht, den View aufrufen. In der Regel wird das eine Server Page sein. In der ABAP-Welt ist es eine Business Server Page. Es kann i.A. keine statische HTML-Seite sein, denn die aktuellen Daten der Models zum Aufrufzeitpunkt des Views fließen in den HTML-Code ein.

Zu Beginn – und damit aus Kompatibilitätsgründen bis heute – bot das BSP-Framework so genannte *Seiten mit Ablauflogik* an. Diese können im Rahmen von MVC nicht verwendet werden.[5] Sie stellen nämlich wiederum, ähnlich wie das Dynpro, eine Vermischung von Controller- und Viewlogik dar, wodurch das MVC-Konzept aufgeweicht würde.

Dank der Datenbindung, auf die wir noch eingehen werden, wird in der Regel keine explizite Übergabe von Seitenattributen benötigt. Es wäre jedoch nicht gegen die Spielregeln, Modelinstanzen oder die Instanz des aufrufenden Controllers im View zu verwenden. Insgesamt gilt jedoch, dass der View nicht mit Logik beladen sein soll, allein schon deshalb, weil der View-Editor nicht die volle Funktionalität des ABAP Source Code Editors beinhaltet.[6] Wenn es einmal komplexere Logik zur Datenpräsentierung gibt, kann man diese in einem *Viewkontext*, einer viewnahen Hilfsklasse implementieren.[7]

Wenn der User Eingaben tätigt und eine Aktion anfordert, so wird ein HTTP-Post-Request vom Browser an den für die Anwendung zuständigen Controller gesendet. Der View muss also für einen derartigen Request gerüstet sein: Es muss im erzeugen HTML-Code ein Formular geben, das die sichtbaren Eingabefelder enthält, und darüberhinaus auch noch unsichtbare Felder mit weiteren Informationen wie dem aktuellen Zustand des Controllers[8] und der angeforderten Aktion, dem `fcode`, wie wir ihn in guter alter SAP-Tradition nennen wollen.

---

5. Keine Regel ohne Ausnahme: »Seiten mit Ablauflogik« sind nützlich für pufferbare Seiteninhalte, z.B. XSLT-Transformationen oder statisches HTML. Siehe Kapitel 15.5 *Clientseitiges Rendern* und 17 *Ajax im Einsatz*.
6. Darin ähnelt der View-Editor übrigens der Ablauflogik eines Dynpros: Man kann in der Ablauflogik mit reduzierter Funktionalität ABAP programmieren – empfohlen wird jedoch, die Ablauflogik nur zum Aufruf von ABAP-Unterprogrammen zu verwenden.
7. Verwendung und Sinn von Viewkontexten behandeln wir in Abschnitt 6.11 »Viewkontexte« ausführlicher.
8. Wir gehen davon aus, dass das Framework sich den Controllerzustand nicht merkt (zustandslose Anwendung). Daher muss der View, wenn er die Eingabedaten sendet, auch über den aktuellen Controller-Zustand informieren.

Die Darstellung der Daten sollte in einem einheitlichen Format erfolgen. Um dies zu gewährleisten, empfiehlt es sich, eine Tag Library einzusetzen, die in der Lage ist, via Datenbindung Modeldaten entgegenzunehmen und als HTML-Element darzustellen – zum Beispiel soll eine interne Tabelle durch Aufruf eines geeigneten Tags als HTML-Tabelle dargestellt werden.

4.4 Der Controller

Vergegenwärtigen wir uns noch einmal die oben umrissenen Aufgaben des Controllers:

- Er beschafft die jeweils passenden Model- und View-Instanzen,
- er addressiert Eingaben und den `fcode` an die zuständigen Models, und
- er ruft je nach seinem Zustand wechselnde Views auf.

Wir werden sehen, dass sich diese Aufgaben weitgehend automatisieren lassen. Das heißt, die Controllerlogik muss nicht für jede Applikation neu programmiert werden. Vielmehr gibt es eine *Ablauflogik* der Anwendung, etwa in Form eines XML-Dokuments, die die möglichen Zustände und dazugehörigen Models und Views festlegt. An zentraler Stelle, in der Oberklasse aller Controllerklassen, ist das Verhalten des Controllers in Abhängigkeit von dieser Ablauflogik ein für alle Mal implementiert. Es kommen dann für die applikationsspezifischen Controller i.A. nur noch Fcode-Behandler hinzu, die geeigneten Modelmethoden aufrufen und ggf. Folgezustände setzen.

Es ist klar, dass der Begriff des Controllerzustands, den wir hier verwenden, um die Aufgaben des Controllers zu beschreiben, noch weiterer Präzisierung bedarf.

4.5 Das Model

Im Gegensatz zum Controller und zum View ist das Verhalten des Models durch das MVC-Architekturmuster nicht vollständig definiert. Das Model ist zunächst nichts weiter als ein beliebiges Objekt: Es besitzt i.A. öffentliche Attribute, und es kann bestimmten Operationen unterzogen werden. Weder die Attribute noch die Methoden des Models sind durch das MVC-Paradigma eingeschränkt. Im Prinzip kann also *jedes Objekt* die Rolle eines Models spielen.

Was also macht das Model zum Model? Wie wird ein beliebiges Objekt in einer Applikation als Model einsetzbar?

Dafür ist folgendes nötig:

- Der Controller darf *Model-Instanzen konstruieren oder beschaffen.* Für die Beschaffung der Model-Instanz gibt es eine festgelegte Schnittstelle.

- Es muss einen *standardisierten Zugriff* auf die (öffentlichen) Attribute des Models geben. Standardisiert bedeutet hierbei automatisch ausführbar, in einem später zu präzisierenden Sinne.
- Das Model muss *Eingabevalidierungen* durchführen können. Das heißt, es muss in der Lage sein, einen vom Benutzer oder vom Controller übergebenen String in das interne Datenformat eines Attributs zu wandeln und dabei ungültige Strings durch Auslösen einer passenden Ausnahme zu behandeln.

Darüberhinaus *kann* das Model noch folgende Informationen anbieten:

- Es *kann* über die *Änderbarkeit* eines Attributs informieren, und zwar bevor versucht wird, diese Änderung durchzuführen (siehe Feldauswahl).
- Es *kann* über die *Ausführbarkeit* einer Methode informieren.

4.6 Anwendung von MVC auf Reports

Der klassische ABAP-Report bietet einige Selektionsoptionen an, übersetzt die vom Benutzer gewählten Werte in Datenbankoperationen, führt diese aus und zeigt das Ergebnis dem Benutzer an. Alle Teile des Reports sind in einem einzigen Programmquelltext vereint. Globale Workareas für die benötigten Datenbanktabellen werden mit der `TABLES`-Anweisung bereitgestellt. Zur Gestaltung des Selektionsbildes, ebenso wie zur Listenausgabe in Form einer ABAP-Spoolliste, gibt es einen mittlerweile ziemlich umfangreichen Befehlssatz, der gleich in der ABAP Programmiersprache enthalten ist. Für die Datenbankoperationen stehen die datenbankunabhängigen Open-SQL-Befehle ebenfalls in ABAP zur Verfügung.

Das klingt doch alles gut – warum bleiben wir nicht bei diesem Konzept?

Das Problem ist, dass die Teile eines Reports in der oben beschriebenen Form nicht voneinander isolierbar sind. Es ist kein Wechselspiel unterschiedlicher Programme möglich, *keine einzige Zeile solcher Reports ist wiederverwendbar.*

Wenn ein Report B den Selektionsschritt aus Report A benötigt, kann er ihn nicht aufrufen: Die einzige Möglichkeit, den Report A aufzurufen, wäre die Anweisung `SUBMIT`. Die erzeugt jedoch einen neuen internen Modus. Die Listenausgabe könnte man sich zwar nach Rückkehr von diesem internen Modus aus dem Hauptspeicher abholen. Aber ein Programm benötigt ja keine für den Menschen aufbereitete Liste, sondern die in diese Aufbereitung eingehenden *Daten.*

Es bliebe also bei Programmen dieser Art in der Praxis nur die Alternative, den benötigten Quellcode aus Report A zu *kopieren*, wodurch alle Wiederverwendbarkeit vertan ist.

Hieraus ergibt sich die Anforderung:

> *Lagere die Selektion in ein eigenes Objekt aus, und rufe dieses im Report lediglich auf.*

Ein zweites Problem sind die *ABAP-Listen*. Es ist gerade der große Umfang von Befehlen, die für die ABAP-Listenausgabe zur Verfügung stehen, der die Realisierung eines übergreifenden, einheitlichen Erscheinungsbildes für alle Reportlisten erschwert.

Darüberhinaus sind mit WRITE ausprogrammierte Listen nicht erweiterungsfreundlich: Wenn zur Zeilenstruktur der Ausgabetabelle ein neues Feld hinzukommt, gibt es eine mühsame Spaltenzählerei, bis der Report entsprechend angepasst ist.

Es ist eine übergreifende Aufgabe, eine (nahezu) beliebige interne Tabelle auszugeben. Es sollte nicht nötig sein, dass in jedem Report diese Aufgabe wieder neu gelöst wird, indem die Ausgabe der Felder mittels der WRITE-Anweisung implementiert wird. Hieraus ergibt sich die Anforderung:

Lagere die Listenausgabe in ein eigenes Objekt aus, und rufe diese im Report lediglich auf.

Ein solches eigenes Objekt für die Listenausgabe ist von SAP entwickelt worden. Es ist der ABAP List Viewer (ALV), nach dem Enjoy-SAP-Release in verbesserter Form als »ALV-Grid«, implementiert in der Klasse CL_GUI_ALV_GRID. Es ist genau so, wie man es sich wünschen sollte: Diese Klasse benötigt beim Einfachstaufruf lediglich eine sortierbare interne Tabelle als Input. In realitätsnäheren Fällen wird man jedoch auch den *Feldkatalog* definieren müssen, das ist eine interne Tabelle mit Spaltenattributen, die das Aussehen und Verhalten der Liste beeinflussen.

Wir könnten den Report daher folgendermassen aufbauen, wobei wir die Ereignisbehandler der Report-Events teilweise in Methoden statt in Unterprogramme auslagern:

```
report zzdemo.
data: go_sel  type ref to zcl_sel_demo,
      go_list type ref to zcl_list_demo.
load-of-program.
* Für die Selektion zuständiges Objekt go_sel bilden
  create object go_sel.
* go_list übernimmt Referenz auf Trefferliste von go_sel
  create object go_list
    exporting
      it_list = go_sel->list.
*-----------------------------------------------
* Benutzerschnittstelle für Selektionsbild
*-----------------------------------------------
selection-screen begin of block ...
  select-options: ...
selection-screen end of block.
at selection-screen.
  ... " Prüfungen
```

```
*-------------------------------------------------
* Selektion durchführen
*-------------------------------------------------
start-of-selection.
* Selektionen aus Selektionsbild in go_sel übernehmen
  perform transfer_selections.
* Selektion durchführen
  go_sel->select( ).
*-------------------------------------------------
* Trefferliste anzeigen
*-------------------------------------------------
end-of-selection.
  go_list->show( ).
```

Erkennen Sie in diesem Reportgerüst das MVC-Architekturmuster?

Der Report beherbergt einen View, nämlich das Selektionsbild, *und* den Controller dieser Anwendung. Er enthält, wie Sie sehen, keinerlei Anwendungslogik, aber auch nicht die Präsentationslogik der Listenausgabe, sondern ruft beides nur auf. Eine Sonderrolle spielt lediglich das Selektionsbild, das ein normaler Bestandteil eines ABAP-Reports ist, jedoch zur Benutzerschnittstelle gehört. Das bedeutet, wir haben folgende Situation:

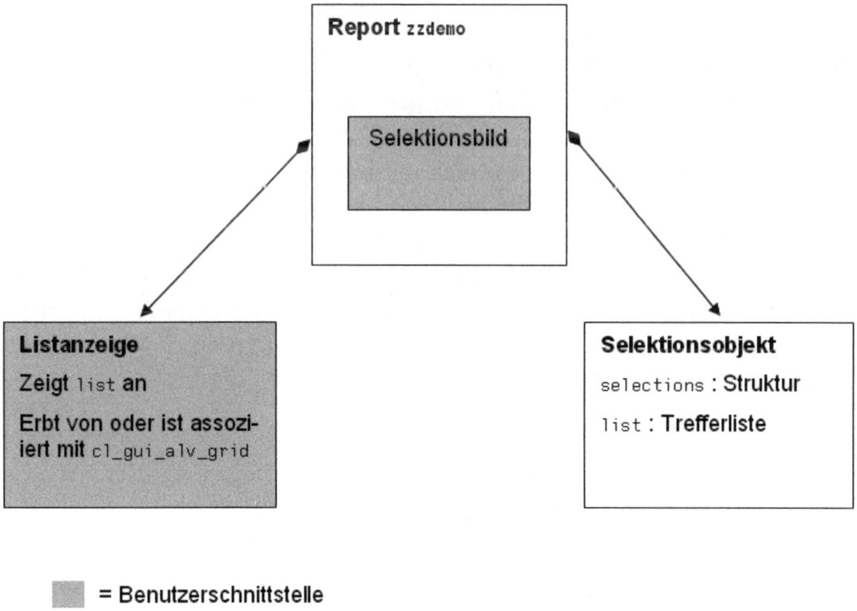

Abb. 4–4 *MVC im ABAP-Report*

Was sich aus dem Report in Hinblick auf Datenbeschaffung und Datenpräsentation auslagern lässt, ist nun in zwei Klassen implementiert. Der Report hält in seinen globalen Daten je eine Referenz auf Objekte dieser Klassen und delegiert Aufgaben der Präsentation oder Datenbeschaffung, indem er Methoden der zuständigen Objekte aufruft.

Die grau hinterlegten Teile stellen das *User Interface* dar. Was sich davon auslagern lässt, ist in einer Klasse `zcl_list_demo` gekapselt, die entweder von `cl_gui_alv_grid` erbt oder – zu empfehlen – mit dieser durch Komposition verbunden ist.

Die Klasse `zcl_list_demo` könnte von einer Oberklasse `zcl_list` ableiten, die systemweit für alle Reports zur Anzeige von Reportausgaben verwendet wird. Die Oberklasse ist also für die standardisierten Teile der Listenanzeige zuständig, beispielsweise das Firmenlogo und den Kopfteil der Ausgabe. Spezielle Funktionen für einen bestimmten Report lassen sich dann durch Vererbung hinzufügen. Dazu gehört etwa die Erzeugung des Feldkatalogs. Dieser Code ist sicher spezifisch für den jeweiligen Report und kann daher nur in der Unterklasse implementiert werden.

Die gesamte Selektionslogik des Reports ist dagegen im Selektionsobjekt `zcl_sel_demo` gekapselt. Dieses spielt daher die Rolle des *Models*. Das Selektionsobjekt könnte auch in anderen Kontexten verwendet werden, wann immer diese spezielle Selektion gewünscht ist. Das kann innerhalb eines anderen Programms sein, oder aus einer Anwendung mit einem völlig anderen User Interface. Diese vielseitige Einsetzbarkeit verdanken wir der Modularisierung dieser Funktion in einer eigenen Klasse.

Ist es nicht möglich, auch das Selektionsbild auszulagern, um es wiederverwendbar zu machen? Dann wäre der Report vollständig auf Controllerfunktionen beschränkt, und alle involvierten Views wären gekapselt.

Normalerweise ist das Selektionsbild eines Reports entweder zu einfach oder zu speziell, als dass sich eine Wiederverwendbarkeit lohnen würde. Es ist jedoch möglich, sehr ausgefeilte Selektionsbilder zu erzeugen, an deren Wiederverwendung durchaus Interesse besteht.

Dann gibt es die folgenden Möglichkeiten:

- Alle auf den `selection-screen` bezogenen Anweisungen des Reports in ein Includeprogramm auslagern.

  → Dafür zahlt man den üblichen Preis der Include-Technik: Alle Verwender sind gezwungen, dieselben Namen für die verwendeten Selektionsoptionen, Parameter und Referenzdaten zu verwenden.

- Das Selektionsbild in einem eigenen Dialogprogramm definieren und mit der Anweisung `include selection-screen` einbinden. Die Selektionsoptionen werden bei `start-of-selection` mittels eines externen Unterprogrammaufrufs abgeholt.

→ Aus Kapselungsgesichtspunkten eine wesentlich bessere Alternative. Das Hauptprogramm benötigt außer den Referenzen auf das List- und das Anzeigeobjekt keine globalen Daten mehr. Alle Selektionsoptionen existieren als globale Daten in dem für das Selektionsbild zuständigen Dialogprogramm – dort gehören sie auch hin! Von dort können sie in lokale Daten des aufrufenden Programms übernommen werden.

Sie sehen, dass das MVC-Konzept nicht nur in Webanwendungen sinnvoll ist, sondern auch für GUI-basierte Dialoganwendungen wie Reports hilft, die einzelnen Softwareschichten klar voneinander zu trennen.

5 HTTP-Verbindungen mit dem SAP-System

Bevor wir – nun mit dem Grundverständnis des MVC-Architekturmusters ausgestattet – an die Erstellung von Webanwendungen gehen, soll in diesem Kapitel dargelegt werden, wie ein SAP-System ein- und ausgehende HTTP-Meldungen behandelt. Der hierfür zuständige Spezialist innerhalb des SAP-Systems ist das Internet Communication Framework (ICF).

5.1 Ein einfacher Requestbehandler

Wie kann man das SAP-System dazu bringen, als Web-Server zu arbeiten? Wie können eingehende HTTP-Requests mit ABAP-Mitteln behandelt werden? Der Grundbaustein dafür ist der *Requestbehandler*, das ABAP-Äquivalent zum Servlet.

Zunächst einmal muss der Internet Communication Manager auf die im Anhang beschriebene Weise aktiviert werden, damit HTTP-Requests auf einem Port überhaupt entgegengenommen werden können. Das kann man zu Testzwecken auch zur Laufzeit machen, ein Neustarten des Systems ist nicht erforderlich. Für die produktive Nutzung sollte aber der Weg über die Profilparameter gewählt werden, damit die Einstellungen auch beim Neustarten des Systems erhalten bleiben.

Wenn dies gemacht ist, können Sie Ihre ABAP-Klassen als »requestbehandlerfähig« erklären, indem Sie das Interface `IF_HTTP_EXTENSION` implementieren. Das Interface besteht nur aus einer einzigen Methode namens `HANDLE_REQUEST`. Durch Implementierung dieser Methode sichern Sie zu, zu einem eingehenden Request den zugehörigen Response zu erzeugen.

Wir wollen dies exemplarisch an einer kleinen »Papageienklasse« vorführen. Die Funktion soll darin bestehen, die übergebenen Parameter aus dem Request zu entnehmen und in die Antwort zu stellen. Diese Antwort soll im reinen Textformat erfolgen.

Wir legen hierzu zunächst eine neue Klasse an, die wir `ZCL_HTTP_ECHO` nennen wollen. Nebenbei sei bemerkt, dass wir das Häkchen bei *Final*, das uns standardmäßig vorgeschlagen wird, direkt beim Anlegen entfernen. Wir wollen niemandem verbieten, sich auf die von uns angelegten Klassen durch Vererbung zu beziehen (auch dies steht im Dienste der Wiederverwendbarkeit):

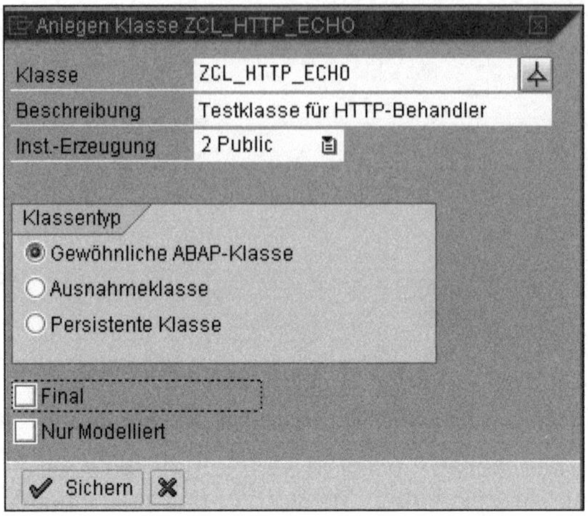

© SAP AG

Abb. 5–1 *Beispielklasse*

Nach dem Sichern gehen wir in der neu angelegten Klasse auf den Reiter *Interfaces* und tragen das Interface `IF_HTTP_EXTENSION` ein. Wenn wir dann auf den Reiter *Methoden* wechseln, finden wir die einzige Komponente dieses Interface, die Methode HANDLE_REQUEST, zur Implementierung angeboten:

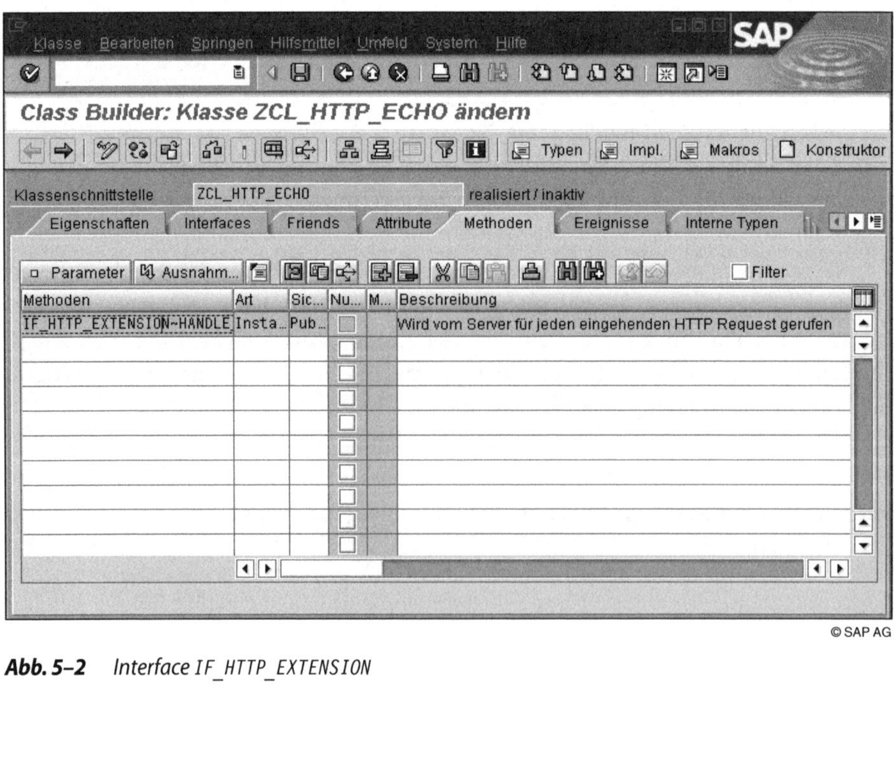

© SAP AG

Abb. 5–2 *Interface* `IF_HTTP_EXTENSION`

Durch Doppelklick gelangen wir in die Methodenimplementierung. Dort geben wir folgenden Code ein:

```
method if_http_extension~handle_request .

  constants:      lc_line    type string value '#1 : #2'.
  data:           lt_fields  type tihttpnvp,
                  lv_out     type string,
                  lv_line    type string.
  field-symbols: <ls_field> type ihttpnvp.

* Formularfelder abholen
  server->request->get_form_fields( changing fields = lt_fields ).

* Formularfelder für Klartextausgabe aufbereiten
  loop at lt_fields assigning <ls_field>.
    lv_line = lc_line.
    replace '#1' in lv_line with <ls_field>-name.
    replace '#2' in lv_line with <ls_field>-value.
    concatenate lv_out
                lv_line
                cl_abap_char_utilities=>cr_lf
                into lv_out.
  endloop.

* Ausgabe-MIME-Typ auf plain/text setzen
  server->response->set_header_field( name = 'Content-Type'
                                      value = 'text/plain' ).

* String zurückgeben (Zeichendaten in Content stellen)
  server->response->set_cdata( lv_out ).

* Status OK zurückgeben
  if_http_extension~flow_rc = if_http_extension~co_flow_ok.

endmethod.
```

Nun müssen wir die Klasse noch einem Requestpfad zuordnen. Hierzu eröffnen wir mit Transaktion `SICF` einen neuen Knoten `z_echo` als Subelement von `/sap/bc` (auf dem Knoten `/sap/bc` im Kontextmenü »Neues Subelement« wählen) (siehe Abb. 5–3).

Dem Service ordnen wir im Reiter »Handler« die oben implementierte Requestbehandlerklasse `ZCL_HTTP_ECHO` zu. Die Authentisierungsinformationen lassen wir dagegen leer. Wir wollen also keinen öffentlichen, von jedem nutzbaren Service, der sich mit einem Sammelbenutzer am SAP-System anmeldet, sondern verlangen für diesen Test eine Anmeldung mit SAP-Benutzername und Kennwort (siehe Abb. 5–4).

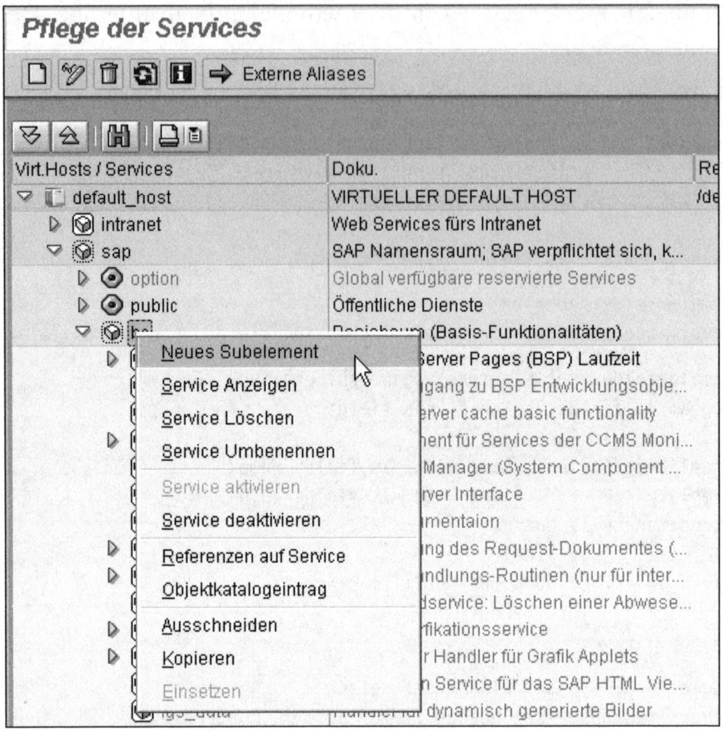

© SAP AG

Abb. 5–3 *Neuen ICF-Service anlegen*

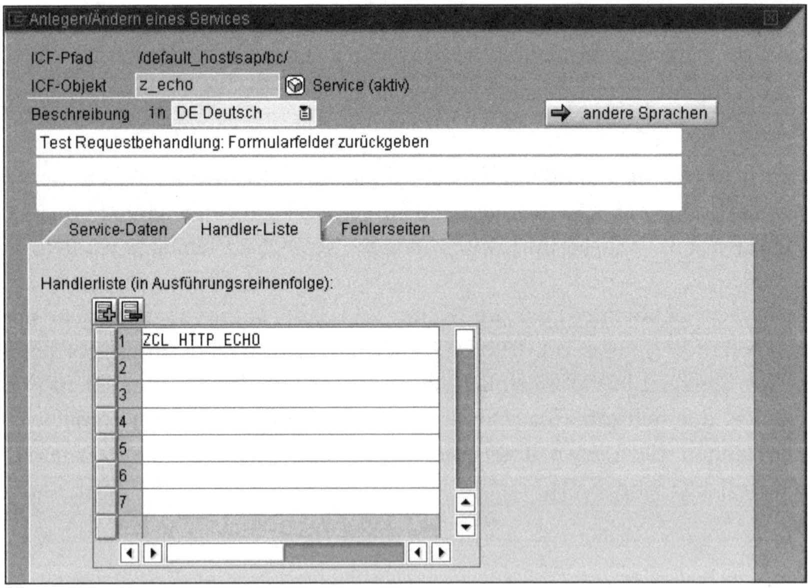

© SAP AG

Abb. 5–4 *Requestbehandler zuordnen*

Nun testen wir die neue Klasse. Das hier verwendete SAP-System heißt `migzmc04.migros.ch`, der eingestellte HTTP-Port ist 1081. Den Pfad selbst haben wir soeben eingerichtet, er lautet `/sap/bc/z_echo`. Den Papageienmechanismus testen wir, indem wir an die URL noch einen get-Parameter namens `test` anhängen. Der im Browser anzuwählende Link ist also

http://migzmc04.migros.ch:1081/sap/bc/z_echo?test=4711

Beim ersten Aufruf erhalten wir zunächst das Anmeldepopup des Internet Explorers:

Abb. 5–5 *Das Anmeldepopup im Internet Explorer*

Nach Eingabe unserer Anmeldedaten erhalten wir schließlich folgendes Ergebnis:

Abb. 5–6 *Testaufruf*

Damit ist die Grundidee klar. Wir können das SAP-System verwenden, um vom Internet aus serverseitige Logik in ABAP aufzurufen. Das ist der Einstiegspunkt für dynamische Webinhalte!

Statt auf Anfrage statische Seiten zu liefern, könnte man auf diese Weise auch dynamisch HTML-Quelltext generieren und somit Web-Applikation auf Grundlage von HTTP-Requestbehandlern schreiben. Die Methoden zur Stringverarbeitung werden jedoch schnell zu unhandlich,[1] als dass daraus eine stabile, schnell erstellbare und wartungsfreundliche Lösung erwachsen könnte. Es ist eine Erweiterung im HTTP-Framework nötig, um professionelle HTML-basierte Webanwendungen zu erstellen. Diese Erweiterung sind die Business Server Pages. SAP hat mit der Einführung der Business Server Pages den selben Schritt vollzogen, der in der Javawelt dem Übergang von den Servlets zu den Java Server Pages entspricht.

5.2 Der ICF-Servicebaum

Jeder Requestbehandler ist in Transaktion `SICF` einem Pfadnamen zugeordnet. Der Host `default_host` stellt hierbei den Wurzelknoten dar; der dort hinterlegte Defaultbehandler wird angesprochen, wenn in der URL überhaupt kein Pfad angegeben ist (z.B. *http://server21.meinefirma.de*).

Wenn dagegen – und das ist der Normalfall – nach der Domäne in der URL noch eine Pfadangabe folgt, steigt der ICM die im Servicebaum definierten Knoten nacheinander ab, bis er einen Knoten auffindet, zu dem ein Requestbehandler hinterlegt ist. Diesen ruft er dann auf.

Beispiel: Dem Knoten `a` sei kein Behandler zugeordnet, wohl aber seinem Unterknoten `b` und dessen Unterknoten `c`:

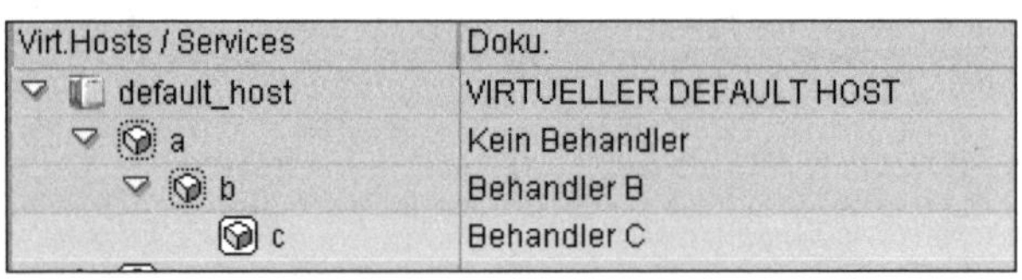

© SAP AG

Abb. 5–7 *Servicebaum und Requestbehandler*

Wenn Sie nun die URL

http://server.firma.de/a/b/c

aufrufen, wird also Behandler `B` aufgerufen und nicht `C`.[2] Der angegebene Pfad kann auch weitere Knoten enthalten, die gar nicht mehr im ICF-Servicebaum abgebildet sind. So führt auch die Angabe

http://server.firma.de/a/b/c/d/e

1. vor allem wenn in ABAP programmiert werden muss, einer im Vergleich zu C++ oder Perl ziemlich gesprächigen Programmiersprache.

auf den Behandler B. Der aktuell angegebene Pfad kann in der Behandlerklasse ausgewertet werden, denn er wird in ein virtuelles HTTP-Headerfeld mit dem Namen ~path gestellt.

Ein solcher »überdefinierter« Pfad kann durchaus sinnvoll sein, um zusätzliche Information im Request zu übergeben. Sie können beispielsweise vereinbaren, dass Ihr Service, wenn der Pfad das Suffix /soap enthält, seine Antwort im SOAP-Format zurückgibt (und sonst in einem serviceeigenen Format). So kann steuernde Information in die URL der HTTP-Anfrage codiert werden.

```
method if_http_extension~handle_request.

  if server->request->get_header_field( '~path' ) cp '*/soap'.
    ... " Antwort im SOAP-Format
  endif.

...
```

Wo stehen die Business Server Pages in diesem Konzept? Business Server Pages sind aus Sicht des ICM lediglich eine besondere Art von HTTP-Services, die durch einen speziellen, von SAP ausgelieferten Requestbehandler, die Klasse CL_HTTP_EXT_BSP bedient werden. Diese ist dem Knoten /sap/bc/bsp zugeordnet. Wenn Sie in der Workbench eine BSP-Applikation anlegen, wie wir es in den folgenden Kapiteln tun werden, so wird automatisch ein Unterknoten zu /sap/bc/bsp angelegt. Die Applikation mit dem Namen zz_test bekommt hierbei den Pfad /sap/bc/bsp/sap/zz_test. Dadurch ist automatisch sichergestellt, dass die Applikation vom BSP-Framework der SAP, also dem Behandler CL_HTTP_EXT_BSP aufgerufen wird (siehe Abb. 5–8).

Wie es in einem Dateisystem die Möglichkeit gibt, Verknüpfungen auf andere Orte zu definieren, so kann man auch im ICF-Servicebaum ein Alias definieren. Dadurch kann man die Aufrufe freimachen von der aktuellen Baumstruktur.

Wenn Sie einen HTTP-Service verfasst haben, so sollten Sie sich in der Dokumentation unabhängig von dem konkreten physischen Rechner und von der aktuellen Baumstruktur des ICF-Baums machen. Der Verwender liest in Ihrer Dokumentation, dass er beispielsweise einen Service zur Verfügbarkeitsprüfung unter dem Link

http://sap.meinefirma.de/atp

aufrufen kann. Wenn dieser Link aufgerufen wird, wird er in Wirklichkeit an

http://server21.meinefirma.de/sap/bc/atp

gerichtet. Um dies zu erreichen, haben Sie mit Ihren Netzwerkkollegen ein Alias für das SAP-System vereinbart (sap.meinefirma.de für server21.meinefirma.de)

---

2. Das bedeutet übrigens, dass der Behandler C nicht nur überflüssig ist, sondern auch nie aufgerufen wird. Denn stets wird das ICF, bevor es bei C ankommt, schon auf den Behandler B getroffen sein.

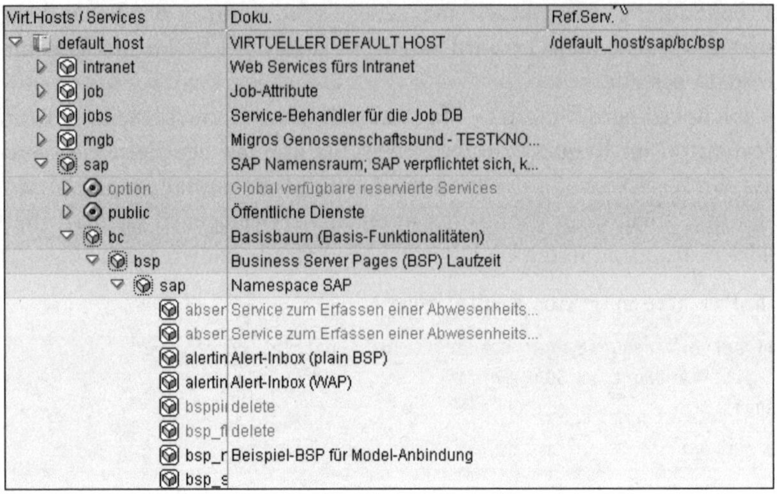

© SAP AG

Abb. 5–8 *BSP-Applikationen im Servicebaum*

und selbst im ICF-Servicebaum das Alias /atp als Verweis auf /sap/bc/atp definiert:

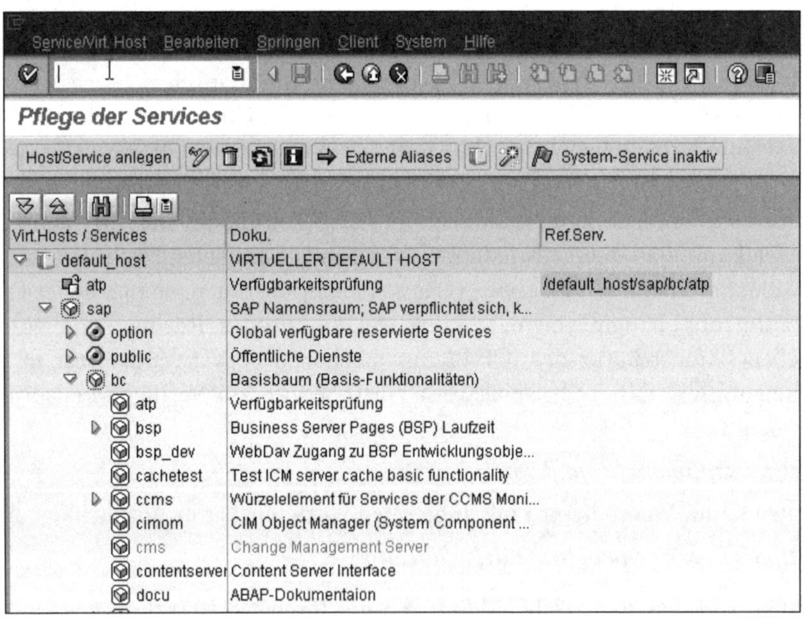

© SAP AG

Abb. 5–9 *Alias für einen ATP-Service*

Der Link *http://sap.meinefirma.de/atp* ist langlebig: Er überlebt es, dass die Basiskollegen das SAP-System auf einen anderen Server umziehen. Er überlebt es sogar, wenn Sie sich entschließen, die ATP-Prüfung mit einem neuen, verbesserten

Servicebehandler abzubilden, den alten Behandler aber aus Kompatibilitätsgründen stehen lassen müssen. Sie können sich sogar entschließen, den Service künftig aus dem Java-Stack zu bedienen, ohne dass Sie die Konsumenten des Service darüber informieren müssten.

5.3 Anmeldung

Wenn Sie Webanwendungen schreiben, in denen SAP-Stamm- oder Bewegungsdaten nicht nur gelesen, sondern auch verändert werden, so sollte dies immer unter Verwendung eines SAP-Benutzers erfolgen. Denn der SAP-Benutzername zieht sich durch alle BAPIs und APIs und wird als Erfasser oder Änderer in den Datenbanktabellen fortgeschrieben. Wenn hier ein anonymer Sammelbenutzer steht, ist das nicht besonders hilfreich. Die Verwender Ihres Prozesses sollten daher einen persönlichen SAP-Benutzer mit den nötigen Berechtigungen erhalten, um die vorgesehenen Geschäftsprozesse durchzuführen. Die Berechtigungsprüfungen sichern das System sinnvoll ab. Darüberhinaus sind die üblichen Logging- und Profilingmethoden möglich (Transaktionen `STAD` und `ST03`). Sie können ermitteln, wieviele und welche User pro Tag auf Ihre Services zugreifen und haben die Möglichkeit, bei Programm- oder Handlingfehlern die Benutzer direkt anzusprechen, um den Fehler zu reproduzieren. Auch die Laufzeitanalyse (SE30) können Sie in der Transaktion SICF für einen bestimmten Service aktivieren und somit auf feinster Ebene ein Profiling der verwendeten Programmbestandteile durchführen.

Andererseits gibt es auch *öffentliche* Services, für die eine Anmeldung nicht nötig sein muss. Dazu gehören zunächst alle aus Serversicht statischen Ressourcen – wie Grafiken, Stylesheets, JavaScript. Diese sind im SAP-System im so genannten MIME Repository abgelegt. Wenn Sie ein eigenes Anmeldebild verwenden wollen, so muss auch dieses von jedem aufrufbar sein. Und schließlich gibt es Prozesse wie F1- oder F4-Hilfen oder reine Anzeigetransaktionen, die ebenfalls ohne Anmeldung aufrufbar sein können.

Für öffentliche Services müssen Sie im zuständigen Knoten des Servicebaums einen Hintergrundbenutzer mit Passwort hinterlegen. Wenn der Servicebehandler aufgerufen wird, so erfolgt die Anmeldung ans SAP-System dann automatisch unter Verwendung dieses Benutzers – falls nicht bereits in vorherigen Schritten eine SAP-Anmeldung erfolgte (siehe Abb. 5–10).

Eine besondere Bedeutung hat hier das Ankreuzfeld »*Anmeldedaten obligatorisch*«. Es weist das System an, bereits vorhandene und im Request mitgesendete Anmeldedaten (wozu neben Benutzer und Passwort auch der Mandant und die Anmeldesprache gehören) zu ignorieren und die Anmeldung auf jeden Fall mit den im Behandler angegebenen Daten durchzuführen. Diese Einstellung sollten Sie auf jeden Fall in einem selbstprogrammierten Anmeldebild verwenden, damit Ihnen die Vorgeschichte des Benutzers im Browserfenster nicht in die

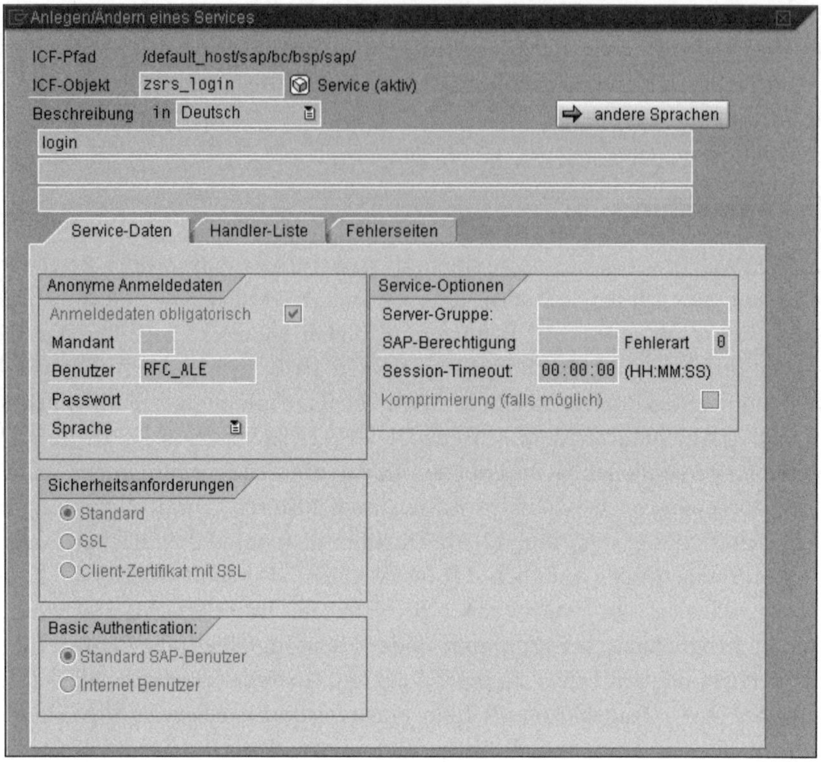

© SAP AG

Abb. 5–10 *Anmeldedaten eines Service*

Quere kommt. Nehmen wir an, der Benutzer war vorher in einem anderen SAP-System angemeldet und hat, statt sich abzumelden, direkt das Anmeldebild Ihres SAP-Systems aufgerufen. Wenn Sie nicht »Anmeldedaten obligatorisch« gewählt haben, sendet das ICF dann, weil die Anmeldedaten des Benutzers nicht passen, den HTTP-Code 401 »Not authorized« zurück, der vom Browser meist mit dem Senden eines Anmeldepopups quittiert wird. Das ist aber gerade nicht das, was Sie wollen, denn der Benutzer soll ja über Ihr Anmeldebild ins System kommen.

Wie sollte man nun auf einem selbstprogrammierten Anmeldebild vorgehen?

- Das öffentliche Anmeldebild nimmt die Eingabe von Benutzer und Passwort entgegen.
- Der Servicebehandler prüft mittels des Funktionsbausteins `SUSR_CHECK_LOGON_DATA`, ob der Benutzer mit dem angegebenen Passwort gültig ist.
- Wenn nein, wird das Anmeldebild zusammen mit dem Klartext der Fehlermeldung erneut gesendet.
- Wenn die Anmeldedaten gültig waren, leiten Sie auf die erste Seite Ihrer Anwendung weiter, wobei Sie die reservierten Formularfelder `sap-user` und `sap-password` als verborgene Formularfelder im Request mitsenden. Um die

URL nicht mit diesen Feldern zu verunzieren (was darüberhinaus ein Sicherheitsproblem darstellt, da URLs auch protokolliert werden und öffentlich zugänglich sind), können Sie keinen Redirect mit HTTP-GET-Request verwenden. Stattdessen schreibt der Server eine unsichtbare HTTP-Antwort, die sich beim Laden automatisch an die erste Seite Ihrer Anwendung verschickt. Wir werden dieses Vorgehen gleich noch etwas genauer erörtern.
- Ab diesem Zeitpunkt ist die Sitzung authentifiziert.

Ein paar Bemerkungen zur Umleitung auf die erste Seite der Anwendung sind vielleicht angebracht. Wie soll dies konkret vor sich gehen? Da Sie versteckte Formularfelder benötigen, können Sie nicht einfach die Antwort mit `response->redirect( )` weiterleiten – wie sollten sonst die versteckten Formularfelder an die neue Adresse durchgereicht werden?

Die Lösung ist ein Zwischenschritt. Sie verzweigen nicht direkt auf die gewünschte Folgeseite, sondern senden zunächst ein unsichtbares Formular an den Browser, das die versteckten Formularfelder enthält. Zum Zeitpunkt `onLoad` versendet sich das Formular sofort auf die im `action`-Attribut des Formulars angegebene Folgeseite.

Am besten definieren Sie sich in Ihrem Logonbild eine globale Konstante vom Typ String mit dem folgenden Inhalt (Sie können, wenn Sie mit BSP arbeiten, natürlich auch einen View verwenden):

```
<html><head></head>
  <body onload="login.submit();">
    <form name="login" method="post" action="../zz_appl/appl_start.do">
      <input type="hidden" name="sap-user"     value="&u">
      <input type="hidden" name="sap-password" value="&p">
      <input type="hidden" name="sap-language" value="&l">
    </form>
  </body>
</html>
```

Die relative URL `../zz_appl/appl_start.do` steht beispielhaft für den ersten Schritt Ihrer Anwendung. Die Platzhalter `&u`, `&p`, `&l` ersetzen Sie zur Laufzeit durch die korrekten Anmeldedaten und senden diese HTML-Antwort an den Browser, falls der Baustein `SUSR_CHECK_LOGON_DATA` keine Einwände hatte.

Wie geht es nun weiter? Wenn Sie nichts weiter machen, arbeitet der Browser im »Basic Authentication« Modus. Das bedeutet, der Browser merkt sich Benutzer und Passwort für die Dauer dieser Sitzung und sendet sie bei jedem weiteren Request praktisch unverschlüsselt an den Server (de facto werden sie mit dem Base64-Verfahren codiert, das jedoch zur Verschlüsselung von Daten ungeeignet ist).

Eine wesentlich elegantere Methode ist die Verwendung eines Single Sign On Cookies (SSO2): Nach erfolgreicher Anmeldung schreibt der ICM ein nichtpersistentes, also für die Dauer der Session gültiges Client-Cookie namens `MYSAPSSO2`, das so genannte Logon-Ticket in die HTTP-Antwort. Wenn Sie in die URL-Zeile den Befehl

```
javascript:alert(document.cookie)
```

eingeben, können Sie sehen, ob dieses Cookie korrekt gesetzt wurde. Von diesem Zeitpunkt an wird die Anmeldung ans System durch dieses Cookie bewerkstelligt. Dieses Verfahren bedeutet mehr Sicherheit, da nicht bei jedem Dialogschritt Benutzer und Passwort mitgesendet werden müssen. Der Preis ist eine geringfügig erhöhte Netzlast, da das Logon-Ticket immerhin ca. 1 KB groß ist.

Ein weiterer Vorteil des SSO2-Tickets ist, dass es, wie der Name verspricht, den *Single Sign On* ermöglicht: Wenn der Benutzer in verschiedenen SAP-Systemen angelegt wurde, so ermöglicht ihm das SSO2-Ticket den Zugang auf jedes dieser Systeme, ohne dass eine weitere Anmeldung erforderlich wäre. So bietet der Retail Store der Migros einen Link auf BW-Auswertungstools, und die Benutzer können vom Retail- ins BW-System verzweigen, ohne den Systemwechsel zu bemerken.

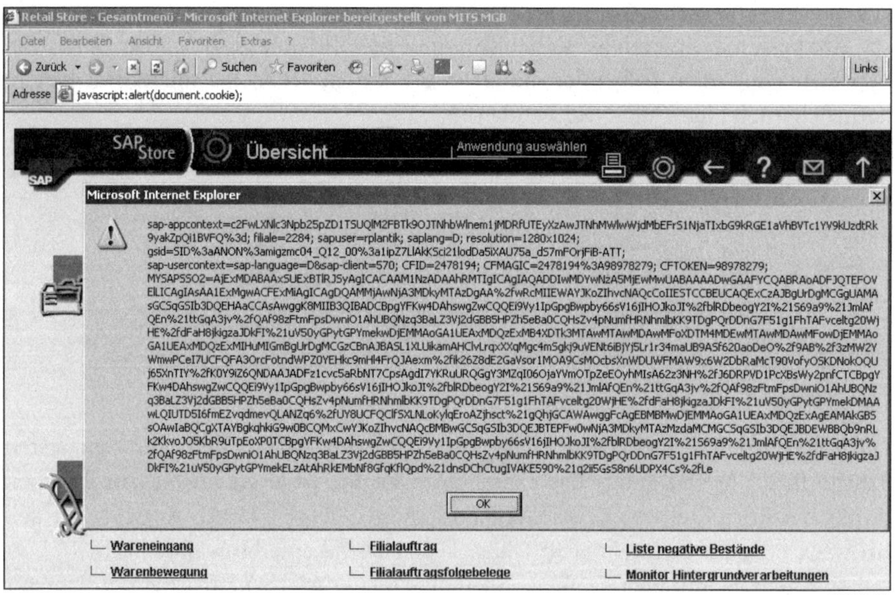

© SAP AG

Abb. 5–11 *Das Single-Sign-On-Ticket*

Um den SSO2-Mechanismus zu aktivieren, müssen lediglich die beiden Profilparameter `login/accept_sso2_ticket` und `login/create_sso2_ticket` auf den Wert 1 gesetzt werden.

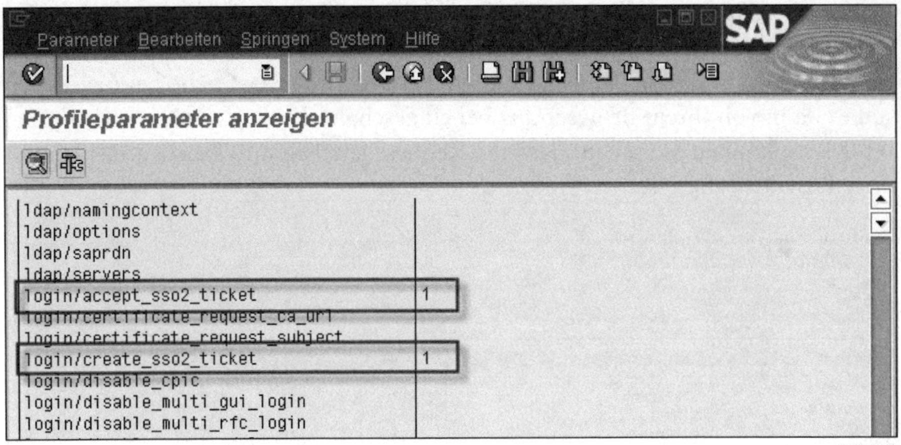

Abb. 5–12 *Profilparameter für SS02*

5.4 Das MIME Repository

Die Beschaffung von aus Serversicht statischen Dateien aller Art – vor allem Grafiken und Stylesheets, aber auch HTML-, XSLT- und JavaScript-Dateien – ist Aufgabe des MIME Repositories. MIME-Objekte gehören eng zu Webanwendungen und damit auch zu BSPs, denn eine an den Client gesendete dynamische Webseite zieht in der Regel eine Handvoll weiterer HTTP-Zugriffe auf statische Objekte nach sich.

Wegen dieser Zusammengehörigkeit hat man sich entschieden, die Beschaffung wie auch die Pflege und das »Einchecken« von MIME-Objekten in die entsprechenden BSP-Transaktionen einzubinden. So können MIME-Objekte in der Workbench am selben Ort eingepflegt werden, wo auch Business Server Pages definiert werden.

Ebenso werden zur Laufzeit MIME-Requests mit demselben Behandler durchgeführt, der auch für das BSP-Framework zuständig ist – die Klasse `CL_HTTP_EXT_BSP`. Dieser Behandler versucht stets, zuerst eine BSP-Runtime aufzubauen und eine dynamische Seite zu der angegebenen URL aufzusuchen. Erst wenn dies erfolglos war, wird der Request im zweiten Versuch an den MIME-Behandler delegiert, die Klasse `CL_HTTP_EXT_BSP_MIME`. Dieser greift auf das MIME Repository zu, wobei in der Implementierung das Web-DAV-Protokoll realisiert wurde.[3] Folgerichtig hat SAP hier für den Dateizugriff letztlich das KW-Framework herangezogen. Denn das Knowledge Warehouse sollte der korrekte

3. Web DAV (für Distributed Authoring and Versioning) ist ein Protokoll für den erweiterten Dateizugriff via HTTP – die Grundidee ist, die im HTTP-Protokoll vorgesehenen Zugriffsmethoden zu erweitern, um Dateien nicht nur zu lesen (GET), sondern auch zu speichern, Eigenschaften einzusehen und zu ändern, Sperren zu setzen und freizugeben u.v.m.

Ort für die Ablage und Pflege von Informationsobjekten sein, wozu auch MIME-Objekte gehören.

Wenn Sie ein Bild in Transaktion `SMICM` aus dem Server-Cache herauslöschen und es dann von Ihrem Browser aus bei eingeschaltetem SQL-Trace noch einmal anfordern, können Sie sehen, dass Ihr Request letztlich auf Tabellen des Knowledge Providers zugreift.

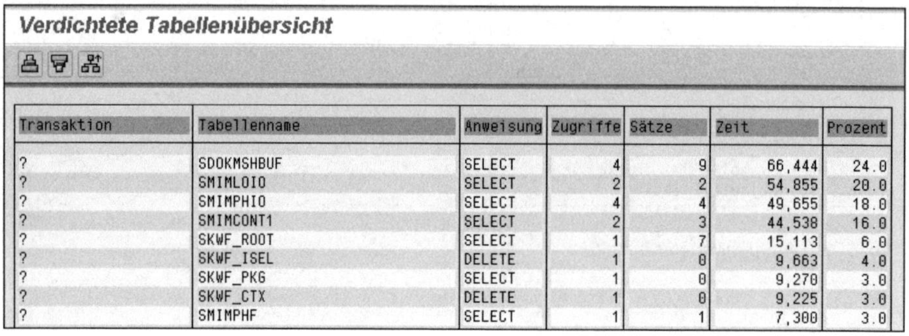

Verdichtete Tabellenübersicht

Transaktion	Tabellenname	Anweisung	Zugriffe	Sätze	Zeit	Prozent
?	SDOKMSHBUF	SELECT	4	9	66,444	24.0
?	SMIMLOIO	SELECT	2	2	54,855	20.0
?	SMIMPHIO	SELECT	4	4	49,655	18.0
?	SMIMCONT1	SELECT	2	3	44,538	16.0
?	SKWF_ROOT	SELECT	1	7	15,113	6.0
?	SKWF_ISEL	DELETE	1	0	9,663	4.0
?	SKWF_PKG	SELECT	1	0	9,270	3.0
?	SKWF_CTX	DELETE	1	0	9,225	3.0
?	SMIMPHF	SELECT	1	1	7,300	3.0

© SAP AG

Abb. 5–13 *SQL-Trace eines MIME-Requests*

Das KW bildet also die Datenbasis des MIME-Repository. Die dabei entstehenden reinen DB-Zugriffszeiten von > 200 ms für ein Bild von 5 KB Grösse sind übrigens ganz beachtlich – dass diese Zeiten kritisch sind, fällt nur deshalb nicht auf, weil die MIME-Objekte von `CL_HTTP_EXT_BSP_MIME` danach im Server-Cache eingelagert werden.

Soviel zum physischen Ort der MIME-Dateien. *Logisch* – d.h. aus Sicht des HTTP-Requestpfads – muss auf die MIME-Objekte über den Pfad `/sap/bc/bsp` zugegriffen werden.[4] Im Behandler `CL_HTTP_EXT_BSP_MIME` ist dieser Pfad fest programmiert. Es nützt Ihnen also auch nichts, den Behandler einem anderen Knoten im Servicebaum zuzuordnen.

4. Jedoch können Sie, wie bereits oben besprochen, natürlich ein Alias auf den Zielpfad definieren.

6 MVC-basierte Webanwendungen

In diesem Kapitel soll es darum gehen, das Architekturmuster »Model-View-Controller« (MVC), das Sie im vierten Kapitel kennengelernt haben, für Webanwendungen auf Basis der Business Server Pages einzusetzen. Wir beginnen mit der obligaten »Hallo Welt«-Anwendung und erörtern danach Schritt für Schritt die grundlegenden Bestandteile von MVC-basierten Web-Anwendungen. Grundlage bildet hierbei das bei der Migros eingesetzte MVC-Framework.

6.1 Das Framework

Wir haben gesehen, dass Anwendungen mit Benutzerschnittstelle nach dem MVC-Architekturmuster in Controller, Views – und »den ganzen Rest« (den wir Model nennen), gegliedert werden können. Dabei ist der View nur für die grafische Präsentation der Anwendungsdaten zuständig, während der Controller die Fäden in der Hand hält – er steuert die Bildfolge und ruft Views, Models und ggf. andere Controller auf. Die Models dagegen enthalten die eigentliche Anwendungslogik, eingeschlossen die Datenbankschicht (Selektionen, Verbuchungen der Anwendungstabellen). Wir wollen uns hier auf Basis eines eigenentwickelten MVC-Frameworks mit der Frage befassen, wie das Model-View-Controller-Konzept bei der Entwicklung von BSP gelebt werden kann.

Das von SAP ausgelieferte BSP-Framework ist nicht auf MVC festgelegt. Es unterstützt sowohl MVC-basierte Anwendungen als auch – alternativ zu MVC – die so genannten »Seiten mit Ablauflogik«. Mit letzteren kommt man zwar sehr schnell zu Ergebnissen, jedoch meist auf Kosten von Robustheit und Wartbarkeit, da Präsentations- und Anwendungslayer nicht getrennt sind.

Um MVC-basierte Anwendungen zu verfassen, kann man in der BSP-Sicht der Workbench *Controller* und *Views* definieren.

Controller verweisen auf ABAP-Klassen, die von der zentralen Controllerklasse `CL_BSP_CONTROLLER` erben müssen (oder von einer ihrer Unterklassen, z.B. von der Klasse `CL_BSP_CONTROLLER2`, die zum MVC-Framework des SAP-Standards gehört, oder – in dem hier vorgestellten Framework – von `ZCL_CONTROLLER`).

Auch Views verweisen auf ABAP-Klassen; diese werden jedoch automatisch generiert. In der BSP-Sicht der Workbench hinterlegen Sie den HTML-Code und das BSP-Scripting, aus dem dann die Viewklasse erzeugt wird.

Das hier vorgestellte MVC-Framework baut – wie das MVC-Framework des SAP-Standards – auf dem durch den Requestbehandler `CL_HTTP_EXT_BSP` repräsentierten BSP-Framework des Standards auf.

Die Beispiele des Buches basieren auf einem eigenentwickelten MVC-Framework.

Im Vergleich zum Framework des Standards hat dieses MVC-Framework folgende Besonderheiten:

- Controllerklassen erben nicht von `CL_BSP_CONTROLLER2`, worin das MVC-Framework des SAP-Standards codiert ist, sondern von einer eigenen zentralen Klasse `ZCL_CONTROLLER`, einem entscheidenden Teil des Frameworks.
- Erzeugung und Aufruf von Views müssen nicht mehr programmiert werden, sondern werden durch ein im MIME-Bereich der Applikation abzulegendes XML-Dokument modelliert, das wir *Flow Logic* nennen. Dieses XML-Dokument enthält gewissermaßen das Drehbuch der Applikation, indem es für jeden zur Laufzeit einnehmbaren Controllerzustand die zu verwendenden Models, Komponenten und Views definiert.
- Eigener Code in den Controllerklassen wird im wesentlichen nur noch für die Realisierung von Ereignisbehandlern benötigt. Insbesondere ist es nicht vorgesehen, die Methode `do_request( )` zu redefinieren.
- Modelklassen müssen nicht von `CL_BSP_MODEL` erben, sondern lediglich ein Interface `ZIF_MODEL` implementieren. Dadurch wird der Vererbungsbaum nicht verbaut und man hat es leichter, auch nachträglich bereits bestehende Klassen durch Implementierung des Interface aufzurüsten, um sie in BSPs einsetzbar zu machen.
- Data Binding funktioniert in Kombination mit der BSP-Extension Z mit einer zum SAP-Standard kompatiblen Syntax; das Data Binding ist unabhängig von HTMLB und hat im Detail weitergehende Möglichkeiten.

Dieses Framework können Sie sich nach den Angaben im Downloadbereich für dieses Buch[1] herunterladen und in Ihr Entwicklungssystem importieren. Es wurde weitgehend entkoppelt, so dass es auch auf einem System ohne konkrete ERP-Komponenten lauffähig sein sollte. Die basisnahen Komponenten `SAP_BASIS` und `SAP_ABA` sollten jedoch vorhanden sein.

---

1. *http://www.mits.ch/bsp*

6.2 Eine einfache BSP-Applikation

Wir wollen mit einer Einfachstanwendung beginnen, dem obligaten »Hallo Welt«-Beispiel. Legen Sie hierzu in der Workbench eine neue BSP-Applikation `ZZ_HALLO_WELT` an:

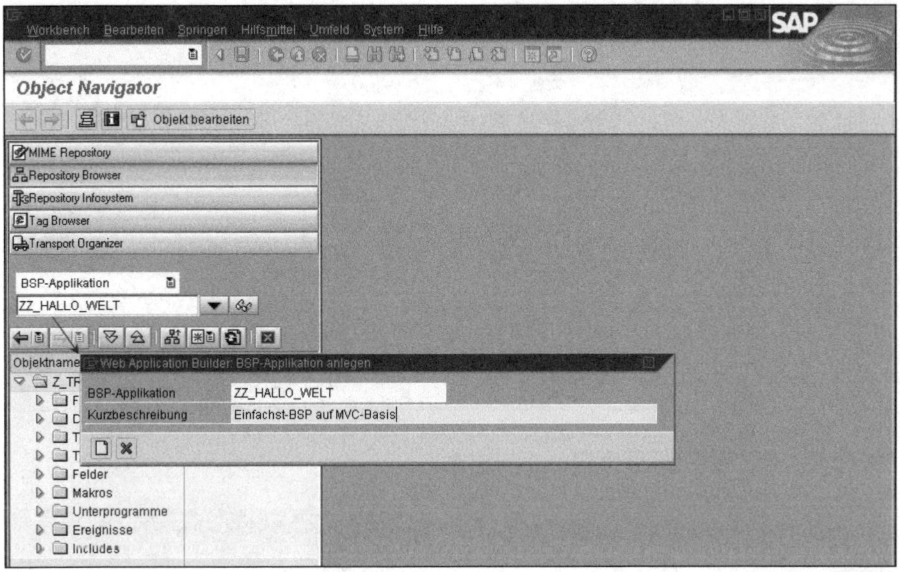

© SAP AG

Abb. 6–1 *Die BSP-Applikation anlegen*

Als nächstes legen Sie einen Controller an. Geben Sie ihm den Namen `hallo.do`. In den Controller-Eigenschaften ordnen Sie ihm die Klasse `ZCL_CONTROLLER` zu, die Basisklasse aller MVC-Controller (siehe Abb. 6–2).

Nun legen Sie einen View an, der das auszugebende HTML enthält. Geben Sie ihm den Namen `hallo.htm` und achten Sie darauf, dass es wirklich ein View wird und nicht etwa aus Versehen eine Seite mit Ablauflogik oder ein Seitenfragment (siehe Abb. 6–3).

Geben Sie nun den HTML-Quelltext des Views ein. Wenn Ihnen ein Quelltextmuster vorgeschlagen wurde, etwa auf Basis der `HTMLB`-Extension, die wir nicht nutzen werden, löschen Sie es vollständig heraus, bevor Sie den nachfolgenden Code eingeben.[2]

2. Mit einem kleinen Tool, dem Report ZZ_SET_DEFPAG können Sie dieses Template übrigens selbst definieren, was ich Ihnen sehr empfehle.

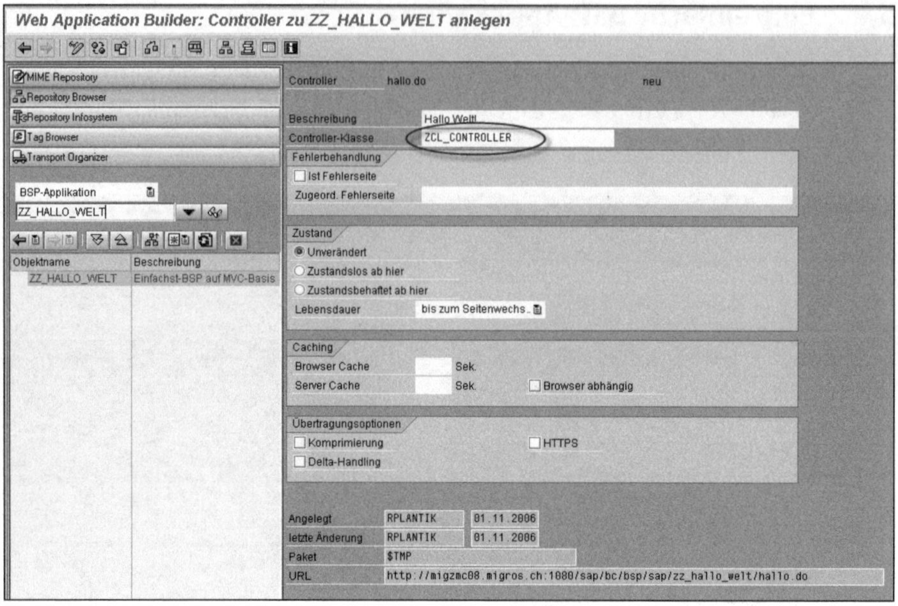

© SAP AG

Abb. 6–2 *Einen Controller anlegen*

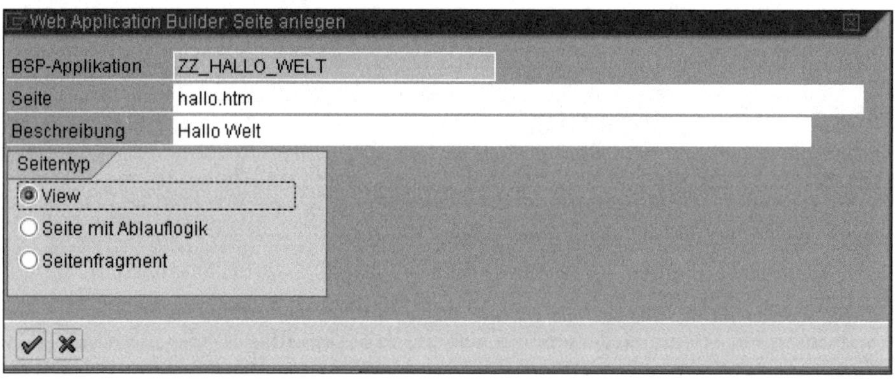

© SAP AG

Abb. 6–3 *Einen View anlegen*

```
<%@page language="abap"%>
<html>
  <head>
    <title>Hallo Welt</title>
  </head>
  <body>
    <h1>Hallo Welt!</h1>
  </body>
</html>
```

Die Direktive page zu Beginn des Codes kommt in diesem Beispiel noch nicht zum Tragen, da die Seite noch keine dynamischen Elemente enthält. Dennoch ist sie der Vollständigkeit halber hier aufgeführt.

Nun müssen Sie nur noch die Information »verdrahten«, dass der Controller `hallo.do` dafür zuständig ist, die Seite `hallo.htm` aufzurufen. Legen Sie dazu auf der Festplatte eine Datei `config.xml` mit folgendem Inhalt an:

```
<?xml version="1.0"?>
<application name="zz_hallo_welt"
             stateful="false">
  <controller id="main"
              name="hallo.do"
              class="zcl_controller">
    <callsView name="hallo.htm"/>
  </controller>
</application>
```

Wählen Sie nun in der Workbench mit Hilfe der rechten Maustaste »MIME → Importieren«, um die Datei von Ihrer lokalen Festplatte auf den Server zu bekommen. Wenn Sie die Operation erfolgreich abgeschlossen haben, dann ist unter dem Knoten MIME eine Datei `config.xml` angelegt worden:

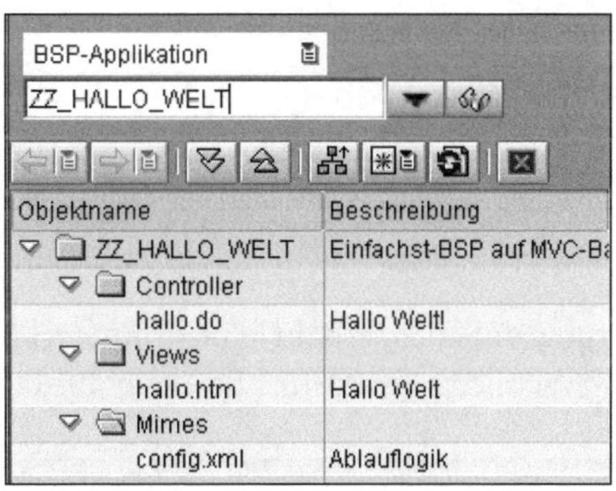

© SAP AG

Abb. 6–4 *Vollständige »Hallo Welt«-Anwendung*

Starten Sie nun den Controller hallo.do, indem Sie ihn markieren und mit der rechten Maustaste »Testen« wählen: Ihr Browser wird gestartet. Sie werden nach Benutzer und Passwort gefragt. Wenn Sie die Daten eingegeben haben, sollte der Text »Hallo Welt!« erscheinen (siehe Abb. 6–5).

Beachten Sie, dass Sie zum Erzielen dieses Ergebnisses keine Zeile ABAP-Code schreiben mussten! Benötigt wurden lediglich der anzuzeigende HTML-Quelltext und das kleine XML-Dokument mit der Flow Logic. Der Controller wird durch die obige Flow Logic mit der einen und einzigen Aufgabe beauftragt, den View `hallo.htm` zu erzeugen und zu senden. Hierzu kann die Basisklasse `ZCL_CONTROLLER` verwendet werden, *ohne dass eine Subklasse abgeleitet werden müßte.*

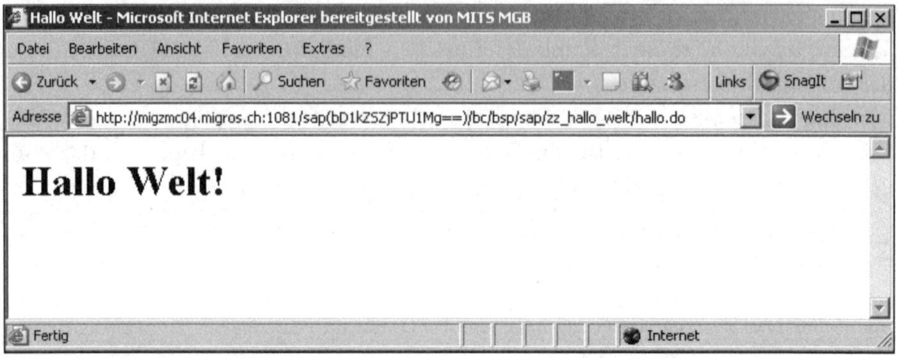

Abb. 6–5 *Erster Test der Anwendung*

Der nächste Schritt wäre, in die obige HTML-Seite eine Extension einzubinden. Beispielsweise können wir das Tag `<z:globals>` verwenden, um im Header-Bereich des Views die zentralen JavaScript- und CSS-Dateien einzubinden:

```
<%@page language="abap"%>
<%@extension name="Z" prefix="z"%>
<html>
  <head>
    <title>Hallo Welt</title>
    <z:globals/>
  </head>
  <body>
    <h1>Hallo Welt!</h1>
  </body>
</html>
```

Wenn Sie diese Änderung einbauen, erhalten Sie beim Starten des Controllers folgendes, aufgrund des Stylesheets geändertes Erscheinungsbild:

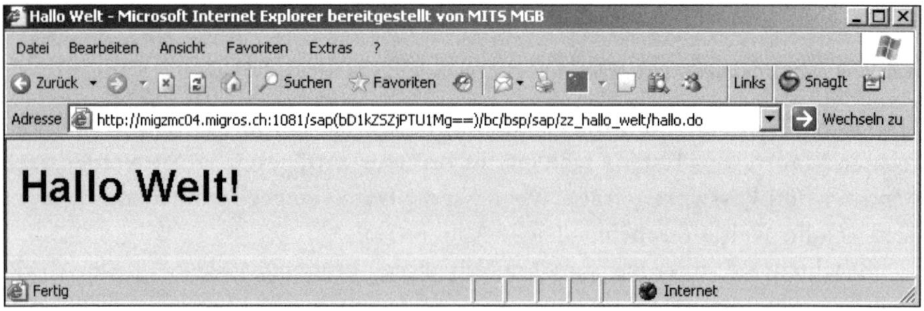

Abb. 6–6 *Aufruf nach Einbindung von* `<z:globals/>`

Was passiert technisch beim Aufruf des Tags `<z:globals>`? An den Stellen, an denen bei der Ausgabe des Views ein Tag auftaucht, das zu einer Extension gehört, wird eine so genannte *Elementbehandlerklasse* aufgerufen, die in den meisten Fällen letztlich HTML-Code in die Ausgabe schreibt. Wenn Sie sich den HTML-Quelltext der an den Browser gesendeten Seite ansehen, können Sie erkennen, dass an Stelle des Tags `<z:globals>` nun folgender Code steht:

```
...
<script type="text/javascript" src="../public/mvc/global.js"></script>
<script type="text/javascript">
busyWarning="Das System arbeitet!\nBitte haben Sie etwas Geduld";
noF1Docu="Zu diesem Feld ist keine Hilfe-Information verfügbar";
msgText["00055"]="Bitte alle Mußfelder ausfüllen";
</script>
...
```

Die gesamte Logik der Ermittlung dieses HTML-Codes (beispielsweise werden je nach Browsertyp und Bildschirmauflösung verschiedene Stylesheet- und JavaScript-Dateien referenziert und je nach Anmeldesprache andere Meldungstexte definiert) findet in der Elementbehandlerklasse statt. Die Technik der Tag Libraries werden wir später noch ausführlich behandeln. Hier genügt der Hinweis auf den Nutzen einer solchen Tag Library: Sie erlaubt es, wiederkehrende Präsentationslogik in der Elementbehandlerklasse zu kapseln und damit wiederverwendbar zu machen. Auch unterstützen Tag Libraries ein einheitliches Layout der UI-Elemente.

Zugegebenermaßen wird eine Flow Logic wie in diesem allereinfachsten Aufruffall in der Praxis wohl nicht vorkommen: Eine statische Webseite wie `hallo.htm` lässt sich auf andere Weisen einfacher aufspielen, z.B. indem man sie im MIME Repository ablegt und direkt abruft. Dies hat zusätzlich den Vorteil, dass die Seite serverseitig gepuffert wird, was die Antwortzeiten erheblich verbessert.

Immerhin ist es nützlich zu wissen, dass ein solcher Aufruf auf einfache Weise möglich ist.

6.3 Das Panel

Die größte Simplifikation unseres »Hallo Welt«-Beispiels besteht darin, dass wir keine Bildwechsel haben. Der Controller `hallo.do` kann für immer und ewig nichts anderes als den View `hallo.htm` versenden. Das ist nicht nur langweilig, sondern ist auch weit entfernt von einer realistischen Webanwendung, in der es dynamischer zugeht.

Um eine Anwendung mit Bildwechseln zu schreiben, benötigen wir eine Controllervariable, die ich in Anlehnung an einen Begriff aus der R/3-Folgebildsteuerung (Funktionsgruppe `V00F`) als *Panel* bezeichne. Das Panel eines Controllers gibt dessen aktuellen Zustand an: Zusammen mit den Informationen in der Datei `config.xml` lässt sich aus dem aktuellen Wert des Panelfeldes ermitteln, welche

Bildteile gerade mit welchen Views belegt sind. Im einfachsten Fall wird einfach anhand des Panelfeldes ermittelt, welcher View darzustellen ist. Wenn das obige Config-File etwa folgendermassen verändert wird:

```
<?xml version="1.0"?>
<application name="zz_hallo_welt"
             stateful="false">
  <controller id="main"
              name="hallo.do"
              class="zcl_controller">
    <panel name="sun" default="true">
      <callsView name="halloSonne.htm"/>
    </panel>
    <panel name="moon">
      <callsView name="halloMond.htm"/>
    </panel>
    <panel name="stars">
      <callsView name="halloSterne.htm"/>
    </panel>
  </controller>
</application>
```

so hätten wir eine Applikation beschrieben, die zwischen der Darstellung von drei Views wechseln kann. Der darzustellende View wird anhand des Wertes ausgewählt, den das Panelfeld zum Zeitpunkt der View-Erzeugung aufweist.

Die drei Views würden so aussehen, wie es hier exemplarisch am View `hallo-Sonne.htm` gezeigt ist:

```
<%@page language="abap"%>
<%@extension name="Z" prefix="z"%>
<html>
  <head>
    <title>Hallo Welt!</title>
    <z:globals/>
  </head>
  <body>
    <z:form>
    <a href="javascript:genericSubmit('main__panel_moon' );">
    Mond
    </a>
     
    <a href="javascript:genericSubmit('main__panel_stars' );">
    Sterne
    </a>
    <p>
    <h1>Hallo Sonne!</h1>
    </z:form>
  </body>
</html>
```

Wenn Sie die auch die anderen beiden Views mit den in der Flow Logic angegebenen Namen sinngemäß anlegen, startet der Controller `hello.do` mit folgender Seite:

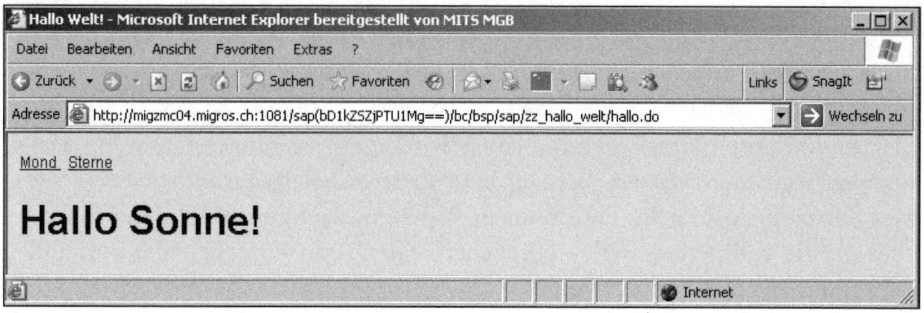

Abb. 6–7 *Panelwechsel mit Hyperlinks*

Die Hyperlinks zu Beginn des HTML-Bodys dienen dazu, auf die anderen beiden Views zu navigieren, indem das Panel des Controllers umgesetzt wird.

Das Panel kann spätestens bis zum Beginn der HTML-Erzeugung verändert werden. Dann muss es feststehen. Es gibt folgende Möglichkeiten, das Panel zu wechseln:

- *Programmgesteuert*
  im Code der verwendeten Controllerklasse(n) – durch Aufruf der Methode `set_panel( )`.
- *Vom Benutzer gesteuert*
  Durch Auswahl eines Hyperlinks oder Buttons, dem ein spezieller Funktionscode unterlegt ist.

Sobald die erste Zeile des HTML-Codes in den Ausgabestrom geschrieben wurde, ist es nicht mehr möglich, das Panel umzusetzen. Denn alle Parameter, die zur Erzeugung der aktuellen Ausgabe verwendet werden, müssen vorher, spätestens bei der Behandlung der Benutzeraktion, bestimmt werden. Es ist nicht Aufgabe der Ausgabeerzeugung, Felder im Controller zu verändern. Nach Beginn der Ausgabeerzeugung bleiben Aufrufe von `set_panel( )` daher wirkungslos.

Die *programmgesteuerte Panel-Umsetzung* wird angewendet, wenn als Resultat einer Funktionscode-Bearbeitung ein Folgebild gesetzt werden soll. Wenn zum Beispiel ein Kundenauftrag nach Druck auf den Button »Sichern« in der Datenbank gesichert wurde, kann man ein abschließendes Auftragsbestätigungsbild bringen, in dem die Daten des Auftrags noch einmal zusammengefasst werden. Wenn das Sichern aufgrund eines Fehlers jedoch nicht möglich war, wird stattdessen eine Fehlermeldung auf dem aktuellen Bild angezeigt. Das Panel wird dann also nicht gewechselt.

Die *benutzergesteuerte Panel-Umsetzung* erfolgt durch spezielle Funktionscodes, die an den Controller adressiert werden. Im obigen Beispielcode des Views `halloSonne.htm` kann man mittels Hyperlinks auf die Views `halloMond.htm` und `halloSterne.htm` verzweigen:[3]

```
<a href="javascript:genericSubmit('main__panel_moon' );">
Hallo Mond
</a>
```

Die benutzergesteuerte Panelumsetzung wird meistens eingesetzt, wenn Daten auf mehrere Views verteilt werden, zum Beispiel bei Reiterleisten: Serverseitig wird durch Auslösung der Funktion zur Panelumsetzung nichts anderes durchgeführt als die Validierung der eingegebenen Daten (falls Eingabefelder vorhanden waren) und der Wechsel des Panels.

Wenn wir vom Zustand eines Controllers sprechen, so meinen wir dies meist synonym dafür, dass sein Panel-Feld einen bestimmten Wert hat. Das Panel-Feld *ist* die Information über den Zustand des Controllers.

6.4 Visuelle Elemente mit Tag Libraries erzeugen

Über nichts wird so viel gestritten wie über das visuelle Design von Anwendungen. Es ist nicht unüblich, dass derselbe Auftraggeber heute einen anderen Präsentationsstil wünscht als er noch gestern in Auftrag gegeben hat (und die neue Wahl ebenso gut begründen kann wie die gestrige).

Das Programmiermodell muss dem Rechnung tragen. Die isolierte Änderung von grafischen Elementen in Views muss jederzeit möglich und einfach durchführbar sein, ohne dass die Stabilität der Anwendung gefährdet ist. Denn der View ist nur für die Datenpräsentation zuständig, und Änderungen an der Datenpräsentation sollten ohne Auswirkung auf die Anwendungslogik bleiben.

Wir wollen dies an einem kleinen Beispiel exerzieren, indem wir die Hyperlinks zum Wechseln des Grußes durch Buttons austauschen. Ersetzen Sie hierzu in den Views die Hyperlinks durch folgende Buttonliste:

```
<z:buttonlist>
  <z:button fcode="panel_sun"    text="Sonne" inact="true"/>
  <z:button fcode="panel_moon"   text="Mond"/>
  <z:button fcode="panel_stars"  text="Sterne"/>
</z:buttonlist>
```

3. Die JavaScript-Funktionen des Frameworks werden wir noch besprechen. Fürs erste genügt es hier zu wissen, dass die Funktion `genericSubmit` einen Funktionscode zur Bearbeitung an den Server sendet. Der Code enthält als ersten Teil den für den Funktionscode zuständigen Controller, in diesem Fall `main`. Der zweite Teil (nach dem doppelten Unterstrich) ist der Funktionscode selbst, der hier lautet: Setze das Panel auf den Wert `moon`.

Nehmen Sie die Änderung sinngemäß in allen drei Views vor. Setzen Sie dabei den Button zum gerade aktuellen View auf inaktiv. Sie bekommen dann das folgendes Erscheinungsbild und können mit den jeweils aktiven Buttons die anderen Panel ansteuern:[4]

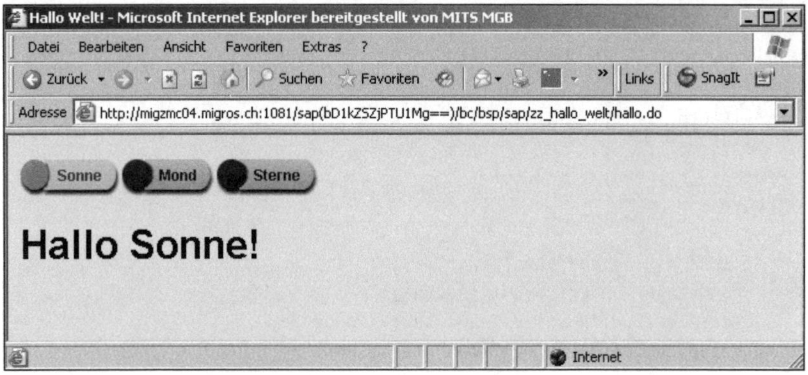

Abb. 6–8 *Panelwechsel mit Buttons*

6.5 Komponenten vom Viewtyp

Nun ist auch die Funktionalität, durch Klick auf einen Hyperlink von einer Seite zu einer anderen zu navigieren, noch nichts besonders Spannendes. Ähnliches könnten wir bereits mit einem Web-Server erreichen, der nur statische HTML-Files zurückgeben kann.

Statt aufwendige Links auf eine JavaScript-Funktion zu verwenden, hätten wir auch Links auf statische HTML-Files verwenden können, etwa so:

```
<a href="hallo_mond.html">Hallo Mond</a>
```

Aus Sicht der Wiederverwendbarkeit stört am obigen Beispiel auch, dass in jedem View große Codeteile identisch sind. Spezifisch für einen View ist ja nur der Gruß des jeweiligen Himmelskörpers. Die Links auf die anderen Gruß-Seiten sind nicht spezifisch, sondern immer vorhanden. Das sollte sich im Code entsprechend widerspiegeln.

Was uns ein statischer Web-Server aber nicht so leicht bietet, ist die Möglichkeit, bei Wechsel des Panels Bild*teile* auszutauschen. So werden wir üblicherweise einen festbleibenden Rahmenview haben, in den aber je nach Zustand des Controllers unterschiedliche Teile eingemischt werden. Diese Teile sind dann *nur*

4. Statt den jeweils nicht verwendeten Button zu deaktivieren, hätten wir ihn auch vollständig ausblenden können. Design-Gurus raten jedoch dazu, die Position in Buttonleisten nicht zu verändern und nicht benötigte Buttons wie hier besser zu deaktivieren, da die Änderung der Buttonleiste beim Panelwechsel zu viel Unruhe ins Bild bringt, was den Benutzer verunsichern könnte.

noch HTML-Teile,[5] sie enthalten z.B. nicht mehr ein <head> oder <body>-Tag, sondern sind Teile des <body> des gemeinsamen Rahmendokuments.

Ein Rahmendokument, nennen wir es main.htm für die Applikation zz_hallo_welt, könnte folgendermaßen aussehen:

```
<%@page language="abap"%>
<%@extension name="Z" prefix="z"%>
<html>
  <head>
    <title>Hallo Welt!</title>
    <z:globals/>
  </head>
  <body>
    <z:form>
    <z:select binding="panel"
       onChange="genericSubmit('actu');">
      <z:selectOption value="sun" text="Sonne"/>
      <z:selectOption value="moon" text="Mond"/>
      <z:selectOption value="stars" text="Sterne"/>
    </z:select>
    <p>
    <% call_view( c ).%>
    </z:form>
  </body>
</html>
```

Die Möglichkeit, zwischen den Panels zu wechseln, haben wir hier zur Abwechslung als Listbox realisiert.[6] Das Wechseln der Listbox löst den Dummy-Fcode actu aus, der »nichts tut« – außer einen Server-Roundtrip zu veranlassen. Im Rahmen dieses Roundtrips wird der Wert der Listbox aufgrund des binding-Attributs automatisch in das Controllerfeld panel übernommen. Das führt bei der Viewerzeugung dazu, dass die Komponente c nun mit einem anderen View belegt wird.

Beachten Sie übrigens, dass dies das erste Beispiel ist, in dem explizit ABAP-Scripting verwendet wird: Wir verwenden die Methode call_view( ), um innerhalb eines Views einen anderen View aufzurufen. Dieser ist bereits vom Framework instanziiert und in die Variable c gestellt worden, die die Referenz auf die Komponente c der Flow Logic enthält.

Die Variable c müssen Sie im Reiter *Attribute* als Referenzvariable auf den Typ IF_BSP_PAGE deklarieren. Sie zeigt zur Laufzeit auf den je nach Panel darzustellenden View. Wir nennen solche Viewbestandteile *Komponenten*.[7]

5. HTML-Teil meint hier das Bruchstück einer HTML-Seite und ist nicht zu verwechseln mit den Seitenfragmenten, die in der Workbench gepflegt werden können. Die auszuwechselnden Teile sind aus Sicht der BSP-Entwicklung weiterhin Views (und nicht Seitenfragmente).
6. Es ist seit dem letzten Beispiel schon wieder ein Tag vergangen, so dass der Auftraggeber neue Wünsche bekommen hat ... ☺

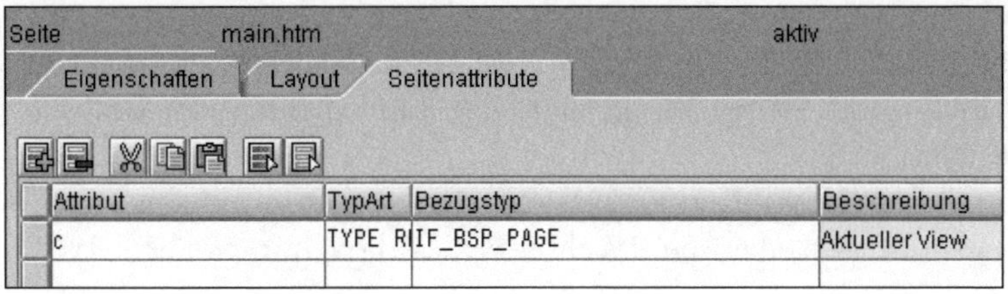

© SAP AG

Abb. 6–9 *Ein View als View-Attribut*

Der View `halloSonne.htm` könnte in diesem etwas spartanischen Beispiel (es geht nur darum, das Prinzip zu verdeutlichen!) wie folgt aussehen:

```
<h1>Hallo Sonne!</h1>
```

Wie dann die Views `halloMond.htm` und `halloSterne.htm` aussehen, werden Sie leicht erraten!

Aufgabe der Flow Logic ist es, die Belegung aller auftretenden Komponenten in jedem Controllerzustand zu notieren. In unserem Beispiel könnte man `config.xml` wie folgt erweitern:

```
<?xml version="1.0"?>
<application name="zz_hallo_welt"
             stateful="false">
  <controller id="main"
              name="hallo.do"
              class="zcl_controller">
    <panel name="sun">
      <component name="c"
                 view="halloSonne.htm"/>
    </panel>
    <panel name="moon">
      <component name="c"
                 view="halloMond.htm"/>
    </panel>
    <panel name="stars">
      <component name="c"
                 view="halloSterne.htm"/>
    </panel>
    <callsView name="main.htm"/>
  </controller>
</application>
```

Die in der Klasse `ZCL_CONTROLLER` implementierte Logik interpretiert diese Datei so, dass das View-Attribut c bereits automatisch mit der Referenz auf den gemäß Panel richtigen View gefüllt wird. Es ist also weiter nichts nötig als die Konfigu-

7. Wir werden weiter unten noch sehen, dass auch Controller und damit auch ganze Webanwendungen als Komponenten fungieren können.

rationsdatei, der Controller `main.do` und die vier Views `main.htm`, `hallo-Sonne.htm`, `halloMond.htm` und `halloSterne.htm`. Insbesondere ist kein zusätzlicher ABAP-Code nötig, es genügt die Implementierung des Controllers `ZCL_CONTROLLER`.

Die fertige Seite sieht, wenn Sie sie starten, wie in folgendem Screenshot aus. Überzeugen Sie sich, dass bei Wechsel des Listboxeintrags auch das Erwartete geschieht.

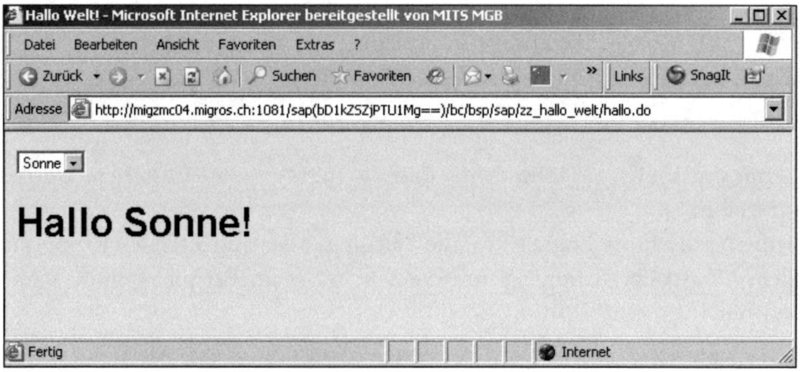

Abb. 6–10 *Die Anwendung mit includierten Views*

6.6 Serverseitige Framesets

Wir können das obige Beispiel noch so erweitern, dass nicht nur eine, sondern mehrere Komponenten im Spiel sind. Stellen wir uns eine Seite mit T-förmigem Aufbau vor:

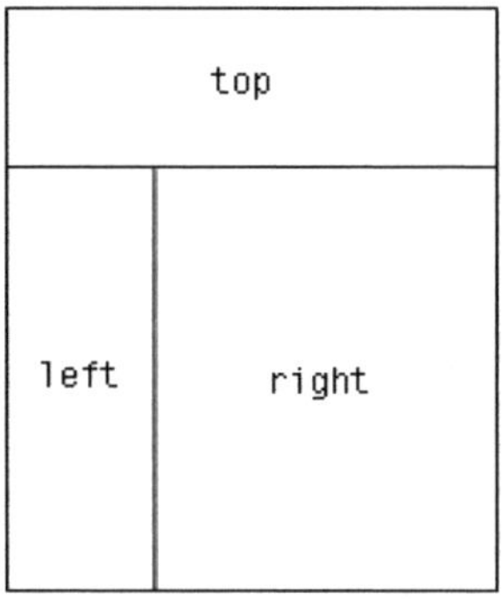

Abb. 6–11 *Ein typisches Frameset*

Dies ist ein beliebtes visuelles Entwurfsmuster für Webseiten: Im `top`-Bereich kann ein Logo der Anwendung oder der Firma erscheinen, dazu eine Drucktastenleiste mit übergreifenden Funktionen und eine Titelzeile, die den aktuellen Zustand der Anwendung beschreibt. Der linke, schmale Bereich wird häufig für die Navigation verwendet: Er kann zum Beispiel in einer Baumstruktur Hyperlinks auf die einzelnen Anwendungsteile anbieten. Der rechte und größte Bereich des Bildes wäre dann für den eigentlichen Content nutzbar, für die Anwendung selbst oder für die Sicht der Anwendung, die gerade im Focus ist.

Man könnte dies mit einem (clientseitigen) Frameset und statischen Webseiten abbilden:

```
<frameset rows="20%,80%">
  <frame src="top.html"/>
  <frameset cols="30%,70%">
    <frame src="left.html"/>
    <frame src="right.html"/>
  </frameset>
  <noframes>
    Benutzen Sie die <a href="noframes.html">Noframes Version</a>
  </noframes>
</frameset>
```

Dies hat jedoch gravierende Nachteile:

Framesets machen aus einer Webseite plötzlich drei. Das passt nicht in das ursprüngliche Navigationskonzept für Webbrowser. Jeder Surfer kennt das unangenehme Erlebnis, dass die Navigation nach Aufruf einer Seite, die Frames enthält, nicht mehr wie gewünscht funktioniert: Mit dem BACK-Button bleibt man im Frameset gefangen, und gelegentlich werden auch neue Webseiten in einem Teilbereich des Framesets dargestellt, statt die volle Fenstergröße zu verwenden. Störend ist auch, dass die dargestellte Seite nicht mehr durch die in der Adressleiste zu sehende URL wiedergegeben wird, denn es wären ja eigentlich drei URLs nötig, um den Seitenzustand zu beschreiben. Das ist zwar für Webanwendungen oft nicht wichtig, wohl aber für Foren, Newsgruppen, WebLogs, Newsticker und dergleichen, wo der Inhalt einer Seite stets durch Angabe der betreffenden URL abgerufen werden kann: Dann ist es möglich, Hyperlinks auf eine Seite in eigenen Web-Inhalten einzubauen oder an Kollegen zu versenden.

Die Alternative zum clientseitigen Frameset ist, das Frameset bereits auf dem Server zu einer HTML-Seite zusammenzumischen. Das hat den Vorteil einer größeren Flexibilität – die Lage und Größe der Seitenbestandteile ist vollständig kontrollierbar.

Bei diesem Konzept ist es auch denkbar, abhängig von der Bildschirmauflösung des Benutzers andere, optimierte Bildelemente zu verwenden und somit die Präsentation an spezielle Clienteigenschaften anzupassen.

Und das grundlegende Navigationskonzept des Internets bleibt erhalten: Eine angezeigte Seite entspricht einem HTML-Dokument, das als HTTP-Antwort an den Browser gesendet wird.[8]

Wir sollten also die View-Schicht der Anwendung benutzen, um Präsentationslogik wie Framesets zu codieren, während das an den Browser gesandte HTML so einfach wie möglich gehalten werden sollte.

Für das obige Entwurfsmuster benötigen wir also nun drei Komponenten `top`, `left` und `right`. Eine Hauptseite `main.htm` enthält im Wesentlichen eine blinde Tabelle[9] zur Positionierung der Bildbestandteile, bildet also ein Skelett – erst zur Laufzeit kommt Fleisch hinzu:

```
<%@page language="abap"%>
<%@extension name="Z" prefix="z"%>
<html>
  <head>
    <title>Webanwendung mit mehreren Bereichen</title>
    <style type="text/css">
      table, body, html { height:100%;width:100%; }
      td.top { height:10%;width:100%; }
      td.left { height:90%;width:20%; }
      td.right { height:90%;width:80%; }
    </style>
  </head>
  <body>
    <table>
      <tr>
        <td class="top"
            colspan="2"><% call_view( top ).%></td>
      </tr>
      <tr>
        <td class="left"><% call_view( left ).%></td>
        <td class="right"><% call_view( right ).%></td>
      </tr>
    </table>
  </body>
</html>
```

Die Bildbestandteile sind dabei wieder als Seitenattribute `top`, `left`, `right` realisiert, die als Referenzvariablen auf Instanzen von `IF_BSP_PAGE` zeigen (d.h. auf Views).

Stellen wir uns weiter vor, dass oben stets eine Statusleiste der Anwendung zu sehen ist, sagen wir `status.htm`, während im linken Bereich stets ein Navigationsbaum stehen soll, nennen wir ihn `tree.htm`. Diese Views müssen nicht unbedingt konstant (statisch) sein. Bei der Statusleiste würde man ja erwarten, dass sie stets den aktuellen Anwendungsstatus anzeigt, also dynamisch sein muss. Ebenso wird

---

8. Ein allgemeines FRAME-Verdikt auszusprechen, wäre jedoch auch unklug. Gerade die in die Seite eingebetteten Frames, die so genannten IFRAMEs, erweisen uns bei manchen praktisch-technischen Problemen nützliche Dienste.
9. Oder mit Stylesheets formatierte `<div>`-Bereiche.

im Navigationsbaum die gerade gewählte Anwendung farblich hervorgehoben. Auch dies ist ein dynamisches Feature.

Der dritte Bereich (right) ist dann für den eigentlichen Anwendungscontent reserviert. Man würde dies in der Flow Logic so abbilden, dass die Belegung des Bereichs right mit dem Panel des Controllers variiert, während die Bereiche top und left konstant mit den Views status.htm und tree.htm belegt sind:

```
<?xml version="1.0"?>
<application name="zz_frameset"
             stateful="false">
  <controller id="main"
              name="main.do"
              class="zcl_controller">
    <panel name="part1">
      <component name="right"
                 view="part1.htm"/>
    </panel>
    <panel name="part2">
      <component name="right"
               view="part2.htm"/>
    </panel>
    <panel name="part3">
      <component name="right"
                 view="part3.htm"/>
    </panel>
    <component name="left"
               view="tree.htm"/>
    <component name="top"
               view="status.htm"/>
    <callsView name="main.htm"/>
  </controller>
</application>
```

Die Komponenten top und left sind, im Gegensatz zu right, außerhalb der Panel-Elemente definiert. Das bedeutet, dass sie für alle Panels gelten. Diese Regel gilt für die Ablauflogik ganz allgemein:

Elemente, die außerhalb der Panel-Elemente stehen, gelten für alle Panels.

Zur Übung können Sie es einmal ausprobieren: Wenn Sie eine BSP-Applikation ZZ_FRAMESET anlegen und darin die Views status.htm, tree.htm, part1.htm, part2.htm, part3.htm und main.htm sowie den Controller main.do anlegen, so werden Sie ein lauffähiges Frameset erhalten. Plazieren Sie in tree.htm die Hyperlinks zum Wechseln zwischen den Panels.

6.7 Komponenten vom Controllertyp

Bisher haben wir nur Views als Komponenten gesehen. Das ist unflexibel und unrealistisch: es bedeutet, dass sämtliche steuernde Logik in dem einen aufrufenden Controller durchlaufen werden muss, dessen Panels wir definieren wollen. Komplexere Anwendungen rufen jedoch auch andere Anwendungen auf und bieten ihnen lediglich einen Platz, an dem sie auftreten können.

Beispielsweise könnte die Navigationsleiste unseres Framesets mit einem eigenen Controller `tree.do` mit der ID `tree` realisiert sein. Das Framework sollte dann in der Lage sein, statt den View `tree.htm` den Controller `tree` aufzurufen und diesem die Darstellung des passenden Views zu überlassen. Auch kann es Links auf andere BSP-Applikationen geben, die als Unter-Anwendung (eben als Komponente) in der aktuellen BSP-Applikation mitlaufen sollen.

Aus diesen Gründen ist es möglich, Komponenten nicht nur vom Viewtyp, sondern auch vom Controllertyp zu definieren. Die Syntax hierfür lautet:

```
<component name="name"
           controllerId="id"/>
```

Der durch `id` angesprochene Controller muss in `config.xml` wenigstens eine Definitionszeile haben. Wenn es ein externer Controller (aus einer anderen BSP-Applikation) ist, so genügt hier ein inhaltsloses Element wie folgt:

```
<controller id="id"
            name="name.do"
            application="applName"/>
```

Wenn der Controller dagegen in derselben BSP-Applikation liegt, so kann er mit Inhalt definiert werden und selbst wieder Panels aufweisen.

Wenn der Ausgabeview ein Seitenattribut mit dem Namen `id` aufweist, deklariert als Referenz auf ein Objekt der Klasse `zcl_controller`,[10] so prüft das Framework, ob es eine Komponente dieses Namens gibt und übergibt im Attribut mit dem Namen `id` die zugeordnete Controller- oder Viewinstanz. Der View kann dann den Controller mit der Anweisung

```
<% call_controller( id ). %>
```

aufrufen, so dass an dieser Stelle im View die Ausgabe des durch die `id` bestimmten Controllers eingefügt wird.

Damit besteht die Möglichkeit, *BSP-Applikationen beliebig ineinander zu schachteln*. Da all diese Komponenten letztlich gemeinsam in einer HTML-Seite erscheinen, erfordert dieses Feature einen Mechanismus, um Funktionscodes, Ein- und Ausgabefelder an den richtigen Controller zu adressieren.

---

10. Oder der Klasse `CL_BSP_CONTROLLER2`, wenn nicht zu unserem Framework gehörende Controller eingebunden werden sollen.

6.8 Funktionscodes

Die bisherigen Beispiele dienten lediglich dazu, einfache Navigations- und Bildfolgemuster zu erklären. Wenn eine Anwendung aber noch etwas mehr tun soll als Benutzer durch verschiedene HTML-Seiten zu führen, müssen wir *Models anbinden*. Die Model-Instanzen führen dann auf Knopfdruck bestimmte Operationen aus oder prüfen und übernehmen eingegebene Daten.

Als einfaches, wenn auch zugegeben noch etwas sinnarmes Beispiel bietet sich ein Zähler an. Nehmen wir an, wir haben eine Klasse `zcl_counter` mit einem öffentlichen Attribut `count` vom Typ Integer. Die Klasse besitze außerdem zwei öffentliche Methoden `increment()` und `decrement()`, um die Variable `count` zu erhöhen und zu erniedrigen.

Es soll nun eine Anwendung erstellt werden, die den aktuellen Stand der Variablen `count` anzeigt sowie Drucktasten zum Erhöhen und Erniedrigen des Zählerstandes anbietet.

Um die Klasse `zcl_counter` als Model für Webanwendungen zu qualifizieren, muss sie das Interface `zif_model` implementieren. Dies kann man am einfachsten erreichen, indem man sie von der Standard-Implementierung `zcl_model` ableitet (wobei man sich aber weitere Einbindungsmöglichkeiten der Klasse in andere Vererbungshierarchien verbaut). Der empfohlene Weg ist, die Logik der Standardklasse durch *Komposition* hinzuzufügen. Da die Klasse `zcl_counter` aber so einfach ist, erlauben wir uns, hier den einfachen Weg zu wählen und die Klasse `zcl_counter` von `zcl_model` erben zu lassen. Die Details dieses Interface wollen wir hier noch nicht besprechen.

Nehmen wir an, die Model-Instanz der Klasse `zcl_count` sei in unserer Anwendung durch die ID `c` ansprechbar. Der einzige View der Anwendung – es gibt hier also keine Folgebild- oder Bildgruppenproblematik – könnte dann folgende Gestalt haben:

```
<%@page language="abap"%>
<%@extension name="Z" prefix="z"%>
<html>
  <head>
    <title>Counter</title>
    <z:globals/>
  </head>
  <body>
    <z:form>
      <z:input binding="//c/counter"
               invisible="true"/>
      <table>
        <tr>
          <td colspan="2">
            <b><%=otr(zut/stand)%></b>
            <z:write binding="//c/counter"/>
          </td>
```

```
        </tr>
        <tr>
          <td><z:button fcode="incr"
                        text="<%=otr(zut/incr)%>"/>
          </td>
          <td><z:button fcode="decr"
                      text="<%=otr(zut/decr)%>"/>
          </td>
        </tr>
      </table>
    </z:form>
  </body>
</html>
```

Was ist hier neu?

- Um die Seite von Textliteralen freizuhalten, haben wir einige sprachabhängige Texte ins *Online Text Repository* (OTR) ausgelagert. Die Texte zu den angegebenen Schlüsseln sind natürlich im OTR noch zu definieren. Man gelangt sehr einfach in die OTR-Textpflege, wenn man in der Workbench während der Viewanlage oder -bearbeitung auf die betreffende `otr()`-Anweisung doppelklickt. Einmal definiert, können die OTR-Texte überall im R/3-System – und durchaus nicht nur in Webanwendungen – verwendet werden.

Außerdem haben wir drei Tags aus der Z -Tag-Library eingesetzt:

- Das `<z:write>` Tag dient dazu, ein ABAP-Datenobjekt mittels der `write`-Anweisung in externes Format zu wandeln. Dieses ABAP-Datenobjekt ist hier der Zählerstand, das Attribut `counter` der Modelinstanz `c`. Die Schreibweise »`//c/counter`« ist die von SAP verwendete Syntax der Datenbindung, auf die wir im folgenden Abschnitt noch genauer eingehen werden. Hier genügt zunächst die Information, dass dieser Ausdruck das Attribut `counter` des Models mit der ID `c` bedeutet und dass der View zur Laufzeit per Referenz auf dieses Attribut zugreift.
- Um den Inhalt des Zählers über den Request hinaus aufzubewahren, haben wir ein unsichtbares Formularfeld mit dem `<z:input>` Tag definiert, das ebenfalls an das Attribut `counter` des Models gebunden ist. In jeder HTML-Antwort wird das unsichtbare Feld durch die *Datenbindung* mit dem aktuellen Wert des Zählerstandes versorgt. Bei jeder HTTP-Anfrage setzt der Controller den Zählerstand des Models mit der *Datenvalidierung* auf den im Formularfeld enthaltenen Wert. Damit der Controller auf das Modelattribut `counter` zugreifen kann, muss das Attribut sowohl öffentlich als auch änderbar sein.[11]

11. Wir werden noch Wege kennenlernen, um diese öffentliche Änderbarkeit der Attribute, die den Prinzipien der Objektorientierung häufig widerspricht, zu verhindern (indem nämlich das Model selbst für die Wiederherstellung seines Zustands verantwortlich gemacht wird).

- Wir haben – wie schon oben in unserer »Hallo Welt«-Anwendung – das Attribut `<z:button>` verwendet, um in der Ausgabe eine Drucktaste mit Funktionscode zu erzeugen. Wenn der Anwender die Drucktaste betätigt, wird das spezielle Formularfeld `fcode` (das durch das `<z:form>`-Tag automatisch als verstecktes Formularfeld in die HTML-Antwort gelangt) mit dem Funktionscode dieser Drucktaste versorgt. Der Controller verteilt den Funktionscode dann an die zuständige Komponente – wenn er nicht selbst zuständig ist. In diesem Beispiel ist er selbst zuständig.

Damit die Anwendung das Gewünschte tut, muss der Controller die Funktionscodes behandeln. Wir müssen also die Klasse `zcl_controller` um Methoden zum Erhöhen und Erniedrigen des Zählers erweitern. Hierzu legen wir eine neue Klasse `zcl_co_counter` an und lassen sie von `zcl_controller` erben.

Nun implementieren wir in `zcl_co_counter` die Methoden `fcode_incr( )` und `fcode_decr()` und rufen darin Model-Operationen auf. Beispielsweise könnte die Inkrementfunktion wie folgt implementiert sein:

```
method fcode_incr.
  data: lo_count type ref to zcl_counter.
  lo_count ?= get_model( 'c' ).
  lo_count->increment( ).
endmethod.
```

Tipp: Die Beschaffung der Instanz kann man sich auch noch sparen, wenn man ein globales Attribut im Controller anlegt, dessen Name gleich der zugehörigen Model-ID ist. Bei Herstellung eines Seitenzustandes (Panels) werden die Attribute, die mit einem Model namens- und typgleich sind, vom Framework mit der entsprechenden Model-Instanz versorgt. Die Variable wird dann automatisch mit der passenden Model-Instanz versorgt. Der Funktionscode-Behandler reduziert sich damit auf eine Codezeile:

```
method fcode_incr.
  c->increment( ). " c ist globales Feld vom Typ ref to zcl_counter.
endmethod.
```

Zur Laufzeit werden diese Methoden dann automatisch aufgerufen, wenn der Benutzer den betreffenden Button drückt. Die Methode ist für das Framework als Funktionscode-Behandler erkennbar, da ihr Name das Präfix `fcode_` aufweist. Wenn der Funktionscode `incr` an den Controller gesendet wird, so setzt dieser, wenn er am Zeitpunkt »Funktionscode-Behandlung« angekommen ist, daraus den Methodennamen `FCODE_INCR` zusammen und versucht diesen dynamisch aufzurufen. Wenn keine Methode des angegebenen Namens existiert, so bricht der Controller nicht ab, sondern geht zum nachfolgenden Zeitpunkt »HTML-Ausgabe erzeugen« über.[12]

Wenn eine Methode des Namens fcode_<fcode> existiert, so wird sie beim Benutzerkommando <fcode> ausgeführt.

Die *Ablauflogik* dieser Anwendung ist frei von Überraschungen: Es gibt nur einen View, und damit sind auch keine Panels nötig. Allerdings benötigen wir ein Model der Klasse zcl_counter. In der XML-Datei werden also ein Model, ein View und ein Controller deklariert:

```
<?xml version="1.0"?>
<application name="zz_counter"
             stateful="false">
  <controller id="main"
              name="counter.do"
              class="zcl_co_counter">
    <model id="c" class="zcl_counter"/>
    <callsView name="counter.htm"/>
  </controller>
</application>
```

Im Vergleich zu unserem ersten Beispiel ist hier eine Model-Deklaration – im Kasten fett hervorgehoben – hinzugekommen. Das Framework wird durch diese Deklaration veranlasst, eine Instanz der Klasse zcl_counter zu bilden und unter der ID c in seine Model-Verwaltung aufzunehmen.

Die Deklaration der Klasse des Controllers counter.do ist redundant, da sie auch bei Definition des Controllers in der BSP-Applikation angegeben werden muss. Der Vollständigkeit halber wird sie jedoch auch in der Ablauflogik aufgeführt. Für die Beschaffung der Instanz des Hauptcontrollers[13] ist jedoch das BSP-Standardframework von SAP zuständig. Dieses richtet sich natürlich nur nach der Definition der Controllerklasse in der BSP-Applikation.

Die Instanzen der Models und der Views sowie aller weiteren Controller, die in einer BSP-Applikation benötigt werden, werden jedoch anhand der Ablauflogik durch die Klasse zcl_controller ermittelt. Daher ist es wichtig, dass wenigstens der Hauptcontroller von der Klasse zcl_controller ableiten muss.

Wenn Sie alles wie angegeben eingepflegt haben, erhalten Sie beim Starten des Controllers main.do das nachfolgend aufgeführte Bild. Überzeugen Sie sich, dass die Methoden zum Erhöhen und Erniedrigen des Zählers korrekt aufgerufen werden und der Zählerstand im Bild korrekt aktualisiert wird.

12. Das kann man sich zunutze machen, um durch Absetzen eines nichtexistierenden Funktionscodes, z.B. DUMMY, einen Server-Roundtrip ohne Aktion zu erzwingen.
13. Der Hauptcontroller ist der erste bei Bearbeitung des Requests aufgerufene Controller.

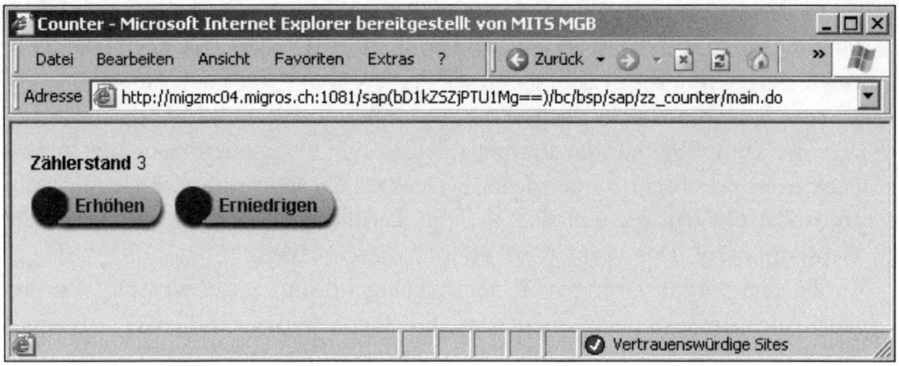

Abb. 6–12 *Die Zähler-Anwendung*

6.9 Ablaufschema des Controllers

Der Controller ist für die Bearbeitung von Requests zuständig. Er muss also alle nötigen Schritte durchführen, die vom Eingang des Requests bis zum fertigen HTML-Response im Ausgang nötig sind. Hierbei kann man in unserem MVC-Framework ein Ablaufschema von fünf Phasen ausmachen (das »Fünf-Phasen-Präparat«):

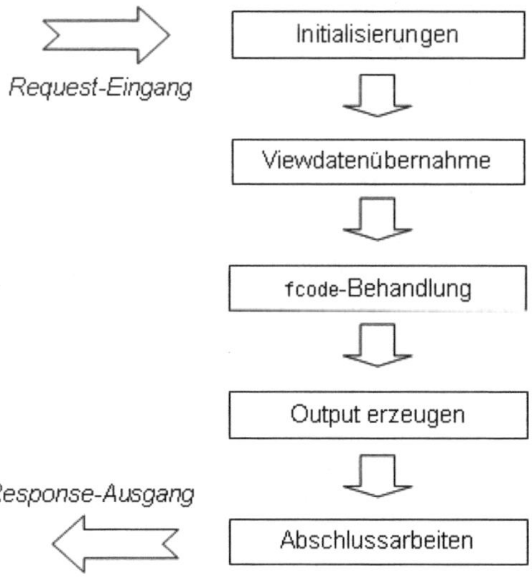

Abb. 6–13 *Das Fünf-Phasen-Präparat*

1. **Initialisierungen**
   Hier werden nötige Datenobjekte erzeugt, Initialwerte gesetzt und weitere Objekte instanziiert.

In dem zustandslosen Framework, das wir hier beschreiben, ist darüberhinaus einmalig das (serverseitige) Applikations-Cookie von der Datenbank einzulesen, damit die Sessiondaten wiederhergestellt werden können.

Für diese Phase sieht das BSP-Programmiermodell die Methode `do_init()` vor, die vom BSP-Standardframework bei der Controllererzeugung mittels `create_controller()` aufgerufen wird. Wenn ein Controller abhängige Subcontroller erzeugt, muss er sich also um die Initialisierung des Subcontrollers nicht kümmern. Das Framework erledigt diesen Aufruf.

Zu den Initialisierungen in `do_init()` gehört in unserem MVC-Framework auch die Instanziierung der im aktuellen Seitenzustand jeweils abhängigen Controller. Die Controller, die in direkter Eltern-Kind-Beziehung zum aktuellen Controller stehen, werden in einer internen Tabelle eingetragen, so dass sie durch ihren Schlüssel (die Komponenten-ID) angesprochen werden können. Da die Kindcontroller, falls noch nicht vorhanden, durch `create_controller()` erzeugt werden, und die gleichen Aktionen dort ebenfalls ausgeführt werden, wird auf diese Weise in `do_init()` automatisch der gesamte Baum der im aktuellen Seitenzustand enthaltenen Controller propagiert, und alle Controller werden initialisiert.

2. **Viewdaten-Übernahme**
   Der Request bringt Daten in Form von Formularfeldern und clientseitigen Cookies mit. Diese Daten müssen eingelesen und ausgewertet werden. Der Controller übergibt hierzu eine Tabelle von Name/Wert-Paaren im externen Format (d.h. als Strings, wie sie eingegeben wurden), an diejenigen Model-Instanzen, für die er zuständig ist. Dort werden die Attribute ins interne Format gewandelt und validiert. Die Daten sind von nun ab typisiert als globale Attribute ihrer Model-Instanzen verfügbar. Kommt es zu Fehlermeldungen, so werden diese von der Modelklasse im Nachrichtensammler gesammelt. Die Ausgabe der Fehler auf dem betreffenden View erfolgt automatisch mittels des `<z:message>`-Tags (in Abschnitt 11.5 lesen Sie mehr über dieses Tag).

   Das BSP-Framework sieht für diesen Schritt die Methoden `do_init-attributes()`oder `do_request()` vor. Erstere hat den Nachteil, dass sie nur für den ersten Controller automatisch vom Framework aufgerufen wird. Für Subcontroller, die erst im Laufe der Requestbearbeitung instanziiert werden, müßte die Methode explizit aufgerufen werden. Sicherer ist es daher, die Viewdaten-Übernahme zu Beginn von `do_request()` aufzurufen, denn die Methode `do_request()` wird beim Aufruf eines Controllers *immer* durchlaufen. Es empfiehlt sich daher, in der gemeinsamen Oberklasse aller Controller eine öffentliche Methode `get_viewdata()` anzulegen und diese zu Beginn von `do_request()` aufzurufen. Genau so gehen wir in der Klasse `zcl_controller` vor. Erst *nachdem* diese Methode durchlaufen wurde, kann man davon ausgehen, dass die dem Controller zugeordneten Model-Daten gültig sind.

3. **fcode-Behandlung** – In diesem Schritt muss der Controller ermitteln, ob der User der Komponente eine Aufgabe erteilt hat, indem er z.B. eine Drucktaste betätigte, die in ihrem Bereich liegt. Durch eine geeignete Konvention ist es dem Feld fcode unmittelbar abzulesen, an welchen Controller sich das User-Event richtet. Unser Programmiermodell sieht hier eine einfache Präfixbildung vor.

   Der Request kann z.B. folgendes Name-Wert-Paar enthalten:

   ```
   fcode:  Con1__save
   ```

   Der Controller wertet das Formfeld fcode aus und stellt fest, ob es in seinem Arbeitsbereich liegt, indem er das Präfix vor dem Trennstring '__' abspaltet und in der Methode handle_fcode() prüft, ob es sich um seine Controller-ID oder den Wert '*' handelt. Ist dies der Fall, ruft er dynamisch eine Behandlungsmethode für den betreffenden fcode auf, falls diese implementiert ist – in unserem Beispiel die Methode fcode_save( ). Danach ist der fcode abgearbeitet und wird auf den speziellen Wert zmvc_fcode-done gesetzt.

4. **Erzeugen des Outputs**
   Nun ist alles getan. Das HTML kann erzeugt werden. Das geschieht durch Aufruf des oder der zugeordneten Views. Die Views erhalten die Referenzen auf den Hauptcontroller sowie auf die benötigten Subcontroller als Attribute mitgeteilt. Die Subcontroller werden innerhalb des Views aufgerufen, indem sie einen bestimmten Bereich des HTML reserviert bekommen (z.B. die Zelle einer blinden Tabelle, also den Inhalt eines <td>-Tags), in den sie ihren eigenen HTML-Code einfügen können.

5. **Abschlussarbeiten**
   Hierzu gehört bei zustandslosen Webanwendungen das Fortschreiben der Sessiondaten im Applikations-Cookie. Weitere anwendungsspezifische Abschlussarbeiten können

   - im Controller durch Redefinition der do_finish( ) Methode und
   - in Models in der Implementierung der zif_model~do_finish( ) Methode

   hinzugefügt werden.

6.10 Komponente und Panel

Ein Controller ruft in seiner do_request()-Methode andere Controller, Models und Views auf.

Umgekehrt wird jeder Controller entweder von anderen Controllern oder, auf oberster Stackstufe, vom Requestbehandler des BSP-Frameworks aufgerufen.

Aus Sicht des aufrufenden Controllers bildet der aufgerufene Controller mit all seinen abhängigen Objekten, seinen Models, Subcontrollern und Views, eine *Komponente*, deren Innenleben gegenüber dem aufrufenden Controller abgeschirmt ist.

Das bedeutet, dass eine Komponente gekapselt verwendbar ist. Sie ließe sich beispielsweise auch in eine andere BSP-Applikation als Komponente einbinden. Der aufrufende Controller gibt jeder aufgerufenen Komponente eine eindeutige Kennzeichnung, eine Komponenten-ID. Was er im übrigen von der Komponente wissen muss, ist lediglich die (Controller-) ID ihres Hauptcontrollers, damit er sich die Instanz beschaffen kann. Ein Controller erhält also neben seiner Controller-ID zur Laufzeit noch eine weitere Identifizierung: die Komponenten-ID kennzeichnet den Controller innerhalb des Komponentenbaums, ist also ein Name aus der Sicht der Aufrufhierarchie.

Warum kann man zur Identifizierung der Komponente nicht einfach die ID des Controllers verwenden? Die Antwort ist, dass der aufrufende Controller verschiedene Zustände haben kann und seine Komponenten je nach Zustand mit anderen Controllern belegen möchte.

Denken wir zur Verdeutlichung noch einmal an den sogenannten *Templating-Controller* eines serverseitigen Framesets.[14] Ein solcher Controller macht nichts anderes als drei Komponenten `top`, `left` und `right` in einem tabellenförmigen Schema zu arrangieren. Wie ein Templating-Controller in unserem Framework ohne ABAP-Code implementiert werden kann, haben wir bereits in Abschnitt 6.6 *Serverseitige Framesets* besprochen.

Es ist gerade die Besonderheit eines solchen Templating-Controllers, dass je nach Zustand der Anwendung die Komponenten `top`, `left` und `right` andere Inhalte haben werden, d.h. mit anderen Controllern belegt sind. Die Controller-Instanzen, die dort eingesetzt werden, werden sicher nicht `top`, `left` und `right` heißen, denn diese Namen kennzeichnen ja nur die Verwendung der Controller aus Sicht des aufrufenden Controllers. Es wäre auch falsch, ihnen allen die ID `top` zu geben: Auch wenn natürlich nicht mehrere im `top`-Bereich auftretende Controller gleichzeitig zur Anzeige kommen werden, darf ein und dieselbe Controller-ID nicht an verschiedene Controllerinstanzen vergeben werden, da sonst die Methode `get_controller( )` aus der ID nicht die richtige Instanz ableiten kann. Woraus folgt, dass ein separates Feld »Komponenten-ID« nicht nur aus semantischen, sondern auch aus programmtechnischen Gründen wirklich nötig ist.

Nun ruft aber eine Controllerinstanz in ihrem konkreten Zustand nicht alle Elemente ihrer Komponente auf, sondern nur eine Teilmenge daraus. Wenn wir den Zustand der Instanz in Hinblick auf diese Funktion »Welche Controller, Models, View benötige ich im aktuellen Zustand?« abstrahieren, kommen wir zu der je Controller nötigen Panel-Variable, deren Wert zur Laufzeit die Belegung der Komponenten festlegt.

Das Panel legt nach dem eben Gesagten also fest, aus welchen Bestandteilen die jeweils aktuelle Ausgabe des Controllers zusammengesetzt werden soll, welche Datenobjekte (Models) und Views hierfür nötig sind. Ein Panel wird durch folgende Daten beschrieben:

---

14. Siehe Abschnitt 6.6 *Serverseitige Framesets*

- Die durch eine ID definierte Instanz eines Controllers, auf den das Panel-Feld bezogen ist.
- Ein einzelner View oder Controller, der vom Hauptcontroller zur Erzeugung der HTML-Ausgabe aufgerufen wird, der so genannte *Ausgabeview* (oder Ausgabecontroller).
- Keine, eine oder mehrere Komponenten, die vom Hauptcontroller instanziiert und bei Erzeugung der HTML-Ausgabe aufgerufen werden. Für jede dieser Komponenten gibt das Panel eine Belegung durch einen Controller oder auch einen View an.

Diese Relationen lassen sich für jede konkrete Anwendung in der Flow Logic formal beschreiben.

Um dies zu verdeutlichen, geben wir hier die Formalisierug einer kleinen Beispielapplikation, mit der man zwischen der Pflege von Mails und Kundenaufträgen wechseln kann:

```
<application name="z_mail_order"
             stateful="false">
  <controller id="main"
              name="main.do"
              class="zcl_co_main">
    <component name="top"
               controllerId="navigationBar"/>
    <panel id="editOrders" default="true">
      <component name="left"
                 controllerId="orderTree"/>
      <component name="right"
                 controllerId="orderEdit"/>
    </panel>
    <panel id="mail">
      <component name="left"
                 controllerId="inboxTree"/>
      <component name="right"
                 controllerId="mailEdit"/>
    </panel>
    <callsView id="tee"
               name="tee.htm">
  </controller>
  <controller id="navigationBar"
              name="navBar.do"
              class="zcl_co_navbar">
    <callsView id="navbar"
               name="navbar.htm"/>
  </controller>
  <controller id="orderTree"
              name="salesDocTree.do"
              class="zcl_co_sales_doc_tree">
    <model id="orders"
           class="zcl_orders"/>
    <callsView id="orders"name="orders.htm"/>
```

```
    </controller>
    <controller id="inboxTree"
                name="inboxTree.do"
                class="zcl_co_inbox_tree">
      <model id="mails"
             class="zcl_mails"/>
      <callsView id="inbox"
                 name="inboxTree.htm"/>
    </controller>
    <controller id="orderEdit"
                name="salesDocEdit.do"
                class="zcl_co_sales_doc_edit">
      <model id="order"
             class="zcl_order"/>
      <callsView id="order"
                 name="order.htm"/>
    </controller>
    <controller id="mailEdit"
                name="mailEdit.do"
                class="zcl_co_mail">
      <callsView id="mailEdit"
                 name="mailEdit.htm"/>
      <model id="mail"
             class="zcl_mail"/>
    </controller>
  </application>
```

In diesem Beispiel fungiert `main` als Templating-Controller, der ein `top/left/right`-Template verwaltet. Er hat zwei Zustände, `editOrder` und `editMail`. Der `top`-Bereich ist mit einer Buttonliste bestückt, mit der man zwischen den Zuständen hin- und hernavigieren kann. Im Zustand `editOrder` wird der Bereich `left` mit einer Liste von offenen Aufträgen versorgt, während im Bereich `right` ein konkreter Kundenaufrag geändert werden kann. Wechselt man durch Drücken des dafür vorgesehenen Buttons aus der Navigationsleiste in den Mail-Modus, so soll statt der Auftragsliste die aktuelle Mail-Inbox angezeigt werden. Im rechten Bildbereich kann dann eine einzelne Mail angezeigt oder beantwortet werden.

Das Beispiel zeigt die Regeln und Konventionen, die für diese Formalisierung gelten:

- Ein Controller muss nicht unbedingt ein Model haben. Insbesondere wird man dies bei Templating-Controllern oder anderen Controllern mit ähnlichen Aufgaben annehmen (im Beispiel haben die Controller `main` und `navigationBar` kein eigenes Model).
- Es muss aber pro Panel genau ein View oder genau ein Controller aufgerufen werden, der für die HTML-Ausgabe zuständig ist. Dieser ist durch das Tag `<callsView>` bzw. `<callsController>` spezifiziert.

- Wenn für alle Panels der gleiche View oder Controller aufgerufen wird (wie `tee.htm` in diesem Beispiel), kann dieser auch direkt als Unterknoten des deklarierenden `<controller>`-Knotens angegeben werden.
- Gibt es je Panel unterschiedliche Views oder Controller für die Anzeige, so werden diese als Unterknoten des jeweiligen Panels deklariert.
- Subcontroller werden durch Komponenten aufgerufen, die durch das Attribut `name` spezifiziert sind; die `controllerId` identifiziert den aufzurufenden Controller. Da ein und dieselbe Komponente in verschiedenen Panels auftreten kann, kann sie nicht – wie die Controller, Models oder Panels – mit einer global eindeutigen `id` versehen werden, sondern nur mit einem Namen.
- Es ist möglich, dass ein Controller nur einen einzigen Zustand hat. In diesem Fall kann das Tag `<panel>` ganz weggelassen werden.

Wenn dem Controller diese XML-Daten zur Laufzeit zur Verfügung stehen, werden folgende Aktionen durch das Framework ohne applikationsspezifischen Code möglich:

- Der Controller kann zum Zeitpunkt `do_init()` die benötigten Subcontroller und Modelinstanzen erzeugen oder holen. Beim Erstaufruf der Applikation werden z. B. hier durch Rekursion zunächst die Instanzen von `navigationBar`, `orderTree` und `orderEdit` erzeugt, die während ihrer Erzeugung ihrerseits noch die Model-Instanzen `orders` und `order` anlegen.
- In `get_viewdata( )` hat der Controller `main` in diesem Beispiel selbst nichts zu tun; aber da `main` die Komponenten `orderTree` und `orderEdit` verwaltet, ruft er deren `get_viewdata( )`-Methoden. Diese übergeben die eingegebenen Werte dann an die entsprechenden Models `orders` bzw. `order`.
- In `handle_fcode( )` verteilt `main` Fcodes an den zuständigen Controller.
- Nun ruft `main` den für die Ausgabe zuständigen View `tee.htm`. Dieser bekommt als Seitenattribute Referenzen auf die Controller `navigationBar`, `orderTree` und `orderEdit`. Als Standardattribut `m_parent` kennt der View darüberhinaus die aufrufende Controllerinstanz `main`.

6.11 Viewkontexte

Normalerweise sollten Views überwiegend HTML-Code enthalten. Mit der Direktive `<%=...%>` werden ABAP-Variablen dynamisch in den HTML-Code eingebunden. Seltener ist schon ein bedingt eingefügter Code, wobei etwa mit `<%if ...%>` eine Bedingung abgefragt wird. Oder es werden einzelne Tabellenzeilen ausgegeben, wobei man sich des `loop`-Befehls bedient. In diesen typischen Fällen macht der HTML-Code («das Schwarze«) den Hauptanteil des Views aus, er ist durchzogen von einigen wenigen ABAP-Anweisungen («das Blaue«).

Es gibt jedoch Fälle, in denen in den Views der ABAP-Anteil überwiegt, d.h. die Präsentation eine aufwendigere Logik erfordert. Dann empfiehlt es sich, diese

Logik in eine Hilfsklasse auszulagern, eine so genannte *Kontextklasse*. Die Kontextklasse dient lediglich der Präsentation – es werden Daten für die Darstellung aufbereitet, jedoch wird keine Geschäftslogik durchlaufen.

Welche Gründe sprechen für Kontextklassen?

- Eine Trennung der ABAP- und HTML-Bestandteile erhöht die Lesbarkeit des Codes.
- Der View-Editor ist nicht gut in die ABAP Workbench integriert. Die gewohnten Features des Code-Editors, z.B. im Bereich der Navigation, fehlen. Auch die Benutzung des »Pretty Printer« hat verheerende Auswirkungen auf den View-Code.[15] Im Class Builder hat man dagegen die richtige Umgebung, um ABAP-Code zu hinterlegen.
- Aus den Views werden von der BSP Entwicklungsumgebung Klassen generiert. Diese Klassen lassen sich leider nicht um eigene Methoden und Attribute erweitern, die Aufgaben der Präsentations-Aufbereitung übernehmen könnten. In gewissem Sinne stellen die Viewkontexte einen Workaround für diese fehlende Funktionalität dar.

Eine beliebige Klasse kann dadurch zum Viewkontext gemacht werden, dass sie das Interface `ZIF_VIEW_CONTEXT` implementiert. Seitenattribute, die eine Viewkontextklasse als Typ haben, werden von unserem MVC-Framework automatisch instanziiert. Danach wird die Methode `SET_PAGE` des Interface aufgerufen, mit der dem Kontext die zugeordnete View-Instanz bekanntgemacht wird. Das bedeutet, die öffentlichen Komponenten des Kontextes stehen dem View automatisch zur Verfügung.

Die Implementierung der Methode `zif_view_context~set_page()` kann sich nun von der Seiteninstanz deren aktuelle Attribute mit der Methode `get_attribute()` beschaffen und die Daten nach der gewünschten Logik aufbereiten. Die Klasse kann, je nach dem Aufbereitungsaufwand, alle Daten bereits in der `set_page()`-Implementierung aufbereiten und die Ergebnisse als öffentliche Attribute zur Verfügung stellen, wie hier:[16]

```
<img src="<%=ctx->special_img_url%>"
     width="<%=ctx->special_img_width%>"
     height="<%=ctx->special_img_height%>">
```

oder sie kann die Aufbereitung mittels Getter-Methoden erst auf Anfrage des Views ermitteln, wie hier:

15. So dass man den Drucktastentext einmal auf *Ugly Printer* ändern sollte ...
16. Um klarzustellen, dass die Aufbereitung in der Kontextklasse und nur dort erfolgt, empfiehlt es sich, die Attribute als read-only zu kennzeichnen.

```
<%=otr(z_fi/budget)%>:
<span class="<%=ctx->red_or_black()%>">
  <%=ctx->total_amount( )%>
</span>
```

Wo man in Java mit einem Iterator arbeiten würde, empfiehlt sich in ABAP die Verwendung einer Methode. Die Methode `has_next_item()` des folgenden Beispiels liefert ein Flag als Return-Parameter zurück. Sie inkrementiert bei jedem Aufruf einen Zähler und bereitet die Daten der nächsten Tabellenzeile in einer Struktur auf, bis die Größe der Item-Tabelle überschritten ist. Dann setzt sie den Zähler zurück. Daher kann sie im View wie folgt angewendet werden:

```
<% while ctx->has_more_items() ne space.%>
<tr><td><%=ctx->item-label%></td>
<td><input name="<%=ctx->item-name%>"
           value="<%=ctx->item-value%>">
</td></tr>
<% endwhile.%>
```

Die Methode `has_more_items()` berechnet bei jedem Aufruf die Werte der öffentlichen Attribute `item-label`, `item-name` usw., auf die dann innerhalb der `while`-Schleife zugegriffen werden kann.

Kontextklassen werden mit dem Ziel einer besseren Trennung der reinen Seitenbeschreibung von der Aufbereitungslogik verwendet. So wie sie helfen, ein Zuviel an ABAP Code aus den Views zu verbannen, so sollten sie ihrerseits möglichst kein HTML enthalten. Ungeschickt wäre eine Programmierung wie

```
* Unschönes Beispiel
method get_section.
  concatenate
    '<p><span class="important">'''
    'Das Budget belaeuft sich auf'(100)
    gv_budget
    gv_waerk
    '</span>'
  into ev_html
  separated by space.
endmethod.
```

Denn so versteckt man HTML-Tags in der Klasse, was die Lesbarkeit und Wartbarkeit des Views erschwert. Hier wurde die Schnittstelle zwischen View und Kontextklasse schlecht gewählt. Ein besserer Schnitt wäre es gewesen, der Kontextklasse lediglich die Aufbereitung des Budgets zu überlassen und das Ergebnis dieser Aufbereitung in den View einzubinden wie folgt:

```
<%-- Besseres Beispiel --%>
<p>
<span class="important"> <%=otr(z_fi/budget_belaeuft)%>
<%=ctx->get_budget( )%>
</span>
```

Als Regel für Kontextklassen können wir festhalten:

- Kontextklassen sollen Programmlogik aus dem View auslagern, aber kein HTML.
- Die Methoden und Attribute sollten so gewählt werden, dass die Kontextklasse nur Strings aus variablen Systemdaten (Mengen, Werten, Zahlen, Nummern etc.) aufbereitet, das HTML aber im View verbleibt.

Mit Kontextklassen erzielt man eine bessere Trennung der Präsentationslogik vom Präsentationsinhalt – das erleichtert zum Beispiel eine etwaige Migration der Views in eine andere Umgebung. Darüber hinaus zeigt es sich oft, dass Kontextklassen *wiederverwendbar* sind und nicht nur von einem, sondern von mehreren, einander ähnlichen Views aufgerufen werden können. So könnte die Applikation für verschiedene User Agents (Browsertypen, Bildschirmauflösungen, Betriebssysteme) verschiedene Views bereithalten; diese Views können aber in der Regel von derselben Kontextklasse bedient werden.

Die Aufgaben einer Kontextklasse werden zum Teil ganz konkret auf den bestimmten View bezogen sein – zu einem anderen Teil wird es allgemeinere Aufgaben geben, die in ganz anderen Zusammenhängen wiederverwendbar sind. Es liegt nahe, die wiederverwendbaren Methoden in einer Vererbungshierarchie zu implementieren oder in Interfaces auszufällen, die die steigende Allgemeinheit und damit Wiederverwendbarkeit der Aufgaben widerspiegeln. Zu beachten ist, dass einige sehr allgemeine Aufgaben bereits in den Viewinstanzen selbst implementiert sind – zum Beispiel kann die `page->to_string()`-Methode ein beliebiges ABAP-Datenobjekt in externes Datenformat wandeln. Dies ist wohl auch die häufigste Aufbereitungsanforderung für Seitenattribute, so dass in den meisten Fällen keine Notwendigkeit für eine eigene Kontextklasse besteht.

7 Datenbindung

In diesem Kapitel geht es darum, Anwendungsdaten – also in der Regel Modelattribute – im View zur Darstellung zu bringen, ein wichtiger Teil jeder Webanwendung. Der grundlegende Mechanismus dafür ist die *Datenbindung*, auf die wir hier detailliert eingehen wollen.

7.1 Syntax und Funktionsweise

Wir haben im letzten Kapitel mit der BSP-Applikation `zz_counter` ein erstes Beispiel einer Applikation mit Model kennengelernt. Das Model enthält ein Datum, hier den Zählerstand `counter`.Der View soll nun, wie es das MVC-Konzept vorsieht, »über Änderungen der Modeldaten informiert werden«, wofür häufig ein Event-Mechanismus vorgesehen ist: Wenn sich der Wert eines Modelattributs ändert, wird ein Event ausgelöst. Der View ist für dieses Event registriert und kann entsprechend darauf reagieren. Aber:

Benötigt man diese Update-Events in Webanwendungen wirklich?

Wie wir es eben beschrieben haben, sind zum Zeitpunkt, zu dem die Views ihre Arbeit beginnen, alle Aufgaben der Models bereits erledigt. Wenn sich also Model-Attribute geändert haben, so haben sie vom Beginn der View-Erzeugung an bereits die neuen, aktuellen Werte!

Wenn sich in einer Webanwendung Modeldaten verändern, *nachdem* die Views bereits Ausgaben in die HTTP-Antwort geschrieben haben, ist das auf jeden Fall problematisch. Man könnte zwar mit einem Ereignis-Mechanismus auf solche späten Änderungen reagieren, jedoch müsste dann die bereits geschriebene HTTP-Antwort aus dem Ausgabestrom gelöscht und dafür eine neue, modifizierte Version geschrieben werden. Das ist ineffizient.

Wir haben uns daher dafür entschieden, die Aufrufe von Views grundsätzlich dem Controller zu überlassen. Auch indirekte Aufrufe, als Aktualisierungen durch Model-Events, lassen wir beiseite. In der `do_request()`-Methode von `zcl_controller`[1] ist eine feste Reihenfolge programmiert:

- Viewdaten-Übernahme
- Funktionscode-Behandlung
- Erzeugung der nächsten HTTP-Antwort

Alle Änderungen von Controller- oder Model-Attributen erfolgen in den ersten beiden Schritten. Im dritten Schritt stehen diese Attribute fest, und es wird nur noch die nächste HTTP-Antwort generiert. Der Schnitt zwischen den ersten beiden und dem letzten Schritt ist genau der *Übergang von »Process After Input« zu »Process Before Output«*, um in der Sprache von Dynpros zu reden.

Die Views benötigen jedoch einen Zugriff auf die aktuellen Daten des Models. Hierzu gibt es die *Datenbindung*. Darunter versteht man einen Mechanismus, um anhand von symbolischen Namen Referenzen auf Model-Attribute zu erzeugen. Ein reiner String, den wir den *Bindungsausdruck* nennen wollen, codiert die ID des zuständigen Models sowie das in diesem Model gewünschte Datenobjekt. Das kann ein ganzes Datenobjekt sein, dann ist es durch seinen Namen beschrieben, oder ein Teil, zum Beispiel die Komponente einer Struktur oder die Zeile einer internen Tabelle.

Die Syntax von SAP, die auch wir für den Bindungsausdruck verwenden, ist

- **//<model_id>/<name>** **Datenobjekt `name`**
- **//<model_id>/<name>.<comp>** **Strukturfeld name-comp**
- **//<model_id>/<name>[<i>]** **Tabellenzeile <i>**[2]

Dabei ist `<model_id>` die ID des zuständigen Models und `name` der Attributname. Diese Bindungsausdrücke können an die Tags der Tag Library als Attribut `binding` übergeben werden, wobei es auch möglich ist, sie dynamisch im View zu erzeugen.

Unter Verwendung der Datenbindung konnten wir in unserer Webzähleranwendung den aktuellen Zählerstand mit dem `<z:write>`-Tag ausgeben:

```
<z:write binding="//c/count">
```

Es ist Aufgabe des Controllers, anhand des Bindungsausdrucks das zuständige Model zu ermitteln. Ein Tag wie `<z:write>` ruft daher intern den Controller auf, der für die aktuelle Viewausgabe zuständig ist. Dieser identifiziert das Model anhand der `model_id`. Insbesondere muss es sich um ein von ihm verwaltetes Model handeln. Ein View kann nicht ein Model aus einer ganz anderen Komponente ansprechen, da der aufrufende Controller es sonst nicht finden würde.[3]

---

1. Die nicht redefiniert werden sollte.
2. `<i>` ist dabei eine Zahl, die den Zeilenindex angibt. `<i>` könnte theoretisch auch ein String sein, wenn es sich um eine Hash-Tabelle handelt. Bislang gilt jedoch die Einschränkung, dass nur Indextabellen – also Standardtabellen und sortierte Tabellen – angesprochen werden können.

Hat der Controller das Model identifiziert, übergibt er ihm den rechten, auf den einfachen Schrägstrich folgenden Teil des Bindungsausdrucks, indem er die Interfacemethode `zif_model~get_attribute_ref()` aufruft, und erhält eine Referenz auf das gewünschte Datenobjekt zurück – oder es wird die Ausnahme `zcx_not_found` ausgelöst, falls zum angegebenen Bindungsausdruck kein Attribut im Model existiert.

Die Klasse `zcl_model` enthält eine Implementierung dieser Methode, die Bindungsausdrücke genau gemäß der SAP-Konvention auswertet. In eigenen Modelklassen greift man daher zweckmäßig auf diese Implementierung zu, indem man die Methode an eine Instanz von `zcl_model` delegiert oder von der Klasse `zcl_model` ableitet.

Selbstverständlich sind beliebige Schachtelungen der obigen Ausdrücke möglich. Nehmen wir folgendes komplexes Beispiel:[4]

Die Model-Instanz zur ID `filialauftrag` enthalte als globales Attribut eine interne Tabelle `auftraege` mit strukturiertem Zeilentyp.

In diesem Zeilentyp gebe es eine Komponente `positionen`, die ihrerseits eine interne Tabelle mit strukturiertem Zeilentyp ist.

Der Zeilentyp der Positionen enthalte eine Komponente `preise`, die ihrerseits strukturiert ist und eine Komponente `ep` (für Einkaufspreis) enthalte.

Nun soll der Einkaufspreis der fünften Position des siebten Filialauftrags dargestellt werden. Dazu müsste der Bindungsausdruck

```
//filialauftag/auftraege[7].positionen[5].preise.ep
```

verwendet werden.

Die Tabellen-Indizes – hier die 7 und 5 – werden in der Praxis natürlich meist variabel sein. So könnte der View eine Schleife enthalten, um der Reihe nach die Einkaufspreise der Positionen 1 bis 10 darzustellen. Da der Bindungsausdruck auch dynamisch aufgebaut werden kann, ist in diesem Fall ein Ausdruck der Form

```
<z:write binding="...positionen[<%=index%>].preise.ep"
```

angebracht.

Darüberhinaus generiert die Standardimplementierung leere Tabellenzeilen, wenn auf eine Zeile zugegriffen werden soll, die noch gar nicht existiert. Ein Zugriff

```
//m/positionen[1000]
```

fügt der internen Tabelle `positionen` soviele Zeilen wie nötig an, damit die Zeile 1000 existiert. Wenn dieses Verhalten nicht erwünscht ist, sollte man also dafür sorgen, dass nur mit tatsächlich existierenden Indizes auf die Tabelle zugegriffen wird.

---

3. Auch wenn ein solcher Aufruf eines fremden Models möglich wäre, würde er übrigens dem Prinzip der Modularisierung widersprechen und sollte daher unterbleiben. Es gibt robuste Alternativen, zum Beispiel das Durchreichen der benötigten Attribute.
4. Das aber so komplex ist, dass es im echten Leben Fragen an die Kompetenz des Datenmodellierers aufwerfen würde ...

7.2 Datenbindung an Controller

Nicht nur das Model, auch der Controller enthält Attribute, die über den Dialogschritt hinaus gehalten werden und auf die ein Zugriff im View möglicherweise sinnvoll sein kann. Wir haben daher die Datenbindungsausdrücke um folgende Syntax erweitert:

- **//C/<Controller_ID>/<Attributname>** **Öff. Attribut eines Controllers**
- **<Attributname>** **Attribut des Hauptcontrollers**

Eine Verwendung dieser Syntax haben wir bereits in der Listbox der »Hallo Welt«-Anwendung gesehen:

```
<z:select binding="panel"
          onChange="genericSubmit('dummy');">
  <z:selectOption value="sun" text="Sonne"/>
  <z:selectOption value="moon" text="Mond"/>
  <z:selectOption value="stars" text="Sterne"/>
</z:select>
```

Die Bindung an das `panel`-Attribut des Hauptcontrollers bewirkte dort zweierlei:

- Die Listbox zeigt den zum aktuellen Panel gehörenden Eintrag als den ausgewählten an, und
- bei Auswahl eines Eintrags wird auf das gewünschte Panel gewechselt.

Von der Möglichkeit, auf Controllerattribute im View lesend und sogar schreibend zuzugreifen, sollte jedoch sparsam Gebrauch gemacht werden, um die Abhängigkeiten des Views vom Controller nicht zu groß werden zu lassen.[5] Es ist jedoch – auch im MVC-Framework des SAP-Standards – prinzipiell möglich, die Instanz des aufrufenden Controllers zu beschaffen und auf Komponenten – Attribute und Methoden – zuzugreifen: Im View steht immer das Attribut `m_parent` zur Verfügung, das die Instanz des aufrufenden Controllers enthält.

7.3 Datenbindung an andere Objekte

Ein gutes objektorientiertes Programmdesign ist dadurch gekennzeichnet, dass Methoden mittels Komposition an andere Objekte delegiert werden. Man verhindert, dass sich Code in einer Klasse anhäuft, indem man Gruppen von thematisch zusammengehörigen Funktionen in eigene Klassen auslagert. Das führt es mit sich, dass nicht nur die Methoden, sondern auch die Attribute *verteilt* vorliegen können.

5. Auf jeden Fall sollte aber das Umgekehrte vermieden werden, der Zugriff vom Controller auf Viewdaten. Dies wäre eine direkte Verletzung des MVC-Paradigmas. Der View aber steht gewissermassen am Ende der Kette und kann von den beteiligten Models und Controllern mit Daten versorgt werden – explizit über die Schnittstelle, oder implizit mittels Datenbindung.

Die Datenbindung sollte ein solches Programmdesign unterstützen, indem nicht nur Datenobjekte, sondern auch Instanzen von Klassen angesprochen werden können. Um dies zu ermöglichen, bietet die Klasse `zcl_model` eine Erweiterung des SAP-Standards zur Datenbindung.

Nehmen wir einmal folgendes Datenmodell an:

- Das Model zur ID `kundenauftraege` enthalte eine interne Tabelle `auftraege` mit strukturiertem Zeilentyp.
- In diesem Zeilentyp gebe es eine Komponente `preise`, die ein Objekt der Klasse `zcl_preisdaten` enthält.
- Instanzen der Klasse `zcl_preisdaten` enthalten als globales öffentliches Attribut ein Feld `nettowert`.

Um nun den *Nettowert des 7. Kundenauftrags* anzuzeigen, kann der Bindungsausdruck

```
//kundenauftraege/auftraege[7].preise.nettowert
```

angegeben werden, so als handele es sich bei `preise` um eine Struktur mit der Komponente `nettowert`. Bei dieser Art des Zugriffs muss `zcl_preisdaten` ihrerseits kein Model sein, d.h. das Interface `zif_model` muss nicht implementiert sein. Ist es nicht implementiert, so wird nach einem öffentlichen Attribut des angegebenen Namens gesucht. Ist dagegen das Interface implementiert, so erfolgt der Zugriff auf den nachfolgenden Teil des Bindungsausdrucks wiederum über die Datenbindungsmethode `zif_model~get_attribute_ref( )`.

Was liefert die Datenbindung, wenn man den Ausdruck

```
//kundenauftraege/auftraege[7].preise
```

übergibt? Was man erwarten würde: Eine Referenz auf das Objekt `preise`! Hier ergibt sich jedoch eine technische Schwierigkeit. Da die Datentypen `ref to object` und `ref to data` in ABAP keinen gemeinsamen Obertyp haben, wird statt der Objektreferenz in diesem Fall eine Referenz vom Typ `ref to data` zurückgeben. Diese *zeigt auf einen Zeiger*, nämlich auf den Zeiger mit dem gewünschten Referenzobjekt. Aus technischen Gründen ist also an dieser Stelle eine doppelte Verzeigerung nötig.

7.4 Get-Methoden in der Datenbindung

Es kommen Fälle vor, in denen es zu aufwendig wäre, Daten als Attribute stets aktuell vorzuhalten. Man würde es vorziehen, die Daten erst dann zu ermitteln, wenn sie effektiv angefragt werden. Hier sind wir bei den aus dem Business Object Repository (BOR) bekannten *virtuellen Attributen*, die sich nur errechnen lassen, aber gar nicht fest als Klassenattribut modelliert sind.

In Java Beans gibt es die Konvention, grundsätzlich alle Attribute privat zu halten und nur durch Aufruf von Get-Methoden (kurz auch »Getter« genannt) dem Verwender mitzuteilen. Vom Gesichtspunkt der Kapselung ist das zweifellos ein gutes Vorgehen. Lässt es sich auch in MVC-Web-Applikationen realisieren?

Nehmen wir an, in einer Klasse `zcl_ticker` zur Verwaltung von Aktienkursen gebe es eine – teure – Methode `get_kurs( )`, die über eine HTTP-Verbindung den aktuellen Kurs einer Aktie abfragt. Um die Klasse als Model in einer BSP-Applikation einzusetzen, müssen wir das Interface `zif_model` implementieren. Wenn wir dies – wie empfohlen – durch Komposition tun, haben wir im Konstruktor eine globale private Variable `go_model` mit einer Instanz der Klasse `zcl_model` versorgt: Wir wollen dann die Interfacemethoden an die Standardimplementierung in Klasse `zcl_model` delegieren. Die Methode `get_attribute_ref()` könnte dann wie folgt aussehen:

```
method get_attribute_ref.
  ev_value_ref = go_model->get_attribute_ref(
                   iv_name       = iv_name
                   iv_ref_object = me ).
endmethod.
```

Sämtliche Datenbindungsanfragen werden somit an das Objekt `go_model` weitergeleitet, so dass wir den Code der Klasse `zcl_model` verwenden, ohne ihn selbst noch einmal hinschreiben zu müssen.

Wenn aber nach der Variablen `kurs` gefragt wird, möchten wir gerne die Auswertung selbst übernehmen. Dann brauchen wir nur die Logik der Datenbindung entsprechend abzuändern:

```
method get_attribute_ref.
  if iv_name cp 'kurs'.    " Case-insensitiver Vergleich[6]
    create data ev_value_ref type netwr.
    ev_value_ref->* = get_kurs( ).
  else.
    ev_value_ref = go_model->get_attribute_ref(
                     iv_name       = iv_name
                     iv_ref_object = me ).
  endif.
endmethod.
```

Es steht uns an dieser Stelle völlig frei, die Datenbindungslogik weiter zu variieren, solange auch die Verwender der Klasse `zcl_ticker` wissen, wie sie deren Attribute anzusprechen haben. Wir könnten zum Beispiel den Namen der Firma, deren Aktienkurs wir wissen wollen, als Suffix an den Attributnamen anhängen.

---

6. Der EQ-Operator vergleicht zeichenartige Felder groß-klein-sensitiv. Will man groß-klein-insensitiv vergleichen, kann man wie hier den CP-Operator verwenden. Wenn man das Maskenzeichen »*« nicht verwendet (wie hier), wirkt er wie ein groß-klein-insensitiver Vergleich.

So hätten wir für jede Firma ein eigenes virtuelles Attribut zur Verfügung. Mit dem Datenbindungsausdruck

```
//ticker/kurs_sap
```

könnten wir beispielsweise den aktuellen Kurs der SAP-Aktie abfragen. Angenommen, die Methode `get_kurs()` nimmt den Namen der Firma als zeichenartiges Argument entgegen (typisiert mit dem generischen Typ `C` oder `CSEQUENCE`). Dann müsste der Attributname in der Methode entsprechend interpretiert werden:

```
method get_attribute_ref.
  if iv_name cp 'kurs_*'.
    create data ev_value_ref type netwr.
    ev_value_ref->* = get_kurs( iv_name+5 ).
  else.
    ev_value_ref = go_model->get_attribute_ref(
                     iv_name       = iv_name
                     iv_ref_object = iv_ref_object ).
  endif.
endmethod.
```

7.5 Datenvalidierung

Zu den Charakteristika einer Webanwendung gehört es, dass mit ihr nicht nur Daten abgefragt werden, sondern der Benutzer auch Daten eingeben kann. Wo ein menschlicher Akteur in die Datenverarbeitung eintritt, hat man es mit zwei Problemen zu tun:

- Das interne Format eines Attributs ist für den Benutzer oft schlecht zu lesen. Die Maschinendaten müssen in eine für den Menschen geeignete Form aufbereitet werden.
- Der Mensch macht Fehler, häufig leicht erkennbare Tippfehler. Die Maschine muss also die menschlichen Eingaben für Attributwerte validieren und den Benutzer auf etwaige Fehleingaben aufmerksam machen.

Die erste Aufgabe, die textförmige Präsentation von Attributen ist eine reine *View-Aufgabe*. Der View ist, wie erwähnt, spezialisiert auf Ausgaben an der Benutzerschnittstelle. Er muss also die Daten, die er mittels Datenbindung von den Models beschafft, noch aufbereiten. Im View steht hierzu die Methode `to_string()` zur Verfügung, oder auch das Tag `<z:write>`, das zusätzlich noch einen Datenbindungsausdruck evaluieren kann:

```
<z:write binding="//document/header.vbeln"/>   <%-- Belegnummer ausgeben --%>
```

Anders steht es mit dem zweiten Punkt, der *Datenvalidierung*. Diese ist im Model angesiedelt. Denn nur das Model kennt die speziellen und allgemeinen Regeln, die zur Prüfung eines Attributs anzuwenden sind. In einer betriebswirtschaftlichen Anwendung sind die Validierungen ein wesentlicher Teil der Geschäftslogik.

Eine Klasse, die als Model in einer Webanwendung auftreten will, muss daher zeichenförmige Eingaben für ihre Attribute interpretieren und prüfen können. Sie implementiert diese Prüfungen in der Interfacemethode `zif_model~validate_field()`.

Ist ein Attributwert ungültig, muss die Methode die Ausnahme `zcx_invalid_attribute` auslösen. Durch Anwendung der Methode `get_text( )` auf das Ausnahmeobjekt kann der Aufrufer eine beschreibende Meldung im Klartext über die Art des aufgetretenen Fehlers erhalten.

Beide Themen sind natürlich für die ABAP-Laufzeit »alte Hüte«. Seit Urzeiten werden in Dynpros die Tastatureingaben des Benutzers in die verschiedensten internen Formate konvertiert und zurückkonvertiert. Wir wollen hier das Rad nicht neu erfinden, sondern die Softwareteile des Dynpro-Prozessors, die für diese Konvertierungsaufgaben zuständig sind, wiederverwenden. Da wir uns – wie das Dynpro – in der ABAP-Welt bewegen, können wir auf diese Softwareteile bequem und performant zugreifen.

Die Problematik des externen und internen Formats ist in der folgenden Abbildung schematisch dargestellt. Man könnte hier noch tiefer einsteigen, denn das ganze Konzept des *Datenelements* und der *Domäne* in ABAP ist darauf angelegt, die Aufbereitung von Daten für den Benutzer sowie die Validierung seiner Eingaben optimal zu unterstützen. Stichworte zu diesem weiten Feld sind: Suchhilfen, Domänenfestwerte, Konvertierungsexits, Lang- und Kurztexte. Wir wollen uns hier auf den Kernpunkt der Datenkonvertierung zwischen externem und internem Format beschränken (siehe Abb. 7–1).

Die Wandlung von internem in externes Format ist besonders einfach. Der ABAP-Befehl `WRITE` ... `TO` ... schreibt ein beliebiges ABAP-Feld in ein zeichenartiges Feld fort[7], und das ist im Wesentlichen, was die Methode `to_string()` eines Views tut und was wir im `<z:write>`-Tag, aber auch im `<z:input>`-Tag tun, um den Inhalt eines Feldes typgerecht darzustellen. So werden von einer Belegnummer, die intern stets zehnstellig numerisch sein muss, bei der Ausgabe für den Benutzer die führenden Nullen entfernt, falls in der zugeordneten Domäne der Konvertierungsexit `ALPHA` hinterlegt ist. Oder die Artikelnummer wird mit Maskenzeichen (Trennern) ausgegeben, damit ihre Bestandteile für den Menschen besser erkennbar sind.

Die Konvertierung ins interne Format, wie sie der Dynpro-Prozessor verwendet, ist glücklicherweise als Funktionsbaustein aufrufbar. Der Baustein trägt den

7. Leider sind als Zielfeld keine Strings erlaubt, das Zielfeld muss vom Typ C sein – das ist eine der kleinen Einschränkungen, die ABAP-Code manchmal etwas schwerfällig machen: Hat man einen String, muss man erst eine Hilfsvariable vom Typ `TEXT255` o.ä. definieren und das Resultat der `WRITE`-Anweisung mit `MOVE` in den String kopieren.

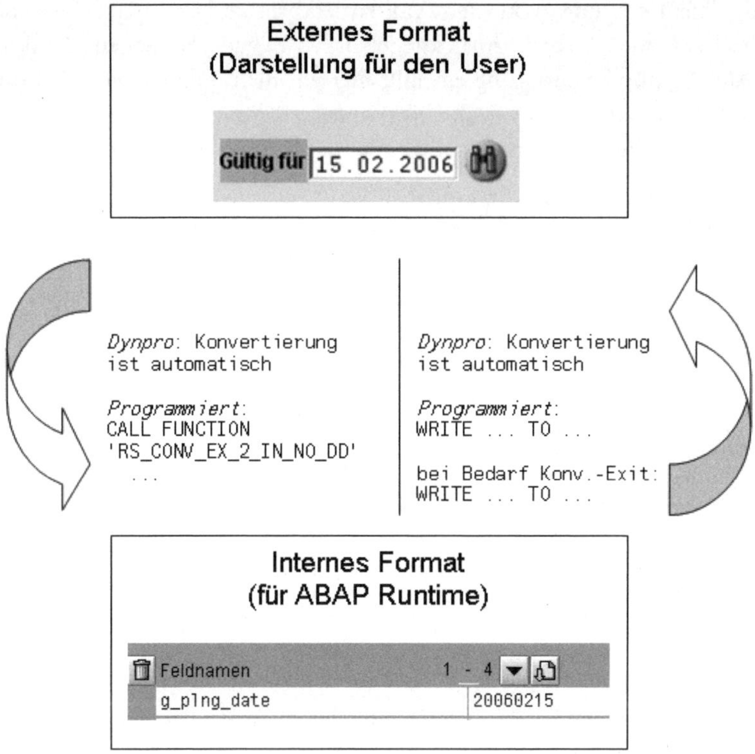

Abb. 7–1 *Externes und internes Format*

etwas umständlichen Namen `RS_CONV_EX_2_IN_NO_DD`, und genau diesen Baustein verwenden wir bei der Attributvalidierung in der Klasse `zcl_model`. Jedes Model, das – durch Vererbung oder Komposition – die Validierungsmethode der Klasse `zcl_model` aufruft, hat daher automatisch Anteil an den Konvertierungsroutinen, die auch im GUI beim Verarbeiten eines Dynpros ablaufen. Alle weitergehenden, speziellen Prüfungen müssen in der Implementierung der jeweiligen Modelklasse hinterlegt sein.

Um maximale Wiederverwendbarkeit zu erzielen, empfiehlt es sich, gemeinsame Regeln in eigene Validatorklassen auszulagern. Man könnte beispielsweise ein Interface `zif_validator` mit der einzigen Methode `validate_field( )` definieren. Dieses Interface wird von allen Validatoren verwendet. Eine Klasse `zcl_validator_factory` gibt zu einem zeichenartigen Code-Begriff die passende Validator-Instanz zurück.

Nehmen wir an, eine Plausibilitätsprüfung verlangt, quer durch alle Anwendungen und Models hindurch, dass Preise stets kleiner als 100.000,- Franken sein müssen. Wenn man wiederverwendbar programmiert, wird die Konstante 100.000,– ebenso wie die Prüfung auf Betragsüberschreitung an genau einem Ort im System hinterlegt. Das könnte eine Klasse sein, die das Interface `zif_valida-`

tor implementiert und von der Validatorfabrik `zcl_validator_factory` bei Angabe des Codes `'preis'` zurückgegeben wird (wir brauchen die konkrete Klasse, die die Implementierung enthält, hier gar nicht nennen). Die Prüfung soll nun auf den Einkaufspreis EP und Verkaufspreis VP eines Models angewendet werden. Dann könnte die Implementierung der Validierung wie folgt aussehen:

```
method zif_model~validate_field.
* Allgemeine Prüfungen
  go_model->validate_field(
      exporting
        iv_name       = iv_name
        iv_ref_object = me
      importing
        ev_value      = ev_value ).

* Prüfungen von Preisfeldern
  if iv_name cp 'ep' or       " Einkaufspreis
     iv_name cp 'vp'.         " Verkaufspreis
    lo_pricevalidator =
      zcl_validator_factory=>get_validator( 'preis' ).
    lo_pricevalidator->validate( ev_value ).
  endif.

endmethod.
```

Für einfache Prüfungen ist das Thema mit diesen Ausführungen bereits erledigt. Schwieriger wird es bei abhängigen Prüfungen: Nehmen wir an, dem Benutzer stehen die Felder Artikelnummer und Verkaufspreis zur Eingabe zur Verfügung. Es soll nun die Preiseingabe überprüft werden, wobei als Plausibilitätsprüfung eine maximale Abweichung von 50% zum Einkaufspreis zulässig ist. Der Einkaufspreis sei in den Stammdaten des Artikels hinterlegt.

Die Schwierigkeit hierbei ist: Bei Prüfung der Preiseingabe muss sichergestellt sein, dass die Prüfung des Artikels bereits durchlaufen ist. Erst dann kann ja auf die Artikelstammdaten, auf die sich die Preiseingabe bezieht, korrekt zugegriffen werden. Hier geraten wir in Wechselwirkung mit einer weiteren Leistung, die das Model garantieren muss: der *Datenübernahme*. Diese werden wir im Abschnitt 7.6 behandeln.

Noch eine Bemerkung zum Thema Datenvalidierung. Die Methode `zif_model~validate_field( )` muss selbstverständlich nicht *alle* Prüfungen des Models enthalten, sondern nur diejenigen, die sich auf Integrität und Konsistenz der Daten beziehen. Wenn wir erst beim Buchen eines Filialauftrags sicherstellen wollen, dass die eingegebene Menge positiv ist, so ist dies eine Prüfung, die sich nicht auf die Validität der Daten, sondern auf die Ausführung der Funktion »Buchen« bezieht. Diese Prüfung gehört daher nicht in `zif_model~validate_field( )`, sondern in die Methode `buchen()`, mit der die Buchung des Filialauftrags letztlich aufgerufen wird.

7.6 Datenübernahme

Es ist gut, dass Dateneingaben mit der Model-Methode `zif_model~validate_field()` überprüft werden können. Aber letztlich sollen Daten nicht nur geprüft, sondern auch übernommen werden! Dies ist eine Funktion, die jedes Model zusichern muss, indem es eine weitere Methode `zif_model~validate()` implementiert.

Wenn ein Request den Hauptcontroller erreicht, wird vom Client eine Liste von Formularfeldern mitgesandt. Die HTML-Elementnamen dieser Formularfelder erlauben es dem Controller, die Formularfelder an die von ihm verwalteten Models weiterzureichen. Hiermit hören bereits die Kompetenzen des Controllers bezüglich Datenvalidierung und -übernahme auf: Er bildet aus der Gesamtmenge der Formularfelder Teilmengen, spaltet die Model-ID vom Feldnamen ab und sendet diese Listen an die zuständigen Models. Die Models setzen etwaige Fehlermeldungen ab und liefern eine Liste fehlerhafter Feldnamen zurück. Die Prüfungen wie auch die Datenübernahme liegen vollständig im Bereich des Models.

In der Methode `zif_model~validate( )` erhält das Model auf einen Schlag alle zu validierenden Felder. Denn der Controller kann nicht wissen,

- in welcher Reihenfolge die übergebenen Felder zu übernehmen sind und
- welche Abhängigkeiten dabei zu beachten sind.

Auch die allgemeine Implementierung dieser Methode in der Klasse `zcl_model` kann das nicht wissen. Sie macht daher das, was sie im allgemeinen Fall eben nur tun kann:

- Sie bearbeitet die übergebenen Felder der Reihe nach in einer Schleife. Die Felder werden vom Controller nach Feldnamen geordnet übergeben. De facto geht `zcl_model` also davon aus, dass die Felder unabhängig voneinander übernommen werden können.
- Für jedes Feld wird geprüft, ob ein gültiger Ausdruck für die Datenbindung übergeben wird. Ist dies nicht der Fall, wird eine Fehlermeldung »Ungültiger Attributname« gesammelt und mit dem nächsten Feld fortgefahren.
- Ist der Bindungsausdruck gültig, wird für das Feld die Methode `validate_field()` aufgerufen, d.h. die Eingabe wird überprüft und das Feld ins interne Format gewandelt.
- Kommt es hierbei zu einem Fehler, wird eine Fehlermeldung gesammelt und mit dem nächsten Feld fortgefahren.
- Kommt es zu keinem Fehler, wird der Attributwert übernommen.

Mit dieser Logik kommt man bereits ziemlich weit, sie genügt auch bei komplexeren Anwendungen in den meisten Fällen. Manchmal ist es dennoch nötig, von diesem Schema abzuweichen. Dann muss in der Methode `zif_model~validate( )` die abweichende Logik implementiert werden. Folgende Abweichungen sind typisch:

- Es gibt eine vorgegebene Reihenfolge der Datenübernahme. Dann muss die Tabelle der übergebenen Felder vor ihrer Abarbeitung umsortiert werden, oder die Felder werden in der gewünschten Reihenfolge mit

  ```
  read table it_fields assigning <ls_field>
       with table key name = '...'.
  ```

  gelesen und abgearbeitet. So wird man Felder wie *Belegart* oder *Positionstyp* möglichst früh übernehmen, da aus ihnen Customizing-Einstellungen resultieren, die für die Prüfung der übrigen Felder notwendig sind.
- Bestimmte Felder sind so wichtig, dass die Datenübernahme gestoppt werden soll, wenn sie ungültig eingegeben wurden. Dann muss die Schleife über die Felder mit `EXIT` verlassen werden.
- Wenn alle Felder einzeln korrekt übernommen wurden, und nur dann, sollen noch kombinierte Prüfungen durchlaufen werden. Diese Prüfungen werden dann nach der Schleife über die Felder hinzugefügt bzw. aufgerufen.

Ein externer Verwender der Schnittstelle `zif_model` – und das muss nicht ein BSP-Controller sein – hat daher bei Aufruf der Methode `validate_field( )` keine Zusicherung, dass dieses Feld wirklich valide ist: Es kann sein, dass es kombinierte Prüfungen im Zusammenhang mit anderen Feldern gibt, so dass die Prüfungen für das einzelne Feld nicht ausreichen. Diese Zusicherung hat er nur, wenn er die Methode `validate( )` mit allen eingegebenen Feldwerten übergibt und keine Fehlermeldungen im Protokoll zurückerhält.

7.7 Modelübergreifende Abhängigkeiten

Die Klasse `zcl_controller` ist bezüglich der verschiedenen vom konkreten Controller verwalteten Models in der gleichen Lage wie die Klasse `zcl_model` bezüglich der im konkreten Model ausgeprägten Felder: Sie kennt keine Abhängigkeiten dieser Models und kann sie daher nur als unabhängig betrachten. In der Methode `get_viewdata( )` ist daher eine Schleife über die Model-Instanzen zu finden. Da es sich bei der Modeltabelle um eine Hash-Tabelle handelt, ist die Reihenfolge, in der die Datenübernahme der Models aufgerufen wird, nicht zugesichert. Abbildung 7–2 zeigt die Problematik.

Was aber, wenn die Reihenfolge der Datenübernahme nicht zufällig sein darf, sondern eine feste Reihenfolge eingehalten werden muss?

Möglicherweise liegt dann ein Designfehler vor. Denn dass Models in einer bestimmten Reihenfolge aufgerufen werden müssen, sollte ja nichts sein, was speziell ihre Verwendung in einer Web-Applikation betrifft. Es kann daher nicht Aufgabe des Controllers sein, die Abhängigkeiten in der Datenübernahme zu modellieren. Vielmehr gehört es zur Applikationslogik und damit in die Model-Implementierungen, aus Attributänderungen in Objekt X gewisse abhängige Aktionen in Objekt Y abzuleiten.

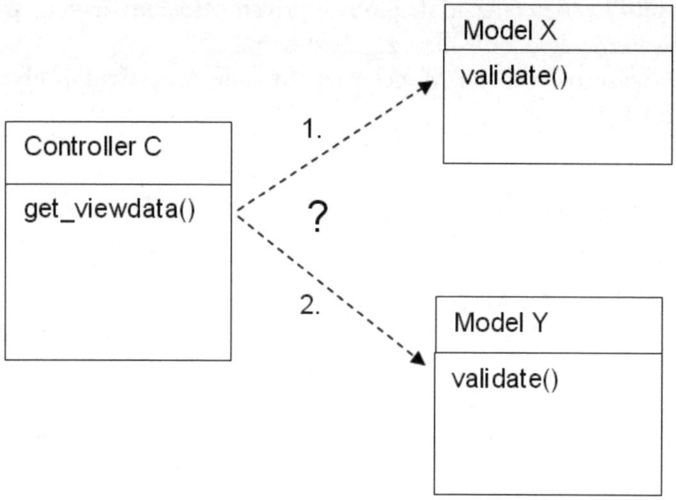

Abb. 7–2 Reihenfolgeproblem

Wie aber soll in den Models X und Y eine solche übergreifende Abhängigkeit abgebildet werden?

Weder X noch Y sind die Richtigen, um ihre Abhängigkeiten voneinander darzustellen, denn sie sind jeweils nur Experten in eigener Sache. Wir benötigen also eine dritte, übergeordnete Modelklasse! Diese könnte die Objektreferenzen X und Y verwalten und die darin auszuführenden Operationen orchestrieren:

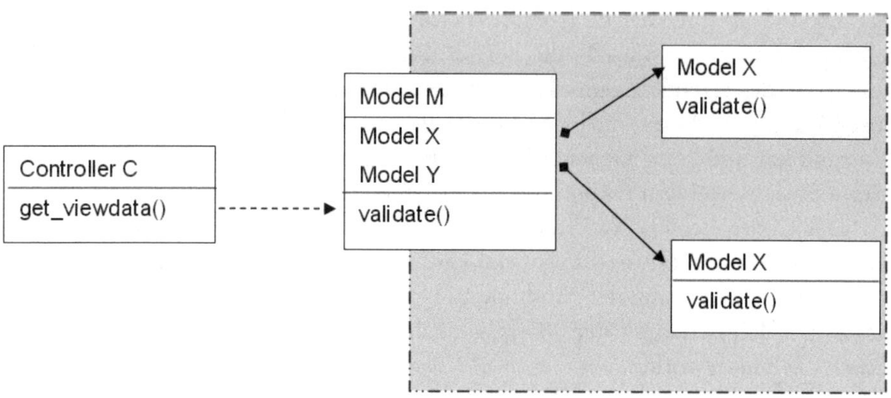

Abb. 7–3 Lösung

Das Model `M` ist nun für die Weiterleitung der Eingabefelder an die Models `X` und `Y` zuständig. Das bedeutet, dass alle Datenbindungsausdrücke über das Model `M` adressiert werden müssen – es darf keine direkte Bindung an Attribute von `X` oder `Y` geben. Um dies sicherzustellen, könnte das Model `M` die Models `X` und `Y` selbst erzeugen und ihre Referenzen als globale private Attribute halten, statt sie der Instanzverwaltung des Controllers zu überlassen.

Gibt es beispielsweise im Model `X` ein Attribut `A`, so ist dies über den Bindungsausdruck

```
//M/X.A
```

zu adressieren, und nicht über

```
//X/A    <!-- falsch --!>
```

Im ersten Fall kann das Model `M` die Reihenfolge der Datenübernahme steuern, im zweiten nicht (da es gar nicht aufgerufen wird). Wenn ein Model der ID `X` dem Controller `C` gar nicht bekannt ist, ist automatisch sichergestellt, dass der falsche Bindungsausdruck über `X` nicht verwendet werden kann.

Da `X` auch ein Model ist, werden bei der Adressierung `//M/X.A` automatisch die Methoden `M->get_attribute_ref()` und `X->get_attribute_ref()` aufgerufen. Beide können also genutzt werden, um speziellen Getter-Code zu hinterlegen.

Der Ablauf ist nun folgender: Die Methode `M->validate()` erhält die zu übernehmenden Eingabefelder der Models X und Y vom Controller zugestellt.[8] Sie ermittelt die Teilmengen der Felder, die an X bzw. Y zu delegieren sind und ruft die Methoden `X->validate()` und `Y->validate()` in der Reihenfolge auf, wie sie applikatorisch nötig ist. Die Reihenfolge ist demnach im Code von `M->validate()` verdrahtet.

7.8 Abschlussarbeiten der Models

Häufig sind am Ende der Eingabebearbeitung gewisse applikatorische Abschlussarbeiten notwendig, wie z.B. die Fortschreibung eines Puffers, einer Eingabehistorie oder des eigenen Zustands in den Sitzungsdaten. Letzteres ist bei zustandslosen Webanwendungen zwingend notwendig (sofern die Klasse überhaupt einen Zustand hat und beim nächsten Request nicht bereits aus den sicht- und unsichtbaren Formularfeldern rekonstruiert werden kann).

Der Controller löst zu diesem Zweck am Ende der Requestbearbeitung ein Event `zif_controller_events~finish` aus, das von allen involvierten Models durch Implementierung der Methode `zif_model~do_finish( )` behandelt werden kann. Die Registrierung der Models erfolgt automatisch bei Instanzerzeugung durch das Framework.

---

8. Sowie natürlich eigene Felder oder Felder weiterer, von `M` verwalteter Models. Diese lassen wir hier der Klarheit halber beiseite.

7.9 Das Interface ZIF_MODEL

Wir wollen die vorangegangenen Abschnitte noch einmal in Hinblick darauf rekapitulieren, welche Anforderungen wir an Klassen stellen, damit sie als Model in einer MVC-Anwendung auftreten.

Wir haben gesagt:

1. Ein Model muss ***Datenbindungsausdrücke evaluieren*** können, damit Views in der Lage sind, Attribute von Models zu referenzieren.
2. Ein Model muss ***zeichenartige Eingaben validieren*** und in das interne Format von Attributen konvertieren.
3. Ein Model muss einen Satz von **Benutzereingaben übernehmen** können.
4. Ein Model muss bei Bedarf in der Lage sein, am Ende der Eingabeverarbeitung ***Abschlussarbeiten*** vorzunehmen.

Dazu kommt noch eine fünfte Eigenschaft:

5. Ein Model muss vom MVC-Framework konstruierbar sein.

Die Eigenschaften 1 bis 4 lassen sich durch ein Interface formalisieren, das wir in den Beispielen auch schon kennengelernt haben, das Interface `zif_model`. Die fünfte Eigenschaft ergibt dagegen zusätzlich Anforderungen an den Konstruktor.

Das Interface `zif_model` ist selbstverständlich im Class Builder definiert. Wir wollen es hier so hinschreiben wie eine äquivalente programmlokale Interfacedefinition, um die Signaturen klar zu beschreiben:

```
interface zif_model.
  methods:
    get_attribute_ref
      importing iv_name type csequence  " Datenbindungsausdruck
                iv_ref_object type ref to object optional "Bezugsobjekt
      returning ev_value_ref type ref to data,  " Resultat
    validate_field
      importing iv_name   type csequence optional
                iv_string type csequence
                iv_lower  type flag optional
                iv_ref_object type ref to object optional "Bezugsobjekt
      exporting ev_value  type any
      raising   zcx_invalid_attribute,
    validate
      importing it_fields type tihttpnvp
                iv_ref_object type ref to object optional "Bezugsobjekt
      changing  ct_error_fields type tihttpnvp,
    do_finish for event finish of zif_controller_events.
```

Wir kommen nun zu den Anforderungen an den Konstruktor eines Models:[9]

Zunächst einmal sollte die Instanzerzeugung *öffentlich* sein, damit die `create object`-Anweisung vom Framework aufgerufen werden kann. Darüberhinaus muss der Konstruktor drei Laufzeitinformationen entgegennehmen können, die für den Ablauf der Applikation wesentlich sind:

1. Die `id` des Models ist in der Ablauflogik vergeben. Wenn das Framework ein neues Model erzeugt, teilt es ihm diese `id` in der `create object` Anweisung mit. Üblicherweise haben Models ein globales Attribut `id`, in das sie dann die beim Konstruktoraufruf mitgegebene `id` übernehmen. Dies ist jedoch nicht notwendig, ebenso wie es nicht nötig ist, dass die Models eine eigene Instanzverwaltung haben: Das Framework verwaltet alle im Umlauf befindlichen Model-Instanzen anhand ihrer IDs. Die Methode `get_model( id )` liefert die Modelinstanz zur `id`.
2. In einer Applikation gibt es ein Objekt zum Sammeln von Nachrichten, das über die globale Referenz `log` benutzt werden kann. Diese Objektreferenz wird beim Konstruktoraufruf ans Model weitergereicht. Fehler- oder Warnmeldungen, die beim Verarbeiten der Businesslogik des Models gesammelt werden, landen also in dem zentralen Log der Applikation und können zum Zeitpunkt der Viewausgabe einfach angesprochen werden.
3. In zustandslosen Anwendungen, die wir hier hauptsächlich betrachten, wird der Konstruktor oft mit der Aufgabe betraut, Daten aus dem letzten Dialogschritt wiederherzustellen. Dazu muss das Framework ihn mit einem Objekt `sessiondata` versorgen, das die Sitzungsdaten verwaltet.

Diese drei Importparameter:

- iv_id vom Typ zmvc_model_id,
- log vom Typ ref to zcl_messages und
- sessiondata vom Typ ref to zcl_sessiondata,

muss der Konstruktor in seiner Schnittstelle vorsehen.[10] Sie können optional sein, damit das Model auch in anderen Kontexten als dem einer BSP-Applikation konstruiert werden kann.[11] Sie müssen aber vorhanden sein. Denn sonst wird der Aufruf des Models durch den Controller zu einem Laufzeitfehler führen. Das folgende Statement aus dem Code der Model-Fabrikmethode *muss* ausführbar sein und eine Instanz vom Typ `zif_model` liefern – sonst kommt es zur Laufzeit zum Abbruch mit der Ausnahme `ZCX_NOT_FOUND`.

---

9. Die Anforderungen an den Konstruktor sind allerdings nicht zwingend. Sie können durch Redefinition der Controllermethode `get_model()` ein anderes Vorgehen zur Instanzbeschaffung für bestimmte Models implementieren (Beispielcode hierfür enthält der Abschnitt 21.4).
10. Die Funktionen der Klassen `zcl_sessiondata` und `zcl_messages` werden wir an anderer Stelle noch ausführlich erörtern.
11. Es ist allerdings eine gute Idee, in beliebigen Kontexten einen Nachrichtensammler vorzusehen, denn es ist immer nützlich, den Zeitpunkt der *Nachrichtenerzeugung* von dem der *Nachrichtenausgabe* zu trennen.

```
create object eo_instance type (lv_class)
      exporting
        iv_id          = lv_id
        iv_log         = iv_log
        iv_sessiondata = iv_sessiondata.
```

Die Parameter `lv_id` und `lv_class` werden dabei aus der Ablauflogik abgeleitet; `iv_log` und `iv_sessiondata` werden vom Framework selbst verwaltet.

Um eine beliebige Klasse als Model einzusetzen, ist also folgendes nötig:

1. sie muss das Interface `zif_model` implementieren, und
2. sie muss einen Konstruktor mit den drei beschriebenen Importparametern haben; diese können auch optional sein.

Das bedeutet, auch bereits bestehende Klassen lassen sich mit relativ wenig Aufwand zum Model einer BSP-Applikationen umrüsten. Model zu sein, ist eine Funktionalität, die eine Klasse anbieten kann, die aber nicht ihre eigentliche Funktion betrifft. Keine Klasse (außer `zcl_model`) sagt von sich: »Ich *bin* Model« – sondern nur: »Ich *kann* auch als Model in einer BSP-Applikation auftreten.« Das ist auch ein Grund, warum man nicht *Vererbung* von `zcl_model`, sondern *Komposition* mit `zcl_model` wählen sollte, um den Standardcode der Datenbindung wiederzuverwenden.

7.10 Sichtbarkeit von Attributen

Wir haben schon verschiedene Arten der Sichtbarkeit von Model-Attributen kennengelernt:

- Öffentliche änderbare Attribute.
- Öffentliche Read-only-Attribute.
- *Private* Attribute mit Setter- und Getter-Methoden.
- *Virtuelle* Attribute, ebenfalls mit Setter- und Getter-Methoden.

Alle diese Attributarten können durch die Datenbindung angesprochen werden. Es hängt von der Art der Daten ab, welche Sichtbarkeit man für sie wählen sollte.

Daten, die in ihrer wesentlichen Struktur als unveränderlich angesehen werden, sind veröffentlichungswürdig. Man muss sich jedoch im Klaren darüber sein, dass man durch die Veröffentlichung eines Attributs dessen Eigenschaft für die Zukunft festlegt.

Ist eine globale Variable beispielsweise als strukturierter Datentyp eines bestimmten Namens definiert, so steht dieser Datentyp für die Zukunft für dieses Attribut fest. Er könnte jedoch zu einem späteren Release neue Komponenten bekommen. Die Selektionsstruktur eines Selektionsobjekts wird man typischerweise als öffentliches änderbares Attribut definieren. Die Änderbarkeit der Daten von außen ist hier sogar Teil des Konzepts: Der Aufrufer schreibt seine Selektionsoptionen in die Selektionsstruktur und ruft danach die `select()`-Methode auf. Die Attribute bilden gewissermaßen die globale Schnittstelle.

Aus Gesichtspunkten der Kapselung ist es häufig die bessere Wahl, ein öffentliches Attribut als `read only` zu kennzeichen; damit ist es von außen nicht änderbar, und die Logik zur Erstellung und Änderung der Daten liegt völlig in der definierenden Klasse. Die Alternative, private Attribute anzulegen und auf Anfrage mittels `get()`-Methode eine Kopie der Daten bereitzustellen, ist auch aus Effizienzgründen häufig unangemessen: Handelt es sich beispielsweise um eine Tabelle mit sehr vielen Einträgen, so ist es nicht performant, jedem Interessenten eine Kopie dieser Tabelle zur Verfügung zu stellen.[12] Den Aufrufern, die sich nur für die Daten interessieren, diese jedoch nicht ändern wollen, stellt man besser das Original als `read only`-Attribut zur Verfügung.

Private Attribute haben den Vorteil, dass sie vor dem Aufrufer völlig abgeschirmt sind. Dieser kann nicht direkt auf sie zugreifen. Über das Datenbindungs-Interface `zif_model` kann man jedoch codierte Regeln hinterlegen, welche Daten bei Anfrage des Attributs herausgegeben werden sollen.

Beispielsweise könnte ein privates Attribut eine Struktur mit zwei Teilstrukturen sein: Die eine Teilstruktur kennzeichnet den öffentlichen, für alle sichtbaren Teil. Der zweite Teil der Struktur ist dagegen für den Aufrufer unsichtbar und enthält private Zusatzinformationen zur Verwaltung dieses Attributs. Die Methode `zif_model~get_attribute_ref()` würde dann eine Referenz auf den öffentlichen Teil der Struktur herausgeben.[13]

Eine Motivation für die Verwendung *virtueller Attribute* haben wir bereits kenngelernt: Wenn die Datenbeschaffung einerseits aufwendig ist, andererseits ungepuffert erfolgen soll, braucht man die Attributwerte nirgends im Speicher zu hinterlegen, sondern man codiert nur die Regeln, wie das Attribut zu ermitteln ist. Mit virtuellen Attributen hat man die Möglichkeit, zu bestimmten Zeitpunkten im Programmablauf eigenen Code aufzurufen, nämlich bei der Datenvalidierung und bei der Datenbindung. Dies kann auch in dynamischen Programmen sinnvoll sein: Ein bestimmten Attribut möge zur Laufzeit je nach Programmkontext in unterschiedlichen Datenstrukturen auftreten.[14] Dann muss bei Datenzu-

---

12. Dieses Problem wird allerdings dadurch entschärft, dass in der ABAP-Laufzeit das »copy on write« für interne Tabellen und Strings gilt: Solange der Aufrufer auf seine scheinbare »Kopie« nur lesend zugreift, arbeitet die Laufzeit in Wirklichkeit mit dem Original. Erst wenn der Aufrufer Schreibzugriffe unternimmt, wird eine Kopie des Datenobjekts erzeugt.
13. Mit dem geringsten Aufwand kann man dies in ABAP übrigens durch Vergabe eines *Gruppennamens* erreichen. Ein Attribut `gs_struc` könnte eine Include-Struktur mit öffentlichen Feldern enthalten, und diese Include-Struktur kann man als Pseudokomponente durch Vergabe eines Gruppennamens ansprechen, z.B. `gs_struc-public_part`. Gleichzeit können aber auch die einzelnen Komponenten der inkludierten Struktur wie gewohnt angesprochen werden: `gs_struc-public_part-public_comp1` bezeichnet daher dasselbe Feld wie `gs_struc-public_comp1`.

griff und Datenübernahme eine Instanz des je nach Kontext erforderlichen Datentyps erzeugt und gefüllt werden.

7.11 Änderbarkeit von Attributen (Feldauswahl)

Häufig trifft man in Anwendungen auf folgendes Systemverhalten: Man gibt in ein Eingabefeld einen Wert ein, und das System quittiert die Eingabe mit einer Fehlermeldung wie[15]

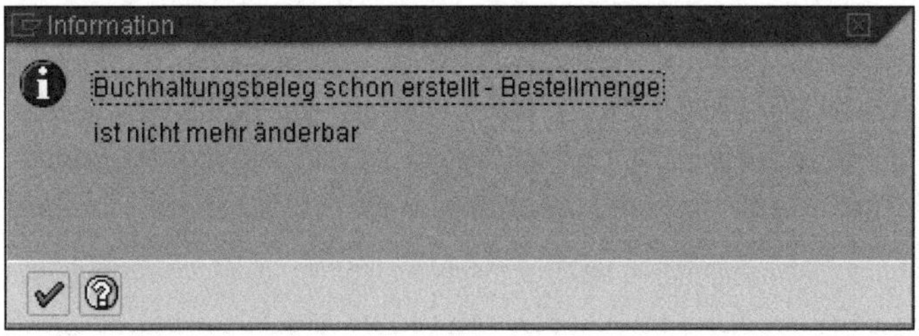

© SAP AG

Abb. 7–4 *Warum Feldauswahl?*

Das ist unschön. Die Benutzerschnittstelle sollte schon *bevor* die eingegebenen Daten von den Models validiert werden, ja bevor der View mit dem Eingabefeld überhaupt gesendet wird, ermitteln, ob das Feld änderbar ist und es ggf. »dichtmachen«, in einen nicht eingabebereiten Zustand versetzen.

Man braucht also eine Möglichkeit, die Änderbarkeit eines Feldes zu ermitteln,

- ohne dieses Feld wirklich zu ändern und
- ohne den neuen Wert anzugeben (denn dieser ist beim Senden des Views ja noch unbekannt).

Der Mechanismus, der dies leistet, heißt *Feldauswahl*.

Die gleiche Problematik hat man bei *Schaltflächen*: Eine Schaltfläche zum Ausführen einer Operation sollte als nicht eingabebereit dargestellt werden, wenn man bereits beim Senden des Bildes ermitteln kann, dass diese Operation überhaupt nicht ausführbar ist. Es wäre sehr unfreundlich, den Benutzer die Taste zwar drücken zu lassen, diesen Druck aber mit einer Fehlermeldung zu quittieren.

Ist die Feldauswahl eine Angelegenheit des Controllers oder des Models?

- Es ist klar, dass der Controller dafür zuständig ist, die Feldauswahl aufzurufen und an die Views zu kommunizieren. Aber die *Regeln* der Feldauswahl

---

14. Im Kapitel 18 *Pflege von Datenbanktabellen* werden wir eine solche Situation noch bei der Klasse `zcl_table_handler` kennenlernen.
15. Dies ist ein rein hypothetisches Beispiel – auch wenn jeder SAP-Anwender meint, ähnliche Meldungen schon einmal gesehen zu haben!

gehören im allgemeinen in die Applikationslogik und damit in die Models: Wenn ein Beleg »erledigt« ist (was das ist und was es für Konsequenzen hat, weiß nur das zuständige Model), können bestimmte Felder wie Auftragsmenge oder Artikelnummer nicht mehr geändert werden. Das sind Regeln, die man im Model implementieren muss.
- Es gibt aber auch Fälle, in denen bereits der Controller um die Änderbarkeit von Feldern weiß. Stellen wir uns eine Anwendung vor, in der man zwischen einem reinen Anzeige- und einem Änderungsmodus hin- und herschalten kann. Im Anzeigemodus sind die Eingabefelder nicht eingabebereit, bestimmte Buttons wie »Beleg sichern« sind ebenfalls nicht auswählbar. All dies betrifft nicht das Model. Das Model muss nichts von einem Anzeigemodus wissen. Das Model bietet Operationen zur Pflege und zum Lesen von Daten an. Wann aber die pflegenden Operationen dem Benutzer angeboten werden und wann nur die lesenden, fällt nicht in die Zuständigkeit des Models, sondern obliegt dessen Verwender, also dem Controller.

Die Feldauswahl ist also eine Angelegenheit des Models *und* des Controllers:

- Der Controller implementiert den Mechanismus der Feldauswahl und ermöglicht es dem View, die Eingabebereitschaft von Feldern oder Schaltflächen festzustellen.
- Controller und Model informieren über die Änderbarkeit von Feldern oder die Ausführbarkeit von Operationen (Methoden).

Daraus resultieren zwei Schnittstellen-Anforderungen:

- Damit die grafischen Elemente des Views (Textfelder, Buttons, Ankreuzfelder etc.) den aufrufenden Controller nach modifizierenden Eigenschaften des Feldes / des Buttons fragen können, kann der Controller eine Schnittstelle implementieren, die wir `zif_input_field` nennen.
- Damit der Controller das zuständige Model nach der Änderbarkeit eines Feldes fragen kann, kann das Model eine Schnittstelle implementieren, die wir `zif_model_check` nennen.

In den Frameworkklassen `zcl_controller` und `zcl_model` sind die jeweiligen Schnittstellen bereits mit einer minimalen Implementierung eingebaut.

7.11.1 Das Controller-Interface ZIF_INPUT_FIELD

Über die Schnittstelle `zif_input_field` informiert der Controller externe Aufrufer

- über den Zustand der von ihm verwalteten Felder und
- die Ausführbarkeit der von ihm verwalteten Benutzerkommandos (Funktionscodes).

In der Regel erfolgen die Aufrufe des Interface aus den grafischen Elementen der Views – wie Eingabefeldern oder Drucktasten, also in der Verarbeitung zu einem sehr späten Zeitpunkt.

Die Schnittstelle `zif_input_field` besteht aus einer einzigen Methode `get_properties()`. Die Methode hat folgende Parameter:

```
methods zif_input_field~get_properties
  importing iv_viewname  type csequence
            iv_fieldname type csequence
  exporting ev_state     type z_field_state.
```

Die Importparameter View- und Feldname dienen der Identifizierung des Feldes, dessen Attribute gewünscht sind. Wenn Data Binding verwendet wird, ist der Viewname eine überflüssige Information, da der Feldname in diesem Fall ein Bindungsausdruck ist, der das Feld bereits vollständig bestimmt. Aber es gibt auch die Möglichkeit, Elemente wie das `<z:input>`-Tag außerhalb des MVC-Frameworks zu verwenden oder mit eigenen Namen zu versehen. In diesem Fall ist der Viewname zur Identifizierung des Feldes nötig.

Der Rückgabewert `ev_state` ist ein Bitfeld. Jedes Bit entspricht einer Eigenschaft des Feldes. Das Bitfeld ist in der Lage, die einzelnen Eigenschaften unabhängig voneinander zu behandeln. De facto schließen sich aber die vier aktuell bestehenden Eigenschaften

```
constants:
* Feld oder Button nicht eingabebereit:
  zif_input_field~co_disabled type z_field_state value 1,
* Feld unsichtbar darstellen (hidden field):
  zif_input_field~co_invisible type z_field_state value 2,
* Feld oder Button überhaupt nicht rendern:
  zif_input_field~co_inactive type z_field_state value 4,
* Feld ist obligatorisch (Mussfeldprüfung auf Client):
  zif_input_field~co_obligatory type z_field_state value 8.
```

untereinander aus. Da also nur höchstens eines der aktuell möglichen Bits gesetzt sein kann, kann man den gewünschten Rückgabewert einfach durch Zuweisung setzen. Eine typische Feldauswahlregel kann daher wie folgt implementiert werden:

```
if [feldauswahlregel].
* Feld nicht eingabebereit
  ev_value = zif_input_field~co_disabled. "nicht ganz korrekt!
endif.
```

In Hinblick auf zukünftige Erweiterungen, die möglicherweise dann nicht mehr ausschließlich sind, ist es korrekter, die übrigen Bits zu respektieren und nur das gewünschte Bit mit einem Bit-Oder zu setzen:

```
if [feldauswahlregel].
* Feld nicht eingabebereit
  ev_value = ev_value bit-or zif_input_field~co_disabled.
endif.
```

Die Standardimplementierung des Interface in Klasse `zcl_controller` enthält keine konkreten Feldauswahlregeln. Das ist auch nicht möglich, da `zcl_controller` keine Kenntnis von der konkreten Anwendung hat, die er steuert. Wenn auf Controllerebene Feldauswahlregeln definiert werden sollen, sind diese im konkreten Anwendungscontroller zu hinterlegen, der üblicherweise von `zcl_controller` erbt und daher die Methode `zif_input_field~get_properties( )` redefinieren muss.

Was die Implementierung in `zcl_controller` jedoch bereits leistet, ist: das *Delegieren*[16] der Feldauswahl an die zuständigen Models: Wenn der Feldname ein Datenbindungsausdruck ist, der auf ein Model verweist, so verwendet der Controller die Model-Schnittstelle `zif_model_check`, falls diese implementiert ist, um etwas über die Änderbarkeit des Feldes zu erfahren. Ergibt sich, dass das Feld nicht änderbar ist, so wird diese Information an den Aufrufer weitergegeben.

7.11.2 Das Model-Interface ZIF_MODEL_CHECK

Die meisten Feldauswahlregeln sind nicht steuernde Logik, sondern echte Anwendungslogik und gehören daher nicht in den Controller, sondern ins Model. Das Model kann über die Änderbarkeit von Feldern und über die Ausführbarkeit von Methoden informieren. Dazu kann es das Interface `zif_model_check` implementieren, das wie folgt deklariert ist:

```
interface zif_model_check definition.
* Änderbarkeit eines Feldes
  methods is_changeable
    importing iv_fieldname  type csequence
              iv_ref_object type ref to object
    returning is_changeable type flag.
* Ausführbarkeit einer Methode
  methods is_executable
    importing iv_methname   type csequence
              iv_ref_object type ref to object
    returning ev_executable type flag.
endinterface.
```

Wie im Interface `zif_model` kann auch bei den Methoden von `zif_model_check` ein Bezugsobjekt angegeben werden, so dass die Klasse, die die Prüfung ausführt,

16. Das Delegieren ist sowieso die große Stärke des Controllers. Das MVC-Design impliziert, dass er wenig selbst tut und die schwierigen Aufgaben anderen überlässt. Dafür hält er die Fäden in der Hand.

von der Klasse, in der die Felder und Methoden effektiv beheimatet sind, getrennt werden kann.

Die Default-Implementierungen in der Methode `zcl_model` stellen den kleinsten Nenner dar – die Regeln, die für alle Models sicher gelten müssen:

Ein öffentliches Attribut ist jedenfalls nicht änderbar, wenn es im Class Builder als `read only` gekennzeichnet wurde. Die Defaultimplementierung der Methode `is_changeable( )` verwendet das ABAP Runtime Type Identification System (RTTI), um diese Eigenschaft zu ermitteln und setzt den Rückgabewert auf `space`, wenn das Feld als `read only` deklariert wurde.

Die Methode `is_executable( )` prüft nur, ob eine öffentliche Methode des angegebenen Namens existiert (wobei sie sich ebenfalls des RTTI bedient). Nur wenn die Methode existiert, wird `ev_executable` auf 'X' gesetzt.

Im allgemeinen wird man diese Logik durch komplexere, anwendungsspezifische Regeln erweitern.

8 Ein praktisches Beispiel: IT-Meldungen erfassen

Mit den bis jetzt dargestellten Techniken sind wir in der Lage, nun ein etwas realistischeres Beispiel zu entwickeln. Die Grobanforderung möge lauten:

> *Es soll eine Web-Applikation zur Verfügung gestellt werden, mit welcher interne Fehlermeldungen zu Problemen mit der im Hause eingesetzten Software erstellt, bearbeitet und verwaltet werden können.*

Um das Rad nicht neu zu erfinden, wollen wir die SAP-Standardfunktionen des QM wiederverwenden, einer Komponente, die eigens für solche Anforderungen entwickelt wurde. Wir wollen die gesamte Geschäftslogik mit Hilfe von API's des QM abwickeln, jedoch eine eigene Web-Oberfläche erstellen, die auf dem hier beschriebenen MVC-Framework aufbaut.

Das bringt den Vorteil mit sich, dass uns die Features der Servicemeldung vollumfänglich zur Verfügung stehen. Beispielsweise können wir *ohne Code-Änderungen* eine Benachrichtigungsfunktion per E-Mail einbauen, wenn der Status einer Meldung sich ändert oder wenn eine Meldung neu erfasst wurde, indem wir die im QM vorgesehenen Workflow-Event-Kopplungen aktivieren.

Noch eine Anmerkung: Dieses Beispiel haben wir nur zu Illustrationszwecken für dieses Buch entwickelt. Es befindet sich derzeit nicht im praktischen Einsatz (obwohl es leicht die Ausgangsbasis für ein entsprechendes Entwicklungsprojekt bilden könnte).

8.1 Die Geschäftslogik

Bevor wir uns an die Gestaltung der grafischen Benutzeroberfläche machen, müssen wir über die zugrundeliegende Geschäftslogik nachdenken. Es macht keinen Sinn, die Fenster und Türen eines Hauses zu entwerfen, solange die grundlegenden Dinge wie Grundriss, Anzahl von Stockwerken, Raumaufteilung usw. nicht geklärt sind.

Was die Geschäftslogik unserer Anwendung angeht, so wollen wir deren grundlegende Anforderung: *Meldungen zu verwalten*, weitgehend an die QM-Komponente des SAP-Systems delegieren. Die benötigten Funktionen liegen in Form von API's gekapselt und ohne Benutzerschnittstelle vor.

Wir haben daher folgende Aufgaben:

1. die benötigten Daten zu definieren und zu modellieren,
2. die richtigen API's zu finden, und schließlich,
3. die ein- und ausgehenden Daten der API's in unsere eigenen Strukturen abzubilden.

Wir wollen einen inkrementellen Programmierstil anwenden. Das heißt, wir beginnen mit einer »leeren« Applikation, die zwar läuft, aber nichts tut. Dann beginnen wir, sie nach und nach um den gewünschten Inhalt anzureichern.

Wir beginnen also mit *einer* Klasse, die wir im Rahmen der Webanwendung als Model einsetzen wollen. Sie soll uns zur Pflege – also zum Anlegen und Ändern – von QM-Meldungen dienen. Wir wollen sie von vorneherein so modellieren, dass sie nicht unbedingt in Webanwendungen, sondern in beliebigen Kontexten einsetzbar ist.

- Um dies auch im Namen auszudrücken, wollen wir die Klasse daher nicht `ZCL_MODEL_QM` nennen, sondern `ZCL_QM`.
- Um eine etwaige Vererbungshierarchie nicht zu verbauen, leiten wir die Klasse `ZCL_QM` nicht von der Klasse `ZCL_MODEL` ab, sondern fügen die für Models benötigte Funktionalität per Komposition hinzu, indem wir das Interface `ZIF_MODEL` implementieren.

Da dies eine häufige Designentscheidung ist, gibt es im Framework hierzu eine Klasse `ZCL_MODEL_TEMPLATE`, die als Kopiervorlage dienen kann: Sie enthält ein privates Attribut `go_model`, ein Objekt des Typs `ZIF_MODEL`, und implementiert selbst das Interface `ZIF_MODEL`, indem sie alle Aufgaben an das Objekt `go_model` delegiert. Der Vererbungsbaum bleibt hierbei frei. Der Konstruktor enthält die im BSP-Framework nötigen Kontext-Daten als optionale Importparameter. Sind sie versorgt, wird das Objekt `go_model` instanziiert.

Die folgende Abbildung zeigt die Komponenten der Vorlageklasse im Object Navigator (siehe Abb. 8–1).

Wir kopieren uns also diese Vorlageklasse in eine Klasse `ZCL_QM`. Der erste Schritt nach dem Kopieren sollte immer sein, dass wir den Text der Klasse geeignet anpassen. Mit unserer Klasse, soll es möglich sein, Servicemeldungen zu erfassen und zu pflegen. Also schreiben wir das in den Kurztext. Die Instanzerzeugung muss öffentlich sein, da es der Model-Factory möglich sein muss, den Konstruktor aufzurufen. Den Vererbungsbaum lassen wir nach oben und nach unten offen, indem wir das Ankreuzfeld *Final* nicht setzen und auch keine Superklasse festlegen (siehe Abb. 8–2).

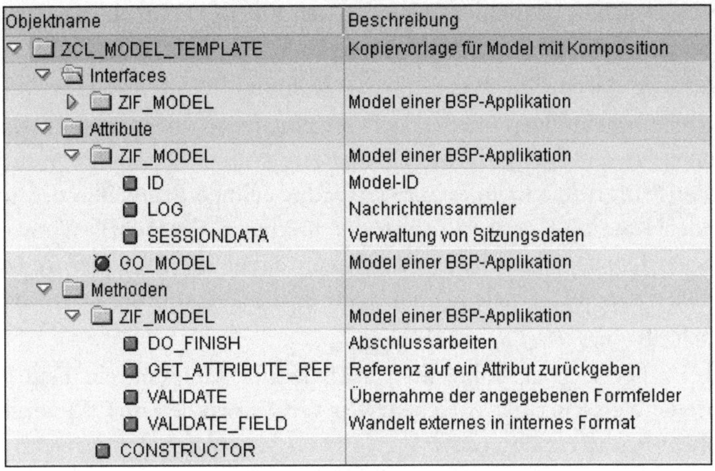

Abb. 8–1 *Die Vorlageklasse ZCL_MODEL_TEMPLATE*

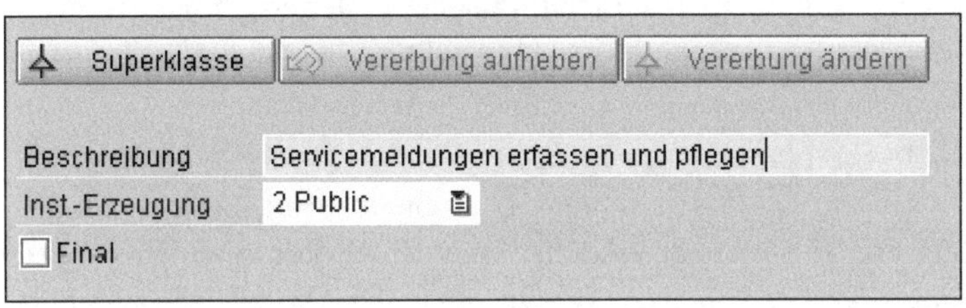

Abb. 8–2 *ZCL_QM anlegen*

Nachdem dies getan und die neue Klasse ZCL_QM aktiviert ist, können wir mit dem Datenmodell beginnen.

8.1.1 Das Datenmodell

Wir hätten die Möglichkeit, die verschiedenen Bestandteile der Meldung in einer Struktur zusammenzufassen – oder auch in mehreren Strukturen, vielleicht eine für den Meldungskopf und eine für den Meldungsrumpf. Da unsere Meldungen aber einfach gebaut sein sollen, wollen wir alle benötigten Daten als einfache Attribute ausprägen. Das Meldungsobjekt selbst, die Instanz von ZCL_QM, stellt ja bereits eine Struktur dar.

Folgende Attribute erscheinen uns für das Anlegen einer Meldung sinnvoll und notwendig:

- GV_PRIO – die *Priorität der Meldung*.
  Ein wichtiges Hilfsmittel für den Support, um die Abarbeitung der Aufgaben zu steuern. Selbstverständlich ist dies im QM bereits vorgedacht. Es gibt die Customizing-Tabelle T356, in der sich die möglichen Prioritätswerte frei ein-

stellen lassen. Ein passender Datentyp, der auf diese Tabelle verweist, ist das Datenelement PRIOK.

- GV_QMGRP, GV_QMCOD – die *Kategorie der Meldung.*
  Die Problemmeldungen müssen sich verschiedenen vordefinierten Kategorien zuordnen lassen. QM stellt hierzu eine zweistufige Hierarchie in der Tabelle QPCD der Prüfgruppen-Codes zur Verfügung (einige Feinheiten des zugrundeliegenden Katalog-Konzepts lassen wir hierbei außer Acht). Wir wollen uns auf dieses Konzept beziehen und nehmen daher die Attribute GV_QMGRP und GV_QMCOD mit den Datenelementen QMGRP und QMCOD in unser Datenmodell auf.
- GV_SUBJECT – der *Titel der Meldung.*
  Wie bei einer E-Mail, sollte man auch in der Meldung ein Feld für einen beschreibenden Kurztext vorsehen. Wir verwenden den im QM vorgedachten Typ QMTXT.
- GV_DESCRIPTION – der *aktuelle Text der Meldung.*
  Beim Erfassen ist dies die Problembeschreibung. Im Änderungsmodus ist dies der aktuelle Text, der dem fortlaufenden Problemlog hinzugefügt wurde oder noch hinzugefügt werden kann. Hier wählen wir den elementaren Datentyp STRING.
- GV_QMNUM – die *Nummer der Meldung.*
  Diese wird von der Geschäftslogik beim Speichern generiert und dient danach als Referenz zur Anzeige und für weitere Änderungen. Eine Änderung der Meldungsnummer soll dazu führen, dass die aktuell bearbeitete oder angezeigte Meldung verlassen und die Meldung der angegebenen Nummer eingelesen wird (falls sie existiert).

Für ein Grobkonzept einer Meldungsbearbeitung ist dies erst einmal ausreichend. Weitere Felder, wie zum Beispiel der aktuelle Status der Meldung, sollen im referenzierten SAP-Meldungsobjekt verwaltet werden. Eine redundante Datenhaltung in unserer Meldungsklasse ist somit überflüssig. Das Datenmodell lässt sich jederzeit um weitere Felder ergänzen, falls sich dies als nötig erweisen sollte.

Alle aufgeführten Attribute wollen wir in der Meldungsklasse als öffentliche, änderbare Attribute ausprägen, damit sie in der Webanwendung über die Datenbindung zugänglich sind. Sie stellen die Eingangsschnittstelle einer QM-Meldung dar, die wir nach unseren Bedürfnissen modelliert haben.

Nach Einbau des Datenmodells sollte die Klasse im Reiter »Attribute« folgendes Erscheinungsbild haben:

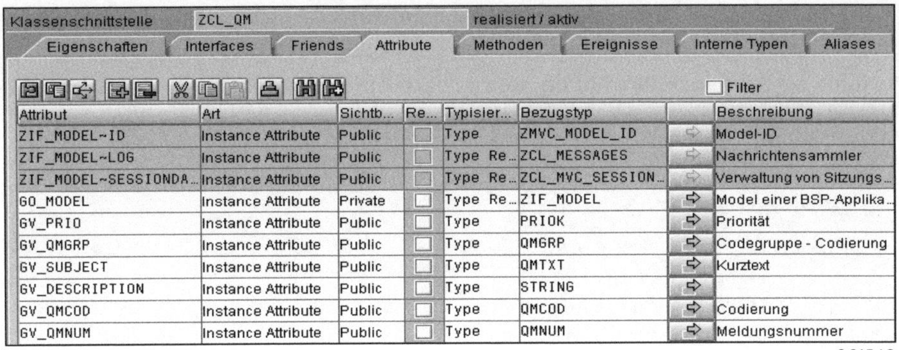

Attribut	Art	Sichtb...	Re...	Typisier...	Bezugstyp		Beschreibung
ZIF_MODEL~ID	Instance Attribute	Public		Type	ZMVC_MODEL_ID		Model-ID
ZIF_MODEL~LOG	Instance Attribute	Public		Type Re...	ZCL_MESSAGES		Nachrichtensammler
ZIF_MODEL~SESSIONDA...	Instance Attribute	Public		Type Re...	ZCL_MVC_SESSION...		Verwaltung von Sitzungs...
GO_MODEL	Instance Attribute	Private		Type Re...	ZIF_MODEL		Model einer BSP-Applika...
GV_PRIO	Instance Attribute	Public		Type	PRIOK		Priorität
GV_QMGRP	Instance Attribute	Public		Type	QMGRP		Codegruppe - Codierung
GV_SUBJECT	Instance Attribute	Public		Type	QMTXT		Kurztext
GV_DESCRIPTION	Instance Attribute	Public		Type	STRING		
GV_QMCOD	Instance Attribute	Public		Type	QMCOD		Codierung
GV_QMNUM	Instance Attribute	Public		Type	QMNUM		Meldungsnummer

Abb. 8–3 *Attribute von* `ZCL_QM`

8.1.2 Die Funktionen – Sichern

Zum Programmiermodell gehört es, ein Konzept der verschiedenen möglichen Funktionen zu entwerfen, die die Geschäftslogik anbietet. Der Einfachheit halber wollen wir uns im ersten Entwurf auf die Funktion des *Sicherns* beschränken.

Zum Sichern von Meldungen können wir als API idealerweise den Funktionsbaustein `IQS4_CREATE_NOTIFICATION` verwenden. Er eignet sich sehr gut zum Üben des inkrementellen Programmierstils: Es ist möglich, das API mit minimalem Input funktional aufzurufen – es wird bereits dann eine Fehlermeldung angelegt, wenn man nur in den Meldungskopfdaten eine gültige Meldungsart mitgibt! Je mehr Daten man mitgibt, desto realistischer wird natürlich die angelegte Meldung.

Ein technisches Detail ist noch zu beachten: Die Schnittstelle des APIs scheint es nicht vorzusehen, dass der Meldungstext direkt hinzugefügt werden kann. Dies muss in einem zweiten Schritt mit dem Funktionsbaustein `IQS0_ADD_NOTIFICATION_LONGTEXT` nachgeholt werden.

Es soll eine Methode `save()` in der Meldungsklasse geben, mit der eine Meldung gesichert werden kann. Hierzu müssen lediglich die Daten der Klasse in die vom API verlangten Datenstrukturen abgebildet werden. Allfällige Fehlermeldungen müssen in den Nachrichtensammler aufgenommen werden. Das nachfolgende Listing zeigt die fertige Funktion zum Sichern der Meldung.

Zum Testen der Geschäftslogik haben wir verschiedene Möglichkeiten:

- Einfache Testreports, die die Funktionen mit Testdaten aufrufen;
- Testklassen im Ragmen der ABAP-Units-Technologie – dies ist allerdings erst ab Release 6.40 möglich;
- Testmethoden hinzufügen und im Class Builder testen;
- direkt mit der gewünschten Oberfläche testen.

Wir werden hier die letzte der vier Varianten wählen. Erstens lebt unser Beispiel in einer 6.20er Umgebung, so dass Unit Tests noch nicht möglich sind. Zweitens kommt es dem hier gewählten inkrementellen Programmierstil entgegen, die Applikation gleich vollständig zu entwickeln – wenn auch anfangs ohne irgendwelche Funktionen.

```
method save .

  data: ls_riqs5  type riqs5,
        ls_head   type viqmel,
        lt_return type bapirettab,
        lt_lines  type tlinetab.

* Attribute in QM-Strukturen abbilden
  ls_riqs5-qmart = gc_qmart.
  ls_riqs5-qmtxt = gv_subject.
  ls_riqs5-priok = gv_prio.
  ls_riqs5-qmgrp = gv_qmgrp.
  ls_qirq5-qmcod = gv_qmcod.

* API aufrufen
  call function 'IQS4_CREATE_NOTIFICATION'
    exporting
      i_riqs5     = ls_riqs5
      i_commit    = 'X'
      i_wait      = 'X'
    importing
      e_viqmel    = ls_head
    tables
      return      = lt_return.

* Erfolgsmeldung: Die Daten wurden gesichert
  log->add_bapireturn( it_bapireturn = lt_return ).

* Gab es keinen Fehler?
  if log->get_highest_type( ) na 'EAX'.
* Meldungsnummer übernehmen
    gv_qmnum = ls_head-qmnum.
* Langtext in das erwartete Format konvertieren
    call function 'VB_CP_CONVERT_STRING_2_ITF'
      exporting
        i_string = gv_description
      tables
        et_table = lt_lines.
* Langtext an Meldung anfügen
    call function 'IQSO_ADD_NOTIFICATION_LONGTEXT'
      exporting
        i_qmnum       = gv_qmnum
        i_post        = 'X'
      tables
        t_inlines     = lt_lines
```

```
        exceptions
          show_messages = 1
          others        = 2.
      if sy-subrc <> 0.
        log->add( ).
      endif.
    endif.
  endmethod.
```

8.2 Die Webanwendung

Die erstellte Klasse `ZCL_QM` müssen wir nun in eine Webanwendung einbinden, um sie benutzbar zu machen. Das wird auch unsere erste Wahl sein, um die Klasse zu testen.

Wir werden also eine neue BSP-Applikation `ZZ_QM` erstellen, wobei wir uns wieder aus einer Kopiervorlage bedienen. Das Paket `Z_MVC` enthält eine lauffähige BSP-Applikation `ZMVC_TEMPLATE`. Sie besteht aus einem Controller `main.do`, einer Hauptseite `main.htm` sowie der nötigen `config.xml`, um den Controller zum Aufspielen der Hauptseite zu veranlassen.

Wenn wir die Applikation `ZMVC_TEMPLATE` starten, wird uns das Hauptbild `main.htm` angezeigt:

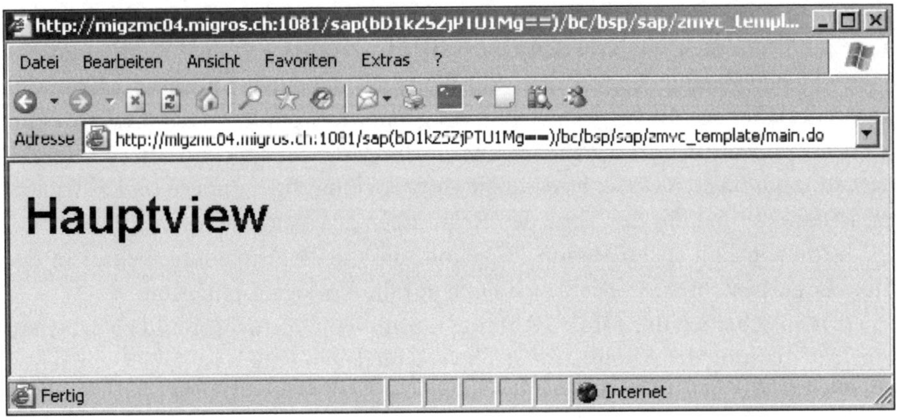

Abb. 8–4 *Aufruf der Vorlageapplikation*

Wir kopieren die Applikation, indem wir mit der rechten Maustaste auf dem Hauptknoten das Kontextmenü aufklappen, den Punkt »Kopieren« auswählen und den Namen der Ziel-Applikation angeben. Vergessen Sie nicht, auch die MIME-Objekte mitzukopieren, denn die Vorlage enthält bereits eine Datei `config.xml`, die nur noch für die neue Applikation angepasst werden muss. Denken Sie auch daran, nach dem Kopieren den Text der Applikation anzupassen.

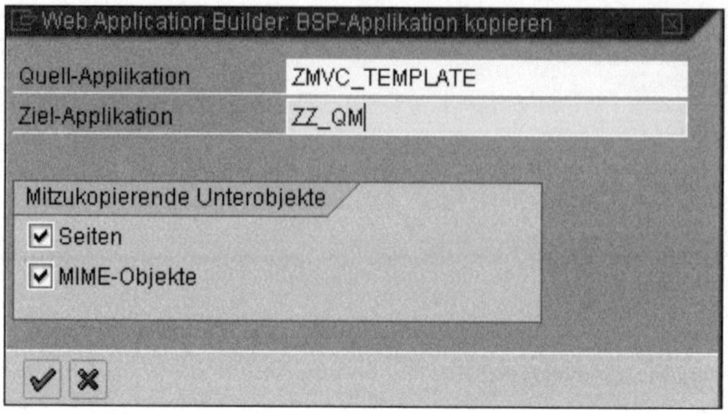

© SAP AG

Abb. 8–5 *Vorlageapplikation übernehmen*

8.3 Validierungen im Entwicklungsmodus

Es wird Sie sicher nicht überraschen, dass die Applikation `ZZ_QM` in diesem Zustand noch nicht lauffähig ist. Wenn Sie den Benutzerparameter `Z_MVC_DEVELOPER` auf `X` setzen, bekommen Sie beim Versuch, die Applikation zu starten, ein Fehlerprotokoll im Klartext (siehe Abb. 8–6).

Im Entwicklungsmodus werden die in der Fehlermeldung erwähnten Prüfungen stets durchgeführt. Im Produktivbetrieb wäre das ein Performancethema, denn man wird dort die Prüfungen nur einmal durchführen und gültige Ergebnisse puffern: Auch das Einlesen eines MIME-Objekts wie `config.xml` und das nachfolgende Parsing kosten Zeit. Ein Benutzer, der nicht im Entwicklermodus ist, greift daher auf die Ergebnisse korrekt geparster Applikationen direkt im Puffer des Application Servers zu. Im Entwicklungsmodus ist das Puffern dagegen eher störend, da sich Code, Flow Logic usw. noch häufiger ändern und es wichtiger ist, dass sofort mit den aktuellen Ressourcen gearbeitet wird.

In diesem Fall sehen Sie am Protokoll, dass noch Anpassungsbedarf in der Flow Logic besteht: Sie bezieht sich noch auf die Vorlageapplikation.

Wir entscheiden uns für den Anfang, nur mit einem einzigen Bild zu arbeiten. Eine Aufspaltung der Applikation nach verschiedenen Panels ist daher (zunächst) überflüssig. Auf jeden Fall wird es aber nötig sein, das Model `ZCL_QM` in die Applikation einzubinden. Unsere Flow Logic `config.xml` soll daher folgende Gestalt haben:

```
<?xml version="1.0"?>
<application name="zz_qm"
             stateful="false">
  <controller id="main"
              name="main.do"
              class="zcl_controller">
    <model id="msg" class="zcl_qm"/>
    <callsView name="main.htm"/>
  </controller>
</application>
```

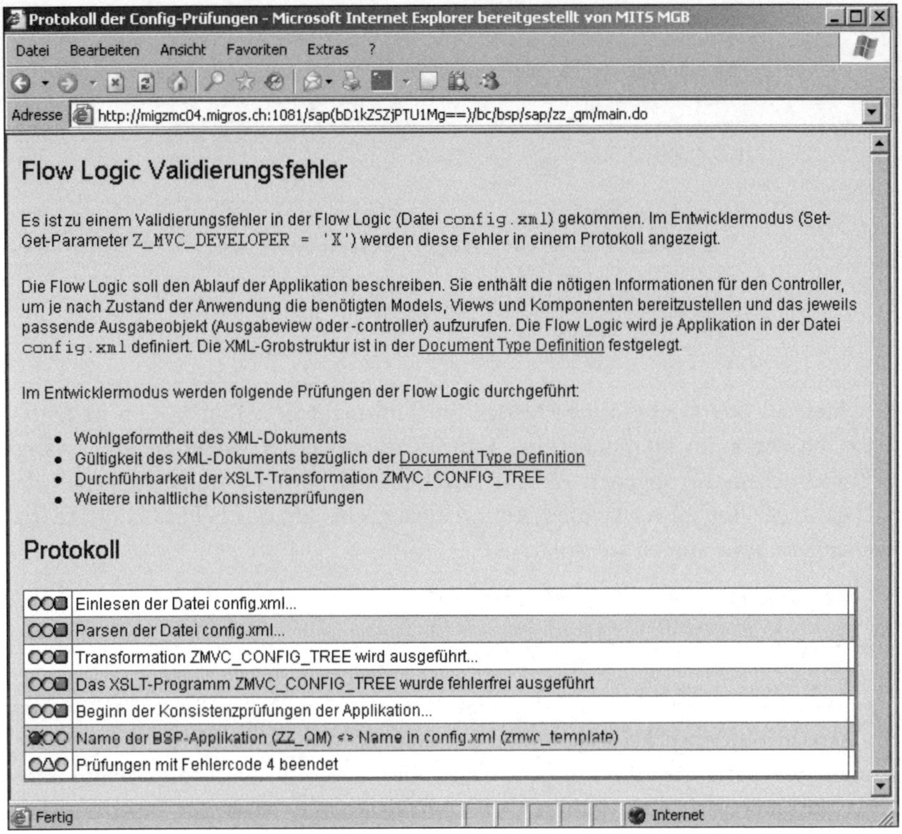

Abb. 8–6 *Protokoll der Flow-Logic-Prüfung*

Wenn Sie dieses XML-File als `config.xml` in die Applikation einpflegen, erhalten Sie keine Flow-Logic-Validierungsfehler mehr. Stattdessen sollte beim Start der Applikation (oder, wenn Sie die Anwendung noch im Browser haben, nach Druck von »Auffrischen«) das Testbild mit dem Text »Hauptview« kommen – wie in der Vorlageapplikation.

8.4 Das Erfassungsbild

Wir kommen nun zum Design des Erfassungsbildes für eine Meldung. Hierbei kommen die Tags unserer Tag Library zum Einsatz. Sie binden die gewünschte Präsentation mit dem `binding`-Attribut an das entsprechende Feld des Meldungs-Models, dem wir im `config.xml`-File die ID `msg` gegeben haben. Hier ein Beispiel für den Langtext:

```
<%-- Meldungs-Langtext (mit Label) -------------------%>
        <tr>
          <td colspan="2" align="center">
            <b><%=otr(Z_TESTORGANIZER/PROBLEM)%></b>
          </td>
        </tr>
        <tr>
          <td colspan="2">
            <z:textArea binding="//msg/gv_description"
                        rows="10"
                        cols="54"/>
          </td>
        </tr>
```

Beachten Sie das *kooperative Design*: Sie sind nicht *gezwungen*, den gesamten View mit den Elementen der Z-Tag Library zu entwerfen. Wenn Sie <z:...>-Tags einsetzen, dann zur eigenen Arbeitserleichterung. Statt im obigen Beispiel das <z:textArea>-Tag zu verwenden, könnten Sie ebensogut das HTML-Tag <textarea> ausprogrammieren wie folgt:

```
<textarea name="M__msg__gv_description"
          rows="10"
          cols="54"><%=msg->gv_description%></textarea>
```

Sie müssen sich dann eben selbst darum kümmern, auch den Wert der Textarea mit dem gebundenen Feld zu versorgen. Außerdem müssen Sie die Konvention kennen, wie aus einem Binding-Ausdruck (hier //msg/gv_description) von unserem Framework ein gültiger HTML-Feldname generiert wird (hier M__msg__gv_description). Wenn Sie nicht genau diesen Namen wählen, findet auch keine Bindung statt.

Wir sehen bereits eine Drucktaste zum Absenden der Meldung vor, implementieren jedoch noch keinen Ereignisbehandler:

```
<%-- Button zum Absenden ----------------------------%>
  <tr>
    <td colspan="2">
      <z:button fcode="save" text="<%=otr(ZSRS_BSP/SEND)%>"/>
    </td>
  </tr>
```

In der fertigen HTML-Seite haben wir die Felder Priorität, Codegruppe und Codierung als Listbox ausgeprägt. Die Beschreibung ist ein gewöhnliches Input-Feld, und für den Langtext verwenden wir eine Textarea. Einmal vorausgesetzt, im Customizing wurden brauchbare Werte für die Codegruppen, Codierungen und Prioritäten hinterlegt,[1] sieht das Ergebnis dann folgendermaßen aus:

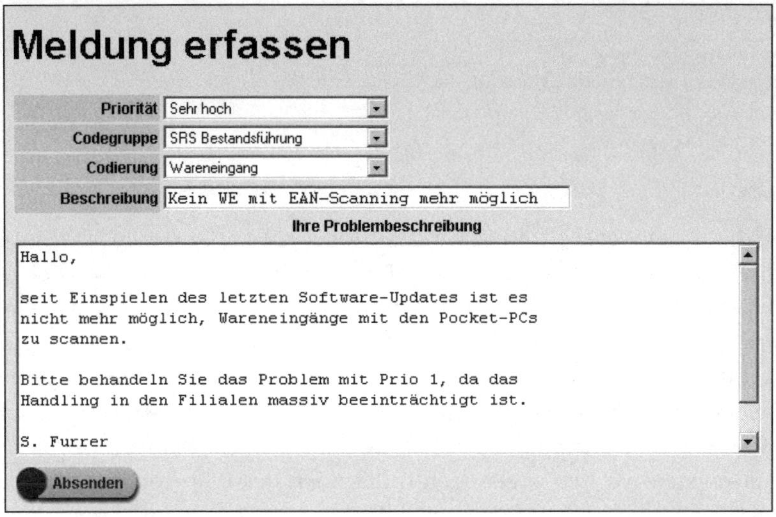

Abb. 8–7 *Eine Meldung erfassen*

Aus Platzgründen können wir ab diesem Punkt nicht mehr den gesamten Quelltext vorführen – Sie finden jedoch das vollständige Beispiel, wie alle anderen Beispiele dieses Buches, zum Download und Import auf *http://www.mits.ch/bsp*.

Wenn Sie den Button »Absenden« drücken, wird im Moment noch keine QM-Meldung angelegt, da ja die Methode zum Sichern noch nicht aufgerufen wird. Der Button führt zu einem Server-Roundtrip, in dem die Viewdaten ins Model übernommen werden, jedoch kein Funktionscode ausgeführt wird. Sie können den Button zum Testen verwenden: Wenn Sie ihn betätigen, muss das Bild mit all Ihren Eingaben reproduziert werden! Wenn dies nicht der Fall ist, stimmt mit der Datenbindung etwas nicht. Überprüfen Sie in diesem Fall die Datenbindungsausdrücke für die Felder, deren Werte nicht reproduziert werden.

8.5 Fcode-Anbindung – Sichern

Nun wollen wir die Funktion zum Sichern an den Druckknopf anbinden. Hierzu muss nun ein eigener Controller angelegt werden – bis jetzt kamen wir mit dem Standardcontroller `ZCL_CONTROLLER` aus, brauchten also keinen eigenen ABAP-Code im Controller. Legen Sie nun einen Controller `ZCL_CO_QM` als Unterklasse von `ZCL_CONTROLLER` an und darin eine öffentliche Methode `fcode_save()` mit folgendem Quelltext:

---

1. ... und da dies kein Buch über das Custimizing in der QM-Komponente ist, werden wir diesen Punkt hier übergehen. Auch ohne QM-Erfahrung kann man sich das nötige Wissen über diese Einstellungen in einem halben Tag anhand der SAP-Hilfe (*http://help.sap.com*) zur Komponente `QM-PT-BD-CAT` verschaffen. Probieren Sie es einmal aus – es ist einfach!

```
method fcode_save .

* Sichern der Meldung
  data: lo_msg type ref to zcl_qm.
  lo_msg ?= get_model( 'msg' ).
  lo_msg->save( ).

endmethod.
```

Die Methode `get_model( )` beschafft das Model zur angegebenen ID. Es wird zu diesem Zeitpunkt natürlich nicht mehr konstruiert, sondern nur noch in der Instanzverwaltung nachgelesen, denn unsere Flow Logic verlangt ja in jedem Dialogschritt die Existenz des Models `msg`. Das Einzige, was im Fcode-Behandler hier noch getan werden muss, ist der Aufruf der Model-Methode zum Sichern. Alle zum Sichern benötigten Daten sind in der Methode `get_viewdata( )` durch den Mechanismus der Datenbindung bereits an das Model übertragen worden.

Nun müssen wir den neuen Controller noch der BSP-Applikation bekanntmachen. Ordnen Sie daher dem Controller `main.do` in der BSP-Applikation und in der Ablauflogik (also der Datei `config.xml`) die neue Klasse `ZCL_CO_QM` zu (alt: `ZCL_CONTROLLER`).

Wenn Sie nun »Absenden« drücken, erscheint in der Anwendung die Information »*Meldung ... wurde gesichert*«:

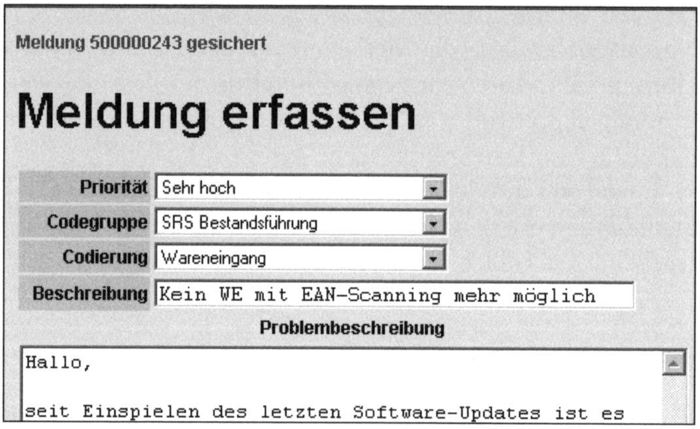

Abb. 8–8 *Nach dem Sichern*

Dass unter der angegebenen Nummer tatsächlich eine Servicemeldung angelegt wurde, können Sie leicht überprüfen: Rufen Sie im `GUI` die Transaktion `IQS3` zur Anzeige von Meldungen auf und lassen Sie sich die Meldung der angegebenen Nummer anzeigen. Sie erhalten ungefähr das folgende Bild und können bestätigen, dass die eingegebenen Daten korrekt übernommen wurden.

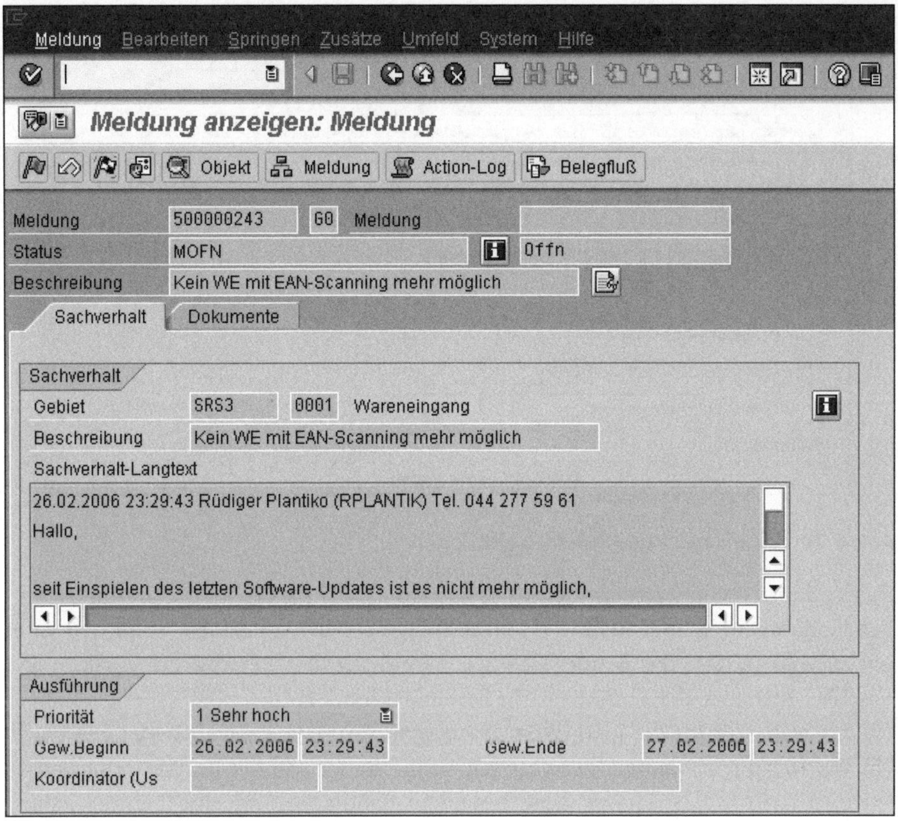

Abb. 8–9 *Die neue Meldung im GUI*

8.6 Eingebaute Validierungen

Wir wollen die Applikation `ZZ_QM` nun um *Datenvalidierungen* ergänzen. Die grundlegenden Validierungen auf den definierten Datentyp bekommen Sie bereits vom Framework geschenkt: Die Datenbindung führt, wie bereits erwähnt, die Prüfungen durch, die auch im Dynpro zur Eingabe von Daten vollzogen würden. Wenn Sie beispielsweise dem Meldungskurztext erlauben, länger als 40 Zeichen zu sein, indem Sie z.B. das `maxlength`-Atttribut vergrößern:

```
<z:input binding="//msg/gv_subject"
         size="40"
         maxlength="140"/>
```

dann wird eine überlange Eingabe bereits mit einer Fehlermeldung quittiert, ohne dass Sie dafür irgendetwas programmieren mussten!

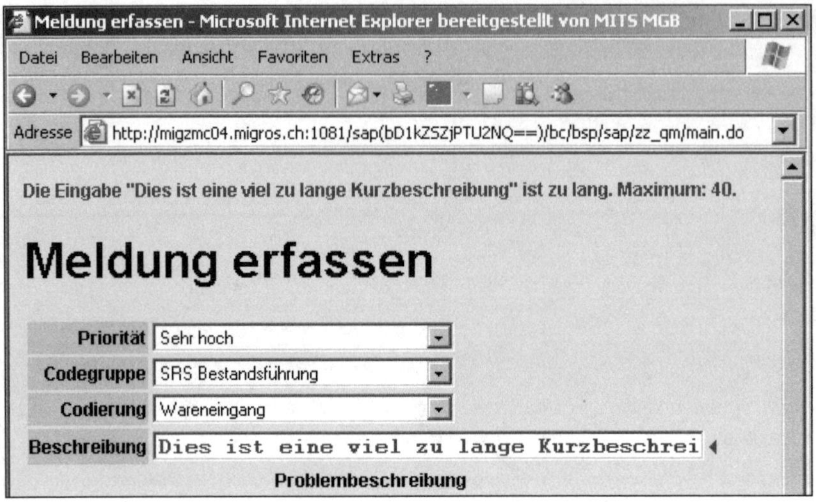

Abb. 8–10 *Automatische Datentyp-Prüfungen*

Sinnvoll und benutzerfreundlich ist es in diesem Fall natürlich, die definierte Eingabelänge nicht größer als die erlaubte Länge werden zu lassen. Dennoch ist es gut zu wissen, dass das Model sich gegen Fehleingaben verwahren würde, wenn das User Interface die Eingabe nicht bereits verhindert.

Dasselbe gilt für die Listboxen. Hätte man statt der Auswahlfelder gewöhnliche textförmige Eingabefelder verwendet, in die der technische Wert einzugeben wäre, so würde das Model diese Eingaben validieren und eine Fehlermeldung senden, wenn die Daten ungültig sind. Aber bei einer kleinen Auswahl erlaubter Werte ist es benutzerfreundlicher, diese Werte in einer Listbox zur Auswahl anzubieten. Die Eingabe eines nicht erlaubten Wertes wird dadurch von vorneherein unmöglich gemacht.

Fehlermeldungen werden vom Message Handler `log` in einem nichtpersistenten Application Log gespeichert. Es ist eine *Best Practice*, keine Funktionscodes mehr auszuführen, sobald durch die Viewdaten-Übernahme eine Fehlermeldung entstanden ist. Dies ist auch in unserem MVC-Framework das übliche Systemverhalten. Es wird durch das Flag `check_valid_data` gesteuert, das in der `do_init()`-Methode auf `'X'` gesetzt wird. Um die Ausführung von Funktionscodes trotz ungültiger Eingabe zu erlauben, muss man in `do_init()` das Flag `check_valid_data` auf `space` setzen. Da es sich um eine Referenz handelt, wäre also folgende Anweisung nötig:[2]

---

2. Der Grund dafür, dass Felder wie dieses als Referenz geführt werden, ist, dass sie über die einzelne Komponente hinaus gültig sein sollen. Bei der Anweisung `create_controller( )` wird die *Referenz* an den erzeugten Kind-Controller übergeben. So vermeiden wir Redundanzen, da wir überall auf dem Originalfeld arbeiten.

```
method do_init( ).

  super->do_init( ).

* Funktionscodes auch bei Eingabe ungültiger Daten behandeln
  check_valid_data->* = space.

endmethod.
```

Wir benötigen für unsere Meldungen die Datenvalidierung, werden also die do_init( )-Methode so lassen, wie sie ist.

8.7 Validierungen der BAPIs und APIs

BAPIs und APIs geben üblicherweise eine Tabelle ET_RETURN vom Typ BAPIRETTAB zurück, die zur Rückgabe von Fehlermeldungen genutzt wird.

Auch das von uns genutzte API IQS4_CREATE_NOTIFICATION macht hier keine Ausnahme. Wir haben daher die mit dem formalen Parameternamen return zurückgegebene Tabelle in eine eigene lokale Variable lt_return übernommen und reichen diese an das Messagelog weiter:

```
* API aufrufen
  call function 'IQS4_CREATE_NOTIFICATION'
    ...
    tables
      return       = lt_return.

* Erfolgsmeldung: Die Daten wurden gesichert
  log->add_bapireturn( it_bapireturn = lt_return ).
```

Der Importparameter it_bapireturn nimmt Returntabellen vom Zeilentyp BAPIRETURN oder BAPIRET2 entgegen (letzterer, eine revidierte Version, wird in allen neueren BAPIs verwendet) und fügt sie in das interne temporäre Application Log ein.

Wenn unter den gesammelten Meldungen ein Eintrag vom Typ 'E' wie Fehler (oder gar Abbruch 'A' oder 'X' ist), wissen wir, dass die angeforderte Funktion nicht ausgeführt wurde. Um zu prüfen, ob unter den aktuell gesammelten Meldungen eine vom Typ 'E' (oder 'A' oder 'X') ist, kann man die Methode get_highest_type( ) verwenden. In der Methode save() des Models ZCL_QM haben wir Folgeverarbeitungen nur durchgeführt, wenn im Log keine Fehlermeldung aufgelaufen war:

```
* Gab es keinen Fehler?
  if log->get_highest_type( ) na 'EAX'.
    ...
  endif.
```

Der Rest ist automatisch: Das in die Hauptseite eingebaute <z:message>-Tag zeigt stets die im Application Log gesammelte Meldung höchster Schwere an. Wenn also der Baustein `IQS4_CREATE_NOTIFICATION` einen Fehler meldet, so wird dieser Fehler gesammelt und die Fcode-Bearbeitung abgeschlossen. Danach beginnt die Generierung der nächsten HTML-Ausgabe, die dann automatisch den gesammelten Fehler in die Ausgabe einbaut. Beachten Sie, dass dies nur funktionieren kann, weil die Phasen *Datenvalidierung* und *Fcode-Bearbeitung* vollständig abgeschlossen sein müssen, bevor die Phase *HTML-Ausgabe* beginnt (dies ist im Framework so vorgesehen). Es wäre daher ungeschickt, in der Phase *HTML-Ausgabe*, also in einem View, noch Prüfungen zu programmieren: Wenn sie durchlaufen werden, ist das `<z:message>`-Tag höchstwahrscheinlich bereits gerendert, so dass eine Fehlermeldung, die dann noch im Log gesammelt wird, natürlich nicht mehr angezeigt werden kann.[3]

Schauen Sie sich an, wie dies in der Praxis funktioniert, indem Sie eine Codegruppe angeben, jedoch keine Codierung. *Wenn* eine Codegruppe angegeben wurde, erwartet das API auch eine zugehörige Codierung. Dies wird mit einer entsprechenden Fehlermeldung quittiert, die ohne expliziten Programmieraufwand an die Oberfläche gelangt:

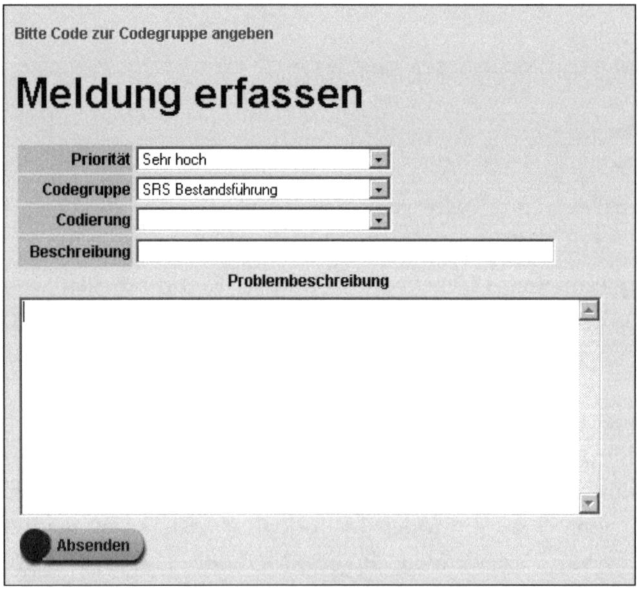

Abb. 8–11 *Mussfeldprüfung beim Sichern*

Vielleicht ist Ihnen aufgefallen, dass das kleine rote Dreieck ◀ neben dem betroffenen Eingabefeld nicht gerendert wurde. Der Grund ist, dass das API nicht wissen kann, welche Eingabefelder unserer Oberfläche von einer Fehlermeldung

3. Das betrifft natürlich nicht clientseitige Prüfungen, die Sie dem Browser noch mitsenden wollen. Denn diese werden ja nicht zum Zeitpunkt der View-Ausgabe ausgeführt, sondern erst nach der nächsten Benutzeraktion.

betroffen sind. Eine solche Zuordnung müsste im Controller programmiert werden. Das API kann diese Programmierung bestenfalls vereinfachen, indem es im Feld `FIELDNAME` der `BAPIRET2`-Struktur den API-internen Feldnamen des betroffenen Feldes angibt. Ist dies – wie hier – nicht der Fall, muss das Mapping anhand des Fehlercodes durchgeführt werden. Wenn ein Fehler beim Sichern aufgetreten ist, führen wir das Mapping der Fehlerfelder durch, das wir übersichtshalber in eine eigene Methode verlegen:

```
method fcode_save .

* Sichern der Meldung
  data: lo_msg type ref to zcl_qm.
  lo_msg ?= get_model( 'msg' ).
  lo_msg->save( ).
  if log->get_highest_type( ) ca 'EAX'.
* Fehlerfelder zu Fehlermeldungen zuordnen
    assign_error_fields( ).
  endif.

endmethod.
```

Beachten Sie übrigens, dass das Attribut `log` in allen Komponenten des Frameworks zugänglich ist – in allen Controllern und allen Models. Die Meldungen, die eben im Model aus dem API ins Log abgefüllt wurden, können daher hier im Controller abgefragt werden. In der neuen privaten Methode `assign_error_fields()` programmieren wir nun explizit eine Zuordnung der Feldnamen:

```
method assign_error_fields .

  data: ls_nvp  type ihttpnvp,
        lt_msg  type aqtbal_s_msg.

  field-symbols: <ls_msg>   type bal_s_msg.

  lt_msg = log->get_messages_detailed( ).

  loop at lt_msg assigning <ls_msg> where msgty ca 'EAX'.
* Bitte Code zur Codegruppe angeben
    if <ls_msg>-msgid = 'IM' and
       <ls_msg>-msgno = '150'.
      clear ls_nvp.
      ls_nvp-name = get_bindname( '//msg/gv_qmcod' ).
      insert ls_nvp into table error_fields->*.
* Weitere Meldungen mit Bezug auf Eingabefelder:
*   elseif ....
*   elseif ....
    endif.
  endloop.

endmethod.
```

Wie Sie in Abbildung 8–12 sehen, werden unsere Mühen belohnt: Das kleine rote Dreieck erscheint!

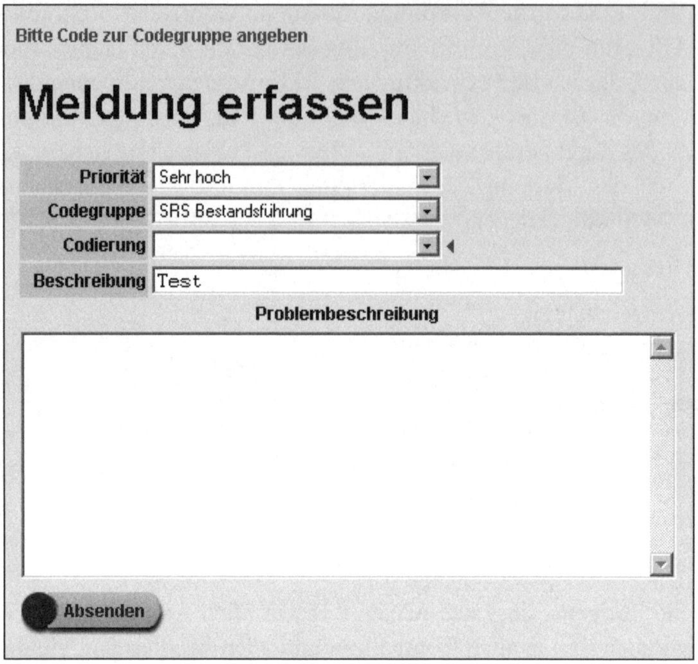

Abb. 8–12 *Mussfeldprüfung mit Feldzuweisung*

8.8 Clientseitige Validierungen – Beispiel Mussfelder

Wir werden jedoch zusätzlich zu den Standardvalidierungen noch prüfen, ob der Benutzer die Felder

- *Priorität*,
- *Codegruppe*,
- *Beschreibung* und
- *Langtext*

ausgefüllt hat. Das Feld »Codierung« als Unterpunkt der Codegruppe kann freigelassen werden und wird ggf. vom Support ausgefüllt. Solange die aufgezählten Felder nicht ausgefüllt sind, kann die Meldung nicht gespeichert werden.

Wir haben die Möglichkeit, die Mussfeldprüfung bereits auf Clientseite festzulegen, indem wir das Attribut `obligatory` im `<z:input>`-Tag auf »`true`« setzen. Es wird dann nicht einmal ein Request an den Server abgesetzt, sondern es wird mit JavaScript die Fehlermeldung »*Bitte alle Mussfelder ausfüllen*« erzeugt, wenn der Benutzer »*Sichern*« drückt, ohne das Mussfeld auszufüllen. Probieren Sie es aus: Setzen Sie einmal das Eingabefeld für die Codegruppe auf »*Obligatorisch*«:

```
<z:input binding="//msg/gv_qmgrp"
         obligatory="true"
         shlp="z_qmgrp"
         listbox="true"
         listboxValueField="kurztext"
         listboxInitialValue="true"
         class="TopInput"
         onChange="genericSubmit('<%=zmvc_fcode-actu%>');"/>
```

Wenn Sie nun versuchen, Ihre Meldung ohne Eingabe einer Codegruppe zu sichern, erscheint der Hinweis auf Mussfelder. Beachten Sie, dass die Meldung genauso erscheint wie eine serverseitig erzeugte Fehlermeldung, obwohl sie mit JavaScript-Mitteln erzeugt wurde, also ohne den Server zu befragen:

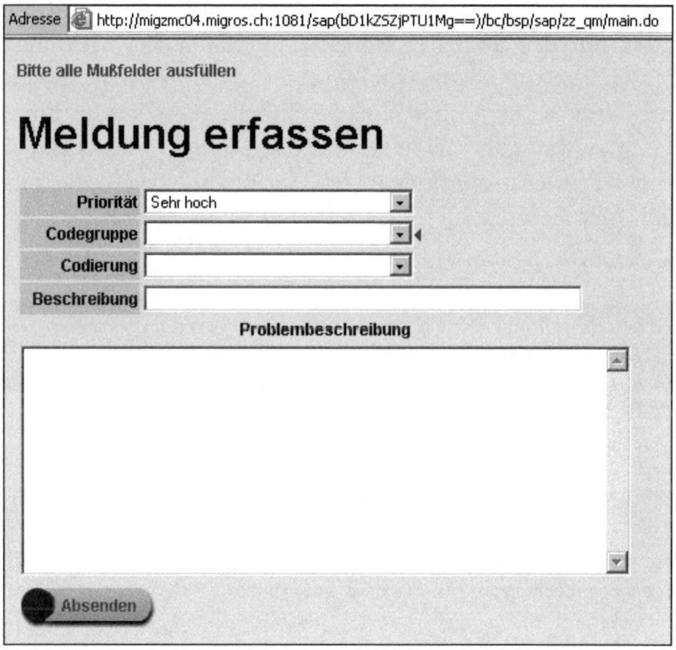

Abb. 8–13 *Clientseitige Mussfeldprüfung*

8.9 Serverseitige Prüfungen – `validate_field()`

Wir wollen aber diese Prüfung nicht auf dem Client, sondern im Model durchführen. Erstens zu Übungszwecken – wie muss man eine solche Prüfung implementieren? – und zweitens, weil wir der Ansicht sind, dass diese Prüfung in diesem Fall ins Model hineingehört. Bauen Sie also das Attribut `obligatory` aus den Eingabefeldern wieder aus.

Stattdessen erweitern Sie die Methode ZIF_MODEL~VALIDATE_FIELD der Klasse ZCL_QM, die bisher nur die Delegation der Validierung an das Basis-Model enthielt, um den nachfolgenden Code. Der Importparameter IV_STRING enthält den Wert des Feldes, wie es eingegeben wurde. Der Parameter IV_NAME gibt den Namen des Attributs an (also den Teil nach dem einfachen '/' im Datenbindungsausdruck). Der Parameter EV_VALUE wird den Wert des Feldes in seiner typgerechten Form beinhalten, jedoch frühestens nach Ausführung der allgemeinen Attributvalidierung in go_model->validate_field( ). Für eine Mussfeldprüfung benötigen wir diese Typumwandlung nicht, wir können sie direkt auf den übergebenen String anwenden.

Die Methode wird für jedes Feld, das in den aktuellen Input Fields des Requests mitgesendet wurde, aufgerufen. Das Auslösen der Exception zcx_invalid_attribute, wie hier, beendet nicht die gesamte Schleife über die Eingabefelder, sondern nur den aktuellen Schleifendurchlauf. Die Meldung wird vom Aufrufer, der Methode go_model->validate_fields() im Application Log gesammelt, und das aktuelle Eingabefeld wird der Tabelle error_fields hinzugefügt, so dass es bei der Viewausgabe als fehlerhaft dargestellt werden kann. Dann wird die Schleife mit dem nächsten Eingabefeld fortgesetzt, das in die Zuständigkeit dieses Models fällt.

```
method zif_model~validate_field.

  data: lv_white type string.

* Spezielle Validierung: Wurden Werte eingegeben?
  lv_white = cl_abap_char_utilities=>get_simple_spaces_for_cur_cp( ).
  if ( iv_name eq 'gv_qmgrp' or
       iv_name eq 'gv_subject' or
       iv_name eq 'gv_description' )
     and iv_string co lv_white.
* Bitte alle Mussfelder ausfüllen
    message e055(00) into sy-msgli.
    raise exception type zcx_invalid_attribute
      exporting
        t100_msgno = sy-msgno
        t100_msgid = sy-msgid.
  endif.

* Allgemeine Validierung (zcl_model)
  call method go_model->validate_field
  ...
```

Lernen Sie an diesem Beispiel bitte auch, wie eine Prüfung auf leere Eingabefelder üblicherweise vorgenommen werden sollte. Leere Eingabefelder enthalten nur Whitespace. Das muss aber nicht notwendig das Zeichen SPACE sein, denn auch Tabulatorzeichen und Zeilenwechsel sind meist als leere Eingaben zu werten. Die Klassenmethode cl_abap_char_utilities=>get_simple_spaces_for_cur_cp( )

berechnet einen String, der sämtliche Whitespace-Zeichen der aktuellen Codepage aufführt. Wenn der übergebene String nur Zeichen aus diesem String enthält, ist er als leer zu werten. Mit den Prüfungen

```
iv_string co space
```

oder gar

```
iv_string is initial
```

erreichen Sie in den meisten Fällen nicht das Gewünschte. Die Prüfung auf Initialwert schlägt sogar fehl, wenn der Eingabestring nur Leerzeichen enthält. Dies ist besonders zu beachten, wenn wie hier eine *Text Area* zu prüfen ist (der Meldungslangtext).

Wenn Sie die Anwendung nach diesen Änderungen starten, erhalten Sie dasselbe Resultat wie bei Einschaltung des Attributs `obligatory` in den Eingabefeldern des Views. Der Unterschied ist lediglich, dass die Prüfung nun auf dem Server erfolgt und nicht auf dem Client. Das erhöht zwar einerseits die am Server anfallende Last – es bringt jedoch auch Vorteile mit sich, wie wir sehen werden.

8.10 Ergänzungen der API-Prüfungen

Wenn Sie die gerade eingebaute serverseitige Mussfeldprüfung testen, werden Sie feststellen, dass sie nicht genau so funktioniert, wie es sinnvoll wäre. Im Grunde soll ja nur verhindert werden, dass Meldungen mit leeren oder unzureichenden Daten in der Datenbank fortgeschrieben werden. Die in `validate_field( )` hinterlegte Mussfeldprüfung greift aber bei *jedem* Server-Roundtrip, nicht nur beim Versuch zu sichern. Das wirkt eher störend und beeinträchtigt die Benutzbarkeit der Anwendung.

Die Listbox für die Codegruppe muss beispielsweise bei jedem Wechsel des Wertes einen Server-Roundtrip durchführen, damit die abhängige Listbox der Codierungen immer mit den richtigen Werten versehen wird. Auch bei diesen Roundtrips greift die Mussfeldprüfung, es wird eine – zu diesem Zeitpunkt störende – Fehlermeldung an den Controller gesandt.

Wie kann man dieses Problem umgehen? Eine naheliegende, aber ungeschickte Lösung, wäre, auf den übergebenen Fcode zu prüfen und die Prüfung nur in dem Fall durchzuführen, dass der Benutzer »Sichern« gewählt hat. Nun werden Sie feststellen, dass der Fcode in der Schnittstelle der Methode `validate_field( )` überhaupt nicht vorkommt – dies ist beabsichtigt! Über fünf Ecken wäre es sicher möglich, sich den aktuellen `fcode` an dieser Stelle zu beschaffen – aber der Preis wäre hoch: Wenn man im Model auf den `fcode` programmiert, stellt man Abhängigkeiten zwischen Controller und Model her. Die Abhängigkeiten zwischen Controller und Model sollten sich jedoch modelseitig auf die Schnittstelle `ZIF_MODEL` und controllerseitig zusätzlich auf die öffentlichen

Attribute und Methoden des Models beschränken![4] Wenn man dies nicht berücksichtigt, verbaut man sich die Einsatzmöglichkeit der Modelklasse in anderen Kontexten – eine schwerwiegende Beeinträchtigung der Wiederverwendbarkeit, als Folge eines Verstoßes gegen das MVC-Paradigma!

Die Felder `fcode` und `panel` gehören dem Controller und sollten nur in der Controllerlogik abgefragt werden.

Noch viel naheliegender als den Fcode abzufragen ist es nämlich, die Prüfung *nur dort durchzuführen, wo sie auch erwartet wird*, also beim Sichern! Wir verlagern also die soeben eingeführte Prüfung in die Methode `save()` und rufen das API nur auf, wenn sie erfolgreich durchlaufen wurde. Wenn es wirklich so ist, dass es eine unabdingbare Voraussetzung fürs Sichern ist, dass die fraglichen Felder ausgefüllt sein müssen, so muss sich dies auch im Code widerspiegeln! De facto *erweitern wir also die Standardprüfungen des API* um eigene zusätzliche Prüfungen.

Zur Implementierung: Aus Gründen der Übersichtlichkeit lagern wir die Mussfeldprüfung in eine eigene Methode `oblig_check( )` aus und rufen diese zu Beginn der Methode `save( )` auf:

```
method save .

  ...

* Mussfeldprüfungen
  oblig_check( ).

* Attribute in QM-Strukturen abbilden
  ls_riqs5-qmart = gc_qmart.
  ...
```

Die Methode `oblig_check( )` löst ein neues Ausnahmeobjekt `zcx_missing_fields` aus, das von der Model-Methode `save( )` an den Aufrufer weitergereicht wird. Das Ausnahmeobjekt enthält als Attribut eine Liste der fehlenden Felder.

Bei der Implementierung der Prüfung ist nun zu beachten, dass die Umwandlung von externem in internes Format längst erfolgt ist. Wir sind nicht mehr in der Phase »Viewdaten-Übernahme«, sondern bereits vorgerückt zur Phase »Fcode-Bearbeitung«. Die Felder liegen also nicht mehr im eingegebenen Format vor, sondern bereits im gewünschten Zieltyp. Das bedeutet, dass die Felder `gv_subject` und `gv_qmgrp` nun auf Initialwert geprüft werden können. Nur für den String `gv_description` ist weiterhin die Prüfung auf Whitespace notwendig.

4. Die Asymmetrie dieser Forderung erklärt sich daraus, dass zwar der Controller über eine Verwaltung von Modelinstanzen verfügt, aber nicht umgekehrt. Das Model muss auch dann funktionieren, wenn es die Controllerinstanz, von der es aufgerufen wird, gar nicht kennt.

Der Code sieht also folgendermaßen aus:

```
method oblig_check .

  data: lv_white   type string,
        lt_missing type ttfieldname.

* Mussfeldprüfungen
  if gv_qmgrp is initial.
    append 'gv_qmgrp' to lt_missing.
  endif.
  if gv_subject is initial.
    append 'gv_qmgrp' to lt_missing.
  endif.
  lv_white = cl_abap_char_utilities=>get_simple_spaces_for_cur_cp( ).
  if gv_description co lv_white.
    append 'gv_description' to lt_missing.
  endif.

* Wenn Mussfelder gefunden wurden, Ausnahme auslösen
  if lt_missing is not initial.
    raise exception type zcx_missing_fields
      exporting
        t100_msgid = sy-msgid
        t100_msgno = sy-msgno
        missing_fields = lt_missing.
  endif.

endmethod.
```

Wie bei den Prüfungen des APIs selbst ist im Controller ein Mapping nötig, um die betroffenen Feldnamen zu markieren. In der Controllermethode `fcode_save( )` wird nun die neue Ausnahme abgefangen – dort, im `catch`-Zweig, können die fehlerhaften Feldnamen abgeholt werden.

```
method fcode_save.

  data: lt_msg_fields  type ttfieldname,
        lo_ex          type ref to zcx_missing_fields.

* Sichern der Meldung
  data: lo_msg type ref to zcl_qm.
  lo_msg ?= get_model( 'msg' ).
  try.
  lo_msg->save( ).
    catch zcx_missing_fields into lo_ex.
      log->add_from_exception( lo_ex ).
      lt_msg_fields = lo_ex->missing_fields.
  endtry.
  if log->get_highest_type( ) ca 'EAX'.
* Fehlerfelder zu Fehlermeldungen zuordnen
    assign_error_fields( it_msg_fields = lt_msg_fields ).
  endif.

endmethod.
```

Schließlich müssen die übergebenen Feldnamen wieder in gültige HTML-Feldnamen umgesetzt werden. Hierzu erweitern wir die Controllermethode assign_error_fields() um einen neuen Importparameter it_msg_fields, der weitere fehlende oder fehlerhafte Felder enthält. Zu der Schleife über die Fehlermeldungen, die wir bereits oben implementiert hatten – mit fest verdrahteten Zuordnungen von Fehlermeldungen zu Feldnamen – kommt nun eine weitere Schleife hinzu, die die im Parameter it_msg_fields übergebenen Felder in die error_fields-Tabelle übernimmt.

```
method assign_error_fields .

  data: ls_nvp  type ihttpnvp,
        lt_msg  type aqtbal_s_msg,
        lt_msg_fields type ttfieldname,
        lv_path type string.

  field-symbols: <ls_msg>   type bal_s_msg.

  lt_msg_fields = it_msg_fields.

  lt_msg = log->get_messages_detailed( ).
  loop at lt_msg assigning <ls_msg> where msgty ca 'EAX'.
* Bitte Code zur Codegruppe angeben
    if <ls_msg>-msgid = 'IM' and
       <ls_msg>-msgno = '150'.
       append 'gv_qmcod' to lt_msg_fields.
* Weitere Meldungen mit Bezug auf Eingabefelder:
*   elseif ....
*   elseif ....
    endif.
  endloop.

* Fehlerhafte Felder in Tabelle error_fields übernehmen
  loop at lt_msg_fields into lv_path.
    concatenate '//msg/' lv_path into lv_path.
    call method get_data_by_path
      exporting
        iv_path            = lv_path
      importing
        ev_html_name       = ls_nvp-name
        ev_value_as_string = ls_nvp-value.
    insert ls_nvp into table error_fields->*.
  endloop.

endmethod.
```

Sie können sich nun überzeugen, dass das Wechseln von Listbox-Einträgen wie gewünscht ohne Mussfeldprüfung abläuft. Erst wenn Sie »Absenden« drücken, wird die Mussfeldprüfung durchgeführt.

Dasselbe Problem hätte man gehabt, wenn man die Mussfeldprüfung auf dem Client mit dem Attribut obligatory durchgeführt hätte. Die Prüfung hätte auch in diesem Fall generelle Gültigkeit. Hier handelt es sich in Wirklichkeit jedoch nicht um eine generelle Mussfeldprüfung, sondern um eine Erweiterung der API-Prüfungen.

8.11 Meldungen anlegen und ändern

Unsere Applikation hat den Nachteil, dass eine Meldungsbearbeitung nach der Erfassung nur noch im GUI möglich ist. Mit anderen Worten: Die Webanwendung ist nur fürs Anlegen ausgelegt. Der Benutzer kann sich die von ihm erfassten Meldungen nach dem Sichern nicht noch einmal ansehen – wenn er über kein SAP Frontend verfügt.

Wir wollen die Applikation nun folgendermaßen erweitern: Es soll zwei Panels geben, zwischen denen der Benutzer hin- und herschalten kann. Das eine Panel dient zum Erfassen neuer Meldungen. Der zweite Panel dient zum Ändern bereits erfasster Meldungen.

Die Oberfläche zum Ändern ähnelt der zum Anlegen. Jedoch sind die Felder nicht eingabebereit, mit Ausnahme eines neuen zusätzlichen Textbereichs, mit dem eine Notiz an die bestehende Meldung angefügt werden kann. Nach Möglichkeit wollen wir daher *einen View für beide Panels verwenden* und die jeweils nötigen Änderungen dynamisch vornehmen.

Um die Anwendung durch weitere Views erweiterbar zu halten, lagern wir nun die Meldungsdaten in einen eigenen View `message.htm` aus, den wir im Hauptview nur noch inkludieren.

Um dies zu realisieren, ändern wir zunächst unsere Ablauflogik, das `config.xml`-File. Es gibt zwei Panels, nennen wir sie `create` und `change`. Beide belegen die Komponente `content` mit dem View `message.htm`. Der Unterschied zwischen Anlege- und Änderungsmodus ist somit in der Ablauflogik nicht erkennbar:

```
<?xml version="1.0"?>
<application name="zz_qm"
             stateful="false">
  <controller id="main"
              name="main.do"
              class="zcl_co_qm">
    <model id="msg" class="zcl_qm"/>
    <panel name="create" default="true">
      <component name="content"
                 view="message.htm"/>
    </panel>
    <panel name="change">
      <component name="content"
                 view="message.htm"/>
    </panel>
    <callsView name="main.htm"/>
  </controller>
</application>
```

Der Grund dafür, aus dem Message-View eine Komponente zu machen, ist, dass wir die Anwendung ja noch um das Listbild erweitern müssen. Daher kommen in den Content-Bereich der fertigen Anwendung durchaus verschiedene Views.

Wir müssen uns nun noch Gedanken zur *Navigation* machen:

- Beim Wechsel vom `create`- zum `change`-Panel soll eine Bestätigungsmeldung abfragen, ob die aktuell erfasste Meldung noch gesichert werden soll. Wenn ja, wird der Fcode `panel_change` in `save` abgeändert.
- Vom Erfassungsmodus soll bei Druck auf »Sichern« automatisch in den Änderungsmodus gewechselt werden, wobei die gerade erfasste Meldung zum Ändern angeboten wird.
- Beim Wechsel vom `change`- zum `create`-Panel soll ebenfalls zunächst eine Warnung vor Datenverlust kommen. Entscheidet sich der Benutzer zu sichern, so soll gesichert und danach auf das Panel `create` gewechselt werden.
- Immer, wenn vom Ändern einer bestehenden Meldung zum Anlegen einer neuen Meldung gewechselt wird, sollen die globalen Daten des Meldungsobjekts gelöscht werden.

Aus *Model-Sicht* werden die globalen Daten, die wir für das Erfassen von Meldungen verwendet haben, auch fürs Ändern wiederverwendet. Ob eine bestehende Meldung geändert oder eine neue Meldung erfasst werden soll, ist für das Model daran ersichtlich, ob das globale Feld mit der Meldungsnummer gefüllt ist oder nicht. Für das Model ergeben sich daher die folgenden beiden Anforderungen:

- Die Methode `save()` zum Sichern von Daten soll im Änderungsfall nur den neuen Text zur bestehenden Meldung hinzufügen.
- Es soll eine Methode `init()` geben, mit der das Model in den Initialzustand versetzt werden kann.

Den Wechsel zwischen den Panels realisieren wir beispielsweise mit einer Buttonlist vom Stil `"v"` (vertikal), wobei die Buttons zwei neue Funktionscodes `select_create` und `select_change` auslösen. Warum nicht die vordefinierten Funktionscodes zum Panelwechsel, also `panel_create` und `panel_change`? Weil wir eben herausgefunden haben, dass wir noch etwas mehr tun müssen als nur das Panel zu wechseln! Beispielsweise muss beim Wechsel auf »Meldung ändern« die im Selektionsfeld für die Meldungsnummer angegebene Meldung gelesen werden:

```
method fcode_select_change .

  data: lo_ex type ref to zcx_error.

* Benutzer hat "Ändern" gewählt
  msg->init( ).

* Wenn eine Meldungsnummer angegeben ist, diese einlesen
  if gv_qmnum_selected is not initial.
    try.
        msg->read( gv_qmnum_selected ).
```

```
        catch zcx_not_found into lo_ex.
          log->add_from_exception( lo_ex ).
      endtry.
    endif.

*   "Ändern"-Panel setzen
    set_panel( 'change' ).

endmethod.
```

Die *Eingabebereitschaft* der Felder legen wir im Controller fest: Im Änderungsmodus wollen wir, dass die Felder »Priorität«, »Codierung«, »Codegruppe« und »Beschreibung« nicht mehr änderbar sind, während sie dies beim Anlegen noch sein sollen. Lediglich das Feld `gv_description_old` können wir im View auf `read-only` setzen – denn es zeigt ja lediglich den alten Stand der Meldung an, der sich nicht mehr ändern lässt.

Um diese controllerseitige Feldauswahlregel zu definieren, redefinieren wir die Interfacemethode `zif_input_field~get_properties()`. Wir verwenden an dieser Stelle hart codiert die Feldnamen, die die globalen Attribute des Models `msg` haben. Man könnte sich fragen, ob dies nicht unflexibel ist und der Erweiterbarkeit und Wartbarkeit der Methode im Wege steht.

Aber die Alternative wäre eine Customizing-Tabelle, die die nicht änderbaren Felder enthält. Diese könnte im Programm eingelesen werden, so dass keine harten Referenzen auf Feldnamen im Programmcode mehr nötig sind. Es hat sich jedoch in der Praxis gezeigt, dass es flexibler ist, Feldauswahlregeln zu programmieren als sie in einer Tabelle zu hinterlegen. Im Vergleich zu einer Programmiersprache ist das Regelwerk, das in einer Tabelle abgebildet werden kann, immer zu starr. Das ist gerade bei Feldauswahlregeln ein entscheidender Nachteil. Das ist auch der Grund, warum sich in der GUI-Programmierung Transaktionen für Feldauswahlregeln wie SFAW, die ja eigentlich sehr mächtig sind, nicht durchgesetzt haben.

Der Preis für hart codierte Feldnamen im Code ist natürlich die fehlende Validierung. Wenn man sich bei Angabe eines Feldnamens vertippt, so macht einen nicht der Compiler darauf aufmerksam, sondern es entsteht ein Programmfehler, der erst zur Laufzeit bemerkbar wird.[5]

```
method zif_input_field~get_properties .

* Feldauswahl der Superklasse aufrufen
  call method super->zif_input_field~get_properties
    exporting
      iv_viewname  = iv_viewname
      iv_fieldname = iv_fieldname
```

5. Diese Fehlerquelle lässt sich durch Einführung globaler Konstanten, zum Beispiel in einem Type-Pool, eliminieren – worauf wir in unseren Beispielen verzichten, um den Code verständlicher zu halten.

```
      importing
        ev_state     = ev_state.
    check ev_state is initial.

  * Im Änderungsmodus msg-Felder "dichtmachen"
    if panel eq 'change' and
       iv_fieldname cp 'M__msg__*'.
      case iv_fieldname+8.
        when 'gv_qmnum' or
             'gv_subject' or
             'gv_qmgrp' or
             'gv_qmcod' or
             'gv_prio' or
             'gv_description_old'.
        ev_state = zif_input_field~co_disabled.
      endcase.
    endif.

  endmethod.
```

Der Panel »Ändern« sieht nach diesen Erweiterungen so aus:[6]

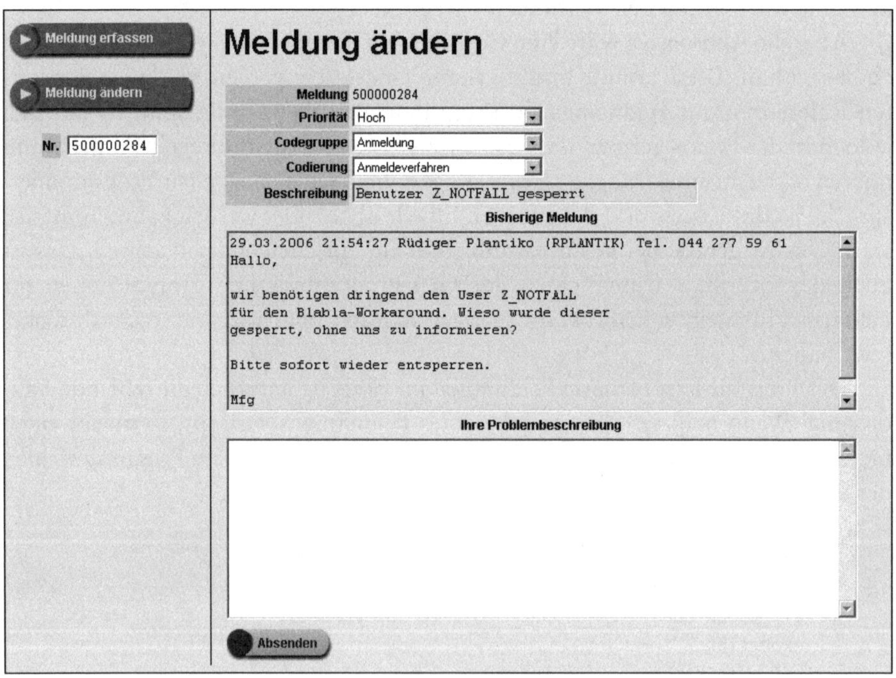

Abb. 8–14 *Neuer Panel zum Ändern*

6. Eine Listbox im Read-only-Modus wird von unserer Z-Tag-Library wie eine gewöhnliche Listbox dargestellt, die jedoch nur einen Eintrag aufweist.

8.12 Liste von Meldungen

Kommen wir nun zum letzten Panel – der Anzeige der eigenen Meldungen. Hierfür wird nun wirklich ein neuer View `messages.htm` benötigt, der nur eine Liste dieser Meldungen anzeigen soll. Wir erweitern also die Ablauflogik um einen dritten Panel namens `list` und verknüpfen den Content mit einem neuen View `messages.htm`. Der View enthält nur die Datenbindung an eine globale interne Tabelle vom Zeilentyp `QMEL`, die die Meldungen enthält:

```
<%@page language="abap"%>
<%@extension name="Z" prefix="z"%>
<h1><%=otr(z_testorganizer/meldungsliste)%></h1>
<z:table binding="//msg/gt_messages"/>
```

Schauen wir uns an, wie das Table-Tag diese Tabelle darstellt – das Aussehen ist bei diesem Einfachstaufruf allerdings noch ziemlich unbefriedigend:

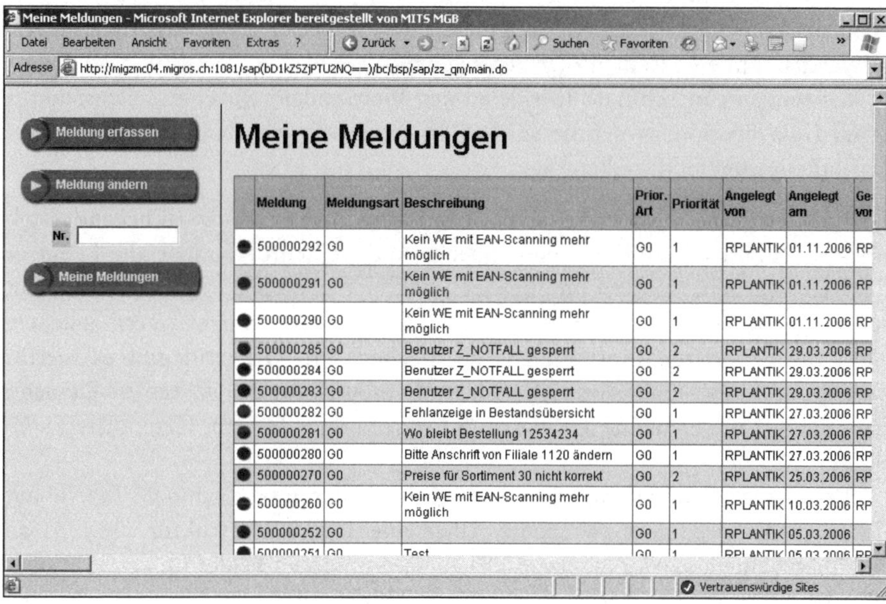

Abb. 8–15 Liste von Meldungen

Was stört hier besonders?

- Vertikale und sogar horizontale Rollbalken (besonders unbeliebt).
- Viel zu viele Spalten – die meisten davon sind im Listbild gar nicht gefragt.
- Teilweise unpassende oder zu lange Spaltentitel (sie werden automatisch aus der DDIC-Zeilenstruktur der Tabelle entnommen).
- Zu viele Zeilen – man sollte die Meldungsliste stattdessen besser *durchblättern* können.

- In der Spalte »Meldung« sollte die Meldungsnummern als Hyperlink dargestellt sein; bei Wahl der Meldung soll man automatisch ins Ändern der betreffenden Meldung verzweigen (Panelwechsel).

Wir werden in den folgenden Abschnitten sehen, wie sich diese Schönheitsfehler beheben lassen.

8.13 Anpassung der Tabellensicht

Wir wollen nun die Tabellendarstellung anpassen, um die neue Sicht »Meine Meldungen« etwas benutzerfreundlicher zu machen. Dabei werden wir einige Features des `<z:table>`-Elements kennenlernen.

Um die Spaltenmenge und -reihenfolge festzulegen, haben wir prinzipiell zwei Möglichkeiten:

- Wir können die gewünschten Spalten als Kind-Elemente des `<z:table>`-Elements vom Typ `<z:column>` definieren und dabei das `listPos`-Attribut verwenden, um eine Reihenfolge vorzugeben.
- Wir senden eine schmale Tabelle an den View, indem wir eine Zeilenstruktur im Data Dictionary definieren. Die Struktur definiert dann die gewünschte Spaltenmenge und -reihenfolge.

Letztlich wird aber – das ist eine alte Erfahrung im Bereich der Tabellendarstellungen – eine fest definierte Spaltenmenge und -reihenfolge nicht alle Benutzer glücklich machen, sondern im günstigen Fall eine satte Mehrheit. Man braucht daher irgendeine Art von Personalisierung, um es dem Benutzer zu ermöglichen, selbst die benötigten Einstellungen zu machen. Im ALV-Grid gibt es hierfür Anzeigevarianten – und etwas Ähnliches gibt es auch für das `<z:table>`-Element: Das `<z:toolbar>`-Element, das wir noch kennenlernen werden, bietet diese Flexibilität.

Von den oben angeführten beiden Möglichkeiten ist die schmale Tabelle mit Sicherheit die elegantere. Wir legen daher eine neue `DDIC`-Struktur `ZQM_LIST` an und übernehmen aus der Struktur `QMEL` die gewünschten Felder (in der `SE11` über »Bearbeiten → Felder übernehmen«) (siehe Abb. 8–16).

Zu dieser Struktur definieren wir nun noch einen Tabellentyp `ZQM_LIST_TAB` als Standardtabelle mit dem Feld `QMNUM` als Schlüsselfeld.[7]

Nun ändern wir den Typ des Attributs `gt_messages` der Klasse `ZCL_QM` in den neuen Typ `ZQM_LIST_TAB` und selektieren in der Select-Methode mit dem Zusatz »`into corresponding fields`«:

---

7. Die Definition von Schlüsselfeldern spielt durchaus auch bei Standardtabellen eine Rolle und kommt bei Befehlen wie `READ TABLE`, `SORT` und `DELETE ADJACENT DUPLICATES` zum Tragen.

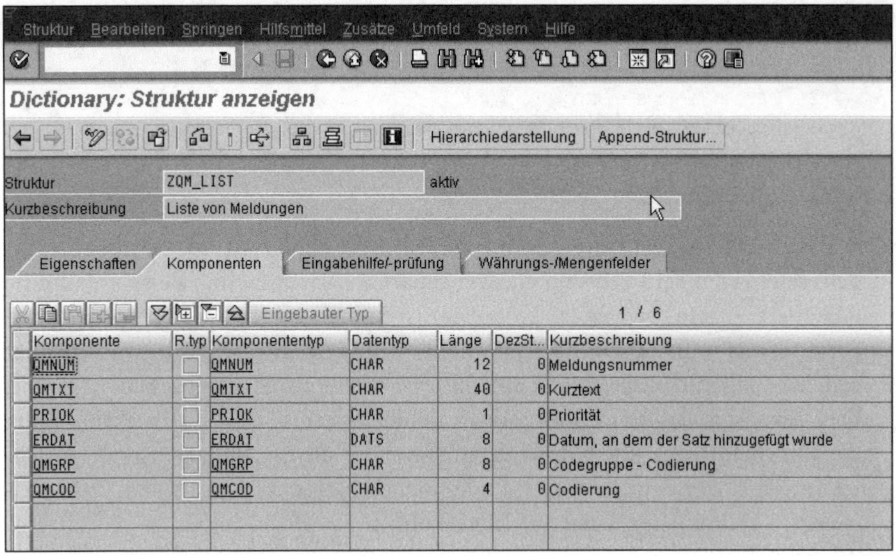

Abb. 8–16 *Struktur der Meldungszeile*

```
method select .

* Selektion aus QMEL
  select * from qmel
           into corresponding fields of table gt_messages
           where ernam = sy-uname
             and qmart = gc_qmart.
  if sy-subrc eq 0.
    sort gt_messages by qmnum descending.
  else.
* Es wurden keine Meldungen gefunden
    message w100(dno) into sy-msgli.
    raise exception type zcx_not_found
      exporting
        t100_msgid = sy-msgid
        t100_msgno = sy-msgno.
  endif.

endmethod.
```

Schließlich wollen wir noch die Möglichkeit vorsehen, dass man durch einen Mausklick von einer Listzeile direkt in den Änderungsmodus der betreffenden Meldung verzweigen kann. Hierzu schreiben wir eine kleine JavaScript-Funktion, die das Selektionsfeld für die Meldungsnummer füllt und dann den Funktionscode `select_change` auslöst:

```
function select( qmnum ) {
// Attribut gv_qmnum_selected des Controllers main
  document.getElementById('qmnum_selected').value = qmnum;
// In Änderungsmodus wechseln
  genericSubmit( 'main__select_change' );
}
```

Erläuterungen zu diesem Code:

- Bei Verwendung von Datenbindung werden die Felder `id`, `name` und `value` aus dem referierten Feld genommen. Die generierte `id` (in diesem Beispiel hätte sie den Wert `M__msg__gv_qmnum_selected`) ist jedoch für den Gebrauch in JavaScript etwas unhandlich. Sie kann daher überschrieben werden, was wir hier tun: Wir haben dem Feld die einfachere `id` `qmnum_selected` gegeben.
- Das Auslösen des Funktionscodes mit der `genericSubmit()`-Funktion folgt der üblichen Regel: Die Controller-ID `main`, an die der Funktionscode gerichtet ist, wird mit dem Funktionscode, hier `select_change`, mit dem Trennzeichen »__« (doppelter Unterstrich) verknüpft.

Wir deklarieren diese Funktion im HTML-Header, der ja immer vom View `main.htm` gesendet wird.

Von dieser Funktion machen wir nun im View `messages.htm` Gebrauch. Wir legen fest, dass die Tabelle mit einer Markierspalte dargestellt werden soll und legen die neudefinierte `select()`-Funktion auf das Ereignis `onRowClick`. Dies wäre im View `messages.htm` wie folgt zu implementieren (wohlgemerkt, diese sechs Zeilen bilden den gesamten View `messages.htm`!):

```
<%@page language="abap"%>
<%@extension name="Z" prefix="z"%>
<h1><%=otr(z_testorganizer/meldungsliste)%></h1>
<z:table binding="//msg/gt_messages"
         mark="true"
         onRowClick="javascript:select('#qmnum#');"/>
```

Zu der #-Notation im `onRowClick`-Attribut: Das Argument der `select()`-Funktion ist für jede Zeile ein anderer Wert: der Inhalt des Tabellenfeldes `qmnum`. Um den Wert einer Komponente je Zeile in den `onRowClick`-Behandler einzufügen, umschließen wir den Komponentennamen mit zwei #-Zeichen. Das `<z:table>`-Tag ersetzt dann beim Abarbeiten der Tabellenzeilen diese Symbole durch die aktuellen Feldinhalte.

Nach diesen Änderungen sind wir nun den – besonders lästigen! – horizontalen Rollbalken los, da wir uns auf eine überschaubare Feldmenge beschränkt haben, und wir haben eine Navigationsmöglichkeit nach »Meldung ändern«.

Im folgenden Abschnitt werden wir die Toolbar einführen und damit auch den vertikalen Rollbalken noch zum Verschwinden bringen.

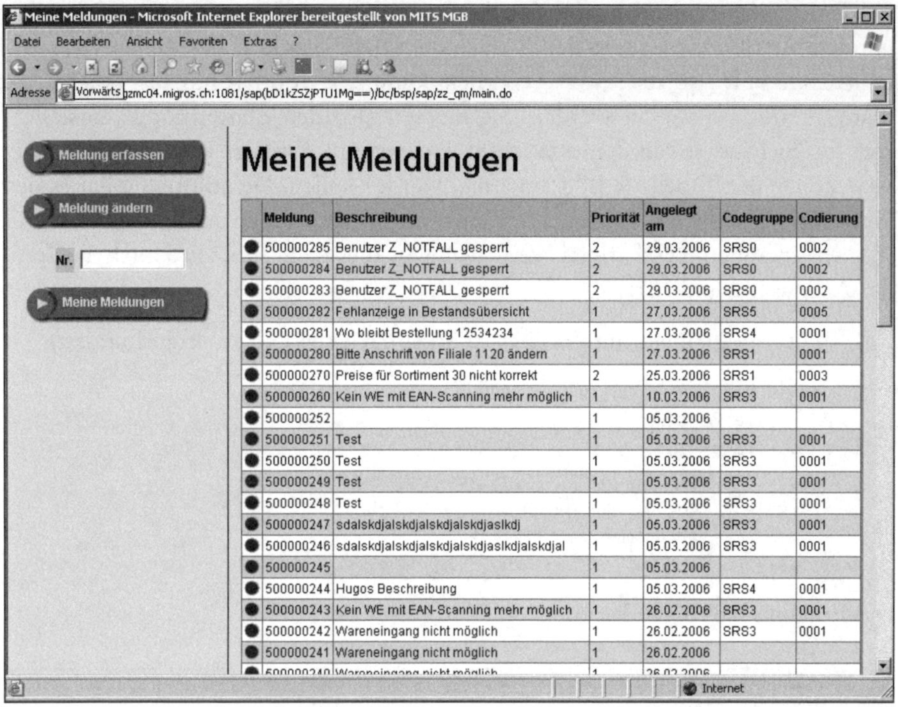

Abb. 8–17 *Verbesserte Meldungsliste*

8.14 Die Toolbar

Wie schön auch immer Sie die Spalten Ihrer Tabelle anordnen – der Benutzer wird immer unzufrieden sein. Er wird Gründe für seine Unzufriedenheit nennen. Sie mögen diese Gründe einsehen und das Tabellenlayout anpassen – mit dem Effekt, dass sich eine Woche später ein anderer Benutzer über das Layout beklagen und ebenso gute Gründe für ein drittes Layout anführen wird ...

In einer solchen Lage gibt es nur eine befriedigende Lösung: *Personalisierung*. Der Benutzer muss selbst bestimmen können, welche Spalten anzuzeigen sind und wie diese angeordnet sein sollen. Für diese Personalisierungsmöglichkeit brauchen wir ein Instrument, das ich »die Toolbar« nenne: Eine kleine Benutzerschnittstelle mit Blätter- und Suchfunktionen, vor allem aber mit der Möglichkeit, Spaltenmenge und -anordnung sowie Sortierordnung der Tabelle zu bestimmen oder sogar zwischen verschiedenen Ausprägungen auszuwählen.

Die Idee ist nicht besonders originell – fast jeder Tabellenview, der etwas auf sich hält, bietet eine Komponente mit ähnlichem Funktionsumfang an. Beispielsweise auch der ALV Grid im SAP GUI.

Die Realisierung gestaltet sich denkbar einfach. Im Einfachstfall fügen Sie als inneres Element in das `<z:table>`-Element ein `<z:toolbar>`-Element ein. Geben

Sie dem Element mit Hilfe des Attributs `toolbar_id` eine ID, und teilen Sie ihm mit dem Attribut `strucname` den Namen der DDIC-Struktur des Zeilentyps mit – in unserem Fall also `zqm_list`. Außerdem kann eine Toolbar nur für Tabellen im Blättermodus verwendet werden. Sie müssen also den Blättermodus einstellen. Das tun Sie, indem Sie dem `<z:table>`-Element im Attribut `rows` angeben, wieviele Zeilen der Tabelle je Bild angezeigt werden sollen. Defaultmäßig hat es den Wert Null, der bedeutet, dass alle Zeilen angezeigt werden sollen. Setzen Sie es stattdessen auf einen positiven Wert. Wenn Sie dies nicht tun, wird auch die Toolbar-Anweisung ignoriert!

Das `<z:table>`-Element mit Toolbar ist im einfachsten Fall so programmiert:

```
<z:table binding="//msg/gt_messages"
         mark="true"
         rows="10"
         onRowClick="javascript:select('#qmnum#');">
  <z:toolbar toolbar_id="qmTool"
             strucname="zqm_list"/>
</z:table>
```

Das Ergebnis ist Folgendes:

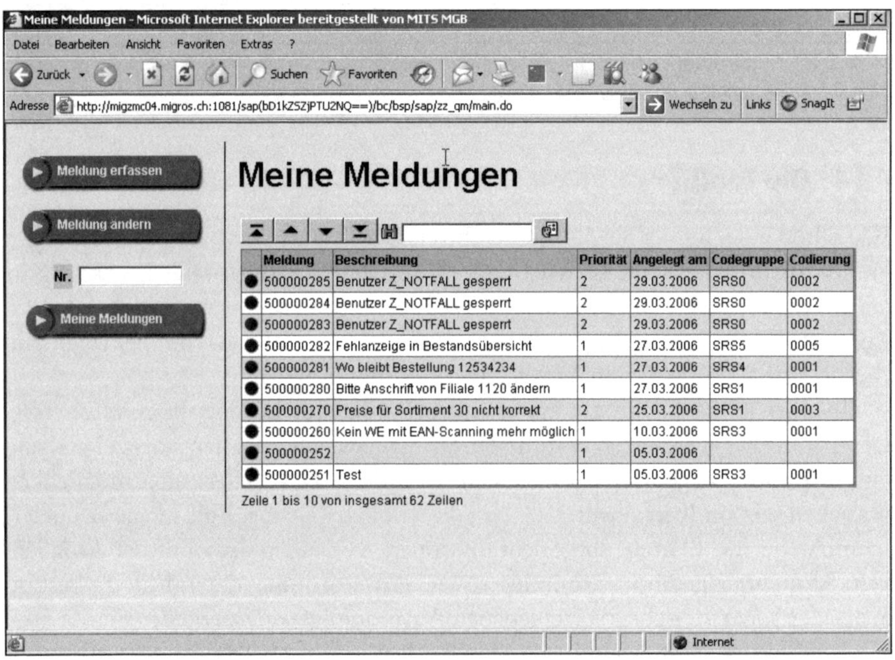

Abb. 8–18 *Meldungsliste mit Toolbar*

Sie können nun durch die Meldungen blättern oder auch, wenn Sie irgendetwas über die Meldung wissen, diesen Suchbegriff ins Suchfenster eingeben. Bei jedem ENTER positioniert das System auf die nächste Zeile, in der der Suchbegriff vorkommt.

Beachten Sie nebenbei, dass auf diese Weise auch der vertikale Rollbalken eliminiert wurde. Wenn es hinreichend komfortable Such- und Blätterfunktionen gibt, ist dies für keinen Benutzer ein Verlust!

Mit dem Button können Sie die Toolbar personalisieren. Nehmen wir an, Sie möchten eine Sicht nur mit Datum, Meldungstext und Priorität haben. Wenn Sie den Button »Persönliche Einstellungen« drücken, kommen Sie in die Pflege der Personalisierung:

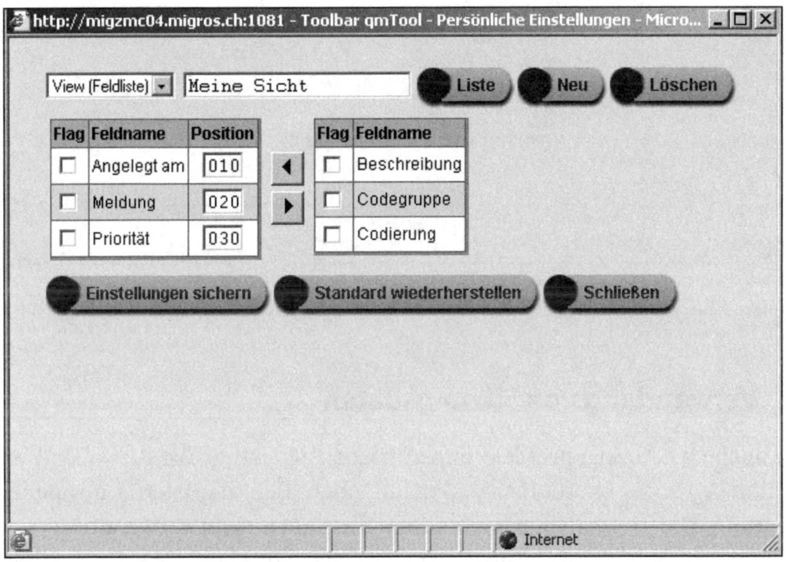

Abb. 8–19 *Persönliche Einstellungen*

Hier können Sie eine eigene Sicht (Feldliste) definieren – nennen Sie sie beispielsweise »Meine Sicht«. Wenn Sie das gemacht haben und »Einstellungen sichern« sowie »Schließen« drücken, schließt sich das Fenster, und die Einstellungen werden übernommen. Danach sieht die Liste wie folgt aus:

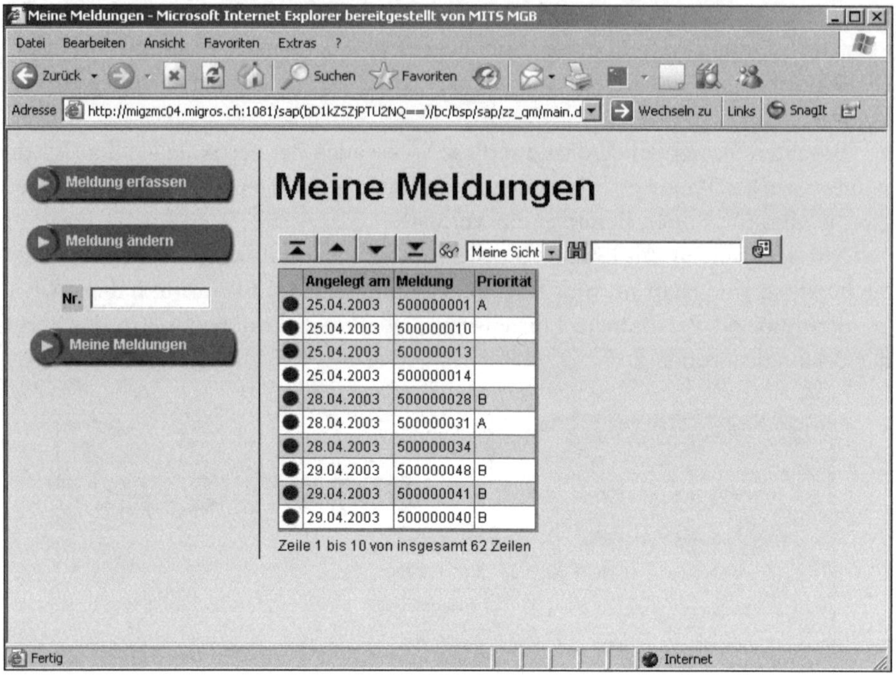

Abb. 8–20 *Eine personalisierte Ansicht*

8.15 Verwendung von Sitzungsdaten

Wenn auch das Anzeigeproblem nun zufriedenstellend gelöst ist, so sind wir mit dem Einhängen des `<z:toolbar>`-Elements noch nicht ganz fertig mit der Implementierung. Die Toolbar-Buttons sind nämlich noch nicht verwendbar:

Wenn Sie irgendeinen Button der Toolbar drücken, so verschwindet die gesamte Tabellenanzeige aus dem Bild – eingeschlossen die Toolbar! Nur durch Druck auf »Meine Meldungen« können Sie die Tabelle wiederherstellen. Dass dies nicht so gedacht ist, ist klar. Was fehlt?

Bis jetzt war unsere Anwendung vollständig zustandslos! Der gesamte Anwendungskontext wurde zwischen Formularfeldern und Modelattributen hin- und hergespielt. Das bedeutet aber auch, dass die durch Druck auf »Meine Meldungen« selektierte Liste beim nächsten Dialogschritt wieder verlorengeht.

Wie können wir es erreichen, dass die Tabelle `//msg/gt_messages` den Bildwechsel überlebt?

Wir haben mehrere Möglichkeiten:

- Die einfachste Möglichkeit ist, solange man auf der Seite bleibt (was wir am `panel` erkennen können), stets die Model-Methode `select()` aufzurufen. Solange es sich um kleine, nicht besonders teure Selektionen oder sogar um

Selektionen von gepufferten Datenbanktabellen handelt, ist diese Möglichkeit auf jeden Fall die beste. Am besten implementieren Sie den Aufruf der Modelmethode in einer Redefinition von `set_panel( )` mit der Logik: Ist `list` der zu setzende Panel, so soll `main->select()` aufgerufen werden.

- Wenn die Selektionen komplexer und damit teurer sind, merken Sie sich die Tabelle im Session-Cookie. Dazu setzen Sie die Tabelle in der `do_finish()`-Methode in die Sessiondaten:

  ```
  sessiondata->set( iv_name = 'gt_messages'
                    iv_value = gt_messages ).
  ```

  Beim nächsten Dialogschritt beginnt ein neuer Sitzungskontext, und die Tabelle `gt_messages` muss wiederhergestellt werden. Hierzu können Sie im Model-Constructor die Anweisung

  ```
  sessiondata->get( exporting iv_name = 'gt_messages'
                    importing ev_value = gt_messages ).
  ```

  einbauen (in dem Code-Block »`if sessiondata is bound`«... – denken Sie an den Fall, dass das Model in anderen Kontexten als einer BSP-Applikation verwendet werden kann).
- Die dritte Möglichkeit – und die werden wir hier zu Übungszwecken wählen – ist, *das Model serialisierbar zu machen.* Das bedeutet: das Model ist in der Lage, seinen aktuellen Zustand in einem `XSTRING` fortzuschreiben und aus diesem auch wiederherzustellen. So kann es den Abbau der ABAP-Sitzung überstehen, wenn es nur beim Beginn des nächsten Dialogschrittes wieder diesen Daten-`XSTRING` vorgelegt bekommt.

Hierzu ist das Interface `zif_serializable` zu implementieren. Es besteht aus den beiden Methoden `save_state()` und `restore_state()`.

Wir entscheiden uns zunächst, lediglich die Tabelle `gt_messages` in den Objektzustand aufzunehmen. Bei Bedarf können wir in den Implementierungen `save_state()` und `restore_state()` weitere Daten aufnehmen:

```
method zif_serializable~save_state .
  if gt_messages is not initial.
    export
* Liste der Datenobjekte, die den Modelzustand definieren
      gt_messages from gt_messages
* ... (hier bei Bedarf weitere Objekte hinzufügen)
      to data buffer ev_state.
  endif.

* Name der eigenen Klasse
  ev_classname = 'ZCL_QM'.
endmethod.

method zif_serializable~restore_state .
  if iv_state is not initial.
    import
```

```
* Liste der Datenobjekte, die den Modelzustand definieren
          gt_messages to gt_messages
* ... (evtl. weitere Objekte hinzufügen)
          from data buffer iv_state.
  endif.
endmethod.
```

Nach Einbau dieser Implementierung können Sie mit der Toolbar so arbeiten, wie es vorgesehen ist. Die Tabelle wird bei jedem Dialogschritt aus dem Server-Cookie wiederhergestellt. Beachten Sie, dass bei dieser dritten Variante, anders als bei der zweiten, nicht einzelne Daten, sondern das ganze Model als Objekt in die Sessiondaten aufgenommen wird. Das ist in der Regel vorzuziehen.

9 Sitzungsdaten

Ein gutes Anwendungsdesign ist dadurch gekennzeichnet, dass der Benutzer nicht mit Informationen überschüttet wird, sondern dass er die Möglichkeit hat, gezielt die – jeweils nur wenigen – Daten auszuwählen, die er wirklich sehen oder bearbeiten möchte. Ein Fenster mit mehr als zehn Eingabefeldern oder mehr als zwanzig Tabellenzeilen sollte daher bereits die Ausnahme sein. Die einzelnen Services sollten auf hinreichend feiner Ebene komponentisiert sein, wobei jede Komponente gekapselt ist und ihre eigenen Daten verwaltet.

Das MVC-Paradigma unterstützt, wie wir gesehen haben, die Komponentisierung. Wenn Anwendungen nach diesen Richtlinien geschnitten sind, sollte es nicht viele Daten geben, die von Seite zu Seite gehalten werden müssen. Dennoch *gibt* es natürlich solche Daten, und es stellt sich die Frage, wie der Datentransport von *Kontexten*, also zusätzlichen, über die Inhalte der Formularfelder hinausgehenden Anwendungs- oder Steuerdaten zu bewerkstelligen ist.

9.1 Stateful oder Stateless

Die für den Entwickler einfachste Möglichkeit, Sitzungsdaten requestübergreifend zu erhalten, ist zweifellos, stateful zu arbeiten. Wenn man seine BSP-Applikation als stateful, also zustandsbehaftet, deklariert, werden nicht nur die benötigten Daten, sondern der *vollständige Sitzungskontext* für den Benutzer aufbewahrt. In einer zustandsbehafteten Anwendung kann man so programmieren, wie man es von der GUI-Programmierung gewohnt ist: Benutzereingaben können als (gelegentlich lästige) Unterbrechung eines Programmablaufs angesehen werden, der aber ohne Datenverlust fortgesetzt werden kann: Es sind jederzeit alle globalen Daten verfügbar.

Das ganze System ist dann wieder ein großer Daten- und Programmhaufen, aus dem man sich nach Belieben bedienen kann. Man muss sich nicht Rechenschaft über die Frage geben: *Welche Daten brauche ich eigentlich, und welche nicht?*, sondern geht einfach davon aus, dass immer alles verfügbar ist.

So wurde früher entwickelt, als der große Nutzen von Kapselung und Komponentisierung noch nicht allgemein erkannt worden war. Heute noch so zu entwickeln, ist eine Art von IT-Terrorismus: In seinen Programmen hat man den Schaden bereits vorprogrammiert. Solche Programme sind nicht erweiterbar, schwierig zu warten und in anderen Kontexten nicht einsetzbar.

Wer objektorientiert programmiert, muss der Programmierung die Designphase vorausgehen lassen, in der er sich – nach Definition der Klassenhierarchie und Kompositionsstruktur, der Objekte, ihrer Methoden und Attribute – auch genaue Rechenschaft über die benötigten und zu verändernden Daten und deren Sichtbarkeit gibt. Es zeigt sich dann häufig, dass es eigentlich nur wenige Daten sind, die in einer Webanwendung den Seitenwechsel überleben müssen. Wenn man dagegenhält, dass Stateful natürlich seinen Preis hat, indem es wertvolle Systemressourcen (Prozesse und Hauptspeicher) bindet, so gibt es außer Bequemlichkeit und der Vorliebe für schädliche Programmiergewohnheiten keinen Grund, die vollständige Benutzersitzung nach Abarbeitung des Requests aufzubewahren.

9.2 Versteckte Formularfelder

Die einfachste Möglichkeit in einer zustandslosen Webanwendung, Inhalte von Seite zu Seite mitzuführen, bieten *versteckte Formularfelder*. Sie sind im HTML-Quelltext innerhalb der `<form>`-Deklaration mit folgender Syntax zu verwenden:

```
<input type="hidden" name="myName" value="....">
```

Üblicherweise wird man ABAP-Variablen aufbewahren wollen, beispielsweise einen String `myData`, der als Attribut des Controllers `cont1` deklariert ist und den man wie folgt in einen von `cont1` aufgerufenen View einbindet:

```
<input type ="hidden"
       name ="C__cont1__myData"
       value ="<%=parent->myData%>">
```

Der Feldtransport erfolgt in diesem Beispiel automatisch, da der Feldname der Namenskonvention entspricht; der Controller `cont1` wird – über die Unterbrechung durch den `request-response`-Zyklus hinweg – sein Attribut `myData` kontinuierlich verwenden können. Damit dies funktioniert, muss lediglich im View ein Seitenattribut `parent` vom Typ `ref to zcl_controller` deklariert sein.

Am elegantesten können verborgene Felder mit dem `<z:input>`-Tag und Data Binding direkt an ein Model- oder Controller-Attribut gebunden werden. Das obige Beispiel würde daher folgendermaßen aussehen:

```
<z:input binding="//C/Cont1/myData"
         invisible="true"/>
```

ID und Name werden in diesem Fall vom <z:input>-Tag automatisch vergeben. Auch die Hin- und Rückkonvertierung des Datenobjekts `myData` in ein rein zeichenförmiges Format übernimmt das Tag bzw. der Data-Binding-Mechanismus.

Verborgene Formularfelder, in welcher Form auch immer sie genutzt werden, sind einfach, haben jedoch einige Nachteile:

- Es ist umständlich, die versteckten Felder in der Antwortseite zu deklarieren.
- Das Halten der Daten gehört in den Aufgabenbereich ihres Eigentümers oder Verwenders, d.h. des Controllers und nicht des Views. Das läßt sich schon daran ablesen, dass diese Methode nur für *öffentliche* Attribute funktioniert, für *private* dagegen nicht.
- Es gibt browserabhängige Größenbegrenzungen für die Formularfelder.
- Es gibt Konvertierungsprobleme, derer man sich bei Verwendung dieser Technik bewusst sein muss.

  Wenn beispielsweise das obige Attribut `myData` ein Anführungszeichen enthält, kann das HTML nicht mehr korrekt interpretiert werden, da dieses Anführungszeichen die Deklaration des `value`-Attributs beenden würde. Wenn `myData` kein String ist, darf man die Hin- und Rückkonvertierung der Daten nicht vergessen. (mit den Methoden, die in Abschnitt 7.5 *Datenvalidierung* erklärt wurden).

In unserem MVC-Framework verwenden wir die versteckten Formularfelder `<ContId>__panel` und `fcode`. Diese dienen aber nicht zum Festhalten von Sitzungsdaten, sondern informieren den Controller über die vom Benutzer angeforderte Funktion und die aktuell im Browser zu sehende Bildgruppe.

Fazit: Versteckte Formularfelder sollten nur für kleine Kontext-Einheiten steuernder Natur verwendet werden. Um Seitenattribute übergreifend verwenden zu können, sind sie eher ungeeignet, da das Handling zu umständlich würde.

9.3 Clientseitige Cookies

Clientseitige Cookies sind Daten, die im HTTP-Protokollkopf bei jedem Request an den Server geschickt werden. Sie können mittels des JavaScript-Objekts `document.cookie` beim Aufbau der HTML-Seite im Browser gesetzt oder im HTTP-Protokollkopf der Antwort bereits vom Server mitgeschickt werden.

Beispiel für das *clientseitige* Setzen eines Cookies mittels JavaScript:

```
document.cookie =
  "name=" +
  escape(value) +
  "; expires=Sun, 21-Jan-2007 21:37:35 UTC";
```

In diesem Beispiel sei value eine JavaScript-Variable, deren Inhalt unter dem Namen name als Cookie abgelegt werden soll. Sonderzeichen müssen beim clientseitigen Setzen mit der eingebauten JavaScript-Funktion escape() konvertiert werden.

Das *serverseitige* Setzen eines Client-Cookies geschieht ganz ähnlich, unter Verwendung der Methode response->set_cookie():

```
response->set_cookie(
  name = 'name'
  value = lv_value
  expires = 'Sun, 21-Jan-2007 21:37:35 UTC' ).
```

Die Konvertierung der Daten wird hierbei automatisch vom BSP-Framework übernommen.

Das clientseitige wie das serverseitige Setzen eines Cookies hat dieselbe Auswirkung auf die HTTP-Message: Dem HTTP-Protokollkopf wird folgender Text hinzugefügt (die in eckigen Klammern stehenden Bestandteile sind variabel und werden durch die beschriebenen Methoden zum Setzen von Cookies gesteuert):[1]

```
Set-Cookie: [NAME]=[VALUE]; expires=[DATE]; path=[PATH];
domain=[DOMAIN_NAME];
```

Zu beachten ist das Format des Verfallsdatums, das genau wie in obigen Beispielen angegeben werden muss, um vom Client richtig interpretiert zu werden.

- In JavaScript steht hierzu die Methode toGMTString() des Date-Objekts zur Verfügung.
- Auf Serverseite empfiehlt es sich bei Verwendung von Cookies, eine kleine Utility-Methode zu schreiben, die das Gleiche leistet.

Zum *clientseitigen Lesen* von Cookies mittels JavaScript hat man den String document.cookie zu analysieren, der die einzelnen Datenobjekte in der Form

```
name1=value1;name2=value2;...
```

enthält. Die Werte value1 etc. müssen mit der eingebauten Funktion unescape() wieder in ihren Originalzustand zurückkonvertiert werden.

Man unterscheidet *persistente und nichtpersistente Cookies*. Persistente Cookies haben ein Verfallsdatum (der Parameter expires in den obigen Beispielen). Der Browser stellt sicher, dass die Daten bis zu diesem Verfallsdatum verfügbar sind. Nichtpersistente Cookies leben dagegen nur für die Dauer der Browsersitzung, werden also bei jedem Request auf die Seiten des Anwendungspfades, den man während der Sitzung ausführt, automatisch im HTTP-Header mitgelie-

1. Mit dem path-Attribut kann spezifizert werden, dass Cookies nur für bestimmte URL-Pfade mitgeliefert werden sollen, also zum Beispiel nicht für Requests auf Ordner,die nur statische Ressourcen enthalten.

fert. Ein Cookie wird vom Browser als nichtpersistent betrachtet, wenn beim Setzen des Cookies kein Verfallsdatum angegeben wird.

Persistente Cookies sollte man verwenden, um Voreinstellungen zu sichern, die bei Wahl einer Seite für den betreffenden Benutzer gelten sollen.

Typisches Beispiel: Auf *www.wetter.de* kann man sich, nachdem man nur einmal seinen Wohnort angegeben hat, bei jedem späteren Aufruf der Seite die Prognose seines Lokalwetters ansehen.

Nichtpersistente Cookies empfehlen sich zum Ablegen von kleinen Datenmengen, die über die ganze Sitzung hindurch gültig sind. Java Server Pages setzen zum Beispiel den Parameter `jsessionid` (eine GUID) als nichtpersistentes Cookie. Alle weiteren Daten des JSP-Frameworks werden jedoch vom Server verwaltet, wobei die `jsessionid` nur als Handle auf die Daten dient. Wenn Sie, wie im Abschnitt 5.3 *Anmeldung* beschrieben, ein SSO2-Anmeldeticket verwenden, so wird auch dieses gut als nichtpersistentes Cookie geführt.

Darüber hinaus empfiehlt sich jedoch ein sparsamer Umgang mit Cookies, denn:

- Cookies können von (über)vorsichtigen Benutzern im Browser abgeschaltet werden. Man sollte also darauf achten, dass die Seiten – wenn auch mit eingeschränkter Funktionalität – vom Browser wenigstens noch verarbeitet werden können, wenn keine Cookies vorhanden sind. Wenn Cookies benötigt werden, sollte der Anwender darauf hingewiesen werden, dass er sie aktiv zu schalten hat.[2]
- Cookies sind in Größe und Anzahl begrenzt. Es dürfen insgesamt nicht mehr als 20 Cookies für einen Server abgelegt werden, und jedes Cookie darf nicht größer als 4 KB sein.
- Cookies erzeugen Netzlast, da sie bei jedem Request mitgesendet werden. Wenn eine Seite beispielsweise eine HTML-Datei und fünf Bilder enthält, so wird ein etwaiges Cookie in allen sechs Requests mitgeliefert, die für den Bildaufbau nötig sind.

Fazit: Die Caveats zeigen, dass auch die clientseitigen Cookies nicht die Methode der Wahl für das Halten von Sitzungsdaten sein können. Für kleine seitenübergreifende Datenhäppchen wie z.B. die aktuelle Verkäufergruppe sind sie jedoch nützlich. Darüber hinaus werden Cookies bei der Anmeldung mittels SSO2-Tickets benötigt.

2. Hierzu kann in JavaScript die boolesche Eigenschaft `navigator.cookieEnabled` abgefragt werden. Auch der Server könnte an Stellen, an denen ein Cookie erwartet, aber vom Client nicht gesendet wird, eine Fehlermeldung oder Fehlerseite bringen.

9.4 Der Puffer des Anwendungsservers

Java Server Pages legen Sitzungsdaten im Hauptspeicher des Servers ab. Auf einem SAP-Server kann selbstverständlich auch der Serverspeicher adressiert werden. Hierzu gibt es die Befehle

```
export
  x from lv_x
  y from lt_y
  z from ls_z
to shared buffer zz_my_struc(id)
  id lv_key.
```

und

```
export
  x from lv_x
  y from lt_y
  z from ls_z
to shared memory zz_my_struc(id)
  id lv_key.
```

Dabei muss `zz_my_struc` eine DDIC-Struktur von `INDX`-artigem Aufbau sein, die in Klammern angefügte ID muss ein frei wählbares zweistelliges Kürzel sein, die so genannte Partition, der Schlüssel `lv key` muss vom Datentyp auf das »Schlüsselfeld« der Struktur `zz_my_struc` passen, und die Daten `lv_x`, `lt_y` etc. können beliebige ABAP-Datenobjekte sein, die allerdings aus offensichtlichen Gründen keine Referenzen enthalten dürfen. Der Unterschied zwischen den Befehlen liegt darin, dass nur der erstere ein echter Pufferbefehl ist: bei `export to shared buffer` sorgt ein Verdrängungsmechanismus dafür, dass weniger häufig angefragte Daten bei Platzmangel aus dem Puffer verdrängt werden. Die Größe des insgesamt verfügbaren Speichers wird daher nicht überschritten. Dagegen adressiert der Befehl `export to shared memory` direkt den Speicher. Wenn man Systemabbrüche wegen Speicherüberlaufs verhindern will, muss man bei dieser zweiten Variante des Befehls selbst dafür Sorge tragen, dass nicht mehr benötigter Speicher mit dem Befehl `delete from shared memory` wieder bereinigt wird.

Jede der beiden Methoden hat ihren besonderen Nutzen:

- Der `export to shared buffer` hat den eingebauten Puffermechanismus, so dass man sich um die Freigabe des Pufferspeichers nicht selbst zu kümmern braucht. Der Preis ist, dass man sich in der Anwendung nicht darauf verlassen kann, dass die Daten wirklich im Puffer vorhanden sind. Die Anwendung muss bei fehlgeschlagenem wie erfolgreichem Lesen vom Puffer gleich laufen. Der Unterschied liegt nur in der Performance: Bei fehlgeschlagenem Lesen vom Puffer müssen die Daten neu beschafft werden.
- Der `export to shared memory` bietet dagegen die Sicherheit, dass die exportierten Daten auf dem Anwendungsserver wirklich vorhanden sind. Man kann

sich also im Anwendungsprogramm darauf verlassen. Dafür muss man sich auch selbst um die Speicherbereinigung kümmern.[3]

Die Struktur muss im Wesentlichen geeignet sein, unstrukturierte binäre Datenobjekte variabler Länge aufnehmen zu können. Zu beiden Methoden ist jedoch grundsätzlich zu sagen, dass sie nicht für das Halten von Sitzungskontexten verwendet werden sollten. Der anwendungsübergreifende Hauptspeicher sollte auch nur zur Ablage anwendungsübergreifender Daten verwendet werden, nicht zur Ablage der Transaktionsdaten eines einzelnen Benutzers.

Ein gutes Beispiel für die Verwendung des Shared Buffer ist die Konfigurationsdatei `config.xml` einer BSP-Applikation, die die Flow Logic der Applikation enthält. Denn diese Daten werden sitzungsübergreifend von allen Benutzern benötigt. Nachdem die Datei in allen Applikationsrechnern einmal gelesen worden ist, erspart man sich weitere Datenbankzugriffe.

Wer im Shared Memory aber die Daten für einzelne Benutzersitzungen halten will, kann nur in Systemlandschaften mit einem einzigen Applikationsserver erfolgreich sein und zerstört somit auch die *Skalierbarkeit* seiner Anwendung: Wenn mehrere Applikationsserver zur Lastverteilung im Einsatz sind, können die Anwender vom Web-Dispatcher bei jedem Request auf einen anderen Server geleitet werden. Was im Shared Memory des ersten Servers abgelegt wurde, ist aber dem zweiten Server natürlich nicht bekannt.

9.5 Serverseitige Cookies

Wie erwähnt, scheidet der Hauptspeicher des Servers zum Zwischenspeichern von Sitzungsdaten aus, da die Sitzung bei jedem Request auf einer anderen Maschine bearbeitet werden kann. Es wäre zwar ein Mechanismus denkbar, der den Speicherinhalt auf alle Server verteilt; die Laufzeit- und Ressourcenkosten eines solchen Mechanismus sind jedoch hoch, da die anderen Maschinen mittels RFC adressiert werden müßten. Eine wesentlich elegantere Methode zum Zwischenspeichern von Daten stellen die serverseitigen Cookies dar. Sie können mit der Klasse `cl_bsp_server_side_cookie` geschrieben, gelesen und gelöscht werden.

Ein serverseitiges Cookie ist im Prinzip ein beliebiges ABAP-Datenobjekt, also eine interne Tabelle, Struktur, o.ä, das mit dem Befehl `export to database` in eine INDX-artige Datenbanktabelle (in diesem Fall die Tabelle `SSCOOKIE`) geschrieben wird. Das Besondere ist der eingebaute Verfallszeitmechanismus. Es werden automatisch nur solche Cookies berücksichtigt, deren Verfallszeit noch nicht abgelaufen ist. Die Verfallszeit kann beim Schreiben des Cookies in Sekunden oder Tagen angegeben werden.

Grundsätzlich sollte man während des Ablaufs einer Sitzung mit Datenbankzugriffen sparsam sein. Das hier vorgestellte Framework für zustandslose BSP-

3. Näheres siehe in der ABAP-Syntaxdoku zu obigen Befehlen.

Applikationen kommt mit je einem lesenden und einem schreibenden DB-Zugriff aus der Anwendung aus: Zu Beginn der Request-Bearbeitung wird ein Session-Cookie aus der Datenbanktabelle `SSCOOKIE` eingelesen – am Ende der Bearbeitung wird es wieder zurückgeschrieben. Zwischendurch steht im Speicher eine Hash-Tabelle mit den zu persistierenden Datenobjekten zur Verfügung. Die Zugriffe sind schnell, weil der Schlüssel voll spezifiziert ist und die Anweisung `export to database` sehr performant arbeitet.

9.6 Die Sitzungs-ID

Der Zugriff auf die serverseitigen Cookies erfolgt durch Angabe eines Schlüssels, der für die BSP-Anwendungen ausgelegt ist. Zum Schlüssel gehört der BSP-Applikationsname, ein »Benutzername«, ein frei wählbarer Cookie-Name sowie die `session_id`, die üblicherweise vom impliziten Objekt `runtime` übernommen wird und gemäß Dokumentation die Browsersitzung identifiziert.

An dieser Stelle ist die Dokumentation[4] leider falsch. Das Attribut `runtime->session_id` identifiziert keineswegs eine Browsersitzung, sondern *nur eine BSP-Applikation innerhalb einer Browsersitzung*. Wenn Sie in Ihrer Anwendung zwischen verschiedenen BSP-Applikationen hin- und hernavigieren – und dieser Fall ist keineswegs besonders exotisch, denn man wird größere Webanwendungen auf einzelne BSP-Applikationen verteilen, um einen wartungs-unfreundlichen Programmhaufen zu vermeiden – wird bei jedem erstmaligen Aufruf einer neuen BSP-Applikation eine neue `runtime->session_id` vergeben – obwohl die Aufrufe alle von derselben Browsersitzung stammen!

Wenn Sie also in dieser Situation sind, benötigen Sie eine eigene Verwaltung einer Session-ID, die diesen Namen verdient, also wirklich die Sitzung einer Browserinstanz kennzeichnet.

Dies kann am bequemsten mittels eines clientseitigen, nichtpersistenten Cookies erreicht werden. Für das MVC-Framework sind wir hierzu wie folgt vorgegangen: Wir definieren ein statisches privates Attribut `session_id` in der zentralen Controllerklasse sowie eine statische öffentliche Methode `get_session_id()`, die, falls das Attribut noch nicht gefüllt ist, in den Client-Cookies nachschaut, ob es dort gefüllt ist. Ist es dort auch noch nicht gefüllt, so sind wir gerade beim ersten Aufruf der Applikation; in diesem Fall füllen wir es mit dem vom Standard ermittelten Attribut `runtime->session_id` und schreiben dieses dann in den Client-Cookies fort. Da nichtpersistente Client-Cookies für die Dauer einer Browsersitzung gültig bleiben, haben wir auf diese Weise eine eindeutige Kennzeichnung der Sitzung erreicht – ganz egal, welche BSP-Applikationen hierbei vom Anwender aufgerufen werden.

4. Das Attribut `session_id` wird nämlich in der Dokumentation des Interface `IF_BSP_RUNTIME` unter »Web-Applikationen und BSP → Programmiermodell → Klassen und Interfaces« so beschrieben, als entspräche es einer Browsersitzung.

9.7 Löschen veralteter Cookies

Das Löschen veralteter Cookies erfolgt nicht automatisch. Die Klasse cl_bsp_server_side_cookie tut beim Lesen nur so, als würden veraltete Einträge nicht existieren. Das Löschen veralteter Cookies führt sie nicht selbst durch. Sie bietet aber eine Methode delete_server_cookie() zum Löschen von Cookies an. Mit einem kleinen Programm, das regelmäßig einzuplanen ist, kann man veraltete Cookies aus der Tabelle löschen. SAP bietet hierfür das Programm BSP_CLEAN_UP_SERVER_COOKIES an, das aus genau einer ausführbaren Zeile besteht:

```
delete from sscookie where expiryd lt sy-datum.                © SAP AG
```

Das Intervall der Einplanung hängt hierbei vom erwarteten Benutzeraufkommen ab. Da dieses nach der Einführung eine variable Größe ist, empfiehlt es sich, die Tabelle sscookie nach dem Produktivstart einige Zeit zu beobachten, um das aktuelle Datenvolumen zu ermitteln.

9.8 Eine Tabelle von Sitzungsdaten

Die Familie der export- und import-Anweisungen ist zu Basisrelease 4.6C um eine überaus nützliche Variante erweitert worden: Mit der Anweisung export to data buffer kann der Inhalt von einem oder mehreren ABAP-Datenobjekten in einen Byte-String serialisiert werden. Diese Anweisung ist die Antwort auf viele Gebete! Wir können sie im Zusammenhang mit Sitzungsdaten nutzen, um eine eigene Nametab-Verwaltung von Datenobjekten zu programmieren. Wozu ist das nützlich? Wenn man nacheinander verschiedene Daten in ein Speichersegment ablegt, also etwa

```
export x from lv_x
       y from lv_y
to database indx(qz) id 'myCluster'.
```

und danach

```
export v from lt_v
       z from lt_z
to database indx(qz) id 'myCluster'
```

so gehen durch den zweiten export die mit der ersten Anweisung exportierten Daten verloren. Obwohl jedes einzelne Datenobjekt unter einem symbolischen Namen abgelegt wird und unter diesem auch isoliert importiert werden kann, verwaltet die Anweisung aus Performancegründen keineswegs eine Nametab aller exportierten Daten, sondern überschreibt den gesamten Cluster bei jeder neuen export-Anweisung.

In obigem Beispiel kann man also, wenn man es will, nur die Variable v separat importieren:

```
import ls_v to v
       from database indx(qz)
       id 'myCluster'.
```

Die Variablen x und y sind jedoch durch den vorherigen Export von z und t verlorengegangen. Für BSPs wäre es aber nützlich, die Sitzungsdaten in einer Tabelle von Name/Wert-Paaren zu verwalten: Wann immer es nötig scheint, will man Datenobjekte mit einer Anweisung der Art

```
set( exporting iv_name = 'gv_data'
               iv_value = gv_data ).
```

ablegen und mit einer Anweisung

```
get( exporting iv_name = 'gv_data'
     importing ev_value = gv_data ).
```

wieder zurückholen können.

Es liegt nahe, hierfür eine Serviceklasse zu definieren. Es folgt hier ein UML-Diagramm der Klasse zcl_mvc_sessiondata, das wir in unserem MVC-Framework zur Verwaltung von Sitzungsdaten verwenden:

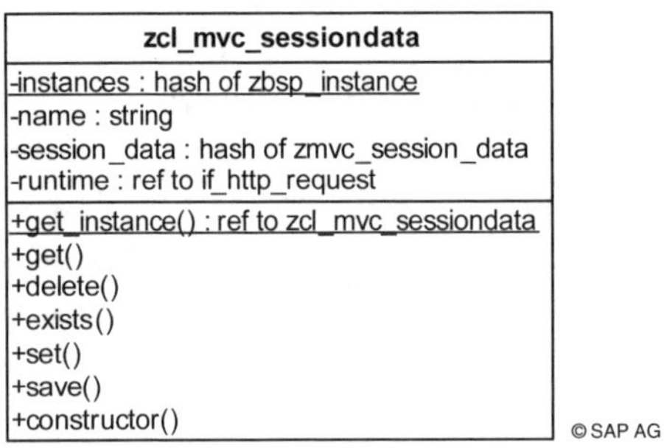

Abb. 9–1 *Verwaltung von Sitzungsdaten*

Die *Instanzerzeugung* wird durch eine Klassenmethode get_instance() geregelt. Eine Instanz verwaltet die Sitzungsdaten einer vollständigen BSP-Applikation. Sie bekommt daher zur Kennzeichnung den Namen der BSP-Applikation. Alle Objekte, die diesen Datencontainer benötigen, sind an dieser Instanz durch Komposition beteiligt. Das heißt, die Referenz auf das Objekt wird bei jeder Erzeugung abhängiger Objekte – Controller oder Models – weitergereicht.

Die Objektinstanz wird zu einem frühen Zeitpunkt der Requestbearbeitung erzeugt – dabei wird der beim letzten Response abgelegte Datencontainer aus der Tabelle sscookie eingelesen. Um die gewünschte Nametab-Struktur zu erhalten, verwenden wir eine Hash-Tabelle, die den Namen des abzulegenden Datenobjekts und die Komponenten-ID als Schlüssel enthält. Im Data Dictionary wurde hierzu ein Datentyp zmvc_session_data_tab wie folgt definiert:

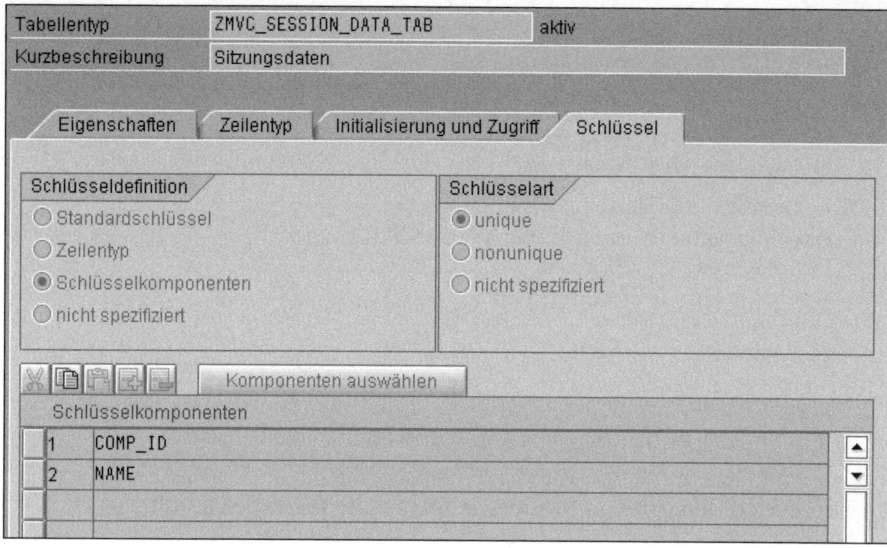

Abb. 9–2 *Schlüssel zur Sitzungsdatentabelle*

Die zugrunde liegende Zeilenstruktur ist folgendermaßen definiert:

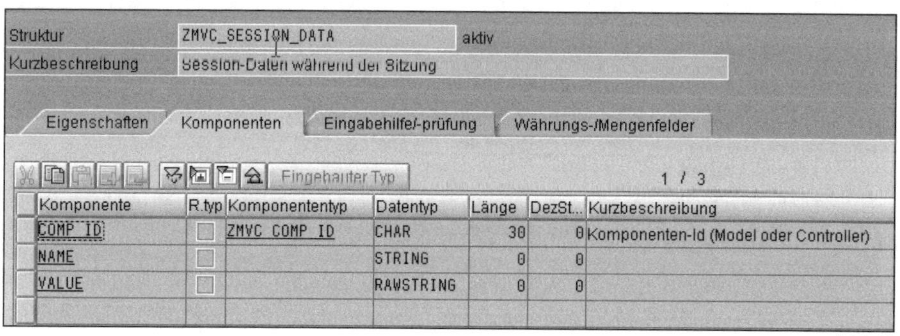

Abb. 9–3 *Zeilentyp der Sitzungsdatentabelle*

Die Sitzungsdaten, als privates Attribut der `zcl_mvc_sessiondata`-Instanz deklariert, sind also als Hash-Tabelle organisiert. Jeder Eintrag des Hashs besteht aus einem beliebigen, von der `set()`-Methode als `xstring` verschlüsselten ABAP-Datenobjekt. Die interne Struktur dieses Datenobjekts ist der Instanz von `zcl_sessiondata` unbekannt. Nur der Aufrufer muss sie kennen, denn er hat das Datenobjekt mit der `set()`-Methode ja auch abgelegt. Er muss es lediglich an der Stelle, wo er es wieder benötigt, mit der `get()`-Methode in eine ABAP-Variable `gv_data` des gleichen Typs importieren.

Die Methode `set()` nimmt also Datenobjekte entgegen, exportiert sie in einen `xstring` und schreibt diesen dann unter dem Namen des Datenobjekts in der Hash-Tabelle fort – sie könnte etwa wie folgt codiert werden:

```
method set.

  data ls_line type generic_nvp.

* Tabellenschlüssel übernehmen
  ls_line-name = iv_name.
  ls_line-comp_if = iv_comp_id.

* Aus ABAP-Datenobjekt einen Rohstring erzeugen
  export iv_value to data buffer ls_line-value.
* In Symboltabelle aufnehmen
  insert ls_line into table session_data->*.
  if sy-subrc ne 0.
* Eintrag existiert schon - dann ändern:
    modify table session_data->* from ls_line.
  endif.

endmethod.
```

Die `get()`-Methode hätte, in Symmetrie hierzu, die folgende Gestalt:

```
method GET .

  field-symbols: <ls_data> type zmvc_session_data.
  data: lv_comp_id    type string.

* Schlüsselfeld in Stringfeld übernehmen
  lv_comp_id = iv_comp_id.
* In Symboltabelle nachschlagen
  read table session_data assigning <ls_data>
    with table key comp_id = lv_comp_id
                   name    = iv_name.
  if sy-subrc eq 0.
* Eintrag gefunden - dann Rohstring wieder in Datenobjekt übersetzen
    import value to ev_value from data buffer <ls_data>-value.
  else.
* Eintrag nicht gefunden - Aufrufer mit Ausnahme informieren
    raise exception type zcx_not_found.
  endif.

endmethod.
```

Man sieht, dass die Methoden mit den Variablen `iv_value` bzw. `ev_value` arbeiten können, ohne deren Datenstruktur zu kennen. Durch die Verwendung des `xstring` als Datenpuffer werden die Daten serialisiert. Beide Methoden werden wir im nächsten Abschnitt noch um die Serialisierung von Objektinstanzen erweitern.

Auf diese Weise hat man alle Datenobjekte, die während der Sitzung fortgeschrieben werden, in einem einzigen Objekt gesammelt, nämlich der globalen privaten Tabelle `session_data`. Dieses muss nur zu Beginn der Bearbeitung vom Hauptcontroller aus den serverseitigen Cookies eingelesen und am Ende dort wieder fortgeschrieben werden. So hat man alle fortzuschreibenden Daten in einem einzigen Session-Cookie und benötigt auch nur je einen Datenbankzugriff, um das Session-Cookie einzulesen und wieder fortzuschreiben. Dadurch, dass das Cookie zu Beginn der Bearbeitung eingelesen und am Ende wieder fortgeschrieben wird, erzeugt man für die Controller selbst die Illusion eines die einzelnen Requests überdauernden Zustands. Man kann selektiv die Daten festlegen, die die Requestzyklen überdauern sollen, ohne dass dafür – wie bei stateful-Programmierung – die gesamte Sitzung im Hauptspeicher allokiert bleiben muss. Wenn man sich seine Applikationen genau ansieht, wird man feststellen, dass es nicht besonders viele Daten sind, die wirklich gehalten werden müssen![5]

9.9 Serialisierung

Aus naheliegenden Gründen kann man mit den `export to` ...-Befehlen keine Referenzen ablegen: Eine Referenz zeigt ja auf eine Hauptspeicheradresse, und diese wird bei Ausführung des zugehörigen `import from` ...-Befehls im allgemeinen nicht mehr gültig sein. Für Datenobjekte ist dies keine ernsthafte Einschränkung, da man mit dem Dereferenzierungs-Operator ->* das eigentliche Datenobjekt leicht gewinnen kann, auf das die Referenz verweist.

Für Klassenobjekte gibt es keine derart einfache Lösung. Das Objekt müßte dafür ja wissen, welche seiner globalen Attribute seinen aktuellen Zustand beschreiben und welche eventuell nur abgeleitet sind – falls es überhaupt möglich ist, die Instanz durch Angabe einiger ihrer globalen Attribute exakt zu reproduzieren. Wenn dies möglich ist, müßte die Klasse ein für die Serialisierung zuständiges Interface – nennen wir es `zif_serializable` – implementieren können. Dieses Interface beinhaltet zwei Methoden.

Abb. 9–4 *Interface `zif_serializable`*

Die `save_state()`-Methode liefert einen `xstring` zurück, der den aktuellen Zustand der Instanz beschreibt.

---

5. Grund ist, dass der menschliche Benutzer pro Dialogschritt nur relativ wenige Daten erfassen, eingeben oder auswerten kann. Nur bei speziellen Benutzerkommandos, beispielsweise dem Sichern eines Belegs, ist es oft nötig, viele Daten aus den Eingaben abzuleiten. Diese abgeleiteten Daten werden aber nur für die Ausführung dieses Benutzerkommandos benötigt. Es gibt keine Notwendigkeit, diese abgeleiteten Daten über die Requestbearbeitung hinaus zu erhalten, die für die Abarbeitung dieses Benutzerkommandos benötigt wird.

Die restore_state()-Methode nimmt den xstring entgegen und stellt den ihm entsprechenden Zustand wieder her. Erforderlich ist dieser Aufruf nur unmittelbar nach Instanzerzeugung – bei Aufruf zu einem späteren Zustand kann die Klasse eine Ausnahme auslösen.

Eine vollständigere Implementierung der obigen set()-Methode würde daher fragen, ob das übergebene Objekt eine ABAP-Objects-Instanz ist, die das Interface zif serializable implementiert. Ist dies der Fall, ruft sie die Methode save_state() dieser Instanz auf und schreibt den resultierenden xstring wie üblich in der Nametab fort.

Das reicht allerdings noch nicht ganz: Beim zugehörigen Import muss die Laufzeit ja wissen, zu welcher Klasse die zu rekonstruierende Objektinstanz gehört. Neben dem zustandsbeschreibenden xstring ist also zusätzlich der Name der Klasse mit zu exportieren. Die Verwaltung des Klassennamens können wir nicht der Implementierung des Interface überlassen, da das Interface ohne Kenntnis des Klassennamens ja gar nicht aufgerufen werden kann.

Es kommt also zu obigem Interface noch die folgende Konvention hinzu:

Der xstring, den die Methode save_state() zurückliefert, enthält ein Datenobjekt mit dem logischen Namen classname: den Namen der aktuellen Klasse. Der Klassenname muss vor der Wiederherstellung der Instanz aus dem Datencluster importiert werden, danach erst wird die Interfacemethode aufgerufen, etwa wie in folgendem Code-Ausschnitt:

```
method get .
  field-symbols: <ls_data> type zmvc_session_data.
  data: lv_classname  type classname,
        lv_value      type xstring,
        lv_type       type c,
        lv_serializer type ref to zif_serializable.
  read table session_data assigning <ls_data>
       with table key name = iv_name.
  if sy-subrc eq 0.
    describe field ev_value type lv_type.
    case lv_type.
      when 'r'.
* ABAP-Datentyp des Objekts holen,
* Objekt ggf. instanziieren
* dann Methode restore_state ausführen
        import classname to lv_classname
               value to lv_value
          from data buffer <ls_data>-value.
        if ev_value is initial.
          create object lv_serializer type (lv_classname).
        else.
          lv_serializer ?= ev_value.
        endif.
```

```
        lv_serializer->restore_state( lv_value ).
        ev_value ?= lv_serializer.
      when others.
        import value to ev_value from data buffer <ls_data>-value.
    endcase.
  else.
    raise exception type zcx_not_found.
  endif.
endmethod.
```

Die analoge `set()`-Methode lassen wir hier weg, da sie nichts Neues bringt. Beachten Sie, dass das Listing, das Sie hier sehen, im Vergleich zur produktiven Programmversion auf der Webseite *http://www.mits.ch/bsp* leicht vereinfacht ist, um das Wesentliche zu zeigen. (Die produktive Version der Klasse muss zusätzlich zum Namen des Datenobjekts auch noch die aktuelle Komponenten-ID berücksichtigen.)

9.10 Der ICM-Server-Cache

Neben dem schon vorgestellten Shared Buffer gibt es auch noch einen Pufferungsmechanismus, den der Internet Communication Manager zur Verfügung stellt. MIME-Objekte oder auch ganze HTTP-Antworten, die sich nur selten ändern, sollten im so genannten ICM-Server-Cache gepuffert werden. Die Antwortzeiten können sich dabei um einen Faktor 100 verbessern, da kein ABAP-Stack aufgebaut werden und auch das ICF keine Datenbankabfragen mehr tätigen muss. MIME-Objekte werden nach dem ersten Laden automatisch im Server-Cache eingetragen. Bei Änderungen wird der Puffer invalidiert. Sie können diese Invalidierung auch explizit anstoßen, was sich vor allem bei Änderungen an JavaScript-Dateien empfiehlt. Manuell geschieht dies in der (in die Transaktion `SMICM` eingebauten) Anzeige des Server-Cache – Sie markieren dort den betreffenden Eintrag und wählen »Invalidieren« ().

Alternativ können Sie Cache-Einträge auch programmgesteuert invalidieren, durch Aufruf der Methode `cl_http_server=>server_cache_invalidate()`. Der folgende Report invalidiert auf allen Applikationsservern alle JavaScript-Dateien des Migros-SRS – er wurde so einfach geschrieben, dass er auch als XPRA im Anschluss an einen Import von Programmänderungen automatisch gestartet werden kann.

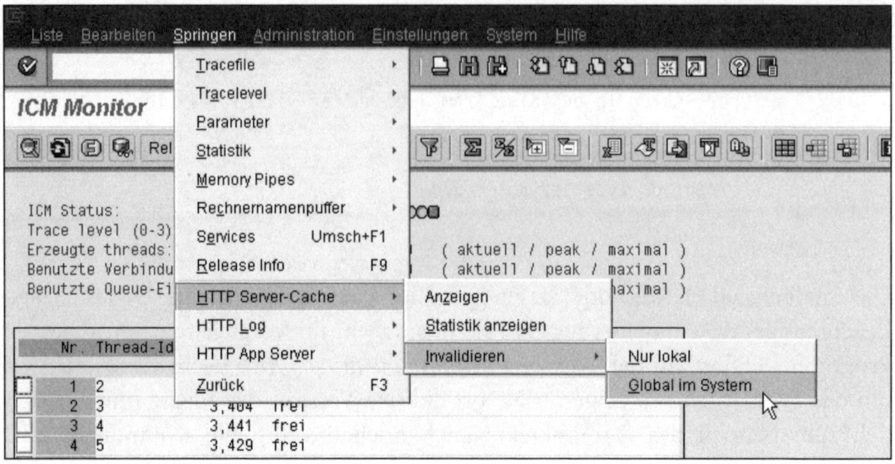

© SAP AG

Abb. 9–5 ICM-Cache invalidieren

```
report  zz_invalidate_js.

* Globales JavaScript im Server-Cache invalidieren
* Die Methode löscht den Puffer in allen Servern

call method cl_http_server=>server_cache_invalidate
  exporting
       id      = :
       '/sap/bc/bsp/sap/public/srs/global.js*',
       '/sap/bc/bsp/sap/PUBLIC/SRS/global.js*',
       '/sap/bc/bsp/sap/public/srs/globalMac.js*',
       '/sap/bc/bsp/sap/PUBLIC/SRS/globalMac.js*'.

message 'Die Puffer wurden invalidiert' type 'S'.
```

Anfragen, die von einem Controller beantwortet werden, sind in der Regel zu dynamisch als dass sie sich puffern ließen. Gelegentlich tritt jedoch auf, dass sich der vom Controller gesendete HTML-Code selten oder gar nicht ändert. Dann kann bei der Controllerdefinition eine serverseitige Verfallszeit eingestellt werden.

Im Gegensatz zum Browser-Cache haben Sie das Caching – zusammen mit Ihren SAP-Administratoren – vollständig unter Kontrolle. Wenn bei Änderungen die im Puffer geführte Version nicht mehr verwendet werden darf, können Sie dies erzwingen, indem Sie das gepufferte Objekt aus dem Server-Cache entfernen. Beim Browser-Cache ist eine solche Kontrolle nicht möglich. Sie müssen mit einem Zeitintervall bis zum Ablauf der clientseitigen Verfallszeit rechnen, in dem Sie keine Möglichkeit haben, den Browser zum Laden der neuen Objektversion zu bewegen.

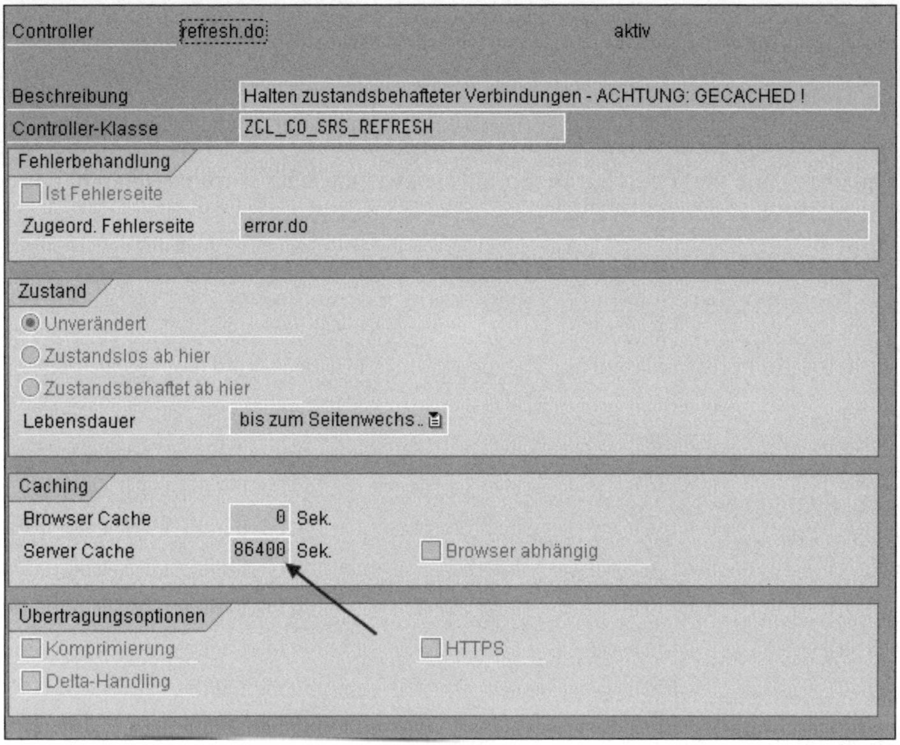

Abb. 9–6 *Verfallszeit eines Controllers einstellen*

9.11 Der Client-Cache

Die Verfallsdauer im Client-Cache ist ein eigenes HTTP-Kopffeld. Dieses wird standardmäßig nicht gefüllt, da man auf den Cache des Browsers keinen Einfluß hat – Änderungen an den Ressourcen würden also möglicherweise nicht durchschlagen, weil sich der Browser weiterhin aus seinem Puffer bedient. Für Bilder, die sich ja in der Regel nicht ändern (wenn sie sich ändern, ändert sich meist auch der Name, so dass der alte Cache-Eintrag sowieso nicht mehr verwendet wird), kann die clientseitige Verfallsdauer ruhig hoch eingestellt werden (einige Wochen oder gar Monate). Bei JavaScript-Dateien und Stylesheet-Dateien ist jedoch Vorsicht geboten. Wenn überhaupt eine clientseitige Verfallsdauer angegeben wird, sollte diese so klein gehalten sein, dass es noch möglich ist, Änderungen einzuspielen. Wenn es auf Ihrem Produktivsystem beispielsweise ein regelmäßiges Wartungsfenster von zwei Stunden gibt, können Sie die Verfallsdauer auf zwei Stunden setzen. Wenn Sie eine höhere Verfallsdauer setzen, müssen Sie unbedingt darauf achten, Änderungen im Java-Script-File kompatibel zu gestalten: Wenn eine neue Funktion `myFunc()` eingeführt wird, stellen Sie beim Aufruf in anderen Webseiten oder Scriptfiles mittels

```
if (self["myFunc"]) ...
```

sicher, dass die Funktion auch schon existiert (das neue JavaScript also schon verfügbar ist) und verfahren Sie andernfalls so, wie die Seite es früher getan hat.

10 Der Message Handler

In Webanwendungen muss man den Zeitpunkt, an dem eine Nachricht auftritt, von dem Zeitpunkt trennen, an dem sie ausgegeben werden soll. Daher bedarf es eines Nachrichtensammlers. In diesem Kapitel werden die Anforderungen an einen solchen Sammler anhand der Framework-Komponente `zcl_messages` erläutert.

10.1 Notwendigkeit des Nachrichtensammlers

Während der Requestbearbeitung können an verschiedenen Stellen Nachrichten auftreten, die zum Beispiel über einen Fehler, über eine besondere Situation oder den erfolgreichen Abschluss einer Operation informieren. Diese Nachrichten können nun nicht einfach wie in ABAP mit dem `message`-Befehl ausgegeben werden. Denn während der Requestbearbeitung steht ja kein Ausgabegerät für Nachrichten zur Verfügung.[1] Der Zeitpunkt, an dem die Nachricht auftritt, muss völlig verschieden von dem Zeitpunkt sein, zu dem sie dem Anwender präsentiert wird (nämlich der Produktion der HTML-Antwort).

Diese Anforderung lässt sich nur erreichen, wenn man die Nachricht nicht ausgibt, sondern zunächst im Speicher ablegt, etwa in einer internen Tabelle sammelt. Zu einem späteren Zeitpunkt kann dann darauf zugegriffen werden, um die Meldungen anzuzeigen.

Wie bei allen Objekte in ABAP, wird uns auch bei Nachrichten daran gelegen sein, sie zu *typisieren*. Wir werden also *nicht einfach einen String sammeln*, sondern eine durch Nachrichten-ID und Nummer in der Transaktion `se91` definierte Nachricht. Das hat diverse Vorteile. Die Nachrichten sind zunächst einmal klassifiziert. Sie können, wenn der Text passt, auch in anderen Kontexten wiederverwendet werden. Sie sind automatisch übersetzungsrelevant. Und es gibt einen

1. Wenn Sie diesen logischen Einwand ignorieren und trotzdem versuchen, eine Error-Message abzusetzen, quittiert Ihnen das System das mit einem ABAP-Laufzeitfehler – völlig zu Recht!

Verwendungsnachweis, der uns alle Codestellen zeigt, in denen diese Nachricht gesammelt oder ausgegeben wird. Dieser Verwendungsnachweis für Nachrichten hat sich schon oft in der Wartung als ein sehr wertvolles Instrument erwiesen.

Um den Verwendungsnachweis zu haben, müssen die Nachrichten allerdings so gesammelt werden, dass der message-Befehl mit fest codierter Nachrichten-ID und Nachrichtennummer im Code vorkommt, wie in folgendem Beispiel:

```
...
data: lv_dummy type c....
* Der Beleg &1 wurde gesichert
message s123(zz) with ls_doc-number into lv_dummy.
log->add( 'myApp' ).
...
```

Hierbei ist lv dummy eine Hilfsvariable der Länge 1, und log die Instanz des Nachrichtensammlers.[2] Würde man lv_dummy als String typisieren, enthielte sie nach Anwendung des message ... into ...-Befehls den Text der Fehlermeldung in der Anmeldesprache, wobei die variablen Teile der Meldung (&1 usw.) ersetzt wurden. Das ist allerdings ein Feature des into-Zusatzes, das uns hier nicht interessiert. Was *uns* an message ... into ... interessiert, ist, dass er

1. die Ausgabe der Nachricht unterdrückt,
2. vom Verwendungsnachweis erfasst wird und
3. die Systemfelder sy-msgid, sy-msgno, sy-msgv1, ... versorgt.

Indem man die Importparameter der Methode add() mit geeigneten Vorschlagswerten versieht, wird die Nachricht auf diese Weise sehr bequem dem Nachrichtensammler log mitgeteilt.

Der vom BSP-Framework im impliziten Objekt messages bereitgestellte Nachrichtensammler bietet diese Vorschlagswerte (sy-msgid für die Nachrichten-ID usw.) leider nicht, so dass das oben beschriebene Sammeln einer Nachricht nur wesentlich umständlicher möglich ist (nämlich indem man alle Parameter sy-msgid, sy-msgno, sy-msgv1, ... der Nachricht explizit übergibt).

Wirklich schlechte Noten muss man dem Objekt messages allerdings nicht wegen dieser unschönen Schnittstelle erteilen, sondern weil es intern nicht das *Application Log* zum Sammeln von Nachrichten verwendet. Das Application Log (Paket SZAL) ist eine ausgereifte, auf alle Spezialitäten eines Nachrichtensammlers vorbereitete Komponente. In zahlreichen Wartungsfällen wurde das Application Log in Hinblick auf Performance und Robustheit optimiert. Man hätte geradezu reflexhaft auf diese Komponente verfallen müssen, als es darum ging, in BSP-Applikationen Nachrichten zu sammeln. Statt in der Implementie-

2. Etwas bequemer und nicht falsch ist es, das Systemfeld sy-msgli als Zielvariable des into-Zusatzes zu verwenden: message ... into sy-msgli. Das Feld sy-msgli ist gerade dafür gedacht, konkrete Meldungstexte aufzunehmen.

rung auf die Funktionen des Application Logs zuzugreifen, hat man aber das Rad neu erfunden und sammelt die Meldungen in einer schlichten, selbstdefinierten Tabelle, die in Zukunft sicher noch einige Erweiterungen erfahren muss. Wegen dieser Probleme mit dem Objekt `messages` wird es in unserem MVC-Framework überhaupt nicht verwendet. Stattdessen gibt es ein Objekt `log` der Klasse `zcl_messages`, das die Nachrichten zum Sammeln an das Application Log weiterleitet.

Was muss ein solches `log`-Objekt leisten?

- Das Objekt muss über die ganze Applikation hinweg in allen Controller- und Modelklassen verfügbar sein; dabei wird normalerweise immer dieselbe Instanz zum Sammeln verwendet.
- Die Nachrichten können in verschiedenen Schubfächern gesammelt werden, die sich durch einen Filterwert auseinanderhalten lassen (im obigenCode-Beispiel wäre der Filterwert etwa `'myApp'`).
- Die Views sind durch spezielle Tags in der Lage, entweder alle Meldungen zu einem Filterwert in Tabellenform, oder eine einzelne Meldung, nämlich die zuerst gesammelte Meldung höchster Schwere, als Text auszugeben.
- Nachrichten können wie in obigem Codebeispiel gesammelt werden.
- Eine Nachrichtentabelle vom Zeilentyp `BAPIRETURN` oder `BAPIRET2`, wie die meisten SAP-BAPIs sie zurückgeben, oder auch eine Struktur dieses Typs, kann an den Nachrichtensammler weitergereicht werden. Dabei muss ein eventueller Positionsbezug bis zur Ausgabe im View bewahrt werden.
- Wo es nötig ist, kann eine Meldung auch als *freier Text* gesammelt werden. Die Meldung zu einem Ausnahmeobjekt, das mittels `catch` abgefangen wurde, kann durch Übergabe der Ausnahmeinstanz gesammelt werden.
- Nachrichten können im Hauptspeicher verwaltet, aber wahlweise auch in der Datenbank gesichert werden.

10.2 Die Klasse zcl_messages

Die Klasse `zcl_messages` bietet alle Features, die von einem Nachrichtensammler im MVC-Framework verlangt werden. Sie wird im hier vorgeschlagenen Framework als globales Attribut namens `log` in alle Controller und Models propagiert und von den BSP-Elementen `<z:message>` und `<z:messages>` ausgewertet. Die Klasse lässt sich aber auch außerhalb des MVC-Frameworks verwenden.

Technisch ist die Klasse eine OO-Verschalung der Funktionen des Application Logs (Paket `SZAL`). Auf die Protokolle, die von `zcl_messages` im Speicher oder in der Datenbank generiert werden, kann daher auch mit den Funktionsbausteinen aus den Standard-Funktionsgruppen des Pakets `SZAL` zugegriffen werden.

Hier ein Überblick über die öffentlichen Methoden der Klasse. Für Detailinformationen zu ihrer Verwendung seien Sie an die Klassendokumentation verwiesen.

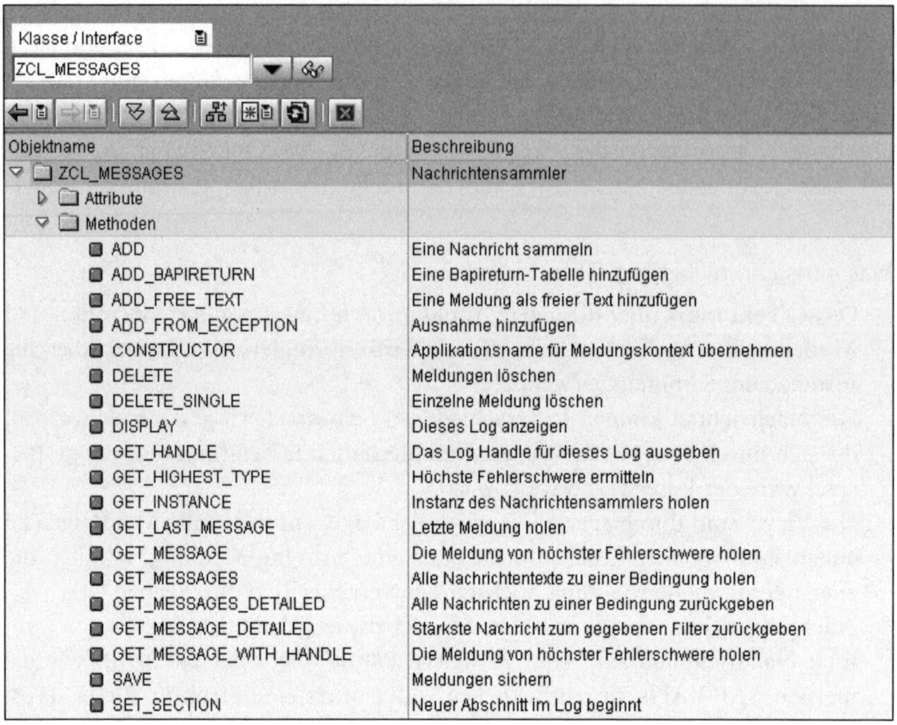

© SAP AG

Abb. 10–1 *Die Komponenten von `zcl_messages`*

Der Report `zz_test_zcl_messages` demonstriert die hauptsächlichen Verwendungen des Nachrichtensammlers.

10.3 Instanzbeschaffung

Die Klasse `ZCL_MESSAGES` stellt einen Zugriff auf das Application Log des SAP-Standards dar.

Sie können mittels `zcl_messages=>get_instance( ).` ein bereits bestehendes Protokoll von der Datenbank einlesen, um darin die Protokollierung fortzusetzen, indem Sie den Importparameter `iv_reopen` bei der Instanzbildung = `'X'` setzen. Sie können aber auch – und das ist der Normalfall – ein neues Application Log eröffnen (im Hauptspeicher):

```
* Instanz des Sammlers erzeugen
  go_log = zcl_messages=>get_instance(
* Frei vergebbare ID (wird auf DB zu BALHDR-EXTNUMBER)
      iv_id       = '10005732'
* Logclass ist das BAL-Subobjekt, das in Transaktion SLGO
* zum Objekt Z_APPLOG gepflegt werden kann: Default ist ZCL_MESSAGES
      iv_logclass = 'ZCL_MESSAGES' ).
```

Ein Application Log besteht, wenn es in der Datenbank abgespeichert wird, aus einem Headerteil (Tabelle BALHDR) und aus variablen Teilen, den einzelnen Nachrichten, die in einer Tabelle BALDAT von INDX-artigem Aufbau mit Hilfe der Anweisung export ... to database fortgeschrieben werden. Sowohl auf der Datenbank als auch im Hauptspeicher gibt es drei Möglichkeiten, ein bestimmtes Log anzusprechen:

- Der klassische Schlüssel LOGNUMBER arbeitet mit einem Nummernkreis;
- das Feld LOG_HANDLE ist eine 22-Byte-GUID. Auf dem Feld liegt ein Sekundärindex, so dass der Zugriff über das »Handle« ebenfalls sehr effizient ist. In vielen Funktionsbausteinen des Application Logs ist es von Vorteil, das Log-Handle anzugeben.
- das Tripel OBJECT/SUBOBJECT/EXTNUMBER ist ebenfalls auf der Datenbank indiziert. Es ermöglicht die Vergabe von semantischen Schlüsseln durch die Anwendung.

Die Klasse zcl_messages arbeitet mit den letzten beiden Schlüsselarten. Für den Anwender ist der semantische Schlüssel OBJECT/SUBOBJECT/EXTNUMBER von besonderer Bedeutung. Die von der Klasse zcl_messages verwalteten Protokolle gehören zum Objekt Z_APPLOG. Das Subobjekt kann für jeden Prozess frei vergeben werden. Die möglichen Subobjekte werden in der Basistransaktion SLGO definiert. Die EXTNUMBER ist ebenfalls bei Anlage der Instanz frei vergebbar. SUBOBJECT und EXTNUMBER erscheinen in der Schnittstelle von zcl_messages=>get_instance() als Importparameter iv_logclass und iv_id.

Um Funktionen aus dem Paket SZAL anwenden zu können, benötigen Sie gelegentlich das Log-Handle. Sie können es mit der Instanzmethode get_handle() beschaffen.

10.4 Nachrichten sammeln

In allen Ausnahmefällen, die in einem ABAP-Programm auftreten können, können Sie mit den passenden Methoden des Nachrichtensammlers einen Protokolleintrag erstellen:

- Systemmeldungen werden mit MESSAGE ... INTO aufgeschrieben und dann mit der Methode add( ) gesammelt.

  ```
  * Meldung sammeln
    message s012(00) into sy-msgli.
    go_log->add( ).
  ```

- BAPI-Return-Tabellen oder -Strukturen können mit add_bapireturn( ) aufgenommen werden. Sowohl der alte Zeilentyp BAPIRETURN als auch der neue Zeilentyp BAPIRET2 können verarbeitet werden.

```
* Bapirettab sammeln
  message i315(00) with 17 into sy-msgli.
  perform add_bapiret2(z_bapiret_forms) changing lt_return.
  go_log->add_bapireturn( it_bapireturn = lt_return ).
```

Das Unterprogramm add_bapiret2 aus dem Unterprogrammpool Z_BAPIRET_FORMS dient dazu, eine in den Systemfeldern stehende Nachricht in eine Nachrichtentabelle vom Typ BAPIRETTAB aufzunehmen.

Mit den BAPI-Return-Tabellen haben Sie es naturgemäß beim Aufruf von BAPIs zu tun. In eigenen Programmen sollten Sie Ihre Meldungen dagegen besser gleich in einem Application Log sammeln – etwa mit Hilfe der Klasse ZCL_MESSAGES. Sie müssen es ja nicht speichern!

Eine Besonderheit der BAPI-Return-Tabellen ist das Meldungsattribut ROW, das zum Beispiel den Bezug auf eine bestimmte Positionsnummer oder auf eine bestimmte Zeile einer Inputtabelle enthält. Dieses wird ins Application Log übernommen (in den sogeannten Kontext der Meldung) und kann bei Abfragemethoden wie get_messages() als zusätzlicher Selektionsparameter iv_row angegeben werden.

- Freitextmeldungen können mit add_free_text( ) gesammelt werden. Freitextmeldungen ohne Meldungs-ID sammeln zu können, ist ein Feature des Application Logs, das durch die Klasse zcl_messages nach außen gereicht wird. Es wird allerdings wegen des Verwendungsnachweises empfohlen, wo es möglich ist, eine Meldung mittels Transaktion SE91 als T100-Nachricht auszuprägen.

```
* Freitext-Meldung sammeln
  go_log->add_free_text( iv_msgty = 'E'
                         iv_text  = 'Bitte den Preis eingeben'(001) ).
```

- Ausnahmeobjekte können mittels add_from_exception( ) an den Sammler übergeben werden.

```
* Beispiel: Ausnahmeklassen
  try.
      raise exception type zcx_not_found
        exporting
          text = 'Es wurde kein Verkaufsbeleg gefunden'(002).
    catch zcx_not_found into lo_ex.
* Ausnahme sammeln
      go_log->add_from_exception( lo_ex ).
      perform write_highest.
  endtry.
```

10.5 Nachrichten lesen

In BSP-Applikationen ist oft nur die Anzeige einer einzigen Meldung – der ersten Meldung mit höchster Fehlerschwere im Nachrichtensammler – in einer Meldungszeile erforderlich. Außerdem will man zu jeder Zeit wissen, ob Fehler aufgetreten sind oder nicht. Wenn bereits ein Fehler im Auftrags-Customizing vorliegt, ist es beispielsweise überflüssig, die Auftragsbearbeitung weiter durchzuführen.

Die Methode `get_highest_type()` gibt die höchste Meldungsschwere aller gesammelten Meldungen zurück (die Ordnungsrelation ist Success < Info < Warning < Error < Abort < X-Message). Wurde noch keine Nachricht gesammelt, ist der Rückabewert `SPACE`. Die Methode kann in logischen Ausdrücken ausgewertet werden:

```
if log->get_highest_type( ) na 'EAX'.
* Auftrag nur bearbeiten, wenn bis jetzt kein Fehler aufgetreten
  salesorder->maintain( ).
endif
```

Die Anzeige der Meldung im BSP-View erfolgt im Allgemeinen mit dem BSP-Element `<z:message>`. Dieses greift seinerseits auf die Methode `get_message( )` von `zcl_messages` zurück. Diese liefert Text und Schwere der Meldung mit höchster Schwere zurück.

Gibt es mehrere Meldungen mit der höchsten Schwere, so wird die zuerst gesammelte Meldung dieser Schwere zurückgegeben. Das ist auch sinnvoll, denn wenn es zu einem Fehler kommt, so treten aufgrund dieses Fehlers gelegentlich Folgefehler auf. Die für den Anwender relevante ist jedoch die erste Fehlermeldung. Wenn er die Ursache dieses Fehlers beseitigt, besteht hohe Wahrscheinlichkeit, dass auch die nachfolgend gesammelten Fehler nicht mehr auftreten.

Selbstverständlich gibt es mit Hilfe der Methode `get_messages( )` auch die Möglichkeit, *alle* gesammelten Meldungen mit Meldungstext und Typ in Form einer internen Tabelle zu erhalten.

Die Methode `get_messages_detailed()` liefert auch Detailinformationen zu den gesammelten Meldungen – wie Meldungs-ID, Meldungsnummer etc. Der Zeilentyp der zurückgelieferten Tabelle ist die Struktur `BAL_S_MSG`, die die Informationen zu einer Meldung im Application Log repräsentiert.

10.6 Meldungsfilter, Positionsnummer und Aufsetzpunkt

Meldungen können mit bestimmten Filterwerten gesammelt werden, so dass Meldungen an veschiedenen Teilen des Programms zwar ins gleiche Log gehen, aber anhand des Filterwertes in verschiedene Schubladen gelangen. Hierzu dient der Parameter `iv_condition`, ein freies Textfeld, das in allen Methoden zum Sammeln und Auslesen von Nachrichten angegeben werden kann. Der Defaultwert für den Meldungsfilter ist *beim Sammeln* SPACE. Beim *Auslesen von Nachrichten* ist der Defaultwert '*', was bedeutet, dass die Nachrichten unabhängig vom Filterwert gelesen werden.

So können Sie beispielsweise auf einem View zwei verschiedene <z:message>-Tags vorsehen. Das eine Meldungsfeld zeigt allgemeine applikatorische Fehler, während das andere, in der Nähe der Eingabefelder platziert, nur die Meldungen der Feldprüfung anzeigt.

Ein weiteres Filterkriterium ist die *Positionsnummer*. Beim Sammeln einer Nachricht kann der Parameter iv_row angegeben werden; er kann eine Nummer enthalten, auf die sich die Meldung bezieht (oder 0 für Kopfdaten). Beim Auslesen der Nachricht gibt es ebenfalls den Parameter iv_row. Wenn Sie ihn angeben, wirkt er als Filter. So können Sie auf den Belegkopf bezogene Nachrichten im View an anderer Stelle darstellen als Nachrichten zur aktuell bearbeiteten Position.

Gelegentlich kann Ihnen beim Gebrauch des Nachrichtensammlers auch der *Aufsetzpunkt* helfen: Wenn Sie zu einem bestimmten Zeitpunkt die Methode set_section( ) aufrufen, werden bei allen Methoden zum Auslesen von Nachrichten (wie get_message(), get_highest_type() usw.) nur die ab dann gesammelten Nachrichten berücksichtigt. Das kann für Reports nützlich sein, die viele Objekte prüfen und die Ergebnisse in ein fortlaufendes Log schreiben; um pro Objekt den Fehlerstatus anzuzeigen, setzen sie zu Beginn der Prüfungen eines Objekts den Aufsetzpunkt mittels set_section( ).

10.7 Meldungen anzeigen und sichern

Die Klasse zcl_messages bietet die Instanzmethoden save() und display(). Das Sichern von Meldungen und die Anzeige im GUI sind Funktionen, die zwar im BSP-Bereich nicht benötigt werden. Die Klasse zcl_messages ist jedoch nicht auf den Einsatz in BSPs begrenzt. Daher sind auch diese beiden Methoden vorgesehen.

10.8 Ein Beispiel

Der nachfolgende gelistete Report zz_test_zcl_messages illustriert die Funktionalität des Nachrichtensammlers. Es werden auf verschiedene Weisen Nachrichten gesammelt; nach jedem Schritt gibt das Programm die bis dahin erreichte höchste Fehlerschwere und die Meldung höchster Schwere aus. Auf Wunsch kann das entstandene Log angezeigt werden.

Die *Protokollanzeige* (Methode go_log->display()) ist die des SAP-Standards – wie bereits erwähnt, benötigen wir sie nur für das SAP GUI.[3]

---

3. Um ein Application Log auf ähnliche Art in BSP-Anwendungen anzuzeigen, können Sie mit Vorteil das BSP-Element <z:messages> verwenden.

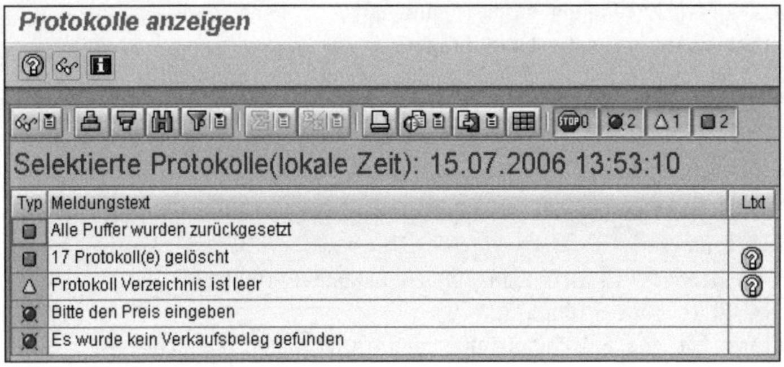

Abb. 10–2 *Protokollanzeige im GUI*

Die Programmausgabe sieht wie untenstehend aus. Beachten Sie: Auch nach dem Sammeln der zweiten E-Meldung bleibt die Meldung von höchster Schwere die zuerst gesammelte E-Meldung. Das ist sinnvoll – denken Sie an abhängige Fehlermeldungen: Wenn man schon nur eine Meldung sehen kann, so macht es Sinn, die vermutlich ursächliche Fehlermeldung anzuzeigen.

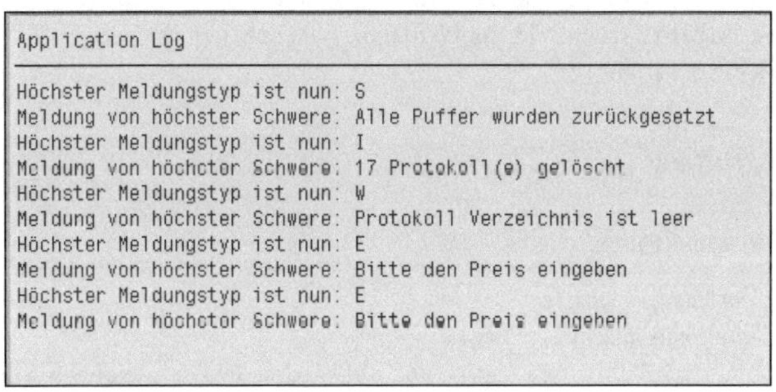

Abb. 10–3 *Programmausgabe*

Hier nun der vollständige Programmquelltext:

```
report  zz_test_zcl_messages.

* Der Report demonstriert die Verwendung von ZCL_MESSAGES
data: go_log type ref to zcl_messages.

parameters: p_disp as checkbox default 'X', " Protokoll anzeigen
            p_save as checkbox default 'X'. " Protokoll speichern

* ------------ Start of Selection ------------------------------------
start-of-selection.
  perform start using p_save.
  if p_disp eq 'X'.
    go_log->display( ). " Anzeigen
  endif.
```

```
* ------------ Meldungen sammeln und ggf. sichern --------------------
form start using iv_save type flag.

  data: lt_return type bapirettab,
        lo_ex     type ref to zcx_not_found.

* Instanz des Sammlers erzeugen
  create object go_log
    exporting
* Frei vergebbare ID (wird auf DB zu BALHDR-EXTNUMBER)
      iv_id       = '10005732'
* Logclass ist das BAL-Subobjekt, das in Transaktion SLGO
* zum Objekt Z_APPLOG gepflegt werden kann: Default ist ZCL_MESSAGES
      iv_logclass = 'ZCL_MESSAGES'.

* Meldung sammeln
  message s012(00) into sy-msgli.
  go_log->add( ).
  perform write_highest.

* Bapirettab sammeln
  message i315(00) with 17 into sy-msgli.
  perform add_bapiret2(z_bapiret_forms) changing lt_return.
  go_log->add_bapireturn( it_bapireturn = lt_return ).
  perform write_highest.

* Meldung sammeln
  message w318(00) into sy-msgli.
  go_log->add( ).
  perform write_highest.

* Freitext-Meldung sammeln
  go_log->add_free_text( iv_msgty = 'E'
                         iv_text  = 'Bitte den Preis eingeben'(001) ).
  perform write_highest.

* Ausnahme sammeln
  try.
      raise exception type zcx_not_found
        exporting
          text = 'Es wurde kein Verkaufsbeleg gefunden'(002).
    catch zcx_not_found into lo_ex.
      go_log->add_from_exception( lo_ex ).
      perform write_highest.
  endtry.

  if iv_save eq 'X'.
* Application Log speichern
    go_log->save( ).
  endif.

  commit work.

endform.                    "start
```

```
* -------- Meldung von höchster Schwere ausgeben ---------------------
form write_highest.
  data: lv_highest_type type symsgty,
        lv_text         type string.
* Höchste Meldungsschwere
  lv_highest_type = go_log->get_highest_type( ).
  write: / 'Höchster Meldungstyp ist nun:', lv_highest_type.
* Meldung von höchster Schwere
  go_log->get_message( importing ev_msg_text = lv_text ).
  write: / 'Meldung von höchster Schwere:', lv_text.
endform.                    "write_highest
```

11 Die Tag Library

Tag Libraries – oder BSP-Extensions – sind ein wichtiges Hilfsmittel bei der Gestaltung der Benutzerschnittstelle. Sie bieten die Möglichkeit, wiederkehrende grafische Elemente einheitlich darzustellen. Auch immer gleiche Logik zur Präsentation von Daten kann in Tags ausgelagert werden.

Extensions kommen als Erweiterung der HTML-Tags daher und fügen sich daher besser in das Design eines HTML-Views ein als Scripting-Anweisungen. Der View bleibt lesbar und übersichtlich – wie bereits im Abschnitt 6.11 *Viewkontexte* angemerkt, ist Code, egal ob ABAP oder Java, in Views nicht »zu Hause« und sollte in Einheiten ausgelagert werden, die für die Programmentwicklung vorgesehen sind – in der ABAP-Welt also möglichst in Klassen.

Im Unterschied zu BSP-Extrensions ist jedoch der Viewkontext häufig auf die sehr spezialisierten Präsentierungsaufgaben eines einzelnen Views zugeschnitten; dagegen empfehlen sich BSP-Extensions für übergreifende UI-Funktionen.

11.1 Warum Tag Libraries?

Der Hauptgrund für den Einsatz von Tag Libraries ist die Wiederverwendbarkeit. Warum sollte ein immer gleicher HTML-Code in die Webseiten eingestreut werden, wenn man diesen auch als parametrisiertes Tag aufrufen kann?

Wann immer man beim Entwurf von Webanwendungen auf HTML-Codefragmente stößt, die sich im Wesentlichen gleich bleiben, aber an verschiedenen Stellen in der Webanwendung auftreten, sollte man erwägen, diesen Code in einem BSP-Element zu verpacken!

Man erreicht mit Tag Libraries,

- gleichbleibenden Code nur einmal implementieren zu müssen.
- einheitliches Layout; beispielsweise stellt das `<z:input>` Element Eingabefelder immer auf dieselbe Weise dar. Änderungen schlagen auf alle Verwender durch. Unterschiede mag es geben, aber es sollten dann kleine Unterschiede sein, die sich durch verschieden parametrisierte Aufrufe beeinflussen lassen.

Das BSP-Element ähnelt technisch einem Funktionsbausteinaufruf. Die Schnittstelle sind die Element-Attribute. So lassen sich variable Teile des zu generierenden Codes durch entsprechende Attributwerte als Aktualparameter steuern.

Den Namen Extension tragen sie daher zu recht: Man kann den »Grundwortschatz« der Präsentierungssprache – in unserem Fall von HTML – um eigene Tags erweitern. Auf Serverebene stellt sich der View als eine Mischung von HTML- und BSP-Elementen dar – oder er ist sogar vollständig mit BSP-Elementen implementiert. Der Server transformiert beim Abarbeiten des Views die BSP-Elemente in die Zielsprache HTML, die dann an den Client gesendet wird. Die Regeln dieser Transformation liegen nicht explizit im View, sondern sind in der Implementierung der BSP-Elemente verborgen. Der View-Entwickler muss zwar die Funktionsweise der BSP-Elemente kennen, um sie einsetzen zu können – aber die Implementierungsdetails müssen ihn nicht interessieren.

Ein weiterer erwähnenswerter Vorteil von BSP-Elementen liegt darin, dass sie einer XML-Syntax unterworfen sind. Im Gegensatz zu HTML-Elementen muss der von den BSP-Elementen aufgespannte Baum wohlgeformt sein, sonst ist es nicht möglich, den View zu aktivieren!

Für Views, in denen eine Mischung von HTML- und BSP-Elementen eingesetzt wird – wie durchgängig in den Beispielen dieses Buchs – ist der Vorteil dieser Validierung gering, da die HTML-Elemente nicht mitgeprüft werden. Die Wohlgeformtheit der entstehenden HTML-Antworten sollte man auf andere Weise prüfen. Es bietet sich beispielsweise an, beim Testen der Webanwendung einen *Proxy-Trace* einzusetzen, der sämtliche HTML-Antwortseiten aufzeichnet und diese dann mit einem geeigneten Validator zu untersuchen.[1]

Der Haupteinsatz von BSP-Elementen liegt in der Unterstützung der Präsentation. Das im View auftretende BSP-Element wird dann in der Ausgabe vollständig durch generierten HTML- oder XML-Code ersetzt. Es sind aber beliebige andere Verwendungen von BSP-Elementen denkbar. Die Dokumentation erwähnt als Beispiel eine Elementklasse zur Durchführung von Datenbankselektionen. Es ist natürlich keine gute Empfehlung, Datenbankselektionen im View durchzuführen und widerspricht auch den in diesem Buch vorgestellten Programmierparadigmen (vor allem dem MVC-Paradigma und der Kapselung). Es zeigt aber immerhin, was für ein mächtiges Tool die BSP-Extensions darstellen.

11.2 Eigene Tag Libraries?

Eigene Tag Libraries setzen Sie immer dann ein, wenn es spezielle Anforderungen an das User Interface gibt oder wenn Sie wiederholt den gleichen oder nur geringfügig variierenden HTML-Quellcode verfassen müssen.

---

1. Ein freies Tool zum Aufzeichnen des HTTP-Meldungsverkehrs ist das Windows-Programm `proxyTrace.exe`, das auf *http://www.pocketsoap.com* heruntergeladen werden kann.

Für die Migros ergab sich die Notwendigkeit, die grafischen Elemente des SAP Standard Retail Store für BSP neu zu fassen. Mit der Standardbibliothek HTMLB, die SAP auslieferte, wären wir bei der Portierung nicht glücklich geworden: Zu groß waren die Unterschiede, die die grafischen Elemente im Detail aufwiesen. Damit wollen wir HTMLB nicht abwerten. Zweifellos ist es eine starke Extension mit mächtigen Elementen. Über HTMLB gibt es jedoch bereits gute Literatur; es sei hier das Buch von Frédéric Heinemann zum Erlernen von HTMLB empfohlen.[2] (Ein Nachteil des Buches ist allerdings, dass es auf Seiten mit Ablauflogik basiert – über Model / View / Controller erfahren Sie dort nichts. Zum Erlernen der Funktionen der HTMLB-Extension ist es dagegen gut geeignet).

Wir wollen im folgenden nicht die HTMLB-, sondern die Migros-eigene Z-Tag-Library genauer anschauen. Wo der Platz es zulässt, wollen wir nicht nur die Funktionalität der Tags beschreiben, sondern auch einige Details zur Implementierung. So erwerben Sie ein vertieftes Verständnis, wie Sie selbst BSP-Extensions implementieren können. Den vollständigen Code können Sie sich in Form eines Transportauftrags von *http://www.mits.ch/bsp* herunterladen und in Ihr SAP-System importieren.

Vorweggeschickt sei: Die Definition neuer BSP-Extensions lohnt sich immer dann, wenn Sie abschätzen können, dass Ihre Tag Library an mehreren Orten wiederverwendbar sein wird. Prüfen Sie auch bestehende Tag Libraries, z.B. HTMLB oder unsere Z-Library, ob die darin enthaltenen Funktionen Ihre Anforderungen bereits abdecken.

Wenn Sie das bejahen können, legen Sie Ihre neue Extension an.

- Wählen Sie in der Workbench »BSP-Extension« und geben Sie den Namen der neuen Extension ein, zum Beispiel `zdemo`. Bestätigen Sie die Sicherheitsabfrage zum Anlegen einer neuen Extension:

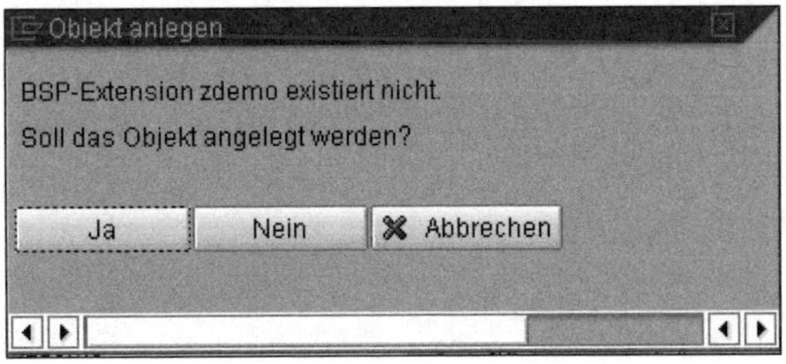

© SAP AG

Abb. 11–1 *Popup beim Anlegen einer Extension*

- Als Default-Präfix wählen Sie ebenfalls `zdemo` und sichern Ihre Bibliothek als lokales Objekt.

2. Frédéric Heinemann: BSP-Extensions: Komfortables Webreporting mit HTMLB, Galileo Press, Bonn 2004.

- Nun können Sie ein BSP-Element `hallo` anlegen. Wählen Sie mit der rechten Maustaste *Anlegen → BSP-Element*. Im erscheinenden Popup wählen Sie den Namen `hallo` für das neue Element, und den daraus abgeleiteten Namen `zcl_bsp_zdemo_hallo` für die Elementbehandlerklasse:

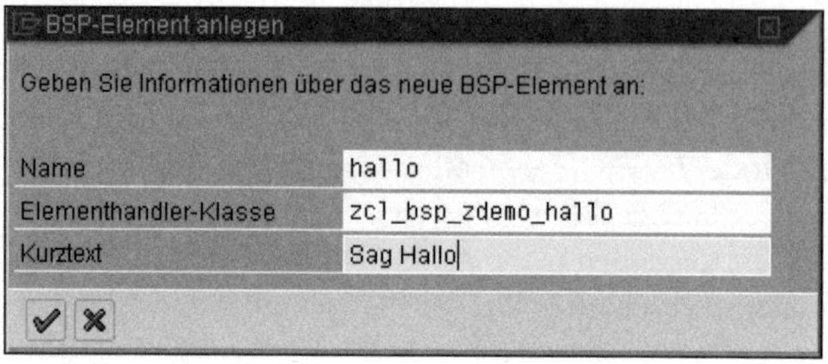

© SAP AG

Abb. 11–2 *Popup beim Anlegen eines Elements*

- Nun wird automatisch eine Basisklasse und die neue, angegebene Elementbehandlerklasse erstellt, die von der automatisch generierten Basisklasse erbt.

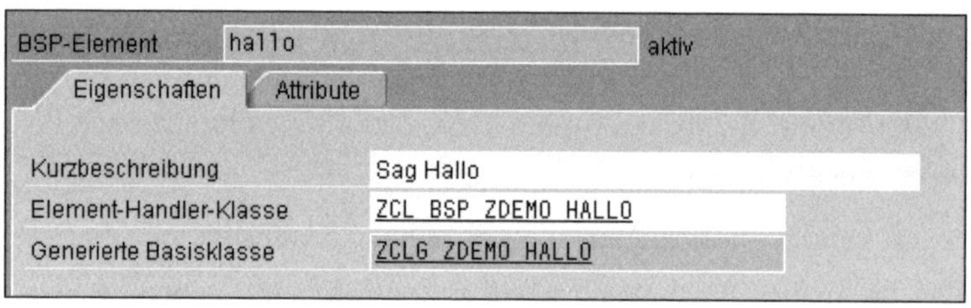

© SAP AG

Abb. 11–3 *Element: Reiter »Eigenschaften«*

- Die weiteren Eigenschaften, die Sie Ihrem BSP-Element geben können, werden wir noch besprechen. Begnügen Sie sich zunächst mit den Vorschlagswerten.
- Die Basisklasse ist für die Verwaltung der Attribute zuständig und liefert zugleich zentrale Funktionalität des BSP-Extension-Frameworks. Probieren Sie es aus. Legen Sie für Ihre Element ein neues Attribut `name` vom Typ String an:

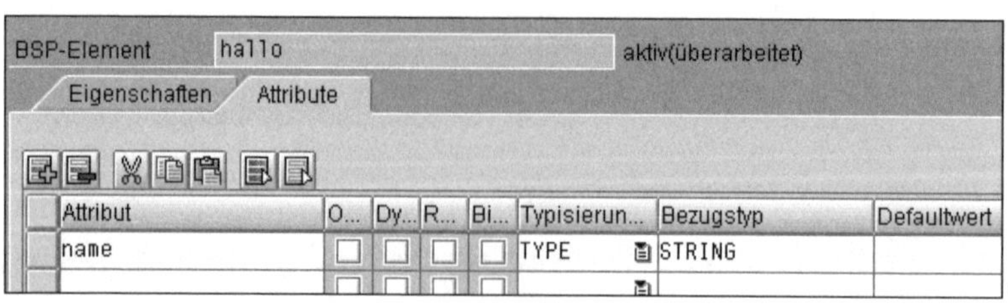

© SAP AG

Abb. 11–4 *Element: Reiter »Attribute«*

Wenn Sie nun die Klasse aktivieren, wird die generierte Basisklasse angepasst. Sie bekommt ein neues Instanz-Attribut `name`. Wenn Sie im Reiter »Eigenschaften« auf den Namen der Elementbehandlerklasse doppelklicken, sehen Sie die Attribute und Methoden, die Ihrer Klasse nun zur Verfügung stehen:

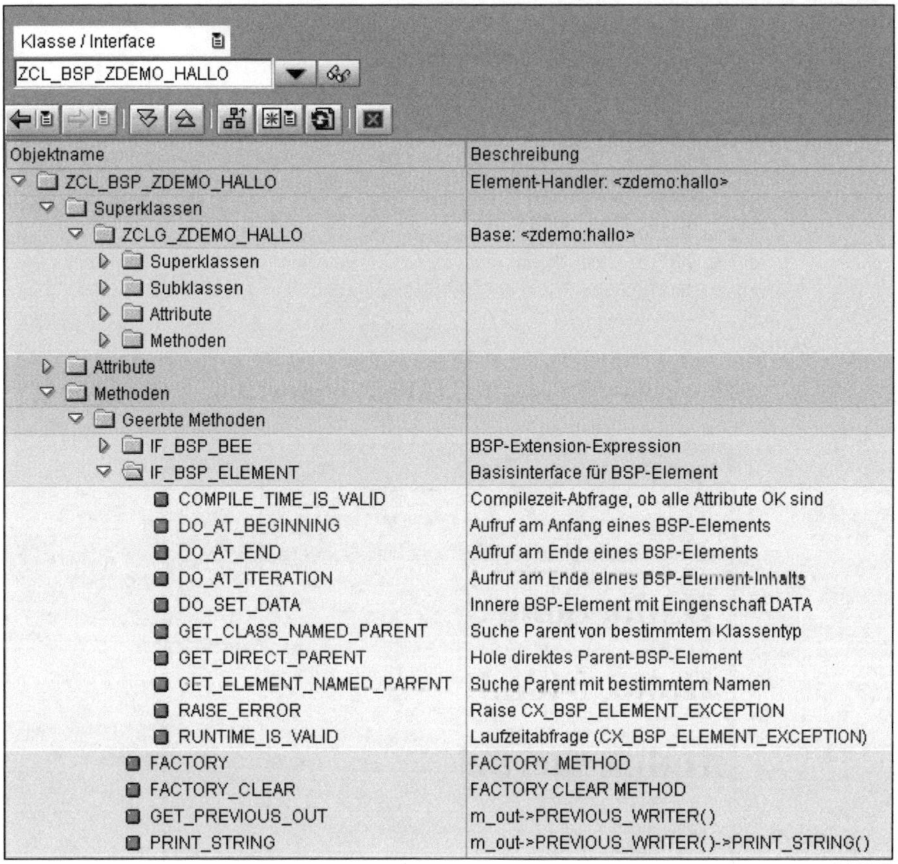

Abb. 11–5 *Die Elementbehandlerklasse*

- Positionieren Sie auf die Interfacemethode `if_bsp_element~do_at_end()` und wählen Sie im Contextmenü »Redefinieren«.
- Hinterlegen Sie in Ihrer Redefinition folgenden Code:

```
method if_bsp_element~do_at_end .

  data: lv_hallo type string value '<h1>Hallo, &!</h1>',
        lo_out   type ref to if_bsp_writer.

* Ausgabeobjekt besorgen
  lo_out = get_previous_out( ).

* Begrüssungsformel aufstellen
  replace '&' in lv_hallo with name.
```

```
* Im HTML fortschreiben
  lo_out->print_string( lv_hallo ).
endmethod.
```

- Nun testen Sie das neue Element. Legen Sie zu Testzwecken einen View oder eine Seite mit Ablauflogik an und hinterlegen folgenden Code:

```
<%@page language="abap"%>
<%@ extension name="ZDEMO" prefix="zdemo" %>
<html>
  <head>
    <title>Hallo</title>
  </head>
  <body>
     <zdemo:hallo name="Sonne"/>
     <zdemo:hallo name="Mond"/>
     <zdemo:hallo name="Sterne"/>
  </body>
</html>
```

- Sehen Sie sich nun das produzierte HTML im Browser an:

Abb. 11–6 *Beispielausgabe des neuen Elements*

Das Beispiel zeigt Ihnen hoffentlich klar den wesentlichen Gedanken der Extension: Der für die Präsentationslogik notwendige ABAP-Code wird im View-Design verborgen. Im View wird nur das gewünschte Layoutelement, geeignet parametrisiert, angesprochen. Die Erzeugung des Codes wird an die Elementbehandlerklasse delegiert und gehört somit nicht mehr zur Präsentationsinformation des jeweiligen Views.

11.3 Das Interface IF_BSP_ELEMENT

Dadurch, dass Ihre Elementbehandlerklasse von einer automatisch generierten Basisklasse erbt, enthält sie automatisch Implementierungen des Interface `IF_BSP_ELEMENT`. Diese sind jedoch alle leer. Damit Ihr BSP-Element etwas Sinnvolles tut, müssen Sie mindestens eine Methode dieses Interface redefinieren und mit eigenem Code versehen – wie wir es oben mit der Methode `do_at_end( )` getan haben.

Wenn Sie ein selbstdefiniertes BSP-Element in Ihrem View einsetzen, so wird es zur Laufzeit vom BSP-Framework nach folgendem Schema verarbeitet:

- Es wird eine Instanz der Elementbehandlerklasse beschafft; *wenn auf dem View bereits eine Instanz gebildet wurde, so wird diese wiederverwendet.*
- Die aktuell gesetzten Attribute werden dieser Instanz übergeben;
- Wenn Sie eine Laufzeitvalidierung vorgesehen haben, wird die Interfacemethode `runtime_is_valid( )` aufgerufen. Um Laufzeit zu sparen, wird die Methode nur aufgerufen, wenn Sie dies in der BSP-Elementdefinition explizit erklären:

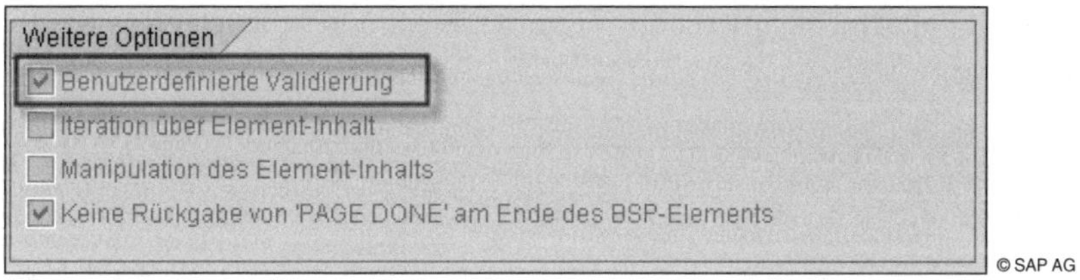

Abb. 11–7 *Weitere Element-Eigenschaften*

- Die Interfacemethode `do_at_beginning( )` wird aufgerufen – idealer Ort, um aus den übergebenen Attributen zum Beispiel noch weitere Attribute abzuleiten.

  Wenn Sie neben den Attributen Ihres BSP-Elements in der Klasse noch weitere Instanzattribute haben, vergessen Sie nicht, diese hier zu initialisieren – Ihre Instanz wird wiederverwendet!

- Wenn innerer Elementinhalt vorhanden und erlaubt ist, wird dieser entsprechend seinem Typ verarbeitet. Sie legen den Typ des Inhalts selbst in den Elementattributen fest. Wenn Sie wollen, dass der Inhalt rekursiv nach demselben Schema durchlaufen wird, sind die Inhaltstypen »Ausschließlich BSP-Elemente« oder »BSP-Elemente und statisches HTML« die richtigen:

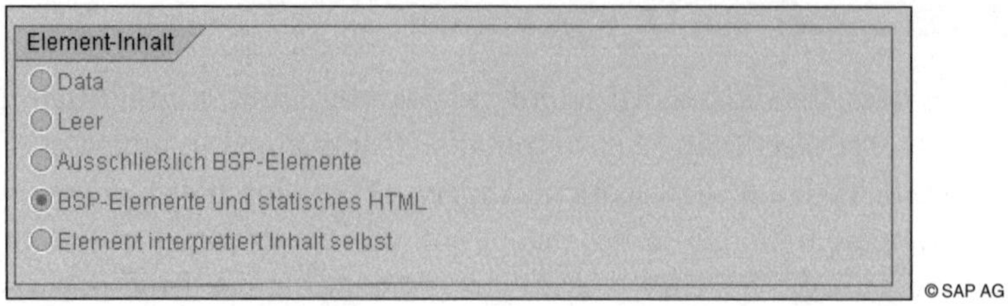

Abb. 11–8 *Art des Element-Inhalts festlegen*

- Nun ist der Seitenprozessor beim schließenden Tag des Elements angekommen. Das ist der Zeitpunkt, die Methode `do_at_end( )` aufzurufen. In dieser Methode wird üblicherweise das »Doing« des Elements implementiert, seine Hauptaufgabe.
- Sie können den Prozessor mit der Option »Iteration über Element-Inhalt« anweisen, eine `WHILE`-Schleife um diesen gesamten Bearbeitungsprozess auszuführen. Dann wird am Ende die Interfacemethode `do_at_iteration( )` aufgerufen. Das Element wird so oft durchlaufen, bis diese Methode den Returncode `CO_ELEMENT_DONE` zurückliefert.

Die vom Benutzer definierbaren Zeitpunkte beim Bearbeiten eines BSP-Elements sind also:

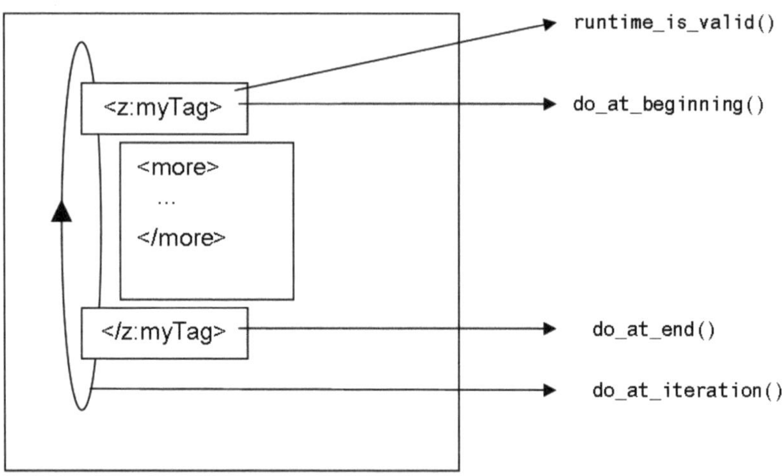

Abb. 11–9 *Verarbeitung eines Elements*

Wir wollen nun darangehen, die Elemente der Z-Extension zu behandeln. Es soll hauptsächlich um den Gebrauch gehen, jedoch sollen besondere Tricks bei der Implementierung nicht unerwähnt bleiben. Den vollständigen Code der Tags können Sie sich auf *http://www.mits.ch/bsp* ansehen oder von dort in Ihr SAP-System importieren.

11.4 <z:input>-Eingabefelder

Das `<z:input>`-Element dient dazu, Eingabefelder in einem einheitlichen Format zu rendern. Das Ergebnis wird also letztlich das HTML-Element `<input>` sein. Was das <z:input>-Element darüberhinaus aber leisten soll, ist

- Anschluss ans MVC-Framework mittels Datenbindung.
- *Wertehilfen darstellen*
  Durch Druck einer Wertehilfe-Taste erscheint ein Popup, in dem eine Suchhilfe dargestellt wird.
- *Feldinfo*
  Auf Druck von F1 wird in einem Popup weiterführende Information zum Feld dargestellt.

Diese Punkte werden in der Anwendungsentwicklung oft unterschätzt oder nicht als übergreifende Features erkannt. Wertehilfen und Feldhilfen programmiert man nicht für jede Seite neu. Es muss einen Mechanismus geben, um diese Hilfefunktionen allgemein zu rendern. Hier kommt das ABAP-Typkonzept ins Spiel. Das ABAP Dictionary stellt eine ausgereifte Plattform dar, um Suchhilfen und Langtexthilfen zu definieren und ABAP-Typen zuzuordnen. Der allgemeine Mechanismus sollte also nach Möglichkeit auf diese schon vorhandenen Typbeschreibungen zugreifen: Suchhilfen sollten durch die Suchhilfen des Data Dictionary abgebildet werden, und Langtexte sollten, falls vorhanden, der Dokumentation des Datenelements entnommen werden.

Wenn man Wertehilfe und Feldinfos auf diese Weise beschafft, hat man folgende Vorteile:

- Der Anwendungsentwickler braucht sich um das Rendern dieser Hilfefenster überhaupt nicht mehr zu kümmern. Er hinterlegt nur die darzustellenden Suchhilfen und Datenelementdokus im Data Dictionary. Zur Laufzeit werden diese Informationen automatisch in die Darstellung des Feldes übernommen.
- Suchhilfe- und Infofenster haben anwendungsübergreifend einheitliches Aussehen.
- Das Data Dictionary ist übergreifend verwendbar. Eine Suchhilfe des Data Dictionary ist somit nicht nur für Webanwendungen, sondern natürlich auch für SAP-GUI-Anwendungen verwendbar und kommt überall zum Tragen, wo der Typ des darzustellenden Feldes auf diese Suchhilfe verweist.

Im allereinfachsten Fall muss dem `<z:input>`-Element lediglich der ABAP-Datentyp, eine ID und das Datenelement angegeben werden. Das `<z:input>`-Element muss dann ermitteln, ob diesem Datenelement eine Suchhilfe oder eine F1-Hilfe zugeordnet ist und Verweise auf diese Suchhilfen anbieten.

Ein einfachstes Beispiel wäre somit ein Feld für einen Benutzernamen, hier speziell den Inhaber eines Transportauftrags:[3]

```
<z:input id="user" type="tr_as4user"/>
```

Der Entwicklungsklasse ist im Repository sowohl eine F1- als auch eine F4-Hilfe zugeordnet. Das Eingabefeld wird daher wie folgt dargestellt:

Abb. 11–10 *Einfaches Eingabefeld*

Der automatisch generierte HTML-Quelltext sieht wie folgt aus:

```
<input type="text" id="user" value=""
       onHelp='javascript:return windowOpen(
         "../zz_itf/ShowDocu.do?id=DE.TR_AS4USER", "
         helpWindow",
         200,205,502,499);'>
  <a onClick='javascript:return windowOpen(
     "../zsrs_valuehelp/f4.do?id=user&type=TR_AS4USER&shlp=USER_ADDR",
     "searchWindow",
     200,205,799,799);'
     align="absbottom">
    <img src="../public/srs/b_search_arrow.gif"
         align="absbottom"
         alt=" Suchen ">
  </a>
```

Sie sehen, dass die F1-Hilfe an den Controller ShowDocu.do der BSP-Applikation zz_itf adressiert wird. Das ist der *Doku-Prozessor.*

Die Drucktaste mit dem Fernglas wird angezeigt, weil das <z:input>-Tag bemerkt hat, dass dem Datenelement tr_as4user im Data Dictionary die Suchhilfe user_addr zugeordnet ist. Das Fernglas ist verlinkt mit dem Controller f4.do der BSP-Applikation zsrs_valuehelp. Das ist der *Suchhilfeprozessor.*

Die vier Zahlen, mit denen die windowOpen()-Funktion aufgerufen wird, sind absolute Pixelangaben für die Größe des zu öffnenden Fensters. Sie können auf dem Server anhand der Auflösung des Bildschirms errechnet werden (siehe das Kapitel 13 *Gerätespezifisches Rendering*).

Wenn Sie den Cursor in das Feld setzen und F1 drücken, erscheint die F1-Langtexthilfe, die dem Datenelement zugeordnet ist (siehe Abb. 11–1).

Wenn Sie die Suchhilfe mithilfe des Fernglases anwählen, erscheint das Suchhilfefenster. Die Daten – welche Eingabefelder gibt es, wie muss die Trefferliste

---

3. Die Namenswahl type für das Datentyp-Attribut hat sich übrigens als etwas unglücklich erweisen. In Anlehnung an das gewöhnliche HTML-Input-Tag setzten viele Entwickler type="text". Das führte noch nicht einmal zu einer Fehlermeldung, denn ein Datenelement des Namens text existiert im ABAP Dictionary tatsächlich!

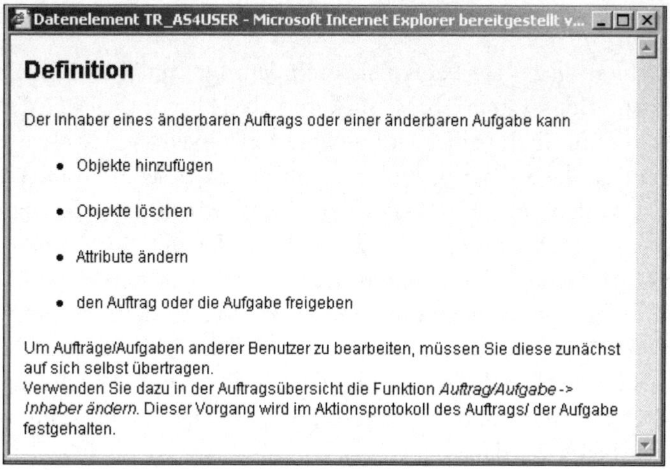

© SAP AG

Abb. 11–11 *F1-Hilfe zum Datenelement*

aussehen – entnimmt der Suchhilfeprozessor `f4.do` der Suchhilfebeschreibung im Data Dictionary.

Sie können nun wie im SAP GUI Suchkriterien eingeben, eine Suche ausführen und einen Treffer durch Klick auf das Markiersymbol übernehmen.

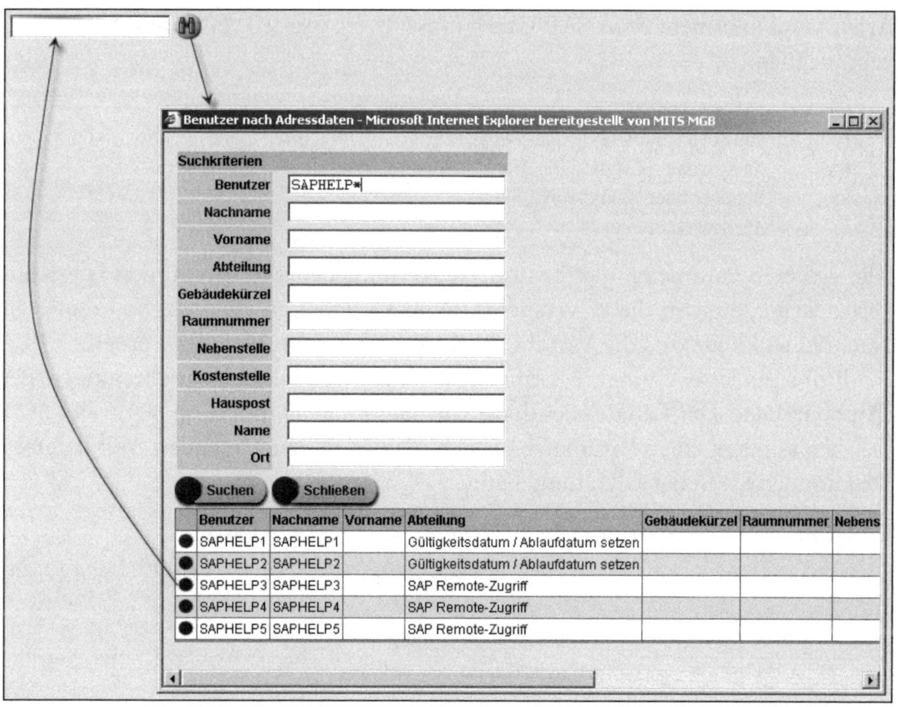

Abb. 11–12 *Eine F4-Hilfe (Suchhilfe)*

11.4.1 Der Doku-Prozessor

Die BSP-Applikation `zz_itf` befasst sich mit dem Internal Text Format (ITF) des SAP-Dokumentationssystems, besser bekannt als SAPscript. Der *Doku-Prozessor* `ShowDocu.do` nimmt die ID eines Dokumentationsobjekts sowie etwaige Parameter entgegen, liest die SAPscript-Dokumentation ein, ersetzt Parameter und konvertiert den Text dann ins HTML-Format. Die HTML-Konvertierung wird dabei an die Klasse `cl_epss_sapevent` delegiert, die leider mit Blick auf den HTML-Control des SAP GUI geschrieben wurde. Das bedeutet, alle Hyperlinks werden in dem von `cl_epss_sapevent` konvertierten HTML-Code über das SAP-interne Ereignis `SAPEVENT` geleitet, das ein Browser natürlich nicht interpretiert. Das vom Konverter gelieferte HTML-Format muss daher noch einmal nachbearbeitet werden. Die Hyperlinks auf andere Doku-Objekte können ja ebenfalls vom Doku-Prozessor bearbeitet werden.

Sie können die Wirkungsweise des Doku-Prozessors studieren, indem Sie ihn über die Browser-Adresszeile aufrufen. Starten Sie den Controller `ShowDocu.do` und geben Sie ihm mit dem Queryparameter `id` ein Doku-Objekt mit.

Die Syntax des Queryparameters `id` ist

```
<Doku-Klasse>.<Doku-Schlüssel>
```

Dabei ist `<Doku-Klasse>` das zweibuchstabige Kürzel, mit dem die verschiedenen Arten von Dokumentation SAP-intern klassifiziert werden. Folgende Werte sind gebräuchlich:

```
DE      Datenelement
FU      Funktionsbaustein und Parameter
NA      Nachricht (T100)
RE      Report oder Funktionsgruppe
TX      Allgemeiner Text
```

Alle weiteren Parameter, die Sie in der URL mitgeben, werden an den ITF-Konverter weitergereicht; dieser versucht, sie im Langtext zu ersetzen. So können in Nachrichtenlangtexten die Variablen `V1`, `V2`, `V3` und `V4` verwendet werden.

Probieren Sie es einmal, z.B. mit der Nachricht 110 der Nachrichtenklasse BA (Archivierung). Der Langtext enthält, wie Sie sich in Transaktion `SE91` oder `SE61` ansehen können, einen Parameter `V1` (den Namen der zu öffnenden Archivdatei). Den können Sie in der URL mitgeben:

http://<server>:<port>/sap/bc/bsp/sap/zz_itf/
ShowDocu.do?id=NA.BA110&V1=hugo.dat

Wie Sie an folgendem Screenshot sehen, wird der Parameter im Langtext ersetzt:

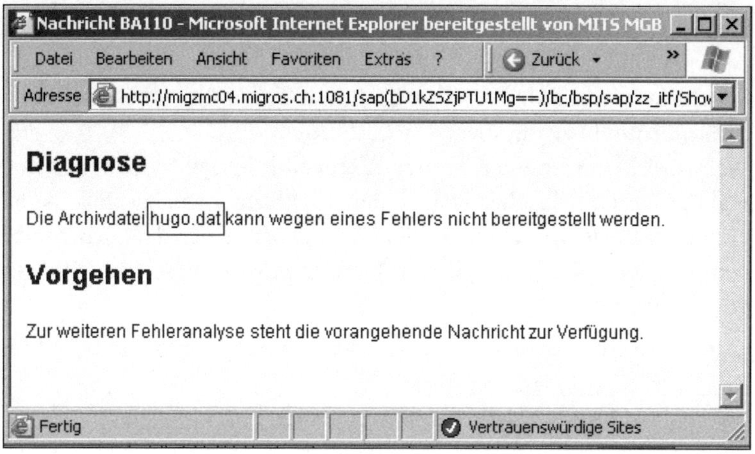

© SAP AG

Abb. 11–13 Langtextanzeige mit Parametersubstitution

11.4.2 Suchhilfeanbindung

Für die Steuerung, ob und wie ein Eingabefeld Suchhilfen darstellen soll, stellt das `<z:input>`-Tag verschiedene Attribute zur Verfügung.

Sie haben schon gesehen, dass eine dem Datenelement zugeordnete Suchhilfe gefunden und dargestellt wird.

- Manchmal ist der Suchhilfe-Mechanismus unerwünscht. Setzen Sie das Attribut `noSearchHelp = "true"`, um die Darstellung der Suchhilfe vollständig zu unterbinden.
- Manchmal wäre eine Suchhilfe gut geeignet, die jedoch nicht dem Datenelement zugeordnet ist und daher nicht gefunden wird. Mit dem Attribut `shlp` können Sie dem `<z:input>`-Element die darzustellende Suchhilfe vorgeben.
- Für die Übergabe von Suchhilfeparametern, die möglicherweise dynamisch zu ermitteln sind, steht das `connect`-Attribut zur Verfügung. Hat die Suchhilfe `zmatnr` beispielsweise einen Parameter `filiale`, der mit der Nummer `lv_werks` der Filiale zu versorgen ist, so kann man das <z:input>-Tag wie folgt parametrisieren:

```
<z:input binding="//myModel/matnr"
         shlp="zmatnr"
         connect="filiale=<%=lv_werks%>"/>
```

  Um mehr als einen Parameter zu übergeben, verwenden Sie die Notation des Querystrings: `name1=wert1&name2=wert2`...

- Wie in Dynpros, Tabellen und Strukturen, können Sie auch in Views eine *Suchhilfeanbindung* definieren. Für Views bedeutet das:
  - Sie können Parameter, die in der Suchhilfe als Importparameter gekennzeichnet sind, mit Eingabefeldern des Views verknüpfen. Beim Aufruf der Suchhilfe wird dann der aktuelle Inhalt dieser Eingabefelder als Selektionskriterium übernommen.
  - Wenn der Benutzer einen Treffer ausgewählt hat, wird nicht nur der ausgewählte Wert in das Bezugsfeld der Suchhilfe zurückgestellt, sondern es können ggf. noch weitere Felder aus der Zeile der Trefferliste übernommen werden. Der Export dieser Werte muss für diese Suchhilfeparameter vorgesehen sein.

  Die Zuordnung erfolgt im `<z:input>`-Element mit dem `connect`-Attribut:

  ```
  connect="param1=id1&param2=id2&..."
  ```

  Dabei sind `param1`, `param2` etc. die Namen der anzubindenden Suchhilfeparameter und `id1`, `id2` etc. die Element-IDs der Eingabefelder, die mit den Paramern zu verknüpfen sind.
- Wenn zum Datenelement eine Domäne mit höchstens 20 Festwerten hinterlegt ist, so wird das Eingabefeld automatisch als Dropdownbox dargestellt. Das ist ein Feature, das Sie sich durch Angabe eines geeigneten Datenelements zunutze machen können. Wenn Sie ein Feld mit einer bestimmten Menge von festen Werten haben, das Sie als Dropdownbox darstellen möchten, macht es häufig Sinn, diese Wertemenge gleich in einer Domäne einzubauen. Dadurch wird Ihre Wertemenge wiederverwendbar, und der Einsatz ist nicht auf Webanwendungen beschränkt.
- Sie können auch mit dem Attribut `listbox="true"` erreichen, dass eine Suchhilfe, die im Data Dictionary als »Suchhilfe mit sofortiger Werteanzeige« gekennzeichnet ist, als Dropdownbox dargestellt wird.

11.4.3 Der Suchhilfeprozessor

Der Suchhilfeprozessor ist eine eigene kleine BSP-Applikation, deren Logik hauptsächlich in der Controllerklasse `zcl_co_f4` implementiert ist. Wir wollen die Implementierung hier nicht im Detail abhandeln, sondern nur die wesentlichen Punkte besprechen.

Der leitende Gedanke der Implementierung ist: wann immer es geht, auf die im Data Dictionary hinterlegten Eigenschaften zuzugreifen. Konkret werden folgende Eigenschaften der Suchhilfe verwendet:

- Die Spalte »SPos« bestimmt, welche Felder auf dem Selektionsbild zur Treffereinschränkung angeboten werden.
- Die Spalte »LPos« bestimmt, welche Felder in der Trefferliste angezeigt werden.

- Die Spalten »Import«/«Export« definieren die Suchhilfeanbindung an den View.
- Das Feld »Suchhilfetyp« bestimmt, ob es einen Selektionsschritt gibt oder ob die Treffer sofort angezeigt werden.
- Der Suchhilfe-Exit wird berücksichtigt – allerdings nur der Zeitpunkt `SELECT`. Für die anderen Zeitpunkte gibt es einen eigenen Mechanismus.

Die folgende Abbildung zeigt die Orte, wo Sie diese Eigenschaften im Data Dictionary pflegen:

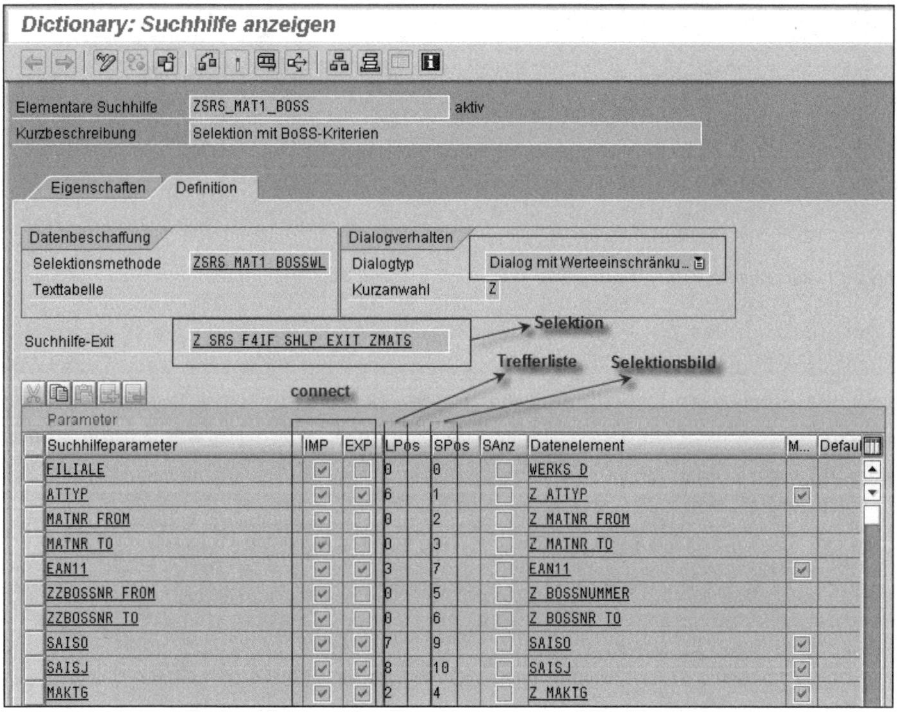

***Abb. 11–14** Suchhilfe-Eigenschaften im DDIC*

Der Controller `ZCL_CO_F4` ruft zwei Views auf und stellt sie nacheinander in die HTML-Ausgabe: `selections.htm` und `result.htm`. Der View `selections.htm` stellt das Selektionsbild dar, `result.htm` die Trefferliste, die zuvor durch Aufruf der Selektion der Suchhilfe ermittelt worden war.

An manchen Stellen im Retail Store wurde es nötig, die Anzeige des Selektionsbildes oder der Trefferliste abweichend zu gestalten – und zwar so abweichend, dass sich eine Verallgemeinerung nicht lohnte. Für diese Fälle bietet der Controller ein eigenes Exit-Konzept, mit dem man das Selektionsbild, die Trefferliste oder auch den gesamten Suchhilfevorgang übernehmen konnte (was in einem Fall auch nötig war).

Für diesen Fall hat der F4-Controller einen eigenen Exit-Mechanismus. Sie können im View `zsrs_shlp_exit` eigene Views mit denselben Seitenattributen wie `selections.htm` und `result.htm` hinterlegen, oder sogar einen Controller, der den gesamten Suchhilfeprozess übernimmt:

Sicht "Suchhilfe-Exits in BSP" anzeigen: Übersicht

Suchhilfe-Exits in BSP

Suchhilfename	Schritt	Applikation	Seite
CALENDAR	Trefferliste	ZSRS_VALUEHELP	DATEPICKER.HTM
ZSRS_KDAUF	Trefferliste	ZSRS_F4_EXIT	AUFTRAEGE.HTM
ZSRS_KDAUF_CPD	Trefferliste	ZSRS_F4_EXIT	AUFTRAEGE.HTM
ZSRS_KUNNR	Trefferliste	ZSRS_F4_EXIT	ZSRS_KUNNR_RESULT.HTM
ZSRS_KUNNR	Selektionsbild	ZSRS_F4_EXIT	ZSRS_KUNNR.HTM
ZSRS_LF_FER	Selektionsbild und Trefferl...	ZSRS_LF_FER	FERIEN.DO
ZSRS_MAT1_BOSS	Trefferliste	ZSRS_F4_EXIT	RESULT_ZMATS.HTM
ZSRS_MAT1_BOSS	Selektionsbild	ZSRS_F4_EXIT	SEL_ZMATS.HTM
ZSRS_MDEMONITOR	Trefferliste	ZSRS_F4_EXIT	MDE_RESULT.HTM
ZSRS_MDEMONITO...	Trefferliste	ZSRS_F4_EXIT	MDE_RESULT.HTM

Abb. 11–15 *Der View ZSRS_SHLP_EXIT*

Schließlich nimmt das `<z:input>`-Tag noch Rücksicht darauf, dass nicht alle Suchhilfen in gleicher Größe gewünscht sind. In einem View `zsrs_shlp_size` können Sie die relativen Koordinaten der linken oberen Ecke sowie Breite und Höhe des Suchhilfefensters festlegen. Alle Angaben sind in Prozent der Standardbildschirmgröße.[4]

Sicht "Abweichende Grössen des Suchhilfefensters" anzeigen

Abweichende Grössen des Suchhilfefensters

Suchhilfename	Viewsatz: Kennung	Links	Oben	Breite	Höhe
calendar	Standard	40	40	35	38
calendar	Web-Panel (800x600)	40	40	50	48
help	Standard	20	26	49	65
info	Standard	5	5	95	95
searchWindow	Standard	20	26	78	104
searchWindow	Web-Panel (800x600)	0	0	95	95
toolbarpers	Standard	40	40	55	45
z_drucker	Standard	10	10	30	50
zsrs_bb	Standard	20	25	35	70
zsrs_bb	Web-Panel (800x600)	20	0	45	95

Abb. 11–16 *Der View ZSRS_SHLP_SIZE*

4. Wenn Sie der Parameter »Viewsatz«-Kennung interessiert, lesen Sie mehr darüber im Abschnitt 13.2 »Viewersetzungen«. Dort erfahren Sie auch, wie Sie Ihre Anwendung so erweitern können, dass die aktuell vom Benutzer verwendete Bildschirmgrösse für die Berechnung herangezogen wird.

11.4.4 Datenbindung

Die Datenbindung, also die Ermittlung des aktuellen Datenobjekts zu einem in Stringform vorgelegten Bindungsausdruck, wird nicht nur für das `<z:input>`-Tag, sondern auch für `<z:select>`, `<z:selectOptions>`, `<z:write>` und `<z:table>` benötigt (Letzteres spielt allerdings eine Sonderrolle). Da der Code immer gleich ist, haben wir eine statische Methode `bind()` in der Klasse `zcl_bsp_z_input` definiert, die die Datenbindung in allen Tags realisiert.

Die Methode bekommt den aktuellen Seitenkontext als Importparameter. Im Normalfall ist der aufrufende Controller auf die Klasse `ZCL_CONTROLLER` abbildbar. Wenn nicht, versucht es die Methode eine Stufe höher in der Aufrufhierachie.[5]

Wenn sie schließlich eine auf `ZCL_CONTROLLER` abbildbare Instanz gefunden hat, übergibt die Methode den Datenbindungsausdruck an `get_data_by_path( )`. Diese Controllermethode findet dann schließlich den Adressaten des Bindungsausdrucks – er selbst oder ein ihm bekanntes Model – und übergibt ihn an diesen. Für Models wird dann die Methode `get_attribute_ref( )` aufgerufen.

Es gibt aber auch Datenbindung an Controllerattribute. Die Klasse `ZCL_CONTROLLER` benötigt daher für Controllerattribute ebenfalls eine Methode zur Datenbindung. Damit kein Code doppelt im System steht, delegiert sie diesen Aufruf an eine Hilfsinstanz von `ZCL_MODEL`. Die Model-Basisklasse `ZCL_MODEL` ist somit die einzige Klasse, in der die Datenbindung explizit durchgeführt wird.

Wie die Klasse `ZCL_MODEL` letztlich Datenbindungsausdrücke auswertet, beschreiben wir in den wesentlichen Zügen im Abschnitt 12.6 *Validierung und Datenbindung*.

Das `<z:input>`-Tag erhält durch Aufruf dieser Datenbindung

- den HTML-konformen Feldnamen, der das `name`- und das `id`-Attribut bilden wird;
- den ABAP-Datentyp und
- *den aktuellen Inhalt des Feldes* – das ist das Wesentliche der Datenbindung!

Die `id` können Sie beim Aufruf des `<z:input>`-Tags mit einem eigenen Wert überschreiben: Wenn Sie mit JavaScript-Mitteln auf dem langen generierten HTML-Ausdruck operieren wollen, ist das ein bisschen unhandlich. Sie werden lieber kurze, einprägsame IDs für Scripting verwenden wollen.

Name und Typ dagegen können nicht überschrieben werden. Wenn Sie den Namen eines Bindungsausdrucks überschreiben, zerstören Sie die eine Hälfte des Mechanismus: Das gebundene Feld wird zwar noch korrekt dargestellt, beim nächsten Roundtrip wird jedoch der aktuelle Feldinhalt nicht mehr ins Model zurückgeschrieben: Die Seite reproduziert sich nicht mehr. Aus diesem Grund hat

5. Dieser Fall kann theoretisch vorkommen, wenn in eine auf unserem Framework aufbauende Applikation ein externer Controller eingebunden ist.

bei Angabe eines Binding-Attributs immer der automatisch ermittelte Bindungsname den Vorrang. Das gleiche gilt für den Feldinhalt, das `value`-Attribut. Wenn Sie den Wert eines ans Model gebundenen Feldes ändern wollen, sollten Sie dies im Model selbst tun und nicht in der Ausgabe.

Ein besonderes Feature des Bindungs-Attributs im `<z:input>`-Tag ist, dass es dynamisch ist. Sie können den Bindungsausdruck also auf der Seite mit ABAP-Scripting erzeugen, statt ihn fest hinterlegen zu müssen. Dynamische Attributübergabe muss übrigens beim Entwurf eines BSP-Elements explizit erlaubt werden, indem man im Reiter »Attribute« das entsprechende Ankreuzfeld markiert:

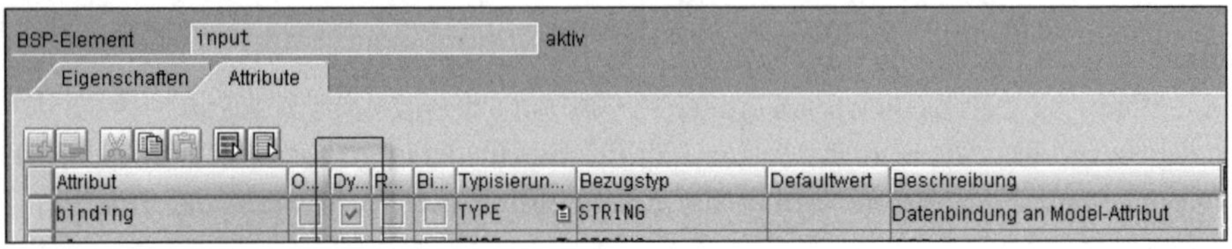

© SAP AG

Abb. 11–17 *Das dynamische Attribute »binding«*

Sie können also Bindungsausdrücke wie den folgenden – aus einer produktiven Anwendung zur Selektion von Kundenauftragslisten – verwenden:

```
<z:input binding="//s/selections.s_auart[<%=ctx->auart-idx%>].low"
         invisible="true"/>
```

Hier wird ein verstecktes Formularfeld gerendert, das an die Komponente `low` einer bestimmten Zeile der Tabelle `s_auart[]` gebunden ist. Die Zeilennummer ist nur zur Laufzeit bekannt und wird in der Variablen `ctx->auart-idx` geführt.[6]

11.4.5 Feldmodifikation

Sie können einige Eigenschaften der Felddarstellung durch Attribute beeinflussen:

- **inactive**
  steuert, ob das Feld überhaupt in den HTML-Code gebracht werden soll.
- **invisible**
  steuert, ob das Feld zwar auf der HTML-Seite vorhanden, aber nicht sichtbar ist (= Hidden Field).
- **disabled**
  steuert, ob das Feld eingabebereit ist.
- **obligatory**
  steuert, ob es sich um ein Mussfeld handelt. Für Mussfelder wird clientseitig geprüft, dass ein nichtleerer Wert eingegeben wurde.

6. `ctx` ist hier eine *Viewkontextklasse*, siehe den Abschnitt 6.11 zu Viewkontexten.

All diese Attribute erlauben dynamische Aktualparameter, können also beispielsweise mit ABAP-Flags versorgt werden. Es ist jedoch unüblich, diese Werte erst im View zu setzen. Wie wir gesehen haben, gibt es die Modelschnittstelle `zif_model_check` und darin die Methode `is_changeable( )`. Das ist der richtige Ort, um die Prüfungen auf Änderbarkeit von Feldern zu hinterlegen. Für dynamische Feldauswahlregeln im Controller steht das Interface `zif_input_field` zur Verfügung, das standardmäßig auf das angebundene Model zugreift, aber auch um weitere Prüfungen ergänzt werden kann.

Für ein Feld, das an ein Modelattribut gebunden ist, wird automatisch die dort hinterlegte Prüfung durchlaufen. Beachten Sie, dass dies ein ziemlich später Zeitpunkt der Requestbearbeitung ist. In der Dynprosprache sind wir bereits »im PBO des Folgebilds«.

11.5 <z:message> – eine Meldung im View ausgeben

Das `<z:message>`-Tag ist im Vergleich zum `<z:input>`- und `<z:table>`-Tag recht einfach gestrickt. Es dient nur dazu, eine besonders relevante Meldung aus einem Application Log in einer Meldungszeile darzustellen.

Hierzu hat es im Wesentlichen drei Aufgaben:

1. Es muss sich die Referenz auf das darzustellende Log beschaffen;
2. Es muss die Meldungen höchster Fehlerschwere – *und unter diesen die zuerst gesammelte* – Meldung ermitteln;
3. Es muss diese Meldung in einem `<span>` darstellen, und zwar je nach Fehlertyp in einem anderen Stil.[7]

Um die erste Aufgabe zu erledigen, muss nur der aufrufende Controller über den Seitenkontext ausfindig gemacht werden. Wenn dies geschafft ist, kann man die zweite Aufgabe an die Instanz `log` des aufrufenden Controllers delegieren – denn die Klasse `zcl_messages` weist eine Methode `get_message( )` auf, die das Log genau nach den angegeben Kriterien durchsucht.

Schließlich erfolgt die Darstellung. Wenn Sie beispielsweise die `T100`-Meldung 111 der Nachrichtenklasse `ABADR` in Ihrem Controller oder Model mittels `log->add( )` gesammelt haben, dann stellt Ihnen das `<z:message>`-Tag in seinem einfachsten Aufruf, nämlich

```
<z:message/>
```

die Meldung wie folgt dar:

7. Die in dem `<span>` darzustellende Meldung ist auch clientseitig manipulierbar – dafür gibt es im zentralen JavaScript-File `global.js` Methoden wie `setMessage()` oder `resetMessage()`. Näheres enthält das Kapitel 15 *Clientseitige Logik*, vor allem 15.3 *Eingabeprüfungen*.

Abb. 11–18 *Fehlermeldung*

Nun werden Sie sich als Benutzer fragen, wie Sie denn zum in der Meldung versprochenen Langtext finden können.[8]

Das können Sie leicht erreichen, indem Sie das Elementattribut `linkToF1` verwenden:

```
<z:message linkToF1="X"/>
```

Das ergibt Folgendes:

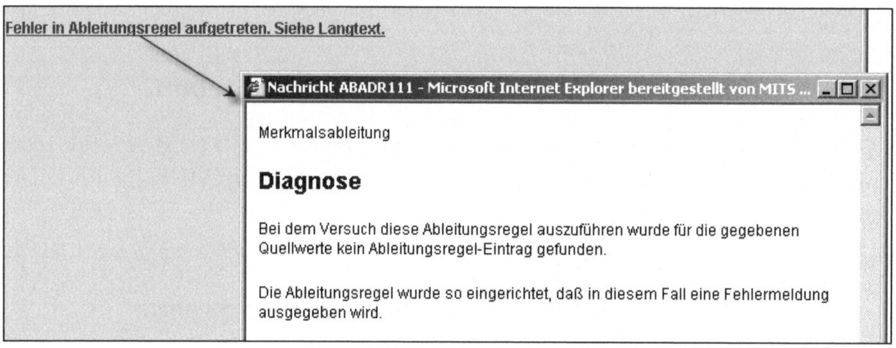

© SAP AG

Abb. 11–19 *Fehlermeldung mit Verweis auf Fehlerlangtext*

Der Wert `"X"` ist hier ein reservierter Attributwert. Wenn Sie irgendeinen anderen, nichtleeren Wert übergeben, so wird er als Sprungziel des Hyperlinks interpretiert. Beispielsweise können Sie schreiben:

```
<z:message linkToF1="http://www.google.ch/search?q=Ableitungsregel SAP"/>
```

damit der Benutzer sich von Google statt von SAP Hilfe bezüglich Ableitungsregeln beschaffen kann.

Die Möglichkeit, eine Nachricht mit einem im Programm bestimmbaren Hyperlink zu versehen, ist sicher interessant. Jedoch wird man den Link häufig nicht erst im View setzen, sondern zu einem früheren Zeitpunkt. Auch soll der Link von der ID der dargestellten Meldung abhängen.

Diese Anforderung führte zu einer Erweiterung des `<z:message>`-Tags um eine neue statische Methode `set_link_to_f1()` der Elementbehandlerklasse `zcl_bsp_z_message`. Beschaffen Sie sich zu *irgendeinem* Zeitpunkt das Handle der

8. Der Defaultwert ist die Anzeige ohne Hyperlink. Dies ist historisch bedingt (es war und ist eine Anforderung des Retail Store der Migros). Nachrichtenlangtexte sollen dort nicht immer angezeigt werden, sondern nur in bestimmten kontrollierten Fällen (denn die User sind durch diese Texte oft verwirrt oder überfordert).

Nachricht, die Sie verlinken wollen. Das Handle ist der Key der Nachricht im Application Log. Sie bekommen beispielsweise das Handle der zuletzt gesammelten Meldung mit der Methode get_last_handle( ) der Klasse zcl_messages. Zusammen mit diesem Handle übergeben Sie den Hyperlink an das <z:message>-Element:

```
call method zcl_bsp_z_message=>set_link_to_f1
  exporting
    is_msgh = ls_msgh   " Das Message-Handle
    iv_link = lv_link.
```

Der Link wird dann in eine statische Hash-Tabelle aufgenommen. Diese Tabelle wird beim Rendern des <z:message>-Elements berücksichtigt.

Sie können die Menge der vom <z:message>-Element durchsuchten Meldungen mit den Attributen einschränken, die wir bereits beim Nachrichtensammler besprochen haben:

- Der Filterwert condition, der beim Sammeln der Nachricht angegeben wird.
- Mit onlyHead="X" werden nur Meldungen auf Kopfebene berücksichtigt (also z.B. BAPIRETURN-Meldungen, deren ROW-Attribut = 0 ist).

Schließlich können Sie mit dem Attribut onlyNonEmpty noch verhindern, dass überhaupt irgendetwas gerendert wird, wenn gar keine Meldung vorliegt. Wenn Sie auf Ihren Seiten clientseitige Logik vorsehen wollen, sollten Sie dieses Attribut allerdings *nicht* setzen – denn Sie benötigen das msg-<span>, damit JavaScript-Funktionen wie setMessage() und resetMessages() korrekt funktionieren. Das muss auch so sein: Denn Sie müssen ja in Ihrem Seitenlayout vorsehen, an welcher Stelle die Meldung erscheinen soll.

Aus diesem Grunde ist der Defaultwert für das Attribut onlyNonEmpty = space. Es wird also standardmäßig immer ein <span> gerendert.

11.6 <z:messages> – Mehrere Meldungen darstellen

In den meisten Fällen genügt es für Webanwendungen, die Nachricht höchster Relevanz mit dem <z:message>-Element darzustellen. In manchen Fällen will man jedoch ein vollständiges Protokoll sehen. Stellen Sie sich eine Bestellung mit vielen Positionen vor, die im Hintergrund gesichert wurde, wobei es in einigen Positionen zu Fehlern kam.

Mit dem <z:messages>-Element ist es möglich, ein vollständiges Application Log anzuzeigen. Wenn Sie es ohne Attribute aufrufen, wird das aktuelle Log (mit dem Filterwert condition = SPACE) dargestellt. Sie können aber, wie bei <z:message>, auch Filterwerte angeben.

Hier ein Beispiel, wie die Meldungstabelle dargestellt wird.

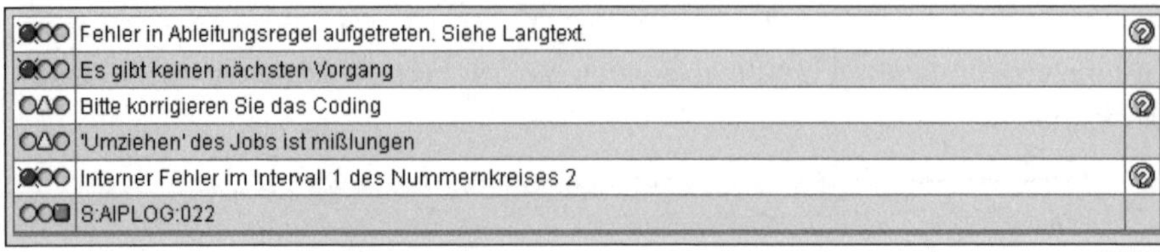

Abb. 11–20 *Protokollanzeige im Web*

Das Hilfe-Icon in der äußerst rechten Tabellenspalte) wird nur dann dargestellt, wenn es zur Meldung auch einen erklärenden Langtext gibt. Dies wird vor der Anzeige ermittelt.

Sie können auch Anwendungslogs darstellen, die mit dem BSP-Framework überhaupt nichts zu tun haben. Beispielsweise möchte der Benutzer das Protokoll einer Hintergrundverarbeitung ansehen, die in der Nacht gelaufen ist. Hierzu können Sie dem `<z:messages>`-Element das *Protokollhandle* im Attribut `handleExt` übergeben.[9]

11.7 <z:table> – Interne Tabellen präsentieren

Zweck des `<z:table>`-Elements ist es, beliebige interne Tabellen applikationsübergreifend in einem in den Grundzügen einheitlichen Layout darzustellen. Das Hauptattribut dieses Elements ist natürlich die interne Tabelle selbst. Sämtliche anderen Attribute und Subelemente dienen lediglich dazu, Präsentierungsdetails zu beeinflussen.

Ein Element zur Darstellung von internen Tabellen muss notwendig komplex ausfallen. Um die Komplexität sowohl programmtechnisch als auch für den Benutzer zu reduzieren, kann die Implementierung Teile der Logik in abhängige Elemente auslagern, die im Elementinhalt anzugeben sind. Das `<z:table>`-Element hat folgende abhängige Elemente:

- `<z:column>`
  ein inneres Element, um das Aussehen einzelner Spalten zu konfigurieren. Das entspricht in etwa dem ALV-Feldkatalog.
- `<z:toolbar>`
  ein Element, um die Tabelle durchblättern und durchsuchen zu können, sowie um individuelle Spaltenmengen zu definieren.

---

9. Das Protokoll-Handle ist eine GUID zur Identifizierung von Application Logs. Sie finden es in der Datenbank im Feld `balhdr-log_handle`.

- <z:tableBody>
  ein Element, um zusätzlichen HTML-Code an den Beginn oder ans Ende des Inhalts von <table> einzumischen – beispielsweise eine <colgroup>-Definition mit Angaben zu den Spaltenbreiten.

11.7.1 Einfachstaufruf

Der einfachste Aufruf des Tabellenelements besteht darin, lediglich die darzustellende Tabelle anzugeben. Sie können hierzu – und das ist der empfohlene Weg – das binding-Attribut verwenden:

```
<z:table binding="//test/gt_test"/>
```

Sie können die interne Tabelle aber auch direkt angeben:

```
<z:table data="<%=test->gt_test%>"/>
```

Der Aufruf in einer dieser Formen führt beispielsweise zu folgendem Ergebnis:

Sprache	Arbeitsgebiet	Nachricht	Nachrichtentext	Nachrichtenart
DE	BF00	410	Regel für Bankschlüssel ist 2. Bitte Länge Bankkonto angeben	W
DE	C$	267	Zugehörige Verwendung wurde aktiviert	W
DE	C1	105	Nicht konsistente Änderung der zulässigen Werte	I
DE	BQ	040	Gesamtfreigabe kleiner als kumulierte Freigabe	I
DE	C1	318	Exponentangabe ist nur sinnvoll bei Exp.Darstellung 2	I
DE	BCOM_R	089	Berechnung der Destinationenliste, die runtergeladen wird	E
DE	AQ_AD_HOC	209	Vorbelegte Selektionen der Datenquelle werden ergänzt	E
DE	CACSIB	150	Anwendung '&' hat keine aktiven Geschäftsobjekten	I
DE	C0	567	Bitte zuerst alle Daten rückmelden	W
DE	BL	196	Protokoll wurde nicht vom SMSG-Message-Handler angelegt	E

© SAP AG

Abb. 11–21 *Einfachstaufruf einer <z:table>*

Das Tabellen-Element hat die Spaltenüberschriften generiert – diese werden standardmäßig den im Zeilentyp hinterlegten Datenelementen entnommen – und stellt die Zeilen der Tabelle in einem einheitlichen Format dar. Der eigentliche Dateninhalt wird typgerecht aufbereitet. So wird ein Datum nicht in der internen Form »20060801« dargestellt, sondern für menschliche Leser in die Form »01.08.2006« gebracht. Dies geschieht in ABAP schlicht mit der WRITE ... TO ... Anweisung.

Das Aussehen der Tabelle können Sie mit Stylesheet-Angaben für Ihre Anwendung – oder auch anwendungsübergreifend – gestalten. Folgende Stylesheetklassen stehen zur Verfügung:

```
table.listcontainer    Alle mit <z:table> generierten Tabellen
td.listheader          Spaltenüberschriften
tr.zebral, tr.zebra2   Datenzeilen (Zebraklassen für alternierende Darst.)
```

Wenn Sie Ihrer Tabelle über das Attribut `table_id` des `<z:table>`-Elements eine eindeutige Kennung geben – zum Beispiel `myTable` – können Sie diese spezielle Tabelle wie folgt ansprechen:

```
table#myTable           Die spezielle Tabelle myTable
tr#myTableRow0017       Die 17. Datenzeile der Tabelle myTable
```

Hieraus ergeben sich mit der CSS-Syntax weitergehende Möglichkeiten.

Auch den Datenzellen können Sie je Spalte mit Hilfe des `<z:column>`-Elements einen CSS-Klassennamen zuweisen.

11.7.2 Spalten ausblenden

Oft enthalten die anzuzeigenden Tabellen zu viele Felder. Nicht alle dieser Felder sollen angezeigt werden, viele sind rein technischer Natur. Wie können Sie das `<z:table>`-Tag dazu bringen, nur eine Auswahl der gesamten Spaltenmenge darzustellen?

Sie haben drei Möglichkeiten:

- Für vollständig neu zu entwickelnde Anwendungen ist es zu empfehlen, eigene Displaystrukturen und -tabellentypen zu definieren, die Sie für die Anzeige verwenden. Mit einer speziellen Methode, die Sie z.B. in einem Viewkontext unterbringen, füllen Sie diese Displaytabelle vor der Anzeige und übergeben sie an das `<z:table>`-Element:

  ```
  <z:table data="<%=ctx->get_display_table( )%>"/>
  ```

- Wenn die Tabelle nur wenige »störende« Felder enthält, der große Teil aber angezeigt werden soll, verwenden Sie das Attribut `invisible` des `<z:column>`-Elements, um die Spalte zur Laufzeit auszublenden. Mit der folgenden Anweisung

  ```
  <z:table binding="//test/gt_test">
    <z:column name="sprsl" invisible="true"/>
  </z:table>
  ```

  bringen Sie die Spalte »Sprache« in der obigen Tabellendarstellung zum Verschwinden.
- Eine dritte Möglichkeit bietet sich an, wenn Sie eine sehr breite Tabelle haben, aus der Sie nur eine kleine Auswahl von Spalten benötigen. Das Attribut `listPos` des `<z:column>`-Elements definiert eigentlich eine Anordnung der Spalten, hat aber die zusätzliche Eigenschaft, dass nur noch Spalten angezeigt werden, für die ein `listPos`-Attribut `<> 0` gesetzt wurde (falls es überhaupt derartige Spalten gibt). Wenn Sie beispielsweise in der obigen Nachrichtentabelle nur noch die Nachrichtenart und den Text anzuzeigen wünschen, so parametrisieren Sie das `<z:table>`-Element folgendermaßen:

```
<z:table binding="//test/gt_test">
  <z:column name="type" listPos="010"/>
  <z:column name="text" listPos="020"/>
</z:table>
```

Sie haben sich damit nicht nur auf zwei Spalten eingeschränkt, sondern auch noch die Spaltenanordnung geändert: Der Nachrichtentyp kommt nun vor dem Nachrichtentext:

Nachrichtenart	Nachrichtentext
W	Regel für Bankschlüssel ist 2. Bitte Länge Bankkonto angeben
W	Zugehörige Verwendung wurde aktiviert
I	Nicht konsistente Änderung der zulässigen Werte
I	Gesamtfreigabe kleiner als kumulierte Freigabe
I	Exponentangabe ist nur sinnvoll bei Exp.Darstellung 2
E	Berechnung der Destinationenliste, die runtergeladen wird
E	Vorbelegte Selektionen der Datenquelle werden ergänzt
I	Anwendung '&' hat keine aktiven Geschäftsobjekten
W	Bitte zuerst alle Daten rückmelden
E	Protokoll wurde nicht vom SMSG-Message-Handler angelegt

Abb. 11–22 *Reduzierte Spaltenmenge*

Für welche dieser Möglichkeiten Sie sich entscheiden, hängt von der Art der Datentabelle ab. Wenn Sie aus einem BAPI eine Rückgabeliste mit ultrabreiter Zeilenstruktur bekommen, ist wahrscheinlich die `listPos`-Variante die günstigste. Oft aber müssen Sie Felder auch noch aufbereiten, z.B. aus Schlüsselwerten entsprechende Texte im Customizing oder in einer Domäne nachlesen. Dann ist die erste Möglichkeit besser: Sehen Sie eine eigene Zeilenstruktur für die Ausgabe vor und bereiten Sie diese in einer Methode Ihres Viewkontextes auf.

11.7.3 Substitutionen

Das `<z:table>`-Element wandelt die einzelnen Zellinhalte mit `WRITE` ... `TO` ... ins externe Format und zeigt sie dann an. In den meisten Fällen ist dies das erwünschte Verhalten. Es gibt jedoch Sonderfälle, in denen man Einfluss auf die Darstellung nehmen möchte. Mit anderen Worten: Man möchte die HTML-Aufbereitung einzelner Spalten selbst übernehmen.

Das `<z:table>`-Element bietet hierfür zwei Mechanismen:

- Substitution und
- Table Exits.

Die Table Exits werden wir im folgenden Abschnitt behandeln. Wir wollen uns zunächst der einfacheren Substitutionstechnik zuwenden.

Nehmen wir an, Sie haben in Ihrer Tabelle einen Währungsbetrag, sagen wir ITAB-TOTAL, und eine Währung ITAB-WAERK. Nun möchten Sie in der Spalte für den Währungsbetrag nicht nur den nackten Betrag, sondern die Kombination aus Währung und Betrag darstellen.[10] Also nicht »150.70«, sondern »150.70 CHF«. Wie machen Sie das?

Sie können den Elementinhalt eines <z:column>-Tags verwenden, um ein Ausgabetemplate für die Spalte zu hinterlegen. Die Aufbereitung eines Feldes der aktuellen Zeile können Sie in diesem Template ansprechen, indem Sie den Feldnamen in zwei Doppelkreuz-Symbole (#) einschließen. Damit die Tabelle »150.70 CHF« statt »150.70« ausgibt, können Sie also schreiben:

```
<z:table data="<%=itab%>">
  <z:column name="waerk" invisible="true"/>
  <z:column name="total">#total# #waerk#</z:column>
</z:table>
```

Besonders für Linkspalten ist dies ein häufiges Vorgehen. Wenn Sie eine Liste von Belegen haben und in der Spalte »Belegnummer« einen Link auf die Detailsicht des jeweiligen Belegs anbieten wollen, so können Sie schreiben:

```
<z:table binding="//sd/orders">
  <z:column name="vbeln">
    <a href="javascript:showDetail('#vbeln#')">#vbeln#</a>
  </z:column>
</z:table>
```

So wird beim Klick auf einen Link die JavaScript-Funktion showDetail() genau für den angeklickten Beleg aufgerufen.

Das reservierte Schlüsselwort #tabix# steht für die aktuelle Zeilennummer der Tabelle. Sie wird vierstellig mit führenden Nummern ausgegeben. So können Sie beispielsweise in jeder Tabellenzeile ein Inputfeld rendern, das an das entsprechende Modelfeld gebunden ist:[11]

```
<z:table binding="//sd/order_headers">
  <z:column name="augru">
    <z:input binding="//sd/oder_headers[#tabix#].augru"/>
  </z:column>
</z:table>
```

10. Dass der Betrag in japanischen Yen anders dargestellt wird als ein Betrag in CHF, ist ein anderes Problem und braucht Sie hier nicht zu kümmern: Wenn Sie in Ihrer DDIC-Struktur das korrekte Bezugsfeld für die Währung hinterlegt haben, wird es vom <z:table>-Element auch korrekt aufbereitet.

11. Eine Warnung sei hier ausgesprochen: Was für das <z:input>-Element möglich ist, ist nicht unbedingt für andere Elemente möglich. Das <z:input>-Element realisiert ein Delayed Rendering und wird nicht sofort, sondern erst beim zeilenweisen Abarbeiten der Tabelle durchlaufen. Wenn Sie andere Elemente verwenden, werden diese sofort gerendert, so dass dynamische Abhängigkeiten auf Zeilenebene nicht berücksichtigt werden.

Die Spaltentemplates sind statisch. Sie können darin zwar ABAP-Scripting hinterlegen. Bedenken Sie aber, dass das <z:table>-Element kein iterierendes Element ist. Die <z:column>-Definitionen werden *ein einziges Mal* durchlaufen. Was dann verarbeitet wurde, wird zum Zeitpunkt `do_at_end()` im <z:table>-Element verwendet. Für komplexere Logik benötigen Sie Tabellen-Exits.

Sie können mit der Substitutionstechnik bereits sehr leistungsfähige Anpassungen erreichen. Das folgende Beispiel stellt den Meldungstyp als Icon dar. Die Icons sind, um dies zu erreichen, im MIME-Verzeichnis der Applikation mit einem geeigneten Namen hinterlegt: `s_s_ledW.gif` für Warnung, `s_s_ledE.gif` für Fehler und `s_s_ledI.gif` für Info. Mit dieser kleinen Anweisung

```
<z:table binding="//test/gt_test">
  <z:column name="type"
            listPos="010">
    <img src="s_s_led#type#.gif">
  </z:column>
  <z:column name="text" listPos="020"/>
</z:table>
```

kommt die Tabelle gleich etwas farbenfroher daher:[12]

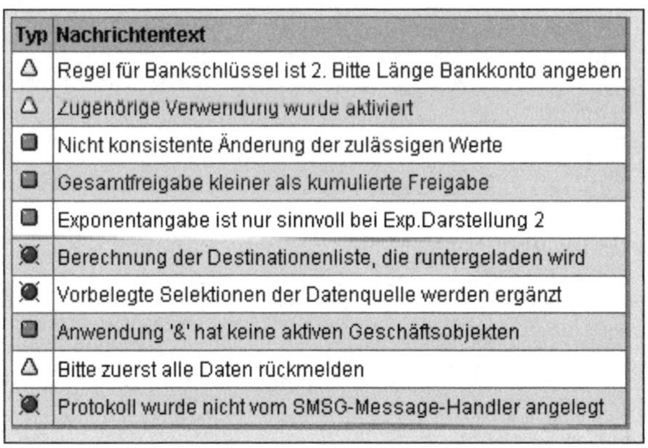

Typ	Nachrichtentext
	Regel für Bankschlüssel ist 2. Bitte Länge Bankkonto angeben
	Zugehörige Verwendung wurde aktiviert
	Nicht konsistente Änderung der zulässigen Werte
	Gesamtfreigabe kleiner als kumulierte Freigabe
	Exponentangabe ist nur sinnvoll bei Exp.Darstellung 2
	Berechnung der Destinationenliste, die runtergeladen wird
	Vorbelegte Selektionen der Datenquelle werden ergänzt
	Anwendung '&' hat keine aktiven Geschäftsobjekten
	Bitte zuerst alle Daten rückmelden
	Protokoll wurde nicht vom SMSG-Message-Handler angelegt

Abb. 11–23 *Beispiel für Substitutionen*

11.7.4 Exits

Wenn die Ersetzungsregeln komplizierter werden und beispielsweise von den Daten der aktuellen Tabellenzeile abhängen, kommen Sie mit den eben beschriebenen Substitutionen nicht mehr aus. Sie benötigen einen Exit.

Ein Exit ist ein Objekt, das das Interface `ZIF_TABLE_EXIT` implementiert. Üblicherweise verwenden Sie für die Implementierung einen Viewkontext, da es sich um Präsentationsaufgaben handelt.

12. ... und auch formenfroh, der Accessibility sei Dank! ☺

Das Interface besteht aus einer einzigen Methode `render_cell()`, mit der Sie die Präsentierung einzelner Zellen teilweise oder vollständig übernehmen können.

Wenn im Attribut `exit` des `<z:table>`-Elements ein Exit angegeben ist, so wird die Methode `render_cell( )` für jede darzustellende Tabellenzelle aufgerufen. Ein Rückgabecode informiert das `<z:table>`-Element darüber, ob die Präsentierung übernommen wurde oder nicht.

Die gerade mit Substitution gelöste Aufgabe, den Meldungstyp durch ein Icon darzustellen, können Sie auch mit einem Exit lösen. Die folgende Implementierung in einem Viewcontext stellt den Typ als Icon dar; darüberhinaus übernimmt sie auch die Präsentation von Meldungen vom Typ `'E'`. Diese sollen mit roter Schriftfarbe dargestellt werden:

```
method zif_table_exit~render_cell .

  data: lv_gif type string value '<img src="s_s_led#.gif">',
        lv_text type string value '<td style="color:red">#</td>'.

* DDIC-Zeilentyp
  field-symbols: <ls_row> type zt100.

* Exit nur für die gewünschte Tabelle
  check iv_table_id eq 'M__test__gt_test'.

* Zugriff auf die Komponenten ermöglichen
  assign is_row to <ls_row>.

  case is_field-fieldname.
    when 'TYPE'.
* Regel 1: Fehlertyp als GIF darstellen (nur Inhalt geändert)
      replace '#' in lv_gif with <ls_row>-type.
      ev_html = lv_gif.
      ev_done = zif_table_exit~co_content_done.
    when 'TEXT'.
      if <ls_row>-type eq 'E'.
* Regel 2: Nur im Fehlerfall: Meldung rot anzeigen (ganze Zelle geändert)
        replace '#' in lv_text with <ls_row>-text.
        ev_html = lv_text.
        ev_done = zif_table_exit~co_all_done.
      endif.
  endcase.

endmethod.
```

Die Methode gibt einen String `ev_html` sowie einen Status `ev_done` zurück. Der Status hat die drei möglichen Werte:

- `ZIF_TABLE_EXIT~CO_NOT_DONE`
  Präsentierung wurde nicht übernommen. Dies ist der Initialwert von `ev_done`. In diesem Fall übernimmt der `<z:table>`-Renderer die Präsentierung.

- `ZIF_TABLE_EXIT~CO_CONTENT_DONE`
  Es wurde der *Inhalt* des <td>-Elements dargestellt. Das <td>-Element selbst soll jedoch vom <z:table>-Element hinzugefügt werden.
- `ZIF_TABLE_EXIT~CO_ALL_DONE`
  Die Darstellung des gesamten <td>-Elements wurde übernommen.

Im Exit wird Ihnen die aktuelle Tabellenzeile im Parameter `is_row` übergeben. Diesen müssen Sie in der Regel erst auf ein Feldsymbol vom richtigen Zeilentyp abbilden, um auf die Komponenten zugreifen zu können. Sie bekommen darüberhinaus auch die gesamte Tabelle im Parameter `it_table` (die Sie allerdings selten wirklich benötigen dürften), den Index der aktuellen Tabellenzeile im Parameter `iv_tabix`, sowie eine Referenz `iv_standard` auf den Standard-Renderer des <z:table>-Elements. Diesen können Sie in Ihrem Exit aufrufen und das Ergebnis modifizieren.

Wenn Sie den View-Context `ctx` im `exit`-Attribut der Tabelle angeben,

```
<z:table binding="//test/gt_test" exit="<%=ctx%>">
...
```

ergibt sich folgende Darstellung:[13]

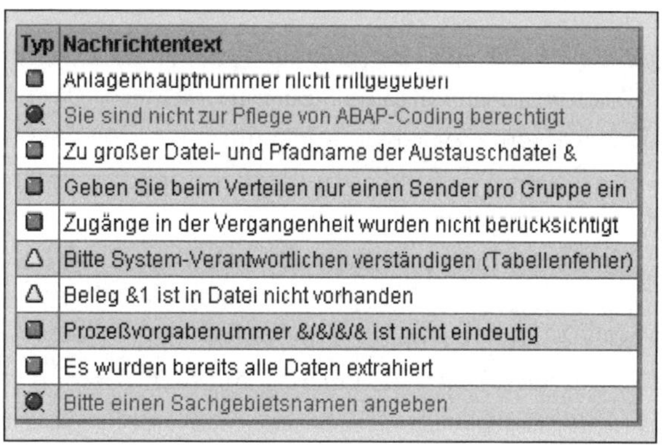

Typ	Nachrichtentext
	Anlagenhauptnummer nicht freigegeben
	Sie sind nicht zur Pflege von ABAP-Coding berechtigt
	Zu großer Datei- und Pfadname der Austauschdatei &
	Geben Sie beim Verteilen nur einen Sender pro Gruppe ein
	Zugänge in der Vergangenheit wurden nicht berücksichtigt
	Bitte System-Verantwortlichen verständigen (Tabellenfehler)
	Beleg &1 ist in Datei nicht vorhanden
	Prozeßvorgabenummer &/&/&/& ist nicht eindeutig
	Es wurden bereits alle Daten extrahiert
	Bitte einen Sachgebietsnamen angeben

© SAP AG

Abb. 11–24 *Verwendung eines Table-Exits*

11.7.5 Blättern

Wenn die darzustellenden Tabellen sehr groß werden, ist es nicht mehr sinnvoll, sie bei jedem Dialogschritt vollständig durchs Netz zu schicken. Es sollte eine Blätterfunktion angeboten werden, damit der Benutzer die Tabelle in kleinen Ausschnitten durchblättern kann.

---

13. Die Vergabe der Meldungstypen in unserem Beispiel ist übrigens zufällig.

Mit dem <z:table>-Element können Sie das sehr einfach erreichen. Sie geben lediglich im rows-Attribut eine Zahl an, die die Größe des anzuzeigenden Ausschnitts darstellt. Den Rest erledigt die Klasse zcl_bsp_z_table.

Unsere Beispieltabelle wird bei Zugabe des rows-Attributs

```
<z:table binding="//test/gt_test" rows="5">
  <z:column name="type" header="<%=zcl_bsp_util=>dtel_text_s('EDI_TTYP')%>"
           listPos="10"/>
  <z:column name="text" listPos="20"/>
</z:table>
```

folgendermaßen dargestellt:

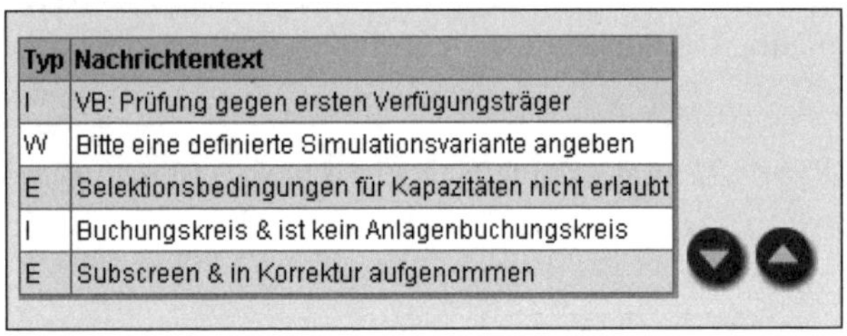

© SAP AG

Abb. 11–25 *Blättern mit festen Buttons*

Das Tabellen-Tag merkt sich den angezeigten Tabellenausschnitt sowie die angeforderte Blätter-Aktion in versteckten Formularfeldern. Wenn der Benutzer »Blättern« drückt, wird ein Server-Roundtrip ausgelöst. Da das Feld fcode in diesem Fall leer ist, muss Ihre BSP-Applikation den kompletten Seitenzustand reproduzieren. Lediglich das <z:table>-Tag erkennt am Inhalt der versteckten Formularfelder, dass ein bestimmter, eventuell anderer Ausschnitt der Tabelle darzustellen ist.

Die Position der Blätterbuttons, rechts neben der Tabelle, ist bei breiteren Tabellen eher störend. Sie können die Position mit dem Attribut pagingButtonPos beeinflussen. pagingButtonPos = "top" bewirkt die Darstellung der Blätterbuttons links oben über der Tabelle.

Damit die Tabelle beim Blättern aufgrund unterschiedlicher Zellinhalte nicht »ruckelt«, empfiehlt es sich, den Spalten mit Stylesheets oder der <colgroup>-Anweisung feste Breiten zu geben.

11.7.6 Markierspalten

Gelegentlich soll es möglich sein, eine Tabellenzeile auszuwählen, um irgendeine Operation auf sie anzuwenden. Sie können hierzu ein Link-Template verwenden, wie im Abschnitt 11.7.3 *Substitutionen* beschrieben.

Sie können aber unter Verwendung der Attribute mark und onRowClick auch eine standardisierte Markierspalte am Anfang der Tabelle rendern. Setzen Sie das boolesche Attribut mark auf »true«, um das <z:table>-Element zur Darstellung der Markierspalte zu veranlassen. Das Attribut onRowClick ist eine URL – also nicht unbedingt ein JavaScript-Befehl – die der Substitution unterliegt. Symbolische Variable wie #tabix# oder #comp# für den Inhalt einer bestimmten Komponente der angewählten Zeile werden also ersetzt.

Der Beispielaufruf

```
<z:table binding="//test/gt_test"
  mark="true"
  onRowClick="javascript:alert('Sie haben Zeile #tabix# ausgewählt');">
  <z:column name="type" header="<%=zcl_bsp_util=>dtel_text_s('EDI_TTYP')%>"
          listPos="10"/>
  <z:column name="text" listPos="20"/>
</z:table>
```

führt zu folgendem Resultat:

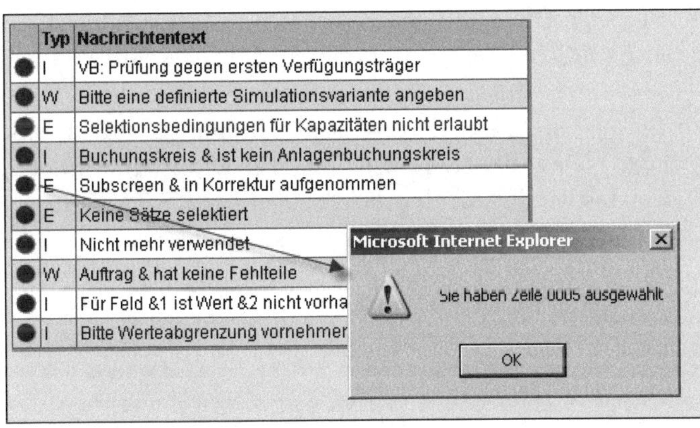

Abb. 11-26 Markierspalte mit Eventbehandler

11.7.7 Die Toolbar

Die Bedienung und Einbindung der Toolbar haben wir bereits ausführlich in unserem praktischen Beispiel (Kapitel 8) besprochen. Es genügt hier zu bemerken, dass die Toolbar von allen Möglichkeiten, das <z:table>-Element zu parametrisieren, das Optimum an Flexibilität für den Benutzer bietet.

Das <z:toolbar>-Element hat die folgenden Attribute:

- **toolbar_id**
  Obligatorisches Feld zur Identifikation der Toolbar-Einstellungen in der Datenbank.

- **strucname**
  Name des DDIC-Zeilentyps der zugrundeliegenden Tabelle. Dass der Typ hier explizit angegeben werden soll, hat den Zweck, Inkonsistenzen der Datenbank bei Einsätzen von Toolbars in verschiedenen Tabellen zu verhindern.
- **handlePgKeys**
  Wenn Sie dieses Attribut setzen, werden die Blätterfunktionen auch über die Tastatur steuerbar – mit den dafür vorgesehenen Tasten `PgUp`, `PgDn`, `Home` und `End`.
- **noPersonalization**
  Hiermit können Sie den Personalisierungsbutton ausblenden. Das kann sinnvoll sein, wenn Sie eine feste, vordefinierte Spaltenstruktur für Ihre Tabelle ausprägen wollen.

Das `<z:toolbar>`-Element benötigt zwei Datenbanktabellen `ZBSP_SETTINGS` und `ZBSP_SETTINGS_P`. In diesen werden Informationen wie z.B. Feldlisten in Form von Strings abgelegt. Mit dem Report `ZSRS_TOOLBAR` können Sie Feldlisten und Sortierreihenfolgen vorkonfigurieren. Sie werden dann beim Aufruf des Elements als »Standard« angezeigt. Diese Mengen lassen sich benutzerdefiniert modifizieren, und es können natürlich jederzeit weitere persönliche Feldmengen hinzugefügt werden.

Hier ein Beispiel aus der Praxis, das die Toolbar in ihrem vollen Funktionsumfang zeigt: Neben Blätter-, Such- und Personalisierungsfunktion gibt es auch noch zwei Listboxen mit den Feldmengen und Sortierordnungen. Diese können vorkonfiguriert und vom Benutzer verändert werden.

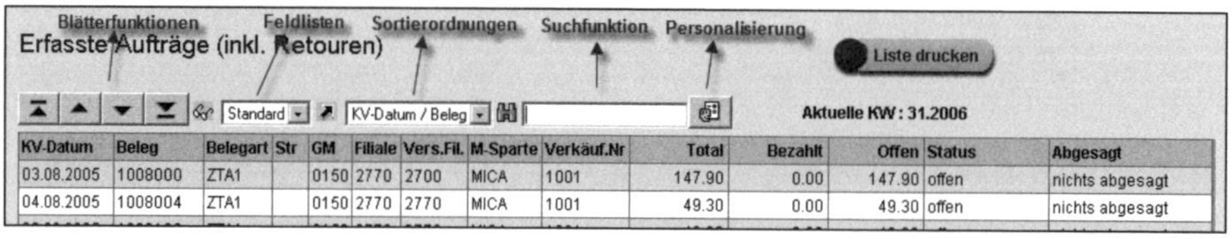

© SAP AG

Abb. 11–27 *Flexibles Layout mit der Toolbar*

11.7.8 Weitere Attribute des `<z:table>`-Elements

- **noHeader**
  Boolescher Parameter; gibt an, ob die Kopfzeile mit den Spaltenüberschriften unterdrückt werden soll.
- **pagingButtonPos**
  Wenn Sie Ihre Tabelle nicht auf einmal an den Browser senden wollen, sondern dem User stattdessen die Möglichkeit geben, durch die Tabelle abschnittweise zu blättern (siehe den Abschnitt 11.7.5 *Blättern*), können Sie mit dem

Attribut pagingButtonPos angeben, ob die Blätterbuttons oberhalb der Tabelle (Wert "top", empfohlen) oder an deren rechten unteren Rand (Wert "right") dargestellt werden sollen.

- **showEmpty**
  Boolescher Parameter; gibt an, dass auch bei leerer Tabelle zumindest der Tabellenkopf (die Spaltenüberschriften) zu rendern ist.
- **table_id**
  Eindeutige Kennzeichnung dieser Tabelle. So kann beispielsweise in einem Exit festgestellt werden, von welcher Tabelle der Aufruf erfolgt. Auch zur Navigation wird die ID benötigt, wenn mehrere Tabellen auf einer HTML-Seite zu sehen sind. Die table_id wird zur id des HTML-Elements <table> – so können Sie mit JavaScript auf die Tabelle zugreifen.

11.8 Das <z:button>-Tag – Buttons im SRS-Layout

Mit dem <z:button>-Element können Sie eine Drucktaste im SRS-Design erzeugen. Ein einhüllendes Element <z:buttonlist> kann die definierten Drucktasten horizontal oder vertikal anordnen.

11.8.1 Darstellungsformen

Das Aussehen der Drucktasten – und die Eingabebereitschaft – können Sie mit den Attributen type und inact beeinflussen. type nimmt die beiden Werte "v" und "h" an – es bedeutet die Verwendung der Drucktaste in vertikalen oder horizontalen Anordnungen, während inact die drei Werte space, "I" und "X" annehmen kann.

Das Alignment der Buttons können Sie mit einem umhüllenden <z:buttonlist>-Element erreichen. So rendert der folgende Beispielcode

```
<z:buttonlist type="v">
  <z:button fcode="v1" text="Drücke mich!"/>
  <z:button fcode="v2" inact="X" text="Mich nicht!"/>
  <z:button fcode="v3" inact="I" text="Mich auch nicht!"/>
</z:buttonlist>
```

vertikale Buttons in den drei möglichen Aktivitäts-Ausprägungen. Den Grund, warum die Inaktivität in zwei verschiedenen Ausprägungen benötigt wird, werden wir im Abschnitt 11.8.2 »Radiobuttonleisten« noch sehen. Die Größen der Buttons werden automatisch gleichgesetzt.

© SAP AG

Abb. 11–28 *Vertikale Buttons*

Dagegen erzeugt der Code

```
<z:buttonlist type="h">
  <z:button type="h" fcode="h1" text="Aber mich!"/>
  <z:button type="h" fcode="h2" inact="X" text="Mich eher nicht!"/>
  <z:button type="h" fcode="h3" inact="I" text="Mich auch nicht!"/>
</z:buttonlist>
```

die horizontalen Button-Versionen. Beachten Sie, dass die horizontalen Buttons variable Länge haben können und eine etwas kleinere Höhe haben als die vertikalen Buttons.

© SAP AG

Abb. 11–29 *Horizontale Buttons*

Wie sind die Buttons technisch realisiert? Wenn Sie die Bestandteile blinder Tabellen mithilfe der Stylesheet-Anweisung

```
<style type="text/css"> td { border:solid black 1px; } </style>
```

sichtbar machen, sehen Sie, dass der horizontale Button aus drei Teilen zusammengesetzt ist. Der mittlere Teil – von variabler Länge – nimmt den Text auf.

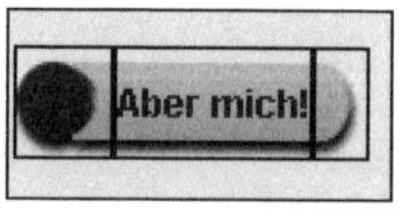

© SAP AG

Abb. 11–30 *Bestandteile des Buttons*

Jeder Teil ist separat mit der auszuführenden Aktion verlinkt. Bei den vertikalen Buttons ist es anders: Sie sollen ja eine feste Breite haben – daher genügt in diesem Fall ein Bild. Auf diesem Bild wird mit Stylesheet-Angaben ein Text-<span> mit relativen Positionierungsangaben plaziert.

Beide Button-Arten haben aber eine umhüllende blinde Tabelle, die mit der id Btn_<fcode> versehen wird, wobei <fcode> das gleichnamige Button-Attribut bedeutet. Der gesamte Button ist daher mit JavaScript- oder CSS-Mitteln beeinflussbar. Nicht zuletzt wegen dieser eindeutigen Buttonkennung sollten Sie darauf achten, dass jeder Button auf Ihren Seiten einen eindeutigen fcode trägt. Das ist auch aus Usability-Gesichtspunkten sinnvoll: Warum sollte ein und dieselbe Funktion auf ein und derselben Seite mehreren Drucktasten unterlegt werden?

11.8.2 Radiobuttonleisten

Wir sind es gewohnt, bei Radiobuttons an die kleinen kreisförmigen UI-Elemente zu denken, mit denen man aus mehreren Alternativen eine Auswahl treffen kann. Die Radiobuttons, von denen diese UI-Elemente ihren Namen haben, kamen aber keineswegs so zierlich daher: Es waren klobige, nebeneinander angeordnete Tasten, von denen man dank einem eingebauten Mechanismus jeweils nur eine drücken konnte.

Die Realisierung von Radiobuttons mit <z:button>-Elementen kommt diesem historischen Vorbild sicher näher. Wenn Sie in einer Buttonleiste das Attribute rbLike = "true" setzen, wird der Radiobuttonmodus aktiv. Hier ein Beispiel:

```
<z:buttonlist type="v" rbLike="true">
  <z:button fcode="BERTA" text="Berta abschicken"/>
  <z:button fcode="HUGO" text="Hugo abschicken"/>
  <z:button fcode="IDA" text="Ida abschicken"/>
</z:buttonlist>
```

Die Buttons entsprechen nun nicht mehr wählbaren Funktionen, sondern stellen einen *Betriebsmodus* optisch dar. Die visuelle Darstellung der Buttons und die Semantik des Attributs »inaktiv« kehrt sich hierbei um:

- Der aktuell gültige Betriebsmodus wird aktiv dargestellt. Er ist aber nicht eingabebereit: Es ergibt keinen Sinn, auf den aktuell gültigen Betriebsmodus zu wechseln.
- Die inaktiven Betriebsmodi werden durch »inaktiv« gerenderte Buttons dargestellt. Sie sind aber gerade die drückbaren Buttons – denn nur auf die zur Zeit nicht aktiven Betriebsmodi kann man ja wechseln!
- Mit Hilfe der Feldauswahl (Controllermethode zif_input_field~get_properties()) können Sie die Inaktiv-Eigenschaft der Buttons abhängig vom Betriebsmodus setzen.
- Alternativ zum Weg über die Feldauswahl können Sie den fcode des aktuellen Betriebsmodus auch dem <z:buttonlist>-Element über das Attribut rbActive mitteilen.

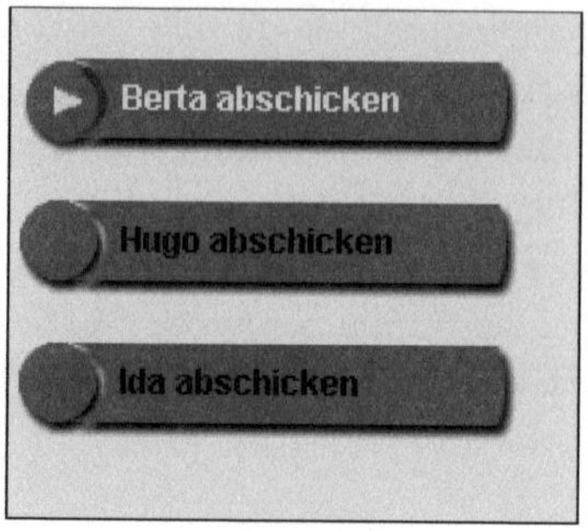

© SAP AG

Abb. 11–31 *Radio-Buttons*

Nun verstehen Sie auch, warum es eine weitere Darstellung inaktiver Buttons geben muss: Wenn eine bestimmte Option aus der Radiobuttongruppe zeitweilig nicht verfügbar ist, muss sie als inaktiv gekennzeichnet werden – die Darstellung dieser Inaktivität muss sich aber von den inaktiven, aber auswählbaren Betriebsmodi unterscheiden.

11.8.3 Funktionscode und Hyperlink

Eine Drucktaste löst üblicherweise den mit dem Attribut `fcode` angegebenen Funktionscode aus. Das bedeutet konkret: Auf Knopfdruck wird die Funktion

```
genericSubmit( '<id>__<fcode>')
```

aufgerufen, wobei `<id>` die ID des aufrufenden Controllers ist und <fcode> der Wert des Attributs `fcode`. Wenn Sie das `<z:button>`-Element auf Seiten mit Ablauflogik einsetzen, gibt es keinen aufrufenden Controller. Daher entfällt dann die Präfixbildung mit der Controller-ID.

Wenn Sie einen bestimmten – und nicht den die Seite aufrufenden – Controller adressieren wollen, geben Sie dessen ID im Funktionscode mit an:

```
<z:button fcode="andereControllerID__save" .../>
```

Um nur die Seite zu aktualisieren, ohne dass eine besondere Aktion auf dem Server ausgeführt werden soll, verwenden Sie den Funktionscode `actu` (oder die Konstante `zmvc_fcode-actu` aus dem Type-Pool `zmvc`).

```
<z:button fcode="actu" text="Aktualisieren"/>
```

Der Button löst dann zwar einen Server-Roundtrip aus, jedoch werden nur die eingegebenen Daten überprüft (»`get_viewdata()`«) und das aktuelle Panel noch einmal erzeugt. Das Fcode-Handling wird übersprungen. Die Anwendung reproduziert ihren aktuellen Zustand.

Statt mit einem Fcode kann ein Button aber auch – über das Attribut `href` – mit einem Hyperlink und damit etwa auch mit einer JavaScript-Funktion unterlegt werden. Das Attribut `fcode` wird jedoch trotzdem zur Identifizierung des Buttons auf der Seite benötigt.

```
<z:button fcode="app2" href="../zz_app2/main.do" text="Zu App2 wechseln"/>
```

Damit können Sie einen Button auch clientseitig behandeln. Wie das praktisch aussieht, werden Sie im Kapitel 17 *Ajax im Einsatz* kennenlernen:

```
<z:button fcode="test" href="javascript:doTest();" text="Test"/>
```

11.8.4 Der Busy-Check

Die Drucktasten enthalten wie im SRS des SAP-Standards einen *Busy-Check*, um zu verhindern, dass durch wiederholtes, schnelles (ungeduldiges) Drücken der Taste der Request mehrfach ausgeführt wird.[14] Dieser Check ist defaultmäßig aktiv, kann aber mit dem Attribut `checkBusy="false"` ausgeschaltet werden.

Die Implementierung, die dem SAP-Standard folgt, ist bestechend simpel.

- Im globalen JavaScript-File `global.js` wird ein Flag `isBusy` definiert und initial auf `false` gesetzt. Bei jedem Bildwechsel, nach jedem neuen Laden einer Seite, hat das Flag also den Wert `false`.
- Dem Event `onClick` ist eine globale Funktion `checkBusy()` zugeordnet. Wenn der User einen Button drückt, wird über diese Funktion das Flag `isBusy` gesetzt. Wenn er erneut auf die Taste drückt, erhält er das Popup:

© SAP AG

Abb. 11–32 *Das System arbeitet!*

  Danach übergibt der `onClick`-Behandler den Wert `false` an den Aufrufer, so dass der `genericSubmit()` beim zweiten Klick nicht mehr ausgeführt wird.
- Wenn der User erstmalig einen Button drückt (oder eine andere Aktion mit Server-Request ausführt), wird der HTTP-Request nach erfolgreich bestandenen clientseitigen Prüfungen[15] abgesetzt. Wenn die clientseitigen Prüfungen aber einen Fehler ergaben, wird das Flag wieder auf `false` zurückgesetzt, damit nach Fehlerkorrektur ein weiterer Request abgesendet werden kann.

---

14. Diese ebenso einfache wie wirkungsvolle Prüfung kam mit demEnterprise Release (470) in den SAP Retail Store. Die Idee sei unbedingt zur Nachahmung empfohlen!
15. Also nach erfolgreicher Ausführung der Funktionen `checkOblig()` und `clientCheck()`, falls vorhanden.

Auf diese Weise ist sichergestellt, dass nach einmaligem Drücken eines Buttons von der Seite aus keine weiteren HTTP-Requests mehr gestellt werden können.

Wenn Sie einen Button mit einer clientseitigen Funktion belegen, sollten Sie jedoch den Busy-Check für diesen Button ausschalten oder das Flag scriptgesteuert zurücksetzen.

11.8.5 Feldauswahl

Die Buttons unterliegen – wie Eingabefelder – einer Feldauswahl. Das bedeutet, zum Zeitpunkt, zu dem der Button in die HTML-Antwort geschrieben werden soll, wird die Methode `zif_input_field~get_properties()` des Controllers aufgerufen, der die Seite ansteuert.

Wenn bei Rückgabe dieser Methode das Bit `disabled` gesetzt ist, wird der Button inaktiv angezeigt. Wenn die Bits `invisible` oder `inactive` gesetzt sind, wird der Button überhaupt nicht dargestellt (eine Unterscheidung von `invisible` und `inactive` ist nur für Eingabefelder sinnvoll, nicht für Drucktasten).

So können Buttons nach gewissen Regeln, die sich aus dem aktuellen Zustand der involvierten Business-Objekte ergeben, inaktiv gesetzt werden.

11.9 `<z:longtext>` – SAPscript-Texte einbinden

Mit diesem Element kann ein SAPscript-Doku-Langtext zum Einbinden in den aktuellen View angegeben werden. Zur Laufzeit wird dieser Text gelesen, in HTML konvertiert und in den aktuellen HTML-Ausgabestream geschrieben. SAPscript-Doku-Langtexte können mittels Transaktion `SE61` im System erfasst werden und sind übersetzungsrelevant. Es gibt bereits einen großen Pool von Langtexten im System – wozu nicht nur Hilfetexte für Systemmeldungen gehören, sondern vor allem auch Datenelement-Dokumentationen.

Mit Hilfe des inneren Tags `<z:textpar/>` kann eine Parameterliste an den SAPscript-Prozessor übergeben werden. Die Name/Wert-Paare dieser Parameterliste werden wie in SAPscript üblich ersetzt.

Das `<z:longtext>` Element nimmt folgende Attribute entgegen:

- **object**
  Der Schlüssel des anzuzeigenden Textes.
- **docu_id** (optional)
  Die Art des einzubindenden Doku-Objekts, z.B. »`NA`« für eine Systemmeldung, »`TX`« für einen allgemeinen Text, usw. Default: »`TX`«.

Hier ein Beispiel. Mit dem folgenden Code im View

```
<z:longtext object="V1312" docu_id="NA">
    <z:textpar name="V1" value="TA"/>
</z:longtext>
```

erhalten Sie den Langtext der Systemmeldung V1312, wobei der Parameter V1 (erster Meldungsparameter) durch den Wert »TA« ersetzt wird. Der Anfang des Textes, der aufgrund obigen Tags in das HTML-Dokument gesetzt wird, sieht daher wie folgt aus (beachten Sie den substituierten Parameter »TA«):

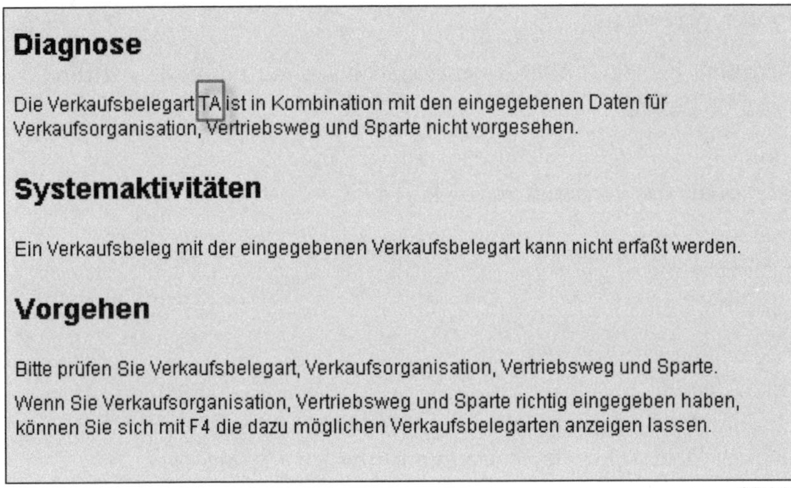

Diagnose

Die Verkaufsbelegart TA ist in Kombination mit den eingegebenen Daten für Verkaufsorganisation, Vertriebsweg und Sparte nicht vorgesehen.

Systemaktivitäten

Ein Verkaufsbeleg mit der eingegebenen Verkaufsbelegart kann nicht erfaßt werden.

Vorgehen

Bitte prüfen Sie Verkaufsbelegart, Verkaufsorganisation, Vertriebsweg und Sparte.

Wenn Sie Verkaufsorganisation, Vertriebsweg und Sparte richtig eingegeben haben, können Sie sich mit F4 die dazu möglichen Verkaufsbelegarten anzeigen lassen.

Abb. 11–33 *Ein Langtext mit Parametersubstitution*

Die Ausgabe erfolgt stilistisch konform mit unserem globalen Stylesheet (was funktioniert, da der HTML-Konverter nur elementare HTML-Tags generiert). Wenn Sie das Look & Feel des Performance Assistant wünschen (wie es auch der Doku-Prozessor unseres <z:input>-Elements liefert), so müssen Sie die folgende Stylesheetangabe ins Spiel bringen:

```
<link rel="stylesheet" type="text/css" href="../zz_itf/epss.css">
```

Das Original dieses Stylesheets wird von SAP als SAPscript-Doku-Text EPSS_STYLES ausgeliefert (es ist also unter diesem Namen in Transaktion SE61 zur Dokumentenklasse *Allgemeiner Text* zu finden).

11.10 Das <z:form>-Element

Mit dem <z:form ...>-Element beginnen Sie ein HTML-Formular. Wenn Sie dieses Tag verwenden, statt das HTML-Element <form> direkt zu verwenden (was natürlich auch immer geht – die Z-Tags sind nur Angebote!), haben Sie folgende Vorteile:

- Geschachtelte Formulare werden automatisch verhindert (sie können von Browsern auch nicht interpretiert werden und widersprechen der HTML-Spezifikation).

- Es wird automatisch ein verstecktes Formularfeld mit dem Namen `fcode` erzeugt, wie es beim Absenden von Formularen mittels Drucktasten oder mit der JavaScript-Funktion `genericSubmit()` benötigt wird.
- Wenn der aufrufende Controller ein MVC-Controller ist, wird automatisch ein verstecktes Formularfeld für das aktuelle Panel, in dem sich der Controller befindet, gerendert.

Alle Attribute des `<z:form>`-Elements sind optional. Folgende Attribute stehen Ihnen zur Verfügung:

- **action**
  URL, an die das Formular zu senden ist.
- **name**
  Formularname.
- **class**
  CSS-Klasse des Formulars.
- **default_fcode**
  Wert des Fcode-Feldes, wenn der Fcode nicht durch einen Button gesetzt wird; der Default für dieses Attribut ist der leere String.
- **id**
  ID des Tags.
- **onSubmit**
  Behandler für das `onSubmit`-Ereignis.
- **target**
  Zielfenster, in dem die Antwort des Requests darzustellen ist.

Weitere Informationen zur Verwendung von Formularen finden Sie im Kapitel 15 über clientseitige Logik.

12 Das MVC-Framework im Detail

Wir haben nun die grundlegenden Elemente des MVC Frameworks kennengelernt und auch in einem praktischen Beispiel angewendet. In diesem Kapitel werden wir einen etwas tieferen Blick auf einige wichtige Teile des Frameworks werfen.

12.1 Überblick

Im statischen Strukturdiagramm auf der folgenden Seite sehen Sie das Zusammenspiel der wichtigsten Objekte, die am MVC-Framework beteiligt sind. Um den Blick auf das Wesentliche nicht zu trüben, haben wir uns erlaubt, das Diagramm leicht zu vereinfachen, indem nicht alle Komponenten und nicht alle tatsächlich involvierten Klassen aufgeführt sind.

Grau hinterlegt sind die Komponenten des BSP-Frameworks, auf denen das MVC-Framework aufsetzt:

- Die Klasse `cl_bsp_page_base` ist die Oberklasse der vom Framework automatisch generierten Viewklassen. Die Viewklassen werden auch in unserem Framework so verwendet, wie sie vom SAP-Standard generiert werden (es wäre auch schwer möglich, die Viewklassengenerierung des SAP-Standards zu erweitern).
- Die zentrale Controllerklasse des Standards heißt `cl_bsp_controller`. Ein MVC-Framework muss von dieser Klasse abgeleitet sein. SAP liefert ein MVC-Framework mit der abgeleiteten Klasse `cl_bsp_controller2` aus. Dieses Framework verwenden wir nicht – es gibt auch keine Beziehungen zu diesem. Unser Framework basiert stattdessen auf der Klasse `zcl_controller`.

Die Klasse `zcl_controller` enthält die wesentlichen Teile der MVC-Logik. Sie füllt die Methoden `do_init()` und `do_request()` mit den fünf Phasen aus, die wir im Abschnitt 6.9 *Ablaufschema des Controllers* bereits beschrieben haben. Die Method `do_initattributes()` wird nicht verwendet und kann auch nicht verwendet werden, da sie für abhängige Controller nicht durchlaufen wird.[1]

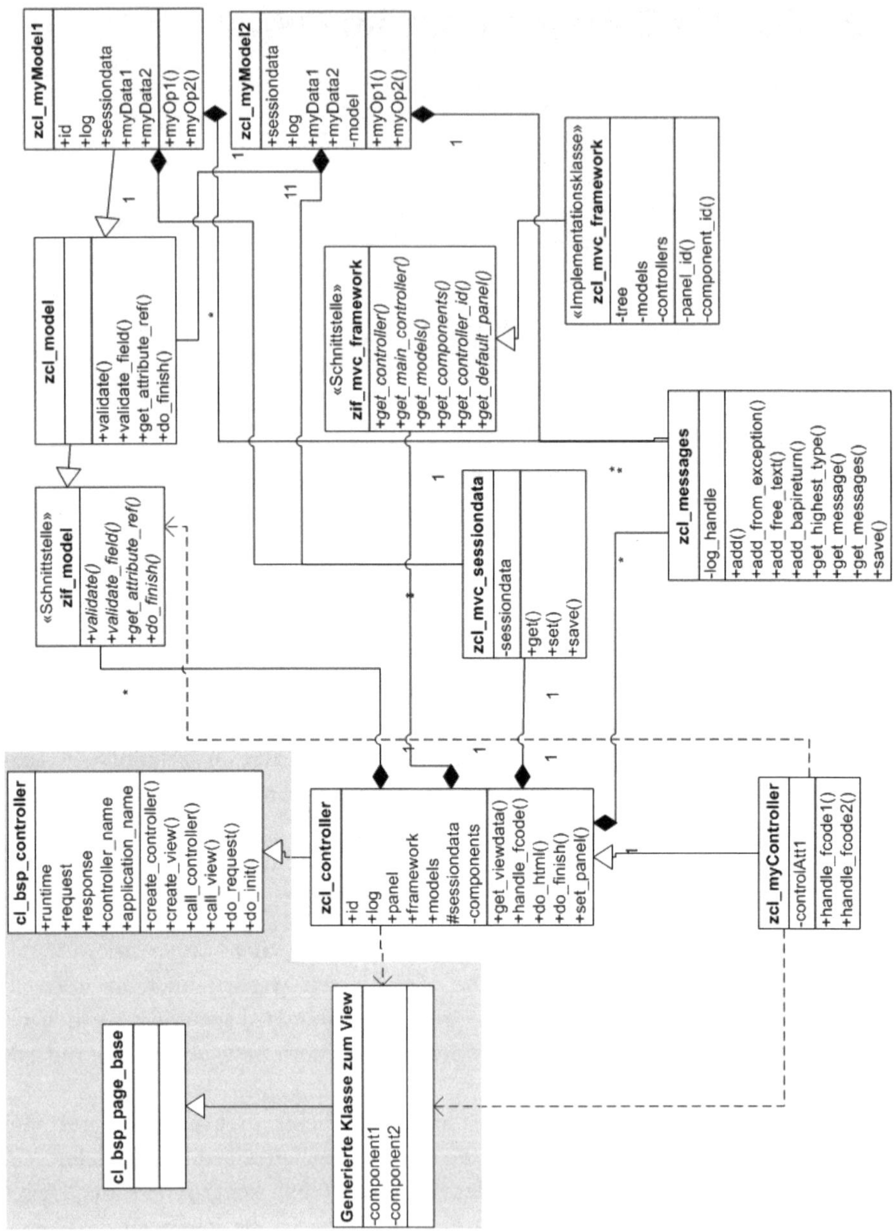

Abb. 12–1 *MVC-Framework: Statisches Strukturdiagramm*

---

1. Wenn ein Hauptcontroller einen abhängigen Controller mittels `create_controller()` erzeugt und dieser nachher in einem View mit `call_controller()` aufgerufen wird, so werden für diesen abhängigen Controller zwar `do_init()` und `do_request()` aufgerufen, jedoch nicht `do_initattributes()`.

Für die Phase *Initialisierung* wird die Methode do_init( ) verwendet. do_init() kann in eigenen Controllern (in der Grafik dargestellt durch die Klasse zcl_myController) redefiniert und mit eigener Initialisierungslogik erweitert werden. Der Aufruf von super->do_init() darf in diesem Fall jedoch nicht fehlen.

Die redefinierte Methode do_request() der Klasse zcl_controller enthält die vier Phasen

- *Viewdaten-Übernahme*
  Methode get_viewdata(),
- *Benutzerereignisse*
  Methode handle_fcode(),
- *HTML- (oder XML-)Ausgabe*
  Methode do_html() und
- *Abschlussarbeiten*
  Methode do_finish().

Die Methode do_request() sollte in den von zcl_controller abgeleiteten Controllern nicht mehr redefiniert werden. Stattdessen können bei Bedarf innerhalb der einzelnen Phasen Methoden redefiniert werden.

Die Klasse zcl_controller delegiert Aufgaben des MVC-Frameworks an Objekte vom Typ zcl_mvc_sessiondata, zcl_messages und zif_mvc_framework. Diese sind über Komposition mit der Controllerinstanz verknüpft.

Die Klasse zcl_controller verwaltet darüberhinaus

- eine statische Tabelle instances ihrer Instanzen (gepflegt in create_controller() und get_controller()),
- eine Tabelle models der von der Instanz verwalteten Models (die der Controller immer über das Interface zif_model kennt und addressiert), und
- eine Tabelle components der Controllerinstanzen abhängiger Komponenten.

Die Klasse zcl_model kann als Basisklasse für Models eingesetzt werden. Dies ist ein Kann, kein Muss. Ein Muss für das Model ist lediglich, dass eine Implementierung des Interface zif_model vorliegt. Diese Implementierung kann durch Vererbung oder Komposition auf die Klasse zcl_model Bezug nehmen. Sie kann aber auch völlig frei erfolgen. Die beiden Beispielklassen zcl_myModel1 und zcl_myModel2 verdeutlichen dies. zcl_myModel1 erbt direkt von zcl_model, während zcl_myModel2 eine eigene Implementierung des Interface zif_model enthält.

Die Instanzen log des Nachrichtensammels und sessiondata der Sitzungsdaten werden an alle Komponenten und Models propagiert. Es ist also, wenn man es nicht anders wünscht, eine einzige Nachrichtensammler-Instanz und ein einziges Sitzungsdatenobjekt im Spiel.

12.2 Der Controller

Die Klasse `zcl_controller` ruft den Hauptteil der Logik des MVC-Frameworks auf. Im Controller laufen die Fäden zusammen, denn er muss ja den Überblick behalten, um zu wissen, an welche Komponenten, Views oder Models welche Aufgaben zu adressieren sind.

Die erste Methode, die im Verlauf der Requestbearbeitung durchlaufen wird, ist `do_init()`. An dieser Stelle müssen die Attribute belegt bzw. instanziiert werden, die für die später zu durchlaufende Logik nötig sind. Im Einzelnen geschieht hier folgendes:

- Die MVC-Factory wird instanziiert. Dies ist die Fabrik, mit der einzelne Bestandteile des MVC Frameworks gewonnen werden können, namentlich die Modelfabrik, Modelinstanzen sowie die zentrale MVC-Frameworkklasse, die Implementierung von `zif_mvc_framework`.
- Es werden Instanzen der Klasse `zcl_sessiondata` und `zcl_messages` gebildet.
- Um sicherzustellen, dass es in abgeleiteten Klassen nicht verwendet wird, löschen wir das Attribut `messages`, die Referenz auf den Nachrichtensammler des SAP-Standards.
- Datenobjekte, die per Referenz an abgeleitete Controller weitergeleitet werden, wie z.B. das Feld `fcode`, werden mit `create data` erzeugt.
- Im Entwicklermodus wird die Konsistenz der Flow Logic überprüft.
- Es wird eine Model-Basisinstanz gebildet, um später die Datenbindung für Controllerattribute an diese zu delegieren.
- Der Controller wird in die Instanzverwaltung aufgenommen.
- Die im Request eingehenden Formularfelder werden in eine strukturierte interne Tabelle vom Typ `ref to zmvc_form_field_tab` übernommen. Dabei erfolgt noch keine Datenvalidierung, sondern nur eine Zuordnung an die zuständige Komponente (anhand des Model- oder Controllerpräfixes im Feldnamen).
- Schließlich – und das ist der wichtigste Schritt zum Zeitpunkt Initialisierung – wird die Methode `set_panel()` aufgerufen, um die Ressourcen für das aktuelle Panel zu bilden. Was das aktuelle Panel ist, ergibt sich aus dem Formularfeld `c__<id>__panel`, wobei `<id>` die `id` des aktuellen Controllers bedeutet.[2]

  Die Methode `set_panel( )` informiert sich beim Framework-Objekt über die Komponenten und Models, die dieses Panel erfordert und baut die benötigten Instanzen auf. Es werden lediglich die Instanzen aufgebaut. Für Komponenten vom Controllertyp wird somit die `create_controller( )`-Methode

2. Das ist eine Übersetzung des Datenbindungsausdrucks `//C/<id>/panel` in einen HTML-konformen Formularfeldnamen (»/« als Teil eines Formularfeldnamens ist unzulässig). Die Logik für diese Übersetzung ist in der Instanzmethode `zcl_controller->get_bindname()` implementiert.

für deren Subcontroller aufgerufen, und damit implizit auch die abgeleitete do_init( )-Methode des Subcontrollers. Besteht dieser wiederum aus Komponten, so werden schließlich alle involvierten Controller- und Modelinstanzen anhand der Panelvariablen der Komponenten aufgebaut.

Nach Ablauf der do_init( )-Methode sind somit alle zum Reproduzieren des aktuellen Seitenzustands benötigten Instanzen vorhanden. Aber es wurde noch nichts »gemacht«!

Es folgt dann der Aufruf der do_request( )-Methode des Hauptcontrollers. In diesem werden nun die vier restlichen Phasen unseres Ablaufschemas durchlaufen. Wichtig ist, dass die Zeitpunkte übergreifend sind: Wenn die Methode get_viewdata( ) beendet wurde, sind sämtliche Formularfelder aller involvierten Controller und Models validiert und ggf. übernommen worden. Ebenso ist nach handle_fcode( ) der Funktionscode abgearbeitet – ganz egal, an welchen Controller im Komponentenbaum er gerichtet war.

Die Methode get_viewdata( ) ermittelt für jedes Formularfeld die zuständige validierende Klasse – Model oder Controller – und delegiert die Validierung an diese. Dabei kann es zu Fehlern kommen, die in den gemeinsamen Nachrichtensammler log aufgenommen werden.

Die Funktionscode-Bearbeitung in der Methode handle_fcode() wird i.A. nur durchgeführt, wenn es zu keinem Fehler gekommen ist. Dies wird jedoch durch ein Flag check valid data gesteuert, dessen Inhalt Sie z.B. in einer Redefinition der do_init()-Methode verändern können. So können Sie erreichen, dass unter bestimmten Umständen auch dann eine Fcode-Bearbeitung erfolgt, wenn es bei der Datenvalidierung zu Fehlern gekommen ist.

Die Funktionscode-Behandlung ruft, wie Sie wissen, dynamisch die Methode fcode_<fcode>() des zuständigen Controllers auf. Dies jedoch nur, wenn er von dieser Controllerinstanz zu bearbeiten ist. Wenn nicht, legt der Controller den Funktionscode der von ihm verwalteten, zuständigen Komponente zur Behandlung vor.

Der Wert, den die Panel-Variablen der Controller nach Ausführung des Funktionscodes und damit zu Beginn von do_html() haben, bestimmt, aus welchen Ausgabeelementen dann das Folgebild aufgebaut wird.

Schließlich werden in der Methode do_finish() Abschlussarbeiten ausgeführt. Dazu gehört

- dass das Ereignis zif_controller_event~do_finish ausgelöst wird; auf dieses Ereignis sind alle vom Controller erzeugten Subcontroller und Models registriert. So haben alle involvierten Objekte die Möglichkeit, Abschlussarbeiten auszuführen;
- dass das Session-Cookie fortgeschrieben wird, wenn die Applikation in der Flow Logic als zustandslos gekennzeichnet wurde.

Das Phasenkonzept des Controllers erfordert, dass gewisse Methoden nur vom Hauptcontroller aufgerufen werden, der dann alle abgeleiteten Objekte anspricht. Das gilt so für die Viewdaten-Übernahme, die Fcode-Behandlung und die Ende-Bearbeitung. Lediglich die Methode do_html( ) wird von jedem Controller in seiner do_request( )-Methode aufgerufen.

Die Klasse zcl_controller erreicht dies, indem sie get_viewdata( ), handle_fcode( ) und do_finish( ) nur aufruft, wenn das Instanzattribut parent, das auf den aufrufenden Controller verweist, leer ist.

Hier der vollständige Code der do_request( )-Methode:

```
method do_request.

  data: lo_root type ref to cx_root.

  try.

      try.

          if parent is initial.

* Übernahme der Form fields
            get_viewdata( ).

* Ausführung des User Events – aber nur bei erfolgreicher Validierung
            if check_valid_data->* eq space or
               log->get_highest_type( ) na 'EAX'.
              handle_fcode( ).
            endif.

          endif.

* Alle Controller rufen hier do_html( ) auf
          do_html( ).

        catch zcx_stop_processing.
* Stop-Processing beendet die Bearbeitung kontrolliert

      endtry.

* Abschlussarbeiten
      if parent is initial.
        do_finish( ).
      endif.

    catch cx_root into lo_root.

* Alle unerwarteten Ausnahmen werden vom BSP-Framework als Fehlermeldung
* ausgegeben (erfordern Programmkorrekturen)
      raise exception type zcx_stop_no_check
        exporting
          previous = lo_root.

  endtry.

endmethod.
```

Was hat es mit der Ausnahme `zcx_stop_processing` auf sich, die hier im inneren Codeblock abgefangen wird?

Sie können diese Ausnahme für ein *Forwarding* nutzen. In bestimmten Fällen (es sollte sich eher um Ausnahmen handeln) kann es vorkommen, dass Sie die Ausgabe nicht dem Framework überlassen, sondern vollständig selbst übernehmen wollen. Beispielsweise soll ein ganz anderer, nicht zur aktuellen BSP-Applikation gehörender Controller die Ausgabe übernehmen. Sie könnten das erreichen, indem Sie einen Redirect auf die URL des anderen Controllers an den Client versenden. Wenn Sie aber die Controller im aktuellen Dialogschritt übergeben wollen, können Sie das mit folgenden Schritten erreichen:

- Löschen Sie mit `out->clear( )` den Inhalt, der möglicherweise schon in die Ausgabe geschrieben wurde;
- rufen Sie Ihre eigene Ausgabe auf, z.B. indem Sie sich mit `create_controller( )` eine Instanz des alternativen Controllers beschaffen und dann dessen `do_request()`-Methode auslösen;
- schließlich lösen Sie `zcx_stop_processing` aus. Achten Sie darauf, dass die Ausnahme in den Schnittstellen Ihrer Methoden deklariert ist. Sie gelangen dann sofort zum Hauptcontroller, der seine eigenen eventuell noch fehlenden Schritte überspringt, mit Ausnahme der Abschlussarbeiten.[3]

Beim Forwarding bleibt – im Gegensatz zum Redirect – die URL erhalten. Das macht das Forwarding für eine gewöhnliche Navigation in der Anwendung eher ungeeignet. Wir benutzen es im MVC-Framework, um die Seite mit den Validierungsfehlern der Flow Logic aufzuspielen (die durch den Controller `showConfigLog.do` der Applikation `zmvc` erzeugt wird).

12.3 Die MVC-Fabrik

Nichts ist vollkommen. An vielen Stellen des MVC-Codes haben Sie sicher Ideen, wie Sie es besser machen können. Um Sie dabei nicht auszubremsen, wird die Erzeugung dreier wichtiger Objekte über eine Fabrik gesteuert. Für die folgenden drei Objektarten bezieht sich das Framework stets auf Schnittstellen – nicht auf konkrete Implementierungen:

- *die Modelklassen*
  Das Framework kennt nur das Interface `zif_model`, die von uns verwendete Implementierung ist `zcl_model`.

---

3. Das bedeutet, dass der Hauptcontroller auf jeden Fall noch das Session-Cookie auf der Datenbank fortschreiben wird. Wenn nötig, können Sie auch dies noch unterbinden, indem Sie in der `do_finish()`-Methode Ihres Controllers ebenfalls die Ausnahme `zcx_stop_processing` auslösen.

- *die Modelfabrik*
  Unsere konkrete Implementierung der Schnittstelle `zif_model_factory` haben wir in derselben Klasse `zcl_model` vorgesehen. Wir arbeiten in dieser Implementierung mit der dynamischen Variante des `create object` Statements. Nichts soll Sie abhalten, an dieser Stelle einen anderen Mechanismus zur Instanzerzeugung einzusetzen!
- *Informationen zur Flow Logic*
  Die Methoden der Schnittstelle `ZIF_MVC_FRAMEWORK` beantworten alle Fragen, die man an die Flow Logic stellen kann. Unsere Implementierung `ZCL_MVC_FACTORY` legt sich z.B. darauf fest, dass diese Informationen als XML-Dokument im MIME-Verzeichnis der BSP-Applikation zu finden sind. Schreiben Sie einfach eine eigene Implementierungsklasse, wenn Ihnen diese Designentscheidung nicht gefällt.

Last not least wird auch das Objekt, das diese drei Objekttypen erzeugt, von der Objektfabrik erzeugt: Unsere MVC-Fabrik `ZCL_MVC_FACTORY` ist eine Implementierung der Schnittstelle `ZIF_MVC_FACTORY`. Diese enthält die drei Methoden `get_model()`, `get_model_factory()` und `get_framework()`.

Warum diese zusätzliche Verschalung? Der Grund ist, dass wir uns im Fabrikobjekt `ZCL_MVC_FACTORY` die dynamischen Aufrufe ersparen wollen, wenn die von uns bevorzugten Werte für Model, Model-Factory und MVC-Framework hinterlegt sind. Das geht nur, indem wir uns in unserer Implementierung auf `zcl_model` beziehen. Damit das MVC-Framework trotzdem von `zcl_model` entkoppelt bleibt, muss auch die Fabrik selbst Implementierungsklasse einer Schnittstelle sein.

Wo sind nun die Informationen über die Implementierungsklassen hinterlegt?

Die MVC-Fabrik wird über die allgemeine Objektfabrik (`ZCL_FACTORY`) gewonnen, die wir bereits im Abschnitt 3.5.5 *Objekterzeugung in Fabriken* beschrieben haben. Es gibt einen `ZFACT`-Eintrag für die MVC-Fabrik: zur Produktkennung `mvcFactory` ist dort die Klasse `ZCL_MVC_FACTORY` hinterlegt. Dort könnte ebensogut eine andere Implementierung von `ZIF_MVC_FACTORY` hinterlegt sein.

© SAP AG

Abb. 12–2 *Definition der MVC-Factory*

Diese implementierende Klasse ZCL_MVC_FACTORY wertet ihrerseits eine Parameterstruktur namens ZMVC_PARAM aus (siehe das Kapitel 19 *Applikationsparameter*), in der die Klassen für Modelfabrik und MVC-Framework aufgeführt sind. Dort haben Sie eine zweite Eingriffsmöglichkeit für alternative Implementierungen.

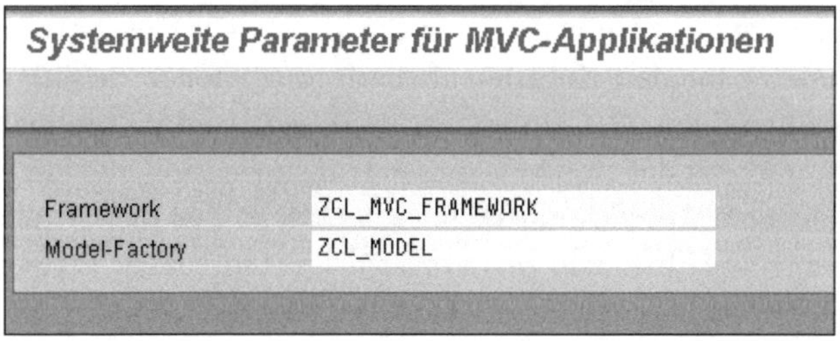

© SAP AG

Abb. 12–3 *Konfiguration des Frameworks*

Ausblick: In einem zukünftigen Release des Frameworks ist es denkbar, auch Ihre Controllerklassen von der Klasse ZCL_CONTROLLER zu entkoppeln, so dass diese nicht – wie aktuell – von dieser Klasse erben müssen. Sie könnten stattdessen ein Interface ZIF_CONT_EVENT_HANDLER implementieren, das für die fünf Controllerphasen – Initialisierung, Feldübernahme, Funktionscodebehandlung, Ausgabe und Abschluss – fünf Ereignisbehandler vorsieht. Hierbei wäre allerdings noch einiges zu bedenken...

12.4 Die Schnittstelle ZIF_MVC_FRAMEWORK

Das Objekt, das zur Laufzeit die Schnittstelle ZIF_MVC_FRAMEWORK repräsentiert, ist Spezialist für die Flow Logic. Es weiß, wo es die Flow Logic zur Applikation lesen muss und kann alle darauf bezüglichen Fragen beantworten, wie

- Welche Implementierungsklasse hat das Model zu einer vorgegebenen ID?
- Welcher Ausgabecontroller oder -view steuert die Ausgabe im aktuellen Seitenzustand?
- Welche möglichen Panels hat der Controller? Was ist sein Defaultpanel?
- Ist die Anwendung stateless?
- Welche Komponenten und welche Models hat der Controller mit vorgegebener ID zum vorgegeben Panelwert?

Die Schnittstellen all dieser Methoden sind rein textförmig: Es wird nur mit IDs, Panelwerten, Flags und Klassennamen gearbeitet. Die Flow Logic will nichts über die konkreten Instanzen wissen, aus denen sich die MVC-Laufzeit zusammensetzt. `ZIF_MVC_FRAMEWORK` ist nur ein Fragebeantworter, ein Orakel. Das praktische Handeln, das sich aus den Antworten ableitet, überlässt sie dem Controller.

Noch ein Hinweis zur konkreten Implementierung in der Klasse `ZCL_MVC_FRAMEWORK`: Nur diese Klasse enthält das Wissen, dass die Flow Logic als Datei `config.xml` aus dem MIME Repository ermittelt werden kann. Es wäre aber aus Performancesicht sehr ungünstig, diese Datei ständig im MIME Repository nachzulesen. Sie ist ja für alle Benutzer gleich und kann daher mit Vorteil im Shared Buffer der Application Server abgelegt werden. Das ist so implementiert, dass auch das Parsen und das Umwandeln in die internen Tabellenstrukturen, wie sie `zcl_mvc_framework` für den Zugriff auf die Informationen benötigt, nur einmal ausgeführt werden muss. Die Flow Logic wird geparsed und in interne Tabellen transformiert, und erst das Ergebnis dieser Transformation, die internen Tabellen selbst, wird auf dem Applikationsrechner gepuffert. Für die Pufferschicht selbst wird wiederum eine Hilfsklasse `zcl_mvc_application_buffer` verwendet. All dies geschieht im Konstruktor des MVC-Frameworks, der vom Controller mit dem Applikationsnamen aufgerufen wird.

```
method constructor .

  data: ls_application type zmvc_application,
        lv_sxml type string,
        lv_read type flag.

* Applikationsnamen in Public Read Only Attribut übernehmen
  applname = iv_applname.

* Instanz des Applikationspuffers beschaffen
  buffer = zcl_mvc_application_buffer=>get_instance( applname ).

* Ist der Applikationspuffer vorhanden? Dann Daten abholen
  if buffer->not_found = space.
    buffer->get( importing es_application = ls_application
                           et_tree        = tree
                           et_controllers = controllers
                           et_models      = models ).
  endif.
```

```
* Muss das XML nachgelesen und ausgewertet werden?
  if buffer->not_found = 'X'
* Eine BSP-Konfiguration ohne Tree gibt es nicht
     or tree is initial.

* MIME-Objekt einlesen
    zcl_bsp_util=>get_text_mime( exporting iv_appl_name = iv_applname
                                           iv_name      = 'config.xml'
                                 importing ev_content   = lv_sxml ).

* XSLT-Programm ausführen
* Für Navigation auf zmvc_config_tree doppelklicken
* call transformation zmvc_config_tree.
    call transformation (config_to_abap) source xml lv_sxml
                                   result application = ls_application
                                          tree        = tree
                                          controller  = controllers
                                          model       = models.

* Nacharbeiten
    transform( ).

* Resultat der XSLT Transformation puffern
    buffer->put( it_tree        = tree
                 it_controllers = controllers
                 it_models      = models
                 is_application = ls_application ).

  endif.

* Flag Stateful setzen
  stateful = ls_application-stateful.

endmethod.
```

Die internen Tabellen `controllers` und `models`, die durch die Transformation `ZMVC_CONFIG_TREE` entstehen, sind für den effizienten Zugriff mit ABAP ausgelegt. Die Tabelle `tree` enthält den gesamten XML-Baum der Flow Logic, »flachgeklopft« zu einer sortierten Tabelle mit Vater-Kind-Beziehungen. Im folgenden Debugger-Snapshot können Sie sich eine Vorstellung machen, wie die Tabelle konkret aussieht. Einige Knoten bekommen durch die XSLT-Transformation eine automatisch generierte ID (z.B. `N7`), damit sie in der Tabelle identifizierbar sind. Die Tabelle ist nach `parent`, `parent_type` und `child_type` sortiert.

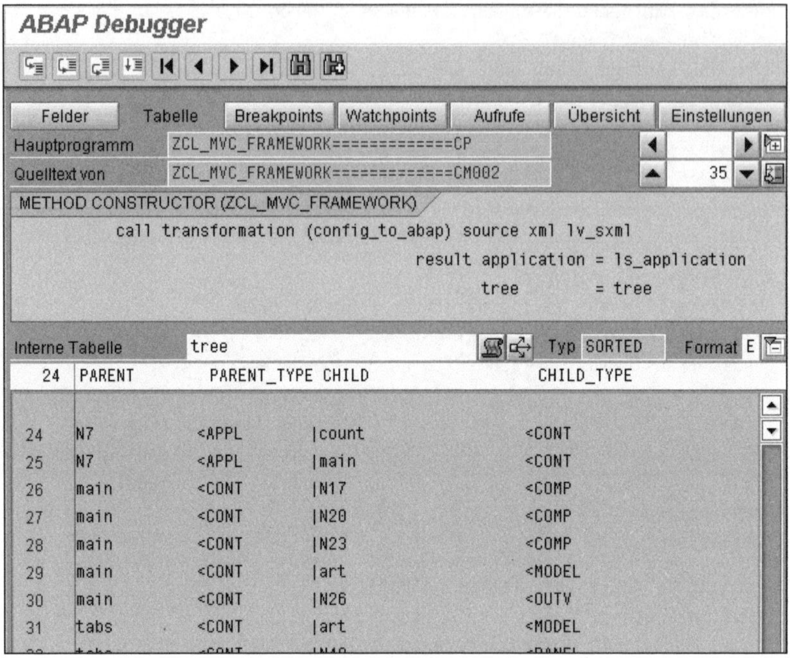

© SAP AG

Abb. 12–4 *Interne Repräsentation des MVC-Baums*

12.5 Model und Modelfabrik

Obwohl sie getrennt implementierbar wären, da im aufrufenden Code nur die Schnittstellen bekannt sind, haben wir uns entschieden, Model (Schnittstelle `ZIF_MODEL`) und Modelfabrik (`ZIF_MODEL_FACTORY`) in ein und derselben Klasse `ZCL_MODEL` zu implementieren.

Die Modelfabrik arbeitet mit einer Instanzverwaltung, einer Hash-Tabelle mit Model-ID und Modelinstanz. Sie versucht, die Anfrage nach einem Model zunächst aus dieser Tabelle zu bedienen. Wenn dort noch kein Eintrag zur angegeben ID gefunden wurde, muss das Model mit dem angegebenen Klassennamen dynamisch konstuiert werden.

Eine Besonderheit ist noch die Wiederherstellung der Sessiondaten. Wenn das konstruierte Model das Interface `zif_serializable` implementiert, bedeutet dies, dass sein Zustand nun durch Aufruf der Methode `zif_serializable~restore_state()` wiederhergestellt werden kann. Die Modelfabrik ruft also diese Methode noch auf – das geht wie für alle anderen in `iv_sessiondata` abgelegten Daten mittels `iv_sessiondata->get()`:

```
method zif_model_factory~get_model .

  data: lo_serializable type ref to zif_serializable,
        lv_id           type zmvc_model_id,
        lv_sd_id        type zmvc_model_id,
        lv_class        type classname,
        ...

  ...

* ... oder neu erzeugen und in Instanzverwaltung einfügen
    lv_class = iv_class.
    translate lv_class to upper case.
    try.
        create object ev_model type (lv_class)
          exporting
            iv_id          = lv_id
            iv_log         = iv_log
            iv_sessiondata = iv_sessiondata.

* Sessiondaten (wieder)herstellen
        if iv_sessiondata is bound.
          try.
              lo_serializable ?= ev_model.
              concatenate zmvc_m_prefix iv_id into lv_sd_id.
              iv_sessiondata->get( exporting iv_name  = lv_sd_id
                                   importing ev_value = lo_serializable ).
            catch cx_sy_move_cast_error zcx_not_found.
          endtry.
        endif.

 ...

endmethod.
```

12.6 Validierung und Datenbindung

Validierung und Datenbindung sind die beiden Hauptfunktionen, für die das Interface `ZIF_MODEL` benötigt wird.

Die Klasse `ZCL_MODEL` soll diese Basisfunktionen anderen Modelklassen über Komposition oder Vererbung zur Verfügung stellen. Da `ZCL_MODEL` bei der Komposition die Attribute eines anderen Objekts validieren muss, ist in den Schnittstellenmethoden von `ZIF_MODEL` stets ein optionaler Parameter `iv_ref_object` vom Typ `ZIF_MODEL` vorhanden. Wenn die Methoden in der Kompositionstechnik an `ZCL_MODEL` delegiert werden, sind sie stets mit

```
iv_ref_object = me
```

aufzurufen. Außerdem müssen die Attribute von Models, auf die über das Interface `ZIF_MODEL` zugegriffen werden soll, stets öffentlich sein – denn sie werden ja von einem anderen (Komposition) oder übergeordneten (Vererbung) Objekt benutzt.

Wie ist nun die Validierung konkret implementiert?

Die Methode `validate_fields( )` erhält vom Aufrufer eine Liste von Feldnamen und textförmigen Inhalten. Diese werden nun der Reihe nach an `validate_field()` übergeben. `validate_field( )` ruft nun für die Feldnamen, die ja Datenbindungsausdrücke darstellen, die Methode `get_attribute_ref( )` auf, um ein Datenobjekt zu erhalten, das den korrekten Zieldatentyp aufweist. Wenn das funktioniert hat, kann die statische Methode `zcl_model_base=>validate_field_general()` aufgerufen werden, die im Wesentlichen das gleiche macht wie die Dynpro-Feldkonvertierung.

Kommt es zu einem Fehler, so werden Feldname und der übergebene textförmige Feldwert in den Changing-Parameter `ct_error_fields` gestellt. Von dort übernimmt sie dann der Controller in die Tabelle `error_fields` seiner Schnittstelle `zif_input_field`.

Die Attributübernahme in `get_attribute_ref()` ist mit Rekursion über die Instanzmethode `get_comp_ref()` definiert. Dabei wird der Bindungsausdruck bei den Punkten, die eine Komponente vom Strukturnamen trennen, aufgespalten; die Methode ruft sich dann rekursiv mit dem Struktur- und Komponentennamen auf; im terminalen Zweig der Methode werden dann die verschiedenen Fälle abgehandelt (Datenreferenz, Objektreferenz, Tabellenzeile, einfaches Feld, Struktur).

Mit den Objektreferenzen gibt es eine kleine technische Schwierigkeit. Da es in ABAP keinen gemeinsamen Obertyp für `ref to data` und `ref to object` gibt, muss die Objektreferenz in einen Typ `ref to data` gewandelt werden, damit sie über die Schnittstelle zurückgegeben werden kann. Wie ist das zu bewerkstelligen? Ganz einfach: indem die Referenzvariable noch einmal referenziert wird:

```
get reference of lo_object into lv_ref.
```

Dies ist der einzige Ort im Framework, an dem wir indirekte Referenzen einsetzen.

12.7 Typische Redefinitionspunkte von ZCL_CONTROLLER

Ihre eigenen, von `zcl_controller` abgeleiteten Controllerklassen erweitern Sie im Wesentlichen um die Methoden zur Funktionscode-Behandlung. Damit kommen Sie schon weit. In manchen Fällen müssen Sie aber doch noch weiteren Code einfügen, indem Sie gewisse geeignete Methoden von `ZCL_CONTROLLER` redefinieren. Hier folgen die häufigsten redefinierten Methoden unserer Anwendungen:

- **`do_init( )`**
  Hier wird, nach Aufruf von `super->do_init( )`, eigener Initialisierungscode hinterlegt. In einer zustandslosen Anwendung wird dieser Code bei jedem Dialogschritt durchlaufen. Sie können jedoch ermitteln, ob es sich um den ersten oder einen nachfolgenden Aufruf der Anwendung handelt.

- **`set_view_attributes( )`**
  Wenn Sie eigene Seitenattribute im View definieren und vom Controller aus versorgen wollen, redefinieren Sie diese Methode.
- **`set_model_attributes( )`**
  Diese Methode wird aufgerufen, nachdem ein neues Model gebildet wird und wenn die eingegebenen Formulardaten an das zuständige Model weitergereicht werden.
- **`set_panel( )`**
  Diese Methode wird in zustandslosen Anwendungen schon sehr früh aufgerufen – am Ende von `do_init( )`. Sie kann verwendet werden, um abhängig vom Panel gewisse Vorbelegungen zu treffen.
- **`get_model( )`**
  Wenn aufgrund der Objektfabrik nicht die in der Flow Logic angegebene Modelklasse, sondern eine Spezialisierung von dieser verwendet werden soll, so können Sie durch Redefinition von `get_model()` bewirken, dass zur angeforderten `id` eine Instanz der gewünschten Unterklasse gebildet wird.
- **`do_finish( )`**
  Für Abschlussarbeiten am Ende des Dialogschritts.

13 Gerätespezifisch rendern

Damit Ihre Webanwendung auf allen Clients gut dargestellt wird, bieten Ihnen HTML, CSS und JavaScript bereits viele Möglichkeiten, um die Darstellung im Browser an das Endgerät anzupassen. In diesem Kapitel soll es um serverseitige Lösungen geben, mit denen diese Techniken ergänzt werden können.

Einige Bemerkungen zu clientseitigen Anpassungen seien aber vorausgeschickt:

Mit einfachen Stylesheet-Angaben wie

```
width:100%;
height:100%
```

können Sie die angezeigten Elemente mit der Größe des angezeigten Fensters skalieren. Hier wird die Optimierungsarbeit an den Browser delegiert.

Wenn die Fenster aber zu klein werden, kommt irgendwann der Punkt, an dem der Browser Rollbalken anbieten muss. Am unbeliebtesten ist hierbei der horizontale Rollbalken.

Natürlich können Sie Rollbalken mit der Stylesheet-Angabe:

```
overflow:hidden;
```

unterdrücken. Dabei riskieren Sie aber, dass der Benutzer Teile Ihres Bildes nicht mehr zu sehen bekommt. Daher sollten Sie diese Angabe nach Möglichkeit vermeiden. Versuchen Sie lieber, Ihre Seite so zu gestalten, dass keine Rollbalken auftreten.

Nun muss es natürlich irgendwo eine vernünftige Untergrenze geben, unterhalb derer Rollbalken nicht vermeidbar sind. Für Notebooks und Desktop-PCs kann man hier mittlerweile von einer Auflösung von 1024×768 Pixeln ausgehen. Wenn Sie die folgenden Regeln beachten, sind Sie für Notebooks und Desktop-PCs auf der sicheren Seite:

- *Entwerfen Sie das Seitenlayout so, dass es bei einer sinnvollen Untergrenze der Bildschirmauflösung (1024×768 px) möglichst ohne Rollbalken dargestellt wird.*
- *Vermeiden Sie vor allem den horizontalen Rollbalken!*
- *Achten Sie darauf, dass nur ein Rollbalken zu sehen ist, nämlich der des Fensters (des Body-Elements): Nichts ist hässlicher als Elemente mit Rollbalken innerhalb von Elementen mit Rollbalken!*
- *Vermeiden Sie Frames – neben vielen anderen Problemen bringen sie häufig auch weitere Rollbalken ins Bild.*

Auch das Betriebssystem des Rechners und die Browserversion spielen bei der Seitendarstellung eine Rolle. So ist es eine bekannte Tatsache, dass die Basisschriftgröße auf Macintosh-Rechnern mit 72 dpi, auf Window-Rechnern dagegen mit 96 dpi veranschlagt wird. Auch dieses Problem lässt sich mit Browserweichen lösen.

Wenn Sie aber Anwendungen entwickeln, die auf einem Web-Panel mit 800×600 Pixeln, auf dem Desktop und auf Kleingeräten mit 240×320 Pixeln verwendet werden, brauchen Sie serverseitige Logik. Dieselben Daten müssen, an das jeweilige Endgerät angepasst, in verschiedenen Views dargestellt werden. Sie brauchen also eine Logik zur Viewersetzung.

Das wiederum setzt voraus, dass Sie Eigenschaften des Clients erkennen können.

13.1 Bildschirmauflösung

Die Bildschirmauflösung wird – im Gegensatz zum Browsertyp – nicht automatisch im Request mitgesandt. Sie kann aber mit JavaScript-Mitteln abgefragt werden.

Auf dem ersten Bild – z.B. dem Anmeldebild – kann man eine JavaScript-Funktion `setResolution()` aufrufen, die diese Auflösung ausliest und in ein clientseitiges, nichtpersistentes Cookie schreibt:

```
function setResolution() {
  resolution = screen.width + "x" + screen.height;
  document.cookie = 'resolution=' + resolution + ';path = /;';
}
```

Dieses Cookie kann dann serverseitig ausgewertet werden.

Man kann also auf die so mitgesendete Auflösung mit ABAP-Mitteln auf dem Server reagieren. Ausgenommen ist allerdings das Anmeldebild, denn *ein erstes Mal* muss ja das JavaScript durchlaufen werden, um das Cookie zu setzen.

13.2 View-Ersetzungen

Im Retail Store der Migros wurde eine gerätespezifische Lösung für Pocket PC's mit 240×320 Pixeln Auflösung und für Web Panels mit 800×600 Pixeln benötigt. Es war daher ein Mechanismus erforderlich, um serverseitig angepasste Views an den Client zu senden.

Die Lösung besteht darin, das Event `zif_client_query~view_creation` zu verwenden, das vom MVC-Framework beim Erzeugen von Views ausgelöst wird. Dieses Event kann verwendet werden, um den Namen des zu erzeugenden Views durch einen Ersatznamen auszutauschen.

Das Event dient in diesem Fall der Entkopplung. Das MVC-Framework, das Sie sich von *http://www.mits.ch/bsp* herunterladen können, enthält zwar die Auslösung des Ereignisses, nicht jedoch den Ereignisbehandler, den wir im Retail Store der Migros verwenden. Aufgrund der Entkopplung steht es Ihnen frei, eine völlig eigene Ersetzungslogik zu implementieren und auf dieses Ereignis zu registrieren.

Wir haben hier den im Abschnitt 3.5.6 unter »Changing-Parameter von Ereignissen« beschriebenen Trick verwendet, statt des Viewnamens nur eine Referenz auf den Viewnamen zu versenden. Der Ereignisbehandler kann den Inhalt dieser Referenz dann nach seinen eigenen Regeln austauschen. So ist es möglich, Werte an den Auslöser eines Events zurückzugeben.

Das Ganze spielt sich in der Redefinition von `create_view( )` ab, der zentralen SAP-Methode zum Anlegen von Views im Controller. Bevor der Viewname an das SAP-BSP-Framework übergeben wird, behält sich `zcl_controller` noch vor, diesen Namen nach frei definierbaren Regeln durch einen *anderen* Viewnamen zu ersetzen.

```
method create_view .

  data: lv_viewname type ref to string.

* Mittels Event den Viewnamen bei Bedarf ersetzen
  create data lv_viewname.
  lv_viewname->* = view_name.
  raise event zif_client_query~view_creation
    exporting
      iv_request  = request
      iv_applname = me->application_name
      cv_viewname = lv_viewname.

* View erzeugen
  view_instance = super->create_view( view_name = lv_viewname->* ).

*----------------------------------------------------------------------
* View-Attribute übergeben
*----------------------------------------------------------------------
  set_view_attributes( exporting iv_instance = view_instance
                                 iv_type     = zmvc_type-view ).

endmethod.
```

Die konkrete Implementierung, die im Retail Store an das Ereignis `view_creation` gebunden ist, ermittelt zunächst den Clienttyp. Hierfür haben wir ein dreistufiges Schema vorgesehen:

Typ	kurz	Auflösung
Standard	' '	1024×768
Web-Panel	'WP'	800×600
Pocket PC	'PP'	240×320

Tab. 13–1 *Unterschiedliche Clienttypen*

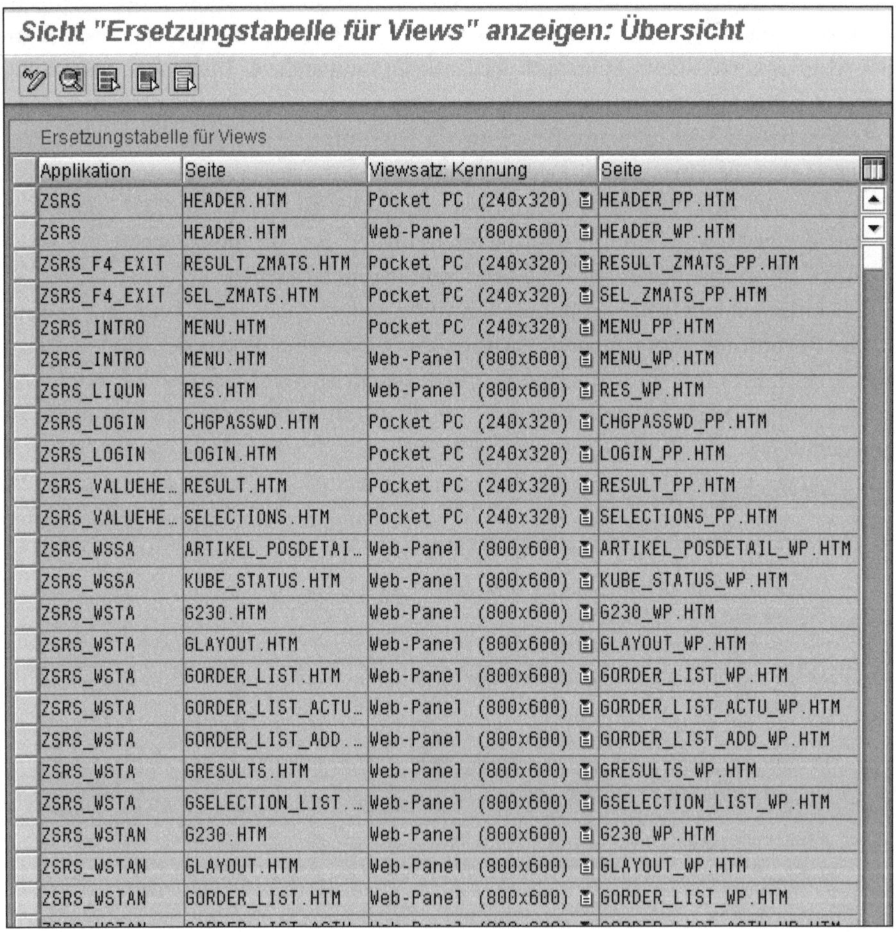
Sicht "Ersetzungstabelle für Views" anzeigen: Übersicht

Ersetzungstabelle für Views

Applikation	Seite	Viewsatz: Kennung	Seite
ZSRS	HEADER.HTM	Pocket PC (240x320)	HEADER_PP.HTM
ZSRS	HEADER.HTM	Web-Panel (800x600)	HEADER_WP.HTM
ZSRS_F4_EXIT	RESULT_ZMATS.HTM	Pocket PC (240x320)	RESULT_ZMATS_PP.HTM
ZSRS_F4_EXIT	SEL_ZMATS.HTM	Pocket PC (240x320)	SEL_ZMATS_PP.HTM
ZSRS_INTRO	MENU.HTM	Pocket PC (240x320)	MENU_PP.HTM
ZSRS_INTRO	MENU.HTM	Web-Panel (800x600)	MENU_WP.HTM
ZSRS_LIQUN	RES.HTM	Web-Panel (800x600)	RES_WP.HTM
ZSRS_LOGIN	CHGPASSWD.HTM	Pocket PC (240x320)	CHGPASSWD_PP.HTM
ZSRS_LOGIN	LOGIN.HTM	Pocket PC (240x320)	LOGIN_PP.HTM
ZSRS_VALUEHE…	RESULT.HTM	Pocket PC (240x320)	RESULT_PP.HTM
ZSRS_VALUEHE…	SELECTIONS.HTM	Pocket PC (240x320)	SELECTIONS_PP.HTM
ZSRS_WSSA	ARTIKEL_POSDETAI…	Web-Panel (800x600)	ARTIKEL_POSDETAIL_WP.HTM
ZSRS_WSSA	KUBE_STATUS.HTM	Web-Panel (800x600)	KUBE_STATUS_WP.HTM
ZSRS_WSTA	6230.HTM	Web-Panel (800x600)	6230_WP.HTM
ZSRS_WSTA	GLAYOUT.HTM	Web-Panel (800x600)	GLAYOUT_WP.HTM
ZSRS_WSTA	GORDER_LIST.HTM	Web-Panel (800x600)	GORDER_LIST_WP.HTM
ZSRS_WSTA	GORDER_LIST_ACTU…	Web-Panel (800x600)	GORDER_LIST_ACTU_WP.HTM
ZSRS_WSTA	GORDER_LIST_ADD.…	Web-Panel (800x600)	GORDER_LIST_ADD_WP.HTM
ZSRS_WSTA	GRESULTS.HTM	Web-Panel (800x600)	GRESULTS_WP.HTM
ZSRS_WSTA	GSELECTION_LIST.…	Web-Panel (800x600)	GSELECTION_LIST_WP.HTM
ZSRS_WSTAN	6230.HTM	Web-Panel (800x600)	6230_WP.HTM
ZSRS_WSTAN	GLAYOUT.HTM	Web-Panel (800x600)	GLAYOUT_WP.HTM
ZSRS_WSTAN	GORDER_LIST.HTM	Web-Panel (800x600)	GORDER_LIST_WP.HTM

Abb. 13–1 *Die Ersetzungstabelle* `ZSRS_VIEW`

13.3 Client-Informationen

Dieselbe Schnittstelle `zif_client_query` enthält noch ein zweites Event `client_properties`, mit dem Sie Eigenschaften des Client erfragen können. Wenn Sie das Event auslösen, erhalten Sie in einer Struktur `zmvc_client_properties` einige Eigenschaften des Clients:

- `width` und `height`
  die Bildschirmauflösung in Pixeln;
- `os`
  das Client-Betriebssystem;
- `viewset`
  die Kennung des Viewsatzes; wie eben besprochen, unterscheiden wir die Werte Desktop, Web-Panel und Pocket PC.

Beispiele, wie dieses Event anzuwenden ist, sehen Sie im Abschnitt 13.4 »Browserweichen«.

Die Implementierung der Client-Erkennung kann spezifisch für ein bestimmtes System sein. Die Klasse `zcl_srs_client_info`, die im Migros Retail Store diese Eigenschaften ermittelt, ist daher nicht Teil des Pakets `Z_MVC`. Wenn Sie eine eigene Client-Ermittlung schreiben, können Sie in der redefinierten `do_init( )`-Methode Ihres Hauptcontrollers einen Ereignisbehandler auf das `client_properties` Event registrieren und die Structur `cs_client` verändern.[1]

13.4 Browserweichen

Browserweichen, d.h. abweichende Präsentationslogik je nach Browsertyp, können Sie mit CSS- und JavaScript-Mitteln auf dem Client erreichen. Eine Übersicht solcher Techniken finden Sie für CSS auf den SELFHTML-Seiten von Stefan Münz

http://de.selfhtml.org/css/layouts/browserweichen.htm

Sie können aber die Browsererkennung auch auf dem Server durchführen. Dort haben Sie beispielsweise die Möglichkeit, abhängig vom User-Agent-String andere Stylesheet- und JavaScript-Files an den Client zu senden.

Die User-Agent-Kennung ist ein HTTP-Kopffeld. Sie wird bei jedem HTTP-Request gesendet. Das folgende Beispiel zeigt, dass das Feld nicht nur die Browserversion, sondern auch Angaben zu Betriebssystem und Patch Level sowie weitere installationsspezifische Details enthalten kann:[2]

```
Mozilla/4.0 (compatible; MSIE 6.0; Windows NT 5.1; SV1; InfoPath.1)
```

1. Genauer gesagt, ändern Sie den Inhalt des Zeigers `cs_client`, denn auch hier übergeben wir die zu ändernden Daten in der Ereignisschnittstelle per Referenz.
2. Beispielsweise senden Pocket PCs häufig im User-Agent ihre Bildschirmauflösung als String, etwa `'240x320'`.

Eine Übersicht der gängigen Browserkennungen finden Sie auf der Webseite

http://www.zytrax.com/tech/web/browser_ids.htm

Wenn Sie Browserweichen serverseitig programmieren wollen, bietet sich das BSP-Element `<z:globals>` an. Wie oben beschrieben, sendet `<z:globals>` die Referenzen auf globale Stylesheet- und JavaScript-Ressourcen.

Wenn Sie beispielsweise IE-spezifische JavaScript-Funktionen oder bereits definierte Funktionen durch eine IE-spezifische Definition ersetzen müssen, können Sie in `do_at_end( )` des `<z:global>`-Elements folgendes programmieren:

```
* JavaScript-Ressourcen deklarieren
   lv_arg = caller->get_javascript( ).
   lv_stmt = gc_javascript.
   replace '&' in lv_stmt with lv_arg.
   concatenate lv_stmt cl_abap_char_utilities=>cr_lf into lv_stmt.
   print_string( lv_stmt ).
   if lv_request->get_header_field( 'User-Agent' ) cs 'MSIE'.
     lv_stmt = gc_javascript.
     replace '&' in lv_stmt with '../public/mvc/global_ie.js'.
     print_string( lv_stmt ).
   endif.
```

14 Mehrsprachige Texte

Wenn Sie eine Webanwendung fürs Internet schreiben, ist die Mehrsprachigkeit geradezu ein Muss – schließlich gibt es im Internet keine Sprach- und Landesgrenzen. Aber auch bei einer Intranet-Anwendung sollten Sie die Mehrsprachigkeit bei allen Webseiten, die Sie gestalten, bedenken. Auch eine Anwendung, von der Ihr Auftraggeber meint, sie hätte nur deutschsprachige Benutzer, kann einmal für mehrere Sprachen relevant werden. Geschäftspartner wie Kunden oder Lieferanten aus dem Ausland könnten in die Anwendung einbezogen werden. In der Schweiz ist die Mehrsprachigkeit natürlich sowieso ein Muss.

14.1 Das Online Text Repository

Es ist ein empfehlenswertes Vorgehen, Texte nicht hart in den Views zu codieren, sondern als übersetzungsrelevante Textelemente im SAP-System zu hinterlegen. Während auf anderen Systemen ganze Webauftritte Seite für Seite physisch kopiert und übersetzt werden müssen, kann im SAP-System ein und derselbe View, gesteuert durch die Anmeldesprache, in verschiedenen Sprachen angezeigt werden. Sie können dies sogar in der laufenden Webanwendung noch testen, indem Sie den Parameter `sap-language` an die URL hängen. Wenn Sie beispielsweise die in der Adresszeile des Browsers sichtbare URL

http://www.meinefirma.de/sap/bc/bsp/sap/zz_anwendung/main.do

wie folgt modifzieren:

*http://www.meinefirma.de/sap/bc/bsp/sap/zz_anwendung/
main.do?sap-language=FR*

dann werden alle auf dem View verwendeten Texte in Französisch dargestellt.

Damit dies funktioniert, dürfen natürlich in den Views keine wörtlichen Texte vorkommen. Statt

```
<span>Hallo Welt</span>
```

schreiben Sie richtiger

```
<span><%=otr(zz_mein_paket/hallo_welt)%></span>
```

und legen den OTR-Kurztext durch Doppelklick während der View-Erstellung an. Dieses Vorgehen empfiehlt sich auch dann, wenn der View (noch?) gar nicht für die Übersetzung vorgesehen ist. Es schadet ja nicht, den Text über einen sym-

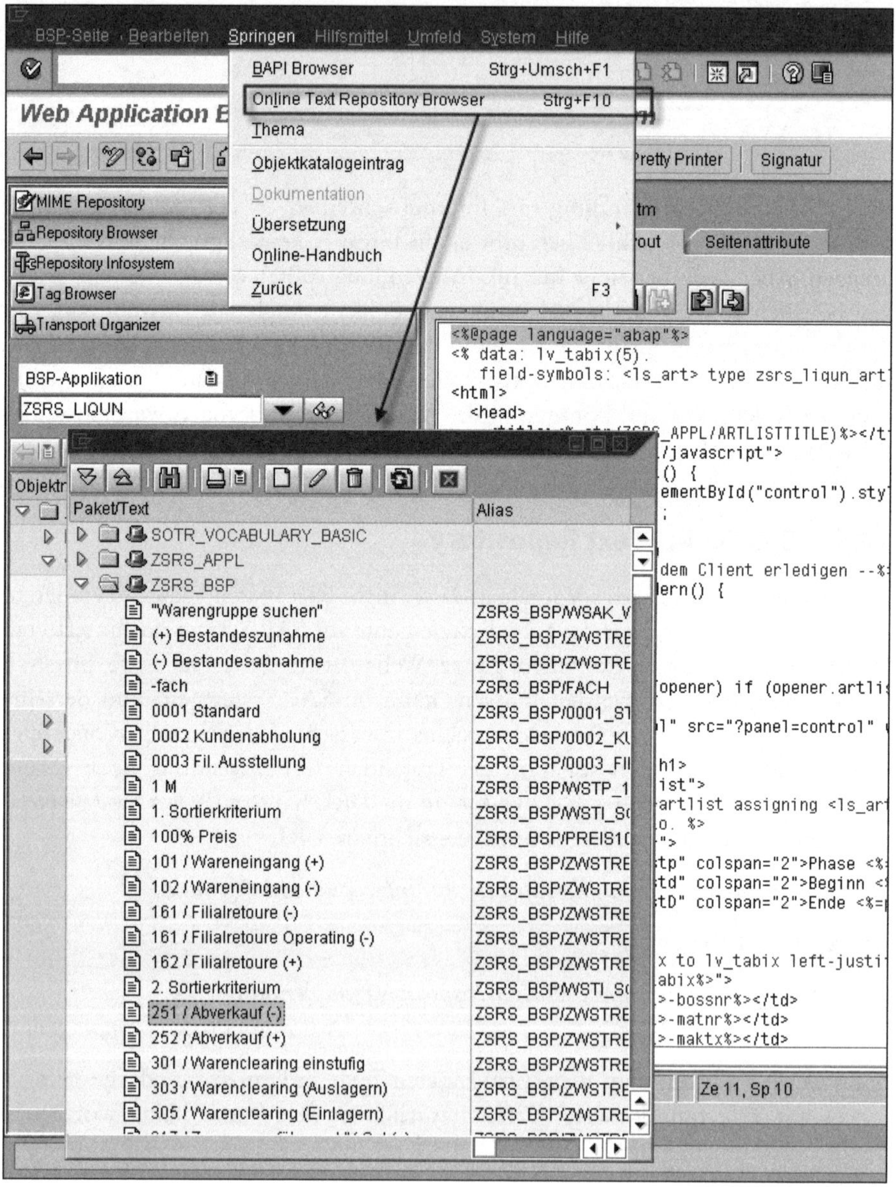

© SAP AG

Abb. 14–1 *Der OTR-Katalog in der Workbench*

bolischen Namen aus dem OTR zu ziehen, auch wenn er nicht zur Übersetzung ansteht. Wenn das aber doch einmal passieren sollte, so kann man die Anwendung ohne Code-Umstellungen für andere Sprachen bereitstellen. Darüberhinaus dient der Bezug auf Texte über symbolische Referenzen auch der Wiederverwendbarkeit. Das gleiche Symbol kann an verschiedenen Stellen eingesetzt werden. Beim Wiederverwenden bestehender Texte ist jedoch Vorsicht geboten: Vergewissern Sie sich, dass der Kontext des Textes passt!

Den Katalog der bereits erfassten Texte können Sie sich, während Sie Ihre Views bearbeiten, ansehen und nach schon bestehenden Texten durchsuchen. Sie können auch neue Texte anlegen und mittels Drag und Drop in Ihren Views einbauen (siehe Abb. 14–1).

Das OTR-Konzept ist gut in die Übersetzungstransaktion SE63 der SAP eingebunden. Man kann Texte im Einstiegsbild über die Suchhilfen identifizieren (denn der Textschlüssel in der OTR-Verwaltungstabelle SOTR_HEAD ist eine GUID, also bewusst nicht sprechend). Zum Beispiel können Sie über einen symbolischen Namen suchen, das so genannte Alias, das dem Text zum Erfassungszeitpunkt gegeben wurde. Sie können aber auch die Texte selbst durchsuchen, denn auch der OTR-Browser ist in die Suchhilfe eingebunden.

Beim Übersetzen wird man auch über die Verwendungen des Textes in Views informiert. Hier gilt natürlich noch mehr als an anderen Orten, dass der Verwendungsnachweis nicht vollständig sein kann. Es kann potentiell immer mehr Verwendungen geben als die angezeigten. Das hängt einerseits mit dem SAP-System verhalten zusammen, dass der Navigationsindex nur beim manuellen Generieren von Sourcecode aktualisiert wird (automatisch generierter Code erscheint dagegen nie im Verwendungsnachweis). Andererseits werden in der SE63 nur Verwendungen in Views angezeigt. OTR-Texte sind aber auch an anderen Stellen im System verwendbar. Die Testfunktion (das »Testen«-Icon) versucht einen Aufruf der Seite im Browser. Das funktioniert natürlich nur für »Seiten mit Ablauflogik«. Für Views einer MVC-Anwendung erhält man beim Aufruf dagegen einen BSP-Fehler. Das muss auch so sein. Immerhin: Auch für Views kann man mit der »Übersicht«-Funktion direkt in den HTML-Quellcode der Seite navigieren (obwohl ein Übersetzer mit dieser technischen Sicht vermutlich wenig anfangen kann) (siehe Abb. 14–2).

Sie müssen OTR-Texte nicht in Views – ja nicht einmal notwendig in Webanwendungen – einsetzen. OTR-Texte sind überall im System verfügbar. Sie können auch in Formularen oder in einer GUI-Anwendung auf das OTR zugreifen. Hierzu gibt es eine einfache statische Methode in der Klasse cl_bsp_runtime:

```
data: lv_text type string.
* Text für Alias ZSRS_BSP/SAVE in Anmeldesprache holen
lv_text = cl_bsp_runtime=>get_otr_text( 'ZSRS_BSP/SAVE' ).
```

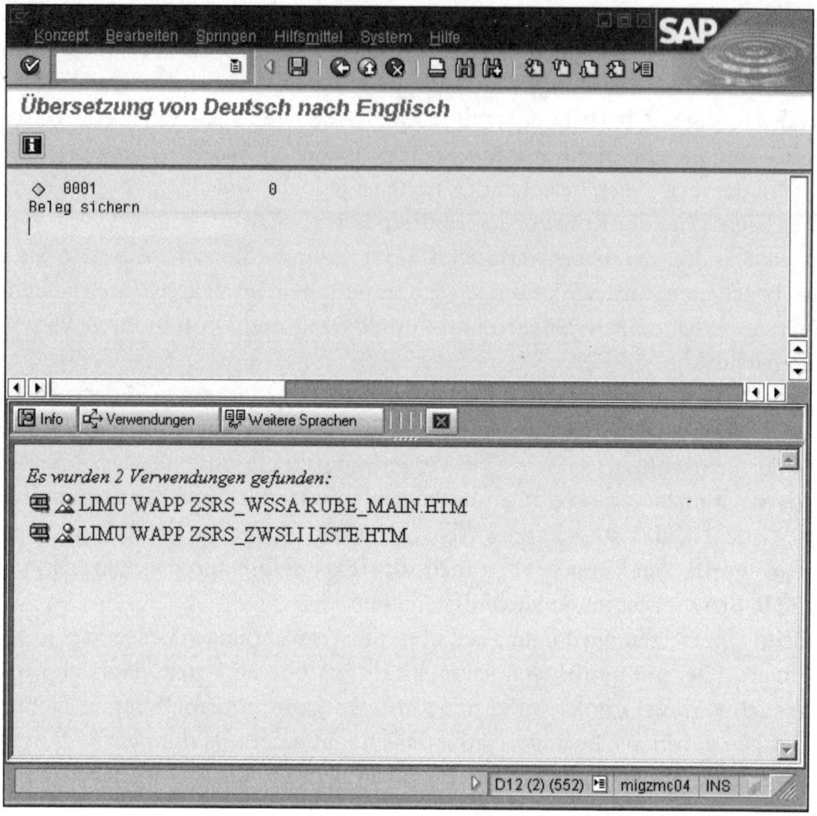

Abb. 14–2 *Einen OTR-Text übersetzen*

Die Methode hat allerdings den Nachteil, dass sie Texte nur in der Anmeldesprache zurückgibt. Das ist für BSP-Anwendungen praktisch immer korrekt. Wenn Sie aber auch in anderen Anwendungen auf den Pool der OTR-Texte zugreifen wollen, muss es möglich sein, auch die Sprache zu spezifizieren. Beispielsweise muss ein Hintergrundjob zum Druck von Bestellformularen für jedes auszudruckende Formular die Sprache des jeweiligen Lieferanten `LFA1-SPRAS` verwenden. Die Sprache, in der der Hintergrunduser sich am System angemeldet hat, spielt dagegen keine Rolle. Aber auch dies ist kein Problem. Der System-Call, den die Methode `cl_bsp_runtime=>get_otr_text()` absetzt, hat nämlich auch einen Parameter für die Sprache. In der Klasse `zcl_bsp_util` gibt es die Methode auch mit der Sprache als Parameter. Die Sprache ist ein globales Klassenattribut, das zuvor mit der Methode `set_langu()` gesetzt wird.

```
zcl_bsp_util=>set_langu( ls_nast-spras ). " Sprache für dieses Formular setzen
lv_text = zcl_bsp_util=>get_otr_text( 'ZSRS_BSP/SAVE' ).
```

Die OTR-Texte werden auf dem Applikationsserver gepuffert. Das macht die Zugriffe schnell. In bestimmten Konstellationen kann es jedoch vorkommen, dass gerade geänderte Texte oder Übersetzungen den OTR-Puffer nicht invalidieren. Das fällt natürlich besonders Entwicklern als störend auf, denn das Ändern von Repository-Objekten ist ihr tägliches Geschäft. Wenn Sie das Gefühl haben, ein Text werde falsch aus dem Puffer gezogen, so können Sie den OTR-Puffer mit dem Systemkommando /$otr manuell zurücksetzen.

© SAP AG

Abb. 14–3 *Systemkommando für OTR-Buffer-Reset*

Das System antwortet mit der S-Meldung »*OTR-Puffer wurde zurückgesetzt*«.

14.2 Die Klasse ZCL_BSP_UTIL

Es gibt im System einen gewaltigen Pool bereits übersetzter Texte, von denen das OTR nur einen kleinen Ausschnitt darstellt. All diese Texte liegen bereits übersetzt vor, ihre Verwendung generiert also keinen zusätzlichen Übersetzungsaufwand. Wie kann man sich diesen Textpool nutzbar machen?

Die Klasse ZCL_BSP_UTIL, die Sie sich von *http://www.mits.ch/bsp* herunterladen können, erlaubt den Zugriff auf einen großen Teil dieser Texte. Sie können in der bequemen, für BSP-Seiten sehr empfehlenswerten funktionalen Notation »y = f(x)« auf

- Reporttexte,
- die fünf verschiedenen Textarten von Datenelementen,
- Domänenfestwerte,
- Textsymbole (Tabelle TTDTG),
- OTR-Texte (wie bereits oben beschrieben) und
- IARP-Texte (Tabelle IACHTRCP)

zugreifen.

Die einmal ermittelten Texte werden in einem größenbeschränkten Puffer im Applikationsserver gehalten, was die Zugriffe ebenso performant wie das OTR macht.[1] Hier einige Anwendungsbeispiele:

---

1. Ich habe diese Pufferung mit dem etwas altmodischen Konzept der *Contexte* (Transaktion SE33) realisiert. Das würde ich heute nicht mehr machen. Wenn Sie auf einem Release ab 6.40 entwickeln, empfehle ich Ihnen, auf jeden Fall *Shared Objects* zu verwenden.

```
* Sprache setzen (nur nötig, wenn ungleich Anmeldesprache)
zcl_bsp_util=>set_langu( 'F' ).

* Mittlerer Datenelementtext für Datenelement WERKS_D
ls_text-werks = zcl_bsp_util=>dtel_text_m( 'werks_d' ).

* Textsymbol 'Fälligkeit'
ls_text-faellig = zcl_bsp_util=>textsymbol( 'Z_ALLG_FAELLIGKEIT' ).

* Domänenfestwert Sparte Micasa
ls_text-micasa = zcl_bsp_util=>domvalue_text( 'zsparten.mica' ).

* Textsymbol 100 des Reports Z_AUSWERTUNG_0815
ls_text-text100 = zcl_bsp_util=>reptext( 'z_auswertung_0815.100' ).

* Texte 001, 002, 003 des Reports Z_LIEFERLISTE
zcl_bsp_util=>set_repid( 'z_lieferliste' ).
ls_text-text001 = zcl_bsp_util=>reptext('001').
ls_text-text002 = zcl_bsp_util=>reptext('002').
ls_text-text003 = zcl_bsp_util=>reptext('003').
```

Sie sehen die Arbeitsweise dieser Klasse:

- Mit den Methoden `set_repid()` bzw. `set_langu()` können Sie bis zum nächsten Aufruf dieser Methoden die globalen Variablen für Report-ID und Sprache setzen. Die Werte dieser Variablen werden bei den Aufrufen zur Textbeschaffung mitberücksichtigt. `set_repid()` brauchen Sie nur, wenn Sie von einem Report eine größere Zahl von Textelementen mittels `reptext()` lesen müssen.
- Um die funktionale Notation («y = f(x)«) zu erreichen, lassen sich die Aufrufargumente für Texte, die von mehreren Parametern abhängen, mit einem ».« als Trennparameter in einem einzigen Importparameter vereinigen. Sie lassen sich aber auch separat angeben. So wird der Festwert `MICA` der Domäne `ZSPARTEN` zu einem einzigen Argument `ZSPARTEN.MICA` zusammengezogen. Sie hätten aber auch schreiben können:

```
call method zcl_bsp_util=>domvalue_text
  exporting
    iv_value   = 'MICA'
    iv_domname = 'ZSPARTEN'
  receiving
    ev_text    = ls_text-micasa.
```

Somit sind die über diese Klasse zugänglichen Texte auch in BSP-Views bequem einsetzbar. Den Text »Mehrwertsteuer« bekommen Sie wie folgt in einen `<span>` der ID »`mwstText`«:

```
...
* Mehrwertsteuertext
<span id="mwstText"><%=zcl_bsp_util=>dtel_text_m('smwst')%></span>
* Betrag
<span id="mwst"><z:write binding="//header/prices.mwst"></span>
<span id="curr"><z:write binding="//header/prices.waerk"></span>
...
```

14.3 Suche nach Texten

Somit ist klar, wie Sie Texte aus dem SAP-System in Ihre Anwendung einbinden können. Aber wie finden Sie heraus, ob ein von Ihnen gesuchter Text bereits im System vorliegt?

Es gibt m.W. hierzu keinen integrierten Report, der sämtliche Ressourcen des Systems durchsucht (für die Texte des Data Dictionary wäre das einmal eine lohnende Aufgabe).

So kann ich Ihnen nur verschiedene praktische Behelfslösungen anbieten, um gezielt nach Textarten zu suchen, in denen Sie Ihren Text vermuten:

- Sie können mit *-Suche im Data Browser die Tabellen `T100` (Nachrichten), `TTDTG` (Textsymbole) und `IACHTRP` (ITS-Texte) durchsuchen.
- Sie können das OTR mit dem OTR-Browser durchsuchen.
- Sie können Domänenfestwerte mit dem Datenbankview `DD07V` durchsuchen.
- Sie können die Datenelementtexte mit der Suchhilfe des Data Dictionary auf das Vorkommen eines Textes durchsuchen:

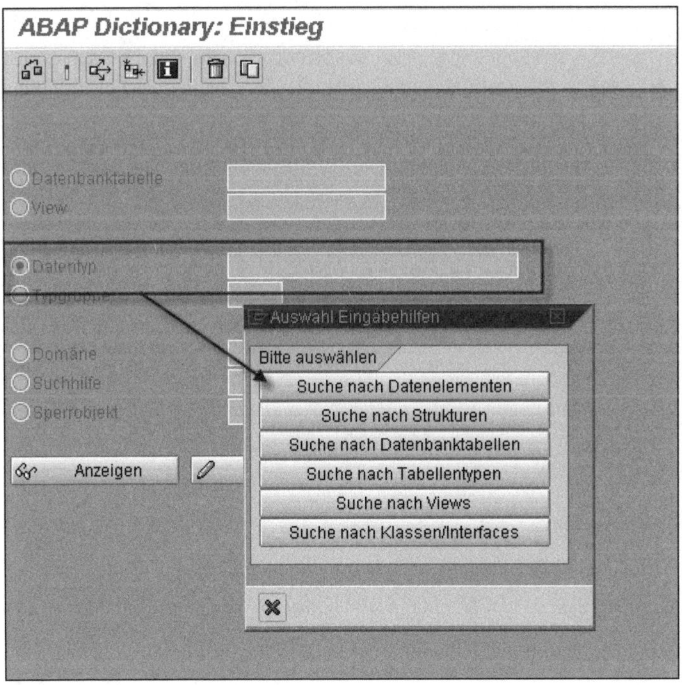

Abb. 14-4 *Suchhilfe für Datenelemente*

Wenn Sie in »Feldbezeichner« ein Muster eingeben, so werden der kurze, der mittlere und der lange Text aller Datenelemente auf dieses Muster hin durchsucht.

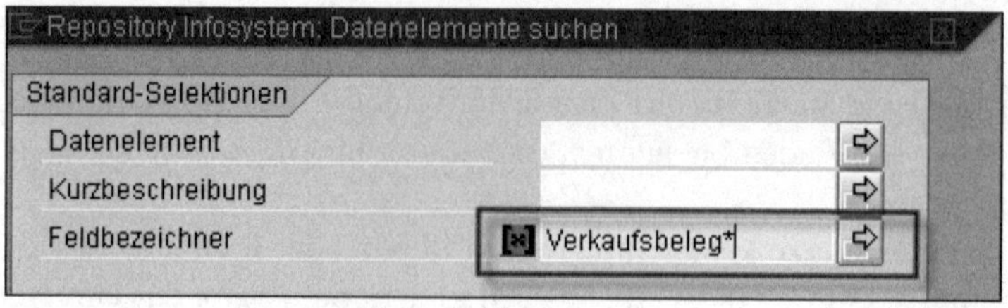

© SAP AG

Abb. 14–5 *Eingabefeld »Feldbezeichner«*

Tipp: Im Gegensatz zum ABAP-Operator `CP` (contains pattern) arbeitet die Datenbank natürlich groß-klein-sensitiv. Wenn Sie Nachrichten suchen, die ein bestimmtes Wort am Satzanfang oder an anderer Stelle enthalten können, arbeiten Sie daher besser mit Platzhaltern und Textrümpfen (lassen Sie die Buchstaben weg, die groß oder klein geschrieben sein könnten).

15 Clientseitige Logik

JavaScript ist im Web zu einem Quasistandard geworden, wenn es um dynamisches HTML und clientseitige Logik geht.[1] Es gibt praktisch keinen Browser mehr, der nicht in der Lage wäre, JavaScript zu interpretieren, und die meisten User haben JavaScript in ihrem Browser auch eingeschaltet – ohne JavaScript wären sie auf den meisten Webseiten schlecht bedient. Vor allem interaktive Seiten würden schlecht bis gar nicht funktionieren. In der Webanwendung sollte man sich die Möglichkeit, clientseitigen Code auszuführen, auf jeden Fall zunutze machen.

Vieles lässt sich auf der Webseite erledigen, ohne dass eine Anfrage beim Server nötig wäre. Man reduziert die Netzlast, wenn man einfache Aufgaben bereits auf dem Client durchführt. Auch die Kosten für einen neuen Bildaufbau im Browser, der nach jeder Serverantwort wieder nötig wird, sind nicht zu unterschätzen.

In diesem Kapitel wollen wir die Integration von JavaScript in unser MVC-Framework sowie einige Beispiele clientseitiger Logik behandeln.

15.1 Formulare

Formulare enthalten sichtbare und unsichtbare Laufzeitdaten einer HTML-Seite, vor allem natürlich die aktuellen Benutzereingaben. Sie sind in einer Webanwendung der Dreh- und Angelpunkt für die Interaktionen des Benutzers mit dem Server.

15.1.1 Absenden von Formularen

Während also die *Attribute* eines Formulars im Wesentlichen die Eingabefelder sind, ist die entscheidende *Operation* des Formulars die `submit()`-Methode. Wenn

---

1. Für die Sprache JavaScript selbst gibt es sogar den ECMA-Standard – er legt nur leider nicht das Zusammenspiel von JavaScript und HTML-DOM fest. Hier gibt es nur einen »gemeinsamen Nenner« der verschiedenen Scriptprozessoren, den man als Quasistandard bezeichnen kann.

der Benutzer eine zum Formular gehörende Drucktaste vom Typ `submit` betätigt, wird diese Methode vom Browser aufgerufen. Vorher wird allerdings noch das `onSubmit`-Event ausgelöst – in Behandlern für dieses Event kann man Eingabeprüfungen hinterlegen, um ein Absenden unvollständiger Formulardaten zu verhindern. Ein Formular kann aber mittels JavaScript auch zu jedem anderen Zeitpunkt explizit abgeschickt werden, indem die `submit()`-Methode des Formular-Elements im HTML-Baum aufgerufen wird.[2] Das Absenden eines Formulars führt zu einem HTTP-Request und zu einer vollständigen Ersetzung der aktuellen Browserseite durch die vom Server gesandte Antwort.

Die Anfrage eines Formulars kann sich auch an eine andere URL richten als die aktuelle, im Browser dargestellte. Dies können Sie durch das Action-Attribut steuern. Ein leeres oder nicht angegebenes Action-Attribut führt zum Versand des Formulars an die aktuelle Seite. Ein spezifiziertes Action-Attribut ändert die URL für den Request auf die dort angegebene. Das Attribut kann auch zur Laufzeit noch mittels JavaScript beeinflusst werden. Damit ergeben sich interessante Möglichkeiten für die Navigation.

Auf die folgende Weise können Sie Drucktasten benutzen, um verschiedene Controller Ihrere Applikation anzusteuern:

```
<form method="post" name="form1">
  <input type="submit"
         onClick="document.form1.action='../zz_app/contr1.do';return true;">
  <input type="submit"
         onClick="document.form1.action='../zz_app/contr2.do';return true;">
</form>
```

Sie können diese Technik auch benutzen, um an die aktuelle URL noch Variablen anzuhängen. So steuert die folgende Drucktaste

```
<input type="submit"
       onClick="document.form1.action='?testfeld'>
```

dass der Request an die aktuelle URL gesendet wird, jedoch zusätzlich als Queryparameter ein Formularfeld namens `testfeld` enthält.

Es gibt zwei verschiedene Arten, ein Formular zu versenden, die `get`-Methode und die `post`-Methode. Sie unterscheiden sich darin, wie die Daten des Formulars in die HTTP-Anfrage eingebunden werden.

Die `get`-Methode hängt alle Formulardaten als Name-Wert-Paare an die aktuelle URL, wie in folgendem Beispiel

http://www.server12.de/cgi-bin/test.pl?name1=wert1&name2=wert2

---

2. Beachten Sie übrigens, dass beim direkten Aufruf der `submit()`-Methode kein `onSubmit`-Event ausgelöst wird. Wenn Sie also für das Ereignis `onSubmit` eine Prüffunktion vorgesehen haben, müssen Sie bei programmgesteuertem Formularversand auch diese Prüffunktion explizit aufrufen.

Sie ist in Analogie zu einem Dateisystem gedacht: Der vollständige String, inklusive den angehängten Queryparametern, ist als *die* Adresse der Antwort zu verstehen, die der Server bei Angabe dieses Strings zurückgibt. Man »holt« sich eine Datei.

Für Webanwendungen ist dies nicht das gewünschte Systemverhalten. Hier passt die `post`-Methode besser, bei der die Daten als Formfelder im Protokollkopf mitgesendet werden, die URL jedoch nicht verändert wird. Exemplarisch ist hier an das Verbuchen eines Belegs gedacht («post«): Die Formulardaten werden an den Server übergeben und können dort zur Verbuchung eines Belegs, aber auch zu beliebigen anderen Aktionen führen. Was zurückgesandt wird, hat eher den Charakter einer Bestätigungsmeldung.

Die `post`-Methode hat für Webanwendungen den Vorteil, dass die URL nicht um die (flüchtigen) Daten der einzelnen Dialogschritte angereichert wird, sondern stets auf den jeweiligen Hauptcontroller zeigt. Es ist normalerweise sowieso nicht möglich, den aktuellen Zustand der Anwendung durch die URL abzubilden. Dann ist es auch besser, die URL vollständig frei von Query-Parametern zu halten. Die Query-Parameter haben auch den Nachteil, dass sie in nachfolgenden Dialogschritten immer wieder mitgesendet werden. Sie sind »klebrig«, man wird sie nicht so leicht wieder los. Das muss auch so sein, denn sie gehören ja als Teil der URL mit zu der »Destination«, an die der nächste Request zu senden ist.[3]

15.1.2 Die Funktion `genericSubmit()`

Aus demselben Grund verwenden wir im MVC-Framework auch nicht die oben beschriebene Methode, um auf Knopfdruck Daten an die URL anzuhängen. Den puren HTML-Code der Buttons haben wir dem Retail Store des SAP-Standards entnommen. Ein Button besteht dort eigentlich aus drei Bildern, wobei das mittlere Bild von variabler Länge ist, um Texte unterschiedlicher Größe aufnehmen zu können.

Der entscheidende Unterschied zum SAP-Standard ist jedoch, dass einem Button stets ein `fcode` zugeordnet ist und auf Knopfdruck in der Regel die JavaScript-Funktion

```
genericSubmit('<id>__<fcode>');
```

aufgerufen wird, wobei `<id>` den zu adressierenden Controller kennzeichnet und `<fcode>` der Funktionscode des gedrückten Buttons und somit das ausgelöste Benutzerkommando ist.

---

3. Das ist auch der Grund, warum wir nach einigen Versuchen vom impliziten `navigation`-Objekt Abstand genommen haben, mit dem SAP das Problem der Folgebildsteuerung zu automatisieren versuchte: Die massive Verwendung von Query-Parametern erwies sich als störend, da sie der URL in allen weiteren Dialogschritten anhaften.

Was macht die Funktion `genericSubmit()`? Inwiefern ist sie generisch?

`genericSubmit()` sucht ein Formular, dessen Daten ein (unsichtbares) Eingabefeld namens `fcode` enthalten. Wenn ein solches gefunden wurde, weist die Funktion dem Feld den im Argument übergebenen Funktionscode zu und sendet das Formular ab. Die Funktion heißt generisch, weil sie nicht nur für ein konkretes Formular nutzbar ist, sondern für jedes Formular, das ein (unsichtbares) `fcode`-Feld enthält.

Es lohnt sich, sich die Disziplin aufzuerlegen, alle Backend-Aufrufe über dieselbe `genericSubmit()`-Funktion auszuführen. Denn dadurch ergibt sich eine zentrale Stelle im Code, an welcher anwendungsübergreifende Aspekte zum Ereignis `onSubmit` programmiert werden können (dieses Ereignis kann ja, wie bereits erwähnt, nicht verwendet werden, da es bei scriptgesteuerten `submit()`-Aufrufen nicht ausgelöst wird).

In die `genericSubmit()`-Funktion des MVC-Frameworks sind folgende zentrale Featuers eingebaut:

- Der `busyCheck`-Mechanismus verhindert, dass vor dem Zurücksenden einer Antwort durch den Web-Server ein weiterer Request abgesetzt werden kann;
- Vor dem Absenden wird geprüft, ob alle als obligatorisch gekennzeichneten Eingabefelder auch wirklich ausgefüllt wurden. Wenn nicht, wird das Versenden des Requests mit einer Fehlermeldung abgebrochen.
- Wenn auf der aktuellen HTML-Seite eine Funktion `clientCheck()` existiert, so wird sie aufgerufen. Hier können weitere, über die Mussfeldprüfung hinausgehende Validierungen vorgenommen werden. Wenn die Funktion `clientCheck()` existiert, aber einen anderen Wert als `true` zurückliefert, wird die HTTP-Anfrage nicht abgeschickt.

15.1.3 Navigation mit Formularen

Manchmal möchte man via Hyperlink auf eine andere BSP-Anwendung verweisen und beim Aufruf weitere Parameter mitgeben. Die Parameter sollen jedoch nicht in der URL übergeben werden, da sie dieser dann im weiteren Anwendungsverlauf anhaften. In einem solchen Fall wäre es schön, die Parameter in einem Formular mittels `post` zu übergeben.

Eine mögliche Lösung ist, in der Webseite, die den Link enthält, ein passendes Formular vorzusehen:

```
...
<form name="kdaufAnz" method="post" action="../zz_kdauf/main.do">
  <input type="hidden" name="fcode">
  <input id="vbeln" type="hidden" name="vbeln">
</form>
...
<a href="javascript:kdaufAnz( '4711' );">Kundenauftrag 4711</a>
...
```

Die zum Absenden des Formulars konkret verwendete Funktion kdaufAnz() muss das Feld vbeln mit dem richtigen Wert füllen und dann das Formular mittels genericSubmit() versenden:

```
function kdaufAnz( iVbeln ) {
  var f = document.getElementById("kdaufAnz");
  f.vbeln.value = iVbeln;
  genericSubmit( 'ANZ', 'kdaufAnz' );
}
```

Man benötigt also

- ein zusätzliches, fest in der Seite hinterlegtes Formular und
- eine fest programmierte JavaScript-Funktion, um das Formular zu füllen.

15.1.4 Dynamisch erzeugte Formulare

Sie können Formulare auch *on the fly* in die aktuelle HTML-Seite einbauen, mit Formularfeldern und -werten versehen und dann absenden. Die Funktion gotoURL() aus global.js leistet genau dies. So kann ein Hyperlink die Navigation auf eine andere Webseite beinhalten und dabei unsichtbare Formularfelder mitgeben. Diese werden an die Funktion gotoURL() in Form eines Hashs übergeben:

```
<a href=
"javascript:gotoURL('../zz_fi/bills.do', { 'kunde':'0815', 'monat':'05.06'} );">
Meine Rechnungen für Mai 2006</a>
```

Dies hat den Vorteil, dass das dynamisch aufgebaute Formular garantiert keine Wechselwirkung mit den sonstigen Formularen auf der Webseite hat. Es wird on demand aufgebaut – nur wenn es wirklich benötigt wird. Da das Absenden des Formulars zu einem Seitenwechsel führt, ist es nur einen kurzen Moment – nach Auswahl des Hyperlinks und vor dem Empfang der neuen Seite – im HTML vorhanden.

Der Hauptvorteil ist auch hier jedoch, dass die Parameter via POST übergeben werden und somit nicht in den nachfolgenden Dialogschritten die URL verunzieren. Die neue Seite, die nach Klick auf den obigen Link aufgespielt wurde, hat die Adresse

http://<server>:<port>/sap/bc/bsp/sap/zz_fi/bills.do

also ohne irgendeinen Query-Parameter. Dennoch wurden dem Controller bills.do die Felder kunde und monat mit den angegebenen Werten übergeben.

Die Funktion ist kurz und auf die naheliegende Weise implementiert:

```
function gotoURL(iURL, iFields) {
// Einen Link auf eine andere URL ausführen, aber als POST mit Formularfeldern
  lSubmitter = document.createElement("form");
  lSubmitter.setAttribute("action", iURL);
  lSubmitter.setAttribute("method","post");
  for (x in iFields) {
    lField = document.createElement("input");
    lField.setAttribute("type","hidden");
    lField.setAttribute("name",x);
    lField.setAttribute("value",iFields[x]);
    lSubmitter.appendChild(lField);
    }
  document.body.appendChild(lSubmitter);
  lSubmitter.submit();
}
```

15.2 Hilfefenster

Auch zum Öffnen von Hilfefenstern gibt es in `global.js` Unterstützung. Sie finden dort die Funktion `windowOpen()` zum Öffnen eines neuen Browserfensters. Sie wurde hauptsächlich für die Fenster der Suchhilfe geschrieben; für diese bietet sie eine Unterstützung geschachtelter Aufrufe (Suchhilfen in Suchhilfen – das ergibt durchaus Sinn, wenn Sie an Selektionskriterien einer Suchhilfe denken, deren Wertemenge nicht naheliegend ist).

Die Funktion hat folgende Aufrufparameter:

- die URL des Verweises;
- den Namen des Fensters, in dem der Verweis dargestellt werden soll (optional);
- die Angaben `top`, `left`, `width`, `height` zu Position und Größe des Fensters in Pixeln (ebenfalls optional).

Für andere Aufrufe besteht der Vorteil von `windowOpen()` im Vergleich zur standardmäßigen JavaScript-Funktion `window.open()` vor allem im Zusammenspiel mit der serverseitigen Hilfsmethode `zcl_bsp_util=>open_window()`. Denn diese Funktion kann Ihnen die Pixelgrößen aus relativen Größenangaben ausrechnen, die Sie im View `zsrs_shlp_size` hinterlegt haben. Wenn dort beispielsweise ein Eintrag `myWindow` mit bestimmten prozentualen Angaben hinterlegt ist, erhalten Sie durch Aufruf der Methode `open_window()` die gesamte JavaScript-Anweisung zum Öffnen eines neuen Fensters in einen String hineingeneriert – wie das folgende Beispiel im Einzeltest zeigt:

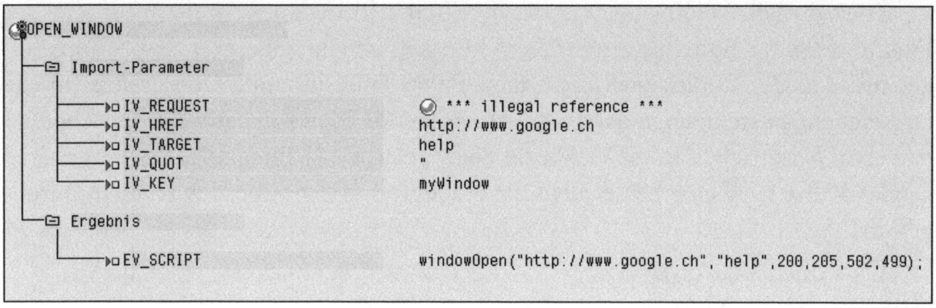

© SAP AG

Abb. 15–1 *Utility-Methode* `open_window()`

Wenn Sie – wie hier – kein Request-Objekt übergeben, geht das System von einer Bildschirmauflösung von 1024×768 Pixeln aus. Wenn Sie das Requestobjekt übergeben, haben Sie die Möglichkeit, mit der aktuellen Bildschirmauflösung des Benutzers zu arbeiten, wie im Kapitel 13 *Gerätespezifisch rendern* beschrieben.

15.3 Eingabeprüfungen

Auf dem Client können Sie mit JavaScript einfache Eingabeprüfungen vornehmen. Die Betonung liegt hier bei dem Wort »**einfach**«. Der Client kann beispielsweise nicht wissen, ob die im Feld »Lieferantennummer« eingegebene Zahl 4711 wirklich einen gültigen Lieferanten repräsentiert. Das kann nur auf dem Server festgestellt werden. Dagegen ist es leicht zu prüfen, ob die Eingabe in einem numerischen Feld auch wirklich numerisch ist; in Java-Script wird man für Prüfungen dieser Art mit regulären Ausdrücken arbeiten. Für die Prüfung, ob ein Formularfeld nur Ziffern enthält, schreibt man beispielsweise:

```
( document.form.feld1.value.search( /[^0-9]/ ) == -1 )
```

Ähnlich einfach lässt sich überprüfen, ob in einem Mussfeld auch wirklich eine Eingabe getätigt wurde oder ob das Feld noch leer ist (d.h. nur Whitespace enthält):

```
( document.form.feld1.value.search( /\S/ ) == -1  )
```

Sie können Prüfungen dieser Art entweder in Ereignisbehandlern für Eingabefelder vornehmen (z.B. können Sie in `onKeyDown` prüfen, ob der eingegebene Tastencode »Datenfreigabe« war und in diesem Fall prüfen, ob der eingegebene Wert gültig ist). Sie können aber auch erst zum Zeitpunkt `submit` prüfen. Das `onSubmit`-Event können Sie in diesem Fall nicht verwenden, da es für programmgesteuerte Aufrufe wie `genericSubmit()` nicht ausgelöst wird. Aber die Funktion `genericSubmit()` bietet hierfür ihrerseits einen Exit:

Wenn Sie auf Ihrer Seite eine Funktion `clientCheck()` definieren, so wird diese bei Auslösung eines `<z:button>`s oder eines `genericSubmit()` aufgerufen. Übergabeparameter ist der ausgelöste `fcode`.

Hier ein Beispiel aus der Praxis: Im Filialauftrag, einer Applikation, mit der Filialmitarbeiter Bestellungen erfassen können, ist eine Obergrenzenprüfung eingebaut: Aus der Praxis weiß man, dass 9.999 eine sinnvolle Obergrenze für die eingegebene Bestellmenge darstellt.[4] Die folgende Funktion ist als `clientCheck()` wie eben beschrieben in die Funktion `genericSubmit()` integriert. Bei Eingabe zu großer Werte wird eine Fehlermeldung erzeugt, und der Submit wird nicht durchgeführt.

```
function isQtyBound() {
  var valid = true;
  var inputs = document.getElementsByTagName("input");
  resetMessage("msg");
  for ( var i = 0; i < inputs.length; i++)
    if ( ( (inputs[i].name.indexOf("texttq") > -1) ||
           (inputs[i].name.indexOf("textoq") > -1) ||
           (inputs[i].name == "quantity")              ) &&
         (inputs[i].value.length > 0) &&
         (inputs[i].type == "text") &&
         (parseFloat(inputs[i].value) > 9999) ) {
      setMessage("msg",msgText["cacsmd177"]
                        .replace(/\&1/,"")
                        .replace(/\&2/,"9999"));
      inputs[i].select();
      inputs[i].focus();
      valid = false;
      break;
      }
// Busy-Flag zurücksetzen
  if (valid==false) { isBusy = false;}
  return valid;
}
```

Die Funktion besteht aus folgenden Schritten:

- Ein etwaiger Inhalt des Message-Spans wird mit der Funktion `resetMessage()` aus `global.js` zurückgesetzt.
- Es wird eine Schleife über alle Eingabefelder vom Typ `text` durchlaufen, deren Name mit einem der Strings `texttq` oder `textoq` beginnt oder `quantity` lautet. Das sind die in der konkreten Anwendung vorgesehenen Eingabefelder für Mengen.
- Wenn der eingegebene Wert 9999 überschreitet, wird eine Meldung mit der Funktion `setMessage()` aus der Bibliothek `global.js` ausgegeben. Die Texte aller Meldungen, die clientseitig auftreten können, müssen in der Seite in einem Hash vorliegen. Der Hash `msgText` in `global.js` wurde genau für diesen Zweck eingerichtet. Der Schlüssel ist im Prinzip beliebig. Es macht aber

4. ... und zwar für *alle* im Store verwendeten Mengeneinheiten.

Sinn, den Schlüssel der betreffenden Systemnachricht im R/3 zu wählen – in diesem Beispiel Nachricht 177 der Nachrichtenklasse CACSMD, eine Meldung des SAP-Standards mit dem hier passenden Text

```
Betrag &1 darf &2 nicht überschreiten
```

Die Variablen werden wie im Beispiel mit der JavaScript-Funktion replace() ersetzt.

- Im Fehlerfall wird der Cursor auf das betroffene Eingabefeld gesetzt und das isBusy-Flag zurückgesetzt, denn es findet ja kein Server-Roundtrip mehr statt.
- Der Rückgabewert ist boolesch: Ist er »wahr«, so kann der Submit erfolgen, bei »falsch« nicht.

Noch eine Bemerkung zum Mechanismus, mit dem Meldungen vom Server zum Client übertragen werden. Hierfür gibt es natürlich Hilfsfunktionen, so dass Sie sich auf ein Minimum an Code beschränken können.

Nehmen wir an, Sie benötigen im View part1.htm die Meldung CACSMD177. Dann schreiben Sie in Ihrer Redefinition der Methode set_view_attributes():

```
method set_view_attributes.
  data: lo_view type ref to if_bsp_page.

  try.
      lo_view ?= iv_view.
      if lo_view->get_page_name( ) cp 'part1.htm'.
* Für Verwendungsnachweis das Message-Statement benutzen:
        message s177(cacsmd) into sy-msgli.
        add_client_message( ).
* ... evtl. weitere Attribute von part1.htm
      endif.
    catch cx_sy_move_cast_error.
  endtry.
endmethod.
```

Danach steht Ihnen im View mit dem JavaScript-Ausdruck

```
msgText["cacsmd177"]
```

der Text in der Anmeldesprache für clientseitige Prüfungen zur Verfügung.[5]

15.4 Cursorsteuerung

Eine sinnvolle Cursorsteuerung ist ein nicht zu unterschätzendes Feature Ihrer Webanwendung. Benutzer, die sich mit der Applikation vertraut gemacht haben, gehen bald dazu über, zwischen den Eingabefeldern mit der Tastatur zu wechseln

5. Die Definition dieses Textes übernimmt das <z:globals/>-Element, das daneben auch für die JavaScript- und Stylesheetreferenzen im Headerbereich zuständig ist.

(Tab-Taste). In manchen Fällen ist es sogar angebracht, diesen Wechsel automatisch durchzuführen. Wenn Sie eine Tabelle haben, in der der Reihe nach Felder mit Artikel und Menge eingegeben werden können, so ist es sinnvoll, den User bis zum Ende des Bildes durch diese Felder zu lotsen.

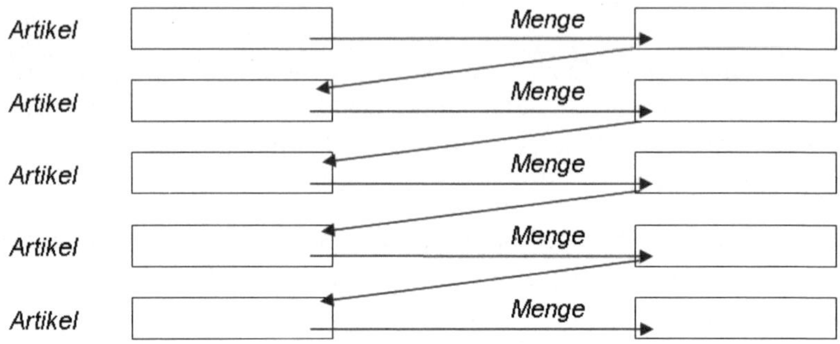

Abb. 15–2 *Beispiel einer Cursorsteuerung*

Der Benutzer kommt hier in einer vorgegebenen Reihenfolge von Feld zu Feld, indem er die Datenfreigabetaste drückt. Beim letzten Feld bleibt der Cursor stehen. Sie können für das letzte Eingabefeld einen `genericSubmit()`-Aufruf programmieren, um einen Server-Roundtrip durchzuführen – damit werden die eingegebenen Daten an den Server übergeben.

Einfache Prüfungen sollten Sie hierbei – wie oben beschrieben – bereits auf dem Client erledigen. Denn die Cursorsteuerung bringt zwar dem erfahrenen Benutzer einen enormen Geschwindigkeitsvorteil. Der zahlt sich aber erst dann aus, wenn er während der Eingabe bereits auf grobe Eingabefehler hingewiesen wird.

15.5 Clientseitiges Rendern

Wir haben unsere Views aus Gewohnheit bislang immer in HTML verfasst – das hat sich teilweise bis zu den Methodennamen durchgezogen. So trägt die Methode für den Zeitpunkt »View-Ausgabe« in der Klasse `zcl_controller` den Namen `do_html()`, obwohl sie überhaupt nichts HTML-spezifisches enthält.

Auch Views sind nicht auf HTML festgelegt. Sie könnten auch Views mit XML-Inhalt erfassen. Welchen Sinn könnte das haben?

Die Vorteile sind klar: Sie können ein – eigenes oder standardisiertes – XML-Format definieren, das nur die variablen Teile Ihrer Anwendung fasst. So reduzieren Sie den Datenstrom zwischen Server und Client. Für kleine Views mit wenig dynamischer Information gewinnen Sie dadurch eine Menge. Bedenken Sie, wieviel immer gleicher HTML-Code bei einer konventionellen Webanwendung durch die Leitung geschickt wird. Sie können diese immer gleichen Teile in eine XSLT-Transformation auslagern, die Sie in Ihrem XML-View als Stylesheet angeben. Das XSLT wird einmal vom Browser abgeholt, danach ist es idealerweise sowohl client- als auch serverseitig gepuffert. Die kleinen variablen Bestandteile, die die Seite aufweist, werden dann vom Browser entgegengenommen und dort mithilfe der gespeicherten XSLT-Transformation in HTML verwandelt.

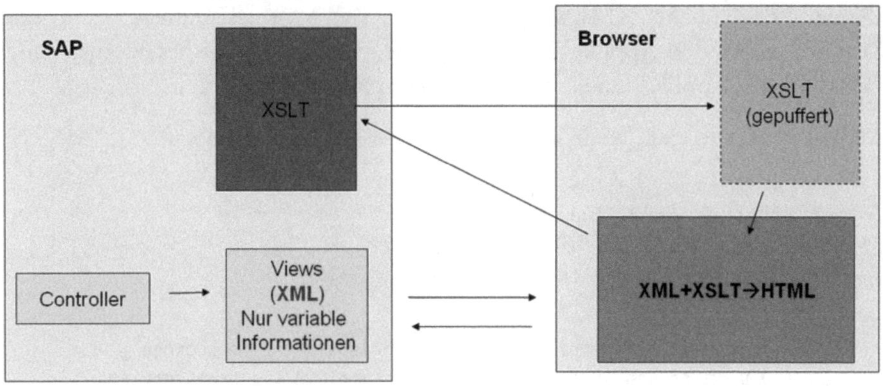

Abb. 15–3 *Ablauf des clientseitigen Renderns*

Wie kann dieses Modell für BSP-Applikationen angewendet werden? Eine kleine Beispielapplikation ZXML_DEMO soll Ihnen den Weg weisen. Wenn Sie sich die Flow Logic ansehen:

```
<?xml version="1.0"?>
<application name="zxml_demo"
             stateful="false">
  <controller id="main"
              name="main.do"
              class="zcl_co_model_binder">
    <model id="jobs" class="zcl_tbtco"/>
    <callsView name="main.xml"/>
  </controller>
</application>
```

sehen Sie zunächst keinen großen Unterschied zu den config.xml-Dateien, die Ihnen schon in früheren Kapiteln untergekommen sind. Anders ist lediglich, dass die Viewnamen nun auf .xml enden (was zunächst nichts weiter als eine Benennung ist).

Wir verwenden hier als Beispiel eine Modelklasse ZCL_TBTCO, die die Jobübersicht (Transaktion SM37) aufruft. Sie ist als Selektionsobjekt entworfen: Die Selektionen sind in einer globalen Struktur gs_in zusammengefasst. Die parameterlose Methode select() selektiert die zur Selektionsstruktur gs_in passenden Jobs, wobei sie das API des SAP-Standards BP_JOB_SELECT verwendet. Das Resultat – die Liste der zu den Selektionen gefunden Jobs – wird in eine Tabelle gt_list gestellt. Sie ist ebenfalls ein globales Modelattribut.

Als Controller verwenden wir einen allgemein gehaltenen »Model Binder«, der Funktionscodes als Methodenaufrufe an die von ihm verwalteten Models delegiert. Er ist somit ohne anwendungsspezifischen Code in der Lage, parameterlose Methoden in Models aufzurufen. Diese Controllerklasse ZCL_CO_MODEL_BINDER, ideal geeignet für Selektionsobjekte wie unser ZCL_TBTCO, stellt jedoch ebenfalls noch nichts XML-spezifisches dar. Der »Model Binder« ist in jeder MVC-basierten BSP-Applikation verwendbar – auch in den bisher beschriebenen »klassischen« Applikationen, die serverseitig HTML generieren.

Anders wird es jedoch, wenn wir uns den View main.xml ansehen:

```
<%@page language="abap"%>
<%@ extension name="ZX" prefix="zx" %>
<?xml version="1.0" encoding="iso-8859-1"?>
<?xml-stylesheet type="text/xsl" href="main.xsl"?>
<root>

  <%-- Normalfall: Ein transform-Tag umschließt die zu sendenden
       XML-Daten und gibt an, mit welchem Template sie transformiert
       werden sollen --%>
  <transform method="main">
    <zx:data id="message"/>
    <zx:data binding="//jobs/gs_in.jobname"/>
    <zx:data binding="//jobs/gs_in.username"/>
    <zx:data binding="//jobs/gs_in.from_date"/>
    <zx:data binding="//jobs/gt_jobs"/>
  </transform>

</root>
```

An Stelle von Präsentationsangaben finden Sie hier nur noch eine nackte Auflistung der Daten, die an den Client gesendet werden sollen. Das hier verwendete <zx:data>-Element aus der BSP-Extension ZX erzeugt zu den durch Datenbindungsausdrücke angegebenen Datenobjekten jeweils ein <data>-Element, dessen Inhalt im Wesentlichen das ABAPXML-Datenformat darstellt.

Wenn Sie die Stylesheet-Anweisung einmal auskommentieren, so sehen Sie, was für ein XML durch diesen View erzeugt und an den Client geschickt wird:

```
  <?xml version="1.0" encoding="iso-8859-1" ?>
- <root>
  - <transform method="main">
    - <data id="message">
        <TYPE />
        <TEXT />
      </data>
      <data id="M__jobs__gs_in.jobname">*</data>
      <data id="M__jobs__gs_in.username">RPLANTIK</data>
      <data id="M__jobs__gs_in.from_date">03.11.2006</data>
      <data id="M__jobs__gt_jobs" />
    </transform>
  </root>
```

Es gibt beim ersten Aufruf der Applikation noch keine Jobtabelle: Das Datenobjekt für gt_jobs ist noch leer. Ebenso liegt noch keine Meldung vor, daher ist das Datenobjekt message leer. Die übrigen Datenobjekte sind jedoch bereits mit den Vorschlagswerten versorgt, die im Konstruktor von ZCL_TBTCO gesetzt werden. Wenn Sie nun das Stylesheet aktivieren und im Browser »Auffrischen« drücken, so erhalten Sie folgendes Bild:

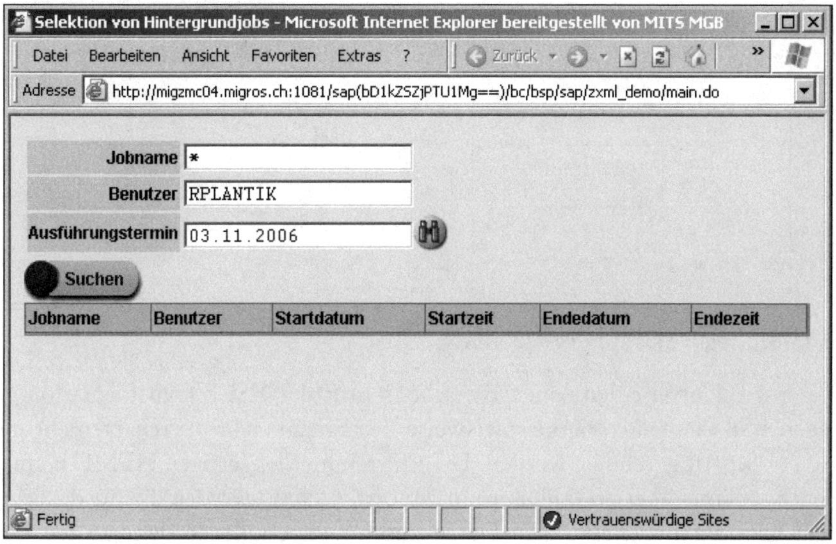

© SAP AG

Abb. 15–4 *HTML-Ausgabe des Job-Service*

Dieselben XML-Rohdaten werden nun durch das Stylesheet in eine HTML-Ansicht konvertiert: Das Stylesheet mischt die XML-Daten mit statischen Informationen zum Seitenlayout ab. Dazu gehören neben Texten auch Positionierungsangaben, die Darstellungsart von Daten als Text oder als Eingabefeld, und auch zusätzliche Elemente wie hier die Drucktaste »Suchen«. Die Informationen sind statisch, müssen also nicht bei jedem Request neu vom Server abgeholt werden, sondern können server- wie clientseitig gepuffert werden.

Die grafischen Bestandteile entsprechen den wohlbekannten Tags aus unserer Z-Library. Leider können wir diese aber im XSL-Stylesheet nicht ohne weiteres verwenden, da die Z-Library dynamische Informationen, wie Angaben zum aktuellen Wert eines Eingabefeldes, mit statischen Informationen, wie z.B. der Angabe, ob eine F4-Hilfe angezeigt werden soll, mischt.

Die Verwendung von BSP-Elementen im Kontext des clientseitigen Renderns setzt voraus, dass man in diese Elemente *einen Schnitt einführt*: Die von dynamischen Daten abhängenden Teile müssen von den statischen Teilen abgetrennt werden. Die folgende Abbildung verdeutlicht diesen Zusammenhang:

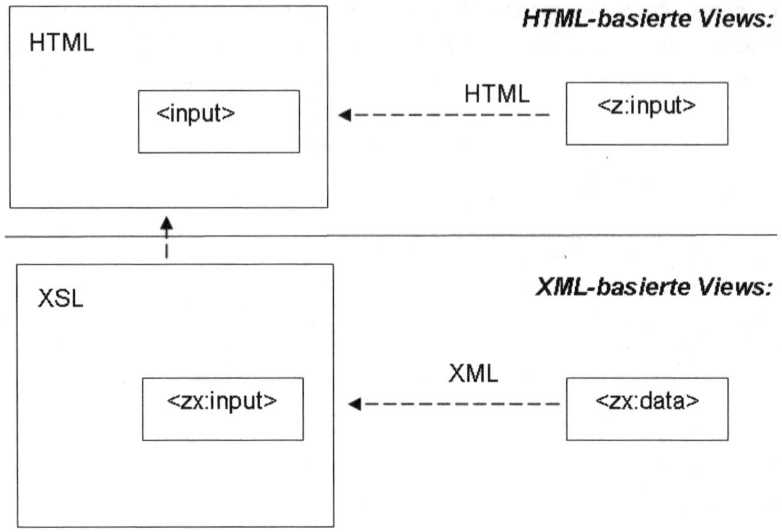

Abb. 15–5 *Verarbeitung von BSP-Elementen*

Da es auf Clientseite den neuen Zwischenschritt der XSLT-Transformation gibt, können BSP-Elemente wie beispielsweise das Eingabefeld `<z:input>` nicht mehr in einem Schritt gerendert werden. Die Entstehung des fertigen HTML-Elements `<input>` verläuft über zwei Phasen: In der ersten Phase werden die für das Eingabefeld benötigten dynamischen Daten zusammengestellt. In der zweiten Phase werden diese Daten mit den statischen Daten abgemischt. Der Seitenentwurf spielt sich somit bei der Gestaltung des XSL-Stylesheets ab. Das HTML, das in der Endfassung daraus entsteht, ist gar nicht mehr direkt sichtbar. Man benötigt Tools wie einen XSLT-Prozessor, um den generierten HTML-Quelltext zu Gesicht bekommen.

Um aber im Entwurf des XSL-Stylesheets ebenso komfortabel arbeiten zu können wie beim Entwurf HTML-basierter Views, bedarf es einer BSP-Extension, die die grafischen Elemente ebenso wie unsere Z-Library zur Verfügung stellt, jedoch keinen aktuellen MVC-Kontext enthält. Wo aktuelle Daten benötigt werden, müssen sie mit `<xsl:value-of>`-Anweisungen aus dem vom Server gesendeten XML extrahiert werden. Eine solche BSP-Extension unter dem Namen `ZX` wird hier verwendet.

Schauen wir uns das Stylesheet einmal an. Es ist als Seite mit Ablauflogik realisiert, da es den Charakter eines MIME-Objekts hat: Es wird auf Abruf einmal bereitgestellt und dann im Server-Cache eingelagert. Eine Einbindung solcher Objekte ins MVC-Konzept wäre zwar möglich, ist aber unnötig (ebensowenig werden Sie Ihre JavaScript-Dateien via MVC an den Client senden wollen).

Die Tatsache, dass Sie das Objekt puffern, bedeutet jedoch nicht, dass Sie auf alle Arten von serverseitiger Logik verzichten müssen. Sie müssen eben nur bedenken, dass der Code, den Sie dort hinterlegen, *nur einmal durchlaufen wird*[6] – und nicht etwa bei jedem Dialogschritt. So ist es durchaus sinnvoll, die Textbeschaffung mit OTR-Elementen oder der Klasse ZCL_BSP_UTIL durchzuführen. Auch die BSP-Elemente enthalten ja gekapselte serverseitige Logik.

```
<%@page language="abap" %>
<%@ extension name="ZX" prefix="zx" %>
<?xml version="1.0" encoding="iso-8859-1"?>
<xsl:stylesheet
     xmlns:xsl="http://www.w3.org/1999/XSL/Transform"
     version="1.0">
  <xsl:strip-space elements="*"/>
  <xsl:output method="html"/>

<%-- Hauptgerüst der HTML-Seite – so etwas wird nun im Stylesheeet
     entwickelt!                                               --%>
  <xsl:template match="/">
    <html>
      <head>
        <link rel="stylesheet" href="../public/mvc/global.css"/>
        <script type="text/javascript" src="../public/mvc/global.js"/>
        <title><%=otr(Z_MVC_EXAMPLE/TBTCO)%></title>
      </head>
      <body>
        <zx:form>
          <xsl:apply-templates/>
        </zx:form>
      </body>
    </html>
  </xsl:template>

<%-- Block- oder Komponentenbildung ist auch mit xsl:import möglich --%>
  <xsl:template match="transform[@method='main']">
    <zx:message/>
    <div class="selections">
    <table>
      <tr>
        <td class="formatlabel">
          <%=zcl_bsp_util=>dtel_text_m( 'btcjob' )%>
        </td>
        <td>
          <zx:input binding="//jobs/gs_in.jobname"/>
        </td>
      </tr>
      <tr>
        <td class="formatlabel">
          <%=otr(SOTR_VOCABULARY_BASIC/USER)%>
        </td>
```

6. Jedenfalls bis zum Ablauf der Verfallszeit.

```
          <td>
            <zx:input binding="//jobs/gs_in.username"/>
          </td>
        </tr>
        <tr>
          <td class="formatlabel">
            <%=zcl_bsp_util=>dtel_text_m( 'btcsdate' )%>
          </td>
          <td>
            <zx:input binding="//jobs/gs_in.from_date"/>
          </td>
        </tr>
      </table>
      <zx:button fcode="main__M__jobs__select"
                 text="<%=otr(SOTR_VOCABULARY_BASIC/FIND)%>"/>
      </div>
      <div class="result">
        <zx:table binding="//jobs/gt_jobs">
          <zx:column name="sdluname"
  header="<%=otr(SOTR_VOCABULARY_BASIC/USER)%>"/>
          <zx:column name="strtdate"
  header="<%=otr(Z_MVC_EXAMPLE/STARTDATUM)%>"/>
          <zx:column name="strttime"
  header="<%=otr(Z_MVC_EXAMPLE/STARTZEIT)%>"/>
         <zx:column name="enddate"  header="<%=otr(Z_MVC_EXAMPLE/ENDEDATUM)%>"/>
          <zx:column name="endtime"  header="<%=otr(Z_MVC_EXAMPLE/ENDEZEIT)%>"/>
        </zx:table>
      </div>
    </xsl:template>

    <%-- Hier werden andere benötigte Templates importiert --%>
    <%-- <xsl:import href="../zsrs/header.xsl"/>  --%>

    <%-- ... usw. --%>

  </xsl:stylesheet>
```

Beachten Sie den fundamentalen Unterschied in den Attributen der ZX-Elemente: Wenn Sie dem `<zx:table>` Element mit einem `binding`-Attribut parametrisieren, so schaut es nicht etwa im angegebenen Model nach – das würde sein Bruder, das `<z:table>`-Element tun. Es ist im Stylesheet gar nicht möglich, irgendetwas im Model nachzuschauen, da die Modelinstanz der Anwendung überhaupt nicht verfügbar ist. Auch gibt es keinen aufrufenden Controller – denn das Stylesheet steht ja für sich, ist technisch eine Seite mit Ablauflogik.

Wenn Sie dem `<zx:table>`-Element ein `binding`-Attribut geben, so generiert es daraus *lediglich eine Folge von XSLT-Stylesheet-Instruktionen*. Diese Stylesheet-Instruktionen weisen den Browser an, die benötigten Zeilendaten als Textknoten aus einem `<data>`-Element mit der passenden ID zu lesen und in ein HTML-Gerüst einzumischen. Das ist etwas grundsätzlich anderes, als ein ABAP-Objekt nach öffentlichen Daten zu fragen (wie es das `<z:table>`-Element tut)!

Sie können sich diesen Punkt klarmachen, wenn Sie die Seite main.xsl einmal im Einzeltest aufrufen. Dann sehen Sie, dass ein <z:input>-Tag wie beispielsweise

```
<zx:input binding="//jobs/gs_in.jobname"/>
```

folgendermaßen aufgelöst wird:

```
<input type="text"
       id="M__jobs__gs_in.jobname"
       name="M__jobs__gs_in.jobname"
       onHelp="return windowOpen('../zz_itf/ShowDocu.do?id=DE.BTCJOB',
                              'helpWindow',200,205,502,499);">
  <xsl:attribute name="value">
    <xsl:value-of select="data[@id=&quot;M__jobs__gs_in.jobname&quot;]"/>
  </xsl:attribute>
</input>
```

Neu ist hierbei die dynamische Einbindung des value-Attributs mithilfe der Anweisung <xsl:attribute>; die innere <xsl:value-of>-Anweisung verweist auf die Datenquelle, den im XML enthaltenen Attributwert für den Jobnamen. Ein interessantes Beispiel, wie man derartigen Code erzeugen kann, enthält die do_at_end( )-Methode des <zx:table>-Elements: Dort wird ein XSLT-Programm ZTABLE verwendet, um das gewünschte XSLT-Programmfragment aus ABAP-Daten zu generieren.

Eine BSP-Applikation kann aus einzelnen Teilen aufgebaut sein. So ist es normal, dass mehrere Views zusammen die darzustellende Seite ergeben. Das XML-/XSLT-Konzept kann dem Rechnung tragen, wenn Sie Ihre XML-Views in einzelne Blöcke gliedern. Mein Vorschlag verwendet hierzu so genannte <transform>-Elemente, die jeweils mit einem Attribut method daherkommen, das die zu verwendende XSLT-Transformation angibt. Bei diesem Vorgehen lassen sich sowohl XML-Views als auch XSLT-Stylesheets gliedern. Die benötigten Transformationen werden dann in das Haupt-Stylesheet importiert oder includiert.

Die ZX-Extension ist noch in einem experimentellen Zustand. Erwarten Sie nicht, dass alle Attribute funktionieren, die die Elemente anbieten! Das Beispiel dieses Kapitels zeigt immerhin, dass dies ein gangbarer Weg ist. Das clientseitige Rendering wird bei der Migros jedoch zur Zeit noch nicht produktiv genutzt.

Zusammenfassend kann man sagen: Das clientseitige Rendering auf XML-/XSLT-Basis ist ein vielversprechender Weg, um die Präsentierungsschicht der Daten noch besser von der Modellschicht zu trennen. Die BSP-Entwicklungsumgebung unterstützt auch diesen Ansatz in optimaler Weise. Ob sich aus Sicht des Anwenders Performancevorteile ergeben, ist nicht so einfach zu sagen: das hängt von der Implementierung von XSLT im Browser, von den Rendering Times, von der Performance des SAP-Systems und von der Bandbreite des Netzes ab. Auf jeden Fall werden aber Netzlast und SAP-Systemlast reduziert, da weniger Daten produziert und durch die Leitung geschickt werden müssen.

16 Andere Requestbehandler

Wir haben mit dem BSP-Requestbehandler die reiche Welt der Webanwendungen kennengelernt. Es gibt jedoch auch noch andere Möglichkeiten, HTTP-Services einzusetzen, teilweise zur Ergänzung von BSP-Applikationen, teilweise als eigenständige Services. In den folgenden Kapiteln wollen wir uns mit den weiteren Einsatzmöglichkeiten von Requestbehandlern auseinandersetzen.

16.1 XML-basierte HTTP-Requests

Wir haben bereits einen einfachen Requestbehandler `ZCL_HTTP_ECHO` verfasst, der die im Request mitgesandten Parameter (seien es GET- oder POST-Parameter) auswertet und daraus eine Antwort erstellt. Das ist ein gutes Vorgehen, wenn es sich um Anfragen mit einer kleinen, überschaubaren Zahl von Parametern handelt (beispielsweise Adressdatensuche anhand einer Telefonnummer). Wenn die Anfragen jedoch komplexer werden, ist diese Art von Parameterübergabe nicht mehr geeignet.

Ein HTTP-Request, wie er von einem Browser abgesandt wird, enthält üblicherweise keinen Datenteil, sondern nur den reinen Protokollkopf. Die Datenübermittlung beschränkt sich damit auf

- URL-Parameter (GET-Parameter),
- nicht über die URL versandte Formularfelder (POST-Parameter) sowie
- Cookies,

denn dies sind die einzigen Arten von Daten, die dynamisch vom Browser in den HTTP-Request gestellt werden können.

Wenn man jedoch auch den eigentlichen Inhalt (den Rumpf) der HTTP-Anfrage verwenden könnte, liessen sich beliebig komplexe Daten übermitteln. Wozu kann das nützlich sein?

Oft ist es nötig, *komplexere Datentypen* von einem Sender- an ein Empfängersystem zu übermitteln, das dort automatisch zu gewissen Aktionen führt. Beispielsweise soll ein *Kundenauftrag* auf einem Laptop oder im Internet erfasst werden und dann an das SAP-System gesendet und dort verbucht werden können.[1] Die HTTP-Anfrage, mit der der Auftrag verbucht werden soll, kann im Rumpf die Auftragsdaten in Form eines XML-Dokuments enthalten. Ein XML-Dokument, das als Träger für die Bestellinformationen dient, könnte etwa folgende Struktur haben:[2]

```
<?xml version="1.0" encoding="iso-8859-1"?>
<kundenAuftrag auftragsDatum="4.2.2006">
  <auftraggeber>
    <name>Müller</name>
    <vorname>Hans-Peter</vorname>
    <strasse nr="4">Robert-Schumann-Strasse</strasse>
    <ort land="de" plz="76356">Weingarten</ort>
  </auftraggeber>
  <warenempfaenger>
    <name>Meier</name>
    <vorname>Claudia</vorname>
    <strasse nr="1a">Sebastian-Bach-Strasse</strasse>
    <ort land="de" plz="76356">Weingarten</ort>
  </warenempfaenger>
  <auftragstext>Bitte 07244 41283 anrufen, wenn Termin nicht
haltbar</auftragstext>
  <positionen>
    <pos nr="10" >
      <artikel>4033871</artikel>
      <text>Schaumstoffplatte</text>
      <menge einheit="st">1</menge>
      <preis waehrung="eur">148.95</preis>
    </pos>
    <pos nr="20">
      <artikel>4006119</artikel>
      <text>Snap-It Kleiderstange 60</text>
      <menge einheit="st">1</menge>
      <preis waehrung="eur">32.15</preis>
      <termin>5.3.2006</termin>
      <notiz>Nur wenn bis 5.3.vorrätig!</notiz>
    </pos>
  </positionen>
</kundenAuftrag>
```

1. Um einen Überblick über die vielfältigen Arten komplexer Geschäftsobjekte zu bekommen, brauchen wir uns nur einmal die im SAP-System definierten IDocs anzusehen. Für all diese Objekte wäre es zu restriktiv, zum Transport der Daten nur die URL, Formularfelder und Cookies zu verwenden.
2. Diese Struktur dient hier nur der Illustration. Für gängige Geschäftsprozesse wird man sich in der Praxis natürlich kein »privates« XML-Format ausdenken, sondern auf etablierte Standards zurückgreifen, z.B. Rosetta Net.

Diese Art der Kommunikation – mit einem XML-Dokument im Bauch – wurde bisher häufig im Rahmen von Server-Server-Verbindungen eingesetzt und bildet die Grundlage der service-orientierten Architektur (SOA) und der Web-Services. In jüngster Zeit hat man jedoch bemerkt, dass es möglich und nützlich ist, derartige Requests auch von einem Browser aus stellen und bearbeiten zu können. Wir wollen uns aufgrund der Wichtigkeit dieses Themas mit folgenden Fragen beschäftigen:

- *Browserfähigkeit*
  Können komplexe Requests dieser Art von einem Browser abgesetzt werden? Um es vorwegzunehmen: Die Antwort auf diese Frage lautet Ja – und diese Möglichkeit hat unter dem Begriff *Ajax* zu einer spannenden Weiterentwicklung von Web-Applikationen geführt, die schon euphorisch als »Web 2.0« begrüsst wird.[3] Wenn Browser nämlich in der Lage sind, komplexe HTTP-Anfragen auszuführen und HTTP-Antworten zu verarbeiten, so eröffnet dies die Möglichkeit, »Rich Client« Anwendungen zu entwickeln, also Anwendungen mit komplexer Logik auf Clientseite, ohne dass auf dem Client ein Programm installiert werden muss (außer einem Browser).
- *XML-Eingang*
  Wie kann das SAP-System komplexe HTTP-Anfragen entgegennehmen und bearbeiten? Bei dieser Frage geht es um das SAP-System in der Serverrolle.
- *XML-Ausgang*
  Wie kann das SAP-System komplexe HTTP-Anfragen versenden und die Antworten interpretieren? Hier geht es um das SAP-System in der Clientrolle.

16.2 Komplexe Requests vom Browser absetzen

Der ursprüngliche Zweck eines Webbrowsers war und ist das *Surfen*, also der Abruf einzelner, durch eine URL abrufbarer Hypertext-Inhalte sowie die Navigation von einer Ressource zu einer anderen mittels Hyperlinks. Keineswegs hat man in den ersten Zeiten des Internets daran gedacht, einen Browser als Agenten einer komplexen Anwendung einzusetzen. Das ist in allen Konzepten des Internets noch spürbar, beginnend mit der Zustandslosigkeit des HTTP-Protokolls, die für eine Webanwendung an sich einen ungünstigen Ausgangspunkt darstellt. Dynamische Elemente, die in den Konzepten zunächst nicht vorgesehen waren, wurden oft erst nachträglich hinzugefügt.

---

3. Die englische Wikipedia definiert »Web 2.0« als eine neue Generation von Webanwendungen, die im Vergleich zu früheren eine größere Nähe zu Desktop-Anwendungen aufweist. Die drei Kerntechnologien des »Web 2.0« bilden Ajax, Web-Services und Web-Syndication (etwa mit RSS oder Atom).

Das Browserdesign reflektiert diesen seinen Hauptzweck: Ein Browser konzentriert sich auf den *HTTP-Kopf* der Anfrage, der die URL, etwaige Formularfelder und Cookies enthält, während der HTTP-Rumpf meist leergelassen wird. Die in den Browser eingebaute Standardtechnik zum Erzeugen von HTTP-Anfragen bei Seitenwechseln kann daher nicht verwendet werden, um komplexe Requests wie den obigen XML-Kundenauftrag zu senden.

Um dennoch komplexe HTTP-Requests ausführen zu können, ist also *clientseitige Programmierung* nötig. Man benötigt einen Weg – und JavaScript oder Java sind wegen ihrer allgemeinen Verfügbarkeit hier die Sprachen der Wahl – um auf andere Weise den gewünschten Request *intern* zu versenden, die Antwort entgegenzunehmen und für den Benutzer aufzubereiten, *ohne dass im Browser ein Seitenwechsel* herbeigeführt wird!

Der Lohn für diesen Aufwand besteht darin, dass keine Zusatzschicht auf dem Server benötigt wird, um eingehende Formulardaten zunächst in das vom Service verlangte XML-Format zu wandeln. Andererseits war der Preis bisher irgendeine Art von Plugin – zum Beispiel eine Java-Laufzeitumgebung im Browser, um Applets aufzurufen.

Die gute Nachricht ist, dass es mittlerweile eine Möglichkeit gibt, auf JavaScript-Basis in allen gängigen Browsern derartige komplexe HTTP-Anfragen abzusetzen. Die Unterschiede in den Implementierungen der verschiedenen Browser sind dabei relativ gering, so dass es mit einem leichtgewichtigen JavaScript-Framework wie *Sarissa* möglich ist, plattformunabhängig und ohne Seitenwechsel mit dem Server zu kommunizieren. Dies ist die Grundlage von *Ajax*. Ajax steht für »Asynchronous JavaScript and XML«, und es ermöglicht, mit lauter altbekannten Technologien wie JavaScript und XML erstaunlich flexible und performante Webanwendungen zu entwerfen. Den Anfang dieser Entwicklung bildete eine ActiveX-Komponente von Microsoft.

16.2.1 Microsofts XMLHTTP Objekt

Microsoft bietet seit langem ein praktisches, in den Internet Explorer eingebautes ActiveX-Object namens `XMLHTTP` an, mit dem beliebige HTTP-Requests via JavaScript an einen Server adressiert werden können. Auf jeden Fall leistet es wertvolle Dienste für das Testen von Web-Services.

Mit der folgenden kleinen JavaScript-Funktion können Sie Ihren Internet Explorer zum Absenden beliebiger HTTP-Requests verwenden, wobei Sie auch den HTTP-Body mitnutzen können (der normalerweise bei Browser-Requests leerbleibt). Schreiben Sie eine kleine lokale HTML-Seite mit zwei Textfeldern: eines (mit der ID `reqBody`) für Ihre Eingabe, das andere (mit der ID `messageArea`) für die Ausgabe der Serverantwort.

Auf Knopfdruck rufen Sie dann folgende JavaScript-Funktion auf:

```
function sendRequest()
{
//----------------------------------------------------------------
// ActiveX-Objekt von Microsoft, das Requests ausführen kann
//----------------------------------------------------------------
   var xmlhttp = new ActiveXObject("Microsoft.XMLHTTP");
//----------------------------------------------------------------
// Mit der angegebenen URL einen POST-Request eröffnen
//----------------------------------------------------------------
   xmlhttp.open("POST",document.getElementById("url").value,false);
//----------------------------------------------------------------
// Request absenden:
//----------------------------------------------------------------
// Das Argument der send()-Funktion wird in den HTTP-Body eingefügt
//----------------------------------------------------------------
   xmlhttp.send( document.getElementById('reqBody').value );
//----------------------------------------------------------------
// Ergebnis entgegennehmen und in Ausgabefenster stellen
//----------------------------------------------------------------
   document.getElementById('messageArea').value =
     xmlhttp.ResponseText.replace(/>/g,">\n");
}
```

So können Sie komplexe Services testen. Der folgende Screenshot zeigt Ihnen ein Beispiel aus der Praxis: Eine Testseite, um einen im SAP-System implementierten SOAP-Service zur Abfrage von Etikettendaten auf XML-Ebene zu analysieren (die Funktion validiert nichts, sondern tauscht nur Textkörper mit HTTP aus):

Abb. 16–1 *Testseite für XML-basierte Services*

16.2.2 Der HTTP-Requestor – ein hilfreiches Applet

Es gibt eine plattformunabhängige Alternative zu XMLHTTP, um programmierte komplexe HTTP-Anfragen im Browser zu verwenden – ein kleines Java-Applet, das die Klasse `java.net.Sokket` zum Herstellen der Verbindung verwendet.[4]

Hinsichtlich der Freischaltung von Java Applets gibt es bei vielen Web-Anwendern und Intranet-Administratoren Bedenken. Das schränkt die Verwendbarkeit der nun zu beschreibenden Methode auf In-House-Anwendungen, Testszenarien und Entwicklungstools ein. Wenn Applets in Intranet-Anwendungen zum Einsatz kommen sollen, ist dies mit den Administratoren des Netzwerks abzusprechen.

Die Idee ist, eine kleine Klasse namens `HttpRequestor` zu definieren und zum Applet zu erklären, indem wir sie von der Klasse `java.applet.Applet` erben lassen. Dann kann die Klasse als unsichtbares Applet folgendermaßen in eine HTML-Seite eingebunden werden:

```
<applet name="httpRequestor"
        codebase="."
        code="HttpRequestor.class"
        width="0"
        height="0">
</applet>
```

Die Standardmethoden eines Applets – `init()`, `start()`, `stop()` und `destroy()` – lassen wir unverändert. Wir bieten jedoch eine öffentlich verwendbare Methode (mit verschiedenen Signaturen, je nachdem, wie genau der Request vom Aufrufer spezifiziert wird) zum Durchführen eines HTTP-Requests an. Die Methode `sendRequest()` sei unten wiedergegeben, um das Prinzip zu verdeutlichen. Sie kann einfach mittels JavaScript aufgerufen werden wie folgt:

```
function sende()
{
// Domäne (z.B. migzmc22.migros.ch)
   var domain = document.getElementById("domain").value;
// Pfad auf den Service (z.B. /sap/bc/zeti )
   var path   = document.getElementById("path").value;
// So geht Type Casting in JavaScript (port soll ein int sein):
   var port   = 1*document.getElementById("port").value;
// Body des Requests
   var body   = document.getElementById("reqBody").value;
// Content-Type übergeben
   document.httpRequestor.setContentType(
                   document.getElementById("contentType").value );
// Methode sendRequest aufrufen
   responseMessage = document.httpRequestor.sendRequest(
      domain, path, port, body) + "";
// Ergebnis entgegennehmen und in Ausgabefenster stellen
   document.getElementById('messageArea').value =
responseMessage.replace(/>/g,">\n");
}
```

4. Dies ist eine altehrwürdige Klasse, die schon seit der Sprachversion 1.0 existiert. Die Wahrscheinlichkeit ist daher groß, dass sie mit den meisten in die Browser eingebauten virtuellen Maschinen verwendbar ist.

Da das Applet eine so spezielle Aufgabe hat, ist es auch sehr klein. Mit einer Java-5-Entwicklungsumgebung compiliert es zu einer 2.883 Bytes großen Klasse – das ergibt phantastisch gute Ladezeiten!

Es gibt jedoch auch für dieses Verfahren eine Einschränkung – und zwar die Regel »*Applets can only phone home*«. Aus Sicherheitsgründen – um ein Ausspionieren von Firmennetzen durch unsichtbare Verbindungen zu verhindern – ist es einem Applet nicht ohne weiteres möglich, einen anderen Server als den abzufragen, von dem es geladen wurde. Andere Netzwerkzugriffe müssen dem Applet explizit erlaubt werden, indem man ein so genanntes Policy-File verwendet. Eine großzügige Erlaubnis ist beispielsweise:

```
grant codeBase "file:/W://-" {
  permission java.net.SocketPermission "*", "connect,resolve";
};
```

Damit erlauben Sie allen Applets, die vom Laufwerk `W:` Ihres lokalen Filesystems geladen werden, beliebige Netzzugriffe. Speichern Sie diese Datei unter dem Namen `java.policy` in dem dafür vorgesehenen Ordner. Wie ermitteln Sie diesen Ordner? Die Java-Konsole von Sun bietet hierfür die Option s zur Anzeige von Systemparametern:

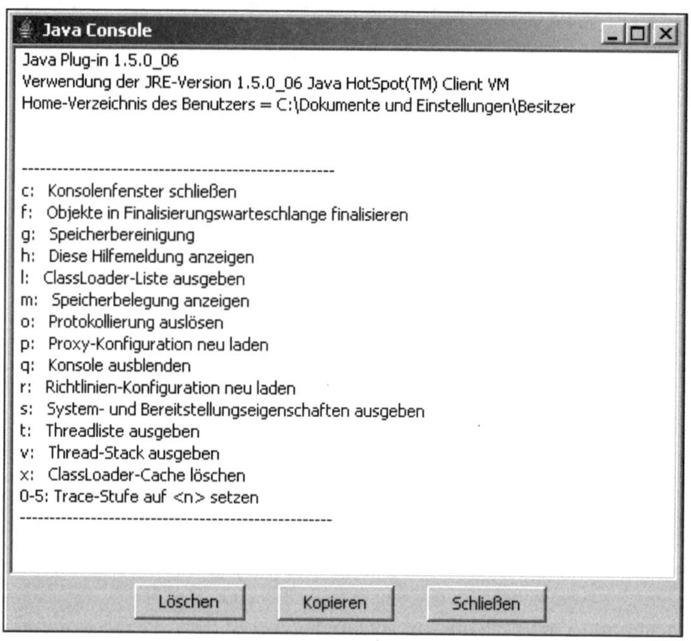

Abb. 16–2 *Optionen der Java Console von Sun*

Wenn Sie die Taste s drücken, bekommen Sie sämtliche Systemparameter der Java-Laufzeit angezeigt. Der für Sie relevante Parameter ist `deployment.user.security.policy`.

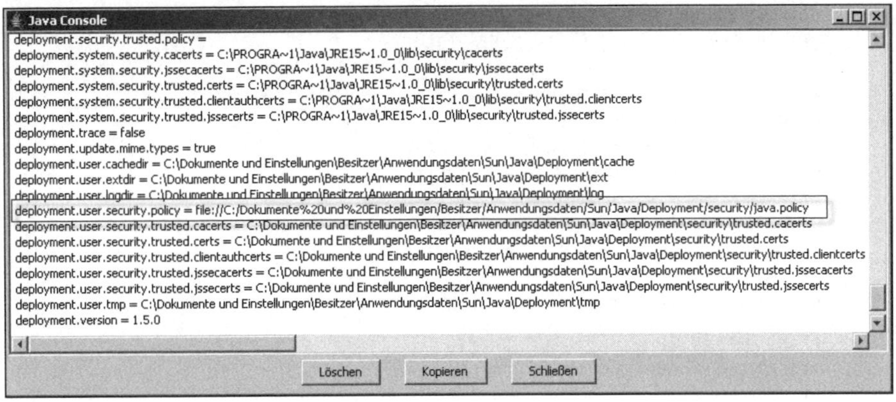

Abb. 16–3 *Ablage der Policy-Files*

Die Java-Konsole leistet auch zum Verfolgen des HTTP-Requests nützliche Dienste. Wenn Sie den Trace-Modus auf 5 setzen, werden Ihnen alle Aktionen des Socket-Objekts in der Konsole aufgelistet. Mit der Taste r können Sie ein neue Lesen des Security-Files erzwingen (das ist nützlich, wenn Sie sich ein Bild über die Wirkungsweise der verschiedenen Optionen von `grant` verschaffen wollen).

Hier nun der Code der Hauptmethode des Applets:

```
public String sendRequest( String domain,   // Domäne, z.B. migzmc22.migros.ch
                           String path,     // Pfad ab root, z.B. /index.jsp
                              int port,     // Port - fürs Internet meist 80
                           String body)     // Rumpf der HTTP-Abfrage
                          throws IOException {
// Verbindungsobjekt erzeugen
  Socket socket      = new Socket(domain, port);
  OutputStream os    = socket.getOutputStream();
  PrintWriter out    = new PrintWriter( socket.getOutputStream(), true );

// HTTP-Request schreiben
  out.println("POST " + (path.equals("") ? "/" : path) + " HTTP/1.1");
  out.println("Host: " + domain + ":" + port );
  out.println("Connection: Close");
// Länge und Typ des HTTP-Requestinhalts
  out.println("Content-Type: " + contentType);
  out.println("Content-Length: " + body.length());
  out.println();
// Requestinhalt (Rumpf) - nach zwei Umbrüchen (wichtig!)
  out.println(body);
```

```
// Standardausgabe (geht bei Applets in die Konsole)
  System.out.println("HTTP-Request wird ausgeführt.\n");
  BufferedReader in =
    new BufferedReader( new InputStreamReader( socket.getInputStream() ));

// Antwort lesen, für Puffer initial 8 KB allokieren
  StringBuffer sb = new StringBuffer(8192);

// Wenn Antwort noch nicht da ist, andere Prozesse ranlassen
  while (! in.ready()) {
    try { Thread.currentThread().sleep(50); }
    catch ( InterruptedException ie ) {}
    }

// Antwort zeichenweise einlesen
  int i=0;
  while (i!=-1) {
    i = in.read();
    sb.append((char) i);
    }

// Verbindung schließen
  socket.close();

// Standardausgabe (geht bei Applets in die Konsole)
  System.out.println("HTTP-Request abgeschlossen.\n");

// Response an Aufrufer zurückgeben
  return sb.toString();
  }

}
```

16.3 Ajax: Das neue Web

So einfach die Verwendung des XMLHTTP-Objekts von Microsoft sich darstellt, wäre es von unschätzbarem Nutzen, ein ähnliches Objekt browserübergreifend zur Verfügung zu haben:

- Komplexe clientseitige Logik ließe sich in Webseiten einbauen, die auf konkrete Benutzeraktionen reagiert.
- Webanwendungen wären frei von lästigen Bildwechseln.
- Präsentatioslogik könnte im Browser aus den vom Server gesendeten XML-Rohdaten aufbereitet werden.
- Die Netzlast würde reduziert, da nicht immer volle Seiten gesendet würden, sondern nur die jeweils nötigen Updates einer Seite.

Wie alle Dinge von unschätzbarem Nutzen, schien auch dies bislang eher ein Wunschtraum zu sein. Browserübergreifende Funktionalitäten wachsen nicht auf Bäumen!

Umso erfreulicher ist, dass genau diese Möglichkeit sich im Laufe der letzten Jahre eröffnet hat. Es ist möglich, browserübergreifende Webanwendungen mit den entscheidenden der aufgezählten Features zu entwickeln.[5] Die Antwort lautet *Ajax* – »Asynchronous JavaScript and XML«. Der Begriff geht auf einen Artikel von Jesse James Garrett vom Februar 2005 zurück.[6] Allerdings sind die Ajax-Techniken wesentlich älter als ihr Name! Ajax-Techniken werden wir das folgende Kapitel 17 *Ajax im Einsatz* widmen, in dem wir Ajax in einem praktischen Beispiel einsetzen. Ajax ist eine zukunftsweisende Methodik für Webanwendungen – auch wenn die einzelnen Bestandteile von Ajax allesamt alte Bekannte sind.

Die Elemente von Ajax sind:

- **JavaScript und XML**
  Denn JavaScript ist die einzige browserübergreifend verfügbare Scriptsprache,[7] und XML ist *die* Datenbeschreibungssprache. Um Funktionalität im Browser mit JavaScript zu verarbeiten, ist kein Plugin nötig. Ein Browser auf einem wenigstens mittelalterlichen Releasestand bietet heute die Möglichkeit,
  - *HTML- oder XML-Dokumente oder -Dokumentteile in JavaScript-Datenobjekte einzulesen, zu prüfen, zu verarbeiten und zu manipulieren.* Hierzu dient eine als DOM bekannte Schnittstelle, die den Zugriff auf die Knoten eines HTML- oder XML-Baums ermöglicht. Besonders nützlich ist natürlich die Manipulation des aktuell angezeigten HTML-Dokuments via DOM, denn sie zieht automatisch eine Veränderung der im Browserfenster angezeigten Inhalte nach sich.
  - *XML-Dokumente mittels XSLT in andere XML-, HTML- oder Textformate zu transformieren.* Schon seit langem ist in die Browser ein XSLT-Prozessor eingebaut. Dies war nötig, um vom Server eingehende XML-Dokumente anhand eines XSL-Stylesheets »on the fly« visuell aufzubereiten. Neu ist, dass dieser XSLT-Prozessor mit JavaScript-Mitteln auf beliebige DOM-Objekte angewandt werden kann, also losgelöst von der normalen Seite-zu-Seite-Navigation des Browsers einsetzbar ist. Bislang bieten Firefox und Internet Explorer diese Möglichkeit – es ist jedoch nur eine Frage der Zeit, bis auch andere Browser nachziehen.
  - *XML-Dokumente ohne Seitenwechsel vom Server abzuholen und an ein JavaScript-Datenobjekt zu übergeben.* Dies ist wohl das interessanteste und mächtigste Feature. Entscheidend dabei ist, dass sowohl die Anfrage

---

5. Dort, wo diese Features noch fehlen – so ist es mit Safari und Opera bei Drucklegung dieses Buches noch nicht möglich, XSLT-Transformationen auszuführen – können wir sie doch in naher Zukunft erwarten!
6. *Ajax: A new approach to Web Applications*, veröffentlicht auf *http://www.adaptivepath.com/publications/essays/archives/000385.php*
7. Für die Sprache JavaScript liegt mit ECMA (ISO/IEC 16262) schon seit langem ein Standard vor. Anders sieht es mit der Einbindung der Sprache in einen Browser aus. Hier gibt es keinen Standard, und entsprechend bunt fallen die Implementierungen aus.

als auch die Antwort im Rumpf der HTTP-Nachricht ein XML-Dokument enthalten kann.

- **Asynchrone Verarbeitung**
  Dies ist ein nützliches, wenn auch meines Erachtens nicht das entscheidende Feature von Ajax. Die verborgenen, nicht durch Seitennavigation, sondern durch Scripts gesteuerten Requests, die den Kern von Ajax ausmachen, können die Antwort *asynchron* entgegennehmen. Sie blockieren also, während die Antwort unterwegs ist, nicht den aktuellen Prozess. Der Benutzer kann ungehindert weitere Eingaben machen, was die Anwendung insgesamt flüssiger bedienbar macht. Wenn die Antwort eintrifft, löst das Abfrageobjekt ein Ereignis aus, für das man eine Behandlerfunktion registrieren kann.

16.4 Ein XML-basierter Data Browser

Wir wollen nun das Thema Ajax noch einmal zurückstellen und uns erst einmal etwas genauer ansehen, wie das SAP-System als Client und als Server mit XML-Daten umgeht.

Bei der Suche nach einem Beispiel, das unabhängig von irgendeiner Anwendungsschicht ist und daher in einem beliebig konfigurierten SAP-System vorgeführt werden kann, kommt man fast zwangsläufig auf das Beispiel des Data Browsers: Ein kleiner Web-Service, der beliebige Datenbank-Selektionen nach vorgegebenen Kriterien ausführen kann.[8]

Wir stellen uns die Aufgabe, Datensätze aus einer beliebigen Tabelle mit beliebig wählbaren Einschränkungen zu selektieren. Wir wollen also ein ähnliches Verhalten wie die Transaktion `SE16` (Data Browser) erreichen – nur, und das ist unser Lernstoff, soll die Abfrage übers Internet erfolgen. Der Datenaustausch soll mittels HTTP ermöglicht werden. Die HTTP-Anfrage enthält als Rumpf ein XML-Dokument, das den Tabellennamen und die gewünschten freien Einschränkungen angibt. Das System soll diese Einschränkungen auswerten, eine Selektion ausführen und die Trefferliste zurückgeben. Außerdem sollen auch die gewünschten Spalten der Trefferliste angegeben werden können. Wenn man diese nicht angibt, sollen nur die Schlüsselfelder angezeigt werden.

16.4.1 Datenformat für die Selektion

Wir denken uns zunächst ein XML-Format für die Datenselektion aus. Es sollen beispielsweise alle *Einzelartikel* aus der Tabelle `MARA` selektiert werden, deren

8. Unabhängig von mir sind daher auch Brian McKellar und Thomas Jung in ihrem BSP-Buch auf diese Idee gekommen. Ich halte die von mir gewählte Implementierung dennoch einer ausführlichen Diskussion für würdig, weil es einige wesentliche Unterschiede gibt, vor allem im Hinblick auf den komplexen Request-Eingang und den Einsatz dieses Service als Komponente in einer Webanwendung.

Nummer im Intervall zwischen 400000000000 und 50000000000 liegt, jedoch nicht die Artikel 403387100000 und 403001800000. Wir interessieren uns für Artikelart und Warengruppe der selektierten Artikel.

Ein Format, das auf Anfragen solcher Art passt, könnte folgendermaßen aussehen:

```
  <?xml version="1.0" encoding="iso-8859-1" ?>
- <select table="mara">
 - <with field="matnr">
  - <including>
      <interval from="400000000000" to="499999999999" />
    </including>
  - <excluding>
      <singleValue>403387100000</singleValue>
      <singleValue>403001800000</singleValue>
    </excluding>
   </with>
 - <with field="attyp">
  - <including>
      <singleValue>01</singleValue>
    </including>
   </with>
 - <output maxRows="100">
    <field name="matnr" />
    <field name="mtart" />
    <field name="matkl" />
   </output>
  </select>
```

Das Format ist an die *Rangetabellen* in ABAP angelehnt, die eine ausgezeichnete Datenstruktur zur Formulierung freier Selektionen darstellen. Für jedes Feld gibt es inkludierende und exkludierende Elementareinschränkungen. Um es einfach zu machen (ABAP Ranges sind noch wesentlich mächtiger) beschränken wir uns auf die Elementareinschränkungen »Einzelwert« `<singleValue>` und »Intervall« `<interval>`. Ein Feldwert erfüllt die Gesamtheit dieser Einschränkungen genau dann, wenn er mindestens eine inkludierende, aber keine der exkludierenden Bedingungen erfüllt.

16.4.2 Programmdesign

Die Aufgabe besteht nun darin, einen HTTP-Requestbehandler zu schreiben, der

- XML-Dokumente von obigem Aufbau entgegennimmt,
- die darin enthaltenen Angaben in Ranges wandelt,
- die angegebene Datenbanktabelle dynamisch mit den angegebenen Ranges selektiert und
- die Liste mit den gewünschten Feldern in Form eines XML-Dokuments zurückgibt.

All diese Aufgaben werden, wie wir sehen werden, durch die ABAP-Umgebung optimal unterstützt.

Aufgrund der Einfachheit der Funktion entscheiden wir uns zunächst, alle Anforderungen in einer einzigen Klasse ZCL_DATABROWSER abzubilden. Die Klasse soll als HTTP-Requestbehandler verwendbar sein, also muss das Interface IF_HTTP_EXTENSION implementiert werden. Die Abbildung des XML in ABAP-Daten und vice versa erledigen wir innerhalb der Klasse durch Aufruf zweier passend implementierter XSLT-Transformationen. Entsprechend dem üblichen Design von Selektionsobjekten modellieren wir Selektionsoptionen und Trefferliste mittels globaler privater Attribute. Der Aufbau der zu implementierenden handle_request()-Methode ist somit klar:

```
method if_http_extension~handle_request .

  data: lv_in type string,
        lv_out type string.

* Den Dateninhalt (Rumpf) der HTTP-Anfrage abholen
  lv_in = server->request->get_cdata( ).

* Eingehendes XML in ABAP-Daten wandeln
  transform_in( lv_in ).

* Selektion ausführen
  select( ).

* Trefferliste in XML transformieren
  transform_out( importing ev_out = lv_out ).

* Resultat in die HTTP-Antwort stellen
  server->response->set_header_field( name = 'Content-Type'
                                      value = 'text/xml' ).
  server->response->set_cdata( lv_out ).

endmethod.
```

16.4.3 Transformation der Eingangsdaten

Wir erstellen zunächst eine XSLT-Transformation, die wir zse16_in nennen wollen, die XML-Dokumente der obigen Art entgegennimmt und daraus die benötigten ABAP-Daten erstellt. Wir können dem XML-Dokument drei ABAP-Datenobjekte entnehmen, die wir als globale Instanzattribute verwalten:

- Eine interne Tabelle gt_selopt vom Datentyp RSSELOPT_TAB nimmt für alle Felder alle Selektionszeilen entgegen. Jeder Elementareinschränkung entspricht eine Zeile in der Tabelle gt_selopt. Der Zeilentyp der Tabelle hat die Komponenten TABLENAME, FIELDNAME, SIGN, OPTION, LOW und HIGH.[9]

---

9. Strenggenommen wäre es nicht nötig, in dieser Struktur den Namen der Tabelle zu führen, denn er ist ja für alle Zeilen gleich. Wir nehmen diese geringfügige Redundanz in Kauf, um des Vorteils willen, die weithin verwendete Struktur RSSELOPT wiederverwenden zu können.

- Eine interne Tabelle gt_fields_out vom Typ FIELDNAME_TAB enthält die tatsächlich auszugebenden Spalten der Tabelle.
- Ein einfaches Feld gv_max_rows vom Typ I enthält die maximale Trefferzahl. Wird sie nicht angegeben, so soll eine Konstante gc_max_rows als Default verwendet werden. Um eine zu hohe Systemlast zu vermeiden, sollen keine Trefferzahlen erlaubt werden, die über gc_max_rows liegen. Wird eine zu hohe Trefferzahl übergeben, soll sie automatisch auf gc_max_rows korrigiert werden.

Die Methode transform_in, die die XSLT-Transformation zse16_in aufruft und die ABAP-Daten erstellt, hat den folgenden Aufbau:

```
method transform_in .

  field-symbols: <ls_selopt>     type rsseldyn,
                 <lv_fieldname> type fieldname.

* Transformation in ABAP-Daten durchführen
  call transformation zse16_in
       source xml iv_in
       result ranges    = gt_selopt
              output    = gt_fields_out
              maxrows   = gv_max_rows.

* Wurde eine Zeilenzahl übergeben?
  if gv_max_rows is initial or
     gv_max_rows > gc_max_rows.
    gv_max_rows = gc_max_rows.
  endif.

* Feldnamen in definierten Case wandeln
  loop at gt_selopt assigning <ls_selopt>.
    translate <ls_selopt>-fieldname to upper case.
    translate <ls_selopt>-tablename to upper case.
    gv_tabname = <ls_selopt>-tablename.
  endloop.
  sort gt_selopt by fieldname.
  loop at gt_fields_out assigning <lv_fieldname>.
    translate <lv_fieldname> to upper case.
  endloop.

endmethod.
```

Die XSLT-Transformation zse16_in wird mit der ABAP-Anweisung call transformation aufgerufen. Durch Doppelklick auf den Transaktionsnamen gelangt man in der Workbench automatisch in die Pflege der Transformation. Wir geben der Transformation einen String iv_in vor, der die angegebenen Daten im XML-Format enthält (daher der Zusatz XML). Auf das Schlüsselwort result folgen Wertzuweisungen der Form

```
[XML-Knotenname des Resultats] = [ABAP-Variable]
```

Der ABAP-Prozessor erzeugt mittels der angegebenen Transformation den Resultatbaum, gibt diesen aber nicht zurück, sondern wandelt die Resultatbaumfragmente automatisch in die angegebenen ABAP-Variablen um. Damit diese Zuweisung möglich ist, muss der Baum ein bestimmtes, naheliegendes Format haben, das sich `abapxml` nennt. Einfache Felder entsprechen Knoten, die nur einen Textknoten als Unterknoten haben. Strukturen entsprechen Knoten, deren Kinder die Komponenten darstellen. Auch geschachtelte Strukturen lassen sich auf diese Weise abbilden. Interne Tabellen haben für jeden Eintrag einen Kindknoten, dessen Name gleich dem ABAP-Zeilentyp ist.

Da man anhand von Beispielen den zugrundeliegenden Mechanismus besser lernt, sehen wir uns an, was die Transformation `ZSE16_IN` aus unserem Beispiel-XML produzieren muss, damit die automatische Zuweisung von ABAP-Daten funktioniert. Der Resultatbaum muss folgende Gestalt haben:[10]

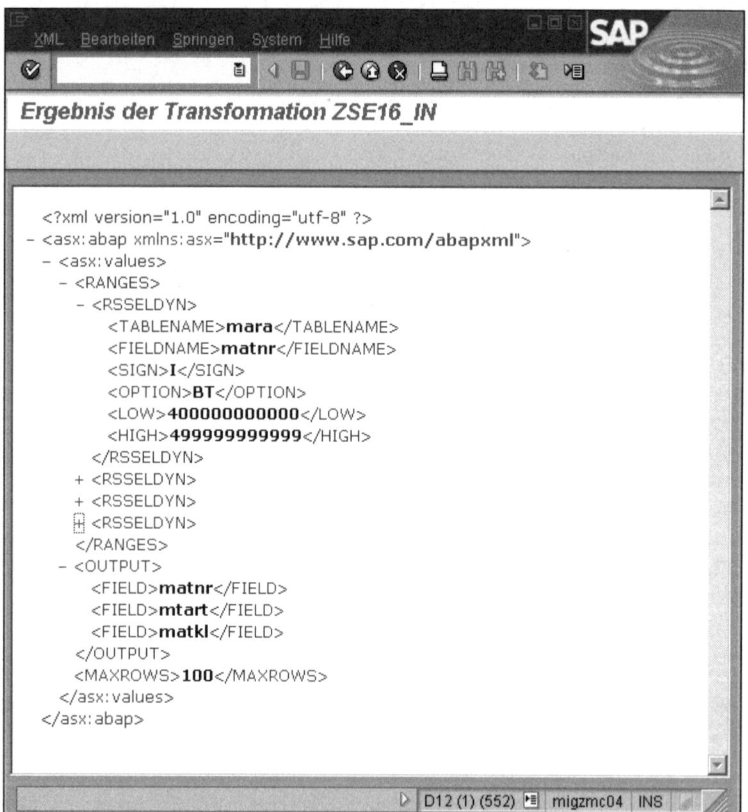

Abb. 16–4 *Resultat im ABAPXML-Datenformat*

10. Aus Gründen der Übersichtlichkeit habe ich einige Knoten zugeklappt, die keine neue Information enthalten.

Eine XSLT-Transformation, die den gewünschten Resultatbaum herstellt, kann man mit dem Tool seiner Wahl erstellen und austesten, bevor man sie in der ABAP-Workbench einpflegt. Man kann sie auch direkt in der XSLT-Umgebung der Workbench erstellen und austesten, die Transformationen können sogar debugged werden.

Die Transformation ist im wesentlichen eine doppelte Schleife – die äußere Schleife arbeitet die `<with>`-Elemente, die innere die `<including>`- bzw. `<excluding>`-Elemente des Quelldokuments ab und erstellt daraus die Zeilen vom Typ `RSSELDYN`:

```
<xsl:transform version="1.0"
  xmlns:xsl="http://www.w3.org/1999/XSL/Transform"
  xmlns:asx="http://www.sap.com/abapxml">

<xsl:template match="select">
  <asx:abap>
  <asx:values>
  <xsl:variable name="tabname" select="./@table"/>
  <RANGES>
    <xsl:for-each select="with">
      <xsl:variable name="fieldname" select="./@field"/>
      <xsl:for-each select="including|excluding">
          <xsl:variable name="sign"
                        select="translate(substring(name(),1,1),'ie','IE')"/>
          <xsl:for-each select="*">
            <RSSELDYN>
              <TABLENAME><xsl:value-of select="$tabname"/></TABLENAME>
              <FIELDNAME><xsl:value-of select="$fieldname"/></FIELDNAME>
              <SIGN><xsl:value-of select="$sign"/></SIGN>
              <xsl:choose>
                <xsl:when test="./name()='singleValue'">
                  <OPTION>EQ</OPTION>
                  <LOW><xsl:value-of select="./text()"/></LOW>
                  <HIGH/>
                </xsl:when>
                <xsl:when test="./name()='interval'">
                  <OPTION>BT</OPTION>
                  <LOW><xsl:value-of select="./@from"/></LOW>
                  <HIGH><xsl:value-of select="./@to"/></HIGH>
                </xsl:when>
              </xsl:choose>
          </RSSELDYN>
        </xsl:for-each>
      </xsl:for-each>
    </xsl:for-each>
  </RANGES>
  <xsl:apply-templates select="output"/>
  </asx:values>
  </asx:abap>
</xsl:template>
```

```
<xsl:template match="output">
  <OUTPUT>
    <xsl:for-each select="field">
      <FIELD><xsl:value-of select="@name"/></FIELD>
    </xsl:for-each>
  </OUTPUT>
  <MAXROWS><xsl:value-of select="./@maxRows"/></MAXROWS>
</xsl:template>

</xsl:transform>
```

Wir bekommen mit Hilfe der Transformation die gewünschten Strukturen und können diese nun noch nachbearbeiten. Die oben erwähnte Regel zur Begrenzung der Trefferzahl implementieren wir besser in ABAP; ebenso ist ein `TRANSLATE TO UPPER CASE` einfacher in ABAP als in XSLT zu realisieren.

16.4.4 Dynamische Selektion

Wir haben nun alle Daten beisammen, um die Selektion auszuführen. Die Selektion ist hochdynamisch:

- Die zu selektierenden Spalten sind nicht fest gegeben, sondern sind in der internen Tabelle `gt_out_fields` angegeben.
- Die Tabelle selbst ist natürlich dynamisch – ihr Name ist dem Feld `gv_tabname` zu entnehmen.
- Die Where-Bedingung ist dynamisch; sie ist aus den übergebenen Selektionsoptionen für die Spalten zu ermitteln.
- Die Trefferliste muss als anonymes Datenobjekt erzeugt werden, da sie keine feste Zeilenstruktur hat.

Aus diesen Anforderungen ergibt sich, dass die Methode `select()` das folgende Aussehen hat:

```
method select.

  field-symbols: <gt_hits> type table.

  data: lv_where type string.

* Behälter für die Trefferliste erzeugen
  create data gt_hits type table of (gv_tabname).
  assign gt_hits->* to <gt_hits>.

* Dynamische Where-Bedingung aufbauen
  build_where( importing ev_where = lv_where ).

* Select-Statement absetzen
  select (gt_fields_out)
         from (gv_tabname)
         up to gv_max_rows rows
         into corresponding fields of table <gt_hits>
         where (lv_where).

endmethod.
```

Beachten Sie, was für mächtige dynamische Konstrukte das SELECT-Statement des Open SQL-Befehlssatzes bereithält! An diesem Statement ist *alles* dynamisch!

Für den Aufbau der dynamischen Where-Bedingung vertrauen wir darauf, dass ein derart elementares Problem bereits von anderen Entwicklern gelöst worden sein muss. Wir werden nach kurzer Suche mit der F4-Hilfe für Funktionsbausteinnamen fündig (Mustersuche mit `*SEL*WHERE*` und Varianten hiervon): Der Baustein `CONVERT_SELECT_INTO_WHERE` leistet genau das Gewünschte. Der Aufruf des Bausteins ist so naheliegend – Importparameter aus `gt_selopt` abbilden, Baustein aufrufen, Ergebnis in das gewünschte String-Format abbilden – dass wir hier auf die Wiedergabe der Methode `build_where()` verzichten.

16.4.5 Transformation der Rückgabeliste

Nach Ausführung der Selektion enthält das globale Feld `gt_hits` die Referenz auf eine anonyme interne Tabelle mit der Trefferliste. Diese ist nun wieder ins XML-Format zurückzuwandeln.

Wenn wir stets sämtliche Felder der Datenbanktabelle selektiert hätten und auch alle Felder in der Trefferliste gewünscht wären, könnten wir an dieser Stelle sehr bequem die *identische Transformation* aufrufen. Nach Zuweisung eines Feldsymbols könnten wir schreiben

```
call transformation id
  source <gt_hits>
  result xml ev_out.
```

und hätten die Trefferliste somit in das `abapxml`-Format gewandelt, das für die Liste auch das korrekte wäre.

Aber leider liegen die Dinge nicht so einfach. Wir müssen hier eine Auswahl treffen, denn es sollen nur die Felder übergeben werden, die vom Aufrufer im `<output>`-Knoten aufgezählt worden waren.

Nun ist das Herausfiltern von Knotenmengen mittels XSLT eine nicht ganz naheliegende Angelegenheit. Wir verwenden hier einen Trick – die eingebaute XPath-String-Funktionen `contains()` und `concat()` sowie einen Hilfsparameter `$COLUMNS` – um zum Ziel zu kommen. Der Hilfsparameter enthält die einzelnen Spaltennamen, von einem Trennzeichen umschlossen. In unserem Beispiel hat er den Inhalt

```
/MATNR/MTART/MATKL/
```

Wir bereiten den Parameter mit ABAP-Mitteln in der Methode `transform_out()` auf und übergeben ihn dann der XSLT-Transformation:

```
method transform_out.

  data:           lv_columns    type string value '/'.
  field-symbols: <lv_fieldname> type fieldname,
                 <lt_hits>      type standard table.

* Auf die anonyme interne Tabelle mit Feldsymbol zugreifen
  assign gt_hits->* to <lt_hits>.

* Hilfsparameter aufbauen
  loop at gt_fields_out assigning <lv_fieldname>.
    concatenate lv_columns <lv_fieldname> '/' into lv_columns.
  endloop.

* Transformation mit Parameter aufrufen
  call transformation zse16_out
       source     hits    = <lt_hits>
       parameters columns = lv_columns
       result xml ev_out.

endmethod.
```

Mit dieser kleinen Hilfe kommen wir nun auch in der Transformation zügig ans Ziel:

```
<xsl:transform version="1.0"
  xmlns:xsl="http://www.w3.org/1999/XSL/Transform">
  <xsl:param name="COLUMNS"/>
  <xsl:template match="//HITS">
    <hits>
      <xsl:for-each select="*">
        <xsl:element name="{name(.)}">
          <xsl:for-each select="*">
            <xsl:if test="contains($COLUMNS,concat('/',name(.),'/'))">
              <xsl:element name="{name(.)}">
                <xsl:value-of select="text()"/>
              </xsl:element>
            </xsl:if>
          </xsl:for-each>
        </xsl:element>
      </xsl:for-each>
    </hits>
  </xsl:template>
</xsl:transform>
```

Entscheidend an der Konstruktion ist die fett markierte `<xsl:if>`-Bedingung. Der Knotenname eines Feldes ist im `abapxml`-Format genau der Name dieser Komponente. Durch die Einschließung mit dem Separatorzeichen '/' und die passende Aufbereitung der Spaltennamen im String `$COLUMNS` können wir den Datentyp einer Stringliste (oder -menge), den es in XSLT nicht gibt, simulieren und das Enthaltensein eines Spaltennamens in einer Liste von Namen prüfen.[11]

Beachten Sie auch, dass die Knoten bewusst nicht mit `<xsl:copy>` kopiert, sondern mit `<xsl:element>` im Resultatbaum explizit angelegt werden. Der Grund hierfür ist, dass bei `<xsl:copy>` der asx-Namensraum (`abapxml`) des Quellknotens mit kopiert würde. Das ist aber unerwünscht.

Ein kurzer Test zeigt, dass die Selektion korrekt implementiert ist und das gewünschte XML-Format zurückgibt. Wir verwenden hierbei eine statische Testmethode, die ein XML-Dokument aus einem SAPscript-Text einliest und dann die Schritte durchführt, die auch die Methode `handle_request()` ausführt. So ist es jederzeit möglich, die Funktionen der Klasse unabhängig von der HTTP-Konnektivität und mit variablem Eingang zu testen.

Wenn Sie hinreichend flexiblen Code zum Testen haben, empfehle ich Ihnen, ihn den zu testenden Klassen hinzuzufügen und ihn mit diesen zu transportieren. Das gilt natürlich nicht für Testreports, in denen Sie intensiv mit bestimmten Literalen arbeiten (z.B. der Nummer des Belegs, mit dem Sie im Entwicklungssystem gerade testen). Versuchen Sie, diesen Testcode gleich zu parametrisieren und in die Klasse einzuhängen. Ein flexibler Test ist für Wartungszwecke und für allfällige Code-Erweiterungen von großem Wert.

Abb. 16–5 *Ergebnis der Testmethode*

11. Übrigens funktioniert die Zuweisung des Parameters nur, wenn er im Template mit Großbuchstaben angegeben wird.

16.4.6 Aufruf aus dem Netz

Um die Klasse nun startklar fürs Internet (oder wenigstens Intranet) zu machen, gehen wir wie bei unserem ersten Beispiel mit der Klasse `ZCL_HTTP_ECHO` vor:

- Wir erzeugen in Transaktion `SICF` einen neuen Knoten `/sap/bc/zse16` im Servicebaum.
- In der »Handlerliste« tragen wir unsere neue Klasse `ZCL_DATABROWSER` ein.
- Für Testzwecke hinterlegen wir einen anonymen User in den Anmeldedaten.
- Nach dem Sichern und der Aufnahme des Service in einen Transportauftrag aktivieren wir ihn mit der rechten Maustaste.
- Nun ist die »neue SE16« verfügbar!

Ein Test mit dem HttpRequestor ergibt die gewünschte Ausgabe, wie auf dem untenstehenden Screenshot abgebildet.

Die »Problem Domain« (PD) unserer Anforderung ist somit realisiert, einschließlich der Konnektivität. Was noch fehlt, ist natürlich das User Interface (UI). Aber da unsere Klasse `ZCL_DATABROWSER` mit dem weithin unterstützten XML-Format für Input und Output arbeitet, ergeben sich für die Benutzerschnittstelle gute Aufsetzpunkte.

Ebenso haben wir in diesem Beispiel der Einfachheit halber das Fehlerhandling außer Acht gelassen. Das bedeutet, dass es bei ungültigen Eingaben zu unschönen »internen Serverfehlern«, Dumps o.ä. kommen kann.

16.4.7 Zusammenfassung

Das Programmier- und Datenmodell des `ZCL_DATABROWSER` ist schon wesentlich weitreichender als unsere erste Testklasse `ZCL_HTTP_ECHO`. Der Hauptfortschritt besteht darin, dass wir komplexe Datentypen in der Ein- und Ausgabe eingeführt haben. Durch die Wahl des XML-Formats für die Schnittstelle haben wir die Anwendbarkeit der Software erhöht. Jeder, der das Datenformat für unsere Ein- und Ausgabestruktur kennt, kann den Data Browser in seine eigene Software einbinden und nach Belieben aufrufen. Durch die Gestaltung als HTTP-Handler ist die Software darüberhinaus rechnerübergreifend verfügbar. Jeder andere Rechner, der auf unser SAP-System zugreifen kann, kann die Methode des Data Browser aufrufen.[12]

---

12. Wenn es nur darum gegangen wäre, den Data Browser in unserem eigenen System verfügbar zu machen, hätten wir zwar wesentlich weniger Aufwand gehabt, aber dafür eine sinnlose Funktion produziert. Denn ein Aufrufer, der eine konkrete Selektion durchführen will, hat ja die Daten zur Hand, um diese selbst durchzuführen. Er wird wohl kaum seine konkreten Daten in eine abstrakte Schnittstelle abbilden, damit der Data Browser ihm einen dynamischen SELECT absetzt, wenn er selbst einen konkreten, also statischen SELECT durchführen kann!

Abb. 16–6 *Testaufruf mit dem HTTP-Requestor-Applet*

Das Konzept lässt sich jedoch noch weiterführen. Denn zwar kann jeder unseren Data Browser aufrufen – er muss dazu aber unser »proprietäres« XML-Format für die Ein- und Ausgabe kennen. Ein Aufrufer weiß erstmal nicht um die Datentypen, die das ein- und ausgehende XML haben müssen. Er weiß auch nicht, welche Operationen der Service zur Verfügung stellt (in diesem Fall nur eine), wenn er es nicht mit der Dokumentation herausfindet oder der Entwickler es ihm mitteilt.

Hier setzt das Simple Object Access Protocol (SOAP) an. Die Web Service Description Language (WSDL) spezifiziert XML-Dokumente, mit denen die Operationen eines Service, die involvierten Datentypen, die Zielrechner, auf denen die Services abgerufen werden können und vieles mehr beschrieben werden. Die WSDL-Dokumente sind ihrerseits maschinenlesbar; Web-Services können auf Knopfdruck in verschiedenen Web-Entwicklungsumgebungen implementiert werden, wenn nur der Ort des zugehörigen WSDL angegeben wird.

16.5 Das SAP-System als HTTP-Client

16.5.1 HTTP-Destinationen

Mit der Transaktion `SM59` – Pflege von Destinationen – ist es möglich, entfernte HTTP-Destinationen einzurichten. Für »normale« HTTP-Verbindungen werden Sie das nicht nötig haben – es ist jedoch nützlich zu wissen, dass Sie hier spezielle Features der Verbindung einstellen können, wenn Sie diese benötigen.

Die Transaktion bietet die Möglichkeit, HTTP-Verbindungen vom Typ `'G'` (HTTP-Verbindungen zu externen Systemen) oder `'H'` (HTTP-Verbindungen zu anderen R/3-Systemen) anzulegen. Hierbei können Sie die Authentifizierungsart, Benutzerdaten oder einen HTTP-Proxy-Server festlegen. Abbildung 16–7 zeigt eine Beispieleinstellung.

Normalerweise müssen Sie sich aber um all diese Einstellungen keine Gedanken machen – das Internet Communications Framework wird HTTP-Requests mit einer Standardverbindung herstellen, wobei Sie bloß die URL angeben müssen. Sie *können* aber auch Einstellungen einer speziellen HTTP-Destination verwenden, indem Sie das Client-Objekt mit der Methode `cl_http_client=>create_by_destination()` erzeugen:

```
data: lo_client type ref to if_http_client.
* Client-Objekt zur Destination INTRA1 erzeugen
lo_client ?= cl_http_client=>create_by_destination( 'INTRA1' ).
```

Normalerweise überlassen Sie jedoch die gesamte Kommunikation dem ICM und verwenden zur Instanzerzeugung die Methode `create_by_url()`, wozu wir gleich ein Beispiel sehen werden.

```
data: lo_client type ref to if_http_client.
* Client-Objekt für einen Google-Request erzeugen
lo_client ?= cl_http_client=>create_by_url(
'http://www.google.ch/search?q=SAP' )
```

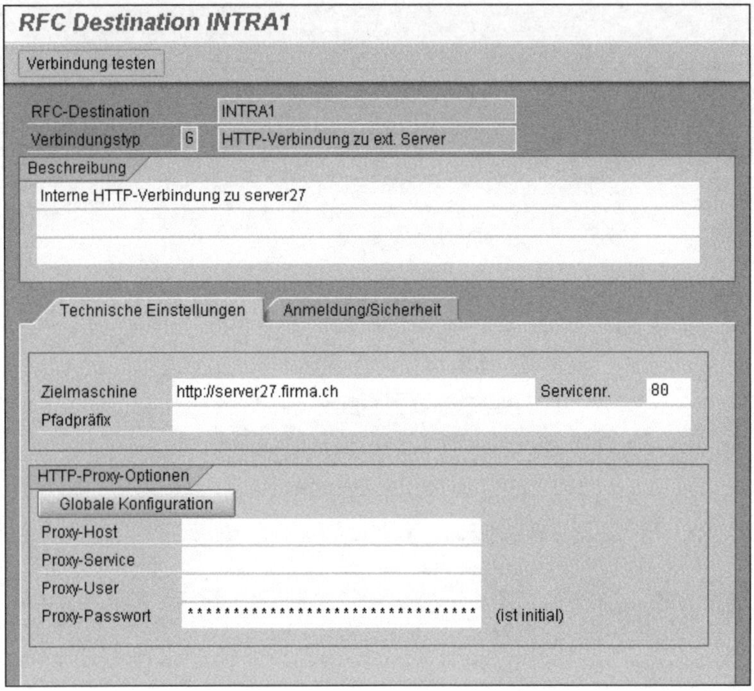

© SAP AG

Abb. 16–7 *HTTP-Destinationen in der SM59*

16.5.2 HTTP-Verbindungen testen

Wenn Ihre Firma eine komplexe Systemlandschaft aufweist, ist es nicht selbstverständlich, ob Ihr HTTP-Request den Weg durch diese Systemlandschaft zu dem Server findet, der für die angeforderte Ressource zuständig ist. Um die Konnektivität zu testen, gibt es im SAP-System einen Testreport namens RSHTML01. So können Sie leicht ermitteln, ob wenigstens die Verbindung zum Zielrechner möglich ist. Abbildung 16–8 zeigt einen Beispielaufruf des Testreports.

Sie sehen daran übrigens, dass – entgegen dem stolzen GUI-Titel – dieses Programm nicht wirklich ein Webbrowser ist, denn die im HTML-Code der gelieferten Seite enthaltenen Ressourcen (Bilder wie hier, aber auch Stylesheets, JavaScript etc.) werden nicht automatisch nachgeladen.

Es wäre auch nicht sinnvoll, wenn auf SAP-Basis die volle Browserfunktionalität nachgebildet werden würde. Das überlassen wir den Experten, die professionelle Browser herstellen! Der Report RSHTML01 dient ja auch nur zum Testen von Internet-Verbindungen.

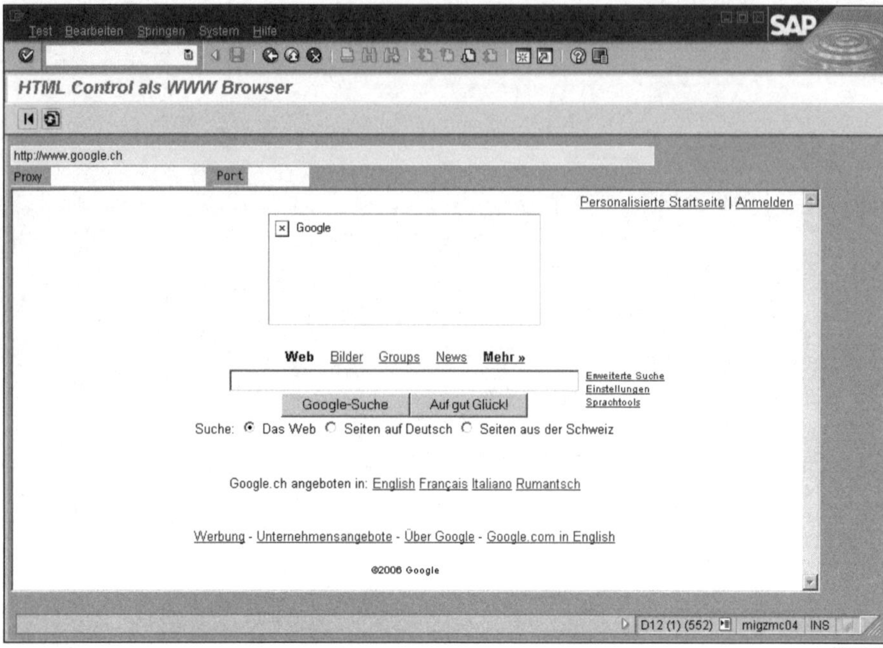

Abb. 16–8 *Beispielaufruf von RSHTML01*

Selbstverständlich können Sie in Ihren ABAP-Programmen, wenn Sie es wünschen, auch die volle Browserfunktionalität aufrufen, wie es z.B. der Report RSDEMO_HTML_VIEWER tut. Wenn Sie diesen Report mit derselben URL aufrufen, erhalten Sie den erwarteten Output (siehe Abb. 16–9).

Beachten Sie aber den entscheidenden Unterschied: Die HTTP-Verbindung wird in diesem Fall durch Ihren PC hergestellt! Der HTML-Viewer ruft in diesem Fall lediglich in dem im Dynpro reservierten Bereich den Default-Browser des Clients auf. Sie können den Report RS_DEMO_HTML_VIEWER daher nicht benutzen, um die Konnektivität des SAP-Systems zu testen! Und umgekehrt ist es möglich, dass das SAP-System Zugriff per HTTP auf einen Server in Ihrer Systemlandschaft haben kann, den man den Endbenutzern Ihrer Anwendung nicht gewähren möchte.

Wenn Sie selbst ein bisschen mit dem Report RSHTML01 experimentieren, werden Sie möglicherweise den Eindruck haben, dass er doch ein »richtiger« Browser ist: Manche Webseiten kommen auf Anhieb mit Bildern, und wenn Sie einen Link auswählen, werden ebenfalls Bilder geladen. Es ist aber doch so, dass die Browserfunktionalität vom Client-PC kommt und nicht vom SAP-System: Wenn bei Ihrem Beispiel-Link Bilder auf Anhieb erschienen, benutzte die Webseite wahrscheinlich eine JavaScript-Preload-Funktion zum Laden der Bilder. Dieses JavaScript wird vom Browser beim Laden der Seite ausgeführt, so dass die Bilder letztlich nicht über das SAP-System, sondern über den Client-PC geladen werden.

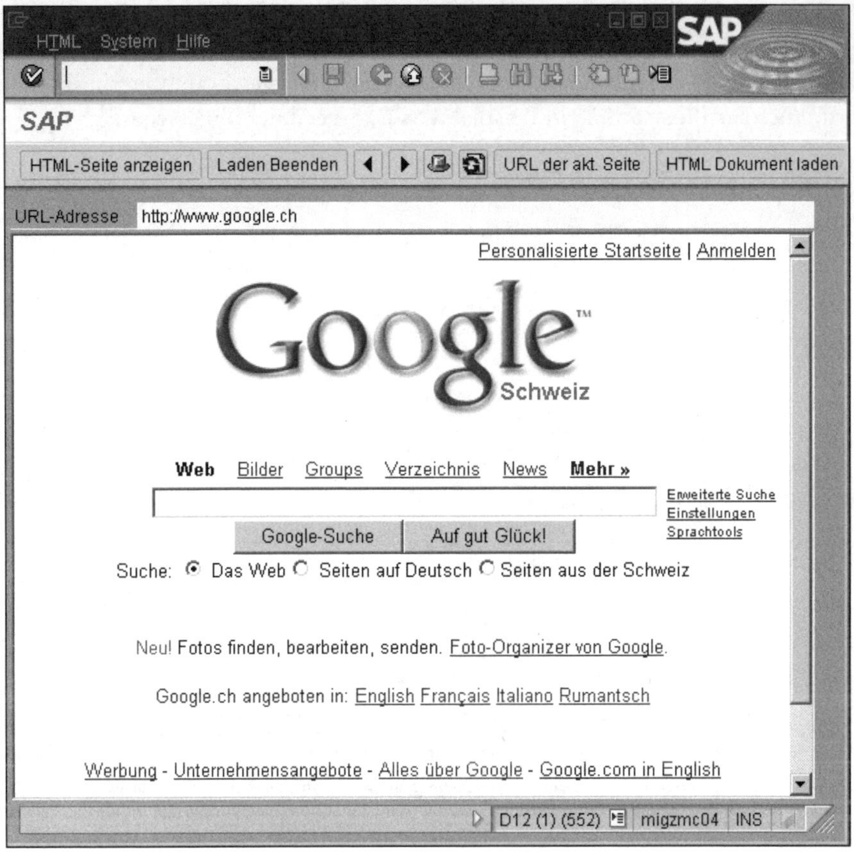

Abb. 16–9 *Beispielaufruf von RS_DEMO_HTML_VIEWER*

Dasselbe gilt für das Anklicken von Links: Auch dann übernimmt der Browser und lädt die Folgeseite selbst.

Noch ein Hinweis: Manchmal sind Sie nicht nur am Datenteil, sondern an der gesamten HTTP-Nachricht interessiert, die vom Server zurückgesendet wird. Um diese zu erhalten, gibt es einen anderen Testreport namens RSHTTP01.

16.5.3 Ein RSS-Newsreader

Als Beispiel für den Einsatz des SAP-Systems als HTTP-Client wollen wir einen *RSS-Newsreader* entwickeln: Ein kleines ABAP-Programm, das aus verschiedenen Quellen im Internet aktuelle Nachrichten oder Weblogs einlesen kann, eine Liste der Nachrichtentitel ausgibt und bei Auswahl der Zeile ein Browserfenster mit der entsprechenden Detailinformation öffnet.

RSS ist ein Format zur Beschreibung von Linklisten. Beispielsweise ließe sich eine Liste der gesetzten Browser-Lesezeichen optimal mit dem RSS-Format ausdrücken: Es gibt ein `<channel>`-Element mit Informationen über die ganze Liste sowie eine Liste von `<item>`-Elementen. Jedes `<item>` repräsentiert einen WWW-Link, der durch die Elemente `<title>`, `<link>` und `<description>` beschrieben wird. Hier zur Illustration ein Beispiel, das RSS-Feed der Tagesschau:[13]

```
Adresse http://www.tagesschau.de/newsticker.rdf                    Wechseln zu

  <?xml version="1.0" encoding="ISO-8859-1" ?>
- <rss version="2.0">
  - <!--
      * XML-format for teasering tagesschau.de-headlines. Version: 2.0
      * Release-Date:2002/02/04, last updated 2006/06/28
      *
      * Die Nutzung dieser Inhalte ist ausschliesslich nicht-kommerziellen Internet-
      * Angeboten erlaubt, die Nutzung kann jederzeit von tagesschau.de untersagt
      * werden. tagesschau.de übernimmt keinen Support, zudem wird keine Verfügbarkeit
      * dieser XML-Datei gewährleistet. Die Inhalte dürfen nicht archiviert werden.
      * Weitere Informationen http://www.tagesschau.de/download/0,,SPM17234,00.html
      //
    -->
  - <channel>
      <title>tagesschau.de - Die Nachrichten der ARD</title>
      <link>http://www.tagesschau.de</link>
      <description>tagesschau.de</description>
      <language>de</language>
      <copyright>tagesschau.de, Norddeutscher Rundfunk</copyright>
      <docs>http://blogs.law.harvard.edu/tech/rss</docs>
      <ttl>30</ttl>
    - <item>
        <title>Saddam Hussein zum Tode verurteilt</title>

          <link>http://www.tagesschau.de/aktuell/meldungen/0,,OID6065636_REF1,00.html</link>
        <description>Der frühere irakische Präsident Saddam Hussein wird für seine Verbrechen
          zur Verantwortung gezogen: Das Sondertribunal in Bagdad verurteilte ihn am Vormittag
          zum Tod durch den Strang. Im konkreten Fall ging es um das Massaker von Dudschail
          von 1982. Damals hatten Saddams Schergen 148 Schiiten ermordet.</description>

          <guid>http://www.tagesschau.de/aktuell/meldungen/0,,OID6065636_REF1,00.html</guid>
        <category>Ausland</category>
      </item>
    + <item>
    + <item>
    + <item>
    + <item>
    + <item>
    + <item>
    + <item>
    + <item>
    + <item>
    + <item>
```

Abb. 16–10 *Tagesschau-Nachrichten im RSS-Format*

Unser ABAP-Programm `Z_RSS` soll Folgendes leisten:

- Der Benutzer soll die Möglichkeit haben, die URL eines RSS-Feeds als Selektionsparameter einzugeben;
- nach Druck auf »Ausführen« versucht das Programm, dieses RSS-Feed aus dem Internet einzulesen. Dabei tritt das SAP-System selbst in der Clientrolle auf (nicht der Benutzer-PC);

13. Die Tagesschau verwendet das Format RSS 2.0. Unser Programm wird auf dieses Format zugeschnitten sein. Um es auch für andere RSS-Versionen zu verwenden, müssen Sie die unten beschriebene XSLT-Transformation modifizieren.

- wenn dies erfolgreich war, soll die Liste der Links in eine interne Tabelle transformiert und die Titel als interaktive ABAP-Liste ausgegeben werden; der Titel des gesamten Channels soll als GUI-Titel ausgegeben werden:
- bei Doppelklick auf ein List-Item soll ein Browserfenster gestartet und der zugehörige Link geöffnet werden.

Der Rahmen des Programms liegt durch diese Vorgaben bereits fest. Er muss folgendermaßen aussehen:

```
report  z_rss line-size 255.

parameters: p_feed type text128 lower case
              default 'http://www.tagesschau.de/newsticker.rdf'.

data: gv_url type text200. " Globales Feld für HIDE

start-of-selection.
  perform start_of_selection.

at line-selection.
  call function 'CALL_BROWSER'
    exporting
      url         = gv_url
      window_name = 'RSS'.
```

Wir benötigen hier neben dem Selektionsparameter `p_feed` eine weitere globale Variable `gv_url`, um den Hide-Mechanismus von ABAP-Listen nutzen zu können. Wie Sie sehen, wird das Feld beim Ereignis `at line-selection` direkt an den Funktionsbaustein `CALL_BROWSER` weitergereicht. Die Übergabe eines festen Fensternamens hat den Vorteil, dass das Fenster für weitere Zeilenauswahlen wiederverwendet wird. So werden nicht Dutzende von Browserfenstern geöffnet, sondern es wird *ein* Fenster für alle Browserausgaben benutzt.

Was muss nun das Unterprogramm `start_of_selection` tun? Es muss

- den HTTP-Request durchführen und den HTTP-Inhalt der Antwort entgegennehmen,
- den HTTP-Inhalt in die Linkliste transformieren,
- die Ausgabe der Linkliste durchführen.

Das ergibt drei weitere Modularisierungseinheiten. Die erste Aufgabe ist ganz allgemeiner Natur. Es lohnt sich, sich für sie auf die Suche nach einem bestehenden, wiederverwendbaren Programmteil zu machen. In der Klasse `ZCL_HTTP_UTILITIES` stößt man dann auf die Klassenmethode `do_request()`, die genau diese Aufgabe ausführt: Zu einer gegebenen URL den HTTP-Dateninhalt aus dem Web zu besorgen. Zur Illustration werden wir diese Aufgabe jedoch hier als Unterprogramm ausformulieren.

Die zweite Modularisierungseinheit ist eine XSLT-Transformation. Diese muss nicht weiter gekapselt werden. Sie muss aus dem RSS-Feed eine Liste von Links sowie den Titel des gesamten Channels extrahieren, gibt also zwei ABAP-

Parameter zurück: Eine interne Tabelle vom Typ TIHTTPNVP (der einfach eine Tabelle von Name/Wert-Paaren darstellt) sowie einen String für den Titel.

Der dritte Teil ist eine wiederum zu programmierende Routine, die die konkrete Ausgabe der Linkliste enthält.

Das Unterprogramm start_of_selection muss also folgende Gestalt haben:

```
form start_of_selection.

  data: lt_links type tihttpnvp,
        lv_cdata type string,
        lv_msg   type string,
        lv_title type string,
        lo_ex    type ref to cx_root.


  try.
* Request ausführen, HTTP-Inhalt holen
      perform do_request using    p_feed
                         changing lv_cdata.

* Daten transformieren
      call transformation zrss
           source xml lv_cdata
           result links = lt_links
                  title = lv_title.

* Daten ausgeben
      perform output using lt_links
                           lv_title.

* Fehlerbehandlung
    catch cx_xslt_exception into lo_ex.
      lv_msg = lo_ex->get_text( ).
      concatenate 'XSLT-Error'(002) lv_msg into lv_msg
        separated by space.
      message lv_msg type 'I'.
    catch zcx_error into lo_ex.
      lv_msg = lo_ex->get_text( ).
      message lv_msg type 'I'.
  endtry.

endform.                    "start_of_selection
```

Kommen wir nun zu den einzelnen Programmteilen von start_of_selection.

Für die Erzeugung eines HTTP-Requests und das Abholen der Antwort gibt es ein standardisiertes Vorgehen. Die gesamte Logik dafür ist in der Klasse CL_HTTP_CLIENT gekapselt, auf die der Anwender mit dem Interface if_http_request zugreift. Ich glaube, der Code ist an dieser Stelle sprechend:

```
*&---------------------------------------------------------------------*
*&      Form  do_request
*&---------------------------------------------------------------------*
*       Einen HTTP-Request ausführen
*----------------------------------------------------------------------*
form do_request using    iv_url   type csequence
                changing cv_cdata type string
                raising  zcx_error.

  data: lo_client  type ref to if_http_client,
        lv_string  type string,
        lv_msg     type text255,
        lv_cdata   type string.

* Request-URL in String-Datentyp wandeln
  lv_string = iv_url.

* Client-Objekt für den Request erzeugen
  call method cl_http_client=>create_by_url
    exporting
      url                = lv_string
    importing
      client             = lo_client
    exceptions
      argument_not_found = 1
      plugin_not_active  = 2
      internal_error     = 3
      others             = 4.
  if sy-subrc ne 0.
* HTTP-Fehler
    message id sy-msgid type sy-msgty number sy-msgno
        with sy-msgv1 sy-msgv2 sy-msgv3 sy-msgv4
        into lv_msg.
    raise exception type zcx_error
      exporting text = lv_msg.
  endif.

* Request senden
  call method lo_client->send
    exceptions
      http_communication_failure = 1
      http_invalid_state         = 2
      http_processing_failed     = 3
      others                     = 4.
  if sy-subrc ne 0.
    lo_client->get_last_error( importing message = lv_string ).
    lv_msg = lv_string.
    raise exception type zcx_error
      exporting text = lv_msg.
  endif.
```

```
* Antwort abwarten
  lo_client->receive( exceptions others = 1 ).
  if sy-subrc ne 0.
    lo_client->get_last_error( importing message = lv_string ).
    lv_msg = lv_string.
    raise exception type zcx_error
      exporting text = lv_msg.
  endif.

* HTTP-Body der Antwort abholen
  cv_cdata = lo_client->response->get_cdata( ).
  if cv_cdata is initial.
    raise exception type zcx_error
      exporting text = 'Die HTTP-Antwort hat keinen Inhalt'(001).
  endif.

endform.                          "do_request
```

Wie bereits erwähnt, lohnt es sich, diese Methode mit ihrer immer gleichen Logik in einer Klasse zu veröffentlichen. Das Vorgehen ist stets:

- Eine Instanz des Client-Requests anhand der angegebenen URL erzeugen; an dieser Stelle muss noch auf die Schnittstelle der Methode `create_by_url()` Rücksicht genommen werden, die keinen generischen Typ (`CSEQUENCE`) erwartet, sondern den Typ `STRING`. Da Reportparameter stets vom Typ `C` sind, nicht vom Typ `STRING`, würde es zu einem Laufzeitfehler kommen, wenn wir ihn direkt übergeben würden. Wir müssen also zunächst mit einer einfachen `MOVE`-Anweisung den Typ `STRING` erzeugen, bevor wir die Instanz des Client-Objekts erzeugen können.
- Wenn die Instanzerzeugung erfolgreich war, rufen wir nacheinander die Methoden `send()` und `receive()` auf, um den Request abzusetzen und die Antwort abzuwarten.
- War auch dies erfolgreich, so greifen wir auf das Objekt `lo_client->response` zu, um uns den textförmigen Dateninhalt der HTTP-Nachricht mit der Methode `get_cdata()` zu verschaffen. Dieser Dateninhalt wird dann als String an den Aufrufer zurückgegeben. Er enthält in diesem Beispiel das XML-Dokument (das RSS-Feed).
- Wenn einer dieser Schritte nicht erfolgreich war oder der HTTP-Inhalt leer ist, lösen wir die Ausnahme `zcx_error` mit einem beschreibenden Text aus.

Der zweite Schritt ist die Erstellung der XSLT-Transformation `zrss` zur Extraktion der benötigten Daten aus dem XML-Dokument. Hier müssen wir auf den Textinhalt des Knotens `/rss/channel/title` mit der `<xsl:value-of>`-Anweisung zugreifen und eine Schleife über alle `<item>`-Elemente mit der `<xsl:for-each>`-Anweisung implementieren. Das einfache XSLT-Programm hierzu sieht folgendermaßen aus:

```
<xsl:transform xmlns:xsl="http://www.w3.org/1999/XSL/Transform"
               xmlns:asx="http://www.sap.com/abapxml" version="1.0">
  <xsl:template match="rss">
    <asx:abap>
      <asx:values>
        <xsl:for-each select="channel">
          <TITLE><xsl:value-of select="title"/></TITLE>
          <LINKS>
            <xsl:for-each select="item">
              <IHTTPNVP>
                <NAME><xsl:value-of select="link"/></NAME>
                <VALUE><xsl:value-of select="title"/></VALUE>
              </IHTTPNVP>
            </xsl:for-each>
          </LINKS>
        </xsl:for-each>
      </asx:values>
    </asx:abap>
  </xsl:template>
</xsl:transform>
```

Der dritte Teil der start_of_selection-Routine betrifft die Ausgabe der Daten. Diese sollte in einer eigenen Routine output gekapselt werden. Die Implementierung ist naheliegend:

- Wir setzen den GUI-Titel, indem wir das Systemfeld sy-title verändern;
- dann geben wir zeilenweise die <title>-Inhalte der Links aus, die uns nun in der Komponente VALUE der internen Tabelle ct_links zur Verfügung stehen. Damit das Ereignis at line-selection funktioniert, müssen wir die URLs pro Zeile in das globale Feld gv_url schreiben und mit der hide-Anweisung als verstecktes Feld der Listzeile ausgeben.

Die Routine output sieht daher folgendermassen aus:

```
*&---------------------------------------------------------------------*
*&      Form  output
*&---------------------------------------------------------------------*
*       Ausgabe als Linkliste
*----------------------------------------------------------------------*
form output using ct_links type tihttpnvp
                  cv_title type csequence.
  field-symbols: <ls_link> type ihttpnvp.

* Titel setzen
  sy-title = cv_title.

* Linkliste ausgeben
  loop at ct_links assigning <ls_link>.
    gv_url = <ls_link>-name.
    write: / <ls_link>-value.
    hide gv_url.
  endloop.

endform.                    "output
```

Wenn wir das Programm starten, erscheint folgendes Selektionsbild:

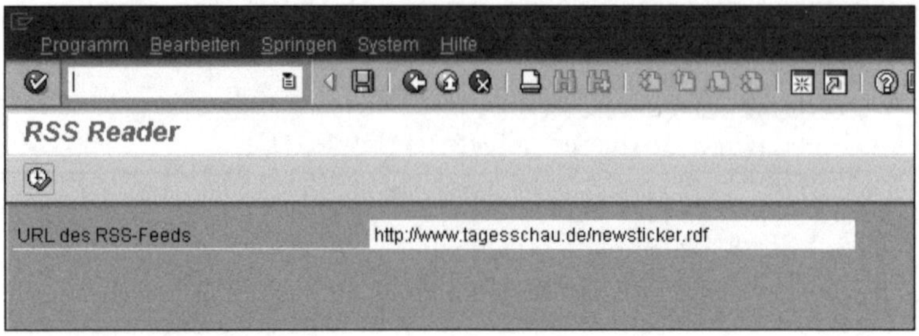

© SAP AG

Abb. 16–11 *Report Z_RSS: Einsteigsbild*

Nach Eingabe des gewünschten Links (häufig genutzte Links können wir als Variante speichern, um sie nicht immer neu eingeben zu müssen) erscheint die Ausgabe:

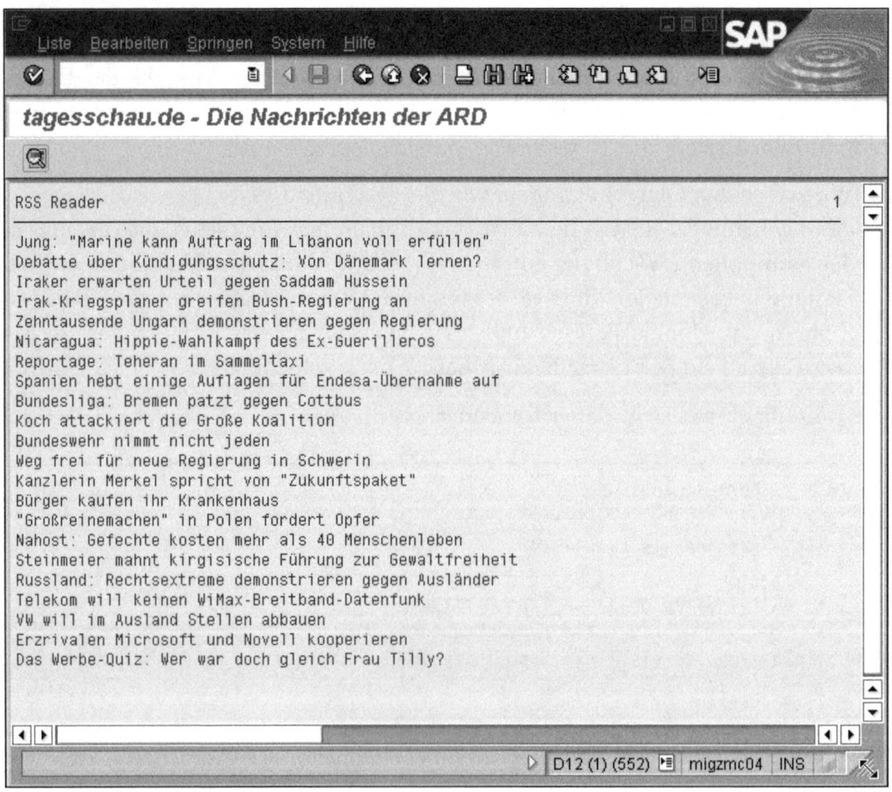

© SAP AG

Abb. 16–12 *Report Z_RSS: Listausgabe*

Das Lupen-Icon zeigt an, dass dies eine *interaktive* Liste ist, die auf das Ereignis `line-selection` reagieren kann. Wenn wir auf eine Zeile doppelklicken, wird ein Browserfenster gestartet, das die entsprechende Nachricht vollumfänglich anzeigt:

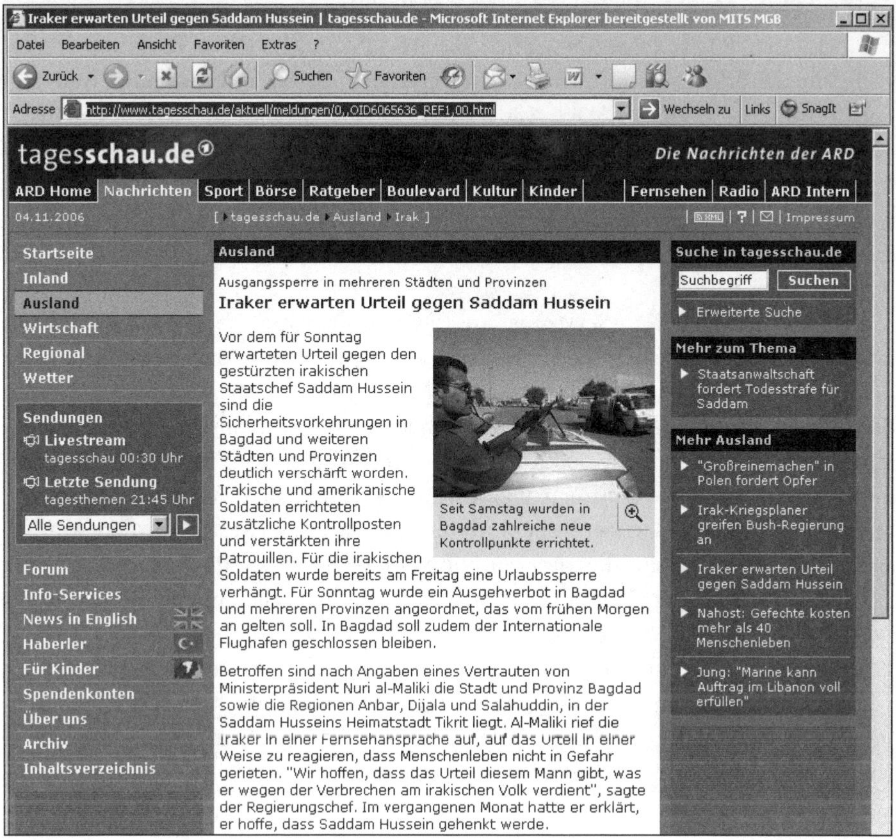

Abb. 16–13 *Report Z_RSS: Browserstart bei Doppelclick*

16.6 Web-Services

An der serviceorientierten Architektur (SOA) und an Web-Services herrscht zur Zeit ein reges Interesse. Das ist kein Wunder – die Idee der Web-Services drängt sich angesichts eines ständig wachsenden weltweiten Rechnernetzes mit immer höheren Rechnerleistungen geradezu auf.

Die Möglichkeit, spezielles Wissen an Komponenten zu delegieren und in der eigenen Software nur noch aufzurufen, ist ganz im Sinne der oben vorgestellten Programmierparadigmen: Modularisierung, Wiederverwendbarkeit, Kapselung werden optimal unterstützt. Dabei ist die Idee genial einfach: Wer einen Service übers Internet anbietet, stellt eine *WSDL-Definition* zur Verfügung. Das ist ein XML-Dokument, das im Wesentlichen die angebotenen Operationen sowie die Datentypen der Schnittstellenparameter spezifiziert – darüberhinaus gibt es noch Angaben über die verwendeten »Ports«, die Endpunkte der Kommunikation, an die die Requests zu richten sind.

Um einen Web-Service aufzurufen, stellen die meisten Entwicklungsumgebungen – seit Basisrelease 6.40 auch die ABAP-Workbench – Tools zur Verfügung, die die WSDL-Definition aus dem Internet einlesen, interpretieren und daraus automatisch eine Klasse generieren, deren öffentliche Methoden eine Nachbildung der Service-Operationen darstellen. Dies sind die so genannten Proxy-Klassen. Ihre Methoden können im eigenen Programmcode so verwendet werden, als wäre der Code der Klasse im eigenen System beheimatet. Intern führt die Methode jedoch einen HTTP-Request durch und durchläuft die Service-Logik im entfernten System.

Der aufgerufene Web-Service ist aus Sicht des Aufrufers eine Black Box. Man kann – auch wenn es zu Fehlern kommt – nicht mal eben in den Baustein hineindebuggen, um zu sehen, woran es liegt. Man kann ihn aber auch *nicht* – und darin liegt ein unschätzbarer Vorteil – nach den Bedürfnissen des Aufrufers zurechtstutzen, um ihn für den aktuellen Aufrufkontext zu optimieren. Solche – häufig fragwürdigen – Optimierungen wären allenfalls dem Anbieter des Service anzutragen. Dieser muss beurteilen, ob die Anpassung nicht nur für den Antragsteller, sondern auch für alle anderen Nutzer des Service geeignet ist.

Die ganze Idee der Web-Services steht und fällt natürlich mit der Qualität der beteiligten Komponenten. So wie eine Kette nur so stark ist wie ihr schwächstes Glied, so muss ein mit SOA entworfener Prozess noch auf den langsamsten der von ihm aufgerufenen Services warten – oder er muss abbrechen, wenn einer seiner Services abbricht. An Web-Services, die für Geschäftsprozesse genutzt werden sollen, sind daher hohe Anforderungen zu stellen:

- Sie müssen *hochverfügbar* sein. Bei hohem Anfragevolumen muss es daher i.A. eine eingebaute Lastverteilung geben, um tolerierbare Antwortzeiten zu gewährleisten.
- Es muss einen 7×24 Stunden *Support* geben, der bei Problemen mit kurzen Reaktionszeiten Unterstützung liefern und allfällige Programmkorrekturen durchführen kann.
- Der Anbieter muss offen für *Erweiterungen* sein, die in seine Domäne fallen. Die in der WSDL festgehaltene Schnittstelle für Operationen und Datenstrukturen ist nicht heilig. Es muss möglich sein, in zukünftigen Versionen des Service verbesserte Schnittstellen oder neue Operationen anzubieten.[14]
- Der Anbieter muss für den *Datenschutz* einstehen. Wenn Sie sich beispielsweise einen Web-Service zur Erstellung von Kundenrechnungen im praktischen Einsatz vorstellen, leuchtet unmittelbar die Notwendigkeit ein, die übermittelten Daten vor dem Zugriff Dritter zu schützen und dem Servicekonsumenten die nötige Diskretion zu garantieren.

14. Wobei der Service natürlich abwärtskompatibel sein muss – die neue Schnittstelle muss eine echte Erweiterung der bestehenden darstellen, und Anfragen, die die bestehende Schnittstelle verwenden, müssen wie bisher beantwortet werden.

16.6.1 Ein Beispiel

Um zu verstehen, wie man konkret Web-Services in den eigenen Code einbindet, wollen wir uns ein einfaches Beispiel in der Client-Rolle ansehen. Die Internetseite *www.xmethods.com* bietet eine Liste öffentlich verfügbarer und kostenloser Web-Services. Für unsere Übung suchen wir uns einen kleinen Service namens `pnum` heraus. Er berechnet die Primzahlen bis zu einer angegebenen Obergrenze. Das ist ein optimaler Übungs-Service für unsere Zwecke.

Die einzige vom Service angebotene Operation lautet `GetPrimeNumbers()`. Sie nimmt eine ganze Zahl als String entgegen, die Obergrenze, und produziert im Resultat eine komma-separierte Liste aller Primzahlen bis zu dieser Grenze.

Im Testmodus auf *www.xmethods.com* wird eine der Schnittstelle entsprechende Eingabemaske generiert. Nach Eingabe einer Zahl für den Importparameter kann die Methode zum Test aufgerufen werden und produziert das folgende Ergebnis:

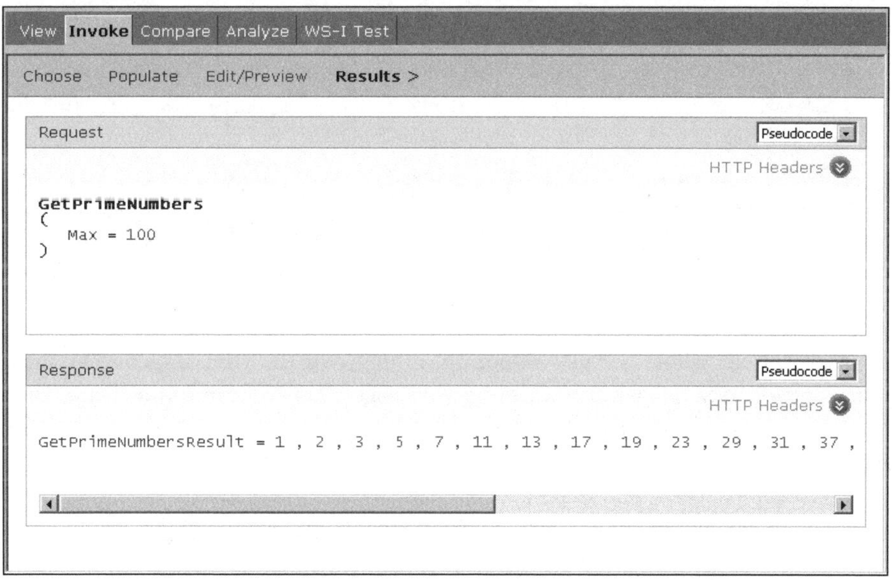

Abb. 16–14 *Webservice-Testrahmen bei xmethods.com*

Was müssen wir unternehmen, um diesen Service mittels eines Client-Proxies in einem ABAP-Programm zu verwenden – so als wäre es eine »eigene« Methode?

In der Workbench wählen wir »Workbench → Objekt bearbeiten«, wechseln im erscheinenden Auswahlpopup auf den Reiter »Enterprise Services« und wählen »Client Proxy« → »Anlegen«. Den Namen können wir noch leer lassen, er wird anhand gewisser Namenskonventionen erst nachher aufgebaut:

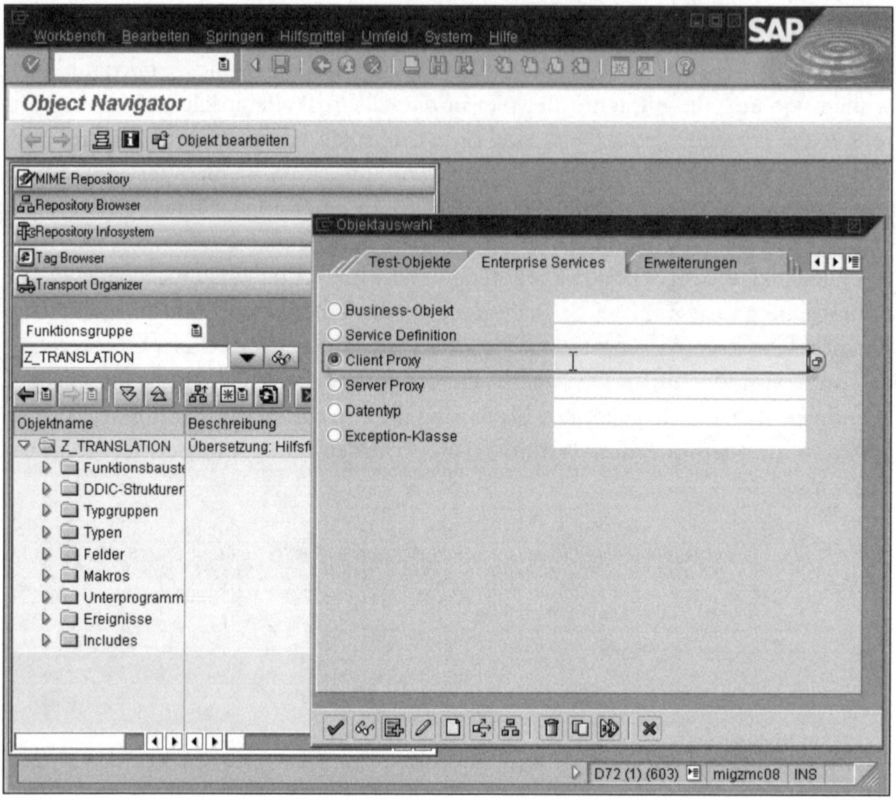

© SAP AG

Abb. 16–15 *Neues Proxy in der Workbench anlegen*

Es erscheint ein weiteres Auswahlpopup, in dem wir die URL angeben können, unter der die WSDL-Definition des Service abgerufen werden kann. Diese URL ist eine entscheidende Information über den Service, die uns der Anbieter zur Verfügung stellt.

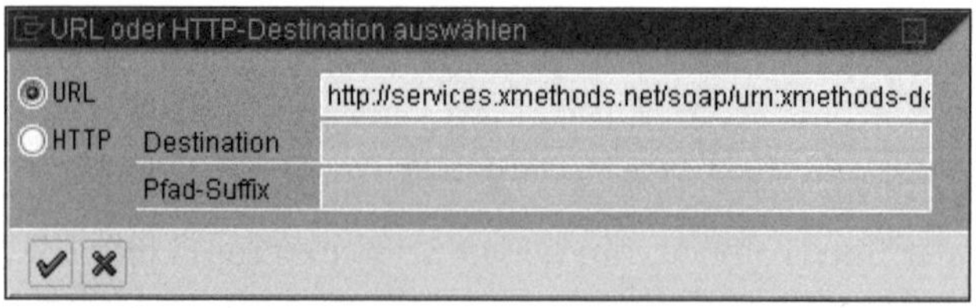

© SAP AG

Abb. 16–16 *URL der WSDL eingeben*

Es erscheint nun ein weiteres Popup, in dem wir Angaben über die anzulegenden Entwicklungsobjekte machen müssen: In welcher Entwicklungsklasse (=Paket) sollen die Objekte angelegt werden, und welche Namenskonvention, d.h. welches Präfix ist zu verwenden:

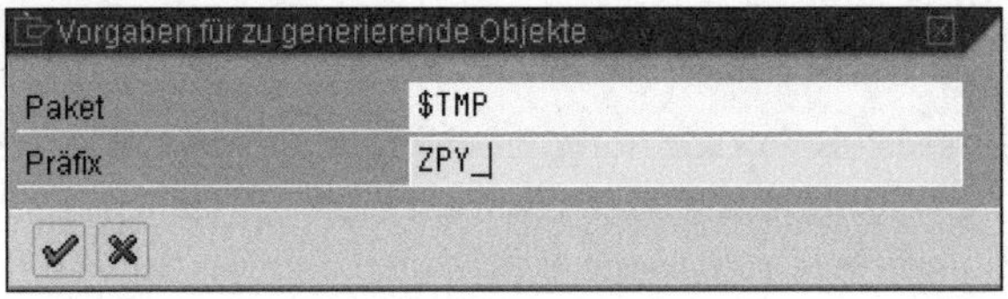

© SAP AG

Abb. 16–17 *Paket und Präfix angeben*

Danach wird das Proxy angelegt: Es werden DDIC-Typen für alle Schnittstellenparameter erzeugt, es wird eine Proxy-Klasse generiert, und die Informationen zu dem generierten Objekt lassen sich in eine eigenen Entwicklungsobjekt, *dem* Proxy, ansehen:

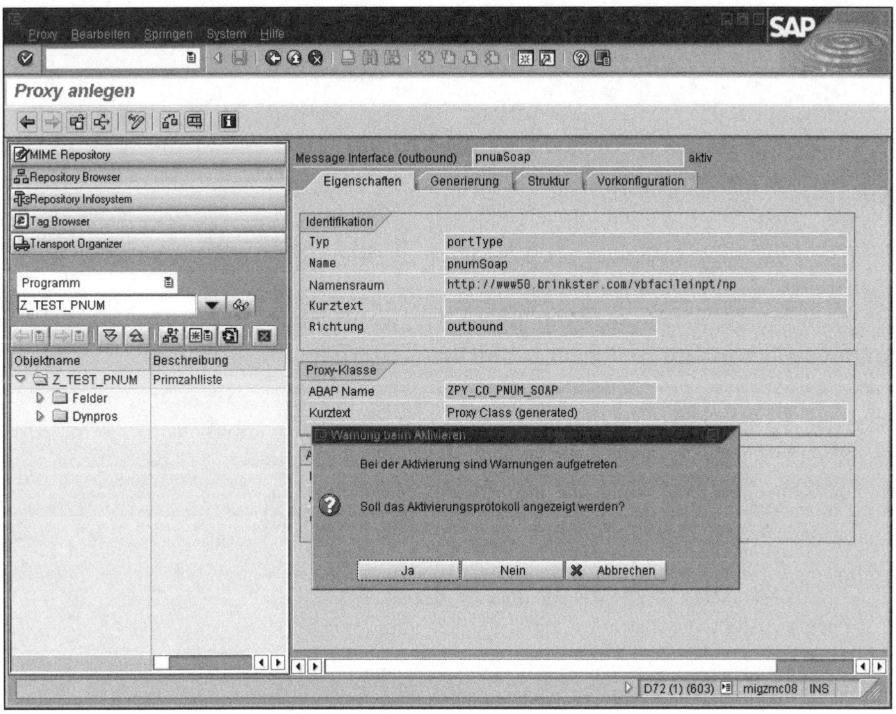

© SAP AG

Abb. 16–18 *Neues Proxy sichern*

Wenn es – wie hier – zu Warnungen kommt, sollten diese unbedingt beachtet werden. Es kann sein, dass das Proxy nicht wie erwartet funktioniert, wenn es zu Schwierigkeiten bei der Typ-Umwandlung kommt. Beispielsweise lassen sich generische Typen wie »any« nicht in eine ABAP-Datenstruktur einbinden. Das ist aber hier nicht der Fall. Das Data Dictionary weist in diesem Beispiel nur darauf hin, dass der Komponentenname `MAX` nicht als Komponente einer Datenbanktabelle verwendet werden kann, da es sich um ein reserviertes Wort der Datenbanksysteme handelt. Da wir nicht vorhaben, unseren Importparameter in einer

Datenbanktabelle zu verewigen, ist diese Warnung für uns irrelevant. Wir aktivieren also das Proxy.

Je nach Release ist es danach nötig, noch einen »logischen Port« für das Proxy anzulegen. Dies geschieht in der Transaktion LPCONFIG. Geben Sie einfach den Namen des Proxies und einen passenden Portnamen an und drücken Sie »Anlegen«.

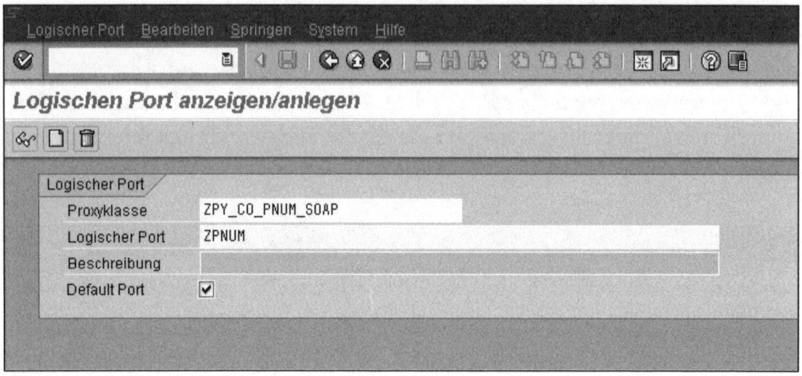

© SAP AG

Abb. 16–19 *Logischen Port definieren*

Im nachfolgenden Erfassungsbild können Sie alle Vorschlagswerte übernehmen und sichern.

Nun ist alles getan: Sie können nun den Web-Service aus eigenen ABAP-Programmen heraus aufrufen. Hier ein kleiner Testreport:

```
report  z_test_pnum no standard page heading line-size 72.

parameters: p_max type i default 50.

data: gs_pnum_in   type zpy_get_prime_numbers_soap_in,
      gs_pnum_out  type zpy_get_prime_numbers_soap_out,
      go_pnum      type ref to zpy_co_pnum_soap.

* Proxy-Klasse für Primzahlgenerator erzeugen
create object go_pnum.

* Reportparameter in Schnittstelle übernehmen
gs_pnum_in-max = p_max.

* Methode aufrufen
go_pnum->get_prime_numbers( exporting input  = gs_pnum_in
                            importing output = gs_pnum_out ).

* Ergebnis ausgeben
write: / gs_pnum_out-get_prime_numbers_result.
```

Sie sehen: der Aufruf der Methode get_prime_numbers( ) erfolgt so, als wäre sie in unserem eigenen System beheimatet. Die gesamte HTTP-Schicht ist innerhalb der Proxy-Klasse zpy_po_pnum_soap verborgen.

In einem produktiven Beispiel hätten wir uns natürlich noch um das Handling von Ausnahmen zu kümmern. Die Proxy-Methoden lösen potentiell zwei Ausnahmen aus, CX_AI_SYSTEM_FAULT für Fehler beim Aufbau der Kommunikation und CX_AI_APPLICATION_FAULT für von der Methode selbst ausgelöste (also Anwendungs-)Fehler. Wir verzichten in diesem Beispiel auf das Ausnahme-Handling.

Abb. 16–20 *Die Proxyklasse im Class Builder*

Kommen wir zum Test unseres kleinen Programms: Wenn Sie den Report Z_TEST_PNUM aufrufen und ein p_max eingeben wie folgt:

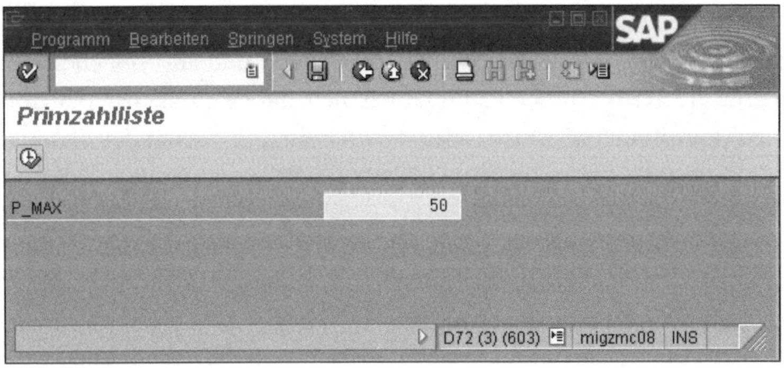

Abb. 16–21 *Testreport – Einstiegsbild*

Dann rechnet Ihnen der Anbieter *http://www50.brinkster.com* im Internet freundlicherweise die gewünschten Primzahlen aus und sendet sie an Ihr Programm zurück (siehe Abb. 16–22). Machen Sie damit, was Sie wollen!

Sie werden möglicherweise einwenden, dass Sie selbst clever genug sind, Primzahlen zu errechnen, und dass Sie nicht darauf angewiesen sind, sie sich von *http://www50.brinkster.com* berechnen zu lassen. Das glaube ich Ihnen. Aber der Witz an den Web-Services ist, dass Sie es nicht selbst machen *müssen*, sondern an jemanden delegieren können, der mit seinen Kenntnissen öffentlich prahlt – der aber auch dafür gerade stehen muss, wenn in der Liste mal die 48 vorkommt!

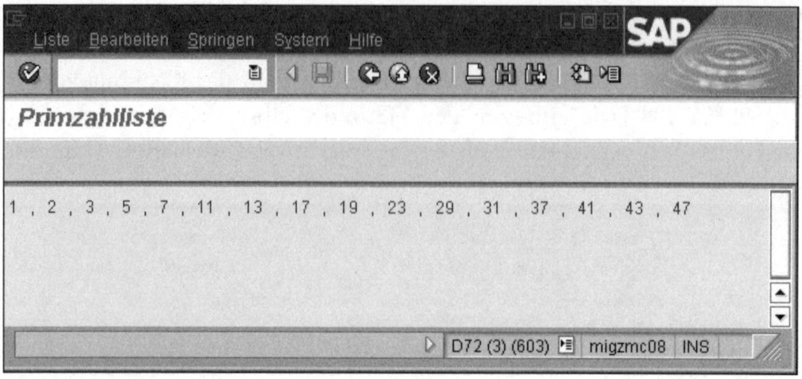

© SAP AG

Abb. 16–22 *Testreport – Listausgabe*

16.6.2 Wann kommen *Applets* in Web-Services?

Die Idee der Web-Services, das verteilte Rechnen, ist nicht neu. Das Primzahlbeispiel regt jedoch zu einer bedenkenswerten Erweiterung an:

Dort, wo das Rechenergebnis wie hier mit wenig Aufwand ermittelt werden kann, wäre es praktischer und ressourcenschonender, statt des Ergebnisses nur den *Algorithmus* zu senden, mit dem der Client sich das Ergebnis selbst errechnen kann. Es wäre ein Protokoll denkbar, bei dem Client und Server sich zunächst auf eine Sprache (für den Anbieter empfehlen sich dabei möglichst plattformübergreifende Programmiersprachen, also *nicht* ABAP, VB oder C#, sondern eher Java, JavaScript oder Perl – für manche Services wäre sicher auch XSLT eine gute Wahl) einigen. Danach sendet der Server den Code in der gewünschten Sprache. Bei späteren Aufrufen muss lediglich gefragt werden, ob sich der Code seit dem Abruf geändert hat; der Code selbst muss i.A. nicht mehr transportiert werden. Der Code könnte – ähnlich wie ein MIME in HTTP – mit einer *Verfallszeit* ausgeliefert werden: Erst nach Ablauf der Verfallszeit fragt der Client nach einer etwaigen neuen Version.

Sowohl der Anbieter als auch der Nutzer des Web-Service würden von einer derartigen Erweiterung profitieren:

- Der Anbieter spart Rechnerleistung, die sonst – wie im Primzahlbeispiel – für immer gleiche Berechnungen aufgewendet würde;
- der Nutzer gewinnt ebenfalls Zeit, weil außer einer gelegentlichen Auffrischung des Codes keine Netzlast mehr anfällt. Das gilt zumindest für Routinen wie diese, die nicht ressourcenintensiv sind.

Auch dies ist natürlich nichts Neues, sondern lediglich die Idee der Applets, wie sie durch die Programmiersprache Java publik wurde.

16.7 Der Frontcontroller

Als *Frontcontroller* bezeichnet man in Webanwendungen einen Requestbehandler, den ausnahmslos jeder an die Anwendung gerichtete Request passieren muss. Anhand der im Request eingehenden Daten und seines Zustands ermittelt er, welcher Programmteil für die Bearbeitung zuständig ist und leitet den Request an diesen weiter.

Ein solcher »Türhüter« hat seine Vorteile: Man hat dadurch zwei besondere Zeitpunkte,

- *Beginn der Requestbearbeitung* und
- *Ende der Requestbearbeitung*,

zu denen – unabhängig von der konkreten Gestalt der Anwendungsimplementierung – zentrale Logik implementiert werden kann.

Die meisten zentralen Aufgaben, für die ein Frontcontroller eingesetzt wird, übernimmt im SAP-System jedoch bereits das Internet Communication Framework, in der ABAP-Welt repräsentiert durch den Funktionsbaustein `HTTP_DISPATCH_REQUEST`, sowie die Methode `execute_request()` der Klasse `CL_HTTP_SERVER`. Dazu gehören

- *Authentifizierung*
  Die verschiedenen Möglichkeiten der Authentifizierung (Basic, SSO2-Ticket) sind Teil des Standardablaufs der Requestbearbeitung.
- *Caching*
  Bevor überhaupt ein Benutzerkontext in der ABAP-Laufzeit aufgebaut wird, prüft das System, ob der Request sich durch den ICM-Server-Cache bedienen lässt. Ist dies der Fall, wird das angeforderte Objekt direkt aus dem Speicher des ICM zurückgegeben.
- *Logging*
  Um die Verteilung der Systemlast auf die einzelnen Requests genauer zu untersuchen, steht standardmäßig der Systemmonitor zur Verfügung. Die Transaktion `ST03` gestattet Auswertungen der HTTP-Antwortzeiten pro aufgerufenem Controller. Darüberhinaus gibt es mit Hilfe eines Systemparameters die Möglichkeit, ein ausführlicheres Logging im so genannten CLF-Format einzuschalten.
- *Tracing*
  In Transaktion `SICF` lässt sich die Laufzeitanalyse für einzelne Services aktivieren. So ist es möglich, einzelne Transaktionen in der mit der `SE30` üblichen Tiefe zu analysieren. Wie überall im SAP-System, sind natürlich auch SQL-Traces möglich.

- *Debugging*
  Das Debuggen von BSP-Anwendungen ist so einfach wie das eines ABAP-Reports: Statt eines herkömmlichen Breakpoints setzt man einen »externen Breakpoint«. Wird dieser erreicht, öffnet sich das gewohnte ABAP-Debugger-Fenster.

Es gibt daher wenig Notwendigkeit, in ABAP-basierten Webanwendungen einen Frontcontoller zu verwenden. Wenn dies aber doch einmal nötig sein sollte, um einen quer durch alle Anwendungen verlaufenden »Aspekt« zu implementieren, empfiehlt es sich, einen Frontcontroller nicht als Controller im BSP-Sinne, sondern als ***HTTP-Handler*** abzufassen und im ICF-Baum einer geeigneten URL zuzuordnen. Dadurch wird der Frontcontroller nämlich bereits sehr früh im Ablauf der Requestbehandlung aufgerufen, was ihn effizienter macht.

Wie wir sahen, ist ein HTTP-Handler im SAP-System einfach dadurch definiert, dass er das Interface `if_http_extension` implementiert, das aus der einzigen Methode `handle_request()` besteht. Das versetzt ihn in die Lage, einen Request zu bearbeiten und durch Aufrufe der Methode `response->set_cdata()` eine HTTP-Antwort zu erzeugen.

Es gibt jedoch auch noch einen als globales Attribut realisierten Rückgabeparameter des Interface `if_http_extension` namens `flow_rc`. Er steuert, ob nach Ausführung des Requests durch den ersten Behandler weitere Behandler aufgerufen werden sollen oder die Bearbeitung beendet ist. Im Standardfall ist die Requestbearbeitung mit einem Behandler beendet. Wenn weitere Behandler aufgerufen werden sollen, gibt man diesem Parameter den Wert `if_http_extension~co_flow_ok_others_opt`.

Das gibt uns die Möglichkeit, einen Frontcontroller in der Behandlerliste aufzuführen. In folgendem Beispiel ist der Knoten `/test` so eingestellt, dass zunächst der Frontcontroller, danach das BSP-Framework aufgerufen wird. Der Aufruf des BSP-Frameworks kann jedoch verhindert werden, indem der Frontcontroller den Parameter `flow_rc` auf `if_http_extension_flow_ok` setzt und damit dem Framework bekanntgibt, dass er selbst den Request vollständig behandelt hat (siehe Abb. 16–23).

Um zu sehen, wie dies funktioniert, wollen wir einen einfachen Test durchführen. Wir verlangen, dass der Request erst dann an die BSPs weitergereicht wird, wenn er ein Feld `key` mit dem Wert `4711` enthält. Ist dies nicht der Fall, soll ein kurzer Text »Sie sind nicht autorisiert« zurückgesendet werden, ohne dass das BSP-Framework aufgerufen wird.

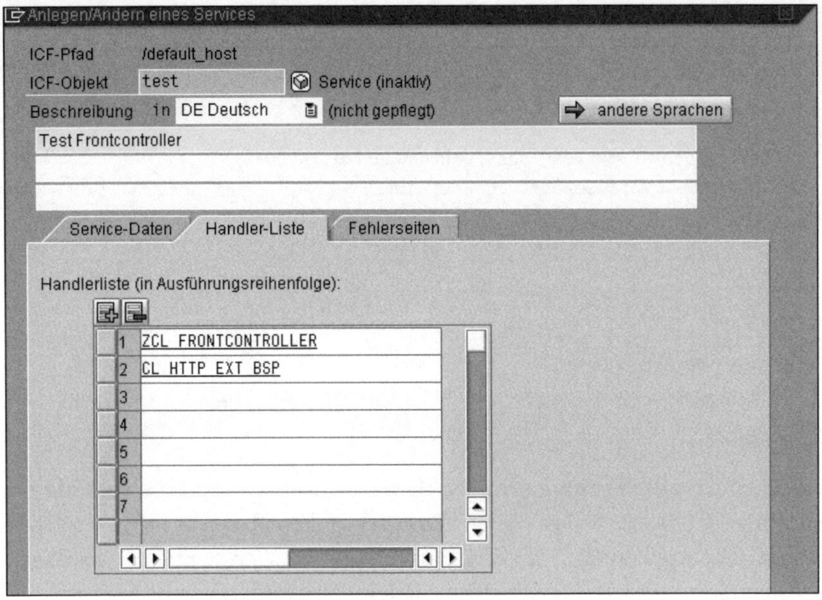

Abb. 16–23 *Einrichten eines Frontcontrollers*

Der Frontcontroller hierzu sieht folgendermaßen aus:

```
method if_http_extension~handle_request .

  data: lv_path type string,
        lv_key  type string.

* Front Controller Demo - Prüfungen vor Ausführung sämtlicher BSPs

  lv_path = server->request->get_header_field( '~path' ).

* Als Beispiel nehmen wir die Auswertung eines Formularfeldes
  lv_key = server->request->get_form_field( 'key' ).
  if lv_key is initial.
    server->request->get_cookie( exporting name = 'key'
                                 importing value = lv_key ).
  endif.

* MIMEs und geprüfte Objekte durchlassen
  if  lv_path np '*/public/*' and
      lv_path np '*.gif' and
      lv_path np '*.jpg'.

    if lv_key  ne '4711'.

      server->response->set_cdata( 'Sie sind nicht autorisiert' ).
```

```
* Keine weiteren Behandler mehr aufrufen
      if_http_extension~flow_rc = if_http_extension~co_flow_ok.
      return.

    else.

* In einem Cookie merken, dass Prüfung erfolgreich war
      server->response->set_cookie( name  = 'key'
                                    value = '4711'
                                    path  = '/' ).
    endif.

  endif.

* Mit dem nächsten Behandler fortfahren
  if_http_extension~flow_rc = if_http_extension~co_flow_ok_others_opt.

endmethod.
```

Als Merker, dass die Prüfung erfolgreich war, setzen wir das Key-Feld als (nichtpersistentes) Cookie, so dass es ab dann bei jedem Request mitgesendet wird. Beachten Sie, dass auch MIME-Objekte wie JavaScript-Files, Grafiken und Stylesheets durch das BSP-Framework behandelt werden können (wenn sie Teil der BSP-Applikation sind). Diese haben meist öffentlichen Charakter und können daher von Prüfungen ausgenommen werden (wie wir es im Beispiel getan haben).

Wenn wir nun die BSP für den SRS-Login (in diesem Beispiel in der Version für Pocket PCs) aufrufen, erhalten wir folgende Antwort:

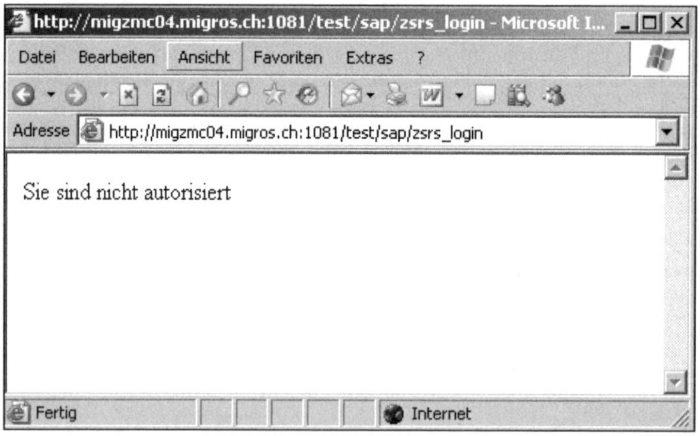

Abb. 16–24 *Beispiel: Unautorisierter Zugriff*

Der Frontcontroller hat also in diesem Fall bereits die Antwort gesendet, das BSP-Framework war gar nicht beteiligt. Wenn wir jedoch in der URL das Key-Feld als Query-Parameter anfügen, lässt der Frontcontroller den Request durch, und man gelangt auf die gewünschte BSP-Applikation:

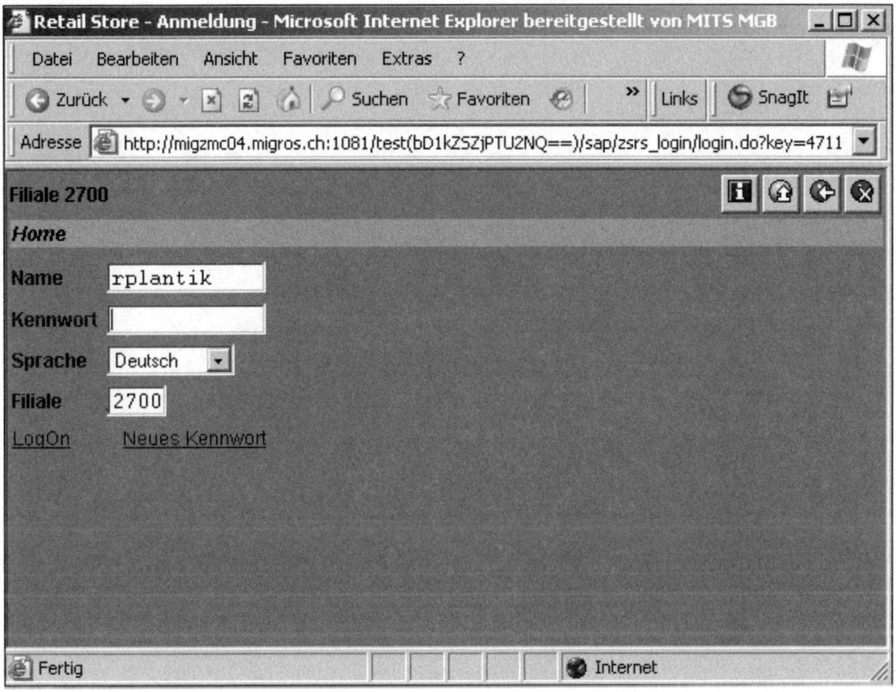

Abb. 16–25 *Beispiel: Autorisierter Zugriff*

17 Ajax im Einsatz: Eine Jobverwaltung

Wir wollen nun das SAP-System als Server verwenden, um mit Hilfe von Ajax eine kleine Webanwendung zur Pflege von Job-Attributen zu entwickeln. Diese Anwendung ist völlig unabhängig vom BSP-MVC-Framework, das in den vorigen Kapiteln im Mittelpunkt stand. Ein MVC-Framework für vom SAP Web AS bediente Ajax-Applikationen steht noch aus. Mit der hier vorgestellten Beispielapplikation werden Sie die wesentlichen Punkte einer Ajax-Anwendung kennen- und verstehen lernen.

17.1 Aufgabenstellung

Der reibungslose Betrieb eines SAP-Systems ist nur mit Hilfe von *Jobs* möglich, also im Hintergrund vom System automatisch ausgeführten Programmen. Folgeschritte von Anwendungen müssen automatisch durchgeführt werden (Beispiel: Neuterminierung), Daten müssen von anderen Systemen entgegengenommen und verarbeitet werden (IDocs oder BDocs), oder an andere Systeme oder an Endgeräte (Druck, Archivierung) versendet werden. All dies muss auf einer regelmäßigen Basis geschehen, es muss feste Startzeitpunkte für die einzelnen Jobs geben, die Laufzeiten müssen ungefähr bekannt sein. Abhängigkeiten zwischen den Jobs sind zu definieren. In größeren Unternehmen müssen die so entstehenden Jobs rund um die Uhr überwacht werden. Das mit dieser Aufgabe betraute Team muss wissen, welche Aufgaben die einzelnen Jobs haben und was im Fall eines Abbruchs zu tun ist. Lässt sich der Job problemlos noch einmal starten? Oder gibt es Korrekturreports, die im Abbruchfall gestartet werden können? Wie wichtig ist der Job überhaupt? Kann man bis zum nächsten Arbeitstag warten, um den Abbruch, wenn es sich um einen Programmfehler handelt, von einem ABAP-Entwickler korrigieren zu lassen?

SAP bietet mit den Transaktionen `SM36` *Job-Definition* und `SM37` *Job-Übersicht* die Möglichkeit, Jobs mitsamt ihrem Startzeitpunkt zu definieren, für die Ausführung zu bestimmten Zeitpunkten einzuplanen und die aktuelle Situation zu überwachen. Jedoch nicht alle obigen Anforderungen lassen sich mit diesen Transaktionen abbilden:

- Jobs sollten mit einem Langtext dokumentierbar sein, in dem die Funktion des Jobs in groben Zügen erläutert wird und das Verhalten im Fehlerfall für den Betrieb beschrieben wird.
- Es sollte weitere Attribute wie Priorität, Wiederholbarkeit, Ansprechpartner, o.ä. geben.
- Es sollte möglich sein, Abhängigkeiten von Jobs in Jobketten zu definieren. Die Jobketten sind dabei prinzipiell nicht nur auf ein SAP-System bezogen, sondern auf die ganze Systemlandschaft des Unternehmens. Auch sollten die Bedingungen für die Fortsetzung der Jobkette flexibel definierbar sein, zum Beispiel mit einer Scriptsprache.

Aufgrund von Zusatzanforderungen dieser Art entscheiden sich viele Unternehmen für ein externes Tool, mit dem die gesamte Jobplanung und das Jobmonitorung für ein Unternehmen möglich wird. Ein solches Tool ist auf UNIX-Basis beispielsweise das Programm »Dollar Universe« von der Firma Orsyp. Aber auch eine eigene Job-Datenbank ist denkbar, in der die vom SAP-System nicht unterstützten Job-Attribute hinterlegt werden können.

Wir wollen hier eine kleine Job-Datenbank zur Verwaltung von Job-Attributen entwickeln. Sie ist noch nicht »rund« und dient hier auch nur als Beispiel zur Vorführung der Ajax-Techniken. Sie ließe sich für den praktischen Gebrauch jedoch sicher abrunden.

17.2 Abhängige Listboxen versorgen

Ein häufiges Problem in Anwendungen ist die Versorgung von Auswahllisten in einem Formular anhand von bereits eingegebenen Werten.

Für eine Job-Datenbank stellt sich dieses Problem bei den abhängigen Feldern *Report* und *Variante*: Es gibt für das Feld »Report« ein gewöhnliches textförmiges Eingabefeld, für die Variante dagegen eine Auswahlliste. Wenn der Benutzer den Reportnamen eingegeben hat, soll das System die Varianten ermitteln, die zu diesem Reportnamen gehören und diese in die Auswahlliste für das Feld »Variante« stellen.

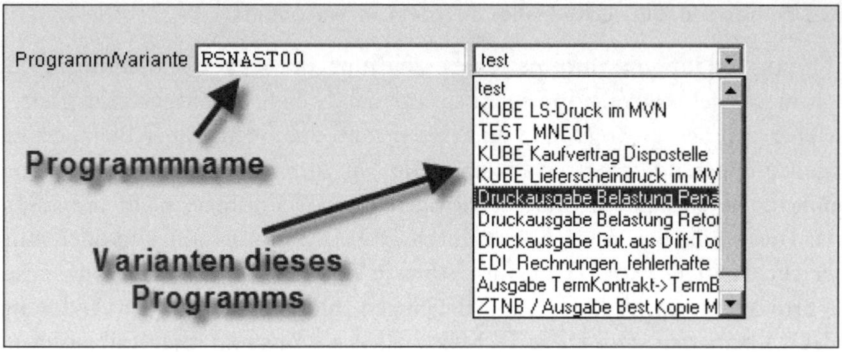

Abb. 17–1 *Abhängige Listboxen*

Reine clientseitige Lösung

Die erste Möglichkeit wäre, sämtliche möglichen Feldwerte und die zugehörige Auswahlmöglichkeiten dem Browser einmalig zur Verfügung zu stellen, zum Beispiel in Form eines »Hash of Arrays« (HoA), der dann mittels JavaScript ausgewertet wird. Das ist ein gutes Design, wenn es jeweils nur wenig Auswahlmöglichkeiten gibt. Beispielsweise könnte auch das erste Eingabefeld statt eines textförmigen Eingabefeldes eine Listbox sein, die nur wenige Auswahlmöglichkeiten bietet. Abhängig vom ausgewählten Wert können die Werte der zweiten Listbox dann mit JavaScript aktualisiert werden, was praktisch keine Zeit kostet. Für Reports mit ihren Varianten ist dieses Vorgehen jedoch nicht praktikabel, da es Tausende von ausführbaren Programmen im SAP-System gibt.

Lösung mit Bildwechsel und Serverrequest

Da diese erste Möglichkeit hier ausfällt, sind wir gezwungen, uns die nötigen Informationen vom Server zu beschaffen. In einer klassischen »Web 1.0«-Anwendung, zum Beispiel auf BSP-Basis, würde man einen Behandler für das Ereignis `onChange` des Reportfeldes hinterlegen, der nach Eingabe des Reportnamens einen Server-Roundtrip durchführt, so dass die gesamte Seite neu aufgebaut wird. Da das Feld für den Report nun als Formularfeld mitgesendet wird, kann die Listbox mit den zugehörigen Varianten befüllt werden – oder eine Fehlermeldung ausgegeben werden, wenn ein Report des angegebenen Namens gar nicht existiert.

Problem: Es kostet Zeit und ist an sich unnötig, die gesamte Webpage auf Serverseite neu zu berechnen und an den Client zu senden. Der Anwender ist darüberhinaus irritiert, dass seine Eingabe zu einem neuen Bildaufbau im Browser führt, die Seite »flackert«, da sie mit identischem Aussehen neu gerendert werden muss. Die Anwendung ist nicht flüssig bedienbar.

Ajax-Lösung: Kein Bildwechsel, aber trotzdem Serverrequest

Mit Ajax verläuft die Informationsbeschaffung dagegen viel unaufdringlicher. Auch hier ist eine JavaScript-Funktion für das Ereignis `onChange` registriert. Sie löst aber den Server-Roundtrip im Hintergrund aus, so dass der Benutzer seine Eingaben ungehindert fortsetzen kann. Die Antwort wird asynchron entgegengenommen. Sie enthält nur die zugehörigen Listbox-Einträge, nicht die gesamte Seite. Diese Einträge werden nun durch DOM-Manipulation und/oder mittels einer clientseitigen XSLT-Transformation in das HTML der Seite eingemischt. Der Browser aktualisiert dabei nur diejenigen Bildteile, die von den Änderungen im DOM betroffen sind. Diese Technik wollen wir uns nun im Detail ansehen.

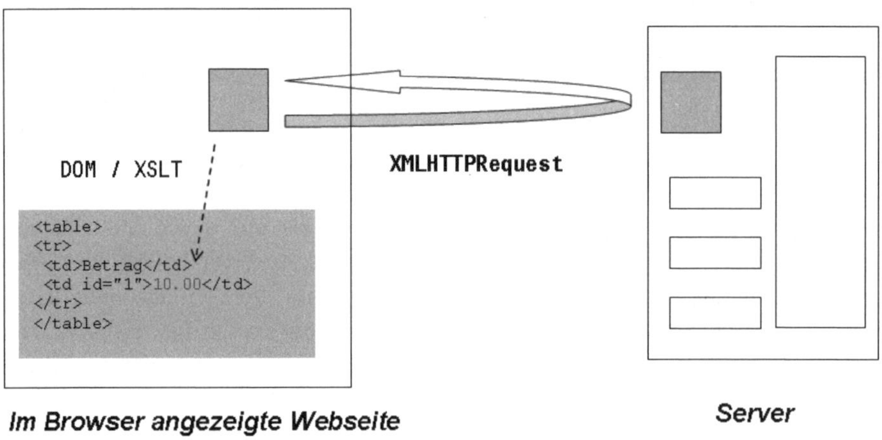

Abb. 17–2 *Ablauf eines Ajax-Requests*

17.3 Ermittlung von Reportvarianten

Wir wollen zunächst einen Requestbehandler schreiben, der zu einer gegebenen Report-ID die zugehörigen Varianten ermittelt, falls welche vorhanden sind. Die Antwort erfolgt in einem für den Requestbehandler passend definierbaren XML-Format, von dem allein der Wurzelknoten `<ajax>` und ein Meldungsknoten `<message>` namentlich und syntaktisch festgelegt werden.

Um den Dokumenttyp der Antwort zu illustrieren, folgen zunächst zwei Beispiele. Abbildung 17–3 zeigt das Beispiel einer Antwort, die lediglich eine Fehlermeldung enthält:

Das `<message>`-Element enthält einen Text in der Anmeldesprache des Systems und ein `type`-Attribut, das die Fehlerschwere angibt (`E` für Fehler, `W` für Warnung, `I` für Information oder `S` für Erfolg). Kein, ein oder mehrere Subelemente vom Namen `<field>` geben die betroffenenen Eingabefelder an, damit diese im

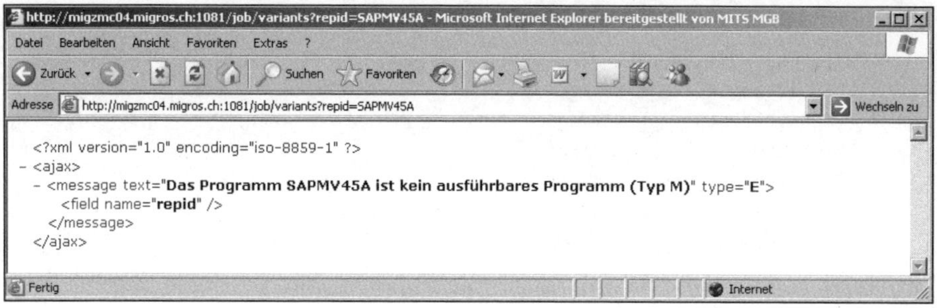

Abb. 17–3 *Ajax-Antwortbeispiel: Fehlermeldung*

Formular als fehlerhaft gekennzeichnet werden können. Der Requestbehandler bezieht sich hierbei auf die Namen der Formularfelder, die im Request mitgesandt werden.

Hier das Beispiel einer Antwort für einen Report, zu dem Varianten gepflegt sind:

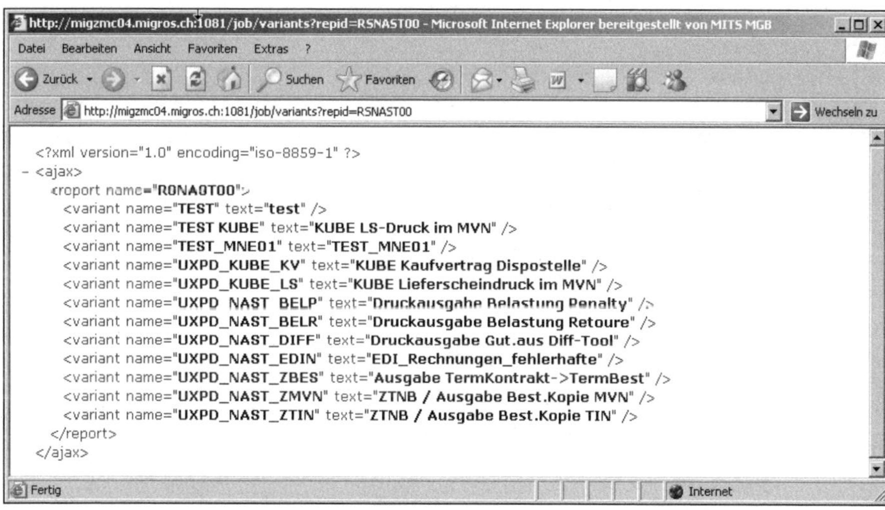

Abb. 17–4 *Ajax-Antwortbeispiel: Regulärer Fall*

Auch hier werden die Texte der Varianten aus Tabelle VARIT in der Anmeldesprache zurückgeliefert.

Es ist auch möglich, in einer `<ajax>`-Antwort sowohl eine Meldung als auch weitere Elemente zurückzusenden. Es gibt aber nur für die Meldung ein standardisiertes Format – den Knoten `<message>` –, die weiteren Elemente sind beliebig.

Wir wollen also eine ABAP-Klasse `ZCL_JOB_REPID_VARIANTS` anlegen, die die gewünschten Daten auf Anfrage sendet. Den Namen des Reports erhält sie als Query-Parameter `repid`. Wir implementieren also das Interface `IF_HTTP_EXTENSION` und müssen die Methode `handle_request( )` wie folgt definieren.

```
method if_http_extension~handle_request .

  data: ls_trdir  type trdir,
        lv_repid  type repid,
        lv_length type string,
        lv_msg    type string,
        lv_msgty  type symsgty,
        lt_vars   type standard table of rsvartxt,
        lv_result type string.

  lv_repid = server->request->get_form_field( 'repid' ).
  if lv_repid eq space.
* Bitte einen Reportnamen angeben
    message e798(db) into lv_msg.
    lv_msgty = 'E'.
  else.
* Varianten eines Reports lesen
    translate lv_repid to upper case.
    call function 'RS_ALL_VARIANTS_4_1_REPORT'
      exporting
        program              = lv_repid
        text                 = 'X'
      tables
        var_txt              = lt_vars
      exceptions
        report_not_existent = 1
        others               = 2.
    if sy-subrc <> 0.
      message id sy-msgid type sy-msgty number sy-msgno
             with sy-msgv1 sy-msgv2 sy-msgv3 sy-msgv4
         into lv_msg.
      lv_msgty = sy-msgty.
      clear lt_vars.
    elseif lt_vars is initial.
* Testen, ob es überhaupt ein ausführbares Programm ist
      select single * from trdir into ls_trdir where name = lv_repid.
      if sy-subrc ne 0.
* Keine TRDIR-Information zu Programm & vorhanden
        message e089(sy) with lv_repid into lv_msg.
        lv_msgty = 'E'.
      elseif ls_trdir-subc ne '1'.
* Das Programm & ist kein ausführbares Programm (Typ &)
        message e055(srt) with lv_repid ls_trdir-subc into lv_msg.
        lv_msgty = 'E'.
      endif.
    endif.
  endif.
```

```
* Varianten und/oder Meldung ins Ajax XML-Format transformieren
  call transformation zvariants
       source variants     = lt_vars
              message      = lv_msg
              message_type = lv_msgty
              repid        = lv_repid
       result xml lv_result.

* XML-Objekt zurückgeben
  lv_length = strlen( lv_result ).
  server->response->set_header_field( name  = 'Content-Length'
                                      value = lv_length ).
  server->response->set_header_field( name  = 'Content-Type'
                                      value = 'text/xml' ).
  server->response->set_cdata( lv_result ).
endmethod.
```

Die XSLT-Transformation `ZVARIANTS` können Sie nach Hinschreiben der `call transformation`-Anweisung durch einen simplen Doppelklick anlegen. Sie muss die folgende Gestalt haben:

```
<xsl:transform version="1.0"
  xmlns:xsl="http://www.w3.org/1999/XSL/Transform"
  xmlns:asx="http://www.sap.com/abapxml"
  exclude-result-prefixes="asx">

<xsl:template match="asx:abap/asx:values">
  <ajax>
    <xsl:if test="not ( MESSAGE_TYPE = '' )">
      <message>
        <xsl:attribute name="text">
          <xsl:value-of select="MESSAGE"/>
        </xsl:attribute>
        <xsl:attribute name="type">
          <xsl:value-of select="MESSAGE_TYPE"/>
        </xsl:attribute>
        <field name="repid"/>
      </message>
    </xsl:if>
    <xsl:apply-templates select="VARIANTS"/>
  </ajax>
</xsl:template>

<xsl:template match="VARIANTS">
  <xsl:if test="RSVARTXT">
    <report>
      <xsl:attribute name="name">
        <xsl:value-of select="/asx:abap/asx:values/REPID"/>
      </xsl:attribute>
      <xsl:for-each select="RSVARTXT">
        <variant>
```

```
          <xsl:attribute name="name">
            <xsl:value-of select="VARIANT"/>
          </xsl:attribute>
          <xsl:attribute name="text">
            <xsl:value-of select="VTEXT"/>
          </xsl:attribute>
        </variant>
      </xsl:for-each>
    </report>
  </xsl:if>
</xsl:template>

</xsl:transform>
```

Beachten Sie folgende Besonderheiten dieses Programms:

- Das Attribut `exclude-result-prefixes` im Element `<xsl:transform>` muss verwendet werden, damit die von der Transformation erzeugten Knoten keine Referenz auf den SAP-Namensraum `http://www.sap.com/abapxml` erhalten.
- Die Anweisung `<xsl:if test="RSVARTXT">` dient dazu, zu verhindern, dass ein `<report>`-Element im Zieldokument erzeugt wird, wenn es zu diesem gar keine Varianten gibt.
- Das innere Element `<field name="repid"/>` des `<message>`-Knotens kann hier fest codiert werden, denn es ist genau das Formularfeld dieses Namens, das im Requestbehandler ausgewertet wird.
- Die Schleife über die Varianten ist mit der Anweisung `<xsl:for-each select="RSVARTXT">` realisiert. Der Name `RSVARTXT` ist der Zeilentyp der internen Tabelle, die im Attribut `VARIANTS` an die Transformation übergeben wurde, und so muss es immer sein, denn dies gibt die Definition des `ABAPXML`-Formats vor.

17.4 Den Request absetzen

Den Request zur Ermittlung von Reportvarianten brauchen wir nur dann abzusetzen, wenn

- der Benutzer gerade einen neuen Reportnamen eingegeben hat, oder wenn
- er den Focus auf das Listboxfeld setzt, um eine Variante auszuwählen.
- Eine Neuermittlung ist nicht nötig, wenn die Listboxwerte schon stimmen – das heißt, der Reportname, auf den sich die Varianten beziehen, stimmt mit dem aktuell im Eingabefeld für den Reportnamen enthaltenen Wert überein.

Aufgrund der ersten beiden Bedingungen werden wir die Funktion zum Absetzen des Requests dem `onChange`-Event des Eingabefeldes und dem `onFocus`-Event der Listbox zuordnen. Der HTML-Code für die beiden Eingabefelder sieht daher folgendermaßen aus:

```
<input id="repid"
       name="repid"
       type="text"
       size="20"
       maxlength="30"
       onChange="provideVariants()"></input>
<select id="variant"
        name="variant"
        style="width:14em;"
        onFocus="provideVariants();">
</select>
```

Um Ajax zu verwenden, benötigen wir ein Framework, das uns davor bewahrt, die Implementierungsdetails der verschiedenen Browser berücksichtigen zu müssen. Ein solches Framework ist die *Sarissa*-Bibliothek von Manos Batsis. Es ist eine relativ schlanke, in der aktuellen Version lediglich 27 KB umfassende Sammlung von Script-Funktionen mit dem Anspruch, DOM- und HTTPRequest-Funktionen möglichst browserübergreifend zur Verfügung zu stellen. Aktuell werden Browser wie Mozilla, Firefox, Internet Explorer, Konqueror, Safari und Opera unterstützt – soweit diese Browser ihre eingebauten XSLT- und XML-DOM-Funktionen überhaupt dem Scripting zugänglich gemacht haben.[1]

Im Kopf des HTML-Dokuments binden wir die Sarissa-Bibliothek ein:

```
<script type="text/javascript" src="../sap/public/mvc/sarissa.js"></script>
```

Das Objekt, das den HTTP-Request ausführt, heißt in Sarissa `XMLHttpRequest`. Es ist eine browserunabhängige Hülle um die in ihrer konkreten Implementierung leicht unterschiedlichen Objekte der verschiedenen Browser, die diese Funktion ausführen.

Um die Variantenabfrage effektiv nur dann auszuführen, wenn die Listbox nicht mehr aktuell ist, benötigen wir ein globales Bezugsfeld, um den Reportnamen aufzubewahren, auf den sich die Listboxeinträge beziehen. Wir wollen es `repidVariants` nennen.

Abhängig von einem (optionalen) Importparameter `sync` soll es möglich sein, den Request auf Wunsch synchron oder asynchron abzusetzen. Standardmäßig und Ajax-konform ist der asynchrone Request. Die Funktion `provideVariants()`, die wir dem `onChange`- und `onFocus`-Ereignis zugeordnet haben, muss daher folgende Gestalt haben:

1. Konqueror, Safari und Opera bieten aktuell (Mai 2006) zwar XML-DOM-Funktionen und XMLHttpRequest an; der eingebaute XSLT-Prozessor ist jedoch noch nicht per Script aufrufbar.

```
var xmlhttp = null;
var variantService = "/job/variants";
var repidVariants = "";
function provideVariants(sync) {
// Eingegebenen Report einlesen
  var repid = document.getElementById("repid").value;
// Ist er leer oder enthält nur Whitespace?
  if ((repid == null) || (!repid.match(/\S/))) return 0;
// Gleicht er dem aktuellen Bezugsfeld der Listbox?
  if (repidVariants!=repid) {
// Nein, dann neues Requestobjekt erzeugen
    xmlhttp = new XMLHttpRequest();
// Request absetzen, repid ist Requestparameter
    async = sync ? false : true;
    xmlhttp.open("GET", variantService + "?repid="+repid, async);
// Asynchron? Dann für Empfang der Antwort registrieren
    if (!sync) xmlhttp.onreadystatechange=provideVariantsHandler;
// Alte Optionen löschen
    var variants = xmlhttp.responseXML.getElementsByTagName("variant");
    Sarissa.clearChildNodes(variants);
// Request senden
    xmlhttp.send(null);
// Synchron? Dann sofort Antwort verarbeiten
    if (sync) provideVariantsHandler(true);
// Bezugsfeld der Listbox neu setzen
    repidVariants = repid;
    }
  }
```

Wie Sie sehen, muss auch das Request-Objekt global definiert sein – das ist die einzige Möglichkeit, um im Ereignisbehandler für das `onreadystatechange`-Ereignis an die HTTP-Antwort heranzukommen.

Wenn die Antwort vom Server kommt, wird die Funktion `provideVariantsHandler()` aufgerufen, die die Listbox mit den Auswahlmöglichkeiten aktualisiert. Beachten Sie, dass es verschiedene `readyState`-Werte gibt, die alle das Ereignis `onreadystatechange` auslösen. Der relevante, für alle Browser korrekte Wert, zu dem die Antwort vorliegt, ist 4.

Das XMLHTTPRequest-Objekt löst bei jedem Wechsel der Variablen `readyState` *das Ereignis* `onreadystatechange` *aus. Um die Antwort zu verarbeiten, muss der Wert* `readyState = 4` *abgewartet werden.*

Da es sich um ein kleines Antwortobjekt mit nur wenigen Elementen handelt, führen wir die Aktualisierung in unserem Fall durch direkten DOM-Zugriff aus (statt eine XSLT-Transformation zu verwenden):

```
function provideVariantsHandler(sync) {
// Bei synchronem Zugriff, oder wenn readyState = 4
  if (sync || xmlhttp.readyState == 4) {
// Fehler – keine Antwort
    if (xmlhttp.responseXML == null)
      throw "Keine Antwort von HTTP-Request /bsp/getVariants";
// Zielknoten im HTML-Dokument beschaffen
    variant  = document.getElementById("variant");
// Alle Varianten aus der HTTP-Antwort besorgen
    variants = xmlhttp.responseXML.getElementsByTagName("variant");
    Sarissa.clearChildNodes(variant);
// Optionen der Listbox einspielen
    for (i = 0; i < variants.length; i++) {
// Für jede Variante ein neues <option>-Element herstellen
      option = document.createElement("option");
// value-Attribut mit Variantenschlüssel füllen
      option.setAttribute("value",variants[i].getAttribute("name"));
// Bezeichnung der Option ist ein Textknoten, ein Kind von <option>
     option.appendChild( document.createTextNode( variants[i].firstChild.data
) );
// Die fertige <option> dem <select>-Element hinzufügen
      variant.appendChild(option);
      }
// Bezugsfeld für die Variantenlistbox setzen
    repidVariants = document.getElementById("repid").value;
    }
  }
```

17.5 Ausgabe von Meldungen

Für die Auswertung des <message>-Knotens gibt es eine in unserem eigenen Script globalAjax.js vordefinierte JavaScript-Funktion checkMessages(). Sie löscht zunächst eine allfällig noch im Meldungsbereich stehende Nachricht, liest dann aus dem übergebenen DOM-Objekt einen etwa vorhandenen Knoten <message> und gibt die darin enthaltene Meldung aus.

Damit dies funktioniert, muss lediglich in der HTML-Seite ein Bereich für die Meldung vorgesehen sein. Darunter verstehen wir nichts weiter als einen <span>-Bereich, dessen Inhalt Sie vermutlich anfänglich leer lassen werden, und dem Sie die Element-ID »msg« geben.[2]

Um die Funktion zu nutzen, muss sie lediglich im Behandler des onReadyStateChange-Events aufgerufen werden. In unserem Fall ist folgende Ergänzung der Funktion nötig:

2. Sie können auch eine andere ID wählen, müssen diese dann aber in Aufrufen wie checkMessage() als zusätzlichen optionalen Parameter mitgeben. Der Defaultwert der ID für die Message-Zeile ist "msg".

```
function provideVariantsHandler(sync) {
// Bei synchronem Zugriff, oder wenn readyState = 4
  if (sync || xmlhttp.readyState == 4) {
// Fehler - keine Antwort
  if (xmlhttp.responseXML == null)
      throw "Keine Antwort von HTTP-Request /bsp/getVariants";
// Meldung absetzen
  checkMessage( xmlhttp.responseXML );
// Zielknoten im HTML-Dokument beschaffen
  variant  =  document.getElementById("variant");
...
```

Wie bereits erwähnt, kann eine Ajax-Antwort neben einer Meldung stets noch weitere Inhalte haben, die von der konkreten Gestalt des Requestbehandlers abhängen und nicht vordefiniert sind. So kann beispielsweise eine gültige Antwort *und* eine Warnmeldung zurückgegeben werden.

Wenn Sie nach Einbau der `checkMessage()`-Funktion in das Eingabefeld ein nicht existierendes oder nicht ausführbares Programm eingeben, erhalten Sie nun eine Fehlermeldung:

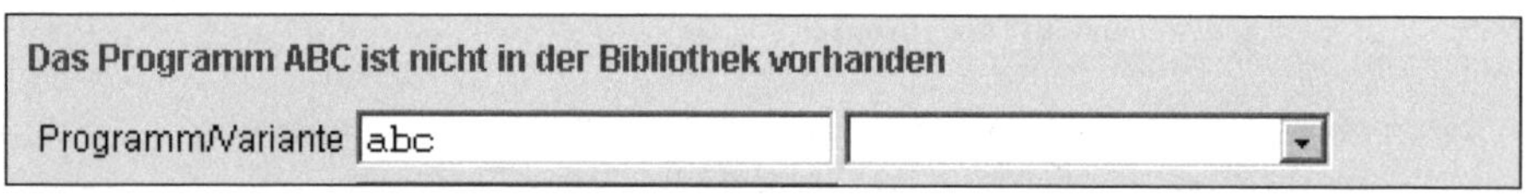

Abb. 17–5 *Fehlerausgabe*

17.6 Verwaltung der Jobtabelle

Um mit dem Beispiel fortzufahren, benötigen wir nun ein Daten- und Programmiermodell für die Verwaltung der Jobattribute. Wir wollen diese Modelle so einfach wie möglich halten, da es uns hier nur darum geht, das Prinzip zu verdeutlichen.

Die zusätzlichen, nicht durch die `SM36` abgedeckten Attribute, modellieren wir nahelie-genderweise als Spalten einer neuen transparenten Tabelle `ZJOBS`. Als Primärschlüssel wählen wir (zusätzlich zum Mandanten) ein vierstelliges numerisches Feld, das wir als Job-ID bezeichnen. Insgesamt legen wir die Tabelle mit den folgenden Feldern an:

Name	Typ	Beschreibung
mandt	mandt	Mandant
id	numc4	Vierstellige Job-ID
repid	repid	Programm
varid	variant	Variante
prio	priok	Priorität
restart	flag	Job kann nach Abbruch neu gestartet werden
contact	text72	Ansprechpartner
descr	text132	Kurzbeschreibung

Tab. 17–1 *Die Tabelle ZJOBS*

Um die Tabelle zu lesen, Inhalte zu ändern, zu löschen oder neue Einträge einzufügen, soll nun eine Klasse programmiert werden, die als Requestbehandler definiert sein muss, also das Interface IF_HTTP_EXTENSION implementiert.

Hierzu orientieren wir uns an den Methoden, die das HTTP-Protokoll vorsieht. Die Freiheit der Wahl einer HTTP-Methode wird in Webanwendungen und Web-Services selten benutzt, obwohl die Methoden als »Verben« der Operation durchaus mit Semantik belegt werden könnten. Man beschränkt sich in der Praxis häufig auf HTTP GET-Requests. Wir wollen hier für unsere Jobtabelle eine GET-, eine POST- und eine DELETE-Methode implementieren.

Die GET-Methode soll alle bereits gepflegten Jobs in einem Ajax-tauglichen XML-Format zurückgeben. Ein Request der Art

```
GET /job/attributes HTTP/1.1
```

wird vom Server beispielsweise mit folgender XML-Antwort quittiert:

```
<?xml version="1.0" encoding="ISO-8859-1" ?>
<ajax>
  <job id="0001">
    <repid>RSNAST00</repid>
    <varid>FAK_S</varid>
    <prio>1</prio>
    <restart></restart>
    <contact>F. Proft</contact>
    <descr>Fakturierung der Nordkunden, auch private</descr>
  </job>
  <job id="0002">
    <repid>ZSEDI04</repid>
    <varid>EDI_RP</varid>
    <prio>4</prio>
    <restart>X</restart>
    <contact>T. Kaiser</contact>
    <descr>Altoel-Lieferanten aus Entenhausen</descr>
  </job>
</ajax>
```

Für die Pflege eines bereits existierenden Jobs verwenden wir die POST-Funktion. Das XML-Dokument mit den Daten des zu ändernden Jobs wird dabei im Bauch des Requests mitgeführt. Der Server gibt auf den POST-Request nur den geänderten Job zurück:

```
<?xml version="1.0" encoding="ISO-8859-1" ?>
<ajax>
  <job id="0002">
    <repid>ZSEDI04</repid>
    <varid>EDI_RP</varid>
    <prio>4</prio>
    <restart/>
    <contact>T. Kaiser</contact>
    <descr>Altoel-Lieferanten aus Entenhausen</descr>
  </job>
</ajax>
```

Schließlich wollen wir mit `DELETE` ein XML-Dokument übergeben können, das den zu löschenden Job enthält. Auch dort soll als Rückgabe der gerade gelöschte Job in die HTTP-Antwort gestellt werden.

Wie ist ein solcher Requestbehandler zu implementieren? Mit den Techniken, die wir bereits vorgestellt haben:

- Wir legen in Transaktion `SICF` unter `default_host` einen Servicepfad `/job/attributes` an.
- Dem Knoten `attributes` ordnen wir eine Behandlerklasse `ZCL_JOB_DATA` zu.
- Die Klasse `ZCL_JOB_DATA` entnimmt dem Request die HTTP-Methode und die übergebenen Jobs, die sie mit einer XSLT-Transformation in ABAP-Daten wandelt;
- dann führt sie die gewünschte Operation aus;
- schließlich werden die geänderten, hinzugefügten, gelöschten oder selektierten Jobs mit einer zweiten XSLT-Transformation von ABAP in XML gewandelt und in den Body der HTTP-Antwort gestellt.

Sie können auch die Klasse `ZCL_JOB_DATA` von unserem Buch-Webauftritt importieren, um sie sich im Detail anzuschauen. Hier sollen ein paar Hinweise genügen:

- Die HTTP-Methode der Anfrage, ob `GET`, `POST`, `DELETE` oder anderes, kann dem Pseudoheaderfeld `~request_method` folgendermaßen entnommen werden:

```
* GET oder POST?
  lv_method = server->request->get_header_field( '~request_method' ).
  case lv_method.
    when 'GET'.
      ... " Liste aller Jobs
    when 'POST'.
      ... " Jobattribute buchen
    when 'DELETE'.
      ... " Job löschen
  endcase.
```

- Wir verwenden eine XSLT-Transformation, um die Ajax-konforme HTTP-Antwort zu erstellen. Die Transformation erhält vom Aufrufer einen Meldungsstring, einen Meldungstyp und eine interne Tabelle mit den zu übermittelnden Jobs:

```
call transformation zjobs
  source message = lv_message
         type    = lv_type
         jobs    = lt_jobs
  result xml lv_cdata.
```

Wenn die Nachricht `lv_message` am Ende der Requestbearbeitung nichtleer ist, wird sie als Attribut an den `<message>`-Knoten übergeben. Den SAP-Namensraum unterdrücken wir mit der Anweisung `<exclude-result-prefix>`:

```
<xsl:transform version="1.0"
  xmlns:xsl="http://www.w3.org/1999/XSL/Transform"
  xmlns:asx="http://www.sap.com/abapxml"
  exclude-result-prefixes = "asx" >
  <xsl:template match="asx:values">
    <ajax>
      <xsl:if test="MESSAGE != ''">
        <message>
          <xsl:attribute name="type">
            <xsl:value-of select="TYPE"/>
          </xsl:attribute>
          <xsl:attribute name="text">
            <xsl:value-of select="MESSAGE"/>
          </xsl:attribute>
        </message>
      </xsl:if>
      <xsl:for-each select="JOBS/ZJOBS">
        <job>
          <xsl:attribute name="id">
               <xsl:value-of select="./ID"/></xsl:attribute>
          <descr><xsl:value-of select="./DESCR"/></descr>
          <repid><xsl:value-of select="./REPID"/></repid>
          <varid><xsl:value-of select="./VARID"/></varid>
          <prio><xsl:value-of select="./PRIO"/></prio>
          <restart><xsl:value-of select="./RESTART"/></restart>
          <contact><xsl:value-of select="./CONTACT"/></contact>
        </job>
      </xsl:for-each>
    </ajax>
  </xsl:template>
</xsl:transform>
```

17.7 Darstellung der Jobtabelle

Die Antwort des Requestbehandlers enthält, wie Sie sehen, keinerlei Angaben über die *Darstellung* der Informationen; es werden nur die »nackten« Rohdaten übermittelt, die Jobattribute. Dies reduziert die Netzlast und dient nebenbei der Entkopplung: Die Antworten unserer Requestbehandler lassen sich in beliebigen Oberflächen auswerten. Wir müssen uns nun überlegen, wie wir diese Daten präsentieren. Im wesentlichen gibt es die folgenden beiden Möglichkeiten:

- Die XML-Antwort wird mit den DOM-Funktionen von JavaScript ausgewertet und mit ebendiesen Funktionen in das HTML-DOM der aktuellen Seite eingemischt – oder
- Die XML-Antwort wird mit einer XSLT-Transformation in ein HTML-Fragment transformiert. Dieses wird mit dem DOM-API von JavaScript in die aktuelle Seite eingemischt.

Wenn wir, wie beim Service `getJobList`, eine Liste von vielen Zeilen erhalten, empfiehlt sich die Verwendung einer XSLT-Transformation. Wenn dagegen nur wenige Daten ankommen – wie beim Service `maintainJob` – ist es im allgemeinen ökonomischer, diese Daten direkt zu analysieren.

Die folgende XSLT-Transformation `tableTransformer.xsl` erzeugt aus den eingehenden Jobdaten eine HTML-Tabelle.

```
<?xml version="1.0" encoding="ISO-8859-1"?>
<xsl:stylesheet version="1.0"
xmlns:xsl="http://www.w3.org/1999/XSL/Transform">
  <xsl:output method="html" />
  <xsl:param name="header"/>
  <xsl:template match="ajax">
    <table class="listcontainer"
           id="jobTable"
           style="table-layout:auto; width:100%"
           cellspacing="1"
           cellpadding="2"
           border="0">
     <tbody>
       <xsl:if test="$header='true'">
         <tr id="listheader">
           <td class="listheader" width="5%">ID</td>
           <td class="listheader" width="42%">Beschreibung</td>
           <td class="listheader" width="10%">Programm</td>
           <td class="listheader" width="10%">Variante</td>
           <td class="listheader" width="8%">Priorität</td>
           <td class="listheader" width="10%">Wiederanstartbar</td>
           <td class="listheader" width="15%">Verantwortlich</td>
         </tr>
       </xsl:if>
```

```
        <xsl:for-each select="job">
          <tr class="zebra{position() mod 2 + 1}" id="row_{./@id}">
            <td id="id_{./@id}">
              <a href="javascript:setInputArea('id_{./@id}');void(-1);">
                <xsl:value-of select="./@id"/>
              </a>
            </td>
            <td id="descr_{./@id}"><xsl:value-of select="./descr"/></td>
            <td id="repid_{./@id}"><xsl:value-of select="./repid"/></td>
            <td id="varid_{./@id}"><xsl:value-of select="./varid"/></td>
            <td id="prio_{./@id}"><xsl:value-of select="./prio"/></td>
            <td id="restart_{./@id}"><xsl:value-of select="./restart"/></td>
            <td id="contact_{./@id}"><xsl:value-of select="./contact"/></td>
          </tr>
        </xsl:for-each>
      </tbody>
    </table>
  </xsl:template>
</xsl:stylesheet>
```

Der Aufrufparameter `header` steuert, ob eine Kopfzeile mit den Spaltenüberschriften generiert werden soll oder nicht. Die Texte der Spaltenüberschriften sind hier der Einfachheit halber in deutscher Sprache hinterlegt. Sie werden später Techniken kennenlernen, ein solches XSLT-Dokument sprachübergreifend zu implementieren.

Die Inhalte der Tabellenzellen werden aus den entsprechenden Elementinhalten des XML-Quelldokuments entnommen. Jede Zelle bekommt im HTML-Format eine ID, damit ein gezielter Zugriff auf einzelne Zellinhalte mittels JavaScript möglich ist.

Das Besondere an unserer Jobapplikation wird sein, dass Sie diese Transformation nicht serverseitig, sondern clientseitig anwenden – und zwar auf das XML, das Ihnen vom Server gesendet wird.

17.8 Die HTML-Seite

Die gesamte Applikation spielt sich auf einer einzigen HTML-Seite ab. Es gibt keine Bildwechsel. Die Bildveränderungen werden dynamisch mit JavaScript-Mitteln ausgeführt. Die Seite kann daher gepuffert werden, denn serverseitig wird keine Logik durchlaufen. Es ist trotzdem praktisch, die Seite nicht im MIME-Repository einzupflegen, sondern als »Seite mit Ablauflogik«.[3] Der folgende Screenshot zeigt die typischen Einstellungen solcher Seiten. Zwei Vorteile sprechen dafür, die Seite auf diese Weise anzulegen:

3. Die »Seiten mit Ablauflogik« heißen nun mal so – wir können diesen Seitentyp selbstverständlich auch benutzen, ohne eine Ablauflogik zu hinterlegen (wie hier).

- Der Server puffert auch die Versionen für verschiedene Anmeldesprachen;
- Sie können BSP-Elemente und OTR-Texte verwenden. Bedenken Sie nur, dass diese Elemente genau einmal gerendert werden – danach kommt die gerenderte Seite in den Puffer und wird bis zum Ablauf der Verfallszeit ABAP-seitig nicht mehr durchlaufen. Das gleiche gilt für weiteres ABAP-Scripting.

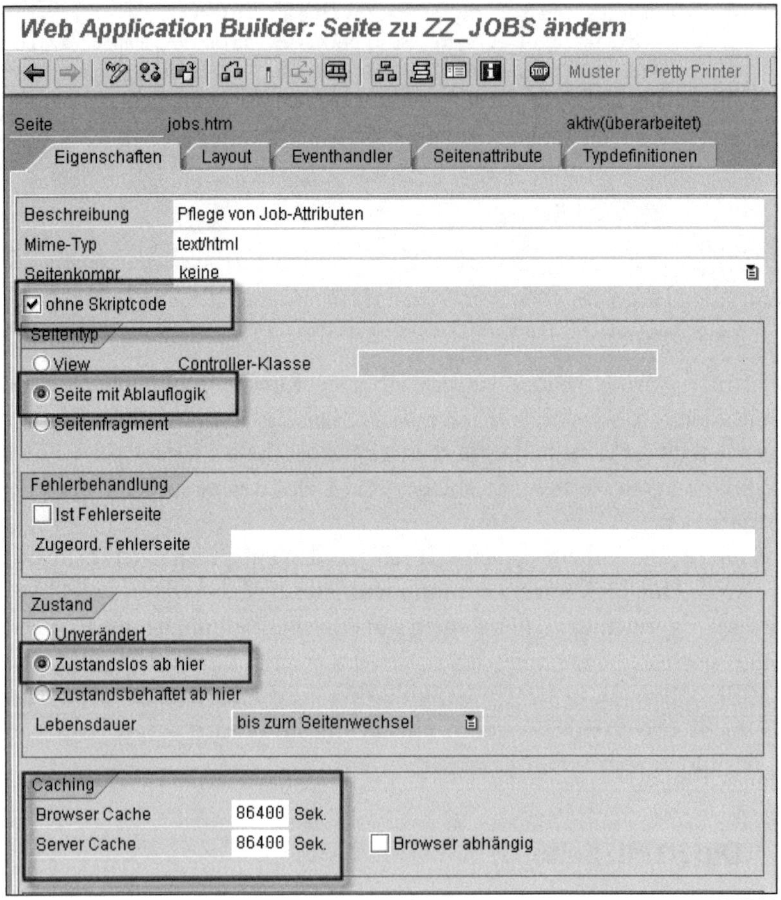

Abb. 17–6 *Einstellungen einer Ajax-Seite*

Die fertige HTML-Seite sieht im Browser so aus:

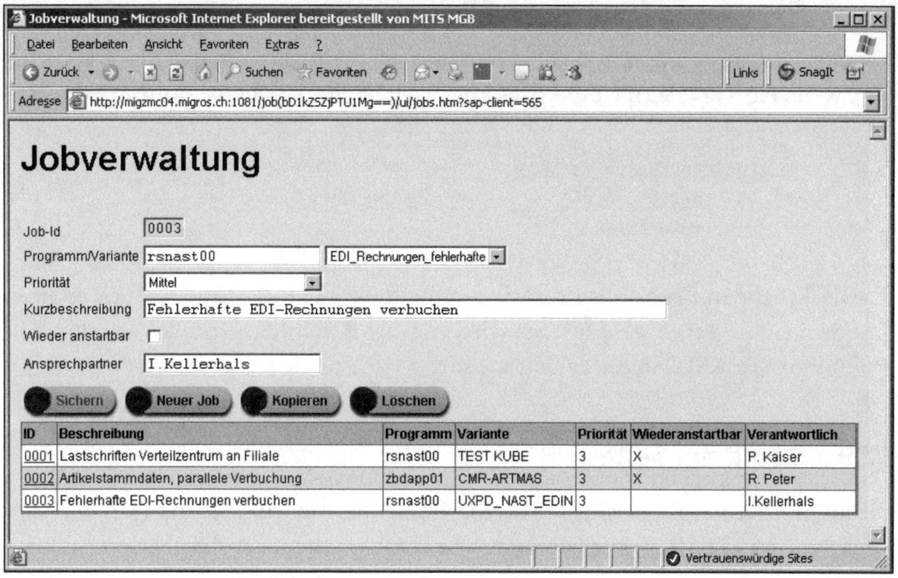

© SAP AG

Abb. 17–7 *Die fertige HTML-Seite*

Im oberen Bildbereich sehen Sie Eingabefelder für den gerade bearbeiteten Job. Die Felder sind, mit Ausnahme der intern vergebenen Job-ID, alle eingabebereit. Es folgt eine Drucktastenleiste mit den wählbaren Funktionen, und schließlich die Job-Liste, die dynamisch erzeugt und aktuell gehalten wird.

- **Sichern**
  sendet die im Eingabebereich eingegebenen Daten an den Server. Eine Rückmeldung (Fehler oder Erfolg) wird auf der Seite angezeigt; nach erfolgreichem Sichern wird die Jobliste aktualisiert.
- **Neuer Job**
  dient zur Erfassung eines neuen Jobs. Das bedeutet konkret, dass der gesamte Eingabebereich geleert wird, auch das nicht eingabebereite Feld Job-ID. Ist die Job-ID beim Speichern leer, so wird vom Server eine neue Nummer gezogen.
- **Kopieren**
  wird verwendet, um einen Job mit Vorlage zu erstellen. Das bedeutet praktisch, dass bloß das Feld Job-ID geleert wird; die übrigen Felder bleiben stehen und können abgeändert werden. Aufgrund der geleerten Job-ID wird der Job beim Sichern unter einer neuen Nummer abgelegt.
- **Löschen**
  dient zum Löschen des in den oberen Eingabebereichs gestellten Jobs.

Zu den Seitenbestandteilen:

- Die Felder des *Eingabebereichs* tragen alle eine ID, damit auf sie via DOM-API zugegriffen werden kann.
- Jeder *Button* wird mit dem `<z:button>`-Element dargestellt. Als Aktion ist jeweils eine JavaScript-Funktion hinterlegt. Beim »Sichern«-Button zum Beispiel `saveJob()`:

```
<z:button checkBusy="false"
          text="<%=otr(Z_MVC_EXAMPLE/SICHERN)%>"
          fcode="SAVE"
          href="javascript:saveJob();"/>
```

- Die Tabelle mit den Jobs ist im Seitenquelltext nicht vorhanden, auch nicht in Form eines `<z:table>`-Tags. Sie wird erst bei Bildaufbau vom Server abgeholt und mittels XSLT in die Seite gestellt.

17.9 Logik der Seite

Die gesamte Ablaufsteuerung – also die Controllerfunktionen – hängen bei Ajax direkt an der HTML-Seite. Die in den Seiten enthaltenenen JavaScript-Funktionen lassen sich zwar in ein externes JavaScript-File auslagern. Aber eine weitergehende Trennung der Controller- von den Viewfunktionen ist nicht möglich. Das ist sicher ein Nachteil von Ajax. Sie können ihn nur dadurch kompensieren, dass Sie im Code Ihrer Seite, soweit es geht, eine klare Trennung der Präsentation von der Seitensteuerung vorsehen. Grundsätzlich gesehen, erstellen Sie mit Ajax nichts anderes als »Seiten mit Ablauflogik«: Nur implementieren Sie keine ABAP-Ereignisbehandler zur BSP-Seite, sondern JavaScript-Ereignisbehandler zur HTML-Seite!

Dafür ist in Ajax die Trennung der Geschäftslogik von der Präsentationslogik umso schärfer ausgeprägt! Es gibt eine klare Schnittstelle zwischen Model und View/Controller, und der Datenaustausch zwischen diesen beiden Layern erfolgt in standardisierten Formaten wie XML oder JSON.[4] Die Trennung ist schon deshalb so gut, weil sie zugleich eine Systemgrenze darstellt (nämlich zwischen Client und Server).

Was können Sie in dieser Lage tun, um die Seitensteuerung möglichst gut von der Seitenpräsentation zu trennen? Am besten definieren Sie verschiedene *Abstraktionsschichten* Ihrer Controllerfunktionen und verwalten die Funktionen der Schichten in vier verschiedenen Dateien:

---

4. Dies ist eine Standardisierung des von JavaScript zur Datenhaltung verwendeten Formats, siehe *http://www.json.org*.

- Das von Ihnen gewählte *Ajax-Framework* stellt die oberste dieser Schichten dar. In unserem Fall ist das die Datei `sarissa.js` mit dem Ajax-Framework von Manos Batsis.
- Eine zweite Datei enthält die Funktionen Ihres *Webanwendungs-Frameworks*. In unserem Fall ist das die wohlbekannte Datei `global.js`.
- Eine dritte Datei enthält wiederverwendbare Funktionen im Bereich der Anbindung des Ajax-Frameworks an Ihr Webanwendungs-Framework. Das ist in unserem Fall eine Datei namens `globalAjax.js`.
- Die vierte und letzte Datei enthält ganz konkret die Funktionen, die für die spezielle Anwendung erforderlich sind. Der Schnitt zwischen der dritten und der vierten Schicht ist durch die Wiederverwendbarkeit definiert: Funktionen Ihrer Anwendung, die auch in ganz anderen Web-Anwendungen einsetzbar sind, gehören in die dritte Schicht (bei uns: `globalAjax.js`) – der Rest kommt in die vierte Schicht.

In unserer Beispielanwendung haben wir die vierte Schicht in der HTML-Seite belassen und nicht in eine JavaScript-Datei ausgelagert. Das geschah, damit Sie das JavaScript im Zusammenspiel mit dem HTML-Code der Seite besser nachvollziehen können.

Versuchen Sie, die involvierten JavaScript-Dateien so klein wie möglich zu halten. Alle angegebenen JavaScript-Funktionen müssen vom Browser interpretiert werden. Das kostet wertvolle Renderingzeit.

Wie Sie es von JavaScript kennen, sind sämtliche Ajax-Funktionen eventgetrieben. Wir können verschiedene Zeitpunkte unterscheiden.

17.9.1 Logik beim Laden der Seite

Hierzu gibt es das klassische JavaScript-Ereignis `onLoad`. Es dient uns zum Initialisieren von Daten und zum Einlesen der Tabellentransformation `tableTransformer.xsl` in den Speicher. Mit Sarissa können Sie eine XSLT-Transformation wie folgt asynchron einlesen:

```
// Zeilentransformation beim ersten Laden des Dokuments asynchron laden
var lRowDom = Sarissa.getDomDocument();
lRowDom.onreadystatechange = function() { setRowTransformer(lRowDom); };
lRowDom.load("xslt/tableTransformer.xsl");
```

Die XSLT-Transformation wird mit einem asynchronen HTTP-Request vom Server abgeholt; der Browser kann währenddessen den Seitenaufbau beenden, so dass für den Benutzer keine Wartezeiten entstehen.

Die asynchrone Bearbeitung erfordert natürlich einen weiteren Ereignisbehandler für den Zeitpunkt der HTTP-Antwort. Diese Funktion wird dem Attribut `onreadystatechange` des fürs Laden zuständigen DOM-Objekts zugewiesen, hier im Beispiel also die Funktion `setRowTransformer()`.

Die Funktion setRowTransformer() importiert in unserer Beispielanwendung die empfangenen XML-Daten als XSLT-Transformation in ein globales XSLTProcessor-Objekt. Danach wird ein weiterer, wiederum asynchroner Prozess abgesetzt, um die Daten der Jobtabelle vom Server zu holen.

```
function setRowTransformer(ivDom) {
  if(ivDom.readyState == 4) {
    rowTransformer = new XSLTProcessor();
    rowTransformer.importStylesheet(ivDom);
// Tabelle abholen und (asynchron) initial aufbauen
    xmlhttp = new XMLHttpRequest();
    xmlhttp.open("GET","/job/attributes",true);
    xmlhttp.onreadystatechange = showTableInitial;
    xmlhttp.send(null);
    }
  };
```

Warum diese Kaskade? Warum können nicht beide Requests bereits im onLoad-Behandler abgesetzt werden?

Der Grund ist, dass die XSLT-Transformation zwingend verfügbar sein muss, wenn die XML-Daten mit der Jobtabelle vom Server kommen. Würde man beide Requests nacheinander asynchron starten, so ist die Reihenfolge des Eingangs der HTTP-Antworten nicht garantiert. Somit wäre nicht sichergestellt, dass der XSLT-Prozessor bereits verfügbar ist, wenn die XML-Daten den Client erreichen. Um dies zu vermeiden, werden die voneinander abhängigen Requests kaskadierend versendet.

Erst der zweite Request hat nun eine Behandlerfunktion showTableInitial(), die die vom Server gesendeten Jobdaten in eine HTML-Tabelle transformiert und diese in die sichtbare HTML-Seite einspleißt.

```
function showTableInitial() {
  if (xmlhttp.readyState == 4) {
    // Mit Kopfzeile transformieren
    rowTransformer.setParameter(null,"header","true");
    var result = rowTransformer.transformToDocument( xmlhttp.responseXML );
    Sarissa.moveChildNodes(result,document.getElementById("jobTableArea"));
    // Ab jetzt ohne Kopfzeile
    rowTransformer.setParameter(null,"header","false");
    }
  }
```

Wie bereits erwähnt, sollten Sie im onreadystatechange-Behandler nur dann agieren, wenn der readyState den Wert 4 erreicht (dies ist der erste Zeitpunkt, zu dem browserübergreifend die HTTP-Antwort verfügbar ist).

Die Funktion showTableInitial() kann nun darauf aufbauen, dass der rowTransformer verfügbar ist. Wie oben beschrieben, haben wir die Transformation parametrisierbar gemacht. Wir benötigen die Ergebnistabelle nämlich manchmal mit, manchmal ohne Kopfzeile. In diesem Fall, beim initialen Laden, soll die Kopfzeile mitgeneriert werden. Daher wird der Parameter `header` auf `true` gesetzt, bevor der `rowTransformer` aufgerufen wird. Da die Parameter als globale Attribute implementiert sind und wir ab dann die Transformation nur noch ohne Kopfzeile benötigen, setzen wir den Parameter nach Aufruf der Transformation auf `false` zurück.

Das Ergebnis der Transformation ist dann ein HTML-Codefragment, die Jobtabelle. Sie wird mit der Methode `Sarissa.moveChildNodes()` unter das (im statischen HTML-Dokument inhaltslose) `<div>`-Element `jobTableArea` eingehängt.

17.9.2 Logik beim Ändern von Feldinhalten

Beim Ändern von Feldinhalten kommt die asynchrone Natur der `xmlhttprequests` besonders zum Zuge. Der Benutzer wird nicht blockiert, er kann mit den Eingaben fortfahren. Entsprechend unaufdringlich sollten auch die Reaktionen auf die Eingaben programmiert sein:

- Der Benutzer bekommt eine F4-Hilfe angeboten.
- Bestimmte Felder werden automatisch ergänzt oder zur Ergänzung vorgeschlagen.
- Meldungen werden als Textknoten in ein `<span>`-Element gestellt.
- Unkorrekte Eingaben werden als solche gekennzeichnet (farblich hervorgehoben, zum Beispiel mit einer roten Rahmenfarbe).

In unserer Beispielapplikation verwenden wir die bereits oben beschriebene Funktion `provideVariants()`. Als Auslöser wählen wir die Ereignisse `onFocus` und `onBlur` des Eingabefeldes für die Report-ID und natürlich das `onFocus`-Ereignis der Listbox selbst. `onFocus` und `onBlur` werden benötigt, um festzustellen, ob der Benutzer gerade den Inhalt des Eingabefeldes geändert hat. Nur dann ist nämlich ein erneuter HTTP-Request erforderlich. Hierzu bedienen wir uns einer globalen Hilfsvariablen `oldRepid`, die wir beim Betreten des Eingabefeldes setzen und beim Verlassen benutzen, um auf Änderungen abzufragen:

```
<input type="text" id="repid" name="repid"
       size="20" maxlength="30"
       onFocus="oldRepid=this.value;"
       onBlur="if (this.value!=oldRepid) provideVariants();">
</input>
<select id="varid" name="varid" style="width:14em;"
        onFocus="provideVariants();">
</select>
```

17.9.3 Logik der Tabelle

Auch die Tabelle mit den Jobdaten ist interaktiv: Die Spalte mit der Job-ID ist ein Hyperlink. Bei Klick auf den Job mit der ID 0001 wird der Link

```
javascript:setInputArea('id_0001');void(-1);
```

aufgerufen.[5] Die Funktion `setInputArea()` hat die Aufgabe, die Daten zur angegebenen Zeilen-ID aus der Tabelle zu lesen und in die zugehörigen Felder des Eingabebereichs zu stellen. Die Funktion enthält nichts, was über gewöhnliche DOM-Manipulationen hinausgeht. Wir ersparen es uns daher, sie vollständig wiederzugeben.

Die Übernahme der Werte erfolgt mittels geeigneter Namenswahl der HTML-Elemente. Beispielsweise hat die Tabellenzelle, die die Beschreibung des Jobs zur ID 0001 enthält, die Element-ID `descr_0001`. Das Eingabefeld für die Kurzbeschreibung hat aber – nicht zufällig! – die Element-ID `descr`. Im Wesentlichen muss daher für jede Zelle der Tabellenzeile der Feldname aus der ID abseparert werden; danach kann der textförmige Inhalt der Zelle in das `value`-Attribut des Eingabefeldes kopiert werden:

```
...
lField = lCell.getAttribute("id").split("_")[0];
...
document.getElementById(lField).value = lCell.firstChild.data;
...
```

17.9.4 Logik der Drucktasten

An den Drucktasten hängt das Schwergewicht der Funktionen unserer Jobverwaltung: Nur über die Drucktasten können Jobs geändert, hinzugefügt und gelöscht werden.

An die Drucktasten sind über das href-Attribut des `<z:button>`-Elements lokale Behandler gebunden. Hier folgt beispielsweise das Layout des »Sichern«-Buttons:

```
<z:button checkBusy="false"
          text="<%=otr(Z_MVC_EXAMPLE/SICHERN)%>"
          fcode="SAVE"
          href="javascript:saveJob();"/>
```

Nur die Drucktasten zum Sichern und zum Löschen lösen einen Server-Request aus, während die übrigen Funktionen (Kopieren und Zurücksetzen) auf Clientseite realisiert werden können.

---

5. `void(-1)` am Ende von hyperlinkgesteuerten JavaScript-Aufrufen ist nötig, um den Eingabestapel des Java-script-Prozessors zu leeren. Enthält dieser nämlich noch Werte, so ist es Browserstandard, den Top-of-Stack in einer Folgeseite darzustellen. So erscheint beispielsweise eine weiße Folgeseite mit dem Text »true« – normalerweise ein unerwünschtes Systemverhalten!

Die Funktionen `saveJob()` bzw. `deleteJob()` zum Sichern bzw. Löschen setzen über die gemeinsam genutzte Funktion `sendJob()` einen `xmlhttp`-Request ab, wobei die Daten des aktuell im Eingabebereich befindlichen Jobs als XML-Dokument im Body des Requests übermittelt werden.

```
function sendJob(iAction, iHandler) {
  xmlhttp = new XMLHttpRequest();
// Eine Kopie des Vorlageknotens jobDOM erstellen
  var lJobDOM = jobDOM.cloneNode(true);
// ID des Jobs als Attribut des Wurzelelements <job> setzen
  lJobDOM.getElementsByTagName("job")[0].
          setAttribute("id", document.getElementById("id").value);
// Weitere Felder in die gleichnamigen Unterknoten einfüllen
  putInputFields( "repid,varid,prio,descr,restart,contact",lJobDOM);
// Den Request mit der übergebenen HTTP-Methode
// an /job/attributes richten:
  xmlhttp.open(iAction,"/job/attributes",true);
  xmlhttp.onreadystatechange=iHandler;
  xmlhttp.send(lJobDOM);
}
```

Die hier auftretende Funktion `putInputFields()` transportiert die Inhalte der Eingabefelder mittels DOM-Manipulation in ein XML-Dokument. Wir haben sie so allgemein gestaltet, dass sie in beliebigen Webanwendungen wiederverwendbar ist. Daher gehört sie in die dritte der genannten JavaScript-Schichten, in die Datei `globalAjax.js`.

Die JavaScript-Behandler der Drucktasten machen nun fast nichts anderes als die Methode `sendJob()` aufzurufen, allerdings mit unterschiedlichen Parametern:

```
function saveJob( ) {
// POST-Request versenden
  sendJob("POST",saveJobHandler);
}

function deleteJob() {
// DELETE-Request versenden, falls Job auf DB existiert ( = eine ID hat)
  if (document.getElementById("id").value.match(/\S/))
    sendJob("DELETE",deleteJobHandler);
}
```

Wie müssen nun die zuständigen `onreadystatechange`-Behandler gestaltet werden?

Der `saveJobHandler()` muss zunächst eine allfällige Fehler- oder Infomeldung anzeigen. Bei Fehlern müssen die Felder mit den Fehleingaben markiert werden. Das geschieht alles mit der allgemeinen Methode `checkMessages()`, Teil von `globalAjax.js`.

Wenn es keine Fehler gab, muss der `saveJobHandler()` den vom Server im XML-Format gesendeten Job in die Tabelle aufnehmen oder, falls er schon vorhanden war, die Daten aktualisieren. Dies geschieht durch eine Kombination von XSLT- und DOM-Manipulationen:

```
function saveJobHandler() {
  if (errorOccurred()) return;
  if (xmlhttp.readyState == 4) {
    if (xmlhttp.responseXML == null)
      throw "Keine Antwort von HTTP-Request /job/attributes";
    rowTransformer.setParameter(null,"header","false");
    checkMessage( xmlhttp.responseXML );
    var result = rowTransformer.transformToDocument( xmlhttp.responseXML );
    var rows = result.getElementsByTagName("tr");
    for (i=0; i<rows.length; i++) {
      if (document.getElementById(rows[i].getAttribute("id"))==null) {
// Zeile existiert noch nicht - dann erst anlegen
        appendAsChild( rows[i], document.getElementById("jobTableBody"));
        zebra();
        }
      else
// Zeile existiert schon, dann mit aktuellen Daten versorgen
        updateCellData(rows[i]);
    }  // for i
  if (rows.length==1) {
    setInputArea(rows[0].getAttribute("id"));
    }
  }
}
```

Für den `deleteJobHandler()` sieht es ähnlich aus – nur sind seine Aufgaben einfacher:

```
function deleteJobHandler() {
  if (errorOccurred()) return;
  if (xmlhttp.readyState == 4) {
    if (xmlhttp.responseXML == null)
      throw "Keine Antwort von HTTP-Request /job/attributes";
    checkMessage( xmlhttp.responseXML );
    if (errorOccurred()) return;
    var lId = "row_" +
      xmlhttp.responseXML.getElementsByTagName("job")[0].
                          getAttribute("id");
    document.getElementById("jobTableBody").
             removeChild(document.getElementById(lId));
    zebra();
    resetInput();
    }
  }
```

Es bleibt uns noch die Aufgabe, die beiden clientseitigen Funktionen zum Kopieren eines Jobs und zum Zurücksetzen der Eingabefelder zu beschreiben.

```
function copyJob() {
  document.getElementById("id").value = "";
  }
```

Das Kopieren eines Jobs ist, wie Sie sehen, eine besonders einfache Funktion: Um einen bestehenden, im Eingabebereich befindlichen Job zu kopieren, muss nämlich lediglich dessen ID gelöscht werden! Beim Sichern erkennt der Server an der leeren ID, dass er sich im Anlegemodus befindet. Also vergibt er eine ID und legt einen Job mit den übergebenen Attributen an.

Auch das Zurücksetzen des Eingabeformulars müssen wir nicht gesondert programmieren – es *ist* schon programmiert, und zwar in der Funktion `reset()` des JavaScript-Formularobjekts. Wir haben lediglich noch das abhängigen Listboxfeld für die Variante zu löschen. Die `reset()`-Funktion kann schließlich nicht wissen, dass auch die Listboxeinträge dieses Eingabefeldes nicht mehr benötigt werden:

```
function newJob() {
  resetMessage("msg");
  resetInput();
  }
function resetInput() {
  document.getElementsByTagName('form')[0].reset();
  var lVariant = document.getElementById("varid");
  Sarissa.clearChildNodes(lVariant);
  oldRepid="";
}
```

17.10 Zusammenfassung

Wenn Sie mit unserer Beispielanwendung – oder mit produktiven Ajax-Anwendungen wie Flickr arbeiten, werden Sie bemerken, dass sie sich tatsächlich anders anfühlen als eine klassische Webanwendung.

Auffällig ist:

- Viel Logik ist auf den Client verlagert und kann somit schneller ausgeführt werden.
- Die Client-Funktionen sind stark modularisiert, so dass Benutzeranforderungen sehr gezielt bedient werden können.
- Die Eliminierung von Bildwechseln reduziert die Antwortzeiten stark – nicht so sehr wegen der reduzierten Netzlast (bei den heutigen Bandweiten kommt es auf ein paar Bytes mehr oder weniger nicht mehr an), sondern wegen des Wegfalls der Rendering Time.
- Weniger Bildwechsel bedeutet auch eine Vereinfachung der Applikation. Unsere Demoanwendung zur Jobverwaltung kommt mit einer einzigen Seite aus. Solange die Seiten dafür nicht mit Information und mit UI-Elementen überfrachtet werden, bedeutet das eine bessere Bedienbarkeit der Anwendung.

Die *Nachteile* von Ajax in seiner gegenwärtigen Form sollen jedoch nicht unerwähnt bleiben:

- Es gibt zwar eine klare Trennung von Geschäftslogik und Präsentation, jedoch keine klare Trennung von Controller und View. Wir sind technisch wieder bei den »Seiten mit Ablauflogik«, die durch das MVC-Paradigma überholt sind.
- JavaScript ist eine Interpreter-Sprache. Wenn Sie Software wiederverwenden wollen, müssen Sie Bibliotheken einbinden können. Ein JavaScript-Interpreter muss alle 1.000 Funktionen der Bibliothek parsen, von der Sie vielleicht nur eine Funktion benötigen. Das verlangsamt entweder die Anwendung, oder Sie entscheiden sich, den Wiederverwendbarkeitsgrundsatz zu verwerfen und gezielt und ressourcenschonend nur die Funktionen neu zu entwickeln, die Sie für Ihre Anwendung benötigen. Beides ist schlecht!

Beide Probleme sind im Prinzip lösbar:

- Das erste Problem könnte mit einem *leichtgewichtigen*, in JavaScript implementierten MVC-Framework gelöst werden. *Die gesamte Datei, die das Framework enthält, sollte aber auf keinen Fall größer als ca. 50 KB sein*, sonst leiden die Antwortzeiten. Mir ist nicht bekannt, ob es gegenwärtig ein derartiges Framework gibt. Das auf PHP basierende Framework Zephyr kombiniert zwar MVC und Ajax, realisiert aber auch die Controllerlogik auf dem Backend. Es sollte jedoch technisch möglich sein, ein MVC-Framework vollständig auf dem Client zu betreiben, das nur die Modelaufrufe über XML-HTTP-Requests an den Sever absetzt.
- Zukünftige Browsergenerationen könnten auch das zweite Problem in Angriff nehmen, indem sie JavaScript-Code *präkompilieren* und als Maschinen- oder Bytecode im Puffer vorhalten. Dann entfällt die besonders teure Parsingzeit, und die Webseite kann mithilfe einer Symboltabelle performant auf Bibliotheksfunktionen zugreifen. Der Code, der nicht in Dateien ausgelagert wird, kann jedoch nicht präkompiliert werden. Das Zusammenspiel von nichtkompiliertem und kompiliertem JavaScript-Code dürfte einige interessante (und wahrscheinlich lösbare) Probleme aufwerfen.

Ajax folgt – wie Business Server Pages – dem Prinzip eines offenen User Interface: Sie können Ihre Anwendung mit Ajax-Techniken anreichern, ohne dass Sie sich Ajax ganz in die Arme werfen müssen. Sie können Features auf Basis von Ajax in Ihre Benutzeroberflächen einbauen, während der ganze Rest der Anwendung nach anderen Prinzipien gebaut ist. Kurz: *Ajax ist kein Credo, sondern ein Angebot.* Sie können es nutzen und damit Ihre Webseiten interaktiver und flexibler machen. Sie müssen aber nicht *alles* mit Ajax realisieren – obwohl auch das geht, wie das Beispiel unserer Jobverwaltung zeigt.

18 Pflege von Datenbanktabellen

Der »generische Tabellenhandler«, den ich Ihnen in diesem Kapitel vorstelle, ist von den vorangehenden Kapiteln völlig unabhängig – er stellt jedoch ein nützliches Tool für Dialoganwendungen dar, in denen auf Tabellendaten ändernd zugegriffen wird – und das sind praktisch alle.

18.1 Problem

In Dialoganwendungen, die als Ergebnis von Benutzereingaben zu einem vom Benutzer festgesetzten Zeitpunkt Einträge in Datenbanktabellen fortschreiben, tritt die immer gleiche Situation auf:

- Man benötigt eine Verwaltung des Alt-/Neustandes der Datenbanktabelle.
- Während des Dialogablaufs soll der aktuelle Stand der Daten, wie er sich durch die Benutzereingaben ergibt, in Form einer internen Tabelle, also im Arbeitsspeicher, zum Lesen verfügbar sein.
- Die ändernden Operationen Einfügen, Löschen, Ändern in diese interne Tabelle sollen jedoch nicht direkt, sondern über Methoden erfolgen, die zugleich mit der Änderung der aktuellen Tabelle auch noch fortschreiben, welche Datenbankoperationen sich beim Sichern aus diesen Änderungen ergeben.
- In gewissen, eher seltenen Fällen soll auch der *alte Stand* der Daten, d.h. der Stand zu Beginn der Transaktion und vor Änderungen durch den Benutzer, noch abrufbar sein.
- Wenn der Benutzer seine Eingaben zu sichern wünscht, muss eine Methode aufgerufen werden, die die entsprechenden Update-, Insert- und Delete-Anweisungen in der Datenbank fortschreibt.

All diese Operationen sind nicht von der bestimmten Gestalt der Tabelle abhängig. Es sollte daher möglich sein, eine Klasse zu schreiben, deren Instanzen in der Lage sind, die Fortschreibung von Tabellen in der beschriebenen Weise durchzuführen. Mit Hilfe von objektorientieren Konzepten (Komposition, Ereignisse) wäre es möglich, zusätzlich zu den Standardmethoden für Ändern, Einfügen, Löschen und Sichern weitere Logik hinzuzufügen (z.B. Pflegen von Schatten-/Indextabellen). Die grundsätzlichen, oben aufgezählten Operationen wären jedenfalls in einer Basisklasse, nennen wir sie `ZCL_TABLE_HANDLER`, ein für alle Mal implementiert.

18.2 Bestehende Lösungen

Im SAP-System sind – je nach Applikation – ganz verschiedene Lösungsansätze gewählt worden. Wir wollen beispielhaft die Lösung im Bereich SD näher betrachten.

Die Tabelle `xvbap` der *Kundenauftragspositionen* eines Verkaufsbelegs enthält den aktuellen Stand der Datenbanktabelle `vbap` in der Dialogtransaktion `VA02`, jedoch zusätzlich die in dieser Dialogeinheit gelöschten Positionen. Für geänderte und gelöschte Positionen wird der alte Stand in die Tabelle `yvbap` befördert, die anfänglich – nach dem Laden eines Belegs – noch leer ist. Ob ein Eintrag gelöscht, eingefügt, geändert oder überhaupt nicht angefasst wurde, ist am »Updatekennzeichen« `updkz`, einem einstelligen Feld in einer dynamischen Zusatzstruktur (`vbapd`) zur `xvbap` abzulesen. Das Ändern, Anlegen und Löschen erfolgt über externe Unterprogrammaufrufe ins Programm `sapfv45p` (`xvbap_aendern`, `xvbap_anlegen`, `xvbap_loeschen`). In diesen Programmen werden gewisse Verwaltungsdaten mitgepflegt, z.B. eine Indextabelle für den Zugriff mittels binärer Suche nach bestimmten Schlüsseln.

Nachteile dieser Lösung:

- Tabelle `xvbap` enthält nicht den aktuellen Stand, sondern auch gelöschte Positionen. Das bedeutet, eine bestimmte Position lässt sich nicht mittels `read table` lesen, sondern kann letztlich nur mit einer `loop at xvbap where ... updkz ne 'D'` ermittelt werden.[1] Es wäre eleganter, eine Tabelle zu haben, die genau den aktuellen Stand wiederspiegelt.
- Tabelle `xvbap` hat nicht die Zeilenstruktur der Datenbanktabelle.
- Es ist nicht sichergestellt, dass die interne Tabelle `xvbap` nur über die dafür vorgesehenen Routinenaufrufe verändert werden kann
- Die Verwaltung des Update-Kennzeichens und der Altstände (`yvbap`) ist fehleranfällig, was zu Verbuchungsfehlern führen kann (z.B. so genannte »`DUPREC`«-Fehler, wenn das Update-Kennzeichen fälschlich auf »I« für »Insert« steht, obwohl bereits ein Eintrag zu diesem Schlüssel existiert).

---

1. Um hier effizienter zu sein, wird im SD eine sortierte Indextabelle `ivbap` mitgepflegt, die auf die aktuell gültigen Einträge der Tabelle `xvbap` zeigt. Wenn hier die gesuchte Position vorhanden ist, kann sie immerhin mit zwei aufeinanderfolgenden `read table` eingestellt werden.

Andere Beispiele:
Andere Anwendungen verwenden z.T. auch Lösungen, die zur Verwaltung nicht mit einem Update-Kennzeichen arbeiten, sondern mehr als eine interne Tabelle vom Zeilentyp der Datenbanktabelle einführen, um die gelöschten, geänderten und eingefügten Sätze zu verwalten (Beispiel: Statusverwaltung, Funktionsgruppe `BSVA`). Es gibt auch verschiedene Zwischenlösungen im System.

18.3 Der generische Tabellenhandler – Anforderungen

Die beschriebene Lösung aus dem SD ist gut, jedoch verbesserbar. Hauptproblem der Lösung ist, dass es für dieselbe Funktion mehrere Implementierungen gibt (die grundlegenden Funktionen wurden also nicht wiederverwendbar implementiert). In der SD-Lösung bedeutet das: für die Positionstabelle gibt es die Routinen `xvbap_anlegen`, `xvbap_loeschen` etc.; für die Einteilungstabelle wurde der Code in ein neues Programm `sapfv45e` kopiert und angepasst, was zu den Routinen `xvbep_anlegen`, `xvbep_loeschen` etc. führte. Und so geht es weiter mit `xvbkd`, `xvbpa` usf. Natürlich wuchert Code im Laufe der Jahre. So ist noch ein gewisses Grundmuster erkennbar, das mittlerweile von vielen Fehlerkorrekturen und Sonderentwicklungen überlagert ist.

Selbstverständlich hat jede Tabelle ihre Eigenheiten. Das soll aber nicht daran hindern, die gemeinsame Logik auch nur einmal zu implementieren. Die gewünschte Funktionalität lässt sich wie folgt umschreiben:

- Eine Klasse `zcl_table_handler` verwaltet je Tabellenname eine Instanz für die Pflege dieser Tabelle, [2] d.h. zum Lesen der Datenbanktabelle in den Speicher, aber auch zum Einfügen, Ändern und Löschen von Einträgen im Arbeitsspeicher und zum Sichern solcher Änderungen. Die Klasse bietet eine statische Methode `get_instance()` zur Verwaltung der aktuellen Tabellenpflege-Instanzen.
- Als globales Attribut mit der Eigenschaft `read-only` wird die Tabelle in ihrem aktuellen Zustand bereitgestellt, so dass leicht mit `read table`, `loop at` ... etc. zugegriffen werden kann, die direkten ändernden Zugriffe `insert`, `modify`, `delete` führen dagegen zum Laufzeitfehler `MOVE_TO_LIT_NOT_ALLOWED`. So ist sichergestellt, dass alle Änderungen des Tabelleninhalts nur über die dafür vorgesehenen Methoden verlaufen.
- Das Einfügen, Ändern und Löschen von Sätzen der internen Tabelle geschieht durch Aufruf von `insert()`, `update()` und `delete()` Methoden und kann nie direkt erfolgen. Diese Methoden pflegen als Verwaltungsinformation die entsprechenden Altstände mit.

---

2. Es macht nämlich keinen Sinn, in *einem* internen Modus mehrere Verwaltungsinstanzen derselben Tabelle zu verwenden. Daher kann man den Tabellennamen in der Instanzverwaltung als eindeutigen Schlüssel verwenden.

- Der Stand eines Satzes auf der Datenbank, der »alte Stand«, kann mit einer Routine `read_old( )` eruiert werden.
- Es gibt eine Methode `initialize( )` zum Zurücksetzen des Puffers und aller sonstigen Verwaltungsdaten.
- Es gibt eine Methode `save_to_db( )`, die den aktuellen Stand durch Aufruf eines Verbuchungsbausteins (`in update task`) sichert.
- Es gibt eine Methode `dataloss( )`, um zu erkennen, ob seit dem letzten Laden eine Datenänderung aufgetreten ist.
- Das Interface `zif_serializable` wird implementiert, so dass in zustandslosen Anwendungen der Zustand einer Instanz gespeichert und wiederhergestellt werden kann.

Ich möchte Ihnen nun das Design und einige Besonderheiten der Implementierung einer solchen Klasse vorstellen.

18.4 Datenmodell

Wie gefordert, wird ein globales öffentliches Read-Only Attribut benötigt, das die Tabelle in ihrem aktuellen Zustand repräsentiert, d.h. inklusive der Änderungen, die vom Benutzer nach dem Laden der Tabelle von der Datenbank vorgenommen wurden (auch wenn diese noch nicht gespeichert sind oder vielleicht gar nicht gespeichert werden, weil der Benutzer die Transaktion ohne Sichern verlässt).

Wir wählen beispielhaft als Datenbanktabelle die Tabelle `mseg` der Zeilen eines Warenbewegungsbelegs. Die Instanz des `mseg`-Behandlers sollte dann ein globales Attribut `gt_mseg` bereitstellen, das beim Lesen mit dem Datenbankinhalt versorgt wird.

Darüberhinaus verwenden wir eine Tabelle `gt_mseg_old`, um den Datenbankstand von Zeilen festzuhalten, wenn diese im Dialog geändert werden, sowie eine Tabelle `gt_mseg_new`, um zu protokollieren, welche Tabellenzeilen beim nächsten Sichern neu hinzukommen sollen. Diese beiden Tabellen sind nach dem Einlesen von der Datenbank zunächst leer.

Nach dem Einlesen von der Datenbank ist das Pflegeobjekt bereit, Änderungen entgegenzunehmen. Die durch Aufruf der Methoden `insert()`, `modify()` und `delete()` angeforderten Änderungen werden an der Tabelle `gt_mseg` vorgenommen. Die drei genannten Methoden nehmen jeweils einen Arbeitsbereich `is_mseg` als Importparameter entgegen und identifizieren den zu ändernden Satz anhand des Schlüssels dieses Arbeitsbereichs.

18.4.1 Ändern

Der zu ändernde Satz wird in der Tabelle gesucht. Gibt es ihn nicht, erfolgt keine Operation. Wenn es ihn gibt, wird der alte Stand *beim ersten Ändern dieses Satzes* in die Tabelle `gt_mseg_old` eingetragen. Ob es sich um die erste Änderung des Satzes handelt, wird durch Probelesen der Tabelle `gt_mseg_old` ermittelt: Befand sich zu diesem Schlüssel bereits ein Satz in `gt_mseg_old`, so handelte es sich nicht um die erste Änderung.

Danach erst wird der Satz in Tabelle `gt_mseg` modifziert.

Durch dieses Vorgehen ist sichergestellt, dass ein in der Datenbank vorhandener Satz entweder in Tabelle `gt_mseg` oder in Tabelle `gt_mseg_old` zu finden ist. Der Datenbankstand zu einem gegebenen Schlüssel befindet sich in Tabelle `gt_mseg_old`, falls dort ein Eintrag zu diesem Schlüssel vorhanden ist. Wenn nicht, ist der entsprechende Satz in Tabelle `gt_mseg` selbst der Datenbankstand, d.h.: Beim Sichern würde dieser Satz nicht verändert.

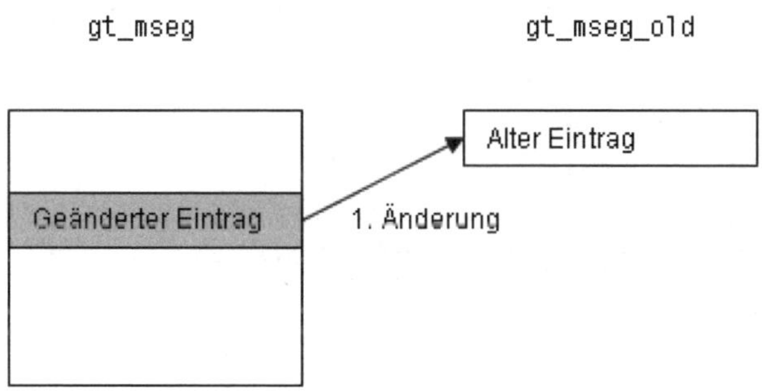

Abb. 18–1 *Eintrag ändern*

18.4.2 Löschen

Wenn zum angegebenen Schlüssel kein Satz in Tabelle `gt_mseg` existiert, wird die Methode `delete()` beendet. Andernfalls wird der Eintrag, wenn er weder in Tabelle `gt_mseg_old` noch in Tabelle `gt_mseg_new` vorhanden war, in `gt_mseg_old` eingefügt. War der Satz in `gt_mseg_new` vorhanden, so wird er auch dort gelöscht, aber nicht in `gt_mseg_old` eingefügt. Danach erst wird die Löschung in Tabelle `gt_mseg` durchgeführt.

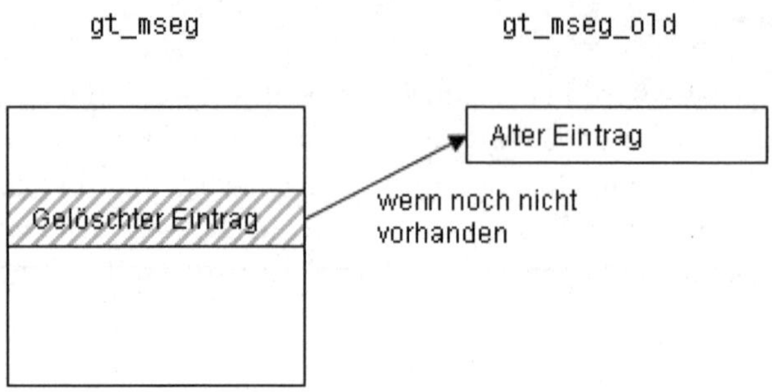

Abb. 18–2 *Eintrag löschen*

18.4.3 Einfügen

Existiert der einzufügende Satz bereits in Tabelle `gt_mseg`, so wird die Methode beendet. Existiert er noch nicht, so wird er in die Tabelle `gt_mseg` eingefügt. Wenn der Satz nicht in Tabelle `gt_mseg_old` verzeichnet ist, wird er nun in `gt_mseg_new` eingefügt.

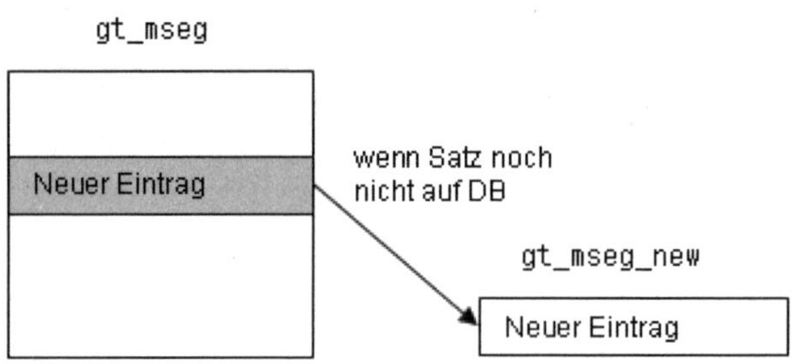

Abb. 18–3 *Eintrag einfügen*

18.4.4 Datenbankstand ermitteln

Es ist selbstverständlich ohne weitere Datenbankzugriffe jederzeit möglich, den Datenbankstand des eingelesenen Bereichs abzufragen. Hierzu dient die Methode `read_old( )`.

Die Methode `read_old()` nimmt einen Arbeitsbereich der Tabelle entgegen, dem sie den Schlüssel des zu lesenden Datenbankstands entnimmt. Dann ermittelt sie den Datenbankstand wie folgt:

- Enthält die Tabelle `gt_mseg_old` einen Eintrag zu diesem Schlüssel, so ist dies der Datenbankstand.
- Andernfalls wird die Tabelle `gt_mseg_new` zum Schlüssel gelesen. Enthält sie einen Satz, so wurde dieser Satz zuvor im Hauptspeicher eingefügt, es existiert also noch kein Satz zu diesem Schlüssel in der Datenbank.

- Enthält auch gt_mseg_new keinen Satz, so wird schließlich die Tabelle gt_mseg selbst gelesen. Enthält auch sie keinen Satz, so ist der Schlüssel ungültig.
- Enthält aber gt_mseg einen Satz, so stellt dieser den Datenbankstand dar.

Die Ermittlung des Datenbankstandes ist also nur unter Einbeziehung aller drei Tabellen möglich. Beachten Sie jedoch, dass der Datenbankstand in der Applikation nur selten gefragt ist. Viel häufiger wird der aktuelle Stand benötigt, also inklusive den in der Transaktion durchgeführten, noch nicht gesicherten Änderungen. Dieser Stand lässt sich jedoch viel leichter ermitteln: Die aktuell gültigen Einträge bilden gerade die Tabelle gt_mseg, die sich mit einem READ TABLE oder mit LOOPs ohne weiteres auslesen lässt.

18.4.5 Ermitteln, ob Änderungen zu sichern sind

Die Methode dataloss() gibt ein Flag zurück. Dieses Flag gibt an, ob beim Sichern Datenbankoperationen durchzuführen wären oder nicht.

Das Datenverlustflag wird genau dann gesetzt, wenn Tabelle gt_mseg_old oder gt_mseg_new (oder beide) Einträge enthalten.

18.4.6 Daten sichern

Beim Sichern werden aus den Sätzen von gt_mseg_old und gt_mseg_new die auszuführenden Datenbankoperationen ermittelt.

Die Einträge von gt_mseg_new sind genau die einzufügenden Sätze. Für die übrigen Sätze gilt:

- ist zu einem Schlüssel ein Eintrag in gt_mseg und in gt_mseg_old vorhanden, so ist für diesen Satz ein Update auszuführen;
- ist zu einem Schlüssel ein Eintrag in gt_mseg_old, jedoch kein Eintrag in gt_mseg vorhanden, so ist dieser Satz zu löschen;
- ist zu einem Schlüssel ein Eintrag in gt_mseg, jedoch kein Eintrag in gt_mseg_old vorhanden, so ist keine Datenbankoperation auszuführen.

Die so ermittelten Datenbankoperationen werden dann zur Ausführung an einen generischen Verbuchungsbaustein übergeben.

18.5 Implementierung

18.5.1 Attribute von generischem Typ

So einfach und naheliegend die genannten Anforderungen klingen – die Implementierung stellt uns vor besondere Herausforderungen. Das Problem ist die Verwendung von je unterschiedlichen Datentypen: Je nach ausgewählter Tabelle soll der Puffer des Tabellenhandlers eine andere Datenstruktur haben – nämlich die jeweilige Datenbanktabelle als Zeilenstruktur der internen Tabelle. Das würde bedeuten, dass wir ein öffentliches Attribut von generischem Typ verwenden müssten:

```
class zcl_table_handler.
  public section.
    data:
* Nicht möglich: Generisch typisierte Attribute
      gt_actual type sorted table
                read-only .
```

Eine solche Deklaration ist technisch nicht möglich. Denn für die Laufzeit stellt sich die Frage, welchen Speicherplatz sie für das generische Datenobjekt allokieren sollte.[3]

So schnell werden wir uns aber das Vorhaben eines generischen Tabellenhandlers nicht aus dem Kopf schlagen! Es gibt nämlich einen generischen Typ, für den es das genannte Allokationsproblem nicht gibt – das ist der Typ `ref to data`! Für eine Variable vom Typ `ref to data` ist es für die Laufzeit klar, welchen Speicherplatz sie allokieren muss – es handelt sich ja lediglich um einen Zeiger in den Hauptspeicher; also muss lediglich der Speicherplatz, um diesen Zeiger aufzunehmen, bereitgestellt werden. Mit dem folgenden Konstrukt bekommen wir also keine Probleme:

```
    data:
* Zeigt zur Laufzeit auf die Tabelle
      gt_actual type ref to data.
```

18.5.2 Statische Struktur der Klassen

Als Abstraktionsmechanismus, um allgemeine Logik aus den konkreten Tabellenhandlern herauszuziehen, setzen wir Vererbung ein: Es gibt eine Oberklasse, die die beschriebene Logik der Pufferverwaltung enthält. Diese Oberklasse bildet selbst keine Instanzen, wird also als *abstrakte Klasse* deklariert. Darüberhinaus implementiert die Oberklasse auch die Instanzverwaltung; sie bietet eine Klassenmethode `get_instance( iv_tabname )` an, die zu einem Tabellennamen das eindeutige Exemplar des konkreten Tabellenhandlers zurückliefert. Der konkrete Tabellenhandler ist Instanz einer von `zcl_table_handler` abgeleiteten Klasse.

3. Für eine abstrakte Klasse, die sowieso keine Instanzen zulässt, wäre dies strenggenommen keine Einschränkung, solange die erbenden konkreten Klassen den Typ des Attributs spezialisieren können. Diese Möglichkeit ist jedoch in ABAP Objects nicht vorgesehen. Wenn das Attribut in der Oberklasse einen bestimmten Datentyp hat, muss es genau diesen Typ auch in allen abgeleiteten Klassen haben. Daher sind generische Typen auch für Attribute abstrakter Klassen in ABAP Objects nicht möglich.

Der Tabellenhandler für eine konkrete Datenbanktabelle muss einen Tabellentyp kennen, dessen Zeilenstruktur die Struktur der Datenbanktabelle ist. Im allgemeinen ist der Typ der *sortierten Tabelle* die richtige Wahl, wobei man denselben Schlüssel wie die Datenbanktabelle verwendet.

Der konkrete Tabellenhandler muss drei Datenobjekte dieses Typs deklarieren – für die Tabelle `mseg` beispielsweise die Variablen `gt_mseg_new`, `gt_mseg_old` und `gt_mseg`. Diese Datenobjekte müssen in Korrespondenz mit den entsprechenden abstrakten Attributen `gt_actual_new`, `gt_actual_old` und `gt_actual` stehen. Das bedeutet, die Zeiger dieser drei Attribute müssen auf die konkreten Datenobjekte gesetzt werden. Dadurch werden sie der Oberklasse bekannt gemacht.

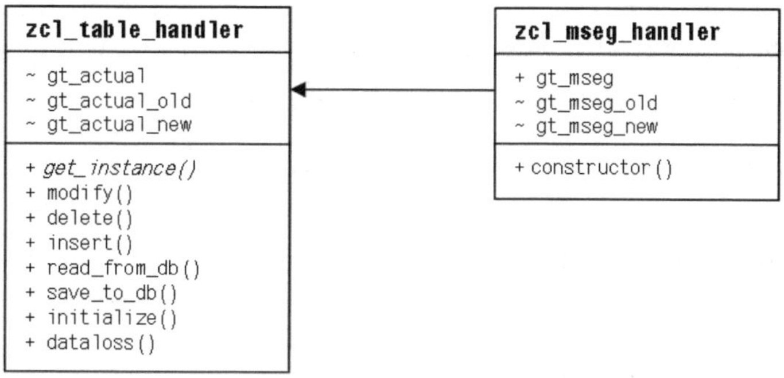

Abb. 18–4 *Modell des MSEG-Handlers*

So haben wir ein befriedigendes Design, um die Tabellenpflege an einer Stelle abstrakt zu implementieren – nämlich in der abstrakten Oberklassre `zcl_table_handler` – und sie fur alle konkreten Tabellen nutzen zu können.

Hierbei kommt uns der Umstand entgegen, dass es in ABAP Objects zwar nicht möglich ist, Attribute generisch zu typisieren, wohl aber Schnittstellenparameter. Für das gewählte Design ist dieses Feature unabdingbar. Denn die Methoden zur Pflege der internen Tabelle erfordern als Übergabeparameter eine Tabellenzeile. Wenn wir sie »oben« implementieren wollen, in der abstrakten Oberklasse, ist dieser Zeilentyp unbekannt. Der Arbeitsbereich muss also von der Methode untypisiert entgegengenommen werden («`type any`«). Die Methode `modify` hat beispielsweise folgende Signatur:

```
methods: modify importing is_record type any.
```

Mit der Namenskonvention deuten wir an, dass es sich um eine importierte Struktur handelt. Ob es allerdings eine Struktur ist – und gar die richtige! – kann erst zur Laufzeit ermittelt werden.

18.5.3 Dynamische Klassengenerierung

Der generische Tabellenhandler stellt uns jedoch noch weitere Aufgaben. Für den Aufrufer soll die Verwendung möglichst einfach sein. Es soll nicht nötig sein, mit der Workbench zuerst noch die abgeleiteten Klassen für die benötigten Tabellen zu erstellen, da sie ja sowieso einen stets gleichartigen Code enthalten.

Wenn die abgeleiteten Klassen jedoch nicht manuell erstellt werden sollen, so müssen sie automatisch erstellt werden! Das bedeutet, wir benötigen einen Mechanismus zum Generieren von Klassen zur Laufzeit. Bevor Sie jetzt zusammenzucken und an die Performance denken – bedenken Sie bitte, dass die Generierung nur einmal im System erfolgen muss, beim allerersten Aufruf des Tabellenhandlers für eine konkrete Tabelle. Wenn zur Laufzeit die Methode `get_instance()` aufgerufen wird,

```
data: go_mseg_handler type ref to zcl_table_handler.
...
go_mseg_handler = zcl_table_handler=>get_instance( 'mseg' ).
...
```

muss geprüft werden, ob die Behandlerklasse für Tabelle `mseg` schon im Repository vorhanden ist. Wenn nicht, muss sie generiert, d.h. dynamisch erzeugt werden. Danach *ist* sie im Repository vorhanden und muss in keinem späteren Schritt, auch nicht bei Aufrufen in anderen Sitzungen, neu erstellt werden.

Wie erstellt man dynamisch ABAP-Klassen? Wie erstellt man überhaupt dynamischen ABAP-Code?

Die einfachste Möglichkeit hierzu ist, die in die Sprache ABAP eingebaute Anweisung

```
insert report lv_repid from lt_code.
```

zu verwenden. Dabei bedeutet `lv_repid` den Namen des zu erzeugenden ABAP-Programms, und die Tabelle `lt_code` enthält die Codezeilen. Das Programm wird im Zustand »aktiv« gespeichert, ist somit nach einem `COMMIT WORK AND WAIT` sofort verfügbar.[4]

Diese Technik werden wir verwenden, um die benötigten abgeleiteten Klassen zur Laufzeit zu generieren.

Die Einfachheit hat zwar ihren Preis: Wir sind mit der Generierung auf lokale Klassen beschränkt – denn dies sind die einzigen, die sich in einem ABAP-Programm implementieren lassen. Das ist jedoch keine große Einschränkung, denn ein statischer Bezug auf die Attribute `gt_mseg`, `gt_mseg_new` und `gt_mseg_old` in anderen Programmen wäre sowieso problematisch: Man würde sich im Code davon abhängig machen, ob die abgeleitete Klasse bereits generiert wurde oder nicht. Wenn die Klasse noch nicht generiert wurde, wäre das Programm syntak-

4. Es genügt strenggenommen sogar ein Datenbank-Commit (`call function 'DB_COMMIT'.`).

tisch inkorrekt. Nach einem Transport der aufrufenden Klasse in ein anderes System kann dieser Syntaxfehler als Laufzeitfehler auftreten und damit die Anwendung lahmlegen.

Um dies zu vermeiden, *muss* der Zugriff des Aufrufers auf die Tabelle dynamisch erfolgen.[5]

```
data: go_mseg_handler type ref to zcl_table_handler.
field-symbols: <gt_mseg> type lty_mseg_tab.
...
go_mseg_handler ?= zcl_table_handler=>get_instance( 'mseg' ).
...
assign go_mseg_handler->('GT_MSEG') to <gt_mseg>.
if sy-subrc ne 0.
* Fehlerhandling
endif.
```

Wenn der Aufrufer ein ABAP-Programm oder eine Funktionsgruppe ist, können Sie den obigen Code in den Block `load-of-program` verlegen. Dann ist das Tabellenhandler-Objekt unter dem Namen `go_mseg_handler` sowie die Tabelle selbst unter dem Namen `<gt_mseg>` in ihrem aktuellen Stand überall im Programm bzw. der Funktionsgruppe verfügbar.

Objekt und Tabelle können dann wie in folgenden Beispielen verwendet werden:

```
* Die Tabelle lesen – zum Beispiel so:
read table <gt_mseg>
     assigning <ls_mseg>
     with table key mblnr = lv_mblnr
                    mjahr = lv_mjahr
                    zeile = lv_zeile.
...
* ... und pflegen
go_mseg_handler->modify( ls_mseg ).
...
```

Das Prinzip der Kapselung ist jedoch – auch bei globaler Verfügbarkeit der Tabelle – nicht verletzt! Denn es sind keine direkten ändernden Zugriffe auf die Tabelle möglich. Mit dem Feldsymbol `<gt_mseg>` kann sie nur gelesen werden, da das Attribut `read-only` deklariert wurde. Die Pflege der Tabelle ist nur über die Methoden der Klasse `zcl_table_handler` möglich, so dass es zentrale Zugriffspunkte zum Ändern gibt.

Wenn der Aufrufer kein Programm, sondern eine ABAP-Klasse ist, so kann zwar der Code zur Erzeugung des Tabellenhandlers in den Konstruktor verlegt werden, so dass wir mit dem Objekt `go_mseg_handler` das Muster der Komposition realisieren. Für den Zugriff auf die Tabelle wird es jedoch geringfügig kom-

5. Der Zugriff auf die Methoden des Objekts kann jedoch explizit erfolgen. Denn die Methoden sind ja in der abstrakten Oberklasse definiert und daher bereits zur Compilezeit gültig.

plizierter, da in ABAP Objects keine globalen Feldsymbole zulässig sind. Wir müssen also eine globale Referenzvariable bereitstellen, die wir beim Zugriff dereferenzieren. Die `private section` der verwendenden Klasse könnte also folgende Deklarationen enthalten:

```
private section.
  data:
    gt_mseg         type ref to lty_mseg_tab,
    go_mseg_handler type ref to zcl_table_handler.
```

Im Konstruktor könnte dann Folgendes stehen:

```
method constructor.
* Instanz des MSEG-Handlers besorgen
  go_mseg_handler ?= zcl_table_handler=>get_instance( 'mseg' ).
* Referenz auf Tabelle besorgen
  assign go_mseg_handler->('GT_MSEG') to <lt_mseg>.
  get reference of <lt_mseg> into gt_mseg.
endmethod.
```

Und die Verwendung der beiden globalen Variablen sieht dann wie folgt aus:

```
* Lesender Zugriff auf Tabelle
  read table gt_mseg->* assigning <ls_mseg>
                        with table key mblnr = lv_mblnr
                                       mjahr = lv_mjahr
                                       zeile = lv_zeile.
...
* Ändernder Zugriff wie oben
  go_mseg_handler->modify( <ls_mseg> ).
...
```

Beim lesenden Zugriff muss also statt eines Feldsymbols die Dereferenzierung eines Zeigers verwendet werden. Der ändernde Zugriff über den `go_mseg_handler` gestaltet sich dagegen gleich wie in Programmen oder Funktionsgruppen.

Kommen wir nun zu den Details der Generierung.

Wie erwähnt, muss die Methode `get_instance()` feststellen, ob die Generierung bereits erfolgte. In diesem Fall benötigt sie eine Instanz der abgeleiteten Klasse. Das generierte Programm muss daher ein Unterprogramm `get_instance` anbieten, mit welchem eine Instanz erzeugt oder beschafft werden kann.

Die Methode `get_instance()` ist noch nicht besonders spektakulär – sie enthält genau den Code, der für eine Instanzverwaltung benötigt wird:

```
method get_instance.
  field-symbols: <ls_instance> type zcl_table_instance.
  read table gt_instances assigning <ls_instance>
       with table key tabname = iv_tabname.
  if sy-subrc eq 0.
    ev_instance = <ls_instance>-instance.
  else.
    call method create_instance
      exporting
        iv_tabname  = iv_tabname
      importing
        ev_instance = ev_instance.
  endif.
endmethod.
```

Erst die private Methode `create_instance()` führt den externen Unterprogrammaufruf mit der Instanzbeschaffung und der ggf. benötigten Code-Erzeugung durch:

```
method create_instance .

   data: ls_instance type zcl_table_instance,
         lv_repid    type repid.

   concatenate 'ZCL_TABLE_' iv_tabname into lv_repid.
   translate lv_repid to upper case.

   clear ev_instance.

   do 2 times.
* Externer Unterprogrammaufruf zur Instanzbeschaffung
   perform get_instance
     in program (lv_repid)
     changing ev_instance
* if found-Zusatz verhindert Laufzeitfehler!
     if found.

* Programm existiert, und Instanz kann beschafft werden
     if not ev_instance is initial.
       exit.
     endif.

* Programm existiert noch nicht und muss erst erzeugt werden
     generate( iv_tabname ).

   enddo.

* Instanz in Instanzverwaltung aufnehmen
   ls_instance-tabname  = iv_tabname.
   ls_instance-instance = ev_instance.
   insert ls_instance into table gt_instances.

endmethod.
```

Was macht nun die Methode generate()? Sie erzeugt – im Beispiel mseg – ein ABAP-Programm namens zcl_table_mseg, das folgendermaßen aussieht:

```
program zcl_table_mseg.
constants: gc_classname type seo_clsname value 'ZCL_MSEG_HANDLER'.
types: lty_mseg_tab type sorted table of mseg
          with unique key mblnr mjahr zeile.
include zcl_table_handler.
table_handler mseg 'mblnr/mjahr/zeile'.
```

Das sind die wenigen Zeilen der zu generierenden Klasse, die wirklich spezifisch für mseg sind: Der Klassenname, der nach dem mseg-Schlüssel sortierte Tabellentyp sowie die Klassendefinition und -implementierung, die über ein Macro eingebaut wird.

Dieses Macro, das im Includeprogramm zcl_table_handler definiert ist, dient hier dazu, den konkret zu generierenden Code klein zu halten und Änderungen am Code zentral vornehmen zu können. Auch der Code dieses Macros ist überschaubar:

```
*&---------------------------------------------------------------------*
*&  Include           ZCL_TABLE_HANDLER                                *
*&---------------------------------------------------------------------*
define table_handler.
* Klassenimplementierung für Table-Handler
class lcl_&1_handler definition inheriting from zcl_table_handler.
  public section.
    data: gt_&1 type lty_&1_tab read-only,
          gt_&1_old type lty_&1_tab,
          gt_&1_new type lty_&1_tab.
    methods: constructor.
  private section.
    data: gs_&1         type &1.  " Arbeitsbereich
endclass.                   "lcl_&1_handler DEFINITION

*----------------------------------------------------------------------*
*       CLASS lcl_&1_handler IMPLEMENTATION
*----------------------------------------------------------------------*
class lcl_&1_handler implementation.
  method constructor.
    call method super->constructor.
    get reference of:
      gt_&1 into gt_actual,
      gt_&1_old into gt_actual_old,
      gt_&1_new into gt_actual_new.
    gv_tabname    = '&1'.
    set_scope( &2 ).
    get reference of returncode into returncode_ref.
  endmethod.                   "constructor
endclass.                   "lcl_&1_handler IMPLEMENTATION
```

```
*&---------------------------------------------------------------------*
*&      Form  get_instance
*&---------------------------------------------------------------------*
form get_instance changing cv_instance type ref to zcl_table_handler.
  data: lv_instance  type ref to object.
  create object lv_instance type (gc_classname).
  cv_instance ?= lv_instance.
endform.                    "get_instance
end-of-definition.
```

18.5.4 Der »Scope«

Wenn eine Warenbewegung eingelesen werden soll, ist man in der Regel nicht an einer einzelnen Zeile, sondern am gesamten Beleg interessiert. Die Klasse `zcl_mseg_handler`, so wie sie mit dem oben beschriebenen automatischen Mechanismus generiert wurde, liest die `mseg`-Zeilen aber stets mit dem vollen Schlüssel ein. Bei folgendem Aufruf

```
ls_mseg-mblnr = '000000004711'.
ls_mseg-mjahr = '2006'.
ls_mseg-zeile = '000001'.
go_mseg_handler->read_from_db( ls_mseg ).
```

wird also genau der eine `mseg`-Satz mit der Artikelbelegnummer 4711 und der Buchungszeile 1 eingelesen.

Das ist normalerweise nicht das, was man möchte. Meist möchte man die Bearbeitung eines Gesamtbelegs mit sämtlichen Buchungszeilen. Der Code

```
ls_mseg-mblnr = '000000004711'.
ls_mseg-mjahr = '2006'.
go_mseg_handler->read_from_db( ls_mseg ).
```

soll automatisch zum Einlesen sämtlicher Zeilen des Artikelbelegs 4711 in den Puffer führen (egal wie das Feld `ls_mseg-buzei` gefüllt ist).

Um dies zu erreichen, gibt es den »Scope« – den Leseumfang des Tabellenhandlers. Darunter verstehen wir die Teilmenge der Schlüsselfelder, die für die Datenbankselektion verwendet werden soll. Der Automatismus hat kein betriebswirtschaftliches Wissen, er kann nur die Gesamtmenge der Schlüsselfelder als Scope annehmen.[6] Nur die Anwendung selbst weiß, dass durch die Schlüsselfelder `mblnr` und `mjahr` bereits ein Beleg bezeichnet wird und dass es sinnvoll ist, stets alle Zeilen zu einem Paar `mblnr/mjahr` zu selektieren.

Das zweite Argument des Macros `table_handler` ist dieser Scope. Es enthält die zu verwendenden Schlüsselfelder, durch einen Schrägstrich getrennt. Der Generator erzeugt die Zeile

```
table_handler mseg 'mblnr/mjahr/zeile'.
```

6. Der Mandant wird jedoch weggelassen.

denn mblnr, mjahr und zeile sind (neben dem Mandanten, der außer Acht gelassen wird) die Schlüsselfelder der Tabelle mseg; diese kann der Generator aus der DDIC-Definition der Tabelle mseg entnehmen.

Diese Codezeile im Programm zcl_table_mseg kann jedoch nachträglich modifiziert werden. Wir haben ja gesehen, dass das Programm zcl_table_mseg nicht neu generiert wird, wenn es einmal vorhanden ist. Wenn Sie dieses Programm modifizieren, werden Sie es auch einer transportierbaren Entwicklungsklasse zuordnen und zusammen mit Ihren Entwicklungen in die Folgesysteme transportieren (der Transport geschieht ansonsten nicht automatisch, sondern in jedem System wird das Programm zur Laufzeit bei Bedarf neu angelegt). Wenn Sie also die Anweisung wie folgt abändern:

```
table_handler mseg 'mblnr/mjahr'.
```

haben Sie den Tabellenhandler so deklariert, wie es betriebswirtschaftlich sinnvoll ist: Auf Artikelbelegebene.

Sie können den Scope auch zur Laufzeit noch mit der Methode set_scope() ändern. Diese erwartet den Scope-String als Importparameter:

```
go_mseg_handler->set_scope( 'mblnr/mjahr' ).
```

Der Scope-String wird in eine interne Tabelle gt_scope der relevanten Schlüsselfelder aufgespalten. Dieses private Attribut kommt dann bei den Methoden read_from_db( ) und delete_by_scope() zum Tragen.

Wir geben hier den Code der Methode read_from_db( ) wieder. Er zeigt exemplarisch den Nutzen dynamischer Features in ABAP: Das SELECT-Statement ist hier vollständig dynamisch. Sowohl der Tabellenname als auch der INTO-Arbeitsbereich als auch die WHERE-Bedingung sind erst zur Laufzeit bekannt.

```
method read_from_db .

  data: lt_table type ref to data,
        lv_where type string.

  field-symbols: <gt_table> type sorted table,
                 <lt_table> type sorted table,
                 <ls_line>  type any,
                 <lv_field> type any,
                 <lv_fieldname> type fieldname.

* Mit Feldsymbol auf aktuelle Tabelle zugreifen
  assign gt_actual->* to <gt_table>.
* Eine zweite Tabelle wie die erste erzeugen
  create data lt_table like <gt_table>.
  assign lt_table->* to <lt_table>.

* Dynamische Where-Bedingung aus dem Scope aufbauen
  loop at gt_scope assigning <lv_fieldname>.
    if sy-tabix > 1.
      concatenate lv_where 'and' into lv_where separated by space.
    endif.
```

```
    assign component <lv_fieldname> of structure is_record to <lv_field>.
    if sy-subrc ne 0.
      exit.
    endif.
    concatenate lv_where <lv_fieldname> into lv_where separated by space.
    concatenate lv_where ' = ''' <lv_field> '''' into lv_where.
  endloop.

  if lv_where ne space.
    select * from (gv_tabname) into table <lt_table> where (lv_where).
  endif.

* Eventuelle Altstände löschen, damit der Insert funktioniert
  delete_by_scope( is_record ).

* Gelesene Einträge einfügen
  insert lines of <lt_table> into table <gt_table>.

endmethod.
```

18.5.5 Verbuchung

Eine weiteres mit dem Tabellenhandler verknüpftes Objekt ist ein *generischer Verbuchungsmodul.* Damit die Änderungen auf Wunsch des Aufrufers auch im Verbuchungstask durchgeführt werden können, bedarf es eines als Verbuchungsbaustein gekennzeichneten Funktionsbausteins, der in der Lage ist, beliebige Datenbanktabellen zu modifizieren.

Auch hier stellt sich wieder die Frage nach den Typen der Schnittstellenparameter. Um die einzufügenden, zu löschenden und zu ändernden Sätze der Tabelle an den Verbucher übergeben zu können, müssen passend typisierte Importparameter zur Verfügung stehen. Da der Baustein aber generisch verbuchen soll, müssten diese Parameter auch generische Typen aufweisen, zum Beispiel den generischen Tabellentyp `SORTED TABLE`. Gerade dies aber ist für Verbuchungsbausteine nicht möglich!

Auch der Trick, statt der Daten mit Referenzen auf sie zu arbeiten, hilft hier nicht weiter. Denn die Verbuchung erfolgt im Allgemeinen in einem anderen Modus, so dass die Referenzen ungültig werden.[7] Was tun?

Es hilft uns ein relativ junges ABAP-Feature: Die Möglichkeit, beliebige ABAP-Daten in einen binären String (und zurück) zu konvertieren, wie sie mit der Anweisung `EXPORT TO DATA BUFFER` geschaffen wurde.

Ohne den Code hier zu präsentieren, sei die Grundidee des generischen Verbuchungsbausteins wiedergegeben: Der Aufrufer packt die anzulegenden, zu ändernden und zu löschenden Sätze mittels `EXPORT TO DATA BUFFER` in einen `XSTRING`. Dieser wird zusammen mit dem Tabellennamen an den Verbuchungs-

7. Das ist im Prinzip derselbe Grund, warum auch für RFC-fähige Funktionsbausteine keine Referenzübergabe möglich ist.

baustein übergeben. Der Verbuchungsbaustein erzeugt dann *dynamisch* (mit der Anweisung CREATE DATA ... TYPE (LV_TYPE)) interne Tabellen, die als Zeilentyp die angegebene Tabellenstruktur haben. Dann kann er die Originaltabellen aus dem Data Buffer in diese dynamisch erzeugten internen Tabellen zurücktransformieren. Wenn die Tabellen aber einmal wiederhergestellt sind, ist es leicht, dynamische Datenbankoperationen auszuführen wie UPDATE (IV_TABNAME) FROM TABLE <LT_UPDATE>.

All dies sind aber Implementierungsdetails! Was der Verwender des Tabellenhandlers nur wissen muss, ist, dass mittels

```
go_mseg_handler->save_to_db( ).
...
commit work.
```

alle anstehenden Datenbankänderungen durchgeführt werden. Der Puffer wird danach nicht gelöscht, sondern nur die Tabellen gt_actual_new und gt_actual_old. Denn Einträge in diesen Tabellen bedeuten ja *Vormerkungen* für Datenbankoperationen. Durch das Sichern sind diese obsolet geworden. Alle Sätze von gt_actual sind nun auf dem Datenbankstand.

Der Verbuchungsbaustein Z_TABLE_UPDATE – in Kombination mit seinem allgemeinen Aufrufer Z_TABLE_SAVE – kann auch unabhängig vom Tabellenhandler eingesetzt werden. Spezielle Verbuchungsbausteine für eine bestimmte Tabelle werden durch diese beiden Funktionsbausteine überflüssig! Ein Blick auf von SAP implementierte Verbuchungsbausteine zeigt, dass diese meist mit Absicht »dumm« gehalten sind, d.h. keine Geschäftslogik mehr enthalten, sondern nur noch die jeweiligen Tabellen-Updates ausführen. Genau diese Funktion ist mit dem Baustein Z_TABLE_UPDATE und seinem Aufrufer Z_TABLE_SAVE allgemein verfügbar.

18.5.6 Ereignisse

Es gibt verschiedene Zeitpunkte bei der Arbeit mit dem generischen Tabellenhandler, zu denen eine Wechselwirkung mit der Applikationslogik sinnvoll sein kann. Dazu gehören:

- *vor dem Ändern, Einfügen und Löschen eines Satzes*
  mit der Möglichkeit, diese Operation durch Setzen eines Returncodes zu verhindern, wenn es die Applikationslogik gebietet;
- *nach dem Ändern, Einfügen und Löschen eines Satzes*
  um gewisse Folgeaktionen auszuführen, z.B. einen abhängigen Satz einer anderen Tabelle mitzupflegen;
- *vor dem Sichern*
  mit der Möglichkeit, das Sichern durch Setzen eines Returncodes noch zu verhindern, wenn es die Applikationslogik gebietet;

- *nach dem Sichern*
  um gewisse Folgeaktionen auszuführen, z.B. abhängige Tabellen ebenfalls zu sichern.

Diese Zeitpunkte sind als Events in der Public Section von ZCL_TABLE_HANDLER deklariert. Wo es nötig ist, wird der aktuelle Tabellenarbeitsbereich als Exportparameter angegeben. Für die Übergabe eines Rückgabewertes verwenden wir die bereits oben beschriebene Technik, statt des Returncodes die *Referenz* auf diesen zu exportieren – zum Beispiel für das Ereignis BEFORE_SAVE:

```
events before_save
  exporting
    value(returncode) type ref to sysubrc.
```

Ein Beispiel für die Verwendung des before_save Ereignisses stellt der *Testmodus* dar. Wenn Sie Ihre Anwendung in einer besonderen Betriebsart nur testhalber durchlaufen lassen wollen, jedoch ohne Datenbankänderungen auszuführen, brauchen Sie lediglich einen Ereignisbehandler für das Ereignis before_save zu definieren, der den Returncode auf 8 setzt und diesen für alle Instanzen zu registrieren. Eine lokale Klasse für den Testmodus könnte folgendermaßen implementiert sein:

```
class lcl_testmode definition.
  public section.
    method no_save
      for event before_save of zcl_table_handler
      importing returncode.
endclass.
...
class lcl_testmode implementation.
  method no_save.
    returncode->* = 8.
  endmethod.
endclass.
```

Die Registrierung zur Laufzeit erfolgt dann mit der Anweisung set handler:

```
...
* Wurde Methode im Testmodus aufgerufen?
  if iv_testmode eq 'X'.
    if go_testmode is initial.
      create object go_testmode.
    endif.
    set handler go_testmode->no_save for all instances.
  endif.
```

Auf diese Weise wird die vollständige Geschäftslogik der Anwendung durchlaufen – aber auch wenn die save_to_db()-Methode irgendeines der involvierten Tabellenhandlers gerufen wird, werden keine Datenbankänderungen durchgeführt.

Ein weiterer Einsatzbereich dieses Ereignisses liegt in Prüfungen, die aufgrund ihrer hohen Laufzeitkosten nicht während der Belegbearbeitung durchgeführt werden können, unbedingt jedoch vor dem Sichern noch zum Tragen kommen sollen.

18.5.7 Einsatz in Anwendungen

Komplexere Anwendungsobjekte werden üblicherweise nicht nur in einer, sondern in mehreren Tabellen gespeichert. Je nach Objekttyp wird oft nur eine Auswahl dieser Tabellen benötigt, gewisse grundlegende Tabellen werden jedoch von allen Objekttypen verwendet.

Der Tabellenhandler hilft, die Puffer für diese Einträge bereitzustellen und kapselt die Logik zur Pflege einzelner Tabelleneinträge. Das macht die Programmstruktur übersichtlicher, denn der Aufrufer muss sich in der Hauptsache nur noch um die Anwendungslogik kümmern.

In einer komplexen Anwendung wird man umfassendere Pflegeklassen verwenden, die für die Anwendungslogik zuständig sind; diese Klassen realisieren die Pflege der ihnen zugeordneten Datenbanktabellen mit Hilfe von Instanzen des Tabellenhandlers. Die Puffer (`gt_actual->*`) der involvierten Handler können von der Pflegeklasse ihrerseits als `read-only`-Attribute oder über eine `get()`-Methode zur Verfügung gestellt werden.

Für Einbindungen von Tabellenhandlern in Webanwendungen wird man selten diese Handler direkt als Model verwenden[8] – es fehlt die Anwendungslogik. Die Tabellenhandler werden nur in den Models der Anwendung als Pufferverwalter vorkommen, werden selbst jedoch nicht direkt an die Benutzerschnittstelle angebunden.

---

8. obwohl dies selbstverständlich möglich ist.

19 Applikationsparameter

Jeder SAP-Administrator kennt den Report RSPARAM zur Anzeige von Profilparametern. Er zeigt eine Liste von Parametern zur Konfiguration des SAP-Systems. Diese Werte liegen selbst außerhalb des SAP-Systems und werden beim Neustarten wirksam, um das System wie gewünscht zu konfigurieren. Hier ein Screenshot:

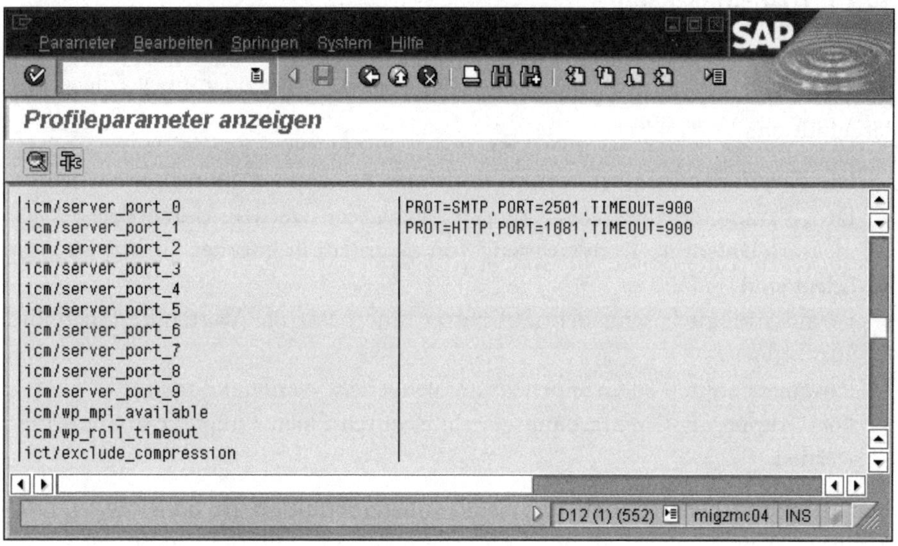

Abb. 19–1 *Der Report RSPARAM*

Warum gibt es Ähnliches nicht für die Anwendungsentwicklung? Auch Anwendungen können parametrisiert werden. Bestimmte Einstellungen sollten als Voreinstellungen festgelegt werden können und dann für die gesamte Anwendung oder sogar systemweit gültig sein.

Man könnte einwenden, dass das SAP-System immerhin hoch parametrisierbar sei, gibt es doch Tausende von Customizing-Tabellen, mit denen sich das Systemverhalten beeinflussen lässt?

Aber Customizing-Tabellen sind keine Applikationsparameter! Während Applikationsparameter global genau einmal existieren, gibt es in Customizing-Tabellen mehrere Einträge. Man greift auf Customizing-Einträge mit einem auf Applikationsebene definierten Schlüssel zu, zum Beispiel der Bewegungsart, und hat so die Möglichkeit, zwischen verschiedenen Einstellungen zu wechseln. Um Applikationsparameter mit Customizing-Tabellen abzubilden, hätte man für jeden Satz von Parametern eine neue Customizing-Tabelle anzulegen, und jede dieser Customizing-Tabellen hätte genau einen Eintrag. Das ist absurd.

19.1 Datenmodell

Wir müssen für die Applikationsparameter den Prozess der Parameterdeklaration und der Parameterverwendung unterscheiden. Entsprechend müssen wir uns im Datenmodell einerseits um den *Definitionsbereich* der Parameter, andererseits um deren Verwaltung, ihren *Wertebereich* Gedanken machen.

19.1.1 Definitionsbereich

Um allgemeine Parameter einzuführen und anzubieten, muss das System eine geeignete Datenstruktur vorsehen. Was sind die Anforderungen für die Parameterdefinition?

- Der Zweck des Parameters muss mit einem Langtext dokumentierbar sein;
- Dem Parameter muss ein Datentyp zugewiesen werden, durch den der elementare Datentyp, Konvertierung von externem in internes Format etc. festgelegt sind
- Es muss möglich sein, dem Parameter eine passende Wertehilfe (Suchhilfe) zuzuordnen.
- Parameter sollten zu Gruppen zusammengefasst werden können
- Die Gruppe als Ganzes kann ebenfalls durch einen Langtext dokumentiert werden.

Das naheliege Datenmodell für die Parameterdefinition ist daher die *DDIC-Struktur.* Denn sie deckt all diese Anforderungen ab. Für den Definitionsbereich unserer Parameter kommen wir also zu folgendem Datenmodell:

- *Logisch zusammengehörende Gruppen von Parametern werden zu einer DDIC-Struktur zusammengefasst. Jede Komponente der Struktur entspricht einem Parameter der Gruppe.*
- *Die Strukturkomponente ist durch ein passendes, eventuell neu anzulegendes Datenelement typisiert.*
- *Der Langtext des Datenelements dokumentiert die Verwendung des Parameters.*

- *Aus Strukturkomponente, Datenelement und Domäne wird zur Laufzeit eine passende Suchhilfe ermittelt.*
- *Die Struktur als Ganzes wird durch einen Langtext dokumentiert, der die Parametergruppe als Ganzes beschreibt.*

19.1.2 Wertebereich

Die definierten Parameter müssen mit konkreten Werten versehen werden. Zur Verwaltung dieser Werte bedarf es einer geeigneten Tabelle.

Bevor wir eine neue Tabelle anlegen, prüfen wir, ob es im System nicht eine auf unsere Anforderung bereits passende Tabelle gibt, die wir wiederverwenden können:

Das Passendste, was der Standard für unsere Zwecke zu bieten hat, wäre die Tabelle `TVARVC`. Sie ist aber auf den Zweck zugeschnitten, Selektionsoptionen von Reports abzuspeichern. Was wir brauchen, sind aber nicht unbedingt Selektionsoptionen. Auch können wir mit der Tabelle `TVARVC` nicht die Gruppenstruktur der Parameter abbilden, es gibt kein separates Feld, um auch den Strukturnamen festzuhalten.

Wir haben uns daher für eine neue Tabelle entschieden: Eine Tabelle `zparam` nimmt die Feldwerte nach Strukturname, Komponentenname und Inhalt auf. Um einen Parameter in der Datenbank zu speichern, muss er in ein zeichenartiges Feld konvertiert werden. Es genügt, für den Inhalt der Parameter einen Typ-`C`-Datentyp begrenzter Länge vorzugeben. Es wäre auch möglich gewesen, dem Datenfeld den Typ `STRING` zu geben. Aber diese Flexibilität, obwohl inzwischen von fast allen Datenbanken unterstützt, ist für die hier gewünschte Funktionalität gar nicht sinnvoll. Voreinstellungen einer Anwendung sind meist Flags, ganze Zahlen, Prozentzahlen oder kurze Zeichenketten. Es ist keine große Einschränkung, die Länge solcher Werte auf 50 Zeichen zu beschränken.

Die Tabelle bekommt also folgende einfache Datenstruktur:

Feldname	Typ	Elementar	Bemerkung
`client`	`clnt`	`C03`	Mandant
`strucname`	`tabname`	`C30`	Parametergruppe (Key)
`fieldname`	`fieldname`	`C30`	Parametername (Key)
`value`	`zparvalue`	`C50`	Wert im Characterformat

Tab. 19–1 *Die Tabelle `ZPARAM`*

Für den Parameterwert haben wir einen neuen Datentyp `zparvalue` eingeführt. Dies geschah, um hinsichtlich der aktuellen Größe des Datenfeldes flexibel zu sein – nachträgliche Änderungen der Feldlänge sind somit ohne größeren Aufwand und ohne andere Applikationen zu stören möglich, indem der zugrundeliegende elementare Datentyp des Datenelements `zparvalue` geändert wird.

Zu den technischen Einstellungen:

Es macht Sinn, diese Tabelle *vollständig zu puffern*. Denn erstens erwarten wir keine riesigen Datenmengen, sondern einige wenige Einstellungen, wie im Customizing. Zweitens werden sich diese Einstellungen nur selten ändern.

19.2 Anforderungen an Pflege und Abfrage

- Um die Abfrage eines *einzelnen* Parameters möglichst einfach zu gestalten, muss es eine Klassenmethode geben, die in der bequemen »y = f(x)« Notation sofort den benötigten Wert zurückgibt. Es müssen also keine Hilfsvariablen definiert werden, auch ist es nicht nötig, zuerst eine passende Instanz zu erzeugen.
- Um eine ganze Gruppe von Parametern einzulesen, sollte es eine Methode geben, die zu einem Strukturnamen (= Gruppennamen) eine Instanz dieser Struktur mit den korrekt typisierten aktuellen Parameterwerten zurückgibt.
- Die Pflege der Werte soll, ebenso wie die Abfrage, in *einer* dafür zuständigen Klasse erfolgen. Diese Klasse soll so konzipiert sein, dass sie mit beliebigen Benutzerschnittstellen (GUI, Web) verwendbar ist.
- Nach Angabe des Strukturnamens soll es möglich sein, Werte der zugehörigen Gruppe von Parametern zu lesen, zu ändern, zu sichern und zu transportieren – leletzteres nur, falls für diesen Mandanten die Pflege von mandantenabhängigem Customizing vorgesehen ist.

19.3 Programmdesign

19.3.1 Klasse zcl_param

Es soll eine zentrale Klasse zum Lesen und Pflegen von Parametergruppen geben, wir nennen sie `zcl_param`.

- Da es nicht sinnvoll ist, in einer Sitzung mehr als ein Pflegeobjekt derselben Parametergruppe zu verwenden, bauen wir eine Instanzverwaltung ein: Instanzen können mit der Klassenmethode `get_instance_ext()` angefordert werden, und es gibt eine private Hash-Tabelle, die die erzeugten Instanzen als Funktion des jeweiligen Strukturnamens enthält.
- *Puffermodell*: Eine Instanz enthält zwei Exemplare der ihr zugeordneten Struktur. Da es sich um generische Typen handelt, definieren wir die privaten Instanzvariablen `db` (Data Base) und `ob` (Object Buffer) vom Typ `ref to data`.

Die Struktur `db->*` enthält den Datenbankstand der Parameterwerte, `ob->*` den Stand nach den aktuell durchgeführten Änderungen.

- Aus dem Strukturvergleich von `db->*` mit `ob->*` kann man ablesen, ob Änderungen zum Datenbankstand vorliegen. Eine Methode `dataloss( )` gibt ein entsprechendes Flag zurück.
- Beim *Sichern* wird geprüft, ob Änderungen durchgeführt werden müssen. Nur wenn dies der Fall ist, werden die in `ob->*` eingegebenen Werte in die Datenbanktabelle `zparam` übertragen. Danach wird `db->* = ob->*` gesetzt.
- Die Klasse `zcl_param` wird zum Model erklärt, indem wir das Interface `zif_model` implementieren. Wir wählen Komposition, um den Code der Klasse `zcl_model` für die Implementierung zu verwenden. So ist sichergestellt, dass sie nicht auf das SAP GUI eingeschränkt ist, sondern auch in Webanwendungen verwendet werden kann.
- Um die Klasse `zcl_param` als Model verwenden zu können, ergibt sich die weitere Anforderung, dass der Konstruktor öffentlich sein muss und die drei Parameter `id`, `log` und `sessiondata` zumindest optional enthalten muss.

19.3.2 Parameterpflege im GUI

Die optimale Anweisung zur Pflege eines Parameters im GUI ist – es klingt trivial – die Anweisung `PARAMETERS`! Warum ist das so? Weil diese Anweisung das Feld mit dem korrekten Datentyp an die Oberfläche bringt, darüberhinaus automatisch die F1- und F4-Funktionen anbindet. Auch der Kurztext zur Beschreibung des Eingabefeldes wird dem DDIC entnommen. Das passt ideal auf unser am DDIC orientiertes Datenmodell.

Das impliziert, dass wir idealerweise das Selektionsbild eines ABAP-Reports verwenden, um die Parameterpflege zu implementieren. Da aber der Selektionsparameter für jede Struktur einen anderen Typ hat, muss dieser ABAP-Report dynamisch generiert werden. Aus Performancegründen speichern wir den dynamisch generierten Report ab, wie es auch der Data Browser (`SE16`) tut.

Der Report muss zu dem Strukturnamen, für den er fest zuständig ist, ein Selektionsbild mit den Parametern darstellen. Er muss eine Drucktaste zum Sichern und, falls es sich um einen Customizing-Mandanten handelt, eine weitere Drucktaste für den Transport anbieten. Für die Anwendungslogik (das Speichern, Datenprüfungen) verwendet er die Instanz der Klasse `zcl_param` zur Struktur.

Die meisten Anweisungen dieses Reports werden für alle konkreten Ausprägungen gleich aussehen. Wir verwenden daher einen Template-Report mit einer Dummy-Struktur. Die Klasse `zcl_param` bekommt die Aufgabe, diesen Report einzulesen, die strukturspezifischen Anpassungen vorzunehmen und den der Struktur entsprechenden Report zu generieren.

19.4 Webanwendung zur Parameterpflege

Die Klasse zcl_param implementiert das Interface zif_model, ist daher auch mit einer Web-Oberfläche statt im GUI nutzbar. Eine einfachste Anwendung verwendet ein Feld zur Eingabe des Strukturnamens, das über Datenbindung direkt an den Strukturnamen in der Klasse zcl_param gebunden wird, sowie das <z:selections>-Tag, um die entsprechende Pflegestruktur mit den Eingabefeldern zur Darstellung zu bringen.

Da die Instanzerzeugung des Models nicht öffentlich ist, muss es über eine Fabrikmethode erzeugt werden. Für den Web-Context gibt es hierzu die Methode zcl_param=>get_model mit den üblichen Parametern id, log und sessiondata. Die Modelerzeugung in Controllermethode get_model() muss in einem solchen Fall redefiniert werden, um die Instanz auf die gewünschte Weise mit einer Fabrikmethode zu bilden:

```
method get_model .
  data: ls_model type zbsp_instance.
  if iv_model_id cp 'param'.
    read table models into ls_model
         with table key name = 'param'.
    if sy-subrc eq 0.
      ev_model ?= ls_model-value.
    else.
* Instanz von zcl_param erzeugen (ist "create protected")
      ev_model ?= zcl_param=>get_model(
          iv_id          = iv_model_id
          iv_log         = log
          iv_sessiondata = sessiondata ).
* In Instanzverwaltung aufnehmen
      set_model( iv_id = iv_model_id
                 iv_model = ev_model ).

    endif.
  else.
    call method super->get_model
      exporting
        iv_model_id = iv_model_id
      receiving
        ev_model    = ev_model.
  endif.
endmethod.
```

Ein Button »Sichern« ruft über die Methode fcode_save() des Controllers die zuständige Methode save() des Models auf. Darüber hinausgehende Logik muss der Controller nicht besitzen. Im Browser wird die Anwendung zur Parameterpflege wie folgt dargestellt:

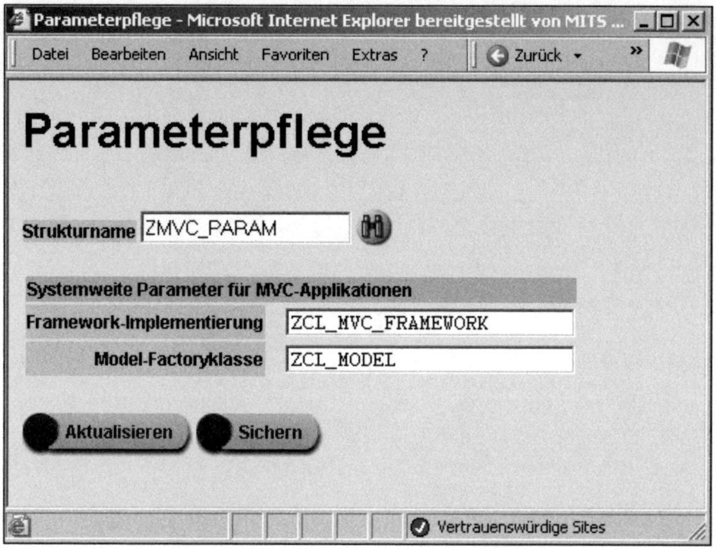

Abb. 19–2 *Die `ZPARAM` im Web*

A Anhang

A.1 DTD der Flow Logic (config.xml)

Die Flow Logic bildet einen zentralen Bestandteil des in diesem Buch vorgestellten MVC-Frameworks. Sie definiert die auftretenden Controller und die Belegungen der Seiten in den möglichen Zuständen, die ein Controller haben kann. Die Flow Logic wird als MIME in der BSP-Applikation abgelegt; zur Laufzeit wird sie von der Oberklasse ZCL_CONTROLLER automatisch ausgewertet.

```
<!DOCTYPE application [

<!ELEMENT application     (controller*)  >

<!ELEMENT controller      ((model | panel | component)* ,
                           ( callsView | callsController )? )  >

<!ELEMENT panel           ((model | component)* ,
                           ( callsView | callsController )? )  >

<!ELEMENT model           EMPTY  >
<!ELEMENT component       EMPTY  >
<!ELEMENT callsView       EMPTY  >
<!ELEMENT callsController EMPTY  >

<!ATTLIST application
   name          CDATA    #REQUIRED
   stateful      CDATA    #IMPLIED >

<!ATTLIST controller
   id            CDATA    #REQUIRED
   name          CDATA    #REQUIRED
   class         CDATA    #IMPLIED
   application   CDATA    #IMPLIED
   non_mvc (true|false)   #IMPLIED >

<!ATTLIST panel
   name          CDATA    #REQUIRED
   id            CDATA    #IMPLIED
   default (true|false)   #IMPLIED >
```

```
<!ATTLIST model
   id           CDATA    #REQUIRED
   class        CDATA    #IMPLIED >

<!ATTLIST component
   name         CDATA    #REQUIRED
   view         CDATA    #IMPLIED
   controllerId CDATA    #IMPLIED>

<!ATTLIST callsView
   name         CDATA    #REQUIRED >

<!ATTLIST callsController
   id           CDATA    #REQUIRED>

]>
```

A.2 Validierung des erzeugten HTML-Codes

Der von einer BSP-Applikation erzeugte HTML-Code setzt sich aus dem Code eines oder mehrerer Views zusammen. Der HTML-Code der Views wird seinerseits oft erst durch die im View enthaltenen BSP-Elemente erzeugt. Bei dieser Verschiedenheit der Quellen stellt sich die Frage, ob das Gesamtresultat noch den Regeln für gültiges HTML entspricht.

Die einzelnen BSP-Elemente bieten zwar die Möglichkeit einer Syntaxprüfung – sowohl zur Definitionszeit wie auch zur Laufzeit – durch Redefinition der Methoden `compile_time_is_valid()` und `runtime_is_valid()`. Aber zu diesen Zeitpunkten ist eine Prüfung des Gesamtresultats nicht möglich.

Eine Möglichkeit zur serverseitigen Validierung des Gesamtresultats bietet das `finish`-Event des Hauptcontrollers. In BSP-Applikationen, die mit einer Applikationsklasse[1] arbeiten, kann man auch die »Event« genannten Methoden `IF_BSP_APPLICATION_EVENTS->ON_STOP()` und `IF_BSP_APPLICATION_EVENTS->ON_RESPONSE()` verwenden. Sie müssten dann auf Serverseite einen HTML-Parser einsetzen können. So etwas gibt es m.W. in der ABAP-Welt nicht – das bedeutet, dass Sie den Parser über ein externes Betriebssystemkommando aufrufen müssen oder – wenn er in Ihrem System aktiv ist – die Validierung an den Java Stack adressieren. Beides ist nicht optimal.

Alternativ kann man die Prüfungen auf dem Client vornehmen. Das Vorgehen ist sehr einfach: Sie rufen die zu prüfenden Applikationen auf und speichern den Quelltext (den Sie vom Browser aus via *AnsichtQuelltext* in Ihrem Texteditor geöffnet haben) in einem separaten Ordner Ihres Dateisystems. Danach rufen Sie ein Programm auf, das die in diesem Ordner befindlichen HTML-Quelltextdateien der Reihe nach analysiert und ein Protokoll der gefundenen Fehler ausgibt. Sie könnten hierzu einen bereits vorhandenen HTML-Validator wie »HTML

1. Was ich Ihnen nicht empfehle, da eine ubiquitäre Klasse tendenziell zu einem »Habe alles«-Programmhaufen degeneriert.

Tidy« wählen. Problem der bestehenden Validatoren ist jedoch meist, dass man eine Flut von Meldungen erhält – teilweise nur Hinweise auf W3C-Empfehlungen – und man sich nicht auf die wirklich kritischen Fehler, wie z.B. Schachtelungsfehler im HTML oder geschachtelte Formulare – beschränken kann.

Das nachfolgend gelistete Programm `lexingValidator.java` verwendet die Lexer-Komponente eines wohlbekannten HTML-Parsers – *http://htmlparser.sourceforge.net* – um die HTML-Dokumente einzulesen. Der Satz geprüfter Regeln ist klein:

- Es wird geprüft, ob das Dokument nach dem HTML-Dokumentschema aufgebaut ist:

  ```
  <html>
    <head>
      ..
    </head>
    <body ...>
      ...
    </body>
  </html>
  ```

  Gerade beim Zusammensetzen einer Antwort aus verschiedenen HTML-Fragmenten ist es ein häufiger Fehler, dass in ein Dokument noch einmal ein vollständiges HTML-Dokument hineingestellt wird. Browser wie der Internet Explorer versuchen trotzdem, das Beste daraus zu machen.
- Es wird geprüft, ob geschachtelten `<form>`s vorkommen. Das ist nämlich nicht HTML-konform und führt bei vielen Browsern dazu, dass das inneren Formular nicht verschickt werden kann.
- Es wird geprüft, ob `<input>`-Elemente ein `name`-Attribut haben. Nur dann werden sie nämlich beim Versenden des Formulars an den Server geschickt.
- Es wird geprüft, ob das HTML korrekt geschachtelt ist: Wenn ein Element geschlossen wird, müssen zuvor alle im Innern dieses Elements geöffneten Elemente geschlossen worden sein.
  Inkorrekt geschachteltes HTML wird zwar von vielen Browsern verarbeitet, hat aber ungünstige Auswirkungen auf die Rendering Time.
- Es wird geprüft, ob das Attribut `id` im Dokument wirklich eindeutig ist. Wenn die ID's nicht eindeutig sind, kann die dynamische Seitenmanipulation mit JavaScript fehlschlagen, die oft mit der `document.getElementById()`-Methode arbeitet.

Das Programm hat die folgenden Aufrufparameter:

```
java –cp "htmllexer.jar" HTMLParser.LexingValidator
      -d [Verzeichnis]
      -f [Datei]
      -l [Logdatei]
      -t [Tracelevel]
```

Bei Angabe eines Verzeichnisses mit dem -d Parameter werden alle auf ».htm« endenden Dateien dieses Verzeichnisses und all seiner Unterverzeichnisse geprüft. Bei -f [Datei] wird nur die angegebene Datei geprüft. In die *Logdatei* werden die Ergebnisse der Prüfung geschrieben. Ein *Tracelevel* > 0 führt dazu, dass sämtliche gelesenen Tags ins Protokoll ausgegeben werden.

Neben dem Quellcode ist eine Eigenschaftsdatei `LexingValidator.properties` nötig, die zur Laufzeit ausgewertet wird:

```
# Einstellungen für den HTML-Validator
# Werden von Klasse LexingValidator zur Laufzeit eingelesen

# Meldungstexte
E_NESTED_FORMS        = E: Geschachtelte <form>s nicht erlaubt
E_UNNAMED_INPUT       = E: <input>-Tag ohne Namen,
E_NONUNIQUE_ID        = E: Attribut id kommt mehrfach vor
E_EMPTY_STACK         = E: Es kann kein Tag geschlossen werden
(Stapelunterlauf)
E_DOUBLE_TAG          = E: Tag darf nur einmal in der Seite vorkommen
E_BODY_IN_HEAD        = E: <body> wurde geöffnet, ohne <head> zu schließen
E_HEAD_AFTER_BODY     = E: Nach <body> darf kein <head> mehr kommen
E_ILLEGAL_TAG_POS     = \
  E: Ausserhalb von <head>...</head> und <body>...</body> dürfen keine Tags
stehen
E_UNRESOLVED_STACK    = E: Stack konnte nicht abgebaut werden
(Schachtelungsfehler)

# Tags, die nur einmal vorkommen dürfen
uniqueTags            = !DOCTYPE, HTML, HEAD, BODY
# Tags, die in HTML nicht geschlossen werden müssen
nonClosingTags        = BR, P, INPUT, TEXTAREA, AREA, HR, IMG, \
                        LI, META, LINK, COL, !DOCTYPE, OPTION
# Tags, deren Inhalt vom Validator nicht betrachtet werden soll
skipTags              = SCRIPT, STYLE
```

Das Programm ist leicht um eigene Prüfungen erweiterbar. Ein weiteres interessantes Einsatzfeld der Bibliothek »`htmllexer.jar`« ergibt sich durch die Möglichkeit, dass auch JSP- oder BSP-Scripting gelesen und interpretiert werden kann. So könnte man die Views einer BSP-Applikation ins Dateisystem exportieren und von dort mit einem Java-Programm weitere Validierungen vornehmen.

Hier eine typische Ausgabe des Programms. Die Anzahl der Fehlermeldungen ist anfangs abschreckend hoch. Es ergibt sich jedoch bei ungeschlossenen Tags oder Schachtelungsproblemen eine große Zahl abhängiger Fehler. Bei Schachtelungsproblemen ist man häufig nach Korrektur des ersten Fehlers bereits fertig.

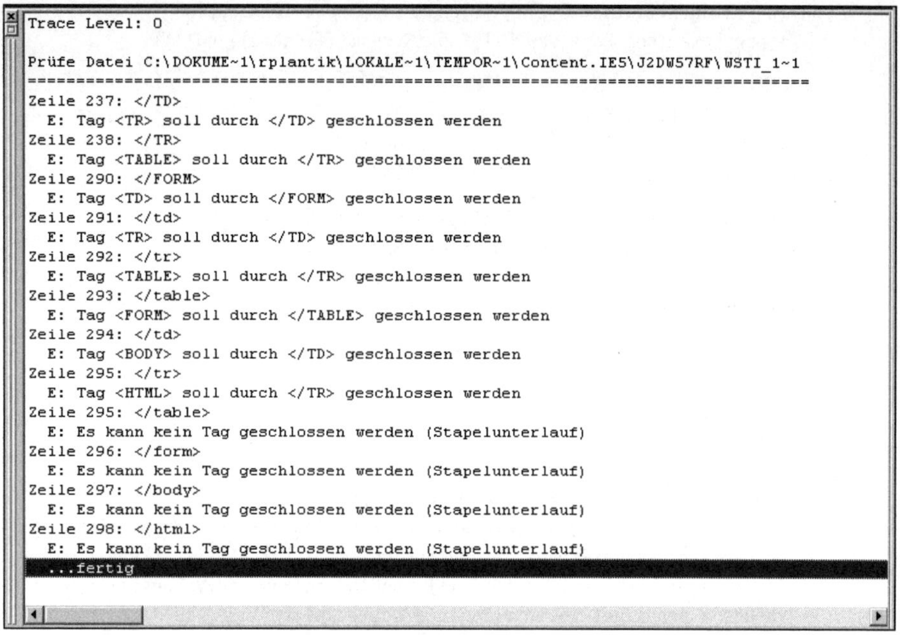
```
Trace Level: 0

Prüfe Datei C:\DOKUME~1\rplantik\LOKALE~1\TEMPOR~1\Content.IE5\J2DW57RF\WSTI_1~1
================================================================================
Zeile 237: </TD>
  E: Tag <TR> soll durch </TD> geschlossen werden
Zeile 238: </TR>
  E: Tag <TABLE> soll durch </TR> geschlossen werden
Zeile 290: </FORM>
  E: Tag <TD> soll durch </FORM> geschlossen werden
Zeile 291: </td>
  E: Tag <TR> soll durch </TD> geschlossen werden
Zeile 292: </tr>
  E: Tag <TABLE> soll durch </TR> geschlossen werden
Zeile 293: </table>
  E: Tag <FORM> soll durch </TABLE> geschlossen werden
Zeile 294: </td>
  E: Tag <BODY> soll durch </TD> geschlossen werden
Zeile 295: </tr>
  E: Tag <HTML> soll durch </TR> geschlossen werden
Zeile 295: </table>
  E: Es kann kein Tag geschlossen werden (Stapelunterlauf)
Zeile 296: </form>
  E: Es kann kein Tag geschlossen werden (Stapelunterlauf)
Zeile 297: </body>
  E: Es kann kein Tag geschlossen werden (Stapelunterlauf)
Zeile 298: </html>
  E: Es kann kein Tag geschlossen werden (Stapelunterlauf)
  ...fertig
```

Abb. A–1 *Beispielausgabe des LexingValidators*

```
package HTMLParser;

import org.htmlparser.lexer.Lexer;
import org.htmlparser.Node;
import org.htmlparser.Tag;
import org.htmlparser.util.ParserException;
import org.htmlparser.nodes.TagNode;
import org.htmlparser.lexer.Page;

import gnu.getopt.Getopt;

import java.io.File;
import java.io.Writer;
import java.io.FileInputStream;
import java.io.FileWriter;
import java.io.StringWriter;
import java.io.IOException;

import java.util.HashMap;
import java.util.HashSet;
import java.util.Properties;
import java.util.Stack;
import java.util.EmptyStackException;

public class LexingValidator {

  public static int traceLevel = 0;
  public static Writer log;
  private Lexer l;
```

```
    public LexingValidator( String fileName ) throws IOException {
      l = new Lexer(new Page(new FileInputStream(fileName), null));
      }

    public static final String C_DUMMY = "1";
    public static final String C_DONE = "DONE";
    public static final String C_OPEN = "OPEN";

    public static HashSet nonClosingTags = new HashSet();
    public static HashSet uniqueTags = new HashSet();
    public static HashSet skipTags = new HashSet();
    private static Properties props = new Properties();

    static {
      String[] values;
      int i = 0;
      try {
  // Ressourcen und Customizing einlesen
        props.load( Class.forName("HTMLParser.LexingValidator").
                          getResourceAsStream("LexingValidator.properties" ));
        values = props.getProperty("nonClosingTags").split("\\s*,\\s*");
        for (i = 0; i<values.length; i++) nonClosingTags.add(values[i]);
        values = props.getProperty("uniqueTags").split("\\s*,\\s*");
        for (i = 0; i<values.length; i++) uniqueTags.add(values[i]);
        values = props.getProperty("skipTags").split("\\s*,\\s*");
        for (i = 0; i<values.length; i++) skipTags.add(values[i]);
      } catch (Exception e) { e.printStackTrace(); }
    }

    public static void main(String[] argv) throws Exception {
      String fileName = null, dirName = null, logName = null;
      Getopt g = new Getopt("LexingValidator",argv,"f:d:t:l:");
      int c;
      while ((c = g.getopt())!=-1) {
        switch (c)
          {
            case 'f':
              fileName = g.getOptarg();
              break;
            case 'd':
              dirName = g.getOptarg();
              break;
            case 'l':
              logName = g.getOptarg();
              break;
            case 't':
              traceLevel = Integer.parseInt(g.getOptarg());
              break;
          }
      }
```

```
// Log-Datei oder String aufbauen
    if (logName != null) log = new FileWriter( logName );
    else log = new StringWriter();

// Tracelevel protokollieren
    log.write("Trace Level: " + traceLevel + "\r\n");

// HTML-Datei(en) analysieren
    if (dirName != null) validateDir( new File( dirName ) );
    else if (fileName != null) validateFile( fileName );

// Ggf. Ergebnis ausgeben
    if (logName == null) System.out.println(log.toString());
    else {
      log.close();
      System.out.println( "Analyse abgeschlossen" );
      System.out.println( "Log-Datei: " + logName  );
    }

  }

  public static void validateDir(File dir) throws Exception {
    File[] files = dir.listFiles();
    log.write( "\r\nPrüfe Verzeichnis "+dir.getPath()+"\r\n");
    if (files != null) {
      for (int i = 0; i < files.length; i++)
        if (files[i].isDirectory()) validateDir( files[i] );
        else if (files[i].getName().indexOf(".htm")>0)
          validateFile(files[i].getPath());
      }
  }

  public static void validateFile(String fileName) throws Exception {
    LexingValidator lv = null;
    log.write("\r\nPrüfe Datei "+fileName

"\r\n==============================================================\r\n");
    lv = new LexingValidator( fileName );
    lv.validate();
  }

  public void validate() {
    Node n = null;
    TagNode tn = null, tn1 = null;
    boolean inForm = false;
    HashMap pool = new HashMap();
    HashMap idPool = new HashMap();
    Stack<TagNode> nodes = new Stack<TagNode>();
    String tagName,id;
    boolean isEndTag;
    String waitForEnd = "";
    boolean waiting = false;
```

```
      try {

        while ((n = l.nextNode()) != null) {

          if (n instanceof TagNode) {
            tn = (TagNode) n;
            tagName = tn.getTagName();
            isEndTag = tn.isEndTag();

// Im Tracemodus das Tag ausgeben
            if (traceLevel > 0)
              log.write(":: <" + (isEndTag ? "/" : " ") + tagName + ">\r\n");

// Soll dieses Element übersprungen werden?
            if (!isEndTag && skipTags.contains(tagName)) {
              if (traceLevel > 0)
                log.write( "Elementinhalt von " + tagName + " wird
übersprungen\n");
              waitForEnd=tagName;
              waiting = true;
              continue;
              }

// Wait for End?
            if (waiting)
              if (waitForEnd.equals(tagName)&&isEndTag) {
                if (traceLevel > 0)
                  log.write("Elementende von " + tagName + " erreicht\n");
                waiting = false;
                continue;
                }
              else
                continue;

// Einmalige Tags prüfen
            if (uniqueTags.contains(tagName)) {
// Keines dieser Tags darf zweimal vorkommen
              if (!isEndTag && pool.get(tagName)!=null)
                addCodedMessage("E_DOUBLE_TAG",n);
              pool.put(tagName, isEndTag ? C_DONE : C_OPEN );
// <body> darf nicht in <head> vorkommen
              if (tagName.equals("BODY") && (pool.get("HEAD").equals(C_OPEN)))
                addCodedMessage("E_BODY_IN_HEAD",n);
// nach <body> darf nicht noch einmal <head> vorkommen
              if (tagName.equals("HEAD") && (pool.get("BODY")!=null))
                addCodedMessage("E_HEAD_AFTER_BODY",n);
              }
```

```
// Keine Tags ausserhalb von <head>...</head> und <body>...</body>
            if ( !(tagName.equals("HTML") ||
                   tagName.equals("HEAD") ||
                   tagName.equals("!DOCTYPE") ||
                   tagName.equals("BODY") ) &&
             ( (pool.get("HEAD")==null) || !pool.get("HEAD").equals(C_OPEN) ) &&
              ( (pool.get("BODY")==null) || !pool.get("BODY").equals(C_OPEN) ) )
              addCodedMessage( "E_ILLEGAL_TAG_POS", n );

// ID vorhanden? Prüfen, ob mehrfach vergeben
        if (((id=tn.getAttribute("id"))!=null)&&(id.length() > 0)) {
          if (idPool.get(id)!=null) addCodedMessage("E_NONUNIQUE_ID",n);
          idPool.put(id,tn);
        }

// Es darf nur ein Formular offen sein
          if (tagName.equals("FORM"))
            if (!isEndTag) {
              if (inForm) addCodedMessage("E_NESTED_FORMS",n);
              inForm = true;
              }
            else inForm = false;

// Stack pflegen
          if (!nonClosingTags.contains(tagName)) {
            if (!isEndTag)
              nodes.push(tn);
            else
              try {
                tn1 = (TagNode) nodes.pop();
                if (!tn1.getTagName().equals(tagName))
                  addMessage( "E: Tag <"+tn1.getTagName()+"> soll durch </"
                                      +tagName+"> geschlossen werden",n);
                continue;
                } catch (EmptyStackException e1) {
                   addCodedMessage("E_EMPTY_STACK",n);
                   }
                }
            }
        }

// Ist hinterher noch etwas im Stack offen? Ausgeben, Fehler
        if (nodes.size() > 0) {
          addCodedMessage("E_UNRESOLVED_STACK",null);
          tagName="";
          while (!nodes.empty()) tagName += "" +
             nodes.size() + ": " + nodes.pop().getTagName() + "\n";
          addMessage(tagName,null);
          }
```

```
        addMessage( "...fertig", null );
      } catch (Exception ex) { ex.printStackTrace(); }
    }

    private void addCodedMessage(String code, Node n) {
      String msg = props.getProperty(code);
      if (msg == null) msg = code;
      addMessage( msg, n );
      }

    private void addMessage(String msg, Node n) {
      try {
        if (n != null)
          if (n instanceof Tag)
            log.write("Zeile "+(((Tag)n).getStartingLineNumber()+1)+
                      ": <" + n.getText() + ">\r\n");
          else
            log.write(n+"\r\n");
        log.write("    " + msg+"\r\n");
        } catch (Exception ex)   { ex.printStackTrace(); }
    }
  }
```

A.3 Eigene HTML-Vorlagen für Views definieren

Wenn Sie einen neuen View anlegen, wird Ihnen in den leeren View ein Vorschlag hineingestellt. Der Vorschlag legt Ihnen sehr massiv nahe, die BSP-Extension HTMLB für den Seitenaufbau zu verwenden. Wenn Sie aber kein HTMLB verwenden wollen, weil Sie für Ihre Entwicklungsvorhaben eine eigene Extension benötigen, ist der gesamte Vorschlag für Sie sinnlos. Sie müssen erst »Alles markieren« und »Löschen«, bevor Sie Ihren eigenen Seitenaufbau beginnen können. Das ist lästig. Darüberhinaus möchten Sie möglicherweise ein eigenes, für Ihre Zwecke besser geeignetes Code-Gerüst vorgeschlagen bekommen.

Auf einem 640er System erscheint zum Beispiel der folgende Vorschlag. Wenn Sie nicht HTMLB verwenden, ist er vollständig unbrauchbar:

```
<%@page language="abap"%>
<%@extension name="htmlb" prefix="htmlb"%>
<htmlb:content design="design2003">
  <htmlb:page title = " ">
    <htmlb:form>
      <htmlb:textView     text          = "Hello World!"
                          design        = "EMPHASIZED" />
      <htmlb:button       text          = "Press Me"
                          onClick       = "myClickHandler" />
    </htmlb:form>
  </htmlb:page>
</htmlb:content>
```

Kann dieser Seitenvorschlag angepasst werden?

Die Antwort lautet: Leider nein. Ein SQL-Trace zeigt, dass der Text aus einer Tabelle namens BSPDEFPAG gezogen wird. Und diese Tabelle wurde von der SAP-Entwicklung als S-Tabelle klassifiziert. Eine Änderung des Inhalts ist somit eine Modifikation. Der Preis, den Sie für eine Änderung bezahlen müssen, ist jedoch nicht so hoch: Bei einem Update dieser Tabelle durch SAP wird lediglich der von SAP eingestellte Vorschlagswert wiederhergestellt.

Wenn Sie sich den Transportauftrag für dieses Buch importieren, finden Sie einen Report ZZ_SET_DEFPAG vor. Mit diesem Report können Sie den Vorschlag für Views bequem ändern. Der Text wird zusätzlich in einem SAPscript-Standardtext abgelegt, so dass Sie ihn nach einem Überschreiben seitens SAP sehr leicht wieder einspielen können. Für das Template von Views, die auf HTM enden, ruft der Report mittels EDIT_TEXT den SAPscript-Standardtext BSPDEF_HTM auf. Sie können den Text anpassen oder ändern. Beim Sichern wird er in das für View-Vorschläge vorgesehene Format umgewandelt (Zeilenwechsel werden durch das Tag <%newline%> ersetzt) und als String in Tabelle BSPDEFPAG fortgeschrieben. Sie können z.B. folgendes, allgemein verwendbares HTML-Gerüst vorschlagen:

```
<%@page language="abap"%>
<html>
  <head>
    <title></title>
  </head>

  <body>

  </body>
</html>
```

Insgesamt sollte man die Möglichkeit eines Vorschlagsviews aber nicht überbewerten. Für Views, die nur Teile der HTML-Antwort beisteuern, ist eigentlich nur ein *leerer* Vorschlag geeignet (den Sie natürlich mit ZZ_SET_DEFPAG auch vorsehen können).

A.4 Verwendungsnachweis von Texten in BSP-Views

Oft ist es nötig, die bereits entwickelten BSPs auf das Vorkommen bestimmter HTML-Ausdrücke zu untersuchen. Mit dem ABAP-Verwendungsnachweis kommt man dabei natürlich nicht zum Ziel. Mit dem Report ZZ_BSP_WHEREUSED, der im Transportauftrag für dieses Buch enthalten ist, sind solche Suchen jedoch möglich.

Der Report basiert auf dem API für BSP-Views, der Klasse CL_O2_API_PAGES. Mit der statischen Methode load() kann ein View eingelesen werden, man erhält eine Viewinstanz zurück. Mit der Instanzmethode get_page() kann danach das Viewlayout eingelesen und auf das Vorkommen eines Strings durchsucht werden.

A.5 Namenskonventionen für ABAP-Variablen

Einheitliche Namenskonventionen im Entwicklungsprojekt dienen der besseren Nachvollziehbarkeit des Codes. Das SAP-Entwicklungsteam der Migros hat sich auf eine einfach zu erlernende, dem CRM-Umfeld entlehnte Namenskonvention geeinigt. Diese Namenskonvention basiert auf einem Zweibuchstabenpräfix und stellt eine Kompromisslösung dar – gewisse Unschärfen der Typisierung werden in Kauf genommen, dafür ist die Konvention eingängig.

Variablennamen sind demnach wie folgt gebildet:

```
<Variablenname> ::= <Sichtbarkeit> <Art> "_" <Name>
```

Dabei ist `<Name>` ein frei wählbarer Namensbestandteil. `<Sichtbarkeit>` und `<Art>` werden nach folgenden Tabellen gewählt:

L	Lokales Datenobjekt (Stack)
G	Globales Datenobjekt in Programm, Funktionsgruppe oder Klasse
S	Statisches Datenobjekt (ABAP-Anweisung STATICS)
I	Importparameter (Unterprogamm, Funktionsbaustein oder Methode)
E	Exportparameter (Funktionsbaustein oder Methode)
C	Changing-Parameter (Funktionsbaustein oder Methode)

Tab. A–1 *Sichtbarkeit von Datenobjekten*

V	Einfaches, unstrukturiertes Feld
S	Zusammengesetztes Feld (Struktur)
T	Interne Tabelle
C	Konstante
O	Zeiger auf ABAP-Objekt (oder –Interface)

Tab. A–2 *Art von Datenobjekten*

Zur Illustration folgen einige Beispiele:

```
* Lokale Struktur in einem Unterprogramm
data: ls_vbap type vbap.
* Lokales einfaches Feld in einem Funktionsbaustein
data: lv_ok type flag.
* Funktionsbaustein-Aufruf
call function 'Z_CHECK_VBAP'
  exporting
    is_vbap = ls_vbap
  importing
    ev_ok   = lv_ok
  exceptions
    parameter_error = 01.
```

```
* Unterprogramm-Deklaration
form check_vbap using is_vbap  type vbap
                changing cv_ok type flag.
* Statische interne Tabelle
statics: st_anz type zkubeanz_fi_tab.
* In einem Unterprogramm deklariertes Feldsymbol,
* das zur Laufzeit auf eine Struktur verweist
field-symbols: <ls_vbak>  type vbak.
* Generisch typisiertes, lokales Feldsymbol
field-symbols: <lv_field> type any.
* Globale Tabelle
data: gt_aufi type wstn_aufi_tab.
* Referenz auf globale Tabelle (kein Unterschied!)
data: gt_aufi type ref to wstn_aufi_tab.
* Globales Feldsymbol
field-symbols: <gt_aufi> type wstn_aufi_tab.
* Globale Konstante
constants:
  begin of gc_attyp,
    einzel   type attyp value '00',
    sammel   type attyp value '01',
    variante type attyp value '02',
  end of gc_attyp.
* Globale Referenz auf eine Instanz
data: go_param type ref to zcl_param.
```

Die Konvention hat ein paar unbedeutende Unschärfen. Beispielsweise lässt sich die Art einer Konstanten nicht näher spezifizieren. In der Notation der Konstanten gc_attyp ziehen wir es vor, den Entwickler über die konstante Natur dieses Feldes zu informieren. Die Information, dass es sich bei gc_attyp um eine Struktur handelt, haben wir dafür fallengelassen.

A.6 Den ICM ad hoc einrichten

Dies ist ein Buch für Anwendungsentwickler, nicht für Basis-Administratoren. Wenn Sie einen Administrations- oder Installationsleitfaden für den ICM suchen, sind Sie mit der Online-Hilfe von SAP (*http://help.sap.com*) und dem SAP Developer Network (*http://sdn.sap.com*) gut beraten. Speziell die vielen möglichen Systemparameter des ICM sind im Hilfekapitel »Administration des Internet Communication Managers« beschrieben; Sie kommen am einfachsten in den Inhalt dieses Kapitels, wenn Sie im Suchfeld der SAP-Hilfe den Begriff icman eingeben.

Es ist jedoch für Anwendungsentwickler nützlich zu wissen, wie man »on the fly« den ICM in einem SAP-System aktivieren kann – deshalb soll das Vorgehen hier kurz beschrieben werden:

Um via HTTP mit Ihrem SAP-System kommunizieren zu können, müssen Sie im Internet Communication Manager einen HTTP-Port eröffnen. In Ihrem Entwicklungssystem können Sie dies zur Laufzeit in der Transaktion SMICM tun. Rufen Sie die Transaktion auf, wählen Sie *Springen → Services* und danach *Springen->Service->Definieren*. In dem darauf erscheinenden Popup können Sie einen Port festlegen, an dem Ihr Server lauschen soll. Die Wahl des Ports ist im Prinzip frei. Üblich ist es jedoch, für das HTTP-Protokoll die Ports 80 oder 8080 zu verwenden.

Diese ad hoc getroffenen Servereinstellungen gehen mit dem nächsten Neustart des Systems verloren!

Sie sind also ideal, um in einem Entwicklungssystem vorab einige Dinge auszuprobieren.

Wenn es soweit ist, lassen Sie sich die benötigten HTTP- oder HTTPS-Einstellungen von Ihrer SAP-Basis vornehmen!

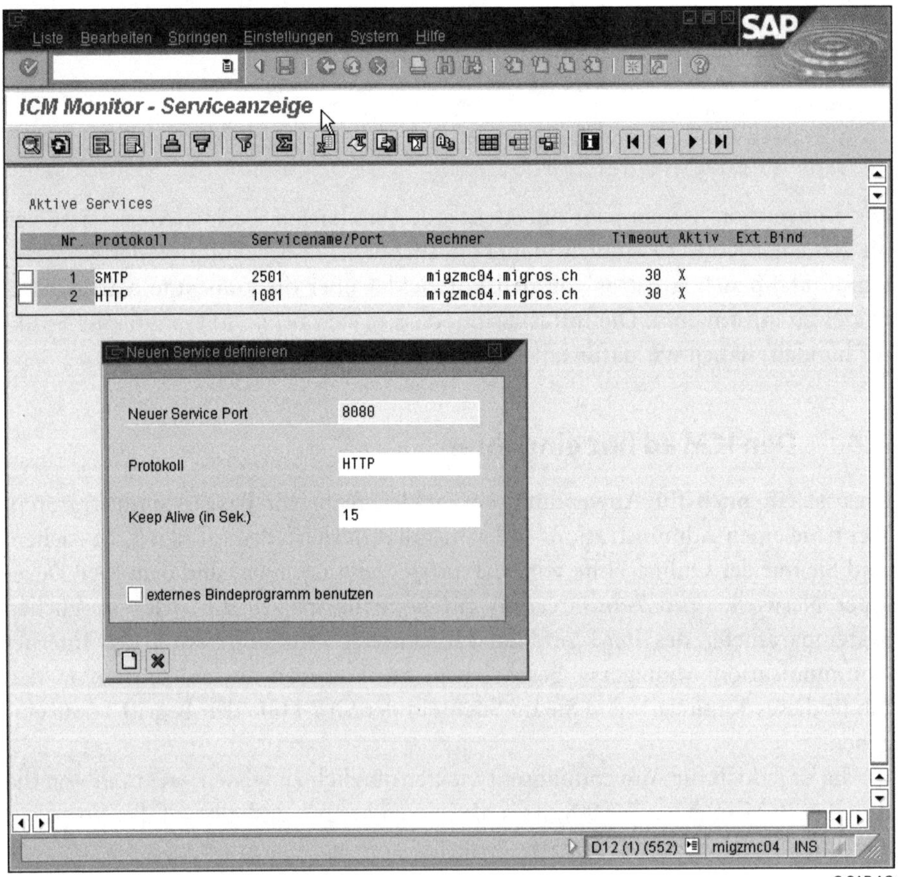

Abb. A–2 *Aktivieren eines Ports im ICM*

Glossar

Ajax

Bezeichnet in einer Webanwendung die Möglichkeit, ohne einen neuen Seitenaufbau auszuführen, mittels asynchron im Hintergrund ausgeführter Requests an den Server auf Benutzereingaben zu reagieren und Teile der aktuell angezeigten HTML-Seite auszutauschen oder zu aktualisieren. Mit Ajax gesendete und empfangene HTTP-Nachrichten enthalten meist einen Datenteil im HTTP-Body, der in XML, JSON, HTML formatiert oder auch ein beliebiger Plain Text sein kann. Näheres enthalten Abschnitt 16.3 und Kapitel 17.

BAPI

Business Application Programming Interfaces (BAPIs) sind von SAP ausgelieferte Funktionsbausteine für den externen Zugriff auf die Geschäftslogik. Sie unterliegen hinsichtlich der Schnittstellendefinition besonders strengen Kriterien; auch sind die Schnittstellen eingefroren. Im Unterschied dazu gibt es SAP-intern verwendete APIs, um Funktionen quer durch die Applikationen zur Verfügung zu stellen. Deren Schnittstellen verwenden die SAP-internen Datentypen und sind nicht eingefroren. Verwendung von APIs statt BAPIs resultiert daher in einem potentiell höheren Aufwand beim Einspielen von Upgrades und Support Packages.

BSP

Eine Business Server Page (BSP) ist technisch eine Klasse, die vom BSP-Framework aufgerufen wird und HTML- oder XML-Code in einen HTTP-Ausgabestrom schreibt. Der zu erzeugende Code wird wie eine HTML-Seite gepflegt. Das Wesentliche ist jedoch, dass neben statischem HTML- oder XML-Code auch serverseitiges Scripting in Form von ABAP oder serverseitigem JavaScript möglich ist. Die BSP ist der zentrale Bestandteil einer BSP-Anwendung.

BSP-Anwendung

Eine auf Basis von Business Server Pages verfasste Webanwendung. Wichtigste Bestandteile einer BSP-Anwendung sind die Business Server Pages, entweder in Form von Views oder als Seiten mit Ablauflogik. Weitere typische Elemente sind die MVC-Architektur und die Verwendung von BSP-Extensions.

BSP-Extension

Das BSP-Äquivalent zur Tag Library: Eine Sammlung von Elementen mit Attributen, die in der Business Server Page eingesetzt werden können. Die Elemente verbergen ABAP-Code, die sogenannte Elementbehandlerklasse, die beim Durchlaufen der Seite aufgerufen wird. Üblicherweise werden BSP-Elemente eingesetzt, um wiederkehrende Aufbereitungslogik zentral zu implementieren. Siehe Kapitel 11.

Controller

Im MVC-Architekturmuster ein Programmteil einer Dialoganwendung. Der Controller ist darauf spezialisiert, Anfragen vom Benutzer entgegenzunehmen, Benutzerkommandos zu interpretieren und auszuführen sowie die im aktuellen Anwendungszustand darzustellende Benutzerschnittstelle (repräsentiert durch Views) zu ermitteln und aufzurufen.

Entkopplung

Ein Entwicklungsparadigma, das die Wiederverwendbarkeit von Softwareteilen fördern will, indem es diese Teile klar voneinander trennt. Die Entkopplung wird erreicht, indem jeder Softwareteil auf eine klare Aufgabe spezialisiert ist und von anderen Teilen über eine Schnittstelle angesprochen wird. Siehe Abschnitt 3.4.

Entwurfsmuster

Sind »Beschreibungen zusammenarbeitender Objekte und Klassen, die maßgeschneidert sind, um ein allgemeines Entwurfsproblem in einem bestimmten Kontext zu lösen.« (Gamma, Helm, Johnson, Vlissides). Einige Beispiele enthält der Abschnitt 3.5.2.

Fcode

Der Funktionscode (Fcode) ist ein aus der ABAP-Dialogprogrammierung entlehnter Begriff. Er steht für ein vom Benutzer ausgelöstes Ereignis, das von der Anwendung behandelt wird.

Flow Logic

Die Flow Logic definiert in unserem MVC-Framework die möglichen Belegungen eines Panels mit konkreten Models, Komponenten und Ausgabeeinheiten (Views oder Ausgabecontrollern). Sie wird in Form eines zur BSP-Anwendung gehörenden XML-Dokuments (`config.xml`) beschrieben und von der Anwendung zur Laufzeit ausgewertet.

HTMLB

HTMLB (nicht zu verwechseln mit »Business HTML«, der Scriptsprache des ITS) ist eine von SAP ausgelieferte BSP-Extension, um Tabellen, Eingabefelder und weitere Bestandteile einer grafischen Benutzerschnittstelle einheitlich zu präsentieren und dynamisch mit Daten zu versorgen. HTMLB ist ein Angebot zur Seitengestaltung, jedoch für die Erstellung von BSP-Anwendungen kein Muss. Die Beispiele dieses Buches verwenden stattdessen eine eigene BSP-Extension namens Z (siehe Kapitel 11).

ICM

»Der Internet Communication Manager gewährleistet die Kommunikation zwischen dem SAP-System (SAP Web Application Server) und der Außenwelt über die Protokolle HTTP, HTTPS und SMTP. In der Serverrolle kann er Anfragen aus dem Internet bearbeiten, die mit URLs mit der Server/Port-Kombination, auf die der ICM hört, ankommen. Abhängig von der URL ruft der ICM dann den entsprechenden lokalen Handler auf.« (Aus der SAP-Hilfe).

ICF

»Das Internet Communication Framework (ICF) ist ein integrierter Bestandteil des Application Servers ABAP (AS ABAP). Mit dem ICF wird die Verarbeitung von HTTP-Requests in den ABAP-Workprozessen eines SAP-Systems realisiert. Der AS ABAP übernimmt bei der ICF-Kommunikation sowohl Server- als auch als Clientfunktionen. Der Internet Communication Manager prüft, ob ein HTTP-Aufruf an die Java- oder die ABAP-Umgebung des AS adressiert werden soll und leitet den Aufruf im ABAP-Fall an das ICF weiter.« (Aus der SAP-Hilfe).

ITS

Der Internet Transaction Server (ITS) ist ein von SAP ausgelieferter Server, der die Entwicklung von Web-Anwendungen mit einer im SAP-Applikationsrechner beheimateten Geschäftslogik unterstützt. Er ist eng an das ABAP-Transaktions- und -Dynprokonzept angelehnt und verwendet das GUI-Protokoll, um mit dem Applikationsserver zu kommunizieren. Seit Release 7.00 ist der ITS in den Web Application Server integriert. Der ITS ist technisch durch die Business Server Pages überholt.

JSON

Das Datenformat von JavaScript, um Zahlen, Strings, Arrays und Hashs sowie aus diesen Datentypen zusammengesetzte komplexe Datentypen zu realisieren. Wird für Ajax-Anwendungen häufig als Format der HTTP-Antwort des Servers verwendet, da es mit der `eval()`-Anweisung auf Clientseite leicht interpretiert werden kann. Die Spezifikation des Formats finden Sie auf http://www.json.org.

Kapselung

Darunter versteht man Techniken, um Implementierungsdetails vor dem Aufrufer zu verbergen, in der OOP zum Beispiel durch Verwendung privater Komponenten: Wenn der Aufrufer sich nur von der öffentlichen Schnittstelle eines Objekts abhängig macht, so hat man die Freiheit, die privaten Teile – die Implementierungsdetails – zu verändern, ohne dass im rufenden Programm Anpassungen nötig sind. Die Kapselung dient somit der Entkopplung.

Modularisierung

Zusammenfassung von Anweisungsfolgen zu einer aufrufbaren Einheit, einem Modul. Modularisierung ist eine entscheidende Voraussetzung wiederverwendbaren Programmierens. Siehe Abschnitt 3.3.

Model

Im MVC-Architekturmuster ein Programmteil einer Dialoganwendung. Während Controller und View für Ansteuerung und Präsentierung der Benutzerschnittstelle zuständig sind, enthalten die Model-Programmteile den gesamten Rest der Anwendung, die »Anwendungslogik«. Hauptbestandteil der Anwendungslogik ist im Allgemeinen die Verwaltung eines komplexen, persistenten Objekts (etwa ein Kundenauftrag), wozu u.a. Funktionen zum Lesen, zum Fortschreiben und zum Ändern gehören.

MVC

Model-View-Controller (MVC) ist ein Architekturmuster für Anwendungen mit Benutzerschnittstelle. Grundgedanke ist, die für Ansteuerung und Abfrage der Benutzeroberfläche benötigten Funktionen vom eigentlichen Kern der Anwendung zu trennen. Eine detaillierte Einführung in MVC gibt das 6. Kapitel.

Objektfabrik

Ein Programmteil, der Objekte zu einer vorgegebenen Kennung (nicht Klasse!) erzeugt. Die Entscheidung, von welcher Klasse eine Instanz zu bilden ist, wird erst beim Aufruf der Objektfabrik erzeugt. Der Aufrufer der Objektfabrik kennt nicht die konkret herangezogene Klasse des Objekts, sondern nur eine Abstraktion von ihr – ein Interface oder eine Oberklasse. Objektfabriken helfen bei der Entkopplung einer Schnittstelle von ihrer Implementierung.

OTR

Das Online Text Repository (OTR) ist ein Bereich des transaktionsübergreifenden Anwendungspuffers, in dem Texte aufbewahrt werden. In mehrsprachigen BSP-Anwendungen verweisen die Textbestandteile meist auf das OTR. Siehe Kapitel 14.

Panel

Ein aus der SAP-Folgebildsteuerung (Funktionsgruppe V00F) entnommener Begriff, der die Belegung eines Bildes der Anwendung mit konkreten Models, Views oder (Ausgabe-) Controllern bezeichnet. In unserem MVC-Framework führt der Controller ein Panel-Attribut, dessen Wert bis zum Zeitpunkt »Viewausgabe« ermittelt sein muss. Abhängig vom Wert des Attributes werden dann die Komponenten der Ausgabe mit entsprechenden konkreten Views oder Ausgabecontrollern belegt.

Seite mit Ablauflogik

Seiten mit Ablauflogik sind wie Views eine besondere Art von Business Server Pages. Im Unterschied zu Views können sie direkt aufgerufen werden und enthalten sowohl Controller- als auch Viewfunktionen (Ereignisbehandlercode ebenso wie Scripting und HTML). Da Controller und View nicht klar getrennt sind, entsprechen Seiten mit Ablauflogik nicht dem MVC-Architekturmuster. Seiten mit Ablauflogik lassen sich mit Vorteil verwenden, um aus Serversicht statische oder nahezu statische Seiten zu puffern (Unsere Ajax-basierte Jobverwaltung aus Kapitel 17 ist dafür ein Beispiel).

Singleton

Eine Klasse, die sicherstellt, dass es zur Laufzeit nur höchstens ein Exemplar von ihr gibt. In ABAP kann man ein Singleton durch den Zusatz `create private` oder `create protected` in der Klassendefinition sowie durch eine öffentliche Methode `get_instance( )` zur Beschaffung der Instanz programmieren. Siehe Abschnitt 3.5.2 und 3.5.5.

Stateful/Stateless

Siehe Zustandsbehaftet/Zustandslos.

Tag Library

In Java Server Pages das Äquivalent zur BSP-Extension. Wir verwenden den Ausdruck im BSP-Umfeld synonym für BSP-Extension.

View

Im MVC-Architekturmuster ein Programmteil einer Dialoganwendung. Der View ist ein Teil der dem Benutzer präsentierten Oberfläche. Er wird vom Controller aufgerufen und schreibt abhängig vom aktuellen Anwendungszustand ein HTML-Codefragment in die HTTP-Antwort. Neben statischem HTML-Code referenziert er mittels Datenbindung Attribute von Models, kann mittels Scripting zur Laufzeit HTML-Code generieren und ruft komplexere Präsentationslogik auf, die in BSP-Elementen gekapselt ist. Er enthält keine Anwendungslogik, sondern hat eine reine Präsentierungsfunktion.

Zustandsbehaftet/Zustandslos

Eine Web-Anwendung heißt *zustandsbehaftet (stateful)*, wenn der nach Anmeldung dem Benutzer zugewiesene Hauptspeicherbereich in den nachfolgenden Dialogschritten erhalten bleibt. Sie heißt *zustandslos* (stateless), wenn bei jedem Dialogschritt im Hintergrund eine neue Anmeldung erfolgt. Auch zustandslose Anwendungen können einen Sitzungskontext haben, der beispielsweise mit client- und serverseitigen Cookies und/oder versteckten Formularfeldern realisiert wird. BSP unterstützen beide Konzepte.

Literatur und Weblinks

Gamma, Erich; Helm, Richard; Johnson, Ralph; Vlissides, John: Entwurfsmuster. Elemente wiederverwendbarer objektorientierter Software. Addison-Wesley 1996.

Heinemann, Frédéric: BSP-Extensions: Komfortables Webreporting mit HTMLB, Galileo Press, Bonn 2004.

McKellar, Brian; Jung, Thomas: Advanced BSP Programming. Galileo Press, Bonn 2006.

Wolf, Frank: Der SAP Web Application Server. Internet-Anwendungen entwickeln mit ABAP, HTML und JavaScript. dpunkt.verlag, Heidelberg 2003.

http://ajaxpatterns.org
Eine gehaltvolle und gut strukturierte Seite zu Ajax.

http://csszengarden.com
Eindrucksvolle Präsentation der CSS-Gestaltungsmöglichkeiten.

http://de.selfhtml.org
Umfassende Informationen von Stefan Münz, vor allem über HTML, CSS und JavaScript.

http://developer.mozilla.org
Enthält die JavaScript 1.5- und Gecko-DOM-Referenzdokumentation.

http://help.sap.com
SAP Online-Hilfe.

http://htmlparser.sourceforge.net
Java-HTML-Parser – zum maschinellen Überarbeiten und Validieren von Views gut geeignet.

http://java.sun.com/blueprints/patterns/MVC.html
Begriffserklärung – von hier: Referenz für MVC-basierte Webanwendungen mit der J2EE.

http://json.org
Referenz für den JSON Standard zur Datenbeschreibung.

http://sarissa.sourceforge.net/doc/
Schlankes JavaScript-Paket für browserübergreifende Ajax-Requests.

http://sdn.sap.com
SAP Developer Network, Blogs und Foren zu ABAP und BSP.

http://zephyr-php.sourceforge.net/
Ein MVC-basiertes Ajax-Framework für PHP-Server.

Index

E

F

G

H

I

J

K

L

M

2007, 338 Seiten, Broschur
€ 36,00 (D)
ISBN 978-3-89864-401-3

Martin Marinschek
Andrea Schnabl · Gerald Müllan

JSF @ Work

JavaServer Faces und Apache MyFaces erfolgreich einsetzen

Dieses Buch beschreibt die Grundlagen des JavaServer-Faces-Standards auf einem für den Einsteiger geeigneten Niveau und erklärt durchgängig an einem Beispiel die Erstellung einer JavaServer-Faces-Applikation. In einem Kickstart-Kapitel wird erklärt, wie Struts-Anwender den Umstieg auf JavaServer Faces (JSF) spielend bewerkstelligen. Begleitende Tipps & Tricks zeigen mögliche Probleme und deren Lösungen auf.

Es folgt eine Vorstellung von Apache MyFaces, der ersten freien Open-Source-Implementierung des JFS-Standards. MyFaces bringt genau die kleinen Annehmlichkeiten mit, die man beim Erstellen einer Webapplikation nicht missen will und kann, insbesondere eine ausgezeichnete Komponentenbibliothek. Schließlich werden die Grundlagen von AJAX und die Einbindung dieser neuen Technologie in MyFaces erklärt.

dpunkt.verlag

Ringstraße 19 · 69115 Heidelberg
fon 0 62 21/14 83 40
fax 0 62 21/14 83 99
e-mail hallo@dpunkt.de
http://www.dpunkt.de